"聚焦破产"丛书

感谢湖北得伟君尚律师事务所、湖北维思德律师事务所对本书出版的资助

新发展理念下
破产制度的改革与完善

主　编　张善斌

副主编　陈晓星　王姝越

WUHAN UNIVERSITY PRESS

武汉大学出版社

图书在版编目(CIP)数据

新发展理念下破产制度的改革与完善/张善斌主编;陈晓星,王姝越副主编.—武汉：武汉大学出版社,2023.11
"聚焦破产"丛书
ISBN 978-7-307-23959-3

Ⅰ.新…　Ⅱ.①张…　②陈…　③王…　Ⅲ.破产法—研究—中国
Ⅳ.D922.291.924

中国国家版本馆CIP数据核字(2023)第165447号

责任编辑:陈　帆　　　责任校对:汪欣怡　　　版式设计:韩闻锦

出版发行:武汉大学出版社　(430072　武昌　珞珈山)
　　　　　(电子邮箱:cbs22@whu.edu.cn　网址:www.wdp.com.cn)
印刷:湖北金海印务有限公司
开本:720×1000　1/16　印张:33.75　字数:571千字　插页:2
版次:2023年11月第1版　　2023年11月第1次印刷
ISBN 978-7-307-23959-3　　定价:136.00元

张 善 斌

法学博士，武汉大学法学院教授，博士生导师。现任武汉大学法学院民商法教研室主任，中国法学会民法学研究会理事，湖北省法学会常务理事，湖北省法学会破产法学研究会会长，最高人民检察院民事行政案件咨询专家。主要研究方向为民法基础理论、破产法等。出版著作9部，发表论文40余篇。主持国家社科基金项目2项、中国法学会部级法学研究课题1项、司法部项目1项，以及湖北省发改委、湖北省司法厅、上海期货交易所等委托的课题多项。

在破产法领域，主持了国家社科项目"破产与担保制度协调的理论基础与实现路径研究"、司法部项目"个人破产制度构建的难点与对策研究"；围绕着企业破产法的修订、个人破产制度的构建发表了系列论文；成功举办了2017年至2022年六届"破产法珞珈论坛"；主编出版了《破产法文献分类索引》《破产法研究综述》《破产法的"破"与"立"》《改革开放四十周年破产法热点透视》《营商环境背景下破产制度的完善》《民法典时代破产制度的革新》《破产法改革与破产法治环境优化》《破产法实务操作105问》等"聚焦破产"系列著作。

作 者 简 介

作 者 简 介

陈晓星 ⋯⋯⋯⋯⋯⋯⋯⋯⋯⋯⋯⋯⋯⋯⋯⋯⋯⋯⋯⋯⋯⋯⋯⋯

中南财经政法大学法学院副教授，商法研究所副所长，经济法专业硕士研究生导师。兼任湖北省法学会破产法学研究会副会长，湖北省法学会商法研究会理事，武汉市中级人民法院咨询专家，武汉市东西湖区人民法院破产审判咨询专家，武汉市洪山区委区政府法律顾问，随州仲裁委员会仲裁员。长期从事民商法基础理论、公司法、破产法等方向的教学与研究，主编、参编教材多部，在《法商研究》《法学杂志》《中南大学学报（社会科学版）》等刊物公开发表论文30余篇。

王姝越 ⋯⋯⋯⋯⋯⋯⋯⋯⋯⋯⋯⋯⋯⋯⋯⋯⋯⋯⋯⋯⋯⋯⋯⋯⋯

武汉大学法学院硕士研究生毕业，博士研究生在读，现在襄阳市委政法委从事执法监督等工作。

前　言

　　2023 年 5 月，世界银行发布的营商环境最新评估体系(B-READY)延续了原营商环境评估体系(DB)的做法，将"办理破产"列为十个一级指标之一，并提出了更高的要求。破产法作为市场经济的基本法，对完善社会主义市场经济制度具有非常重大的意义。随着经济体制的不断完善，营商环境的不断优化，现行《企业破产法》存在的问题逐渐显现，比如，其调整范围比较狭窄，不少市场主体未被纳入调整范围，从而被诟病为"半部破产法"；许多制度处于初创阶段，不能满足经济发展的需要，因此亟待完善；就总体情况而言，破产法的施行效果远未达到预期。修订《企业破产法》、构建完善的破产法律制度是发展社会主义市场经济、深入推进中国式现代化的当务之急。

　　然而，破产法的修订并非易事。2021 年 4 月 16 日，全国人大常委会将修订《企业破产法》纳入 2021 年度立法工作计划。为修法做准备，全国人大常委会开展了《企业破产法》实施情况检查工作。2021 年 8 月 18 日，王东明副委员长在全国人大常委会作《全国人民代表大会常务委员会执法检查组关于检查〈中华人民共和国企业破产法〉实施情况的报告》，肯定了《企业破产法》实施取得的积极成效，指出了《企业破产法》的实施仍存在突出困难和问题，为《企业破产法》的修改奠定了坚实的基础，明确了修法的原则、方向和重点。2021 年 9 月 6 日，全国人大财经委企业破产法修改起草组召开了第二次全体会议，增加了起草组成员，明确了修法的重点难点问题，并对修法工作做了具体安排。《企业破产法》修订工作进入了快车道。2022 年 5 月 6 日，全国人大常委会公布 2022 年度立法工作计划，将企业破产法(修改)、民事强制执行法等纳入初次审议的法律案。当时传闻企业破产法(修订草案)、民事强制执行法(草案)将同时提请审议。企业破产法修订草案呼之欲出。遗憾的是，在全国人大常委会 2022

·1·

年6月21日的会议上初次审议了《民事强制执行法(草案)》，而翘首以盼的《企业破产法(修订草案)》没有被提请审议。

关于破产法修订草案迟迟不能出台的原因，有人推测可能是个人破产惹的祸，如果不是想趁着这次修法机会将个人破产制度纳入其中，破产法修订草案早就出台了。也有人推测可能是因为经济下行叠加新冠疫情影响，大量企业倒闭，立法机关需要考量的因素太多，破产法修订更为艰难。我们认为，对个人破产制度未达成共识，对破产制度在经济发展乃至社会治理中的作用认识不清都是导致破产法修订草案难以出台的重要原因。

关于构建个人破产制度的条件，学界之前关注不多。曾经讨论的个人破产是单独立法，还是个人破产与企业破产合并立法，随着破产法修订被提上议事日程，学界和实务部门很快就达成了共识，赞成合并立法，希望利用这次破产法修订机会将个人破产制度纳入其中，使之成为一部完整的破产法。但问题在于，无论采取哪种立法思路，都绕不开构建个人破产制度的条件是否已经具备这一基础性问题。对此，我在前几次的破产法珞珈论坛上做过相关发言，后来也发表了《论个人破产制度构建的痛点——公众法意识的转型》《个人破产热点的冷思考——以立法条件的考量为中心》《论破产法修订应考量的几个重要关系》等文章，其中，《个人破产热点的冷思考——以立法条件的考量为中心》一文引起了广泛关注。在这几篇文章中，我认为，民众对个人破产的认知、个人破产的理论研究、人才储备、配套措施、司法实践经验总结等方面均存在不足，构建个人破产制度的条件尚未具备。当然，对个人破产的冷思考并不表示我反对构建个人破产制度，恰恰相反，冷思考的目的是要找出个人破产立法存在的短板，以便有针对性地开展工作，尽快促成条件的成熟，适时出台个人破产制度，因应社会需求。

最近两年，学界发表和出版了大量关于个人破产的论著，为个人破产立法建言献策。比如，关于如何将个人破产制度嵌入现行破产法，学界形成了吸收式、统合式等不同观点。前者主张在修订企业破产法时增加专章对个人破产作专门规定，以此形成统一的破产法；后者主张将个人破产特殊规则融入破产法各章节，不再单设个人破产专章。对此，我们认为，制定统一的破产法，既要考察个人破产与企业破产的共通性，更应研究两者的差异。个人破产的立法价值取向，个人破产制度的内在结构，个人破产制度与婚姻家庭制度、继承制度的关系等，这些都与企业破产不同。基于这种认识，我在《法学评论》上发表了《个人破产制度嵌入现行破产法的路径》一文，主张未来破产法应当采取总分结构模式，总则规定个人破产与企业破产共同适用的规则，分则规定个人破产、企业破产各自特有的规则，个人破产与企业破产分别独立成编。此外，学界关于破产法律文化、个人破产免责考察期、自然人的生存权保障、个人破产庭外程序的构造、预防利用个人破产制度逃债等问题亦有深入研究。在实务界，浙江、江苏、广东、山东、四川等地关于个人破产的地方实践正在如火如荼地进行，并且取得了诸多实践成果。尤其是在广东深圳，《深圳经济特区个人破产条例》自 2021 年 3 月 1 日施行以来，个人破产制度项下的个人破产重整、个人破产和解以及个人破产清算案件均已有典型案例，为个人破产制度的构建提供了宝贵的参考样本。截至 2023 年 7 月，深圳市破产事务管理署完成了对 147 批次、1801 人的申请前辅导；深圳中院共收到个人破产申请 1635 件，已立案审查 411 件，裁定受理破产申请 117 件。我国已经积攒了丰富的个人破产司法实践经验。构建个人破产制度的条件正在逐渐成熟。

关于破产制度在经济发展乃至社会治理中的作用，既有研究表明，破产制度可以作为国家治理社会的制度工具。这一观点近年来在学界已得到越来越广泛的认可。破产制度的作用体现在两个方面：一是政府可以利用破产程序提供的投融资通道帮助债务人化解财务困境；二是政府可以利用破产程序有选择性地采取重整融资、资产出售等方式，最大化地利用债权人会议多数决规则及强裁机制免除债务，引入符合政策方向的投资人，全方位实现施政目标，维护社会公共利益和长远利益。《破产史：近代早期欧洲的经济、社会和文化影响》(*The History of Bankruptcy*: *Economic*, *Social and Cultural Implications in Early Modern Europe*)表明，"破产法的缓慢发展揭示了国家和政府如何逐渐学会以更有序、统一的方式管理企业破产"。对于我国社会公众而言，囿于传统观念中"欠债还钱、天经地义""父债子偿"文化基因的影响，公众对于破产在一定程度上仍然心存芥蒂。对于立法者或者施政者而言，对破产制度亦可能存在偏见。在当前全球经济普遍面临下行压力的时代背景下，我们不但应当科学认识现代破产制度对于社会进步的价值和功能，还应当学会利用破产制度来推动经济发展，助力社会治理，而不是惧怕破产制度，谈"破"色变。

在破产法修订背景下，历经三年新冠疫情之后，2023 年 1 月 7 日，湖北省法学会破产法学研究会 2022 年年会暨第六届破产法珞珈论坛在武汉市洪山宾馆隆重举行。会议当日，近 300 名来自破产法理论与实务界的学者、法官及管理人等嘉宾相约武汉，围绕破产法的修订，分别就破产审判质效提升、破产重整制度的适用与完善、个人破产制度的构建、破产财产处置的困境与对策四个专题进行了热烈讨论。本次论坛共征得论文 200余篇，从中评选出获奖论文共计 70 余篇。在论坛评选的优秀论文中，会后经过反复挑选并征得作者同意，决定结集出版这 33 篇文章。

本书分为四个专题："破产法修订重难点问题"专题讨论了世界银行营商环境评估体系下破产申请立法现代化、破产程序中获益剥夺性赔偿的清偿、融资租赁担保功能主义下破产法适用之因应、破产企业临界期为他人债务提供无偿保证行为之效力、管理人视角下有追索权保理合同的破产处理、信托公司破产中的受益人特别保护、个人破产豁免财产制度等问题。"房地产企业破产问题"专题研究了商品房预售中预告登记的破产保护效力、房企重整融资及完善路径、房企纾困的破产重整路径、房企自救式重整之路径探析及实践证成、房企预重整制度的审视与重塑等问题。"重整制度的完善"专题探讨了破产企业重整价值识别机制的理性建构、重整程序中债权人的收益权质权的实现、重整程序中担保权恢复行使制度的完善、非上市公司出资人权益调整实证研究、出售式重整制度的法律构建、执行期间重整计划的变更原因、"双元模式"预重整程序启动制度的构建、预重整程序中的司法干预及其合理限度等问题。"破产程序优化"专题涉及世界银行营商环境评估体系下"破产前程序"概念、构建破产审判绩效考核体系的路径、破产效率提升路径、"执转破"程序无缝衔接的路径重构、企业简易破产程序的适用逻辑与制度设计、破产简易程序的反思与构建等问题。除了上述四个专题，本书还研究了破产程序中的永续债、待履行合同解除的法律效果、破产财产变价及分配方案强制裁定制度的完善、破产程序中清算所得税处理规则、致破产企业无法清算的"有关人员"民事责任等问题。

此外，本书还附上了第二届湖北省破产法实务研讨会的成果"恩施会议纪要"，供破产审判、破产管理实务参考。破产法实务研讨会与破产法珞珈论坛是两个不同的交流平台。破产法实务研讨会主要研究破产审判中的具体问题，预期成果是就讨论达成共识的问题形成会议纪要，供破产实务参考。破产法珞珈论坛主要研究破产法理论和制度问题;邀请破产法学者发表主旨演讲、组织专题学术讨论;就投稿文章汇编成论文集供参会人员阅读,并从中挑选优秀论文结集出版。第一届破产法实务研讨会于2020年10月在襄阳召开,此后两年由于新冠疫情原因停办。2023年7月9日为湖北省法学会破产法学研究会成立一周年纪念日,湖北省破产法学研究会与恩施中级人民法院共同主办第二届湖北省破产法实务研讨会,近300人参会。会前破产法学研究会专门向全体理事征集了破产审判实务中的疑难问题。研讨会上通过破产债权的审核及认定、破产重整与企业挽救、债务人财产管理与处置、破产程序及相关问题等四个单元,针对64个重点疑难问题进行了全面深入的研讨。会后,就研讨会上能够达成共识的部分问题经多次集中讨论,最终形成"恩施会议纪要"4类35条,以期对破产实务工作乃至对破产法修订有所助益。

可以预见,关于破产法的修订虽然仍需一些时日,但是好饭从来不怕晚,慢工方能出细活。想要制定一部划时代的新破产法,一切谨慎探索都是值得的。令人欣慰的是,2023年9月7日公布的十四届全国人大常委会立法规划再次将企业破产法(修改)纳入"第一类项目:条件比较成熟、任期内拟提请审议的法律草案(79件)"。我们衷心期待《企业破产法(修订草案)》早日公布,并向社会公开征求意见。

最后,新一年度的湖北省法学会破产法学研究会年会暨第七届破产法珞珈论坛即将召开,希望本书能为我国破产法修订背景下社会各界的智识贡献与经验积淀略尽微薄之力。当然,由于时间仓促,本书编辑中难免存在疏漏,敬请读者批评指正!

张善斌

2023 年 10 月

目　　录

第五部分 其 他

第一部分

破产法修订重难点问题

世行宜商环境(BEE)框架下破产申请立法现代化

——以困境公司经营控制人对债权人责任为中心

王艺洁*

内容提要： 世行 BEE 新增董事申请破产责任指标，为提升我国在新评估体系下的得分，在公司处于财务困境状态时应由破产治理取代公司治理制度，于《中华人民共和国企业破产法》中规定董事的破产申请义务，并以强制性规范夯实董事责任。这不仅符合债权人剩余索取权与控制权合一的风险负担规则，而且也是公司社会责任的应有之义。在董事对债权人责任的具体制度构建上，以目前《中华人民共和国公司法(修订草案)》第190 条、第191 条为基础并进行构成要件认定上的修正，规定作为公司经营控制人的董事和影子董事与公司对债权人承担补充性的连带责任。

一、问题的提出

2018 年中澳控股集团有限公司破产，在全社会引起广泛关注。法院确认破产债权额为 30.82 亿元，经评估的固定资产在破产清算状态下仅为 2.16 亿元。中澳公司在出现巨大亏损且有难以挽救的危险情况下，公司管理层并未采取有效措施避免破产或者申请破产，而是隐瞒公司真实财务状况和经营状况，继续对外融资扩大债务规模。[①] 在公司处于困境，将要

---

* 王艺洁，浙江大学光华法学院博士研究生。
① 参见姜东良、徐鹏：《法制日报调查"中澳控股集团案件"系列报道之——"前首富"欠债 30 多亿不还 11 家企业受牵连》，载微信公众号"法治日报"，2019 年 4 月 4 日。

破产之时，管理层基于有限责任，更容易受到"不当激励"实施高风险的商业活动，放手一搏。这种机会主义行为的结果，很可能加剧公司经营状况恶化程度，使公司进入破产程序时基本无产可破，给债权人带来不可逆转的损失。特别是无担保债权人，在债务人破产时承受更大的破产风险，例如《上海破产法庭 2020 年审理数据》显示，债权总额 58.16 亿元，其中普通债权 54.77 亿元，其平均清偿率仅为 1.7%，远低于担保债权。① 然而，除了合同性质的保护方式，无担保债权人难以寻求其他的救济手段。

域外实践和立法也面临类似的问题，为了减少破产延迟现象，将债权人保护目标的实现，寄托于负责困境公司经营管理的董事。董事在公司治理中担当重要角色，传统公司法理论认为董事对公司和股东负有信义义务，② 一般不对债权人负有信义义务。但是，当公司处于濒临破产或事实破产情形时，董事是否仍应按照股东利益最大化的原则行事，不无疑问。域外实践表明，董事对债权人承担责任在破产法或公司法领域的构建已成为一种国际趋势，并呈现出不同的规制模式。③ 与此同时，2022 年 2 月世行发布的暂命名为宜商环境(Business Enabling Environment，简称 BEE)的评估新体系，④ 企业破产评价指标中包括破产立法的质量，其中一个重要子指标即为破产申请立法，其中就包括评估董事申请破产的责任

---

① 参见上海破产法庭：《上海破产法庭 2020 年审理数据》，载微信公众号"上海破产法庭"，2021 年 1 月 29 日。

② 参见林少伟：《董事异质化对传统董事义务规则的冲击及其法律应对——以代表董事为研究视角》，载《中外法学》2015 年第 3 期；徐晓松、徐东：《我国〈公司法〉中信义义务的制度缺陷》，载《天津师范大学学报(社会科学版)》2015 年第 1 期。

③ 如德国立法规定"破产申请迟延责任(Insolvenzverschleppung shaftung)"，规定董事破产申请义务；美国则是在判例中发展出董事对债权人的信义义务，体现为"加重破产(deepening insolvency)"规则；英国不同于强制性要求懂事申请破产，而是确立"不当交易规则(the wrongful trading rule)"；国际法律文件上对此也作出规定，如联合国国际贸易委员会《破产法立法指南》第四部分确定关于临近破产期间董事义务的基本原则。

④ 参见世界银行于 2021 年 9 月宣布取消营商环境(Doing Business，简称 DB)评估体系，于 2022 年 2 月发布的暂命名为宜商环境(Business Enabling Environment，简称 BEE)的评估新体系。

的立法质量。①

以世行的评价体系标准为参照,已成为我国推进营商环境法治化进程的切入点,《关于〈中华人民共和国公司法(修订草案)〉的说明》(以下简称《修订草案说明》)中更是指出公司法修改是为满足优化营商环境的需要,② 因此我国商事法律的修改应参照评估指标所确立的标准。现有理论研究多赞同困境公司董事对债权人承担民事责任,但是对于具体路径的选择尚未形成一致见解,③ 而且多停留于域外制度的简单介绍,立足于新的营商环境评价体系并根据目前商事改革进程作出思考的文献较少。据此,该问题尚未形成定论。就我国现有规范来看,从调整企业整个生命周期法律关系的公司法、破产法相关规范中,都难以寻觅到困境公司董事对债权人的信义义务和责任。不过《中华人民共和国公司法(修订草案)》(以下简称《修订草案》)第190条新增董事对第三人责任条款,迈出了值得称赞的一步,但是,具体适用情形还需展开进一步分析。另外,《修订草案》第191条新增控股股东、实际控制人责任条款,④ 但是当公司处于财务困境时,影子董事是否对第三人承担责任从条文文义来看未能涵括,是否应对

---

① 参见世界银行网站,https://www.worldbank.org/content/dam/doingBusiness/pdf/BEE-Pre-Concept-Note——Feb-8-2022.pdf,访问日期:2022年10月7日。另说明,本文中关于BEE评估体系内容的论述均来自该网站文件。

② 参见《公司法〈修订草案〉全文、说明及修改对照》,载微信公众号"最高人民法院司法案例研究院",2021年12月25日。

③ 例如支持德国路径的学者,参见许德风:《论公司债权人的体系保护》,载《中国人民大学学报》2017年第2期;郭富青:《论公司法与邻近法律部门的立法协同》,载《法律科学(西北政法大学学报)》2021年第6期;马来客、郑伟华、王玲芳:《董事破产申请强制义务及其责任》,载《人民司法》2021年第19期。认为借鉴美国法的,参见陈鸣:《董事信义义务转化的法律构造——以美国判例法为研究中心》,载《比较法研究》2017年第5期;郭丁铭:《公司破产与董事对债权人的义务和责任》,载《上海财经大学学报》2014年第2期。建议采取英国路径的学者,参见李小宁:《公司实际破产时董事对一般债权人的义务研究》,载《湖南社会科学》2017年第4期。

④ 根据《公司法(修订草案)》第191条对控股股东、实际控制人行为规制的范围,即利用其对公司的影响,指使董高从事损害公司或者股东利益的行为,实际上与英国法上"影子董事"的概念具有核心要素上的一致性,即解决相关主体不当控制公司所应承担的责任。关于"影子董事"的概念,参见邓峰:《普通公司法》,中国人民大学出版社2009年版,第170-171页。为了行文方便,本文将控股股东、实际控制人统称为"影子董事"。

此作出修改有待进一步分析。以上问题均有待厘清，本文将以世行宜商环境（BEE）评估框架下破产申请立法指标展开，根据世行将董事破产申请义务纳入评价体系的目的，将债权人保护聚焦于公司动态财务状况，倚重商事法律规范联动，来构建和完善适合我国本土法治环境的困境公司的经营控制人对债权人的义务责任体系，① 以期为商事法律体系现代化提出绵薄建议。

二、BEE 背景下困境公司经营控制人民事责任的必要性证成

（一）BEE 评估体系之董事申请破产指标的功能解读

目前处于试行阶段的世行商业和投资环境评估新体系即 BEE 体系，是在其前身 DB 营商环境评估体系的基础上所进行的改进和完善。关于破产领域的评估指标，BEE 规定企业破产（business insolvency）指标，下设三个子指标分别为：破产立法的质量（Quality of regulations for insolvency proceedings）、破产解决机制和基础设施的质量（Quality of institutional and operational infrastructure for insolvency processes）、司法破产程序的便捷性（Ease to resolve an insolvency judicial proceeding）。破产立法的质量指标用以衡量清算程序与重组程序的立法质量，破产申请即为一项重要的考量指标，破产申请是由 DB 体系下的"破产框架力度"指标之一的破产程序启动指标发展演化而来，不仅依旧关注破产程序启动的简便性，而且新增对财务困境公司在实际申请破产前的可用程序立法评估，这项指标将评估治理公司债务人即将破产的法律途径，包括早期预警工具的使用以及董事申请破产的责任范围。

相较于 DB 体系，BEE 对每个领域的评估将围绕三个指标展开，即法律框架（regulatory framework）、公共服务（public service）和总体效率（overall efficiency），同时在评价的过程之中，也将采用数字技术（digital technologies）和环境可持续性（environmental sustainability）标准。上述企业破产指标，正是与之一一对应。与本文密切相关的是法律框架评估，其目

---

① 本文将董事及影子董事合称为经营控制人。

的在于衡量一个地区法律法规的质量，考量因素为立法规范应尽可能具有透明度、清晰度、可预测性和相关性，以及采用国际公认的特定领域的最佳实践。并且，每个主题领域中平衡运用法律指标和事实指标的方法，以进行更为全面的评估。法律上的指标将分析以法定条例、法律和判例为基础的商业环境，而事实上的指标将分析私营公司在实践中如何贯彻执行法律规范和公共服务。可见，评估侧重于建立完善的法律规则体系，即首先要求规范透明，使经济主体易于查找规范，能够主动获取信息；其次，要求清晰度则立法文义不能模糊不清，法律应充分反映行为的可为和不可为的界限，以此才能够增进行为人对规范的理解；再者，法律规范应具有可预测性，适用相关成文法的结果应最大程度上追求一致性，经济主体能够据此预测自身行为的后果，作出相应的规划和行为。不仅如此，评估指标也注重法律的实践效用，关系到规范能否落到实处，以及在实践中的运用情况。虽然评估分数的计算究竟是按照主题还是经济情况尚未确定，但是这些标准无疑具有重要意义，为了防止失分，我国破产立法应该在此方向上作出努力。

(二)设置困境公司经营控制人承担民事责任为强制性规范

不过，有学者认为 BEE 体系只在于考察有关董事破产责任的倡导性规定，应不规定或仅设置力度较小的惩罚机制，理由在于新冠疫情背景下董事不当交易责任追究的设计难度以及联合国国际贸易法委员会《小微企业破产法立法指南草案》(以下简称《小微企业指南》)并没有规定董事责任条款。① 本文认为以上结论值得商榷，BEE 体系下对董事申请破产责任的规定具有必要性，规范应设置为强制性规范。

第一，以特殊时期的法律实施效果否定责任制度的设计难免以偏概全，忽视了该制度所起到的债权人保护作用。不可否认，受新冠疫情的影响，德国《COVID—19 破产中止法》(COVInsAG)规定一定期间内中止董事申请破产的义务，英国在《公司破产和管理法案》(Corporate Insolvency and Governance Bill)中亦规定暂时停止适用不当交易规则，两者均是为挽救受疫情影响的困境企业，避免其进入破产清算。虽然这反映出疫情背景下，

---

① 参见齐砺杰：《董事第三人责任条文的理解与适用辩难》，载《中国政法大学学报》2022 年第 5 期。

董事对债权人责任制度的局限，但是在常态经济形势下该制度仍具有适用的空间，即便法律执行力的强度或规则的适用范围受到一些法外因素的影响，① 但域外不乏债权人获得救济的成功案例，因此需要提供可行的制度通道。

第二，BEE 标准的渊源为世界银行《关于有效破产与债权人/债务人制度的准则》（以下简称《准则》）和联合国国际贸易法委员会《破产法立法指南》（以下简称《指南》）的有关规定，因此对这两个规范的内容和目的不可不察。《准则》B2.3 条明确表明公司濒临破产期间董事违反义务时，应对责任内容予以规定。再者，《小微企业指南》是对《指南》的补充和细化，其虽未规定临近破产期间董事责任的同等建议，但是《指南》第一节 D 部分对责任等问题的探讨，并给出建议 259～266，并不排除经过适当变通后适用于小微企业简易破产的情形，因此这并不代表小微企业破产的情形不适用董事责任制度。何况，当中小微企业为有限责任公司形式时，相较于大型公司其也无需维护公司的良好商誉（good will），基于有限责任的保护，可能更倾向于采取高风险的策略。值得指出的是，对于上述认为应对小微企业董事施以温和的手段措施的观点，本文深表赞同，原因在于：中小微型公司在申请信贷的过程中，银行很有可能要求董事个人为公司债务提供担保，② 因此在此种情形下有限责任制度阻隔董事对公司债务负责的功能受限，董事受到不当激励的影响较小，而且董事财产的波动也会影响实际责任的承担，当董事行为引发责任时应对其施以较为缓和的手段。

第三，通过上文分析，经济主体执行规范的情况是一项重要的评分内容，而对董事责任的规定是破产申请义务履行的重要保障，这直接关系到法律实施情况的评估。如果董事在公司面临财务困境的情况申请破产为倡导规范，仅具有指导意义，当事人是否按照规范行事是其意志自由，那么将难以有效规制董事的行为。而且命令性较弱的倡导性规范不具有裁判规

---

① See Richard Williams, *What can We Expect to Gain from Reforming the Insolvent Trading Remedy*, 78 Modern Law Review 55 (2015).

② See J. S. A. Fourie, *Limited Liability and Insolvent Trading*, 5 Stellenbosch Law Review 148 (1994). 在我国司法实践中，也不乏类似的案例，如公司对外借款，夫妻一方作为公司的法定代表人对上述借款担保，参见最高人民法院（2019）最高法民申 2302 号民事判决书。

范功能,① 法官无法根据该条裁判,该条款或许最终也将成为"僵尸条款"。

第四,公司处于财务困境的特殊状态,破产治理应取代公司治理制度,相应规范的设置也应由尊重公司内部治理为目的的任意性规范、倡导性规范转变为强制性规范。处于正常经营状态下的公司内部治理体系,不论公司治理旨在最大化公司价值还是股东价值,涉及的均为相对单一的公司及其内部关系利益,公司治理难以对外部主体的利益造成重大影响,因此尊重董事和公司间的意思自治有益于公司的治理。但是,当公司处于财务困境状态时,不同类别的债权人甚至同一类别的债权人的利益需求呈现多样化状态,公司内部治理体系无法应对此种多样性,② 此时便应寻求一个实体和程序规则来解决此种利益冲突,而破产法中的引导和解决债权人冲突的价值分配等规则刚好能担此重任,公司就应从正常治理状态进入破产治理状态。在破产治理体系下,由于关涉广泛主体的利益,意思自治的空间必然要受到限制,相应的调整规范也应具有强制性,在董事违反义务时应承担相应责任,即为此种强制性的体现。

三、确立困境公司经营控制人对债权人责任之法理和制度框架分析

上述必要性的论证主要是从现实需求的层面出发,经营控制人对债权人承担责任必然是以义务的违反为前提,法治环境的不同对经营控制人的义务要求相应有所区别,即便英国法未规定破产申请义务,在公司濒临破产时仍强调董事对债权人利益的考量,且该项义务不受不当交易责任暂停适用的影响。③ 在为民事主体设定法律义务时,还需具备法理上的正当性

---

① 参见王轶:《民法典的规范类型及其配置关系》,载《清华法学》2014 年第 6 期。

② See Michael Schillig, *The Transition from Corporate Governance to Bankruptcy Governance-Convergence of German and US Law*, 7 European Company and Financial Law Review 116 (2010).

③ Khai Nguyen: UK Corp Insolvency and Governance Bill, 载北大法宝, 2020 年 6 月 9 日, https://www.kwm.com/cn/en/insights/latest-thinking/uk-corp-insolvency-and-governance-bill.html.

基础，而且还需考察在我国是否具有本土制度环境的支撑。

（一）法理基础：风险负担理论及公司社会责任

在公司正常运营的状态下，股东的利润分配请求权可以获得满足，同时债权人的债权将按照合同的约定实现，从公司中获取的利益不会受公司经营状况的影响，债权人是公司固定收益索取者，[1] 股东与债权人在各自的利益范围内行事，双方利益总体稳定。英美法和大陆法分别基于信托原理和委托代理理论，认为董事应对股东负有信义义务。[2]

但是公司处于财务困境，接近破产状态时，困境公司通常无法实现足额清偿，几乎无剩余财产可供分配，股东的剩余财产分配请求权难以实现。虽然不排除存在因市场原因使得破产财产增值，清偿全部破产债权后仍有财产剩余，股东享有取得剩余财产分配的机会。然而，从实践来看，这种可能性又大打折扣。《全国法院破产审判工作会议纪要》（法〔2018〕53号）第 28 条对惩罚性债权在破产财产仍有剩余时清偿的规定，进一步缩小了对违法行为可能负有责任的股东的剩余财产的分配范围。[3] 股东的剩余财产分配请求权的实现与债权人债权获得清偿产生冲突，在股东对公司债务承担有限责任的背景下，这一冲突具体表现在以下几个方面。第一，双方的风险投资偏好不同。理性的个体都倾向于采取行动实现自身利益的最大化，[4] 股东为挽救自身利益，往往偏向于实施高风险商业决策，[5] 企图"以小博大"，一旦该商业活动成功进行，公司则会实现财富最大化；

---

[1]　See Andrew D. Shaffer, *Corporate Fiduciary Insolvent: The Fiduciary Relationship Your Corporate Law Professor (Should Have) Warned You About*, 8 American Bankruptcy Institute Law Review 479（2000）.

[2]　参见郭丁铭：《公司破产与董事对债权人的义务和责任》，载《上海财经大学学报》2014 年第 2 期。

[3]　例如，有法院认为停止计付的利息债权应当获得优先清偿，而没有将剩余财产直接分配给股东。参见重庆市沙坪坝区人民法院（2014）沙法民破字第 3 号民事裁定书，转引自李遵礼：《破产债权清偿后仍有剩余应先清偿停止计付的利息》，载《人民司法》2019 年第 29 期。

[4]　参见张学文：《公司破产边缘董事不当激励的法律规制》，载《现代法学》2012 年第 6 期。

[5]　See Barry E. Adler, *Re-Examination of Near-Bankruptcy Investment Incentives*, A, 62 University of Chicago Law Review 575（1995）.

如果失败，股东自身利益并不因此加重损害，只是以债权人利益为代价。① 而债权人在负担公司濒临破产风险的情况下，避免高风险商业活动减损公司资产则成为其最大愿望。第二，对破产程序启动的态度不同。破产程序启动，便意味着股东利益的损失，董事经营控制权的丧失，其往往极力避免进入破产程序。债权人发现公司有破产风险且对公司彻底丧失信心时，往往会向法院申请破产。② 在这种利益冲突格局之下，债权人实际上取代股东成为公司的剩余索取权人。

在现代公司法上，通常认为公司控制权和对公司的剩余财产的请求权紧密相连，因为剩余索取人对公司节省成本的效率表现出最大的兴趣，通过高效的控制决策可以提高财产的剩余量。③ 当债权人成为公司剩余索取人时，股东的控制权等权利却未随同移转至债权人。债权人居于公司外部难以及时、有效地获取公司经营财务信息，无法实现对公司的监督和控制，换言之，债权人无法获取识别和控制风险的途径。如果仍坚持董事以股东利益最大化为行事原则，公司的剩余索取权与控制权发生分离，势必造成债权人负担的风险与收益严重不匹配，引发股东和债权人利益保护的失衡。因此，根据风险与收益相一致的原则，为了解决利益冲突，对债权人进行保护，应将控制权予以转化。公司正常经营状态下也存在公司所有权与控制权相分离的现实情况，进行补救的措施即是令公司董事等实际控制人负有对股东的信义义务并需承担相应责任。在控制权主体转移的情况下，相应也应实现董事义务对象由股东向债权人的转变，义务的来源则是一种公平保护理念之下控制权与剩余索取权合一的要求。诚然，考量债权人的利益也可以理解为公司社会责任的应有之义。董事在公司濒临破产时顾及债权人的利益，及时申请破产则是社会责任理念的演化。原因在于，公司社会责任强调公司对债权人等主体利益的关照和维护，④ 当公司濒临

① See Andrew Keay, *Wrongful Trading and the Liability of Company Directors: a Theoretical Perspective*, 25 Legal Studies 431（2005）.

② 例如，上海法院 2020 年审结进入破产程序的案件来源中 68.9% 为债权人申请，26.1% 为债务人申请，清算责任人申请仅为 5.0%。参见上海破产法庭：《上海破产法庭 2020 年审理数据》，载微信公众号"上海破产法庭"，2021 年 1 月 29 日。

③ 参见［德］舍费尔、奥特：《民法的经济分析》，江清云、杜涛译，法律出版社 2009 年版，第 621 页。

④ 参见卢代富：《国外企业社会责任界说述评》，载《现代法学》2001 年第 3 期。

破产时相关主体的利益更容易受到不利影响，公司便应尽力使债权人受到的损失最小化，相应的有效途径即为在公司财产仍有盈余时及时申请破产或者避免不当交易。据此，确立困境公司经营控制人对债权人民事责任具有法理基础的支撑。

（二）制度土壤：公司法与破产法的联动修改

在我国现行法律规范中，董事对债权人的信义义务或者董事破产申请义务等均存在法律空白，尚未建立起对困境公司董事行为进行规制的规范体系。例如，《中华人民共和国公司法》第147条、第148条关于董事信义义务规范较为原则，并且缺少对债权人信义义务或责任的规定。同时，《中华人民共和国企业破产法》（以下简称《企业破产法》）未规定困境公司董事破产申请义务，关于董事对债权人的责任承担机制规范不全面。其一，从第7条来看，在公司濒临破产、还未解散的情形，不存在破产申请义务人。其二，第125条第1款的规定，从文义解释角度来看，该款仅针对董事行为导致公司破产时的责任承担，未涵盖公司已经陷入事实破产时，董事致债权人损害的责任承担。其三，第128条存在董事对债权人责任的空间，但是仅限于债务人实施的可撤销、无效法律行为损害债权人利益的，难以规制在公司濒临破产或陷入破产状态时，董事的不当激励行为。

在目前公司法、破产法修改的背景下，《修订草案说明》指出债权人保护滞后于目前的公司法实践，因此需加强保护力度，《修订草案》第190条董事责任条款即为此理念最好的印证。该条规定具有过错的董事和高管对第三人的责任，条文所规定的构成要件包含过错、行为、损害结果、因果关系要件，据此可知责任的性质为侵权责任。一方面，其中第三人的范围当然包括债权人在内，债权人的利益在与公司的关系中体现为债权，如果新增这一规定可以很好地缓解在侵权责任法体系下，保护受到损害的债权所面临的理论质疑，为债权人救济提供新的思路。另一方面，困境公司董事违反保护债权人的义务，域外制度规定董事应对相较于及时履行义务时债权人所能获得的债权清偿比例的差额承担赔偿责任，① 对于该债权不能获得实现的部分亦属于公司应承担的违约责任范围，此时董事和公司基

---

① 例如，英国1986年《破产法》规定不区分新旧债权人，董事在差额范围内承担赔偿责任。

于不同原因对债权人承担同一给付，构成责任的并合。《修订草案》第190条新增董事与公司承担连带责任，在难以通过合同责任救济时，能够为债权人提供进一步的保护。这说明，第190条在一定程度上可以涵盖困境公司董事违反对债权人义务时的责任承担，为该责任的本土化提供了深厚的制度土壤。另外，《修订草案》第191条新增影子董事与董事、高管承担连带责任条款，关注到具有实际控制经营地位的影子董事承担责任的必要性，这在有限责任公司和股份有限公司的形式中均存在适用空间，符合我国公司治理实践。在人合性为主的有限责任公司中，控股股东更易滥用股东权利实际操控公司，此时所有者权益和控制权合一，有必要进行一定规制；我国股份有限公司，相较于英美的分散股权结构，虽然由"一股独大"不断转型，但是股权集中程度仍较高是不争的事实，并且在股权分散的过程中，控股股东仍可以通过超额委派董事等方式深入公司管理层，以维护其控制地位，① 对公司的经营决策产生重要影响，因此影子董事在公司运行中的重要地位不可忽视。

在破产法修改的背景下，为了切合我国商事实践，涌现出大量针对性法律重构方案，讨论集中在中小微企业破产的特殊实体和程序制度构建、预重整破产前程序的构建和完善的议题上。该研究进路与本文的议题密切相关，属于配套联动机制。制度间的协调方能最大化制度效益，具言之，BEE中指出当中小微企业债务人启动破产程序时，公司已不再具有清偿能力，这导致了价值的损失，此类僵尸企业在苟延残喘期间，不仅会占用大量贷款造成资源的浪费，更重要的是与有效的破产框架确保无生存能力的公司迅速清算、有生存能力的公司则以可持续的方式进行有效重整的目标相违背。因此BEE规定董事破产申请义务的最终目的即是发挥破产程序的最大效用，最大化债务人财产，中小微企业重整、清算的专门规定的完善和董事责任相配合，为企业提供畅通的路径。② 至于预重整制度，有观点指出预重整有助于濒临无力偿债的时间认定，③ 但也有学者认为预重

① 参见刘小娟：《投资者如何看待特别代表人诉讼制度？——基于康美药业特别代表人诉讼的市场反应研究》，载《上海金融》2022年第3期。

② 参见齐砺杰：《董事第三人责任条文的理解与适用辩难》，载《中国政法大学学报》2022年第5期。

③ 参见王佐发：《论困境公司董事信义义务的转化——以公司法与破产法的衔接为视角》，载《社会科学》2022年第1期。

整和破产申请义务存在适用上的重叠,应注意制度间衔接,① 故此,预重整制度的完善也能进一步化解董事对债权人责任的难题。

四、困境公司经营控制人对债权人责任的法律构造

(一)我国法下的路径选择

前文着眼于董事对债权人责任的必要性与可行性的论证,责任的发生以义务的违反为前提,故此在具体构建董事责任框架时,首先应分析明确董事对债权人的义务问题。

关于董事在公司面临财务困境时对债权人承担责任,各国采用不同的规制模式,其共同目标均在于当公司濒临破产或者事实上达到破产条件时,试图减轻对债权人的损害。其区别在于:美国法通过判例以董事信义义务对象转化切入,认为公司财务状况与董事对债权人的信义义务呈现相关关系,财务状况的恶化程度越深,相应董事对债权人负有更进一步的信义义务;② 后又发展出倡导性的"加重破产(deepening insolvency)"理念,典型的深化破产案件形式为:破产公司的受托人、接管人或债权人委员会,代表公司起诉公司内部董事等成员及其财力雄厚的外部专业人士(例如,公司的审计师、律师和承销商),声称被告通过不当行为损害公司利益,导致公司产生无法偿还的债务,加深公司的破产程度。③ 美国此种规制模式与其债务人友好型的破产理念密切相关,不苛责董事所负有的义务与责任,或许能更好保护公司治理下董事自由意志的表达,但是由于不具有强制性以及本身所具有的模糊性,是否能收到良好的实践效果存在疑问。

英国不同于美国,并未纠结于董事是否对债权人负有信义义务,而是

---

① 参见王欣新:《建立市场化法治化的预重整制度》,载《政法论丛》2021 年第 6 期。

② See Steven L. Schwarcz, *Rethinking a Corporation's Obligations to Creditors*, 17 Cardozo Law Review 647 (1996).

③ See J. B. Heaton, *Deepening Insolvency*, 30 Journal of Corporation Law 465 (2005).

要求董事行动考虑债权人利益，① 1986 年《英国破产法》第 214 条确立"不当交易规则"，即经清算人申请，董事知道或者应当知道公司没有合理的期望避免破产清算仍继续经营的，原则上董事有责任向公司支付一定财产，例外情形下受商业判断规则的保护可以免于承担责任，试图防止董事将公司债务外部化并将进一步交易的全部风险置于债权人一方。② 英国法虽然将董事责任成文化，但是所规定的构成要件标准存在一定模糊性，表现在"没有合理的希望避免破产清算"的判断，以及哪种行为属于合理的商业行为。

德国法规定了董事申请破产义务以及相应申请迟延责任，《德国破产法》第 15a 条规定，在法人支付不能或者资不抵债的情况下，法人内部成员或清算人应无过失不迟延地，申请启动破产程序。③ 前述的英美法律体系均没有规定停止公司运营和清算无力偿债公司的绝对责任，在商业判断规则的保护下，仍可以继续经营公司业务，规制手段较为宽松，是对公司治理的意思自治的充分尊重。而德国法的这种强制规制模式相较前者更为严格，对董事赋予强制申请义务，如果在濒临破产状况出现后的三周内公司仍未恢复偿付能力等，应走向破产程序，其侧重对债权人提供充分的保护。该种义务的设置，也随之产生一些诘问，例如董事或许会因避免承担责任而过早启动破产程序，使公司错过重生的机会。④

可见，上述三种模式各有其优点和弊端，总的来看，德国董事破产申请义务更适合于我国法制背景。理由在于：第一，加深破产理念依靠于司法实践判例的确认和发展，其内涵具有极大的不确定性和变动性，而且如果采用英国的不当交易规则，在我国缺乏诸如商业判断规则这种配套制度的良好司法实践前提下，对法官的前瞻性与专业素养提出极高的要求。我

---

① See William A. Brandt Jr. & Catherine E. Vance, *Deepening Insolvency and the United Kingdom's Wrongful Trading Statute：A Comparative Discussion*，21 DEBT3 22（2006）.

② See Andrew Keay, *Wrongful Trading and the Liability of Company Directors：a Theoretical Perspective*，25 Legal Studies 431（2005）.

③ 参见胡晓静：《公司破产时董事对债权人责任制度的构建——以德国法为借鉴》，载《社会科学战线》2017 年第 11 期。

④ 参见金春：《破产企业董事对债权人责任的制度建构》，载《法律适用》2020年第 17 期。

国破产法庭的规模虽处于扩大趋势，专门审判人员审理水平逐步提高，但是破产法庭的数量仍在少数，恐不能胜任这一任务。相反，德国模式就较为明确地描绘了在公司处于破产或破产附近时，董事对债权人负有的义务内容，可以一定程度上降低司法实践的判断难度。第二，前文指出仍有观点质疑董事破产申请义务的妥当性，本文认为这是对申请破产义务功能的误读。德国法规定董事破产申请义务产生的时间节点为公司支付不能或资不抵债，这两项标准为《德国破产法》第 17 条、第 19 条所规定的破产条件，在判断是否达到这两项要件时蕴含了董事对公司信息和经营情况全面掌握的要求。支付不能的判断在于公司长期缺乏流动性支付资金；[1] 资不抵债通过资不抵债报表来判断，在制表过程中还需预测和考虑公司的可持续经营性。[2] 因此，只有在掌握和分析各种信息，了解公司财务和债务情况，综合分析各种可能性后，公司不具备足够的现金流来偿还债务时，才会产生申报责任。另外，在判断是否资不抵债时，对公司是否具有经营能力的判断，要求董事不断监督公司的真实运营情况，考虑开展可行的预重整尝试。由此可知，规定董事的破产申请义务的核心功能不在于令公司走向破产清算而终结，[3] 而是变相令董事在公司治理过程中对公司财务状况和经营管理进行不断地检查与反思，便于较早发现公司的财务危机，以及时采取拯救措施防止更严重风险的发生。该规范产生的效应便为，如果董事能够全面、具体掌握公司经济和财务状况信息，并善意地相信公司可以保持持续经营，那么董事承担赔偿责任的概率将会很低。另外，如果董事因过早申请破产而对公司造成损害，同样要对公司承担责任，[4] 在这一责任规制下，董事也很难贸然行事。因此，申请破产义务也具有某种程度上

---

① 参见白江：《公司支付不能或资不抵债时申请破产的义务和责任》，载《华东政法大学学报》2008 年第 1 期。

② 参见白江：《公司支付不能或资不抵债时申请破产的义务和责任》，载《华东政法大学学报》2008 年第 1 期。

③ See Michael Schillig, *The Transition from Corporate Governance to Bankruptcy Governance-Convergence of German and US Law*, 7 European Company and Financial Law Review 116 (2010).

④ D Kleindiek（n 59）para 71. 转引自 Michael Schillig, *The Transition from Corporate Governance to Bankruptcy Governance-Convergence of German and US Law*, 7 European Company and Financial Law Review 116 (2010).

的灵活性，以"董事为避免担责而过早启动破产程序"为由否定董事破产申请义务，很难具有充分的理由。第三，BEE 评估指标旨在吸收国际上的良好实践做法，可以看出世行评估对德国强制义务模式的积极态度。为了在该项下得分，我国法在总体方向上也应予以借鉴。另外，由于公司处于破产状态或者濒临破产的判断，与破产法所规定的破产要件密切相关，而且也涉及与预重整制度的衔接，因此宜在破产法中对此予以规定。

（二）董事对债权人责任的内涵

关于董事对债权人责任，已有研究多围绕义务承担主体和对象、义务产生时间与赔偿责任的范围展开论述，这些问题无疑具有重要意义，但是由于文章篇幅受限，本文主要围绕董事违反破产申请义务时应承担的赔偿责任性质及责任的构成要件来讨论。

1. 董事对债权人责任的性质

前文已指出《修订草案》第 190 条为董事对债权人责任的确立奠定了基础，但不可忽视的问题是，该条文是否能为债权人指出一条畅通无阻的救济通道？首先，关于公司对债权人的债务责任以及董事对债权人的侵权责任，两者最后均指向债权人的债权，具有同一给付利益，对于该责任并合的处理，[①] 认定为连带责任是否妥当，如果视为连带责任，宜将其性质认定为补充连带责任还是一般连带，这直接关系到债权人所能获得的救济以及董事与相关主体利益的平衡。

第一，董事应与公司对债权人承担连带责任。在目前通说观点为法人实在说的背景下，法人具有独立人格的表现形式即为独立承担责任，法人内部成员所为的职务行为通常由法人吸收，即便具有过错，也均为法人自身对外承担责任，内部向过错方追偿。[②] 如果在公司正常的治理模式下，法人财产足以清偿债务，由公司承担责任即可使债权人利益获得实现。但是，当公司处于财务困境，董事既没有采取合理措施进行非正式的重整以挽救公司，又不及时申请破产，令公司财务状况进一步恶化，加剧清偿能力的丧失时，如果规定董事与公司对债权人承担连带责任，在公司进入破

---

① 关于责任并合的认定，参见张定军：《连带债务研究——以德国法为主要考察对象》，中国社会科学出版社 2010 年版，第 55 页。

② 例如，《民法典》第 62 条所规定的法定代表人职务侵权行为的责任承担。

产程序基本无产可破时，是对债权人保护程度的加强，为债权人向董事主张请求提供通道，促进债权人监督公司、积极主张权利救济。

第二，董事所承担的责任性质为补充连带责任。连带责任与补充责任之间并非冲突的关系，规定责任承担的顺位即限制债权人的任意选择权也是连带责任的实现方式。① 补充责任的特点在于顺位的补充性，当先顺位责任人的财产不足以承担民事责任时，由后顺位的责任人对剩余部分承担补充责任。为何让董事承担补充责任，是基于以下理由：其一，董事的损害行为仅为间接指向债权人，直接损害债权人利益的为公司。董事延迟申请破产，给公司的责任财产带来最大的冲击，直接贬损公司的清偿能力，间接将影响传导至债权人，债权人的债权不能实现，根源在于与公司之间存在法律关系。因此，当董事对债权人仅负有间接责任时，应令其承担补充赔偿责任。其二，基于利益平衡的考量。董事虽未履行破产申请义务，但并不排除公司进入破产程序后，因财产变价等仍具有清偿能力，此时如果赋予债权人选择权，其向董事主张赔偿责任时将给董事个人带来沉重的负担，如此将施加给董事过于苛刻的责任，造成董事利益与公司利益的失衡状态。

2. 董事对债权人责任的构成要件

《修订草案》第 190 条规定了董事的过错要件为故意或重大过失，也蕴含了因果关系要件，但是否应遵循一般侵权的认定思路，有无必要采取特殊的认定标准以满足实践需求，还需作进一步的说明。

德国联邦法院认为，德国《公司法》第 64 条关于董事及时启动破产程序的义务是为了保障公司债权人的地位，使其免受这类风险的影响，因此该项规定具有保护性，属于《德国民法典》第 823 条第 2 款所规定的保护他人法律的范畴，② 在我国学理认识上也不乏相同观点。③ 在修法的背景下，应借鉴违反保护他人法律所应承担的特殊侵权责任的认定方法，采取

---

① 参见李中原：《不真正连带债务理论的反思与更新》，载《法学研究》2011 年第 5 期。

② Bell, J., Janssen, A., & Markesinis, B. S., *Markesinis's German Law of Torts: A Comparative Treatise*, Hart Publishing, 2019, p. 75.

③ 参见马来客、郑伟华、王玲芳：《董事破产申请强制义务及其责任》，载《人民司法》2021 年第 19 期。

规范目的理论进行解释与法律适用。① 第一，董事的过错要件认定应根据董事破产申请义务的内涵确定，如果违反了《企业破产法》上所规定的破产申请义务，则应认为具有过错。此处，便需要义务的设定具有合理性，以免妨碍董事的公司经营治理活动。在公司处于财务困境时，较平时正常治理下董事对公司事务的检查和监督，董事更应持续、全面的监管和掌握公司运行状况，审查是否应申请破产，否则将存在一定过错。第二，董事行为与债权人损害之间的因果关系要件亦包含于对具体义务违反的审查之中，在此情形下应采用责任承担上的因果关系判断标准。② 原因在于一般侵权下的相当因果关系说，具有主观性，在公司财产处于动态变化的过程中认定更为困难，因此应从规定董事对债权人责任的制度目的角度出发，推定董事违反破产申请义务与债权人债权清偿额的减少之间存在因果关系。

3. 影子董事对债权人责任

《修订草案》第 191 条规定的影子董事责任对象虽然已经迈出了跨越性的一步，却停留在公司和股东层面③，仍存在体系上的矛盾和债权人保护上的倒退：其一，条文所规定的控股股东、实际控制人的地位，已然抛开其单一主体身份，将其和董事等同视之，其根本目的在于规制董事在经营管理过程中的不当行为，如果肯认董事对第三人的责任，为符合制度本旨和体系上的要求，应对影子董事对第三人的损害行为做相同的评价。其二，《最高人民法院关于适用〈中华人民共和国公司法〉若干问题的规定(二)》(法释〔2020〕18 号)第 18 条规定董事、影子董事积极组织清算、维护公司财产的义务和责任，如果在公司法中删减影子董事对债权人责任，实际上是对债权人保护的弱化，难以有效地规制影子董事造成债权清偿率低下的行为。因此，影子董事与董事同作为公司的实际控制人，应与董事对债权人的责任保持一致。

---

① 参见朱岩：《违反保护他人法律的过错责任》，载《法学研究》2011 年第 2 期。

② 参见王泽鉴：《侵权行为》，北京大学出版社 2016 年版，第 262 页。

③ 关于控股股东是否应负有信义义务，理论上曾存在激烈的争论，参见王建文：《论我国构建控制股东信义义务的依据与路径》，载《比较法研究》2020 年第 1 期。

破产程序中获益剥夺性赔偿的清偿问题

陈敬立*

内容提要：获益剥夺性赔偿可以剥夺债务人因不法行为从第三人处获取的利益，是一种全新的救济手段。破产法需要时刻关注民法基础理论的革新，及时回应此种特殊的救济权利。获益剥夺性赔偿并非惩罚性赔偿，原则上仍应被认定为普通破产债权。其具有预防不法行为与分配社会财富两个功能，但均与破产清算的公平分配理念相背离。因此，在获益剥夺性赔偿数额大于损害赔偿时，超出的部分应当被认定为劣后债权，管理人或其他债权人应对该事实承担证明责任。对于具有信托基础的获益剥夺性赔偿，债务人的获益应当直接归入受害人的财产。受害人原则上享有破产取回权，但其适用范围应当予以严格限制。受害人应当证明债务人从事利他活动的公示性与返还利益的特定性。

一、问题的提出

债务人在破产宣告前因侵权、违约给他人造成财产损失而产生的赔偿责任可以作为破产债权进行申报。在破产债权申报时，此种赔偿面临的主要问题有二：一是赔偿数额大小的争议。这属于损害推测性与规范性在破产法中的延伸。由于破产财产的有限性，清偿必定厚此薄彼。二是赔偿本身性质的争议。这主要涉及补偿性赔偿与惩罚性赔偿的区分，后者在破产程序中会被认定为劣后债权。以上问题均是以填补损害为原则的民法救济制度与破产法自然融合的结果。

目前，民法救济处于多元化的发展中，允许受害人提出"获益剥夺性

---

* 陈敬立，武汉大学法学院民商法硕士研究生。

赔偿"就是其具体表现之一。损害赔偿以"受害人的损害"为基础计算赔偿数额，而获益剥夺性赔偿以"不法行为人因侵害权利从第三人处获得的利益"为基础计算赔偿数额。例如，《民法典》第 1182 条前句规定"侵害他人人身权益造成财产损失的，按照被侵权人因此受到的损失或者侵权人因此获得的利益赔偿"。此处，"被侵权人因此受到的损失"就是损害赔偿，"侵权人因此获得的利益"就是获益剥夺性赔偿。①

此种救济方式突破了填补损害的原则，带来了全新的破产法问题：由于计算基准的不同，获益剥夺性赔偿的数额既可能大于损害赔偿，也可能小于损害赔偿；而认定劣后的惩罚性赔偿却常常以其与损害大小的关系为判断标准。如果权利人申报此种赔偿，数额争议与权利性质争议则会相互影响，加剧破产清偿问题的矛盾。在破产债权申报中，司法实务已经出现债权人申报获益剥夺性赔偿的情形。例如，有债权人就主张违约赔偿的破产债权应当按照债务人转租给他人的租金标准计算。②

更为重要的是，若将视野扩展至更宽的法律领域，可以发现获益剥夺性赔偿早已出现在民事救济中。例如，信托的归入权制度可以剥夺违反信义义务受托人的所得利益。归入权可被称为特殊的获益剥夺性赔偿。这显现出获益剥夺性赔偿与信托制度的密切关系，实际上获益剥夺性赔偿产生的理念源头之一就是信托义务的维护。考虑到信托具有破产隔离的特殊功能，如何理解获益剥夺性赔偿与破产取回权的关系，亦值得深入研究。

基于"遵循非破产法规则"的原则，破产法需要时刻关注民法救济手段的多元化发展。在破产程序中，债权清偿问题牵涉优先权、清偿顺位、清偿率、其他债权人竞争等因素。破产法不应该忽视这一正在进行中的民事

---

① 根据最高人民法院释义书的解释，此处的获益应是指不法行为人从第三人处获得的利润，参见最高人民法院民法典贯彻实施工作领导小组主编：《中华人民共和国民法典侵权责任编理解与适用》，人民法院出版社 2020 年版，第 168-170 页。有学者认为，获益内容可以包含许可使用费。参见王利明：《侵权获利返还若干问题探讨——兼评民法典分编草案二审稿第 959 条》，载《广东社会科学》2019 年第 4 期。许可使用费是指使用本身的利益，是不法行为人从受害人处获得的利益，属于不当得利。其中区别值得注意。

② 参见江苏省淮安市中级人民法院（2021）苏 08 民终 3571 号民事判决书。转租租金就是债务人因违约而从第三人处获得的利益。本案最终裁判并未支持此种计算标准，而是基于可预见性规则降低了赔偿数额。

救济制度的革新，破产债权的清偿需要对获益剥夺性赔偿问题未雨绸缪。

二、破产清偿顺位与获益剥夺性赔偿的理念

各类破产债权的清偿顺序始终是破产法的核心问题。就获益剥夺性赔偿而言，要回答"获益剥夺性赔偿在现行的清偿标准下应当处于何种顺位"这一问题，首先需要说明破产清偿顺位的制定标准与获益剥夺性赔偿的价值理念。

(一)破产债权的清偿顺序标准

在实证法上，《中华人民共和国企业破产法》(以下简称《企业破产法》)第 113 条确立了"劳动债权—社保、税收债权—普通债权"的先后顺序。在理论界，提高人身损害赔偿债权的受偿顺位与确定劣后债权的范围是重要的讨论议题。其后，《全国法院破产审判工作会议纪要》(法〔2018〕53 号)(以下简称《破产审判纪要》)第 28 条规定"人身损害赔偿债权优先于财产性债权、私法债权优先于公法债权、补偿性债权优先于惩罚性债权的原则合理确定清偿顺序"，并明确人身损害赔偿债权可以参照劳动债权的顺序清偿、惩罚性债权应劣后于普通债权。

在实质层面，需要明确的是破产债权清偿顺序的安排遵循着何种制定标准。有学者指出，在破产债权受偿顺序的安排上，立法者需要在效率与公平之间的公共政策冲突中进行判断与选择：在强调效率的一端，对社会信用体系维护和资金融通低廉迅捷有重要意义的担保债权享有超级优先权；在强调公平的一端，劣后债权处在顺序最后，是因为如果其与普通破产债权一同受偿，会损害实质公平。[1] 人身损害赔偿债权的顺位提前，是为了解决债权人的生存权、健康权等基本人身权利在破产程序中难以保障的社会问题。[2] 惩罚性赔偿之所以作为劣后债权，是因为如果将惩罚性债权置于普通债权的清偿顺位，那么对债务人的惩罚效果可能就被转嫁给了

---

[1] 参见郭丁铭：《我国破产债权受偿顺序之完善》，载《昆明理工大学学报(社会科学版)》2013 年第 2 期。

[2] 参见王欣新：《〈全国法院破产审判工作会议纪要〉要点解读》，载《法治研究》2019 年第 5 期。

其他普通债权人。①

债权受偿顺序的确定需要从整体主义的视角出发：债权受偿顺序的确定与变更，表面上只影响利益分配，实质却牵涉经济、社会及法治发展的理念、规范和技术，并最终需要接受实践的检验。② 在具体规则层面，对破产程序中债权的清偿顺序进行特别规定时，应遵循的总体原则有两项：一是有关的顺序规则不应违背一般的经济规律，以至于迫使当事人全部或部分地放弃交易；二是必须充分认识到破产顺序规则实际效果的局限性，考虑到破产财团价值通常都很有限，在实现了某些法定在先权利后常常所剩无几，规定复杂的清偿顺序在客观上并无实益。③ 因此，我们需要厘清获益剥夺性赔偿在民法救济领域的发展理念，然后通过破产法价值标准的检验来明确获益剥夺性赔偿的清偿问题。

(二)获益剥夺性赔偿的制度基础

我国的获益剥夺性赔偿集中于侵权领域，主要分布在人格权与知识产权的保护规范上。另外，有研究者认为应当承认合同领域的获益剥夺性赔偿。④ 从制度演变上看，获益剥夺性赔偿的理论来源较为多元。

第一，在英美法上，获益剥夺性赔偿是以违反信托义务为原点，逐渐包括违反拟制信托义务的其他不法行为。⑤ 有学者认为此种救济方式应当扩张至更大的范围，在委托合同、信托关系、合伙关系、代理关系、公司法中管理人违背义务的场合，以及在破产管理人和其他财产管理人等违背信义义务的所有情形下，都有必要引入剥夺不法行为人获益的救济方式。⑥ 也

---

① 参见许德风：《论破产债权的顺序》，载《当代法学》2013 年第 2 期。

② 参见冯辉：《破产债权受偿顺序的整体主义解释》，载《法学家》2013 年第 2 期。

③ 参见许德风：《破产法论：解释与功能比较的视角》，北京大学出版社 2015 年版，第 191-192 页。

④ 参见吴国喆、长文昕娉：《违约获益交出责任的正当性与独立性》，载《法学研究》2021 年第 4 期。

⑤ 参见和育东：《非法获利赔偿制度的正当性及适用范围》，载《法学》2018 年第 8 期。

⑥ 参见赵廉慧：《作为民法特别法的信托法》，载《环球法律评论》2021 年第 1 期。

有观点指出，对于其他不法行为而言，如果相对的义务与信托义务越相似，其适用获益剥夺性赔偿的正当性就越强，违反拟制信托义务可以从权利视角证成此类救济模式。①

第二，目前学者们多从"预防不法行为"的角度论证获益剥夺性赔偿的正当性，并就"为何要进行预防"提出了众多建设性的意见。在侵权领域，有学者提出了"非经交易不得抢夺他人权益"的财产规则，侵害交易自决的行为在市场资源配置、物的利用、交易秩序、法律运作等方面均会产生不利影响。② 在合同领域，研究者则强调合同依约履行的重要性，反对效率违约，剥夺违约获益可对违约方发挥威慑作用。③

第三，我国实证法上，获益剥夺性赔偿的产生源于损失的难以计算。全国人大法工委的相关释义书指出，一些侵害人身权益的行为财产损失难以确定，尤其是在被侵权人的名誉受损、隐私被披露等侵害非物质性人身权益的情况下，很难确定财产损失，在此情形下，怎样确定赔偿数额是困扰司法实践中的一个难题，此时就可以按照侵权人获得的利益计算。④ 有观点认为，获益剥夺性赔偿将获利视为损害，有利于缓解受害人证明其客观上遭受财产损害的困难。⑤

第四，获益剥夺性赔偿的性质如何，现存争议较大。例如，对于《民法典》第1182条中的"按照……侵权人因此获得的利益赔偿"应该如何理解，有"独立请求权说"与"计算方式说"的争论。前者认为，获益剥夺性赔偿建立了一个结合侵权损害赔偿的归责要件和不当得利返还效果的新型请求权规范。⑥ 该请求权处于侵权法与不当得利法的

---

① 参见和育东：《非法获利赔偿制度的正当性及适用范围》，载《法学》2018年第8期。

② 参见洪国盛：《论权益侵害与获利交出》，载《环球法律评论》2022年第2期。

③ 参见孙良国：《违约责任中的所获利益赔偿研究》，载《法制与社会发展》2008年第1期。

④ 参见王胜明主编：《中华人民共和国侵权责任法释义》，法律出版社2010年版，第103-104页。

⑤ 参见王利明：《侵权获利返还若干问题探讨——兼评民法典分编草案二审稿第959条》，载《广东社会科学》2019年第4期。

⑥ 参见王涌、周晓东：《民法典第1182条获利返还制度的解释与完善》，载《广西大学学报(哲学社会科学版)》2021年第2期。

中间过渡地带。① 后者认为，获益剥夺性赔偿仅仅是一种计算方式，其虽然是独立于损失赔偿的赔偿类型，但是构成要件与赔偿损失并无不同，请求权基础都没有讨论的必要和空间。②

（三）获益剥夺性赔偿的破产问题

获益剥夺性赔偿破产问题的核心在于：民法中获益剥夺性赔偿的价值理念能否得到破产法的承认。其中争议主要集中于以下问题：

第一，如何衔接获益剥夺性赔偿与破产清偿的价值理念？获益剥夺性赔偿在宏观层面具有多种价值取向：既有损害本身难以计算的问题，又承载了预防不法行为的功能，甚至还源于与信托等领域的融合。破产清偿所秉持的顺位标准该如何评价基础不同的获益剥夺性赔偿？

第二，如何处理获益剥夺性赔偿与损害赔偿金额不一致的问题？获益剥夺性赔偿的数额可能高于或低于一般意义的损害赔偿数额。在破产清偿的权利争夺中，获益剥夺性赔偿在破产程序中极易遭受其性质为惩罚性赔偿的指责，从而使权利人在清偿顺位上处于劣势地位。

第三，如何识别获益剥夺性赔偿的具体类型？获益剥夺性赔偿的价值追求能否得到破产法的承认是确定不同赔偿责任受偿顺序的前提要件。但是，获益剥夺性赔偿在实务中具有复杂多变的表现形式，破产清偿时能否准确识别赔偿的性质亦是需要重点考察的问题。

在宏观价值理念与微观数额认定上，破产法能够在多大程度上承认以及如何处理民法领域获益剥夺性赔偿均需要严谨的讨论。同时，破产法领域内部的债权类别与清偿先后顺位标准亦应得到科学化的检讨。只有双向的互动才能最终解决破产程序中获益剥夺性赔偿的清偿问题。

三、一般获益剥夺性赔偿的破产清偿

获益剥夺性赔偿理论来源丰富，从法律效果来看，其主要体现了民法

---

① 参见朱岩：《"利润剥夺"的请求权基础——兼评〈中华人民共和国侵权责任法〉第 20 条》，载《法商研究》2011 年第 3 期。

② 参见李承亮：《多元赔偿责任论》，载《法学评论》2020 年第 5 期。

对财产的分配功能。因此，与破产法的公平分配理念相比，民法的此种分配财产功能是否更具优先地位值得思考。

（一）获益剥夺性赔偿不是惩罚性赔偿

《破产审判纪要》第 28 条规定补偿性债权优先于惩罚性债权，民事惩罚性赔偿金居于劣后顺位。在获益大于损失时，获益剥夺性赔偿与惩罚性赔偿是何种关系？对其性质的认定会影响其在破产程序中的受偿顺序。

目前，对于获益剥夺性赔偿与惩罚性赔偿的关系，理论界的观点不一。有观点认为，获益剥夺性赔偿作为发挥预防功能的特殊制度，与惩罚性赔偿具有功能替代性，但是由于获益剥夺性赔偿以实际获益为基础，因此其具有的惩罚性相对较弱。[①] 反对观点指出，获益剥夺性赔偿并非惩罚性赔偿。惩罚性赔偿表现为补偿性赔偿之外的额外赔偿，并且为了实现有效率的惩罚，在数额上必须超出不法行为人获益的范围。如果赔偿责任在数额上并没有超出不法行为人获益的范围，则不具有惩罚性。[②] 可见，对立观点实际是对"惩罚"一词的理解不一。

我国法上，惩罚性赔偿与补偿性赔偿的区分通常是以赔偿是否超出损害大小为标准，此种意义下所谓的"惩罚"实际是指不法行为人应当赔偿超出损害的部分，或者权利人应当保有超出损害的部分。这种观点局限于矫正正义的视角，忽视了分配正义在民法中的运用。传统的区分标准并不科学，较为合理的一种理解为，惩罚针对的是不法行为人，补偿针对的是受害人。[③] 如此，"惩罚"的含义就会发生转变，因为即使赔偿数额超过了损害大小，对于债务人来讲可能也并不算惩罚，因为债务人通过违约或者侵权取得了比赔偿数额更大的利益。有观点指出，当民事不法行为发生时，法律提供的救济有以下形式：一是请求损失的赔偿；二是索回不法行

---

①　参见张家勇：《基于得利的侵权损害赔偿之规范再造》，载《法学》2019 年第 2 期。

②　参见黄芬：《人格权侵权获利赔偿的请求权基础研究》，载《法商研究》2019 年第 4 期。

③　参见罗昆：《违约金的性质反思与类型重构——一种功能主义的视角》，载《法商研究》2015 年第 5 期。

为人的所得利益；三是向恶意行为人索回惩罚性赔偿。① 如此看来，惩罚性赔偿与补偿性赔偿并不是非此即彼的关系，在两者之间至少还存在获益剥夺性赔偿这一形态。

我国法上明文规定的惩罚性赔偿，均是在损害赔偿之后，再另行施加额外的赔偿。而获益剥夺性赔偿与损害赔偿则是选择式的关系，是二者选其一的模式。除此之外，还有两点应当注意：第一，获益并不一定大于损害，权利人主张获益剥夺性赔偿以替代损害赔偿亦有可能是因为证据原因；第二，由于二者选其一的模式，获益剥夺性赔偿或多或少发挥着填补损害的功能，在获益小于损害时甚至只是发挥填补损害的功能。尽管《破产审判纪要》第28条规定了民事惩罚性赔偿应当劣后，但是不能简单地认为获益剥夺性赔偿就属于惩罚性债权，进而将其整体直接列为劣后债权。债权人选择损害赔偿救济时属普通债权，而选择获益剥夺性赔偿时反而成了劣后债权，这显然是不合理的。问题的关键是如何理解获益剥夺性赔偿的价值取向，破产法能在何种程度上予以接受。

（二）破产法不应承认民法的分配功能

1. 破产法的财产分配

破产免责制度产生之前，破产法的天平主要是向债权人一方倾斜，免责制度产生之后破产法开始在债权人与债务人之间寻求平衡，但是有向债务人倾斜的趋势。② 这一倾斜的后果是债权人之间的矛盾不断扩大，因为债务人的财产始终是有限的，债权人之间进入零和博弈的状态。债权人之间的关系复杂、矛盾冲突点众多：债权人与债权人之间、有担保债权人与无担保债权人之间、已经申报的债权人与未申报的债权人之间、共益债权人与一般债权人之间等均有紧张的利益矛盾，均需要平衡性制度的安排。③

在厘清债务人财产范围的基础上，如何分配债务人的财产就是破产法的重中之重，前文所述的债权清偿顺位问题就是最为主要的体现。除此之

---

① 参见［英］皮特·博克斯：《不当得利》，刘桥译，清华大学出版社2012年版，第191页。

② 参见韩长印：《企业破产立法目标的争论及其评价》，载《中国法学》2004年第5期。

③ 参见李永军：《破产法的程序结构与利益平衡机制》，载《政法论坛（中国政法大学学报）》2007年第1期。

外，破产法的财产分配在债权人之间还有以下一些调整措施。例如，禁止债务人在破产前六个月内的个别清偿。撤销个别清偿的基本条件是纯客观性的，只要求"清偿到期债务"和"法院受理破产申请前的 6 个月内"，并无主观要件的限制。原因在于破产还债的最主要特点就是要通过集体程序公平清偿全体债权人的债权，提前的单独清偿会刺激债权人竞相争夺债务人的财产，断送企业拯救前景，因此法律必须提前介入强制维护公平的清偿秩序。①

2. 获益剥夺性赔偿的财产分配

不法行为人的获益大于受害人的损害是获益剥夺性赔偿发挥功能的主要情形。其一方面使得不法行为人丧失通过侵犯某种权益获得的全部利益；另一方面又让权利人获得超出损害的赔偿。不法行为人通过侵犯权益"从第三人处获得利益"的原因是多种多样的：获益本身既可能源于权利人的权益贡献，还可能源于不法行为人的自身精力或其他成本的付出，甚至还取决于市场行情、他方因素等。因此，在救济领域，如果要将不法行为人因自身因素而从第三人处获得的利益分配给权利人必须依靠特殊的政策考量。虽然"任何人均不能从违法行为中获利"是公认的法理，但想要将抽象的法理落实到具体规范，其间还需要更多的论证解释。通常认为获益剥夺性赔偿的正当性基础来源于民法的预防功能。预防功能具体体现为：侵权人或违约方通常是为了获取更大的利益而违反义务，因此只要在救济上允许剥夺因侵权或违约而获得的利益，就有助于在源头遏制违反义务的行为。

为了发挥威慑作用，使加害人承担超出受害人所受损失的责任通常被认为超出了救济制度一般所秉持的矫正正义观念。② 民法的分配正义随即显现。民法首先对当事人权利的配置进行分配，然后通过改变当事人现存权利义务的配置进行再分配。这些再分配规则仅发生在具体的当事人之间，但是通过微观个案的积累，又在社会整体上产生宏观再分配的效果。③ 强调分配正义的必然结果是提升救济预防功能的地位。在合同法中，此种分配强调的是对合同内容的实际履行；在侵权法中，此种分配强调的是防止侵权行为的再次发生。

---

① 参见王卫国：《破产法精义》，法律出版社 2020 年版，第 123 页。

② 参见易军：《民法公平原则新诠》，载《法学家》2012 年第 4 期。

③ 参见谢鸿飞：《〈民法典〉中的"国家"》，载《法学评论》2020 年第 5 期。

3. 破产分配的优先

"尊重非破产法规范原则"的关键在于：除非基于特殊的政策考虑，原则上不应对非破产法规范进行变动。[①] 获益由"债权人增益""债务人增益"与"其他增益"共同构成。获益剥夺性赔偿将三部分增益全部归属于债权人。而在破产法的视角下，此种利益分配机制是否应当继续坚持值得研究。

在财产分配问题上，民法与破产法的主要区别在于：财产分配目标与牵涉主体的差异。民法的分配是以预防义务的违反为主要目标，此种功能限于双方当事人之间，仅仅在行为规范的意义上扩及宏观层面。而破产法的重点是清理债权债务关系，要解决权利的界定、平衡和保护问题，既要保护债权人、债务人的各自权利，也要保护债权人之间的权利，实现不同债权人之间利益的平衡，还要保护破产程序相关的参与方的利益。[②]

在直观上，民法以预防为主的分配在破产中缺乏拘束对象，被督促规范行为的债务人走向终结，微观层面的积极意义无法实现。在深层次的意义上，民法所秉持的预防功能在双方关系中运作时，不应该直接波及无辜的第三方。不能因为阻止双方关系中的违约、侵权行为而减损第三方的利益，否则在社会整体利益上无异于拆东墙补西墙。因此，以保护全体债权人为主的破产分配应当优先于以预防为主的民法分配。否定民法预防功能在破产法中的意义不等于获益赔偿性赔偿无法在破产程序中得到支持。前述的预防功能的适用场景仅仅为"获益大于损害"时，在"获益小于或等于损害"的情形，获益剥夺性赔偿与损害赔偿无异，甚至损害赔偿本身亦有预防意义。因此，亦不能依破产法的理念只允许债权人申报损害赔偿的数额，否则就是走向了另一个极端。

(三) 获益剥夺性赔偿的部分劣后

虽然获益剥夺性赔偿不是惩罚性赔偿，但是这并不意味着获益剥夺性赔偿的破产清偿顺序无需调整。在比较法上，《美国第三次返还与不当得

---

① 参见许德风：《破产法论：解释与功能比较的视角》，北京大学出版社2015年版，第82页。

② 参见李曙光：《论我国〈企业破产法〉修法的理念、原则与修改重点》，载《中国法律评论》2021年第6期。

利法重述》第 61 条规定，获益返还中超过原告损失的部分应当劣后于被告的债权人的索赔。其相关评论指出，关于获益返还的规则旨在为受害人向不法行为人伸张正义。鉴于有意识的不法行为不应该是有利可图的，因而法律允许受害人得到比损失更多的金钱，这样不法行为人就可以被剥夺收益。若当获益返还的竞争是在无辜的各方之间进行时，就可能产生不公平的结果。① 对受害人的赔偿是以不法行为人的损失为代价的，这一假设是对赔偿金可能超过受害人的损失的每一个理由的基础。但是，如果不法行为人无力偿还，即不法行为人的资产不足以同时满足对受害人的赔偿责任和一般债权人的索赔要求，这一关键假设就不再成立。如果情况是这样的，对受害人的赔偿减少了不法行为人的债权人可利用的资产，那么一个开始是受害者和不法行为者之间的争夺的案件就变成了无辜索赔者之间对有限资产的竞争。② 该条规则的含义与"破产分配优先于民法分配"理念一脉相承，因此值得我国破产法借鉴：如果获益剥夺性赔偿大于损害赔偿，对于数额处在损害与获益之间的部分赔偿应当作为劣后债权，同时需要由破产管理人或其他异议债权人举证证明获益大于损害。因此，获益剥夺性赔偿在破产程序中就会呈现两种状态：当获益剥夺性赔偿小于等于损害赔偿时，其整体为普通破产债权；当获益剥夺性赔偿大于损害赔偿时，与损害相当的部分仍为普通破产债权，仅仅是超出损害大小的赔偿部分被认定为劣后债权。获益剥夺性赔偿不是惩罚性赔偿，因而不可能出现整体被认定为劣后债权的情形。

获益剥夺性赔偿作为民事救济的特殊方式，或多或少都具有一定的补偿功能。其出现意味着破产程序对违约或侵权救济债权数额的认定将更加精细化，也为管理人与司法机关认定债权数额提出了更高的要求。我国《企业破产法》第 49 条仅规定债权申报应当书面说明债权的数额和有无财产担保，并提交有关证据。虽然我国法对破产债权的调查极为模糊，理论和实践难以对其解读和适用，但在调查内容上，调查债权的合法性与有效性、是否符合破产债权的条件、债权的性质、数额和发生原因应当是其基

---

① See Restatement (Third) of Restitution and Unjust Enrichment, § 61, Comment a (2011).

② See Restatement (Third) of Restitution and Unjust Enrichment, § 61, Comment b (2011).

本内容。① 对于获益剥夺性赔偿，应当尤其注意赔偿数额的计算基准和请求权基础。

四、特殊获益剥夺性赔偿的破产清偿

获益剥夺性赔偿具有信托的基因，因此讨论此类特殊获益剥夺性赔偿的破产问题就是讨论信托在破产程序中的适用范围问题。由于信托具有破产隔离的功能，在破产中权利人可直接行使取回权，对其适用范围应谨慎对待。

（一）获益剥夺性赔偿与信托的关系

1. 赔偿救济与信托返还救济的融合

获益剥夺性赔偿以不法行为人因侵权或违约而从第三人处的获益为计算基准。这一特征与信托法上违反信义义务后的返还责任相同，两者具有相同的救济基准。根据前文所述，在英美法上，获益剥夺性赔偿本身就具有信托的基因。

有学者就指出，现今管理他人财产事务较为常见，一个人可以利用其特殊地位影响他人的财产地位，并从中获取利益。传统的损害赔偿制度无法提供圆满的救济，需要求助于信托中的返还救济理论。② 不同于大陆法系，英美法的不当得利分为"独立型不当得利"与"不法行为型不当得利"。③ 违反信托义务而产生的返还请求权是不法行为型不当得利的子类型，并且在英美法传统上，不当得利返还是一种救济手段和责任形式，并不存在与其他法律规范相冲突以及法律适用上困难的问题。④ 如前文所述，在我国法上获益剥夺性赔偿也被认为具有某种不当得利返还的效果。

如此，获益剥夺性赔偿若是基于信托的基础，则是属于返还救济与损

---

① 参见付翠英：《论破产债权的申报、调查与确认》，载《政治与法律》2015 年第 2 期。

② 参见赵廉慧：《信托法解释论》，中国法制出版社 2015 年版，第 17 页。

③ 参见肖永平、霍政欣：《英美债法的第三支柱：返还请求权法探析》，载《比较法研究》2006 年第 3 期。

④ 参见范雪飞：《差异与融合：最新三大不当得利示范法比较研究》，载《法学评论》2015 年第 2 期。

害赔偿的交融。因此，获益剥夺性赔偿的适用与信托关系密切。我国法上与获益剥夺性赔偿或信托返还救济有关的制度还有以下几种：委托合同中受托人交出处理委托事务所取得的财产、无因管理中管理人交出管理事务所取得的财产，以及在公司内部人违反忠实义务时公司的归入权制度等。①

2. 信托财产的破产隔离范围

最高人民法院一方面虽然认为，应当在狭义上理解破产法中的"非债务人财产"，即指债务人占有的但不属于债务人所有的财产；② 另一方面依然承认信托的破产隔离功能，受托人享有对信托财产管理或者处分的权利，可以占有、使用或者处分信托财产，但是这些权利服从于、服务于信托目的，虽然受托人实际取得信托财产的名义所有权，但当受托人进入破产程序时，信托财产不应列入受托人的破产财产。③ 有学者解读了破产法中的"不属于债务人的财产"与"他人的财产"之间的关系：一般而言，不属于债务人的财产，自应当归属于其他权利人。但在逻辑上"不属于债务人"，并不必然等同于"属于其他人"，两处文义并不等效，两者间的缝隙即信托财产。④ 信托财产的破产隔离功能已经说明，取回权成立的依据在于经济、道德以及社会一般观念层面权利的实际归属，"权源"并不局限于民法上的"物权"，可以扩展至其他权利。⑤

获益剥夺性赔偿不是信托的固有财产，需要注意其中存在一个转换的过程。在正常情况下，受托人管理信托财产会产生获益，该获益应当直接归属于信托财产毫无疑义。根据《信托法》第26条规定，受托人违反信义

---

① 参见吴国喆、长文昕婷：《违约获益交出责任的正当性与独立性》，载《法学研究》2021年第4期。

② 参见最高人民法院民事审判第二庭编著：《最高人民法院关于企业破产法司法解释理解与适用：破产法解释（一）、破产法解释（二）》，人民法院出版社2017年版，第128页。

③ 参见最高人民法院民事审判第二庭编著：《最高人民法院关于企业破产法司法解释理解与适用：破产法解释（一）、破产法解释（二）》，人民法院出版社2017年版，第133页。

④ 参见孙珉：《委托理财关系的信托基础与破产取回权》，载朱晓喆主编：《中国信托法评论（第一卷）》，法律出版社2018年版，第226页。

⑤ 参见许德风：《论债权的破产取回》，载《法学》2012年第6期。

义务利用信托财产为自己谋取利益的，所得利益归入信托财产。对于该条应当做如下解读：信托财产基于受托人的违约或侵权行为有时亦会产生获益，受托人因违反信义义务所得利益亦直接归于信托财产，适用"自动入库"规则。① 即使"获益剥夺"被冠以"赔偿"之名，也不应否认此种基础。破产不应成为"掠夺他人财产的手段"，法院应当认真对待此种返还制度，即便债务人已经事实破产且存在相冲突的债权人。②

（二）获益剥夺性赔偿的破产取回限制

1. 拟制信托是特殊的获益剥夺性赔偿

在意定信托之下，获益剥夺性赔偿或者说信托返还救济虽然是一种救济权利，但是基于信托制度的特性，其具有破产取回的特权符合法理。但是，除了与意定信托救济的竞合之外，在违约或侵权救济的语境下，获益返还性赔偿与拟制信托关系密切。拟制信托能否得到破产法的优待，决定了此类获益剥夺性赔偿的破产清偿的地位。

拟制信托是对信托法律效果的一种拟制，是英美衡平法上的一种特有信托类型，其主要功能在于利用信托中财产所有与财产利益归属相分离的机制，对受有损害的当事人进行救济，是一种个案的、临时性的救济方式。拟制信托一般由法院强制性认定，不依赖于当事人的意思存在。但大陆法系国家在引进信托法的过程中大多未采用拟制信托，我国亦是如此。③ 实际上，拟制信托与不真正无因管理制度（尤其是不法管理）具有相同的功能。但是，我国最高人民法院在释义书中并未承认不真正无因管理的存在。④ 除此之外，我国不当利益制度亦无"不法行为型不当得利"的分类。如此，面对救济手段的空缺，承认拟制信托在民事救济体系中的

---

① 参见周小明：《信托制度：法理与实务》，中国法制出版社 2012 年版，第 287-288 页。

② 参见［美］查尔斯·J. 泰步：《美国破产法新论（中册）》（第三版），韩长印、何欢、王之洲译，中国政法大学出版社 2017 年版，第 859 页。

③ 参见段磊：《拟制信托的适用路径与信托财产的独立性——以日本最高法院判例为线索》，载朱晓喆主编：《中国信托法评论（第二卷）》，法律出版社 2020 年版，第 37 页。

④ 参见最高人民法院民法典贯彻实施工作领导小组主编：《中华人民共和国民法典合同编理解与适用［四］》，人民法院出版社 2020 年版，第 2777 页。

作用有助于加强对实体权利的保护。在此意义上，拟制信托可以作为一种特殊的获益剥夺性赔偿。

具备拟制信托功能的获益剥夺性赔偿则脱离了普通债权的性质，在破产法上应当认定获益剥夺性赔偿属于破产取回的范畴。基于此，针对违约或侵权救济的拟制信托如果被过度拓展，则会导致债权人通过拟制信托大量取回破产企业所占有的财产，无益于破产企业的清算与重整。因此，关键的问题在于：获益返还性赔偿（救济性拟制信托）具有多大的适用范围。

2. 获益返还性赔偿的破产取回争议

从比较法上看，获益返还性赔偿（救济性拟制信托）能否取得破产取回权的保护争议很大。英国法对救济性拟制信托在破产法中的适用持有否定态度。尽管拟制信托的所有情形不可能得到全部列举，但某些特定情形依旧可以得到认定，因而债权人依据拟制信托主张所有权利益以期获得优先权的趋势有所增加。[1] 但是英国的有关判决表明，破产法规定的公平分配破产公司资产的方案可以排除救济性拟制信托的公平原则的适用，破产法应将救济性的拟制信托拒之门外。[2]

在美国法上，救济性拟制信托能否在破产案件中得到支持同样存在较大争论。否定适用的观点认为，平等分配的破产法政策相对于拟制信托而言具有优先效力；支持适用的观点指出，如果允许债务人的其他债权人从债务人的欺诈行为中获益，那么这些债权人无异于意外获益。[3]《美国第三次返还与不当得利法重述》第 60 条的评论则指出，本节规定的返还优先权可以被联邦破产法加以修改，现行破产法在多大程度上具有这样的效果是一个超出本重述范围的争议性问题。如果返还的优先权利在破产程序中得不到尊重，返还法在此方面就不可能得到发展。[4] 更多的争议源于以下问题：第一，当信托制度的运用是在对实质上的违约指控提供救济时，其能否被赋予优先权；第二，由于信托产生的衡平利益无须登记，不为破

---

[1]　参见[英]费奥娜·托米：《英国公司和个人破产法》(第二版)，汤维建、刘静译，北京大学出版社 2010 年版，第 329 页。

[2]　Marangos Hotel Co Ltd v. Stone，[1998] EWCA Civ 789.

[3]　参见[美]查尔斯·J. 泰步：《美国破产法新论(中册)》(第三版)，韩长印、何欢、王之洲译，中国政法大学出版社 2017 年版，第 857 页。

[4]　See Restatement (Third) of Restitution and Unjust Enrichment，§ 60，Comment f (2011).

产受托人的普通债权人所知，普通债权人对无所有权的占有是否有所信赖；如果有信赖，是否需要得到保护。①

但是，无论是基于信托的获益剥夺性赔偿，抑或是救济性拟制信托，其能否被赋予优先权，均不应受到损害赔偿之债的桎梏。德国法上，基于不当得利的返还虽然被归结为债权，但是破产法仍然将其设定为优先受偿的财团债务，原因在于：在物权行为理论下，基于不当得利的返还与基于所有权的返还具有相当的利益，破产法不应破坏此种利益上的平衡。②

3. 破产取回的限制：公示性与特定性

有学者认为，在承认特定债权能够取回的情形下，债务人一般应当具备"为他人利益而行为"以及"为他人服务的营业外观"两个要件，前者表明债权人而不是债务人承担被管理财产的收益与风险，其应被认为是财产的终极归属人；后者区别于不具有公示性的一般债权，以稳定市场信用。③有学者提出，鉴于我国信托法在财产权转移、登记和信托财产独立性上的特殊性，拟制信托在我国的适用范围应当限定于一般动产、金钱等尚不存在权属登记制度的财产，对于不动产、机动车和知识产权等已经存在权属登记制度的财产，尚不宜适用拟制信托，否则会对我国现有法律体系造成较大的冲击。④

据此，"为他人服务的营业外观"与"所有物的归属"之间若有冲突，"营业外观"可以在一定财产范围内改变其他债权人对"财产利益"归属的信赖。正是因如此，有学者就认为委托理财特殊商业模式就存在适用拟制信托的空间，⑤其公示性就体现为证券公司、银行等经特许批准的经营理财业务，其中涉及的获益性返还赔偿就可以拥有破产取回权的地位。

意定信托本身以及其收益亏损均需特定化，如果认为委托理财模式具

① 参见[英]费奥娜·托米：《英国公司和个人破产法》（第二版），汤维建、刘静译，北京大学出版社 2010 年版，第 326 页。

② 参见娄爱华：《〈破产法〉第 42 条涉不当得利条款解释论》，载《社会科学》2013 年第 4 期。

③ 参见许德风：《论债权的破产取回》，载《法学》2012 年第 6 期。

④ 参见段磊：《拟制信托的适用路径与信托财产的独立性——以日本最高法院判例为线索》，载朱晓喆主编：《中国信托法评论（第二卷）》，法律出版社 2020 年版，第 54-55 页。

⑤ 参见赵廉慧：《信托法解释论》，中国法制出版社 2015 年版，第 64-65 页。

有信托性质，其资金的特定化就在于特定投资的专户管理。除此之外，拟制信托的构成亦需以财产的可识别性与可追踪性为前提。此种要求主要基于以下原理：第一，考虑拟制信托本身的功能。如果原告不能证明对被告手中的具体财产具有衡平的所有权，那么获益返还的根本基础就会丧失。承认对无法追踪的财产的"拟制信托"本身就是一个自相矛盾的说法，这将允许原告选择被告的特定资产并取得这些资产以满足非具体的返还责任。拟制信托并没有此种法律效果。第二，衡平取回权人与一般债权人之间的利益。在涉及三方争议的返还责任下，财产的可识别性与可追踪性规则能够限制原告获得相对于被告的一般债权人的优先权，在原告和被告的一般债权人的竞争性要求之间达成现实的妥协。①

而在我国法上，对于返还财产的特定问题，特殊获益返还性赔偿完全可以类推适用有关代偿取回权的规则。但是有以下几点需要注意：

第一，在破产法所承认的代偿取回权问题上，债务人占有的债权人财产被置换为保险金、赔偿金、代偿物，两者具有替代的关系。但是，在以拟制信托为基础的获益返还性赔偿中，债务人从第三人处得到的获益应当被归入债权人的财产。两者在运行模式上存在一定的差异：前者是灭失后的替代财产，后者是存续财产的新生利益。

第二，虽然最高人民法院认为代偿取回权和赔偿请求权具有很大的区别，两者可以并存但不可以相互代替。例如，代偿财产本质上是取回权人财产的转化形式，行使代偿取回权不会对破产财产的损益造成影响，而赔偿请求权所请求的金额，要从债务人财产中支付，这必然会和其他债权人的利益相冲突。② 但是，赔偿请求权与获益返还性赔偿虽然均被冠以"赔偿"名义，可其内涵并不相同：前者是债务人责任财产的支出，权利人需要承担债务人的破产风险；后者是基于拟制信托的返还，债务人的破产风险被隔离。获益返还性赔偿在拟制信托意涵下是指债务人的获益应当直接归入债权人，其根本不属于债务人财产。

---

① See Restatement (Third) of Restitution and Unjust Enrichment, § 55, Comment h(2011).

② 参见最高人民法院民事审判第二庭编著：《最高人民法院关于企业破产法司法解释理解与适用：破产法解释（一）、破产法解释（二）》，人民法院出版社 2017 年版，第 358-359 页。

五、结　语

　　本文将获益剥夺性赔偿引入破产法，回答了何种类型的救济应当劣后、何种类型的救济应当优先的问题。尽管获益剥夺被冠以赔偿之名，属于民事救济的一种特殊手段，但是不可简单将其解读为与损害赔偿相同的普通债权，其中蕴含的救济理念和信托基因均值得破产法语境下的检讨。违约或侵权后的救济有其特殊性，人身损害的救济债权可以在破产法中得到优先照顾，其他的救济债权自然就有可能得到优先或劣后的区别对待。财产分配是民法调整社会秩序必然带来的附随效果，救济权利的对物性与对人性正好对应了不同类型获益剥夺性赔偿在破产程序中清偿地位的差异。同样的思考模式还可以扩及协商性赔偿、惩罚性赔偿等救济制度，有助于构建起救济权利在破产清偿问题上的顺位谱系，合理地衔接民法救济与破产分配的价值理念。

论融资租赁担保功能主义下破产法适用之因应

侯毅 舒净*

内容提要：《民法典》颁布后，融资租赁交易出现担保功能主义倾向，使其与破产程序的衔接适用发生变化。本文以我国《民法典》的现有规定为出发点，探讨融资租赁交易在破产程序适用中的若干具体问题，主张融资租赁物应纳入破产财产之列，出租人在承租人破产时仅享有别除权而非取回权，出租人在债权清偿与表决时应与其他担保物权人享有同等地位与权利，且融资租赁债权应先行抵偿债权金额后再依清偿比例清偿，以期解决破产实践中融资租赁交易诸适用难题，促进二者的良性互动。

作为一种集融资融物双重功能于一体的金融交易形式，融资租赁交易因其灵巧的交易结构、较低的企业自信和担保条件，在纾解中小企业融资压力、提高社会资源配置效率等方面具有重要作用。《中华人民共和国民法典》（以下简称《民法典》）一方面延续了原《中华人民共和国合同法》（以下简称《合同法》）将"融资租赁合同"有名化的做法，另一方面又在相当程度上将融资租赁交易担保功能化，使融资租赁交易合同在规范实质上发生"转型"。《最高人民法院关于适用〈中华人民共和国民法典〉有关担保制度的解释》（法释〔2020〕28号，以下简称《民法典担保制度解释》）则进一步将这种转型效果予以强化，引发相关规范在理解与适用上的特殊问题。如融资租赁交易规则与破产程序的衔接适用、融资租赁物的权利归属、出租

---

* 侯毅，华中师范大学法学院民商法学硕士研究生、湖北山河律师事务所实习律师。舒净，湖北山河律师事务所专职律师。

人取回权的行使与限制、破产债权清偿及表决方式的变化等。本文结合我国《民法典》的规定，尝试对前述问题做出理论回应。

一、《民法典》融资租赁交易规则的担保功能主义倾向

比较法视野下，动产担保立法存在形式主义和功能主义两种思路，前者关注交易形式或概念界定，后者则强调只要某种交易在动产上创设的权利具有担保功能即应作为担保物权。动产担保功能主义自美国《统一商法典》发轫以来，在降低融资成本、信贷获得便利化等方面展现出较大优势，现已成为担保物权制度的核心要素，① 已被《开普勒公约》《欧美示范民法典草案》等国际立法所接受，被用作世界银行营商环境评估的主要标准之一。②

《民法典》物权编延续原《中华人民共和国物权法》（以下简称《物权法》）的体系结构，将担保物权分为抵押权、质权和留置权，又于合同编分别规定所有权保留、融资租赁、保理，这种体系设置反映了其形式主义的立法思路，但其同时又予以一定突破，以担保功能为导向，扩大担保合同的形态，并把经济功能上相同的担保交易在规则上平等对待，从而使动产担保交易整体呈现形式主义与功能主义相结合的特色。③

对于融资租赁交易而言，首先，《民法典》第 388 条规定："担保合同包括抵押合同、质押合同和其他具有担保功能的合同。"对于"其他具有担保功能合同"的具体类型，立法机构在对《民法典》草案进行说明时予以明确，具体包括所有权保留买卖、融资租赁以及保理合同。④ 这使得融资租赁这种非典型担保交易可准用典型担保交易的相关规则，让出租人对租赁

---

① 参见李运杨：《〈民法典〉动产担保制度对功能主义的分散式继受》，载《华东政法大学学报》2022 年第 4 期。

② 参见伊莱恩·麦凯克恩：《获得信贷便利度相关指标分析》，载《中国金融》2019 年第 7 期。

③ 参见王利明：《担保制度的现代化：对〈民法典〉第 388 条第 1 款的评析》，载《法学家》2021 年第 1 期。

④ 参见王晨：《关于〈中华人民共和国民法典（草案）〉的说明——二○二○年五月二十二日在第十三届全国人民代表大会第三次会议上》，载《人民日报》2020 年 5 月 23 日第 6 版。

物享有的所有权可以发挥担保其租赁债权实现的功能。① 其次，功能主义既然将动产和权利纳入担保物权，就应建立起统一的动产和权利担保登记公示系统。《民法典》第 745 条新增融资租赁的登记对抗规则，即"出租人对租赁物享有的所有权，未经登记，不得对抗善意第三人"，从而于权利设置、对抗方式环节将融资租赁与动产抵押相统合，一定程度上显现出功能主义进路。②《民法典担保制度解释》第 1 条明确"融资租赁等涉及担保功能发生的纠纷，适用本解释的有关规定"，融资租赁物的所有权价值因此而弱化、担保价值得到强化。综上，《民法典》时代，融资租赁合同呈现担保功能化转向，具有强烈的担保属性。

二、关于融资租赁物是否构成破产财产

《合同法》第 242 条曾明确规定："出租人享有租赁物的所有权。承租人破产的，租赁物不属于破产财产。"故出租人可在负担清算义务的前提下，解除合同迳行取回租赁物。③《民法典》第 745 条被改造为租赁物登记对抗规则，而对租赁物是否属于破产财产未予宣示。理论界与实务界因此对融资租赁物是否应纳入破产财产问题产生较大争议。有观点认为，虽然法律对该问题尚无明确规定，但根据《民法典》合同编融资租赁章节所规范的其他内容可知，在租赁关系存续期间，出租人因对标的物享有所有权从而不可能再作为破产财产交由管理人管理。另有观点认为，既然《民法典》认可融资租赁交易的担保功能，自然应与其他动产担保交易保持一致，将融资租赁物纳入破产财产范围。笔者认为，在融资租赁交易担保功能化的大前提下，租赁物应属于破产财产，具体理由如下。

（一）融资租赁物与破产法的适配性

从标的物角度出发，租赁物纳入破产财产具有合理性。第一，融资租

---

① 参见王利明：《担保物权制度的现代化与我国民法典的亮点（上）》，载微信公众号"中国民商法律网"，2020 年 11 月 20 日。

② 参见纪海龙：《民法典动产与权利担保制度的体系展开》，载《法学家》2021年第 1 期。

③ 参见凌晨：《融资租赁交易的担保功能化研究以〈民法典〉动产担保制度新发展为逻辑起点》，吉林大学 2022 年硕士学位论文，第 32 页。

赁物的自身属性决定了其财产利用价值要大于所有价值。在融资租赁期间，出租人只是企图通过收取租金的方式来达到收回购买融资物成本并获取合理利润的目的，取得租赁物所有权只不过是其促成该目的实现的手段之一，对于融资租赁物本身的使用状况往往并不关心。① 而承租人开展融资租赁交易就是为能够占有、使用租赁物并据此实现经营收益，能够平静地、不受打扰地占有和使用租赁物对其来说至关重要，我国甚至在《民法典》第784条第1款以法律的形式保障承租人对租赁物的占有、使用权。所以说，在融资租赁物的整个"生命周期"，相比出租人的所有权，承租人的使用权更为突出。

第二，管理人对融资租赁物存在"先天"管控便利。融资租赁法律关系中，出租人作为所有权人仅保留租赁物的最终处分权，而租赁物的占有、使用、收益等权益皆已让渡给承租人，归承租人支配。承租人破产后，管理人依据《中华人民共和国企业破产法》（以下简称《企业破产法》）第25条之规定履行职责，统一管理和处分承租人即债务人的财产，此时融资租赁物受管理人直接管控，为其后续集中处置、实现债权人受偿最大化提供了便利。

第三，租赁物纳入破产财产有利于财产价值最大化。租赁物一般都为大型机器设备，且很多设备与破产财产相结合，若强行拆分交由出租人单独处置，极有可能造成租赁物价值的减损。若能将其纳入破产财产由管理人统一处理，不仅会使租赁物的处置价值得到最大化，相应的债权人受偿率也会实现最大化。因此在实践中，管理人通常将租赁物纳入审计范围然后一并进行清产核资。中介机构进行资产评估、账面审计甚至企业偿债能力分析等诸多环节，租赁物也已实质上被纳入破产财产范围进行综合考量，影响着管理人的财产管理与清偿方案的设计。

（二）法规范基础上的适法性

从法规范基础出发，现行法对租赁物纳入破产财产并无限制。《企业

---

① 参见黄晓林、杨瑞俊：《融资租赁中破产取回权的基础与限制》，载《山东科技大学学报（社会科学版）》2017年第1期。

破产法》第 30 条规定似乎表明,① 只有所有权归属债权人的财产才可纳入破产财产。但最高院司法解释又扩张了破产财产的范围。即除债务人所有的财产之外,其享有的债权、股权、用益物权等无形财产和财产性权益亦应纳入破产财产范围之内。前提是该财产性权益可以货币估值并能够转让。②

依据价值区分理论,租赁物上的利益及出租人和承租人之间的权利义务关系存在一种时间上的反向变化关系,这种反向变化关系以动态按份共有的方式,随着租期的展开使出租人与承租人在租赁物上的所有权份额此消彼长。③ 具体表现为无论是售后回租还是直租,随着租金的不断给付,承租人对标的物的实物价值请求权将逐渐增加,直至形成对出租人移转标的所有权的请求权。因此,在融资租赁期间承租人对租赁物是享有财产性权益的。同时,该种财产性权益不仅能够以货币进行估值,并且完全能够通过债权债务转移的方式进行转让。我国《民法典》及《企业破产法》虽然对此无明文规定,但实务中可参照美国破产法中的"合同转让权",赋予承租人的管理人在破产程序中将待履行合同进行转让之权能。这样不仅满足了出租人收回投资的目的,亦可满足承租人的经济目的,维持其破产财产范围,并促进破产程序的效率。④

(三)动产担保制度体系的内部一致性

在破产程序中,担保权人常站在自身立场,为实现债权的完全清偿而选择个人变现行为,至于担保物能否以最大价值进行变现则在所不问。实践中担保物价值往往高于被担保债权额,高出部分的差额价值是否合理变

---

① 《企业破产法》第 30 条:"破产申请受理时属于债务人的全部财产,以及破产申请受理后至破产程序终结前债务人取得的财产,为债务人财产。"

② 《最高人民法院关于适用〈中华人民共和国企业破产法〉若干问题的规定(二)》第 1 条规定:"除债务人所有的货币、实物外,债务人依法享有的可以用货币估价并可以依法转让的债权、股权、知识产权、用益物权等财产和财产权益,人民法院均应认定为债务人财产。"

③ 参见程卫东:《国际融资租赁法律问题研究》,法律出版社 2002 年版,第 160-163 页。

④ 参见冉克平、曾佳:《实质融资租赁当事人破产法律关系之构造——以一种利益平衡的方法》,载《山东法官培训学院学报》2020 年第 2 期。

现，担保权人没有动力去尽力争取。但破产管理人、债权人会议等则会着眼全局，在保障债权人财产的完整性的前提下，使破产财产的整体变现价值最大化。为限制担保权人的不当处分行为，《企业破产法》及相关司法解释选择将担保物纳入破产财产，以保证债务人资产的完整性，确保整体利益的最大化。

"售后回租"已毫无疑问地成为现今融资租赁交易实践的主要表现形式。据中国外商投资企业租赁业委员会月度统计数据显示，截至 2021 年 12 月，融资租赁业务占全部动产融资登记的 72%。其中属于"售后回租"型的就高达九成，可见其强大的市场影响力。"售后回租"型融资租赁指承租人（客户）将自有设备等资产出售给出租人（融资租赁公司），同时，再与出租人签订融资租赁合同，承租人通过支付租金的形式再将该资产从出租人处租回使用。从交易结构角度来看，其展现出与动产让与担保高度的相似性，均为接受融资一方当事人为获得信贷以自己所有之物与提供融资一方就该物达成所有权转移约定。承认让与担保所有权发生移转的观点认为，在担保期间内，让与担保物归属于担保权人，在债务人破产时，让与担保物应纳入债务人的破产财产之中。破产债权平等原则作为破产法基本原则之一，要求"相同的相同对待，不同的不同对待"，[1] 为何同为担保物的让与租赁物被纳入破产财产，而融资租赁物则由出租人取回，这在法教义学上无法解释。为延续《民法典》担保制度的功能主义立法思路，在担保物范围上统一对待所有的动产性资产，[2] 保证其内部周延性和体系完整性，应将具有担保属性的融资租赁交易与让与担保规则保持一致，把租赁物也纳入破产财产的范畴。

三、关于出租人享有破产取回权还是别除权

租赁物是否纳入破产财产，直接影响出租人在破产程序中所采取的权利救济方式。若租赁物不纳入破产财产，出租人可基于所有权构造，以《企业破产法》第 38 条为行使依据取回租赁物。若将租赁物纳入破产财产

---

① 参见许德风：《破产法基本原则再认识》，载《法学》2009 年第 8 期。

② "动产性资产"一词借鉴自谢在全先生，参见谢在全：《担保物权制度的成长与蜕变》，载《法学家》2019 年第 1 期。

范围，则出租人只得依《企业破产法》第 109 条主张破产别除权。在融资租赁交易担保功能化背景下，融资租赁出租人在承租人破产时究竟享有取回权还是别除权，学界有不同观点。

（一）取回权说

该种观点认为，尽管《民法典》将融资租赁交易理解为具有担保功能的合同，且《民法典担保制度解释》第 1 条也将担保的有关规则适用于此类合同因担保功能发生的纠纷，但这并不意味着在承租人破产的情况下，出租人不享有破产取回权。[①] 首先，我国向来支持融资租赁交易中取回权是出租人在自己之物所享有的权利受到不当影响后，基于自身所有权而享有的请求承租人返还所有物之权利。[②] 现主张因融资租赁的担保性而仅可行使别除权，无法律规范上的文本依据。《民法典》在整合具有担保功能的相关制度时，因立法论上的观念错位导致"物债二分"的体例结构不够合理，使得仅仅是实质上具有担保功能的融资租赁合同被纳入物权体系之中，违反了物权法定主义的要求，此时的融资租赁充其量只能解释为不具有物权效力的"非典型担保"，而非真正的担保物权，基于此而享有的担保价款优先受偿更是无从谈起。[③] 其次，作为非典型担保的融资租赁交易具有担保物权或相当于担保物权的效力并未得到司法实务界的认可，在我国司法实践中无现实基础。所以担保功能主义的解释，并不能在破产程序中影响权利人行使取回权。出租人若以其享有的所有权，主张与动产担保物权相似的优先受偿利益（别除权），管理人不应当予以认可。

（二）限制取回权说

持该说者主张，融资租赁交易结构复杂，存在一般租赁所不具备的特殊性质。其一，融资租赁具有分期偿还信贷之特征。承租人所支付的每一期租金中，既包括出租人的合理利润及费用，也有标的物实物价值的分摊

---

① 参见吴光荣：《〈民法典〉背景下破产财产的范围及其认定》，载《法律适用》2022 年第 1 期。

② 参见高圣平、乐沸涛：《融资租赁登记与取回权》，当代中国出版社 2007 年版，第 211 页。

③ 参见邹海林：《论出卖人在破产程序中的取回权——以所有权保留制度为中心》，载《上海政法学院学报》2021 年第 4 期。

部分。其二,在租赁物的风险及责任承担方面,出租人与承租人的权利义务配置呈现非对称性。租赁期间租赁物的维修保管义务、需对第三人承担的损害赔偿责任以及租赁物的毁损灭失风险均由承租人自行承担。其三,合同的不可解约性。对出租人而言,其基于承租人的选择而购入租赁物,该物不具备通用性,他人一般无法使用;承租人因资金缺乏才转而寻求融资租赁交易,若中途解约,其前期成本恐难以收回。其四,租期结束,对租赁物承租人享有续租、退租和留购的多种选择。

但我国无论是法律规则抑或司法实践均未针对上述特性做出区别于传统租赁的特殊安排,只是笼统的认可出租人对租赁物享有破产取回权,因而导致当事人之间的利益失衡。为实现融资租赁当事人破产时利益平衡,应选择将出租人取回权进行一定限制。所有权保留买卖合同与融资租赁合同中对于所有权归属的约定存在很多相似之处,在破产程序中的处理方式亦可为融资租赁合同提供借鉴。可参照《最高人民法院关于适用〈中华人民共和国企业破产法〉若干问题的规定(二)》(以下简称《企业破产法解释二》)第 37 条对出卖人限制取回之规定,[①] 在对融资租赁承租人租金支付比例及已过租期比例等因素进行综合考量下,限制出租人取回权的行使。[②]

(三)别除权说

持该种观点的学者主要以立法对融资租赁交易之修改为出发点,证明出租人享有别除权之可能。首先,《民法典》删除了原《合同法》第 242 条中"承租人破产的,租赁物不属于破产财产"之规定,与融资租赁的担保物权化一脉相承,暗指承租人可取得租赁物所有权,为将出租人对标的物

---

① 《最高人民法院关于审理买卖合同纠纷案件适用法律问题的解释》第 36 条规定:"买受人已经支付标的物总价款的 75% 以上,出卖人主张取回标的物的,人民法院不予支持。"《最高人民法院关于适用〈中华人民共和国企业破产法〉若干问题的规定(二)》第 37 条:"买受人管理人无正当理由未及时支付价款或者履行完毕其他义务,或者将标的物出卖、出质或者作出其他不当处分,给出卖人造成损害,出卖人依据合同法第 134 条等规定主张取回标的物的,人民法院应予支持。但是,买受人已支付标的物总价款 75% 以上或者第三人善意取得标的物所有权或者其他物权的除外。"

② 参见冉克平、曾佳:《实质融资租赁当事人破产法律关系之构造——以一种利益平衡的方法》,载《山东法官培训学院学报》2020 年第 2 期。

之权利解释为担保物权提供可能。其次,《民法典》第 745 条赋予融资租赁中所有权与动产抵押权一样的登记能力,用以隔断并阻却第三人的善意取得。从而在承租人破产之时,出租人自不得依其所有权主张破产取回权,而仅能在所有权已行登记之情形下向破产管理人主张优先受偿权;若未登记,即不具有对抗善意第三人的效力,也不得对抗破产管理人。① 再次,根据《民法典》第 758 条第 1 款之规定,当事人约定租赁期限届满租赁物归承租人所有,承租人违约导致出租人中途收回租赁物,其收回的租赁物价值在扣除承租人欠付的租金及其他费用后仍有剩余的,出租人有义务进行返还。该清算义务的增加也说明了出租人对租赁物的所有权在向担保物权靠拢。② 则自然也应参照担保物权在破产程序中的处置方式,由出租人对担保物折价或者拍卖、变卖担保物的价款进行优先受偿。

本文认为,在立法者意图通过《民法典》指引法律适用者和解释者将具有担保功能的交易理解为担保交易的既定条件下,③ 应着重从经济功能的实质来观察融资租赁交易。

首先,从权利义务相对应的层面考量,在融资租赁合同履行完毕或解除时,出租人并不能基于名义上的所有权取回标的物以使所有权恢复到圆满状态,其所有权外壳已然丧失民法意义上所有权的内涵,功能仅在于税负优惠与担保租金债权的实现,④ 并不构成自承租人处取回租赁物的完整的权利基础。

其次,从动产担保一体化层面考量,《民法典》基于消除隐形担保、构建统一的动产担保规则的目的,选择将所有具有担保功能的交易形式纳入担保制度中一体化规制。而在破产程序中,融资租赁交易却与同一动产担保体系且功能相同的动产抵押、所有权保留制度下债权人所享有的权利不同,体现为后两笔债权可被列入有财产担保债权,相应的享有别除权,

---

① 参见高圣平:《民法典担保制度及其配套司法解释理解与适用(下)》,中国法制出版社 2021 年版,第 1219 页。

② 参见李运杨:《〈民法典〉动产担保制度对功能主义的分散式继受》,载《华东政法大学学报》2022 年第 4 期。

③ 参见朱虎:《民法典动产和权利担保的变革》,载《人民法院报》2020 年 7 月 30 日第 5 版。

④ 参见黄晓林、杨瑞俊:《融资租赁中破产取回权的基础与限制》,载《山东科技大学学报(社会科学版)》2017 年第 1 期。

而融资租赁公司只被允许在对该设备取回后单独变价，这显然与目前的动产担保体系一体化完全背离。

因此，为使融资租赁交易担保功能化的制度目的不落空，应支持出租人仅可行使别除权，这样既可以避免取回权与动产担保一体化之冲突，而且有利于维护各方主体利益，推进破产工作顺利开展。

四、关于破产程序性规则的具体适用问题

（一）融资租赁债权的受偿程序

司法实务中，对于融资租赁债权如何受偿尚存在争议。即融资租赁物变价后是应当先行抵偿债权金额后再按照分配方案的清偿比例清偿，抑或待按分配方案的清偿比例受偿后再次以租赁物变价款抵偿。租赁物抵偿的先后顺位将对出租人债权受益和债务人清偿金额产生不同的结果。若处置不当，不仅会危害其他债权人的利益，也会产生大量债权确认诉讼等连锁反应。

试举一例：甲公司与乙融资租赁公司签订融资租赁合同，甲公司破产时乙公司对其仍享有 1 亿元的租金债权，融资租赁物经评估计算价值 6000 万元，通过受偿实际变现 5000 万元，甲公司分配方案中普通债权的清偿比例为 3%。此时出租人会面临两种受偿方案。方案一：先依分配方案清偿比例受偿，剩余债权另行抵偿。方案二：先就租赁物变现价值抵偿，不足之处另行清偿。现假设 A＝债权总额、B＝评估价值、C＝变现价值、D＝清偿率、F＝实际受偿总额，且通常情况下 B＞C。当清偿率 D＞0 时，按照乙公司的主张，实际受偿总额 $F_1 = A \times D + C = 5300$ 万元，甲公司主张下 $F_2 = C + (A - C) \times D = 5150$ 万元。由此可见，在清偿率不为 0 情况下，按照方案一所得实际受偿总额往往要高于方案二所得。出租人作为债权人在权衡收益之后显然会主张通过方案一进行受偿，而管理人为保障债权人的整体利益则会倾向采取方案二的先抵偿后清偿方式。受融资租赁交易担保化的影响，何种方式最具法益上的正当性，值得我们重点关注。

本文认为，出租人债权清偿应适用担保相关规则，先行以租赁物变价款抵偿，不足清偿之处再按照清偿比例受偿。首先，融资租赁物所有权或动产抵押公示均系功能化担保的结果。破产程序中租赁物承担的非典型担

保功能理应自然延伸至租赁物变价款，允许其准用担保规则所确立的抵偿顺序，即按照《企业破产法》第 109 条之规定，担保物权人对该担保物的变现价值优先受偿。其次，法律确立的担保抵偿规则是"担保物先行主义"。担保物先行清偿，不足债权再次清偿符合物权优先于债权的行权规则。《企业破产法》第 110 条规定有财产担保权人未能完全受偿的，未受偿的债权作为普通债权，可以推定采取的是担保物权先行主义，而且在司法实践中也为各方所默认。① 即别除权人必须先行对担保物行使权利，其未能从担保物上受偿的债权部分才可以对债务人无担保财产行使权利。②再次，一般情况下，出租人租金债权本身包含有租赁物的价值，如先以租金债权为基数按分配清偿率清偿，不足之处再以租赁物残值抵偿，将出现把已含在租金债权中的租赁物残值以破产财产进行清偿，后又将租赁物残值返还给出租人的现象，直接造成出租人债权双重受偿、高额受偿，违反公平受偿原则和相关法律规定。故在《民法典》时代，采取方案二进行受偿更为适宜。

(二)融资租赁合同届满与否对租金债权清偿的影响

1. 租期于破产程序前届满且租金尚未结清时

当合同约定的租期于进入破产程序前届满且承租人尚未清偿租金时，租金债权应列为有财产担保债权。此时出租人需向管理人申报债权，依其对租赁物享有的别除权，在管理人就租赁设备评估市场价值或变现后所得优先受偿。若评估市场价值或处置变现价值无法完全覆盖租金债权，不足部分归入普通债权受偿，若超过债权金额的，超出部分将纳入破产财产用于整体清偿。

2. 租期于破产程序后届满且租金尚未结清时

当合同约定的租期于进入破产程序后尚未届满且承租人未清偿租金时，由于双方当事人均未履行完毕该合同义务，依照《企业破产法》第 18

---

① 参见王欣新：《破产法》(第四版)，中国人民大学出版社 2019 年版，第 359页。

② 参见王欣新：《破产法》(第四版)，中国人民大学出版社 2019 年版，第 359页。

条之规定,管理人有权选择继续履行或解除合同。若管理人选择继续履行合同,该租金债权将被全额纳入共益债务,随时发生随时清偿。若管理人选择解除合同,此时尚未到期的租金债权加速到期,被列入有财产担保组与其他有财产担保债权同等方式清偿。

(三)融资租赁债权的表决权归类

《企业破产法》规定,已经完成债权申报的债权人享有参加债权人会议并进行表决的权利。重整计划中,债权人对重整计划草案的表决最为重要,事关重整成败。因此破产法对重整计划草案的表决程序做出了详尽的安排。采取人数与债权比例双重通过标准,规定先将债权人依自身债权性质进行分类,不同类别将设置不同债权组分别表决。当出席会议的同一表决组的债权人过半数同意重整计划草案,且代表三分之二以上债权金额的债权人同意时,即为该组通过重整计划草案。在以往的重整实践中,管理人往往将融资租赁债权归入普通债权组,却参照有财产担保债权进行清偿。① 原因在于《民法典》颁布前,对于融资租赁交易的担保功能仅停留在学理层面,而尚无相关的法规支撑。

本文认为,融资租赁债权列入普通债权,将会使得出租人对于债权人会议各项议案的充分表决受到一定影响。实践中,普通债权组债权人数量少则上百,多则几千人,且大多为小额经营性债权,较为分散,故而出租人对表决通过实际上是"无足轻重"的。与之相比有财产担保债权组债权人的人数则较少,且多为金融债权,出租人所享有债权类型也与之高度相似,其于该组的表决将对议案的通过与否产生实际影响。同时,从法规范看,《企业破产法》第82条指出,对债务人的特定财产之上享有担保权的债权应单独分组对重整计划草案进行表决,该条仅将特定财产上之权利规定为担保权,而非担保物权,从而为融资租赁债权的纳入提供前提,随着《民法典》第388条对融资租赁交易的担保功能予以认可,出租人对租赁物享有的担保权益应纳入有财产担保债权组进行表决便具有了明确的法律

---

① 据破产重整案件信息网显示,诸如海航集团重整案、北大方正重整案、华晨集团重整案等大型重整案件中,融资租赁债权均列为普通债权组,参照有财产担保债权清偿。

依据。

五、结　语

诚如学者所言，"融资租赁交易的规制重心，并不在于其为融资租赁合同，而是在其担保权构造"。[①] 担保功能主义引入《民法典》使得融资租赁交易被纳入动产担保体系，与典型动产抵押适用统一的规则。由此亦引发融资租赁当事人破产时的相关争议，影响到程序的选择。

《民法典》时代，将融资租赁物归入破产财产，是其与破产法适配性的必然结果，于法规范基础也并无限制，更是动产担保制度体系内部一致性的重要体现；承认出租人仅享有别除权，将更有利于化解出租人与承租人之间的矛盾争端，实现债权人利益最大化；融资租赁债权以"先抵偿，后清偿"的方式受偿，彰显法益之正当。列入有财产担保组参与表决，亦能彰显破产程序之正义。

---

① 参见游进发：《附条件买卖之基本结构》，载《物权法之新思与新为——陈荣隆教授六秩华诞祝寿记文集》，瑞兴图书股份有限公司 2016 年版，第 410 页。转引自高圣平：《民法典担保制度及其配套司法解释理解与适用（下）》，中国法制出版社 2021 年版，第 1146 页。

破产企业临界期为他人债务提供无偿保证行为之效力研究

颜雅婷*

内容提要： 由于破产债务人在临界期为他人债务提供无偿保证之行为不在《企业破产法》撤销权行使的明文范围内，导致学界与司法实践中对该行为可否撤销产生了争议。目前学界存在着三种观点。一是认为，为他人提供无偿保证的行为不应当被撤销。二是认为，基于对《企业破产法》第31条的目的解释，为他人提供无偿保证的行为应当被撤销。三是认为，对这种行为之效力应当根据追偿权的实际价值或主观要件进行具体分析。各观点中增加主观要件并结合行为价值来具体分析为他人债务提供无偿保证行为可否撤销之观点最为合理。无偿保证行为并非完全无偿，追偿权本身是有价值的。因此应当根据提供保证时被保证的债务人偿还能力来判断其是否为有偿行为。当破产企业为他人提供保证行为为有偿且债权人无恶意时，应当承认其效力，不予撤销。这一观点既满足交易安全与公平受偿的价值衡量，又与《民法典》和比较法上的规定协调一致，同时亦不会对管理人造成过重的举证责任，影响破产程序的效率。

一、问题的提出

破产管理人可对债务人在破产申请受理前的一定时间内的某些具体法律行为申请撤销，此即破产撤销权。破产撤销权的立法目的在于恢复债务

---

* 颜雅婷，中南财经政法大学民商法硕士研究生。

人责任财产,防止其不当减少,确保债权人债权的实现。① 对于破产撤销权能够撤销的法律行为范围,《中华人民共和国企业破产法》(以下简称《企业破产法》)已经有了明确的规定。但有关破产撤销权范围的争议却并未停止。其中争议较大的一个问题便是债务人在破产申请受理前一年内为他人债务无偿提供保证的行为可否撤销。

对于这一问题,目前学界存在着三种态度。其一,全然肯定说。该观点从文义角度和平衡法益价值角度认为临界期为他人提供无偿保证之行为不应当撤销。其二,全然否定说。基于对《企业破产法》第 31 条的目的解释,为他人提供无偿保证的行为可以适用该法,应当被撤销。其三,区分说。对债务人临界期为他人提供无偿保证之行为应否撤销,应当根据具体情况予以区分对待,有的应当撤销,有的不必撤销。而不同学者区分的依据也有所不同。②

与此同时,对于这一行为撤销与否的问题,司法案例也作出了不同的回答。最高法在 2021 年的一份裁判文书中认为为他人提供无偿担保其本质与无偿转让财产无异,符合破产法撤销权的立法目的,因此管理人对这一行为主张撤销的应当予以支持。③ 但同时亦有法院判决认为为他人提供无偿保证的行为并不属于《企业破产法》规定的情形,不应当撤销。④

同案不同判的现象导致对同类案件当事人的不公平对待,增加了法院判决结果的不确定性,降低了当事人对法院审理的预判性与信任度,同时也将影响市场的交易安全。因此,本文将对这一问题进行详细分析,以期待为实践中统一裁判结果作出贡献。

---

① 参见蒋黔贵主编:《中华人民共和国企业破产法释义》,中国市场出版社 2006 年版,第 113 页。

② 参见李志刚等:《为他人债务提供保证与破产撤销权》,载微信公众号"人民司法杂志社",2022 年 7 月 11 日。

③ 参见最高人民法院(2021)最高法民申 2231 号民事裁定书;重庆市第五中级人民法院(2021)渝 05 民初 3960 号民事判决书。

④ 参见湖北省高级人民法院(2019)鄂民终 926 号民事判决书;湖南省高级人民法院(2018)湘民终 848 号民事判决书;江苏省南通市中级人民法院(2020)苏 06 民终 2456 号民事判决书。

二、肯定行为效力之理由与弊病

首先，从文义解释角度出发，为他人债务提供无偿保证的行为明显不同于《企业破产法》第 31 条规定的五种临界期适用破产撤销权的情形。因此，目前的法律法规中均未明确规定应当撤销该行为。基于法无禁止即自由的原则，应当承认其效力。①

其次，基于价值选择角度，若将为他人债务提供无偿保证纳入破产撤销权的行使范畴，则会陷入过分保护债权人而损害程序效率与交易安全的状况。撤销权诉讼属于破产程序中的衍生诉讼。衍生诉讼能够保障当事人的实体权利、实现破产财产价值最大化，但同时也会影响破产程序的成本与效率。② 当债权人或管理人在无充分法律依据和事实的情况下频繁提起衍生诉讼时，将严重拖慢破产程序并最终可能影响债权人的受偿。与此同时，过度保护债权人利益，撤销为他人提供的无偿保证对交易安全的影响也是不容小觑的。有观点认为，在商事交易中最重要的原则并非公平原则，而是契约自由原则。因为商事合同中存在很多并不公平的条款约定，甚至是单务合同（如担保合同等），而这些合同都是当事人自愿订立的。这是因为许多商事主体间的交易并非一次性的，而是固定、反复且长期的交易链条，因此，他们看重的并非单次的契约公平，而是总体的利益均衡。因此，仅依据一个无偿担保合同便认定破产债务人必然受损是对商事交易的片面理解，同时也可能导致担保权人和第三方债务人受损。此外，破产撤销权的本质便是牺牲单个债权人的交易安全、交易预期来维护全体债权人间的公平受偿。现有规定已经要求债权人在与一个无破产外观的企业进行交易时需要小心谨慎，且必须接受在其破产后只能公平受偿而非全部受偿的结果。这时，债权人很可能需要一个法律没有明文禁止的、可以提高交易安全的东西来辅助他们的合同达成且完全实现，这便是担保。因此，若突破文义解释，认定临界期为他人债务提供无偿担保的行为应予撤

---

① 参见任一民：《既存债务追加物保的破产撤销问题》，载《法学》2015 年第 10 期。

② 参见李志刚等：《为他人债务提供保证与破产撤销权》，载微信公众号"人民司法杂志社"，2022 年 7 月 11 日。

销无疑是对交易安全和金融安全体系的破坏。尤其对于临界期内新发生的融资交易而言，如果出借人要考虑第三人提供的人保会被撤销的风险，可能对困境企业的拯救更为不利。所以，基于对撤销为他人提供人保行为可能造成的不良结果的审慎评价，该行为不宜撤销。

前述的理由便是大多司法判决最终不予撤销为他人债务提供无偿保证行为的原因。但不可否认的是，实践中确实存在着当事人间恶意串通倒签保证合同，或破产人明知债务人无财产可追偿，但基于不愿还债之心理而提供担保之情况。若仍认定这种情形下的保证行为不可撤销无疑是有违法律的价值取向的。对于前者，管理人或其他债权人有如恶意串通等法律救济条款，而对于后者，尤其在该债权人无恶意的情况下，目前法律条文可能无法为其提供帮助。因此，全然认定临界期为他人债务提供无偿保证行为不应当予以撤销的观点存在着明显不足。

三、为他人提供无偿保证行为之要件解构

认定债务人临界期为他人债务提供保证之行为不应当撤销确会引发恶意逃债，损害债权人利益之可能。《企业破产法》中破产撤销权之规定从文义上也确不包含该行为，但通过对两者要件进行解构对比分析，有观点认为，能够将为他人提供无偿保证之行为纳入破产撤销权规定之中。这种观点是否合理呢？

（一）为他人提供保证并非为自己提供担保

在研究该争议前首先应当明确何种行为才是真正的为他人债务提供无偿保证，即是否存在名义上是为他人债务实质却是为自己的债务保证的行为。

实践中确存在着这种名不副实的现象。名义上，破产企业为第三人提供担保，但实则该第三人是破产企业的唯一的大股东（包括隐名股东），掌握企业的绝对话语权，该企业实质为该第三人的一人公司，而一人公司最易出现的便是股东和公司间的财产混同。因此，这种情况下破产企业提供的担保其本质就是为自己债务提供担保。对于这一行为是否应予撤销，则应当严格遵守《企业破产法》第 31 条第 3 项的规定。①

---

① 参见最高人民法院（2020）最高法民申 6301 号民事裁定书。

在除去名为他人实为自己担保的情形外，对于债务人为他人提供无偿保证的行为，有学者认为仍应当将其归属于《企业破产法》第 31 条第 3 项规定的撤销范围。

其原因在于，该项所规定的担保既包含破产人为自己的债务提供的担保，也包含对他人债务提供的担保。① 因为对自己的债务尚且不能提供担保，何况他人债务？因此，当管理人主张对破产人为他人债务提供无偿保证的行为撤销时，自然应当予以支持。但一些裁判案例和学者对此观点进行反驳。他们认为第 3 项中的担保仅限于债务人以自己的财产为自己的债务设定的担保。因为破产债务人为自身债务提供担保，其在承担担保责任后，无法再进行追偿，实际上造成了自身破产财产减少。但为他人债务提供担保并履行后，破产债务人（保证人）会取得向相对人的追偿权，被追偿回的财产会纳入破产财产中。因此并不会减少财产造成破产债权人间的清偿不公。② 且此处所规定的担保是以债务人自己的财产进行物的担保，而非保证等非物的担保。③ 因为非物权财产担保在破产程序中不享有优先受偿权，设立非物权财产担保后，特定债权人并不能由此取得优先受偿地位，不违反破产法集体清偿、公平清偿的原则。④

将为他人提供无偿保证解释进为自己债务提供担保的范围确是不妥，对文义解释的完全突破，也并非是实务界和学界认为该行为应予撤销的主要原因。该行为中"无偿"二字才是其陷入应否撤销争议的根本。

（二）为他人提供无偿保证并不等同于无偿转让财产

探讨破产企业在临界期为他人债务提供无偿保证的行为应否撤销前，应当先排除那些表面为无偿，但实际为有偿的保证行为。其一是有反担保或第三人对破产人享有债权。若存在这种情况则该保证行为并非无偿提

---

① 参见蒋黔贵主编：《中华人民共和国企业破产法释义》，中国市场出版社 2006 年版，第 114 页；全国人大常委会法工委编：《中华人民共和国企业破产法释义》，法律出版社 2006 年版，第 51 页；付翠英、刘晶瑶：《论破产撤销行为的认定》，载《北京航空航天大学学报（社会科学版）》2008 年第 2 期。

② 参见王欣新：《破产撤销权研究》，载《中国法学》2007 年第 5 期。

③ 参见付翠英、刘晶瑶：《论破产撤销行为的认定》，载《北京航空航天大学学报（社会科学版）》2008 年第 2 期。

④ 参见湖南省高级人民法院（2018）湘民终 848 号民事判决书。

供。其实施也并不会必然导致破产债务人的责任财产减少，其本质为有偿行为。其二则是子公司为母公司担保问题。其与前文一人公司为唯一股东保证相似但又有不同。若子公司为母公司债务提供担保，基于子母公司属于同一企业集团，具有一体化的利益，子公司自身也是担保实现后的受益人，因此其为母公司提供担保的行为亦不构成无偿行为。①

针对真正的为他人无偿保证行为，有观点认为，应当适用《企业破产法》第 31 条第 1 项撤销无偿转让财产行为的规定。无偿转让财产行为中的无偿并非形式的无偿，而是实质上的无对价。因此，哪怕形式上是有偿的转让财产行为，只要实质上无对价，都应当认定为无偿行为。② 破产撤销权的立法目的在于防止债务人责任财产不当减少，保障各债权人公平受偿。③ 无偿转让财产正是破产债务人为逃避债务减少自身责任财产的行为。而为他人提供无偿保证也为自己带来了财产减少的潜在负担却无任何对价。这样的行为一旦履行必然减少自己的财产，与无偿转让财产在本质上并无不同。④ 因此，该行为可以撤销。最高法的相关判决的论证逻辑便是如此。德国破产法亦是有此规定，认为此行为属于无偿给付行为，应当撤销。⑤

此说法认为无偿保证实质上不存在对价，因此其等同于无偿转让财产。乍看之下确实如此，但深入分析却能发现其中问题。

第一，从行为实质价值角度分析，为他人债务提供无偿保证行为是有偿行为。在法律体系上，无偿转让财产与为他人债务提供担保亦是两种行为，其实质并不相同。⑥ 其依据在于《民法典》第 538 条和第 539 条分别规定了无偿转让财产和为他人债务提供担保，若两者本质相同，可以从无偿转让财产中解释出为他人提供担保，则法律无需对其进行分别规定。在对价角度上，为他人债务提供无偿保证虽无对价，但破产债务人在履行保证

---

① 参见江苏省高级人民法院(2020)苏民申 6385 号民事裁定书。

② 参见王欣新：《破产撤销权研究》，载《中国法学》2007 年第 5 期。

③ 参见许德风：《论破产中无偿行为的撤销》，载《法商研究》2012 年第 1 期。

④ 参见唐军：《论破产撤销权》，载《社会科学研究》2013 年第 1 期。

⑤ 参见谢芝玲：《德国破产法撤销权制度述评》，载《比较法研究》2003 年第 3 期。

⑥ 参见李志刚等：《为他人债务提供保证与破产撤销权》，载微信公众号"人民司法杂志社"，2022 年 7 月 11 日。

责任后有追偿权，可以向债务人主张偿还，并非必然导致财产减损。①

第二，为他人提供无偿担保所导致的责任财产实质减少程度较低。由于债务人提供的是人保而非物保，因此债权人在破产程序中享有的是清偿率很低的普通债权（甚至几近于零）。② 这样程度的清偿率大幅降低了该行为造成的损害。与此同时，若主债务人尚具有一定的清偿能力并未破产，则保证人最终只承担的极小比例的保证数额（实践中普通债权清偿率往往不到5%）③很可能通过追偿权追回，最终不受损失。因此，当管理人通过尽调大体预判出最终清偿率后，对于受偿极低的普通债权，破产人责任财产可能未受损害，也不会影响公平受偿。故而对于为他人无偿提供人保的行为并不等同于无偿转让财产。

（三）以追偿权之价值判断无偿保证对价之有无

前述观点将无偿保证认定为无对价明显是忽略了保证行为履行后债务人享有的对第三人追偿权的价值。理论上破产债务人履行保证义务后享有的追偿权是有价值的，追偿权人可基于该权利向债务人主张保证金额。因此破产债务人为他人债务提供无偿保证的行为便不会造成责任财产的减少。

然而实践中，许多追偿权人空有权利却无法实现，因为债务人已无能力偿还债务。正是因为追偿权的有名无实，所以四川高院认为为他人提供无偿担保的行为等同于无偿转让财产。④ 但并非所有追偿权价值都无法实

---

① 参见王欣新：《破产撤销权研究》，载《中国法学》2007年第5期；李志刚等：《为他人债务提供保证与破产撤销权》，载微信公众号"人民司法杂志社"，2022年7月11日。

② 参见李志刚等：《为他人债务提供保证与破产撤销权》，载微信公众号"人民司法杂志社"，2022年7月11日。

③ 参见李志刚等：《为他人债务提供保证与破产撤销权》，载微信公众号"人民司法杂志社"，2022年7月11日。

④ 参见《四川省高级人民法院关于审理破产案件若干问题的解答》第三章第5条解答："虽然物的担保不等同于物的转让，但担保物权人一旦行使担保权，则必然涉及物的转让和处分，两者在相关规则上存在一致性。在担保物权实现后，破产债务人虽从法律上取得了对主债务人的追偿权，但通常而言，追偿程序的行使，往往是由债务人不清偿债务或缺乏清偿能力所致，此时破产债务人的追偿权只是一个没有担保且可能难以实现的债权，这与财产的无偿转让行为并无实质性区别。"

现，因此应当对此进行区别判断。

若追偿权不得行使或无价值，则应当认定破产债务人为他人债务提供无偿保证的行为属于无偿行为。追偿权不得行使需有法律明确规定，如被担保的主债务人与保证人均破产之情形。此时保证人之责任财产必然减少，不可依追偿权取回财产。至于追偿权无价值，则是指订立保证合同时主债务人无财产可供受偿之情形。对于追偿权有一定价值的情形，则需根据价值之高低进行进一步判断。

因此，有观点认为，可以根据追偿权之价值有无与高低为决定是否撤销该行为的依据。若追偿权不得行使或无价值，则本质上是无偿转让财产之行为，则适用《企业破产法》第31条第1项予以撤销。若行使追偿权后收回款项比例较低，则构成非公允性交易，可依据《企业破产法》第31条第2项行使破产撤销权。若追回绝大部分甚至全部款项，则不得撤销。①

根据追偿权价值之有无与高低的判断来解决撤销与否的问题确实更加周延，且每种情况通过解释都能找到相应的法条。然而该标准也存在着明显的缺点。

第一，举证难。对于管理人而言，其在破产债务人订立保证合同时尚未出现，因此很难找到证据证明被担保的主债务人在订立合同时的资金状况，尤其当主债务人不愿配合的情况下。此种情况下，管理人难以证明追偿权无价值或显著低价，进而导致破产撤销权之诉取胜可能性低。

第二，影响破产程序效率。如前所述追偿权价值认定较难，若提起诉讼则在确权时期就可能花费大量时间。而后如果认定追偿权有价值，从法院判决到通过执行程序实现，则又需一段较长时间。这一复杂且耗时的程序为注重效率的破产程序带来了较大的影响，反而不利于维护全体债权人的利益。

故而，面对这种举证困难且耗时的撤销权诉讼，除非其利益巨大，否则管理人很可能会放弃起诉。这样一来，该判断标准则形同虚设，只能被束之高阁。但以追偿权实现的可能程度来判断为他人提供无偿保证行为对价之有无确有其合理之处，虽不能作为决定撤销与否的唯一判断依据，但可作为事实依据之一，为法官提供参考价值。

---

① 参见李志刚等：《为他人债务提供保证与破产撤销权》，载微信公众号"人民司法杂志社"，2022年7月11日。

综上所述，为他人提供无偿保证行为之要件与适用破产撤销权的各项行为要件并不相符，不应当贸然适用《企业破产法》之规定。

四、主观恶意与为他人无偿保证

有观点提出，虽不能将该行为纳入《企业破产法》第 31 条规定的情形，但可参照适用《民法典》第 539 条的规定。因为，举轻以明重，《民法典》为所有债权人都设定了撤销债务人为他人提供担保的权利来保证债权的实现。那么对债权公平实现更加重视的破产实践则更应当参照适用此规定。① 但该规定不同于破产撤销权只要求客观行为存在，还需要债务人的相对人知道或应当知道债务人为其提供的担保会影响债务人之债权人的债权的实现。其实质便是，以主观恶意为标准判断为他人提供无偿保证行为应否撤销。该观点进一步认为即便该行为是有偿行为，只要债权人存在主观恶意，就应予撤销。

我国法律明确规定破产撤销权的行使不需考虑主观要件，但为何仍有观点认为对于临界期为他人债务提供无偿保证的行为能否适用破产撤销权应当从被保证人是否存在主观恶意来判断？

其一，基于破产撤销权构成要件的本质。虽然法律没有要求主观要件，但第 31 条规定的各项行为本身都能反映出破产人和相对人的恶意。因为正常的交易中双方都是为自己谋求利益最大化的理性人，无偿、明显不合理价格、放弃期限利益和债权的行为都是不合理的。交易相对方很容易从其行为中发现恶意，而其继续订立合同的行为则表示其同样具有恶意。简言之，这些可撤销的行为实质上是有主观要素的，② 只是法条设立时把主观要素吸收到对交易对价是否合理的考察中。③ 而如前所述，为他人债务提供无偿保证的行为价值是多样的，其价值判断存在一定难度，因此不能将主观要件纳入交易对价中进行判断，而是应当脱离出来，进行单

---

① 参见李志刚等：《为他人债务提供保证与破产撤销权》，载微信公众号"人民司法杂志社"，2022 年 7 月 11 日。

② 参见蒋黔贵主编：《中华人民共和国企业破产法释义》，中国市场出版社 2006 年版，第 113 页。

③ 参见许德风：《论破产中无偿行为的撤销》，载《法商研究》2012 年第 1 期。

独判断。

其二，应当平衡公平清偿和交易安全。我国破产撤销权不需要主观构成要件的规定减轻了管理人的举证责任，也简化了法院的判决标准，有利于维护债权人间的公平清偿。但撤销的结果并未对破产债务人造成不利影响，损害的是善意的债权人的利益乃至市场的交易安全与效率。① 而作为稳定经济秩序重要因素的交易安全是不可被忽视的。② 因此，应当赋予善意的第三人一个抗辩的机会，来保护交易安全。

其三，民法与商法应当协调一致，破产法的规定不应当剥离于民法。《企业破产法》对于为他人债务提供无偿保证行为可否撤销尚无明确规定。而《民法典》第 539 条规定的对于为他人提供担保行为的撤销中明文要求了主观要件，即债务人的相对人知道或应当知道。由于民法与商法二者法理相同，二者的规定应当具有一致性，不应当相互矛盾。在宏观法理上，为维持法律规则所倡导的行为可预期性，无论是在执行还是破产程序下，同类债权人和债务人受到的待遇应当是相同的。因此，对于立法目的都是为了保护债权实现，防止责任财产不当减少，债务人为他人提供担保的情形，不能因为所处司法处置程序不同而差异对待。③ 故而，对于破产临界期债务人为他人债务提供无偿保证的行为应当参照适用《民法典》的规定，分析其主观构成要件，若被保证人恶意，则该行为可得撤销。

然有学者对以主观要件作为判断标准进行了反驳，其观点看似于法有据，实则却并不能否定以主观要件判断破产债务人在临界期为他人债务提供无偿保证行为可否撤销之合理性。

首先，破产撤销权无主观要件的规定是立法者特意为之。其并非没有对主观的判断，而是通过行为和结果来倒推主观。若是符合特定的客观构成要件，则推定其主观必然是恶意的。且《民法典》第 539 条除规定为他人提供担保外，还有不公允价格进行交易。破产法对非公允价格进行交易的行为之撤销并未规定主观要件。因此，对于为他人提供担保的行为主张

---

① 参见崔艳峰、房绍坤：《论主观意思在破产撤销权中的地位》，载《贵州社会科学》2015 年第 4 期。

② 参见祝伟荣：《破产撤销权制度的反思与重构——以利益衡量理念为视角》，载《法律适用》2012 年第 5 期。

③ 参见李志刚等：《为他人债务提供保证与破产撤销权》，载微信公众号"人民司法杂志社"，2022 年 7 月 11 日。

破产撤销权时也不应当考虑主观要件。

然而应当注意到《合同法》在规定民事撤销权时要求主观要件的仅有不合理低价转让财产之行为。而后《企业破产法》颁布排除了主观要件。但在最新颁布的《民法典》中对于撤销权行使范围的规定，不仅增加了为他人提供担保，且要求相对方有恶意方可行使。这样的新规无疑是强调了对这类行为的撤销必须要考虑相对人的主观恶性。

其次，从比较法的角度来看，许多国家对于破产撤销权均未规定主观要件，如意大利、法国和美国等。在美国，即便相对债权人是善意第三人，只要行为符合客观要件，管理人均可主张撤销。但与此同时美国法律认为善意第三人虽不能受益，但亦不应当受损。因此当其返还财产后，赋予其优先受偿权以弥补其损失。[1] 然而也有学者认为美国并非没有要求主观要件，而是将主观标准客观化了，[2] 或认为其在客观要件上隐含着对行为人的主观意思的推定。[3] 此外，亦有国家规定了主观要件，但仅针对有偿行为。对于破产债务人的无偿行为，则不需要考虑其主观恶性，可直接予以撤销。而对他人提供无偿保证无疑是无偿行为，则不需要考虑相对人的主观恶性。因此，无论比较法上对破产撤销权是否要求主观要件，对于为他人债务提供无偿保证的行为都不需要考虑被保证人是否恶意。

比较法上的两种立法看似都否认了撤销为他人提供无偿保证行为需要主观要件的观点，但实质上却并非如此。因为无主观要件的立法虽选择撤销，但会基于善意相对人补偿，以平衡交易安全与公平清偿，但我国却并无补偿措施。此外，为他人债务提供无偿保证行为虽表面上无对价，但保证人享有追偿权，追偿权本身是有着与保证价款同等的价值，该行为并非是无偿行为，除非在订立保证合同时被保证的债务人已经丧失偿还能力。因此，在上述两重条件下我国破产法对于撤销为他人通过担保的行为之规定应当参照有主观要件之立法。

---

① 参见王欣新：《破产撤销权研究》，载《中国法学》2007 年第 5 期。
② 参见张艳丽：《破产可撤销行为构成要件分析——针对我国新〈企业破产法〉第 31 条、32 条规定》，载《法学杂志》2007 年第 3 期。
③ 参见崔艳峰、房绍坤：《论主观意思在破产撤销权中的地位》，载《贵州社会科学》2015 年第 4 期。

最后，司法实践普遍认为主观恶意很难证明。① 因为破产企业的财务会计制度未必健全、经营信息的记录也可能不完备，导致事后难以核查。② 增加这一判断标准不仅增加了管理人的举证负担且很可能因为证据不充分而败诉。因此以恶意为判断准则可能会一定程度上削弱管理人提起撤销权诉讼的主观能动性，不利于维护全体债权人的利益。

然而，主观恶意证明难的问题并不能排除将主观要件作为判断标准的合理性。换言之，当存在主观要件在理论逻辑上是必要条件时，不能因为实践中的举证难而否定它。而是应当通过实践总结归纳尽力将恶意的判断标准客观化、具体化。③ 例如，被保证人是关联企业或是破产债务人特定关系人时都很可能有变相转移资产的嫌疑，此时其主观存在恶意可能性极高，可以纳入撤销范围。其次，在认定主观恶意举证难前，应当先确定此种情形下恶意的定义是什么。在为他人提供无偿保证的情形中，相对人即被担保的债权人的恶意不要求其与担保人即破产债务人串通，只需知道或应当知道债务人有破产之可能或债务人无资力清偿其他到期债务。即相对人应当对担保人已公开的资信情况进行谨慎的审查，确保在订立保证合同时债务人无破产外观。而在此要求下，管理人证明债权人存在恶意，仅需举证证明合同订立时破产人可能资不抵债的资信状况可以被债权人知悉。④

综上所述，为他人债务提供无偿保证之行为原则上应当是有偿行为，除非保证合同订立时被保证人已存在无资力清偿债务之情形。若对此有偿行为主张撤销权，则需考虑破产法与民法的协调一致性以及对交易安全与公平清偿的价值衡量，参照适用《民法典》第539条，给予善意第三人抗辩机会。仅当管理人能够证明签订保证合同时债权人主观存在恶意，该行为方可撤销。

---

① 参见李志刚等：《为他人债务提供保证与破产撤销权》，载微信公众号"人民司法杂志社"，2022年7月11日。
② 参见祝伟荣：《破产撤销权制度的反思与重构——以利益衡平理念为视角》，载《法律适用》2012年第5期。
③ 参见张艳丽：《破产可撤销行为构成要件分析——针对我国新〈企业破产法〉第31条、32条规定》，载《法学杂志》2007年第3期。
④ 参见重庆市第五中级人民法院(2021)渝05民初3960号民事判决书。

五、结　语

由于破产债务人在临界期为他人债务提供无偿保证之行为不在《企业破产法》撤销权行使的明文范围内，导致学界与司法实践中对该行为可否撤销产生了争议。坚持可撤销的观点认为，虽破产债务人履行保证行为后可获得追偿权，但该权利往往无法实现，破产人财产必定减损。其本质于无偿转让财产无异，因此应当适用《企业破产法》第31条第1项予以撤销。而认为不可撤销的理由则是，不能因维护公平清偿而过度损害交易安全，应当严格按照法律条文之规定行使破产撤销权。该行为不在撤销权行使范围内，不能主张撤销。且追偿权是有价值的，该行为并非无偿行为。履行保证后追偿权无法实现是正常交易风险，债务人应当承受。然而实践中确实存在破产人利用为他人提供担保而逃避债务之情形，若全然认定其不可撤销确会损害其他债权人的利益，因此具体分析说产生。其中，以追偿权价值有无与高低来区分为他人担保行为可否撤销难度较大，且影响破产程序效率。增加主观要件为判断标准则认为，基于破产债务人享有的追偿权，其为他人提供无偿保证的行为原则上是有偿的；但若在订立保证合同时被保证债务人已无资力清偿，则提供保证的行为本质就是无偿转让财产，应当准予撤销。同时参照比较法上对破产撤销权的规定以及《民法典》的相关规定，有偿行为并非不可撤销。若债权人主观上存在恶意，即管理人能够举证证明订立保证合同时债权人能够知悉保证人即破产债务人可能资不抵债或逃避债务的情况，则该行为可以撤销。

综上所述，笔者认为，增加主观要件并结合行为价值来具体分析，为他人债务提供无偿保证行为可否撤销之观点最为合理。当为他人提供保证行为为有偿且债权人无恶意时，应当承认其效力不予撤销。这一观点既平衡交易安全与公平受偿的价值衡量，又与《民法典》和比较法上的规定协调一致，同时亦不会对管理人造成过重的举证责任，影响破产程序的效率。

管理人视角下有追索权保理合同的破产处理

郑合慧灵　蒋戍松*

内容提要：有追索权保理合同因性质模糊、法律关系复杂的问题导致其在破产程序中常产生处理争议。从合同双方真实意思表示出发，一般情形下有追索权保理合同的性质属于"让与担保"，双方有特殊约定时，视情况属于"新债清偿"或"债权让与"。在让与担保情形下，应收账款应纳入破产财产，有追索权保理人作为破产债权人享有别除权，管理人对有追索权保理合同的解除权应予以限制。管理人还应当注重对隐蔽性保理、多重保理、应收账款质押竞合等问题的审查。

一、问题的提出

《中华人民共和国民法典》(以下简称《民法典》)合同编采用九个条文对保理合同的概念、形式及相关权利义务等进行了规定，至此保理合同被典型化为有名合同。然而现有规范并未厘清保理合同性质、保理合同基础法律关系，亦不足以应对实践中的疑难问题，[①] 该现实困境在有追索权保理中尤为凸显。我国《民法典》第766条规定了有追索权保理人两种追索

---

* 郑合慧灵，中南财经政法大学法律硕士、湖北山河律师事务所实习生。蒋戍松，湖北山河律师事务所专职律师。

① 参见王聪：《〈民法典〉保理合同的功能主义构造》，载《社会科学》2021年第8期。

权的行使方式,①此外还同时赋予保理人向应收账款债务人主张应收账款债权的请求权,两种追索权行使、追索权与应收账款债权请求权均存在立法模糊与适用冲突。破产语境下,当应收账款债权人(即破产债务人)进入破产程序,保理人随即成为破产债权人时,此问题将变得更为错综复杂。

立法空白导致有追索权保理债权的审查与后续处理无章可循,更有甚者,造成破产债权确认纠纷,大大影响破产程序的推进。"重庆川江船务有限公司与重庆明德商业保理有限公司普通破产债权确认纠纷一案"便是典型实例之一。该案一审二审跨越了《民法典》颁布前后,法院认为保理人双重请求权有行使先后顺序且具有排他性,在保理合同当中应当首先向应收账款债务人催收应收账款,对未收回的部分才能向融资人行使追索权。故川江船务代收的应当交付保理人的应收账款构成不当得利,该部分价款应当认定为共益债务优先受偿,该部分不属于保理人对保理融资款行使追索权的债权,而对于追索权,没有特定财产设立担保,因此当然属于普通破产债权。除此以外,该案还涉及许多争议问题,诸如保理合同在破产受理背景下是否应当继续履行?破产受理前已经产生的应收账款的归属问题?川江船务公司进入破产程序后新产生的应收账款债权的归属问题?明德保理公司能否取回川江船务公司进入破产程序后收取的破产受理前产生的债权及其取回的范围?

保理合同的典型化是回应我国金融业发展,推进我国民商事立法的重要举措,具有现实经济意义与法律必要性。②具体到破产法司法实践,破产债权的审查是破产管理人在债权确认程序中重要职责之一,有助于债务人财产状况调查、债权认定及债权表编制,是召开债权人会议及清偿债务等工作的前提。③管理人强化对于保理合同的审查与认定更能推进破产程序高效、经济运行,保障破产程序各方主体权益。因此,本文拟从管理人

---

① 《民法典》第766条规定:"当事人约定有追索权保理的,保理人可以向应收账款债权人主张返还保理融资款本息或者回购应收账款债权,也可以向应收账款债务人主张应收账款债权。保理人向应收账款债务人主张应收账款债权,在扣除保理融资款本息和相关费用后有剩余的,剩余部分应当返还给应收账款债权人。"

② 参见黄和新:《保理合同:混合合同的首个立法样本》,载《清华法学》2020年第3期。

③ 参见王欣新:《论破产债权的确认程序》,载《法律适用》2018年第1期。

视角出发，以有追索权保理债权性质认定为基础，对破产程序中有追索权保理合同的审查认定与适用进行探讨与分析。

二、真实意思表示下有追索权保理合同的性质辨析

对无追索权保理合同，因其基础法律关系较为简明，故理论上争议尚微，有观点认为无追索权保理应当同有追索权保理保持法律性质统一，[①] 多数观点则认为应区分定性，无追索权保理合同属于"债权让与"也称"债权买卖"。[②] 然而无论是"统一说"还是"区分说"，实质上均认可无追索权保理合同属特殊债权转让，在破产程序中按照债权让与处理即可。

争议主要集中于有追索权保理的性质，有追索权保理债权如何定性，有追索权保理项下应收账款是否属于破产财产以及保理人作为破产债权人应当享有何种权利，这一系列的问题在破产程序中应当如何处理，首先有赖于对有追索权保理合同的定性。理论界相继产生了多种观点，致使司法实践亦无所适从。

（一）学界主要观点评析

"债权让与说"认为有追索权保理应以其核心要素应收账款的转让定性[③]为通说观点，更进一步的观点则指出凡有追索权保理均认定为"担保"而非"买卖"会造成金融市场对应收账款融资的担忧，因此通常情形下应当以"真实销售"即债权买卖来定性。[④] 该观点并未反映出保理交易的融资属性，依此观点保理人应取得应收账款全部权益，与现有立法旨意相

---

① 参见王聪：《〈民法典〉保理合同的功能主义构造》，载《社会科学》2021 年第 8 期。

② 有观点认为无追索权保理合同性质属于"债权让与"。参见魏冉：《保理的概念及其法律性质之明晰》，载《华东政法大学学报》2021 年第 6 期；李宇：《保理合同立法论》，载《法学》2019 年第 12 期；黄茂荣：《论保理合同》，载《法治研究》2021 年第 3 期；宋天骐：《论保理合同的担保功能》，载《金融发展研究》2021 年第 12 期。

③ 参见谢鸿飞、朱广新主编：《民法典评注：合同编（典型合同与准合同）2》，中国法制出版社 2020 年版，第 530 页。

④ 参见魏冉：《保理的概念及其法律性质之明晰》，载《华东政法大学学报》2021 年第 6 期。

违背。

"让与担保说"认为应收账款债权人以转让应收账款的形式提供对保理融资款的担保，保理人并不直接对应收账款的全部享有权益，其收回应收账款后应扣除其融资本息及相关费用，将剩余保理余款返还给应收账款债权人。① 该观点亦被多数地方法院裁判所采纳。②

"新债清偿说"系最高人民法院裁判观点，其将保理人享有的追索权解释为代替原定应收账款偿付的他种给付。其主要问题在于认为保理人应当先向应收账款债务人请求债权，在应收账款债务人给付不能时，再由应收账款债权人承担补充赔偿责任。③

(二)依真实意思表示认定有追索权保理合同性质

学界观点莫衷一是，但无一能够将保理合同所有情形涵盖。保理合同作为典型合同，具有其特殊性，有观点基于保理合同构成要素的复合属性，将保理合同视为混合合同，也称框架性合同，认为保理合同是以借款合同为核心，同时可根据实际需求融合委托、担保等要素的混合性合同。④ 保理合同法律关系盘根错节，当事人拥有较大的意思自治空间，为顺应保理业务蓬勃发展态势，应当根据保理合同当事人真实意思表示依照一定规则认定有追索权保理合同性质。

1. 当事人无特殊约定或约定不明时，属让与担保

依照现有法律规范，有追索权保理合同性质无论从规范解释还是交易实践看，认定为债权让与担保更为妥当。

追索权是基于借贷关系产生的权利，有追索权保理合同具有让与担保的融资功能。对有追索权保理合同的定性必然离不开对追索权法律性质的探讨。《民法典》第 766 条对追索权的表述为"主张返还保理融资款本息或者回购应收账款债权"。"主张返还保理融资款本息"显然是保理人基于与应收账款债权人之间的借贷关系而享有的请求权。而"回购应收账款债

---

① 参见陈本寒：《新类型担保的法律定位》，载《清华法学》2014 年第 2 期；黄和新：《保理合同：混合合同的首个立法样本》，载《清华法学》2020 年第 3 期。

② 参见福建省高级人民法院(2016)闽民终 579 号民事判决书。

③ 参见最高人民法院(2017)最高法民再 164 号民事判决书。

④ 参见王聪：《〈民法典〉保理合同的功能主义构造》，载《社会科学》2021 年第 8 期。

权"看似具备形成权的表象，但《民法典》却并未赋予保理人单方意思表示即可变更法律关系的权利诸如撤销转让、解除合同等。且在保理人未受清偿时，并不当然直接取得应收账款所有权，超出保理融资款本息部分仍需返还，符合"于债务不履行时，该他人可就标的物优先"。另外，从保理交易与司法实践看，普遍存在保理人与应收账款债权人在保理合同中约定"委托应收账款债权人收取应收账款"的条款，该条款体现出强烈的融资担保性。因此，"新债清偿说"要求保理人应当先行请求应收账款债务人履行债务，不符合商事立法的效率原则，存在脱离保理实务之嫌。

2. 当事人明确约定保理人应先行向应收账款债务人请求时，属新债清偿

若保理人与应收账款债权人明确约定保理人应先行请求应收账款债务人清偿时，便赋予了保理人先行变价的义务。《民法典》仅规定了保理人既有向应收账款债权人行使追索权又有向应收账款债务人行使债权请求权的双重权利，而并未对行使顺序做安排，故当事人在合同中作此约定并不违反法律的强制性规定，应当尊重其真实意思表示，认定为新债清偿。

3. 当事人具有明显销售意图且应收账款受让人获得应收账款实际权益时，属债权让与

美国法院 Octagon Gas Sys. v. Rimmer[1] 一案中，Rimmer 作为应收开采权使用费受让人，获得了作为应收账款所有权人享有的权益，虽具有担保目的，但显然不能否认双方具有债权买卖的真实意图，此时仍然认定为让与担保有失偏颇。在保理合同当事人明确描述应收账款买卖且保理人实际享有了应收账款带来的利益时，应认定为债权让与。

三、让与担保下有追索权保理债权的破产处理[2]

(一)有追索权保理项下应收账款纳入破产财产

1. 将有应收账款

应收账款是会计学概念，并非传统意义上法律概念，保理中的应收账

---

[1]　Octagon Gas Sys. v. Rimmer, 995 F. 2d 948(1993).

[2]　根据上述分析，通常情形下应当认定有追索权保理合同属于债权让与担保，故后文均在此前提下进行后续探讨。

款应理解为基于法律行为产生的金钱债权。[①]《民法典》第 761 条肯定了将有应收账款可作为保理合同的客体。将有应收账款应当以基础合同为发生依据，具备期待性与高度可能性。[②] 根据《中华人民共和国企业破产法》（以下简称《企业破产法》）第 30 条，破产申请受理后至破产程序终结前债务人取得的财产，为债务人财产。将有应收账款属于将有债权，从破产法原理出发，为平衡各方破产债权人利益，对将有应收账款行使权利应受破产程序阻却，认定将有应收账款属于担保债权人不利于破产财产的增加。

2. 现有应收账款

应收账款债权人破产前，保理人已取得的应收账款是否应纳入破产财产范围？有观点认为破产受理前取得应收账款的，归属于应收账款受让人即保理人，反之，属于破产财产。[③] 然而，在有追索权保理属于让与担保的情形下，无论是现有应收账款还是将有应收账款均属于破产财产。理由是形式上应收账款所有权转移至保理人名下，实质上保理人仅是应收账款的担保权人，对于应收账款在保理融资款本息范围内享有优先受偿的权利。

因此，作为有追索权保理项下的应收账款属于破产财产，由管理人统一接管，保理人不能自由处分，这符合破产法对破产财产的立法态度，更有利于兼顾全体债权人利益。

(二) 有追索权保理人享有别除权而非取回权

学理上针对让与担保权人享有别除权或取回权存在争议。有观点认为让与担保权人仅是形式意义上的所有权人，应当享有别除权，[④] 也有观点

---

① 参见徐昊：《保理合同项下应收账款法律问题研究》，载《经济研究导刊》2022 年第 16 期。

② 参见詹诗渊：《保理合同客体适格的判断标准及效力展开》，载《环球法律评论》2021 年第 5 期。

③ 参见张静：《将有债权处分的法律构造与顺位安排》，载《法学》2022 年第 2 期。

④ 参见李永军：《破产法律制度：清算与再建》，中国法制出版社 2000 年版，第 242 页；王延川：《破产法理论与实务》，中国政法大学出版社 2009 年版，第 236 页；王艳华：《破产法学》，郑州大学出版社 2009 年版，第 171 页。

认为让与担保下，债权人已获得标的物所有权，当然有权要求取回。①《德国支付不能法》亦限制让与担保人的形式取回权，其优先受偿权只能通过拍卖等方式予以实现，让与担保具有非典型担保的特征，应当赋予与其他有财产担保债权相同的权利。②

据上文分析，在认定有追索权项下保理合同属于破产财产的前提下，保理人对应收账款享有取回权不具有逻辑连贯性，也不符合利益平衡之考量。首先，若应收账款金额超过保理人给付保理融资款本息的，管理人无权要求其返还超出部分，该部分财产则无法作为破产财产分配给其他债权人。反之，从保理人角度来说，有追索权保理人享有别除权而非取回权并不影响其经济利益的实现，应收账款不足以清偿的部分，仍能作为普通债权参与破产财产的分配。其次，在企业重整时，应收账款带来的稳定持续的现金流入是企业继续经营、破产重整程序启动的关键部分。依照《企业破产法》第75条第1款的规定，重整程序中对于担保债权的变现权予以暂停行使的限制，应收账款纳入破产企业财产范围受《企业破产法》保护，这有利于防止在破产重整中担保权人行使担保权对重整程序以及债权人整体利益的影响。再次，从管理人视角出发，破产程序是债权人集中受偿程序，将应收账款纳入破产财产有利于管理人财产整体转让出售，提高管理人公平分配财产的可能性。③

(三)管理人对有追索权保理合同的解除权应予以限制

1. 有追索权保理合同是否属待履行合同的认定

认定保理合同是否属于待履行合同，是管理人审查债权与行使权利的重要前提之一。依照《企业破产法》第18条的规定，管理人享有针对待履行合同继续履行或解除合同的决定权。保理合同的混合合同属性与复杂法律关系增加了认定其是否属于待履行合同的难度。在有追索权保理合同

---

① 参见王欣新：《破产法理论与实务疑难问题研究》，中国法制出版社2011年版，第223页；邹海林、常敏：《债权担保的方式和应用》，法律出版社1998年版，第409页。

② 参见李忠鲜：《论担保权在破产中的别除机制》，载《河北法学》2019年第6期。

③ 参见李忠鲜：《论担保权在破产中的别除机制》，载《河北法学》2019年第6期。

中，涉及破产债权的权利义务关系为：保理人负有支付应收账款转让对价（保理融资款）的义务，破产债务人（应收账款转让人）负有转让应收账款以及支付保理融资本息或回购应收账款的义务。

针对应收账款转让，一般应当注意将有应收账款转让，因保理合同存在约定转让将有应收账款的情形，故在破产申请受理日，将有应收账款可能尚未发生，此时应当认为破产债务人未履行完毕。而因应收账款尚未发生，保理人往往并不在合同生效时即负有支付全部转让款的义务，因此，保理人未支付全部转让款或提供全部融资，破产债务人亦未转让全部应收账款，应认定该有追索权保理合同未履行完毕。

针对追索权，在债权让与担保体系下，追索权是具有担保属性的请求权，保理人主张破产债务人返还融资款本息或回购应收账款意味着其尚未获得有效清偿，质言之，破产债务人清偿义务未履行完毕。然而，若此时保理人已支付全部对价的，应认定保理人已履行完毕，不属于双方均未履行完毕的情形，管理人单方行使解除权即可。

2. 管理人对待履行合同的解除应予以限制

在认定有追索权保理合同属于待履行合同后，管理人便享有选择权，可选择继续履行合同或解除合同。管理人选择继续履行合同，保理人可进行催告并要求管理人提供担保，此时管理人应视整个合同债务为共益债务对保理人进行优先清偿。① 管理人选择解除合同时，按照合同法规则，保理人应当返还作为担保的应收账款，保理人利益将遭受巨大损失，而破产债务人则存在利用破产程序逃避"担保"责任嫌疑。虽然破产法立法上为平衡合同相对方利益，赋予其共益债务地位，但此时徒增共益债务，不利于债权人整体利益。② 在有追索权保理合同问题上，应当对管理人解除权进行限制，甚至管理人无需解除保理合同，可以要求保理人一次性支付完毕转让款等方式继续履行合同，当保理人无能力履行时，管理人可解除保理合同，取回应收账款。

---

① 参见王欣新、余艳萍：《论破产程序中待履行合同的处理方式及法律效果》，载《法学杂志》2010 年第 6 期。

② 参见丁燕、尹栋：《论破产管理人待履行合同解除权的限制》，载《法律适用》2022 年第 3 期。

四、管理人对有追索权保理债权的审查

（一）对隐蔽性保理的审查与处理

约定对应收账款债务人不发出转让通知的，为隐蔽性保理又称暗保理。虽然隐蔽性保理在我国保理交易实践中涉及纠纷较明保理少，然而其确有存在的现实必要性。[1] 隐蔽性保理中不通知债务人应收账款转让并非绝对的不通知，"一旦出现账款逾期达一定期间应收账款债权无法收回时，再不通知债务人将无法产生债权让与的对外效力，所以国内商业银行办理的暗保理一般在账款发生逾期后保理人有权通知债务人"。[2]

有观点认为隐蔽性保理因缺乏债权转让的生效要件，故保理人在应收账款债权人进入破产程序后通知应收账款债务人的，属于无效行为，保理人的融资借款债权不属于有财产担保的债权；保理人在应收账款债权人进入破产程序前一年内通知应收账款债务人的，则视为没有财产担保的债务提供财产担保的，属管理人可行使破产撤销权的行为。[3] 本文并不赞同上述对隐蔽性保理概念以及债权让与生效条件的观点。《民法典》有关债权转让的规定[4]并未清晰表达债权让与的发生依据，由此产生了"合同生效"和"通知生效"的两种观点，然而以让与通知作为生效要件会从根本上否定未来债权的可让与性，不适于转让型金融融资交易发展的商事司法实践。[5] 应当承认即使不通知应收账款债务人，也产生债权转让的对外效力。因此隐蔽性保理中应收账款仍应作为担保保理人债权的特定财产，即

---

[1]　参见李振忠：《保理合同让与通知解释论——以〈民法典〉第 764 条为中心》，载《常熟理工学院学报》2021 年第 3 期。

[2]　黄斌：《国际保理：金融创新及法律实务》，法律出版社 2006 年版，第 52 页。

[3]　参见刘小嚎：《保理融资在破产法视角下的若干问题研究》，载微信公众号"天同诉讼圈"，2021 年 9 月 9 日。

[4]　《民法典》第 546 条规定："债权人转让债权，未通知债务人的，该转让对债务人不发生效力。"

[5]　参见虞政平、陈辛迪：《商事债权融资对债权让与通知制度的冲击》，载《政法论丛》2019 年第 3 期。

使保理人在应收账款债权人进入破产程序后再向应收账款债务人发送债权转让通知的，也不影响应收账款的转让以及保理人融资借款债权的性质。

针对破产撤销权的行使，应当回归《企业破产法》第 31 条、第 32 条所规定的破产撤销制度，针对保理实务中应收账款的支付对价即融资款的"合理性"进行准确认定。保理人支付的对价往往低于应收账款的账面价值，这通常具有合理性，但债权尤其是应收账款、股价、商誉等的估价本身就极为复杂，实践中存在诸多虚构债权债务、"1 元转让"等现象，当符合"以明显不合理的价格进行交易"等情形时，管理人可行使撤销权，追回已转让的应收账款。

(二) 未登记保理合同的审查与处理

在实践中同一应收账款上保理与质押同时存在的情形屡见不鲜。关于已登记保理合同，其与应收账款质押类似且都具有担保功能。由中国人民银行于 2019 年 11 月发布的《应收账款质押登记管理办法》第 34 条规定，[①] 可以看出司法与实务中对应收账款转让登记具有与应收账款质押相同的处理意向。为此，通过《民法典》第 768 条规定可进一步明确保理登记问题的立法倾向。[②] 尽管本条只规定了多重保理情形，但根据立法背景以及司法实践可推断一债又卖又押时仍可依照此规则。因此，已登记保理合同登记行为产生对抗效力，保理人能够针对应收账款进行优先受偿。

值得讨论的是，未登记的有追索权保理能否对抗普通债权优先受偿？管理人不得以未登记为由对抗保理人。一方面，可从《民法典》第 768 条推出，未登记保理人能够取得应收账款，"未登记"影响的仅仅只是在多重保理产生的权利冲突时，其权利的优先性与顺位问题。另一方面，正式出台的《最高人民法院关于适用〈中华人民共和国民法典〉有关担保制度的

---

① 参见《应收账款质押登记管理办法》第 34 条规定："权利人在登记公示系统办理以融资为目的的应收账款转让登记，参照本办法的规定。"

② 《民法典》第 768 条规定："应收账款债权人就同一应收账款订立多个保理合同，致使多个保理人主张权利的，已经登记的先于未登记的取得应收账款；均已经登记的，按照登记时间的先后顺序取得应收账款；均未登记的，由最先到达应收账款债务人的转让通知中载明的保理人取得应收账款；既未登记也未通知的，按照保理融资款或者服务报酬的比例取得应收账款。"

解释》(法释〔2020〕28 号)第 67 条并未将登记对抗的效力扩张至保理,①其删除了《最高人民法院关于适用〈中华人民共和国民法典〉担保部分的解释(征求意见稿)》第 65 条"所有权保留、保理、融资租赁等具有担保功能的合同权利人的权利未经登记的,其不得对抗的善意第三人范围以及效力,参照本规定第五十三条处理"中的"保理",仅规定了所有权保留买卖与融资租赁。在一定程度上表明了管理人不具有对抗的"善意第三人"地位。

五、结　论

保理合同入"典"具有立法前瞻性与现实紧迫性,然《民法典》寥寥九条并不足以涵盖保理合同规范的方方面面,其对于新型商事行为的规范同《企业破产法》等商事单行规范之间如何协调适用是当下重要的命题。具体引申之,有追索权保理与破产最根本的冲突在于担保债权人的利益同破产程序公平清偿、整体利益最大化价值的冲突,破产法应当解决的主要问题之一在于保理等金融债权的准确认定与清偿问题。对于有追索权保理合同的性质认定,应遵从当事人的意思自治,在无特殊约定时,应认定为债权让与担保。在债权让与担保框架下,应收账款应属破产财产,保理人享有的是别除权而非取回权,保理人可就应收账款请求拍卖、变卖后的价金优先受偿。针对有追索权保理债权,管理人行使解除权、撤销权等都应建立在准确把握保理交易包含的隐蔽性保理、多重保理等性质的基础上,唯此,方能端平保理人保护与破产公平处置的天平,加快推进破产进程。

---

① 《最高人民法院关于适用〈中华人民共和国民法典〉有关担保制度的解释》(法释〔2020〕28 号)第 67 条规定:"在所有权保留买卖、融资租赁等合同中,出卖人、出租人的所有权未经登记不得对抗的'善意第三人'的范围及其效力,参照本解释第五十四条的规定处理。"

信托公司破产中的受益人特别保护问题研究

李忠锴*

内容提要： 由于信托法与破产法缺少充分的立法衔接，信托公司破产为受益人保护带来了巨大困难。信托财产独立性要求受托人对信托财产分别登记、分别管理，但信托财产登记制度的缺失，使得信托财产独立性难以彰显。在信托公司破产中，在信托财产独立的情形下，应尽快选定新的受托人，并安全、平稳、快速地实现信托财产的移交。在信托财产与信托公司自有财产混同的情况下，区分取回信托财产，是实现受益人权益保护的首要路径，因此，应确定区分混同信托财产的规则，如无法区分信托财产，则应给予受益人特别保护，如债权定性上予以特别规定，同时适用行业基金及保险制度加以救济，从多方面多角度保障受益人权益。

我国信托业经历六次大规模整治后，已很少再见到信托公司破产清算案件。2022 年 7 月重庆法院受理新华信托破产清算案件，再次引起社会广泛关注。《中华人民共和国企业破产法》（以下简称《企业破产法》）并未基于信托的特殊性，对信托公司破产制定有针对性的条款，使得信托公司破产存在法律适用的空白。此外，信托制度中的信托登记制度等核心配套制度缺失，使得信托财产独立性备受考验，换言之，信托破产隔离功能受到实践检验，引发社会各界对信托受益人保护的特别关注。基于此，本文从信托公司破产、信托财产的确定性与独立性等问题出发，区分混同信托财产确立受益人保护的基础，并给予信托受益人特别保护，最后提出相关建议，抛砖引玉。

---

* 李忠锴，北京市炜衡律师事务所律师。

一、信托公司破产中受益人保护必要性

信托公司属于金融机构，其破产具有涉众性、公共性及风险外溢性等特征，涉及金融系统性安全，影响巨大。在信托公司破产中，作为信托最终受益主体的受益人有如局外人，难以参与破产程序，更难以获得有效保护，而在信托财产与信托公司自有财产混同时，受益人权益保护更显艰难，因此，给予受益人特别保护有其必要性。

(一)受破产程序制约信托财产移交困难

信托财产具有独立性，独立于受托人。在信托公司破产时，信托财产不属于破产财产，应与信托公司自有财产区分对待。但《企业破产法》将金融机构破产的规定授权国务院制定，而至今国务院未出台具体规定，这为信托财产的移交带来程序上的障碍，造成信托财产移交困难，易造成对信托财产及受益人的侵害。

(二)受托人违规经营导致受益人保护困难

信托的本质是为了受益人的利益，受托人的"信义义务主要是针对受益人的义务，而受益人并不是信托行为当事人，不可能通过事前的约定保护自己的利益"。① 《中华人民共和国信托法》(以下简称《信托法》)相关规定不明确，信托财产登记等配套制度缺失，受托人违反信义义务违规经营，使得信托财产与自有财产混同，为信托财产区分带来困难，动摇了受益人保护的基础。而现行《企业破产法》在程序及实体上，均未针对受益人特殊地位给予有效保护，这为受益人保护带来实质性的困难。

总之，现行《信托法》等法律法规及配套制度不健全，在信托公司破产时，为受益人保护带来困难，基于信托的价值取向及受益人的特殊地位，应给予受益人特别保护。

---

① 赵廉慧：《论信义义务的法律性质》，载《北大法律评论》2020 年第 1 期。

二、信托公司破产中受益人保护的法律分析

信托财产是受益人权益保护的基础，但因信托法及信托登记等配套制度的缺失，信托在设立时，可能因信托财产的确定性和独立性问题，而影响其设立的效力。在信托的运行中，可能因受托人违规管理信托财产，造成信托财产与受托人自有财产的混同，动摇了受益人权益保护的基础，因此，需要在相关立法设计时给予受益人特别保护。

（一）信托财产确定性与受益人保护

信托有效设立，需满足"三确定原则"，即设立信托的意图确定、信托财产确定、受益人确定，信托财产不确定可能导致信托不能有效设立。

我国信托法要求信托设立需有确定的信托财产，但在实务操作中，如何判断信托财产的确定性，在资产收益权信托中，遇到巨大挑战。在"安信信托与昆山纯高案"中，就如何判断信托财产的确定性这一问题，引发了学界与实务界的广泛争议。①

董庶法官认为，我国《信托法》第 7 条、第 11 条确定了信托财产的确定性，即信托财产有价值、可衡量、可转让，并且在信托设立时"真实出售"。楼建波教授认为，应区分信托合同与信托关系，在信托合同关系范畴，信托财产只要"能够确定"，信托合同即可生效，该案纠纷仅发生在信托合同关系层面，无需考虑信托财产的独立性及确定性，"资产收益权"只要在信托合同订立阶段是可以确定的即可。② 赵廉慧教授认为，交易标的的确定性问题和信托财产确定性问题是两个问题，且交易标的的确定性问题的判断并不构成信托财产的确定性判断。资产收益权是否具有确定性，通过受托人的交易都能成为信托财产，该信托财产是否具有确定性不会影响到信托本身的效力。③ 因此，此案确立了信托财产的确定性基本

---

① 参见上海市高级人民法院（2013）沪高民五（商）终字第 11 号民事判决书。

② 参见楼建波：《区分信托合同与信托：昆山纯高案的另一种说理路径》，载《社会科学》2020 年第 11 期。

③ 参见赵廉慧：《再论世欣荣和诉长安信托案》，载微信公众号"InlawweTrust"，2017 年 5 月 9 日。

规则，在信托设立时信托财产确定即可有效设立信托，资产收益权可以成为信托财产。此后，监管部门出台政策文件加以确认。

然而，前案关于信托财产确定性的判断，仍缺乏明确具体的操作标准。在"世欣荣和诉长安信托案"中，法院认为，信托法律关系中信托财产的确定是要求信托财产从委托人自有财产中隔离和指定出来，而且在数量和边界上应当明确，即信托财产应当具有明确性和特定性。[①] 该规则借鉴种类物的特定化方式来确定信托财产，则又与信托财产的独立性混为一谈。由此，在信托设立之初，已经存在信托财产被转移、挪用、混同的漏洞，这在信托公司破产中，增加了查明、区分、取回信托财产的难度，也不利于受益人权益保护。

(二)信托财产独立性与受益人保护

受益人权益保障与信托财产的独立性息息相关。在信托财产保持独立性的情况下，应以快速选任新受托人并移交信托财产为主要目标，做好信托与破产程序有序衔接。在信托财产与信托公司自有财产混同的情况下，应加以必要区分，如无法区分，应对受益人的权益进行定性处理。

1. 信托财产的独立性与信托成立

信托成立需要信托财产确定并移交，在审查信托财产确定性时，通常审查信托财产的独立性。司法实践中，普遍存在将信托财产的独立性作为信托成立的要件的观点。在(2018)最高法民终364号案中，法院认为，"《协议书》所称的财产并没有作为独立的信托财产，并与受托人的固有财产相区别，因而缺乏信托财产独立性这一信托关系的核心要素"，信托关系不成立。[②] 对此，赵廉慧批评道，将信托财产独立性作为信托成立的要件是倒果为因。"信托财产独立性是对信托特征的一种描述，是信托成立可能产生的效果"，[③] 信托成立后，信托财产对委托人产生独立性，但对

---

① 参见最高人民法院(2016)最高法民终19号民事判决书；最高人民法院(2016)最高法民申3605号民事判决书。

② 参见最高人民法院(2018)最高法民终364号民事判决书。

③ 赵廉慧：《信托财产确定性和信托的效力——简评世欣荣和诉长安信托案》，载《交大法学》2018年第2期。

受托人并不必然产生独立性。楼建波认为，"信托财产要想获得独立性就必须已经确定，并通过移转所有权、登记、分别管理等方式来表彰"①。由此，信托财产独立性，是认定为构成信托成立的要件，还是认定信托成立的可能效果，存在判断上的冲突。在信托公司破产时，前述冲突增加了信托关系认定的不确定性，对受益人权益保护带来不利影响。

此外，信托合同与信托通常具有一致性，但信托合同成立，并不代表信托一定成立。关于信托合同的性质有诺成合同与实践合同的争议，关于信托也有单一行为和复合行为之争。信托合同与信托关系下，受益人权益存在性质上的差异，在信托设立中，应区分认定信托合同与信托关系。

2. 独立信托财产的取回

信托财产独立于信托公司自有财产，在信托公司破产中，信托财产不属于破产财产，应由受益人取回。信托公司对信托财产分别记账、分别管理，即信托财产保持独立性时，应就新受托人的选任及信托财产移交做好程序上的衔接，提高信托财产移交工作效率。

（1）信托财产的临时管理

根据《企业破产法》第 25 条等规定，在信托公司进入破产程序后，管理人负责信托公司的经营管理事务。在确定新的受托人之前，由管理人代替信托公司管理信托财产，如信托财产规模较大或比较复杂，可由有资质的第三方信托公司托管经营，以维持信托财产的正常运行。

需要注意的是，《信托法》第 39 条第 2 款规定，管理人对信托财产仅负有保管义务，因此，管理人的管理，应为保管等消极管理，不应做运营等积极管理。但，信托财产本身就处于运营状态，对信托财产的保管，包含对信托财产运营的积极管理，这就难以形成逻辑自洽。

（2）新受托人选任

根据《信托法》第 40 条规定，新受托人的选任，首先按照信托文件约定确定，如无约定由委托人选任，委托人不能选任的，由受益人或其监护人选任。该规定并未赋予公权力机构指定委托人的权利。但实践中，信托公司破产涉及金融安全，监管部门会积极介入，即在信托公司破产前，由监管部门组织行政接管组进行接管，并指定适格第三方信托公司进行托管

---

① 楼建波：《区分信托合同与信托：昆山纯高案的另一种说理路径》，载《社会科学》2020 年第 11 期。

经营。为保持信托财产的稳定，在信托公司进入破产程序后，管理人或法院，通常不会主动调整托管主体，托管人成为事实上的新受托人，从而规避了《信托法》第 40 条的适用。托管人并非直接利害关系人选任，则其权利义务边界不清，仍会对受益人权益构成新的威胁。在信托公司破产程序下，虽然受益人仍可选任新受托人，但面临如何启动该程序的问题。对此，日本信托法规定，受托人"如果发生破产事由时，需对信托行为作安排，经委托人与受益者达成一致协议或经利害关系人向法院申请，选任新的受托人"①。

（3）信托财产移交

在选任新的受托人后，根据《信托法》第 39 条第 2 款、第 41 条规定，由管理人协助信托公司将信托财产应移交给新受托人管理。在信托财产独立的情况下，受益人的权益保障的有其法律基础，此时，应将信托财产快速、平稳、有序地移交给新的受托人，实现信托与破产程序的有序衔接，作为管理人的重点工作之一。

总之，在信托公司破产中，新受托人的选任及信托财产的移交，并非完全由信托协议约定，其会受到司法、行政等多部门多因素的影响，管理人会结合破产需要进行整体评估，予以支持或阻碍。如仅从《信托法》或《企业破产法》单一法律规则考虑该问题，必然造成信托与破产程序的衔接不畅，影响破产程序推进，也不利于信托财产的移交，增加损害受益人权益的风险。

3. 混同信托财产的区分

信托公司破产前，经常存在违规经营行为，如未对信托财产分别记账、分别管理，则会造成信托财产与信托公司自有财产混同。为保证受益人权益，应对此种财产混同加以区分，具体应根据信托财产类型、混同财产使用情况等进行区分，本文结合国外案例或规定就常见的信托资金的混同加以区分。

资金信托中的信托资金与信托公司自有资金混同的，应结合账户情况、账册记载情况以及资金的实际使用情况等多种因素进行区分。雷曼欧洲破产案就是一起典型的资金混同案例。雷曼欧洲破产前未遵守监管规

---

① ［日］井上聪：《试论信托与破产——以日本法为视角》，陈景善译，载微信公众号"天同诉讼圈"，2020 年 11 月 6 日。

定，将客户资金分别管理，导致客户资金与自有资金混同。破产法官认为，按照监管规定，雷曼欧洲接受客户资金时，法定信托就已成立。在雷曼欧洲破产后，只要客户资金仍可追踪至雷曼欧洲自有账户中的资金，该资金应列入信托财产，由受益人享有信托下的对物权。[1] 日本则按混同资金使用情况区分保护。在信托公司破产时，如该资金已被全部使用，按借款处理，信托财产的债权人享有普通债权。而属于信托财产的余额还在一般账户时，在属于信托财产范围的金额内，信托财产作为物权受到保护。[2]

总结前述国外经验，在资金信托设立时，资金已混同的，普遍认可信托设立的效力。对于混同的资金，按照可追踪原则进行区分处理，在可追踪范围内予以对物权的保护，在不可追踪范围内予以债权保护。

（三）信托财产控制与受益人保护

在资产收益权信托中，信托财产并未由信托公司实质性控制，可能带来道德风险及违约风险，而信托公司破产可能导致信托关系断裂，并进一步加深该风险。在资产收益权信托中，收益权难以被有效转移，基础资产持有人实质控制信托财产，并带来信托财产对应的基础资产与其他资产混同或被侵占、挪用的道德风险和违约风险。[3] 且在基础资产持有人破产时，基础资产被认定破产财产，无法发挥破产隔离的作用。因此，就资产收益权信托，通常会就基础资产再设定一层抵押，以确定基础资产范围，并强化对处置基础资产处置的限制。但在股权收益权信托中，股权虽然可做抵押，但信托公司无法控制股权对应的公司经营，因经营不当也可造成股权价值贬值，增加违约风险。此外，为确保信托公司对基础资产收益的监督与有效控制，通常信托公司要求双方共管印章、账户，但在信托公司破产时，如交接失序，无法及时接管时，此种监督措施可能失效，受益人权益将处于完全失控状态。

---

[1] 参见楼建波：《信托财产分别管理与信托财产独立性的关系——兼论〈信托法〉第29条的理解与适用》，载《广东社会科学》2016年第4期。

[2] 参见[日]井上聪：《试论信托与破产——以日本法为视角》，陈景善译，载微信公众号"天同诉讼圈"，2020年11月6日。

[3] 参见缪因知：《资产收益权信托之法律定性的三维度》，载《南京大学法律评论》2019年第2期。

（四）受益人特别保护规则

基于受益人的特殊地位，受益人的收益权获得信托法的特别保护。受益权包含获取信托收益及撤销受托人不当行为等权利，随着信托制度的发展，受益权由要求受托人履行信义义务的对人权完成了向对物权的过渡。

1. 受益人受益权及其附随权利

受托人违反信托目的处分信托财产的，受益人享有信托财产恢复原状请求权和损失补偿请求权，以及要求第三人返还的物上代位权等权利。

（1）受托人对物性责任与受益人诉权

受益人享有信托财产的物上代位性和追及性。我国《信托法》第22条及第49条规定，对于受托人违反信托目的处分信托财产或者因违背管理职责、处理信托事务不当致使信托财产受到损失的，受益人享有撤销权。此时，受托人承担对物性责任，即责任财产是信托财产。此外，受益人享有对第三人的诉权，英美法确立了"范德佩特程序规则"，即"如果受益人以自己的名义提起诉讼，受托人应当以被告的身份加入诉讼程序。受托人与受益人合并提起诉讼的必要性不仅仅是一个程序问题，也不仅仅是为了确保受托人受到判决的约束或避免多重诉讼。合并提起诉讼的必要性有一个实质性的基础，即受益人拥有代表信托财产或代表受托人起诉的对人权"[1]。在受托人不当处置信托财产时，"除非取得信托财产的人是善意第三人，原则上受益人可以追及该财产"[2]。

（2）受托人个人责任与受益人债权

受托人在管理信托事务过程中存在过错，并因此给信托财产带来损害，受托人需要以固有财产承担个人责任。对此，需对受托人侵权责任进行定性，以确保受益人的权益，在信托公司破产时，能获得更有力的保障。

2. 信托保障基金及信托赔偿准备金

为保证受益人权益，信托业监管部门确立了信托业保障基金与信托赔

---

[1]　Lewin on Trusts (20th Ed., Vol. 2) at §47-012. 转引自秦涛、柏高原：《信托受益人如何行使诉权——衍生诉讼》，载微信公众号"财富管理与传承"，2021年7月3日。

[2]　赵廉慧：《信托公司破产的新问题》，载微信公众号"InlawweTrust"，2022年7月26日。

偿准备金制度，但该两种资金启用较少，难以充分发挥作用。

（1）信托业保障基金

为促使信托业稳定发展，预防、化解和处置信托业风险。2014年中国信托业协会发起设立中国信托业保障基金有限责任公司（以下简称信保公司），管理信托业保障基金。截至2021年末，信托业保障基金资产总额约为1467亿元，但实际上，仅安信信托、四川信托、新时代信托等少数陷入困境的信托公司获得了信托业保障基金的支持。如2022年信保公司入股安信信托，为安信信托重整提供了有力支持。

（2）信托赔偿准备金

为应对信托业务经营带来的风险，《信托公司管理办法》确立了信托赔偿风险准备金制度。根据信托业协会公开数据显示，截至2022年二季度末，信托赔偿准备金为363.79亿元。因相关规定不明确，信托公司不方便动用信托赔偿准备金，有时也不愿动用，致使其难以发挥应有的保障作用。

（五）信托财产破产

在信托公司破产时，因信托公司违规操作，信托财产可能也面临资不抵债的事实，但对于信托财产的性质，从物权到债权再到商事组织，学界多有争论，因此关于信托财产破产的问题，鲜有关注。从实务看，信托财产也可能负债超过资产总额而资不抵债，对此，日本在修订信托法时，同时修订破产法，确立了"信托财产破产制度"。

1. 信托财产破产原因

2006年日本破产法修订时，确立了"信托财产破产"制度。在信托财产产生不能支付或资不抵债的情形时，受益人、受托人等主体可向法院申请信托财产破产。信托财产破产后，应按照程序执行信托财产。在破产程序中，将信托财产视为一个公司，受益人享有与股东相似的地位，因信托财产而产生的债权人，对其应平等分配信托财产。[1]

2. 信托财产与信托公司固有财产交易撤销

信托财产非独立法人格，但信托财产与信托公司固有财产之间可以成

---

① 参见[日]井上聪：《试论信托与破产——以日本法为视角》，陈景善译，载微信公众号"天同诉讼圈"，2020年11月6日。

立合同关系。《日本信托法》第 3 条规定，信托财产与信托公司固有财产之间的财产交易如出现问题，以利益相反交易行为规范，其交易关系成立。

在信托公司破产时，信托公司的破产管理人类推适用待履行合同的挑拣权，信托财产将成为交易撤销的对象。由于撤销权需通过审判程序行使，信托公司破产管理人并不当然行使撤销权。信托公司破产"管理人行使撤销权时，信托财产的管理人（破产清算时）或受托人（处于公司更生程序或民事再生程序时）解任之后，等待新受托人或信托财产管理人被选任后，方能行使"①。

在受托人与信托财产同时破产时，信托财产的破产管理人对信托财产与固有财产之间的交易，类推适用待履行合同的处理规则。信托财产的破产管理人只代表信托财产方的利益，不存在利益相反交易的问题②，信托财产的破产管理人行使撤销权不受限制。

在信托公司破产时，通常存在侵吞、挪用等不当处理信托财产的情形，可能导致信托财产已经具备资不抵债或不能支付到期到位债务的情形，实质上具备破产原因，因信托不具有独立法人人格，目前在我国提起信托财产破产仍缺乏法律依据，但日本的实践经验，可作为我国完善信托法与破产法的借鉴。

三、信托公司破产中受益人保护的完善建议

（一）明确信托财产处置规则

1. 区分混同信托财产

在信托财产登记制度不明确的当下，实务中，应采取更加有效的区分的措施，这同时也考验司法机构判断信托财产独立性的智慧。司法实务中，就特定资产如资金、股权、资产收益权混同，应根据资产类型及混同

---

① ［日］井上聪：《试论信托与破产——以日本法为视角》，陈景善译，载微信公众号"天同诉讼圈"，2020 年 11 月 6 日。

② 参见［日］井上聪：《试论信托与破产——以日本法为视角》，陈景善译，载微信公众号"天同诉讼圈"，2020 年 11 月 6 日。

具体情形，加以识别信托财产。如采取比例原则、追踪原则等规则进行区分，资金存在混同的，如信托财产账簿、账户余额、转账记录以及银行流水可以追踪资金流向路径，应确定该资金为信托财产，受到物权保护；如无法追踪资金流向，则按照信托公司自有财产与信托财产总额确定比例，区分混同资金，确定信托财产进行物权保护，受益人由此受到的损失，按照债权保护。

2. 引入信托财产破产制度

信托财产非法人主体，但可以信托财产范围为限对外承担责任，具有法人主体的基本特性。日本作为大陆法系，引入信托制度最为成功，而日本在修订信托法时，同时破产法并确立信托财产破产制度，经过多年实践，可见其成功。因此，我国可以加以借鉴，引入信托财产破产制度，以适应新的社会实践需要。

（二）完善受益人特别保护规则

在确定信托财产保护规则时，也应赋予受益人更有效的保护措施，使其在信托公司破产中，能够更积极主动地采取有效措施，实现自我保护，避免再次受到损害。具体做法是具体化信托法赋予受益人的权利，做好信托法与破产法在程序与实体上的衔接，同时引入保险等制度，分担受益人风险。

1. 受益人取回权行使

在信托财产可区分的情况下，应为受益人取回信托财产提供便利的取回条件，实现信托财产便捷、安全地移交至新的受托人，避免信托财产长期处于无人管护状态。在立法上，可实现信托法与破产法在程序上的衔接。同时可通过信托协议进行具体约定，以加强取回信托财产的可操作性。

2. 受益人债权定性

对于受托人不当处置信托财产，或违反信义义务管理信托财产，造成的损失，如需认定债权，可以考虑列为特殊类型的债权，对于该债权适用信托保障基金或信托赔偿准备金，甚至进行保险理赔予以部分清偿。当然，此处需要协调破产法对于同类债权相同保护的冲突。

3. 信托保障基金及信托赔偿准备金

信托保障基金及信托赔偿准备金，本就是为应对个别信托公司破产流动性危机或破产危机设立的制度，因此，应加强此类资金对问题信托公司的介入，在出现流动性危机时，由信托保障基金提供流动性支持，信托公司以自身股权提供担保，保障借款资金的安全。在出现兑付逾期等问题时，可启动信托赔偿准备金，对受益人先行赔付，再向信托公司主张债权，既减少受益人损失，避免社会维稳压力，同时减少金融风险蔓延，又利于稳定信托公司信用及运营。具体操作上，应明确启动信托赔偿准备金条件及程序，消除信托公司启用该准备金的顾虑。

4. 信托风险保险

此外，可以设立针对受益人损失的信托风险保险。在信托公司破产时，受益人因信托财产被不当处置造成的损失，先由信托公司予以限最高额理赔，保险公司取得受益人对信托公司的债权，并在破产程序中获得清偿。

四、结　语

信托制度是英美法系的明珠，其作为舶来品，在引入大陆法系时，与大陆法系物权法产生一定冲突。我国引入信托制度时，因法理冲突，致使信托的核心配套制度长期缺失，为信托业长足发展埋下深远隐患。我国信托业从起步至发展繁荣，经历多次整顿，2010 年之后，我们看到信托业的快速发展，并在社会生活中发挥着越来越重要的功能。在信托日益繁荣的当下，我们看到新华信托的破产为受益人权益保护带来极大冲击，信托这一制度迎来信任考验，因此，加强对受益人的特别保护，是维护信托制度的价值所在，笔者期待，在此处危机中，我们在实践中能寻找到使得信托更坚实更长远发展的基石。

限制与保护之间：个人破产豁免
财产认定研究

宋玉霞　陈泳西*

内容提要：个人破产中的豁免财产是指为了保障债务人及其义务扶养人的基本生活、职业发展等基本权益，以保留用于日后生存和发展的财产。个人破产豁免财产制度有力地解决了诚实但不幸的债务人的生存权和发展权等问题。然而，国内目前暂无关于个人破产的统一立法，仅在深圳出台了第一部个人破产条例以及各地法院出台的个人债务集中清理规则，这导致各地规定不一致。由此，提出对个人破产豁免财产的认定以缓解各地判决的不一致性，对比国内外相关规定，引入豁免财产时间构成的认定以限制债务人财产范围；落实豁免财产构建的模式，以保护债务人财产范围确定性目的实现；构建认定标准，使法院恰当运用豁免财产制度以达到既保护又限制债务人的财产的目的。

从全球破产制度的发展来看，企业破产制度与个人破产制度的产生是存在先后顺序的，个人破产制度才是整个破产制度的源头，而我国内地破产法被称为"半部破产法"，主要是因为我国内地率先通过了企业破产法，但没有个人破产制度。在司法实践中，许多执行案件，既不能完全实现债权又不能结案，从而不得不陷入"悬置"的窘境，后来为解决积案问题只能将其结案，根据最高人民法院的统计，民商事案件中约18%都属于"执行不能"的情况。① 后来执行案件转送破产审查制度取得较好的效果，但

---

* 宋玉霞，法学博士，西南石油大学法律风险防控研究中心主任。陈泳西，西南石油大学法学硕士。

① 参见付星驰：《个人破产免责制度探讨》，山东政法学院 2020 年硕士学位论文。

该制度仅在我国企业破产中有所规定，个人破产法的缺失为实践中的办案带来了困难。

从各国的个人破产制度和联合国关于破产立法的指南以及域外个人破产立法来看，对于已经申请破产的债务人而言，都留有以供破产债务人最基本的生活需要的或以供维持继续生产经营的豁免财产。个人破产制度涉及多方利益，如何平衡债务人与债权人的利益以及如何保护和限制债务人的豁免财产也是重要的问题，目前国内个人破产条例及类个人破产规则中的豁免财产制度规定得太过笼统；认定时间构成的缺位影响司法活动；构建模式以粗略性为主，给予过多自由裁量空间；认定标准的不确定性，导致债务人权益难以得到实际的保障。如何解决上述问题以完善个人破产豁免财产制度？在深圳中院的案例中可以看出立法与实践的模糊性带来的弊端。在全国首个个人破产案中，仅简单提起债务人在未来三年内豁免的财产以及一些生活生产必需品。除此之外，在某个人破产清算案①中，虽然提及豁免财产清单草案，但也仅对生活基本保障财产进行了列举，可见统一各地豁免财产制度存在困境。本文借鉴域外对豁免财产时间构成的认定，对国内固定主义与膨胀主义的缺位提出解决方案，以及对构建模式和认定标准的选择做出更适合国情的抉择，以期对司法实务和个人破产法立法完善有所助益。

一、个人破产豁免财产的理论基础

（一）个人破产豁免财产的内涵

个人破产的豁免财产也称为"自由财产"。根据《深圳经济特区个人破产条例》第36条的规定，被豁免的财产是为保护债务人及受扶养人的生命和基本权利而保留的财产。笔者认为，站在不同角度对豁免财产的定义有不同的阐述。从财产的分类方面来说，可以将其定义为"在个人财产中排除用于清偿债务的破产财产后，所剩余的能被破产人自由支配的财产"；从财产的作用方面来说，其可被定义为为了保障债务人及其义务扶

---

① 参见呼煦晖申请个人破产清算案：广东省深圳市中级人民法院（2021）粤03破417号民事裁定书。

养人的基本生活、职业发展等基本权益，以保留用于日后生存和发展的财产①；同时从财产的分类和作用方面来说，即为豁免财产是破产债务人在清算程序后可以控制的财产，包括保护破产债务人及受扶养人基本生活所必需的财产、使破产人能够在专业活动中发挥不可或缺的作用所需的工具、基于对发展权和具有特殊精神意义的破产财产或与破产人的个人关系的必要考虑。②

关于豁免财产的内涵，有如下争议：一是豁免财产与自由财产应当如何使用。二是其内涵应当采取何种方式表述。目前学界均认为豁免财产与自由财产两个概念是一样的，并且可以通用，笔者支持通说即豁免财产又称"自由财产"。根据颁布的《深圳经济特区个人破产条例》第36条所表达的来看，立法更倾向于从作用方面来阐述，但是笔者认为将财产的作用与分类结合起来阐述更加完善。

（二）个人破产豁免财产的价值

1. 稳定经济大环境

"自然人破产制度的主要目的并非是基于特定债权人和债务人孤立的收益，而是基于更广泛的社会收益。"③从总的个人破产制度来说最主要的目的是在于对诚实的破产债务人的经济能力进行一定的重建，使债务人的经济能力得到相应的恢复，而个人破产制度中的豁免财产制度为实现上述目的提供了必要的现实条件，豁免财产制度能够辅助个人破产制度，大多数人认为该制度主要是为了保障债务人的权益，但笔者认为，该制度只是通过保护债务人的利益最终有益于整个社会的发展。④

在我国本土化研究中，上述目的与我国的"父债子偿""欠债还钱天经地义"传统思想理念有一定的冲突，大部分人难以接受这样的制度产

---

① 参见钟鹏飞：《论个人破产中豁免财产的区分及处置》，载《上海法学研究》集刊2021年第9卷。

② 参见谢可诗、杨福颖：《论个人破产制度中豁免财产的范围》，载《特区经济》2021年第6期。

③ 自然人破产处理工作小组：《世界银行自然人破产问题处理报告》，殷慧芬、张达译，中国政法大学出版社2016年版，第33-34页。

④ 参见李帅：《论我国个人破产制度的立法进路——以对个人破产"条件不成熟论"的批判而展开》，载《商业研究》2016年第3期。

生，并且会质疑该制度带来的法律漏洞，这主要也是因为"诚实"很难在现实中分清，大部分债权人会担心自己的权益会因为该豁免财产制度而受到侵害。但其实豁免财产制度的审核十分严格，能够提前防止滥用该制度，该制度在为债务人提供保护的同时作出一些限制性的规定。所以对豁免财产制度的构建应当在立足于把好"诚实"关的前提下实现保障债务人权益的目的，让破产债务人重生，最终才能稳定整个市场经济大环境。①

2. 完善人权的保障

关于豁免财产的功能，大多数学者是从保障个人的生存权和发展权来说的。就生存权而言，在破产债务人的所有资产不足以支付所有债务之时，如果债权人仍然有权按照公平结算原则分配债务人的所有资产的话，债务人只能依靠社会保障，而这在社会福利制度并不完善和健全的国家来说并不现实，同时也并不符合个人破产法的宗旨以及社会的稳定发展，②因此豁免财产制度规定，债务人的部分财产可以免除债权人的追索权和强制执行权，从而保护债务人的基本生活不受清偿所造成的极度贫困的影响。从发展权来说，在保障最低要求生存权后，要着眼于债务人如何真正重建经济的目的，豁免财产制度不仅能够预留基本的生存权财产还能够为债务人提供"重生"的条件，从各国和我国各地区的制度来看，大多数都把破产债务人的职业工具、交通工具等方面纳入了豁免财产，发挥豁免财产制度保障发展权的功能。

二、个人破产豁免财产认定的司法实践及问题

（一）地方的司法实践

1. 地方类个人破产制度

在省级层面。2020 年 12 月 2 日，浙江省高级人民法院出台了《浙江

---

① 参见陈本寒、罗琳：《个人破产制度中豁免财产范围规则的本土化构建》，载《湖北大学学报（哲学社会科学版）》2021 年第 1 期。

② 参见孙英杰：《个人破产制度中债务人财产的识别与豁免》，西南政法大学 2017 年硕士学位论文，第 13-14 页。

法院个人债务集中清理(类个人破产)工作指引(试行)》(以下简称《浙江指引》)，共 11 部分，61 条。主要内容有基本原则、管辖、申请和受理、财产申报、管理人、财产调查核实、债权申报、债权人会议、债务清理、程序终结、法律责任等。

在市级层面。①台州中院：2019 年 4 月 26 日，台州市中级人民法院率先制定出台了全国首个专门针对个人债务清理的工作规程——《执行程序转个人债务清理程序审理规程(试行)》(以下简称《台州规程》)。《台州规程》共 14 章，73 条。主要内容有管理人指定、债务人财产及债务状况调查、债务人财产保全、债权申报、债务清理及财产处置、债权人会议、简易清算程序、财产分配、执行终结等。②温州中院：2019 年 8 月 13 日，温州市中级人民法院出台了《关于个人债务集中清理的实施意见(试行)》(以下简称《温州意见》)，《温州意见》共 44 条。主要内容有：金融债权一致行动原则、申请、预清理、债权确认及债权人机构、失权复权等。③东营中院：2020 年 12 月 3 日，东营市中院出台了关于《个人债务清理的实施意见(试行)》(以下简称《东营意见》)。《东营意见》共 10 章，62 条，主要内容有申请、受理、管理人、债务人财产、债权申报、债权人会议、清算清理等。④成都中院：2021 年 12 月 23 日，成都市中级人民法院印发了关于《个人债务集中清理的操作指引(试行)》(成中法发〔2021〕137 号)(以下简称《成都指引》)。《成都指引》全文共 8 章 42 条，主要内容有：总则、申请和受理、管理人、债务人财产、债权申报、债权人会议及债务清理计划、程序终结与法律责任及附则。

在区级层面。①苏州市吴江区法院：2019 年 10 月 21 日，苏州市吴江区人民法院出台《关于个人债务清理的若干规定》(以下简称《吴江规定》)，并于 2021 年 4 月 26 日修订。修改后的《吴江规定》共分 11 章，57 条。主要内容有申请和受理、管理人、债务人财产、债权申报、债权人会议、更生程序、清算程序、免责、失权和复权等。②泸州市龙马潭区法院：2020 年 5 月 29 日，泸州市龙马潭区法院《个人破产和解实施办法(试行)》(以下简称《龙马潭区办法》)。《龙马潭区办法》共计 34 条。主要内容有申请主体、申请、管理人、和解程序、失权、个人破产和解成功的后续监管等。

从表 1 可以看出，大部分立法和规则对豁免财产是有规定的，但是

《温州意见》与《龙马潭区办法》对此没有规定；其中《浙江指引》与《深圳经济特区个人破产条例》的规定基本是一致的，并且对必要财产有更加详细的数额标准；《东营意见》中仅删去了"对债务人有特殊纪念意义的物品"，其他条款基本与《浙江指引》的规定一致，且对价值较大、不用于清偿债务明显违反公平原则的财产不认定为豁免财产；《台州规程》和《吴江规定》都强调债务人及其所抚（扶）养家庭成员。而《成都指引》最新出台，其规定较为粗略，但是增加了债权人会议同意的兜底条款。综上，笔者认为我国各地法院出台的规定有相似的地方，但是也存在着差别，主要是因为各地经济等条件存在差异性，但基本的豁免财产范围制度是可以进行统一立法的。

表1　我国各地法院个人破产（个人债务集中清理）豁免财产范围的规定

		自由财产（豁免财产）的规定
个人破产立法	《深圳经济特区个人破产条例》	第36条　为保障债务人及其所扶养人的基本生活及权利，依照本条例为其保留的财产为豁免财产。豁免财产范围如下： （一）债务人及其所扶养人生活、学习、医疗的必需品和合理费用； （二）因债务人职业发展需要必须保留的物品和合理费用； （三）对债务人有特殊纪念意义的物品； （四）没有现金价值的人身保险； （五）勋章或者其他表彰荣誉的物品； （六）专属于债务人的人身损害赔偿金、社会保险金以及最低生活保障金； （七）根据法律规定或者基于公序良俗不应当用于清偿债务的其他财产。 前款规定的财产，价值较大、不用于清偿债务明显违反公平原则的，不认定为豁免财产。 除本条第一款第五项、第六项规定的财产外，豁免财产累计总价值不得超过二十万元。本条第一款第一项、第二项的具体分项和各分项具体价值上限标准由市中级人民法院另行制定。

续表

		自由财产(豁免财产)的规定
个人债务清理规则	省级 《浙江指引》(试行)	第22条　人民法院应当保留债务人及所扶养的家属的生活必需费用和必需品不受执行，人民法院可以依照《中华人民共和国民事诉讼法》第二百四十四条规定认定下列财产属于"生活必需品"： (一)债务人及其所需要抚养、赡养和扶养的家庭成员生活、学习、医疗的必需品和合理费用； (二)因债务人职业发展需要必须保留的物品和合理费用； (三)对债务人有特殊纪念意义的物品； (四)无现金价值的人身保险； (五)勋章或者其他表彰荣誉的物品； (六)专属于债务人的人身损害赔偿金、社会保险金以及最低生活保障金； (七)根据法律规定或者基于公序良俗不应当用于清偿债务的其他财产。 前款规定的财产，价值较大、不用于清偿债务明显违反公平原则的，不认定为生活必需品。
个人债务清理规则	市级 《台州规程》	第54条(豁免财产范围)　以下财产作为债务人的破产豁免财产，准予债务人保留： (一)债务人及其所扶养家属生活所必需的衣服、家具、餐具及其他家庭生活必需品，总价不超过2万元，但具有较大经济价值的财产除外； (二)债务人及其所扶养家属所必需的生活费用。当地有最低生活保障标准的，必需的生活费用按该标准确定； (三)债务人及其所扶养家属完成义务教育所必需的物品； (四)债务人及其所扶养家属用于身体缺陷和治疗当前疾病所必需的资金、辅助工具、医疗物品； (五)专属于债务人人身权利的抚恤金、伤残扶助金； (六)债务人所得的勋章及其他荣誉表彰等具有纪念意义但经济价值不大的动产。
	《温州意见》	无

续表

		自由财产（豁免财产）的规定
个人债务清理规则	市级	《东营意见》（试行） 第24条 下列财产属于豁免财产： （一）债务人及其所抚养人生活、医疗、学习的必需品和合理生活费用； （二）为职业发展需要必须保留的物品或者合理费用； （三）勋章或者其他表彰荣誉物品； （四）没有现金价值的人身保险； （五）专属于债务人的人身损害赔偿金、社会保险金以及最低生活保障金等； （六）依照其他法律、法规或者基于公序良俗不应当用于清偿债务的财产。 前款规定的财产，价值较大、不用于清偿债务明显违反公平原则的，不认定为豁免财产。
		《成都指引》（试行） 第20条 以下财产作为债务人的自由财产，可以准予债务人保留： （一）债务人及其所抚（赡、扶）养家庭成员生活、教育、医疗等生存、发展所必需的物品及费用； （二）债务人工作经营所必需的物品； （三）专属于债务人自身的抚恤金、扶助金； （四）债务人所得的勋章及其他荣誉表彰等具有纪念意义但经济价值不大的动产； （五）其他经债权人会议同意保留的财产
个人债务清理规则	区级	《吴江规定》 第26条 以下财产作为债务人的清理豁免财产，准予债务人保留： （一）债务人及其所抚（扶）养家庭成员必需的衣服、家具、餐具等生活用品，但具有较大经济价值的财产除外； （二）债务人及其所抚（扶）养家庭成员必需的生活费用； （三）债务人或债务人所抚养家庭成员完成义务教育所必需的费用与物品； （四）债务人及其所抚（扶）养家庭成员因身体缺陷和治疗当前疾病所必需的资金、辅助工具、医疗物品； （五）债务人作为职工工作的必要工具，但具有较大经济价值的财产除外； （六）专属于债务人人身权利的抚恤金、扶助金； （七）债务人所得的勋章及其他荣誉表彰等具有纪念意义但经济价值不大的动产。
		《龙马潭区办法》 无

2.《深圳经济特区个人破产条例》

2020 年 8 月 26 日，在深圳经济特区成立 40 周年之际，深圳市人大常委会通过了《深圳经济特区个人破产条例》，这是中国第一部个人破产地方立法。《深圳经济特区个人破产条例》共 13 章，173 条，采用了总分的结构，主要内容有申请和受理、债务人财产、债权申报、破产费用和共益债务、债权人会议等，其中第 7 章、第 8 章、第 9 章分别规定了破产清算、重整与和解，其他章节内容均适用于该三种程序。

两个具体司法实践案例。一是全国个人破产首个案例，主要案情是梁某与前同事一起创业两年后失败负债总额为 75 万元，向深圳中院申请破产，经过第一次债权人会议表决通过、法院裁定重整计划生效，梁某和其妻将在未来三年内豁免 7700 元的财产以及一些生活生产必需品，其他收入均用于偿还债务。① 二是明确列出豁免财产清单的案例。呼某个人破产清算一案于 2021 年 9 月 2 日裁定受理，同年 10 月 18 日深圳中院组织召开了第一次债权人会议，会议审核并表决通过《呼某财产报告》《呼某豁免财产清单》和《呼某破产案债权表》。② 关于豁免财产，呼某的豁免财产清单草案为：1. 家具、家电、手机等学习、生活用品，价值约 3950 元。2. 每月收入在扣除应缴纳的社会保险费后保留以下必要生活支出：①赡养费支出每月 487.50 元。呼某母亲在陕西省延安市生活，由呼某及其兄弟姐妹三人共同赡养，按照陕西省延安市最低工资标准每月 1950 元计算，呼某应承担 487.50 元赡养费。②抚养费支出每月 3200 元。呼某女儿就读高中，每月需支出学费 400 元、住宿费 1000 元、伙食费 1200 元、杂费 600 元。③呼某每月生活费支出 2200 元，按照深圳市最低工资标准每月 2200 元计算。管理人对豁免财产的意见为：呼某要求保留豁免财产清单第 1 项物品应属合理。呼某每月收入扣除的社会保险费，应按深圳市最低工资标准每月 2200 元为缴费基数计算，其中医疗保险费应按二档医疗保险标准计算。结合呼某及其所扶养人生活所在地等情况考虑，赡养费和呼某生活费支出额度应属合理，但呼某要求抚养费支出每月 3200 元过高，呼某已离异，该费用应由其及前夫共同承担，呼某承担的部分应按深圳市

---

① 参见陈琦：《全国个人破产首案》，载《宁波经济（财经视点）》2021 年第 8 期。
② 参见杨奇：《对我国个人破产制度构建的思考——由全国首例个人破产清算案引发》，载《财富时代》2022 年第 1 期。

最低工资标准每月 2200 元的一半计算，为 1100 元。呼某对上述意见无异议，自愿将抚养费一项调整为每月 1100 元，形成《呼某豁免财产清单》。债权人会议经表决，同意该豁免财产清单。由此可以看出豁免财产制度已经在我国得到具体实践。①

（二）实践中存在的问题

在美国破产法的制定过程中，存在着是否制定统一的豁免财产范围的争议，② 归根结底，一方面美国破产法规定了豁免财产的统一范围；另一方面各州根据各自的情况规定了一系列豁免财产范围。如果州没有排除联邦破产法典则债务人可以选择适用其一。③ 根据上述我国目前的情况来看，地方已经开始做出尝试，但是并没有制定统一的个人破产豁免财产制度，所以与美国设立的制度在时间上是相反的，但是在未来建立豁免财产制度后，我国同样可以根据各地的不同情况制定地方性的规定，满足具体问题具体分析的方法，《深圳经济特区个人破产条例》就为我国未来个人破产立法开了一个好头。

从表 2 可以看出美国和我国深圳特区都采取的是列举式，但美国主要是为每项豁免财产种类设置价值上限，而《深圳经济特区个人破产条例》是列举种类，最后进行兜底条款说明，关于累计价值由深圳中院另行制定。并且美国的列举是非常详细的，比如，具体罗列了关于债务人各种福利金的权利。美国模式的好处就是能够较大程度保障法制统一，美国是市场经济最发达的国家，其保证市场优胜劣汰机制正常运行的破产制度也是当今世界最为发达完善的。由此可以看出在判例法国家成文条文也是比较健全的。在我国《深圳经济特区个人破产条例》中的规定大多数是模糊的，就给法官、债务人、债权人以及管理人留下了许多弹性地带，其优点是有灵活性，弊端则是会导致判决不一致的现象发生，从而破坏法治。因此笔者认为，在未来建立统一的个人破产法律时，可以对豁免财产再进行细化。

---

① 参见广东省深圳市中级人民法院(2021)粤 03 破 417 号民事裁定书。

② 参见殷慧芬：《美国破产法上的豁免财产制度》，载《湖南省政法管理干部学院学报》2002 年第 2 期。

③ Richard I. Aaron, Bankruptcy Law Foundamentals [M]. Clark Boardman Company, Ltd., 1987.

表 2 《深圳经济特区个人破产条例》与《美国联邦破产法典》对豁免财产规定

《深圳经济特区个人破产条例》	《美国联邦破产法典》①
(一)债务人及其所扶养人生活、学习、医疗的必需品和合理费用； (二)因债务人职业发展需要必须保留的物品和合理费用； (三)对债务人有特殊纪念意义的物品； (四)没有现金价值的人身保险； (五)勋章或者其他表彰荣誉的物品； (六)专属于债务人的人身损害赔偿金、社会保险金以及最低生活保障金； (七)根据法律规定或者基于公序良俗不应当用于清偿债务的其他财产。 前款规定的财产，价值较大、不用于清偿债务明显违反公平原则的，不认定为豁免财产。 除本条第一款第五项、第六项规定的财产外，豁免财产累计总价值不得超过二十万元。本条第一款第一项、第二项的具体分项和各分项具体价值上限标准由市中级人民法院另行制定。	(1)债务人或其被扶养人用作住所使用的不动产或动产、在住宅合作社的财产及用于埋葬债务人或其被扶养人的墓地，但价值不超过 25150 美元； (2)价值不超过 4000 美元的机动车； (3)主要为债务人或其被扶养人个人、家庭或家用而购置的家居陈设、家居用品、服装、用具、书籍、动物、农作物或乐器，但每一特定物品的价值不超过 625 美元，或总价值不超过 13400 美元； (4)主要为债务人或其被扶养人的个人、家庭或家用而持有的珠宝，但价值不超过 1700 美元； (5)价值不超过 1325 美元的任何财产，加上本款第(1)项规定的豁免财产中尚未使用的额度，但价值不超过 12575 美元； (6)专业书籍或谋生工具，但价值不超过 2525 美元； (7)未到期人寿保险合同； (8)不超过 13400 美元的人寿保险合同下的权利； (9)为债务人或其被抚养人提供的专业的保健辅助工具； (10)债务人领取各种福利金的权利，包括(A)社会保障金、失业补偿金或当地公共救助金；(B)退伍军人福利；(C)残疾、疾病或失业救济金；(D)扶养费、抚养费或分居赡养费，但以债务人及其任何被扶养人所需的合理数额为限；(E)因疾病、残疾、死亡、年龄或工龄而根据股票红利、养老金、利润分享、年金或类似计划或合同支付的款项，但以债务人及其任何被扶养人的合理需要为限，除非：(i)该计划或合同是由在该计划或合同项下的权利产生时雇用债务人的内幕人士设立或在其主持下订立的；(ii)该付款是按年龄或工龄计算的；以及(iii)该计划或合同不符合《国内税收法》的规定； (11)债务人请求特定给付的权利或者可追溯的财产，包括过失死亡、人身损害赔偿金、人寿保险的保险金的权利等； (12)根据《国内税收法》享受免税待遇的退休基金。

① 该法条参见胡利玲：《论个人破产中豁免财产范围的构成与限制》，载《东方论坛》2020 年第 3 期。

三、我国个人破产豁免财产认定的完善路径

(一)认定的时间

豁免财产范围依时间的构成，即依破产程序开始后新取得财产的归属问题，可以将其分为固定主义与膨胀主义。① 固定主义是指在破产程序开始后获得的新的财产不作为破产财产，而可以作为豁免财产，膨胀主义则是破产程序启动后取得的资产依然需要作为破产财产而不能用作豁免财产。两种截然不同的模式会带来不同的法律效果，对债务人的保护程度也不同。

1. 固定主义与膨胀主义

固定主义的代表国家主要有美国和日本。美国在清算程序中破产财产在破产申请时已被固定，破产程序启动后债务人获得的财产(包括劳务所得)不包括在破产财产内，而均应归属于债务人，不受债权人追索，尤其是债务人在程序开始后获得的收入。② 但是从美国破产法典的历史来看，一开始是将破产程序开始后获取的财产归属于破产财产当中，需要债务人根据《美国破产法典》第522条的规定提出豁免财产清单申请来主张豁免，利害关系人还可以对此提出反对意见，固定主义的规则并不适用于债务人个人债务整理程序以及2005年后的个人债务人重整程序。③ 日本也采取固定主义。根据日本破产法的规定，破产程序开始后，破产人基于自己的劳动获得的报酬、工资等，以及破产程序开始后因亲属的死亡获得的继承财产都属于豁免财产，用于恢复健康的经济生活。但是也会存在一些例外，比如退职金债权，是程序开始后由于退职而发生的，但作为其产生原因的劳动给付行为本身在程序开始前就存在，因此属于破产财团，而不能

---

① 参见罗琳：《论个人破产制度中自由财产处分"自由"的限制》，载《湖北社会科学》2020年第11期。

② 参见王烨楠：《个人破产制度中债务人财产之识别与认定》，载《海南金融》2020年第8期。

③ Rafael Efrat, Global Trends in Personal Bankruptcy[J]. Americanb Ankruptcy Law Journal, 2002(76)：82.

作为豁免财产。①

德国采取膨胀主义。根据《德国破产法》的规定，凡债务人在程序进行期间所取得的，无论是报酬或工资（不可扣押的除外），还是独立经营所得，或者通过继承、获赠、彩票或其他方式获得的有形财产，均属于破产财产，并供破产债权人所用。对于个案中有些取得难以确定是否属于破产财团的，起决定性作用的判断标准是"该取得的法律理由是否在破产程序前或进行期间已经存在"。可以看出德国更加保护债权人的利益，对于债务人而言是非常严苛的。英国也采取膨胀主义。② 根据英国 1986 年《破产法》的规定，破产财产包括在破产宣告时所有属于或者授予破产人的财产，但制定法或普通法有专门规定排除的除外。但在"雷亚特上诉案"中的判决显示，法院应当考虑什么是"满足破产人及其家人合理的家庭需要所必需的"，而非什么是"能让破产人生存下去所必需的"。③

2. 认定时间的选择

根据上述可知固定主义的豁免财产范围大于膨胀主义，且前者倾向保护债务人权益，后者倾向于保护债权人权益。一些学者认为，膨胀主义可以更好地阻止债务人就破产申请的时机做出战略决策，从而使债务人能够避免偿还债务，并从破产申请或遗嘱等不可预见的利益中获益。

我国目前尚未规定豁免财产时间构成，笔者认为，固定主义优点在于能够确定财产对债务人更有利，但是可能会产生法律漏洞，而膨胀主义对债权人更有利，所以我国更适合采用膨胀主义，但是可以增设例外，如若由于一些客观原因而需要使用破产程序开始后所获得的财产，债务人可以向人民法院申请，这样更加具有灵活性。

（二）构建的模式

1. 列举式与概括式

列举式是指将豁免财产的范围在法律条文上清晰罗列出来，该种模式

---

① 参见[日]山本和彦：《日本倒产处理法入门》，金春等译，法律出版社 2016 年版，第 108 页。

② See David Milman, Personal Insolvency Law: Regulation and Policy[D]. Vol. I, London: Routledge, 2005: 8.

③ 参见胡利玲：《论个人破产中豁免财产的构成与限制》，载《东方论坛》2020 年第 3 期。

主要以英美国家为代表。例如，1986 年英国破产法的第 522 条以及《美国联邦破产法》的第 522(d)节载有一份详细的豁免清单，包括住房、车辆、家具和家居用品、服装、珠宝、一般税收优惠、特殊书籍和生计；人寿保险合同；和其他 12 类资产。具体表述为(a)债务人或其家属用作住所的不动产或动产、住房合作社的财产以及埋葬债务人或其家属的坟墓，金额不超过 25150 美元；(a)所需经费估计数为 5000 美元；D(2)不超过 4000 美元的车辆；等等。① 概括式是指用笼统语言表述豁免财产的范围，法官拥有较大的自由裁量权，以德日国家为主要代表。例如，《德国破产法》第 36 条第 1 款规定不可强制执行的财产不属于破产财产，日本破产法第 34 条第 3 款规定无法扣押的资产不属于破产财团。②

2. 构建模式的选择

上述两种模式各有优缺点，采用列举式能更加明确豁免财产的范围，因此在实践中更容易操作，但是缺乏灵活性；而采用概括式则能够赋予法官更多的自由裁量权，但是这对法官素质要求较高。③ 有学者认为，对于我国而言采取列举式与概括式模式相结合的方式更为合理，即以概括式来确定原则，以列举式来确定重要财产或特殊财产的保留问题。④ 但根据我国《深圳经济特区个人破产条例》中的规定，如"(一)债务人及其所扶养人生活、学习、医疗的必需品和合理费用""除本条第一款第五项、第六项规定的财产外，豁免财产累计总价值不得超过二十万元"等，可以看出我国目前偏向为采取列举式。

笔者认为，采取概括式需要高水平法官合理运用自由裁量权，而我国在制度构建初期，法官的素质还达不到发达国家的水平，因此采取列举式更能适应我国的国情。

---

① 参见殷慧芬：《美国破产法上的豁免财产制度》，载《湖南省政法管理干部学院学报》2002 年第 2 期。

② 参见徐阳光、陈科林：《论个人破产立法中的自由财产制度》，载《东方论坛》2020 年第 3 期。

③ 参见唐晓雪：《审慎推进我国个人破产法的若干思考》，载《南方金融》2020 年第 11 期。

④ 参见王欣新：《用市场经济的理念评价和指引个人破产法立法》，载《法律适用》2019 年第 11 期。

（三）认定的标准

1. 设置价值上限与种类

设置豁免财产的价值上限主要分为两种情况，一是为生活必需品设定总的价值上限，主要是指为债务人及其所供养亲属保留维持较低生活标准的生活必需品，并且还要对这些生活必需品设定一个价值的总额上限。该做法曾经一度在英国及英属殖民地国家和地区的破产法律盛行。该规定中对所有豁免财产设定一个总的价值上限，其实就是对豁免财产设限，而这种限制通常仅包括生活必需品和职业工具，其中职业工具是指债务人从事能够获得报酬的相关工作所必不可少的设备。二是为特定种类财产设定不同价值上限，主要是指对于不同种类的财产分别进行价值上限的设定，美国是采用这种立法例的典型国家，比如美国破产法典第 522(d) 条主要规定下列财产为豁免财产，（1）房产：指债务人不超过 15000 美元的用于居住的动产或不动产或者用于安葬债务人或其被扶养人的墓地；（2）保险：包括残疾、疾病及失业保险，8000 美元以下的人寿保险，未到期的人寿保险合同等。由此可以看出美国采取的方式是按每个种类设置价值上限。①

仅规定财产种类，主要是指不为豁免财产设定任何价值上限，无论是一个总的价值上限还是对个别财产种类设定的价值上限，一般只是使用"必要""适当"等笼统词语代替对价值的要求。此种方法被认为在大多数破产债务人具有有限个人财产的制度中更为高效。此种方法下，破产法一般嫁接本国或本地区民事诉讼法或强制执行法的相关规定，以德国破产法、日本破产法较为典型。对于何谓"必要""适当"，具体含义并不确定，对其判断须在破产程序中依靠管理人或法官。他们可以主张超过必要限度的或在限度范围内的某个特定财产属于破产财产。

2. 认定标准的选择

笔者认为，虽然在德国和日本仅规定豁免财产种类的方式中，不确定性恰恰成为最大的优点，因为相较于不考虑债务人的经济状况、负债情况

① 参见胡利玲：《论个人破产中豁免财产的构成与限制》，载《东方论坛》2020年第 3 期。

而为所有债务人划定统一的价值标准，这种"因人而异"的做法更能体现出实质平等的要求，但是由于该方法弹性较大，对管理人的公正程度和价值判断能力要求也相应较高，因此对我国而言，不太能适应其方式，我国大多是要对具体财产的性质进行认定的，因为其能够方便实践中的操作，至于对价值上限的认定，我国各地可以根据经济标准不同而作出差异化规定。

四、结　论

2019 年我国国家发展改革委员会等十三部委发布《加快完善市场主体退出制度改革方案》，强调了建立完善的市场主体退出制度，并且要求完善破产法律制度如"分步推进建立自然人破产制度"。2019 年底爆发了新冠疫情，贸易条件的急剧恶化严重影响了市场经济，这必然使得市场退出机制显得尤为重要。我国目前尚无个人破产的统一立法，《深圳经济特区个人破产条例》以及一些地方个人债务集中清理的规定，对个人破产制度进行了有益的探索，本文对其中有关个人破产豁免财产进行了对比研究，并借鉴域外经验，提出了完善建议：在时间构成上，原则上采取膨胀主义，例外情况可允许获得部分财产；在构建模式上，应当采取以列举式为主的模式；在范围的认定标准上，主要对具体财产的性质进行认定，对价值上限的认定，各地可以根据经济标准不同而作出差异化规定。虽然笔者提出了构建我国本土个人破产豁免财产制度的观点，但市场经济仍然处于不断的发展过程中，豁免财产制度也需要随之不断发展和不断修改完善，需要在保护债务人的同时对其进行限制，相信在我国未来的个人破产法中，能够解决豁免财产制度认定存在的问题，从而推动个人破产制度的建立和完善，为我国市场经济增添新的活力。

论个人破产立法中的豁免财产制度

——以《深圳个人破产条例》为例

赵晶洁*

内容提要：豁免财产制度是现代国家个人破产制度中不可或缺的内容，其正当性依据既包含了立法者对债务人的生存权和发展权的考察，又带有深刻的宪法印记。我国个人破产豁免财产制度的构建，除了应当着眼于平衡债权人与债务人的利益冲突，还应当在市场经济的理念下保护交易安全和维护金融信贷市场的信心免受破坏。为此，一方面应当明确可豁免财产的具体构成，详细列举可豁免财产的种类并授权地方确定额度上限以适应地区发展差异，另一方面应当重点关注住房问题并考虑借鉴财产押记令制度。此外，为规避个人破产中债权人自治的负面效应，应当限制债权人会议确定豁免财产范围的表决权，发挥管理人依规执行及法院依法监督的作用，加速推进个人破产程序的进行。

一、问题的提出

近年来，随着我国改革开放的深入和市场经济的发展，在《中华人民共和国企业破产法》已经逐步普遍适用的背景下，个人破产的重要社会意义日益凸显，主张制定个人破产法的呼声也日益高涨。2019 年 6 月 22 日，国家发改委、最高人民法院等十三家单位联合发布了《加快完善市场主体退出制度改革方案》，该方案指出，对破产法律制度改革完善的一项

---

* 赵晶洁，武汉大学法学院民商法硕士研究生。

重要任务就是"研究建立个人破产制度",① 而豁免财产制度作为个人破产的特色制度,其着眼于债务人的利益,通过使债务人保留日后用于生存和发展的财产,赋予了部分财产特定目的,保障了债务人得以继续生存和发展的权利,进一步促进了世界破产制度的发展。②

根据《深圳经济特区个人破产条例》(以下简称《深圳个人破产条例》)第 36 条,豁免财产是为保障债务人及其所扶养人的基本生活及权利,依照条例为其保留的财产。③ 笔者认为,我国豁免财产制度的构建应当从横向和纵向两个维度考察。横向考察即确定豁免财产范围时的多方利益衡量,其中牵涉的主体除债权人与债务人外,还应当包括债务人负有抚养义务的人、与债务人有未来交易可能的第三人以及信贷行业相关主体(以商业银行为代表)。纵向考察即个人破产的全过程,围绕豁免财产主要涉及以下几个环节:一是债务人破产财产的固定,涉及"膨胀主义"与"固定主义"的长久博弈;二是豁免财产范围的确定,包括对部分争议财产的定性、处理担保物权与部分特殊财产的关系及由谁最终确定豁免财产范围等问题;三是豁免财产从破产财产的脱离;四是个人破产程序终结后豁免财产的清偿。实践中争议多发生于第二、三、四环节。横向和纵向不得分裂视之,利益衡量贯穿整个环节。

基于上述的双重维度以及对《深圳个人破产条例》第三章第二节"豁免财产"规定的考察,尽管我国豁免财产制度的构建已经颇有起色,但难免落入范围简单列举、对象抽象晦涩的窠臼,难以有效指导实务操作。故本文的目的在于,在现有学理研究已初步构建豁免财产制度的基础上,不拘泥于细致罗列分析豁免财产范围,而是以问题为导向,通过设例,重点讨论豁免财产制度构建的模式选择以及在确定豁免财产范围时可能面对的利益权衡情形,从实体和程序两个角度观察现有规定,并提出完善建议。

---

① 参见《国家发展改革委、最高人民法院、工业和信息化部、民政部、司法部、财政部、人力资源社会保障部、人民银行、国资委、税务总局、市场监管总局、银保监会、证监会关于印发加快完善市场主体退出制度改革方案的通知》(发改财金〔2019〕1104 号),2019 年 6 月 22 日发布。

② 参见罗琳:《自然人破产制度中自由财产的范围问题探析》,武汉大学 2017 年硕士学位论文,第 7 页。

③ 《深圳个人破产条例》第 36 条规定:"为保障债务人及其所扶养人的基本生活及权利,依照本条例为其保留的财产为豁免财产。"

二、当前豁免财产制度存在的问题：
以《深圳个人破产条例》为例

（一）实务视角：现有规定导致的行权困难

《深圳个人破产条例》设专节规定豁免财产制度，条文涉及第 36 条至第 39 条共四条，涵盖内容包括：豁免财产的概念及其范围、债务人豁免财产清单的提交、豁免财产清单的债权人会议表决通过及法院裁定通过、管理人对除豁免财产外债务人财产的接管。虽然看似针对豁免财产制度从实体到程序都进行了相对完善的规定，但是如果通过设例则可能发现很多尚未涵盖的内容。

设例：假设某人民法院受理债务人 A 的个人破产清算申请的时点为 2021 年 6 月 1 日，届时债务人 A 与其妻子及女儿居住在总面积为 220 平方米的房屋中，居住时间超过 15 年，其妻子为照顾 A 及女儿的生活起居并未工作，且其女儿目前在该房屋所属学区内某高中国际部上学。经过确认，债务人 A 的负债情况如下：其房屋尚有 150 余万元房贷未还清，此外债权人 B 对此房屋有价值 30 万元的抵押债权，其余债权人享有的无担保债权共计 1000 万元。该房屋目前价值 190 万元，债务人 B 当前别无其他财产可供拍卖变卖。①

情景一：假设债务人 A 曾是名钢琴家，受疫情投资失败、意外受伤的影响而申请个人破产清算，且由于无法以钢琴家身份继续从业，打算在个人破产清算后作为一名普通的钢琴兴趣班老师维持生计。出于职业需求，其一直使用定做的斯坦威牌钢琴练习、录制。该斯坦威钢琴目前价值 19 万元。债权人主张应当将该钢琴拍卖以清偿债务；但是债务人 A 认为日后仍需使用主张作为豁免财产以留存。

情景二：在知悉 A 进入破产程序后，银行及债权人 B 主张行使其对

---

① 为了简要表明问题，此处暂时不考虑债务人所获勋章或者其他表彰荣誉的物品及其他专属于债务人的人身损害赔偿金、社会保险金以及最低生活保障金等因素，一方面，上述要素在识别与区分时并不会引发太大争议；另一方面，根据《深圳个人破产条例》第 36 条，上述两项的价值并不计入豁免财产总价值。

房屋享有的担保物权，但是由于该房屋位处当地优质学区内，短期内尚难以寻找另外房屋供债务人一家居住。尽管可在该市其他区找到价值 10 万元的房屋，但是距离债务人女儿学校车程约为五十分钟。债务人 A 及其妻子表示本打算待其女毕业后搬至郊区居住。针对是否可以行使担保物权的问题，债权人与债务人存在争议。

情景三：除担保物权债权人外，债务人的无担保债权人约有 20 名。但是大多数债权人在知悉债务人的真实财务状况后自知极有可能无法受偿，在申报债权后消极行权，多次缺席债权人会议，经管理人提示后对债务人 A 的豁免财产清单仍无明确表态，针对债务人豁免财产清单的债权人会议迟迟未能召开。

(二) 规范反思：《深圳个人破产条例》第三章第二节存在的问题

上述三种行权困难的情形可以反映出《深圳个人破产条例》在豁免财产制度规定方面存在的三个问题。

1. 豁免财产的规定模式存在问题

首先，针对情景一，依据《深圳个人破产条例》或许存在如下的解释：如果管理人认可该钢琴属于第 36 条第 1 款第 2 项所列明的"因债务人职业发展需要必须保留的物品"，那么便可作为豁免财产从破产财产中剔除，但是随之而来的问题是，由于第 36 条同样规定了债务人豁免财产的累计总价值不得超过二十万元，在考虑其他债务人及其所扶养人生活、学习、医疗的必需品和合理费用之后，很明显早已超过规定上限，此时管理人又该如何解决此问题；如果管理人认为该钢琴价值过高，允许作为豁免财产明显违反公平原则，那么在将该钢琴列入破产财产后又需要通过繁琐的程序考虑购买较低价位的钢琴供债务人满足练琴需求。虽然目前我国的个人破产实践尚不成熟，但是上述两种解决途径从理论解释均可，由此便可能给个人破产清算程序带来极大的不确定性。归根结底，这反映出《深圳个人破产条例》在豁免财产构成的模式选择上欠佳。

决定哪些财产可以豁免主要有三种不同的方式，① 第一种带有浓厚的年代感，即预留总价值达到规定上限，债务人可以寻求从破产财产中豁免

---

① 参见自然人破产处理工作小组：《世界银行自然人破产问题处理报告》，殷慧芬、张达译，中国政法大学出版 2016 年版，第 94 页。

一些财产；第二种则是第一种方法的现代化尝试，为债务人设定了可以寻求获得豁免的特定财产的类别，债务人也有义务设法从破产财产中豁免这些财产；第三种则是一种更普遍的方法，从破产财产中免除大部分财产，破产管理人对有价值的家庭或者日用财产的豁免提出异议，从而使得这些财产可能重新回到破产财团。

由此可见，似乎《深圳个人破产条例》融合了第一种与第二种方式，①既规定了可豁免财产的总价值上限，又试图明确可豁免财产的类别。但是问题在于这种"折中"的做法并未达到条例制定者的预期。一方面，总额上限的设定可能会导致特定职业的从业者(如情景一中的钢琴家)没有办法保留其为重新开始而需要的物品，甚至由于现有条例中缺少类似于英国法上"合理置换"制度(reasonable replacement)②的规则，管理人在接管债务人财产后是否可以允许债务人动用破产财产购买或者直接替债务人购买相关用品存疑。另一方面，《深圳个人破产条例》虽然将豁免财产分类为"生活、学习、医疗的必需品和合理费用""职业发展需要必须保留的物品和合理费用"等类别，但过于宽泛，对于部分物品的界定极易产生争议。例如，如果债务人除自用外，还将其私家车于滴滴平台登记后经营，那么该私家车究竟应当界定为生活必需还是职业所需即存在讨论的余地。

---

① 《深圳个人破产条例》第 36 条规定："为保障债务人及其所扶养人的基本生活及权利，依照本条例为其保留的财产为豁免财产。豁免财产范围如下：(一)债务人及其所扶养人生活、学习、医疗的必需品和合理费用；(二)因债务人职业发展需要必须保留的物品和合理费用；(三)对债务人有特殊纪念意义的物品；(四)没有现金价值的人身保险；(五)勋章或者其他表彰荣誉的物品；(六)专属于债务人的人身损害赔偿金、社会保险金以及最低生活保障金；(七)根据法律规定或者基于公序良俗不应当用于清偿债务的其他财产。前款规定的财产，价值较大、不用于清偿债务明显违反公平原则的，不认定为豁免财产。除本条第一款第五项、第六项规定的财产外，豁免财产累计总价值不得超过二十万元。本条第一款第一项、第二项的具体分项和各分项具体价值上限标准由市中级人民法院另行制定。"

② 自由财产的置换是指如果破产管理人认为某项自由财产整体或者部分变现的价值超过了将其进行合理置换的成本，则破产管理人可以采用书面通知的形式告知破产人，该财产全部或者部分地归入破产财产，但管理人应当将该破产财产中包含的资金用于破产人购买或者代表破产人购买合理的置换物。参见徐阳光、陈科林：《论个人破产立法中的自由财产制度》，载《东方论坛》2020 年第 3 期。此外，根据英国《1986 年破产法》第 308 条(3)款的规定，破产管理人的上述职责优于其财产分配的义务。

2. 对负有担保权益的债务人住房处理存疑

目前学界无论是对于个人破产中的住房问题还是负有担保权益的财产如何处理问题均有一定的讨论，[1] 但是对于负有担保权益的住房问题则涉及较少。

首先应当对"债务人住房"进行界定。"住房"并非等同于"房产"。房产不仅有数量之分还有级别之分，但是笔者此处讨论的住房应当特指债务人进入破产程序时单独或者与其家人现实居住的某处房屋；相比于债务人的其他应当纳入破产财产以供清偿的房产，仅此套住房凝聚着极强的债务人生存权与发展权保障的色彩。

不可否认的是，债务人住房通常是破产财产中最有价值的部分，根据英国破产法的规定，自破产管理人被任命时起，破产人的住房即自动归入破产财产的范围，无需任何实质上或者形式上的转让手续。[2] 如果自破产程序开始之日，该住房即是债务人及其家人唯一的住房，那么该住房存在住宅利益，此时将会产生债权人利益与住宅权益的冲突。结合大多数中国人的消费习惯与购房现实，极有可能债务人现居的房屋上负有房贷尚未还清。"原则上，担保债权人在破产程序中应受到保护。为保护信贷市场的信心，赋予担保债权人如此强势的经济地位是合理的。"[3]但是正如情景二所示，虽然债务人 A 及其家人现居房屋价值 190 万元，但是如果允许担保物权人行使权利那么债务人 A 的基本生存将会受到威胁。

负有担保权益的住房问题似乎没有在《深圳个人破产条例》中得到妥善解决。一方面，债务人住房的定性存疑。根据第 36 条，难以将价值较高的债务人住房简单归入第 1 款第 1 项"债务人及其所扶养人生活、学习、医疗的必需品和合理费用"，似乎将其归入第 7 项"根据法律规定或者基

---

[1]　参见王欣新：《用市场经济的理念评价和指引个人破产法立法》，载《法律适用》2019 年第 11 期；胡利玲：《论个人破产中豁免财产范围的确定》，载《经贸法律评论》2019 年第 4 期；陈本寒、罗琳：《个人破产制度中豁免财产范围规则的本土化构建》，载《湖北大学学报（哲学社会科学版）》2021 年第 1 期；谢可诗、杨福颖：《论个人破产制度中豁免财产的范围》，载《特区经济》2021 年第 6 期。

[2]　参见徐阳光：《英国个人破产与债务清理制度》，法律出版社 2020 年版，第 99 页。

[3]　自然人破产处理工作小组：《世界银行自然人破产问题处理报告》，殷慧芬、张达译，中国政法大学出版 2016 年版，第 129-130 页。

于公序良俗不应当用于清偿债务的其他财产"更为妥当，但是囿于第36条规定的豁免财产总额上限，或许为了保留更多的其他项债务人可豁免财产，价值较高的住房不应当被列入豁免财产行列。另一方面，虽然根据一般破产法原理担保物权人在破产清算程序中实现其担保物权不受影响，但是《深圳个人破产条例》对于担保物权的实现只字未提，更何谈处理负有担保权益的住房问题。

3. 确定债务人豁免财产的程序理想化

豁免财产制度不仅应当包含实体内容如豁免财产范围的确定，而且应当包括债权人会议对债务人豁免财产清单表决通过的程序性规定。《深圳个人破产条例》第38条规定"管理人应当在债务人提交财产申报和豁免财产清单之日起三十日内，审查制作债务人财产报告，对其中的豁免财产清单提出意见，并提交债权人会议表决"，第73条第1款第7项规定债权人会议有权"审议通过豁免财产清单"，以上两条体现了债权人自治在豁免财产制度中的重要作用。但是问题在于，"债权人冷漠"不可避免。

首先，从动机上看，虽然《深圳个人破产条例》就豁免财产的确定规定了时限，但是其针对的仅仅是债务人（十五日内）①和管理人（三十日内）②，至于债权人会议应当在何时召开、多长时限内对提交的豁免财产清单作出通过或不通过的决定，条例中并未明确。由于豁免财产本身即是将部分财产从破产财产中排除，其实质是为了保护债务人的利益，故债务人当然会积极行权，管理人出于职责要求也当如此，但是如此"割肉"行为定会令广大债权人犹疑甚至反感，出现情景三债权人怠于行权的现象。

其次，将个人破产制度和企业破产制度对比来看，毫无疑问，在两种制度中均会出现债权人怠于行权的现象。例如在企业重整程序中，债权人人数与种类繁多，债权的类型（如金融债权）、债权的法律结构（如担保物

---

① 《深圳个人破产条例》第37条规定："债务人应当自人民法院受理裁定书送达之日起十五日内向管理人提交豁免财产清单，并列明财产对应的价值或者金额。"
② 《深圳个人破产条例》第38条规定："管理人应当在债务人提交财产申报和豁免财产清单之日起三十日内，审查制作债务人财产报告，对其中的豁免财产清单提出意见，并提交债权人会议表决。"

权)及其对应的债权数量各不相同,由此出现"债权聚合"或者"钳制债权人",① 对此在重整程序中的解决思路一是债权分组与多数决议,二是谈判失败后的强裁。但是个人破产面对的问题与此不同。由于多数债务人在进入个人破产程序时个人财产数量过少(如本文的债务人 A),此时债权人自知无法获得清偿或者清偿数量过少,往往没有动力参与破产程序。此外,已经在债务人财产上设定了担保物权的债权人也有可能直接拒绝谈判而直接要求执行担保物清偿债权。如此种种,债权人自治的负面效应难以避免。

最后,虽然《深圳个人破产条例》第 38 条规定"债务人的豁免财产清单未获债权人会议表决通过的,由人民法院裁定",但是如果广大债权人消极配合,无法作出有效的决议,此种情况是否可以直接解释为"未获表决通过"存疑,毕竟"决议不成立"和"表决未通过"不可等同视之。

综上所述,如果以问题为导向则可以轻易发现《深圳个人破产条例》存在的实体及程序问题。由于该条例仅为地方性法规,我国的《个人破产法》尚未出台,故应当针对上述问题深入思考以更好贯彻利益衡量的目标。

三、豁免财产制度构建的双重视角

如果说上文中笔者提出的问题仅仅触及个人破产立法中豁免财产制度的皮毛,那么有必要从思想根源考察我国豁免财产制度的构建。

目前学界在讨论豁免财产制度的正当性基础时基本是从保障债务人的生存权和发展权这个角度出发。这绝非错误,毕竟生存权是社会权利,涉及最低限度的有尊严的人类生活的能力,是最基本的人权;② 发展权既是"每个人"的个人权利,也是"各国人民"的集体权利,是"参与、促进并享受经济、社会、文化和政治发展"的权利。③ 但是笔者认为,豁免财产制

① 参见贺丹:《个人破产程序设计:一个新思路》,载《法律适用》2021 年第 9 期。

② 参见马原、常健:《生存权与发展权之间良性循环研究》,载《人权》2021 年第 3 期。

③ 参见联合国大会:《发展权利宣言》,载国务院新闻办公室网站,http://www.scio.gov.cn/ztk/dtzt/34102/35574/35577/Document/1534188/1534188htm,访问日期:2022 年 10 月 20 日。

度在中国的"生根发芽"应当从两个视角考察，一是豁免财产制度的合理性，这对应豁免财产制度在我国法律上的确立，"因为个人破产制度中历有豁免财产制度故我国应当设立"的思路并非恰当，相反，有必要从根本性的宪法视角考察该制度建立的合理性；二是豁免财产范围的确立，这对应的是如《深圳个人破产条例》第 38 条般的具体设定，从我国接轨世界的角度看，有必要从为保障债务人生存权与发展权的国际化视角考察。

（一）豁免财产制度合理性的宪法视角

从宪法的角度观察，个人破产法的制定及其路径选择，不仅涉及宪法的平等保护问题，也涉及宪法的个人生存权与财产权的冲突之协调问题，对此域外早有探讨，如在美国，从宪法角度研究 1787 年宪法第 1 条第 8 款所谓的授权国会制定统一的破产法律的"破产条款"（bankruptcy clause）的文献众多。①

回归我国的宪法语境下。《中华人民共和国宪法》（以下简称《宪法》）第 33 条规定了"国家尊重和保障人权"，第 12 条规定："社会主义的公共财产神圣不可侵犯。国家保护社会主义的公共财产。禁止任何组织或者个人用任何手段侵占或者破坏国家的和集体的财产。"第 13 条第 2 款规定："国家依照法律规定保护公民的私有财产权和继承权。"上述规定前者体现了对公民个人的基本人权保障，譬如生存权、劳动权、发展权等保障；后者则体现国家对公民个人包括但不限于物权、债权、知识产权、股权、继承权等财产性权利的依法保护。故从此角度看，个人破产中债权人对于其债权拥有寻求并且得到国家依法保护的基本权利，这也是其作为纳税人承担了《宪法》第 56 条规定的依法纳税义务的对价之一。

但是，在个人债务人破产的情形下，公力救济遇到了实质性障碍，即对债务人的破产财产进行强制执行与个人债务人的基本人权保障存有冲突。个人债务人丧失偿债能力后，无论经过何种破产程序，均可保留豁免财产，以供其本人及其抚养、赡养人基本生活所需，供其继续劳动所需和基本发展所需。由此，豁免财产制度体现的保留个人债务人基本所需的要求似乎与《宪法》第 12 条、第 13 条体现的债权人财产应受保护存在潜在

---

① 参见陈夏红：《美国宪法"破产条款"入宪考》，载《中国政法大学学报》2019年第 5 期。

冲突。

但是，如果结合笔者主张的横向与纵向两个角度考察，则可以发现上述思路存在一个问题，即仅仅将视野局限于债权人与债务人两方，将豁免财产制度的意义与价值局限于债权保护与债务人生存发展二点。实际上，小至财产豁免制度，大至整个破产制度涵盖的主体绝非债权人与债务人两方，其着眼点更是整个社会利益，毕竟破产背后的过度负债事实所影射的是一个系统性的社会性金融风险问题，① 由此更应当从宏观视角切入。

豁免财产是债务人免于破产恐惧、维持自身及其抚养人基本生活和重新开始生活之原始需求资源，是我国《宪法》第 33 条规定的国家尊重和保障人权在个人破产制度中的应有之义和具体体现。此外，豁免财产制度也是社会保障制度的重要组成部分，或者至少可以说具有社会保障制度的功能。个人破产法通过规定债务人的豁免财产制度，以《宪法》第 33 条规定的保障人权和第 45 条规定的社会保障权为基础，同时通过规定不认定为豁免财产的范围以及豁免财产的限额，实现个人破产债务人的人权、社会保障权与债权人的财产权之间的利益平衡，进而实现价值冲突的调和。

(二) 豁免财产范围确定的国际化视角

正如笔者上文所述，豁免财产范围的具体确定对应的是国际化视野下公民的生存权与发展权；不同于豁免财产制度的构建，豁免财产范围的确定是各个国家根据自身情况作出的具体规定，是在制度构建基础上的微观操作。联合国国际贸易法委员会颁布的《破产法立法指南》中明确要求把豁免财产的范围限制在债务人可以"积极生活"的最低限度之内，② 尽管只是笼统的原则性规定，但这恰好可以反映出在确定豁免财产范围问题上的国际关怀。

具体而言，在确定豁免财产范围时应当从两个层面思考，并且两个层面呈现出递进关系。

一是应当明确豁免财产制度对发展权的关注，由此区分个人破产程序

---

① 参见殷慧芬：《个人破产立法的现实基础和基本理念》，载《法律适用》2019年第 11 期。

② 参见联合国国际贸易法委员会网站，http://www.uncitral.org/en—index. Htm，访问日期：2022 年 10 月 20 日。

中的豁免财产范围与民事诉讼中不可执行财产的关系。尽管在很多国家这两个概念往往通用，但两者之间既有联系又有区别。破产程序为概括的强制执行程序，而民事诉讼为个别、具体的强制执行程序，凡个别的、具体的强制执行所不得扣押的财产，在破产时当然亦属于不得扣押的财产。但两者在制度功能上有差异，豁免强制执行财产的功能仅在于确保债务人不因强制执行而失去最低的物质条件，而破产豁免财产的功能不仅要为债务人的生存留下必要的财产，还承载着为债务人的重新开始和发展提供必要财产基础的功能。所以原则上破产中的豁免财产应该比民事诉讼中不可执行财产的范围要广。

当然，尽管目前我国民事诉讼法中不可强制执行财产的规定还有原则化、笼统化之嫌，① 例如"必需的生活费用"和"生活必需的物品"，在内涵及外延上均难谓具体明确，但仍然为我国豁免财产的确定提供了在先经验，而且也为其适用破产法提供了基础。

二是在上述第一层的基础上扩大豁免财产的范围。正如世界银行破产处理工作小组工作报告所述，"在现代国家的个人破产法中，为了促使债务人有一个真正的全新开始，放宽豁免财产范围已经成为不断增强的趋势"，② 这不仅仅是具体可豁免财产项目上的丰富，更应当包含相应财产价值的增多。

目前《深圳个人破产条例》将债务人豁免财产累计总价值的上限定为

① 最高人民法院在《关于人民法院民事执行中查封、扣押、冻结财产的规定》第3条中以列举的方式规定了不可强制制行的情形。第3条规定："人民法院对被执行人下列的财产不得查封、扣押、冻结：（一）被执行人及其所扶养家属生活所必需的衣服、家具、炊具、餐具及其他家庭生活必需的物品；（二）被执行人及其所扶养家属所必需的生活费用。当地有最低生活保障标准的，必需的生活费用依照该标准确定；（三）被执行人及其所扶养家属完成义务教育所必需的物品；（四）未公开的发明或者未发表的著作；（五）被执行人及其所扶养家属用于身体缺陷所必需的辅助工具、医疗物品；（六）被执行人所得的勋章及其他荣誉表彰的物品；（七）根据《中华人民共和国缔结条约程序法》，以中华人民共和国、中华人民共和国政府或者中华人民共和国政府部门名义同外国、国际组织缔结的条约、协定和其他具有条约、协定性质的文件中规定免于查封、扣押、冻结的财产；（八）法律或者司法解释规定的其他不得查封、扣押、冻结的财产。"

② 参见自然人破产处理工作小组：《世界银行自然人破产问题处理报告》，殷慧芬、张达译，中国政法大学出版社 2016 年版，第 93 页。

二十万元，虽然看似为债务人保留财产众多，但是一旦将房产等生活必需品纳入该范围即可发现债务人真正可以用来实现其财务更生并在未来东山再起的财产少之又少，甚至也仅是维持基本生机，如此又怎能促进债务人再次融入社会、创造新的财富，实现"促进竞争、鼓励创新、宽容失败"的目标呢？此外，从《深圳个人破产条例》的实施情况上看，在"呼某个人破产清算"①一案中，呼某的豁免财产清单仅包含两项：一为家具、家电、手机等学习、生活用品，价值约为 3950 元；二为呼某每月收入在扣除应缴纳的社会保险费后保留的必要生活支出，价值约 1587.5 元，两项合计5537.5 元，虽然深圳最低工资标准为每月 2200 元，相比之下似乎盈余众多，但是如果想要再次创业，除了上述盈余之外，恐无法避免再添新债。

综合上述两点考察，笔者认为目前我国个人破产立法豁免财产制度的构建重中之重是关注债务人的发展权，不仅仅是意识到其存在，更重要的是保障充分，毕竟正如《发展权利宣言》第 1 条第 1 款所述，"发展权利是一项不可剥夺的人权，由于这种权利，每个人和所有各国人民均有权参与、促进并享受经济、社会、文化和政治发展，在这种发展中，所有人权和基本自由都能获得充分实现"。②

四、个人破产中豁免财产范围的确定：以问题为导向

（一）"规定模式"的选择

如上文所述，为了避免《深圳个人破产条例》中因"折中"而致"画虎不成反类犬"的情形发生，应当谨慎选择我国豁免财产制度采用的模式。通过对各国破产立法现状进行汇总区分，大体可以分为以下三种类型；方法不同，对破产程序和进程将会有显著影响。③

一是限制额度方式，仅为债务人及其所供养亲属保留维持较低生活标

---

① 参见广东省深圳市中级人民法院（2021）粤 03 破 417 号民事裁定书。

② 参见《发展权利宣言》，联合国公约与宣言检索系统，https://www.un.org/zh/docu-ments/treaty/files/A-RES-41-128.shtml，访问日期：2022 年 10 月 20 日。

③ 参见自然人破产处理工作小组：《世界银行自然人破产问题处理报告》，殷慧芬、张达译，中国政法大学出版社 2016 年版，第 94 页。

准的生活必需品，并且对于这些生活必需品设定价值总额上限。对所有豁免财产设定一个总的价值上限，即"达到一定总值、狭窄范围内债务人财产的豁免"。① 这一划分方式主要规定于英国以及受其影响的曾属英殖民地的国家或地区的破产法律制度当中，② 采用此种模式的原因在于英国制定破产法的历史悠久，立法时社会各阶层对于人权的重视程度及观念尚未达到今天民众的标准，当初破产法的制定目的纯粹就是保护债权人利益，故而当时破产法中的多数规则仍旧遵循着债权人利益最大化原则进行确定，在区分债务人财产与豁免财产时，仍旧遵循了保护债权人利益的传统。

二是限制类型财产额度方式，在该方法下，提起破产申请之时债务人的全部既存财产严格来说都能用于分配，然后债务人被赋予从破产财团中豁免特定种类财产的权利，这些特定种类的财产具有一个确定的价值上限。这种方法相较于第一种而言要慷慨得多，但是这种方法考虑了债务人、债务人的家人以及社会的利益，却没有很好地衡平债权人的利益，可能会引发债权人尤其是普通无担保债权人的抵触情绪。③

适用该模式的典型代表是美国，对于未选择退出破产财产豁免规则的州，如果债务人在该州的财产豁免规则与联邦财产豁免规则中选择了后者，那么依据《美国破产法典》§522(d)的规定：豁免财产包括：（1）价值不超过15000美元的居住不动产；（2）价值不超过2400美元的机动车；（3）不超过400美元的特殊物品或8000美元的家庭陈设物、生活必需品；（4）价值不超过1000美元的珠宝饰物；（5）价值不超过800美元，最多7500美元的其他财产利益；（6）价值不超过1500美元的职业必需品；（7）未到期的人寿保险合同；（8）不超过8000美元的人身保险金；（9）破产人及其家庭成员的健康保健费用、取得社会保险金、失业救济金或者政府提供的物质帮助利益，以及破产人赖以生存的人寿保险金或

① 参见自然人破产处理工作小组：《世界银行自然人破产问题处理报告》，殷慧芬、张达译，中国政法大学出版社2016年版，第94页。
② 如香港特别行政区《破产条例》第43规定："分配于债权人之财产依本例规定称为破产人财产者，不包括下列各项：（乙）破产人业务上使用之器具暨其本人，家属及同居亲属之必要衣物睡具等，其全部总值不逾三百元者。"
③ 参见胡利玲：《论个人破产中豁免财产范围的确定》，载《经贸法律评论》2019年第4期。

人身损害赔偿金等。除以上对各财产类型规定具体的额度限制外，法典还规定每隔一段时间便根据经济发展情况对各限制金额进行适应经济变化的修改。除此之外，该法典还设置了"通用豁免"制度，规定债务人实际占有的居住不动产价值与规定上限之间的额度为通用豁免额度，并允许债务人将该通用豁免额度用于补足其他特定财产的豁免额度，从而突破§522(d)条款规定额度上限，由此获得不超过一定价值限额的非豁免类型财产或者提高某些类别的豁免财产的额度上限。① 由此可见，美国破产法不仅详细列举了每一项特定豁免财产的内容，而且其额度限制十分慷慨、宽容。

三是限制部分特定财产额度方式，该方法是指不为豁免财产设定任何价值上限，无论是一个总的价值上限还是对个别财产种类设定的价值上限，一般只是使用"必要""适当"等笼统词语代替对价值的要求。

适用该模式的典型代表是德国和日本，其以"不属于强制执行的标的，不属于破产财产"的方式，将民事执行程序与个人破产程序衔接在一起，例如德国民事诉讼法第850c条规定债务人个人收入每周在217.5欧元或者每日43.5欧元范围内不得扣押；如有被扶养人的，多一名每月多370.76欧元，每周多85.32欧元，每日多17.06欧元；二人以上则每多一人每月多206.56欧元，每周多47.54欧元，每日多9.51欧元。同时还规定有衣物、家具及炊具等供债务人个人及其家庭使用或维持生活所用的物品，以债务人能够维持其适当的、中等的生活和家庭生活所必要为限等。日本法律规定"债务人保留一个月内生活所必需的食物以及燃料"等。对于"必要"以及"不可欠缺"这类柔性限制的运用，需要依靠管理人或者法官的判断，法院可以使用自由裁量权对豁免财产的范围进行确定和适度扩张。②

笔者更倾向于第二种模式，即详细列举可豁免的财产，其好处在于一方面能够实现豁免财产的法定，使可豁免财产的构成更加确定，这无论对债务人、债权人还是社会都能够提供明确预期，减少豁免财产确定上的不

---

① 参见[美]查尔斯·J. 泰步：《美国破产法新论》(第三版)，韩长印、何欢、王之洲译，中国政法大学出版社2017年版，第957-968页。

② 参见[日]山本和彦：《日本倒产处理法入门》，金春等译，法律出版社2016年版，第109页。

确定性，也可减少债务人滥用破产的可能。另一方面，减少在个人破产程序中法官在确定是否构成豁免财产上的自由裁量权，防止债务人被不平等对待的可能。此外应当认识到，详细列举豁免财产的类型并非当然地影响其灵活性，我国作为集中制国家，并且地区经济发展存在不均衡不充分的状况，故对于每一项被列举的豁免财产，应当赋予各地方法院一定的合理空间，各地法院可依据本地区的具体情况做出更具体的豁免上限规定，这也便于依据社会经济发展的变化适时进行调整。

此外，可以考虑授权破产管理人对豁免财产进行合理的置换，保证替代物能够合理、充分地满足原豁免财产所能满足的需求。

（二）负有担保权益的"生活之房"的处理

如果从整个破产制度角度考察，毋庸置疑担保物权人的优先保护是一个共识，但是在其与债务人的生存权发生冲突时该如何解决一直是各国破产法的关注重点。面对这个难题，英国与美国似乎采取了不同的做法。

英国将"生活之房"的情形纳入了其整个"破产人住房"的议题之下。根据《1986 年破产法》第 283A 条的规定，自 2004 年 4 月 1 日起，破产管理人必须在法院颁布破产令之日起 3 年内（如果破产管理人不知道破产人在哪些房屋中有权益，例如债务人没有披露，则 3 年的期限从破产管理人知道之日起开始计算，特殊情况下法院可以延长此期限），通过采取以下方式来处理破产人的家庭住房[1]：（1）变现财产，比如将房屋出售给他人，通常是出售给共同所有人或者家庭成员，这是最理想的方式；（2）向法院申请占有和出售令；（3）根据第四章第 313 条规定 c 申请押计令（charging order）；（4）与破产人签订专门的协议以照顾此种家庭利益。[2] 如此看来，英国对于"生活之房"采取了迂回的方式，通过多种方式试图化解有担保权益的债权人与债务人之间的矛盾并且希望妥善处理债务人家庭成员的居住生活需求。

相比而言，美国法似乎采取了一种"正面迎击"的姿态，其将"生活之

---

[1] Insolvency Act 1986, sec. 283(A).

[2] 参见徐阳光：《英国个人破产与债务清理制度》，法律出版社 2020 年版，第99 页。

房"的豁免规定放置于"债务人与管理人的撤销权"这一庞大的体系下处理。① 但是如果仔细对此分析，可以发现实际上美国所规定的撤销权制度并不能解决负有担保权益的债务人住房问题，与此同时，即使美国法上存在"住房豁免"的概念，但是此种规定更多是为了解决债务人利用各州不同的豁免规定而获得最大的房屋豁免利益，如得克萨斯州和佛罗里达州因为其住宅豁免没有上限而成为"富人的天堂"。②

由此，笔者认为可以考虑借鉴"押计令"方式，以平衡债务人的生存权和债权人的担保物权。押计令的作用在于，如果该住宅今后被出售，破产管理人有权取回他应得的部分。押记令的最长期限是 12 年，但可以再次押记。值得注意的是，如此规定是以住宅属于破产财产为前提的，因为管理人需要顾及债务人的生存权而无法马上将该住宅变现，所以用财产押记的做法缓解利益冲突。在住宅属于豁免财产的前提下，该规则须加以改造：立法可以赋予破产管理人申请财产押记的权利，并构建最长时限及可再次押记的规则，当个人进入破产程序且其住宅上负有担保权益时，破产管理人有权先向法院申请对该住宅施加押记。如果该住宅今后被出售，债务人有权获得与国家经济适用房标准相当的财产，而剩余财产则应用于清偿债务。③

(三)"懒惰债主"的程序应对

由上文可知，债权人，尤其是普通债权人，由于自身受偿无望或者清

---

① 美国破产法首先于 § 522(c)(2)支持了在豁免财产上享有担保权的债权人得针对豁免财产来执行其担保权，但是也承认担保物权就如同悄悄潜入城池内得特洛伊木马一样，参见[美]查尔斯·J.泰步：《美国破产法新论》(第三版)，韩长印、何欢、王之洲译，中国政法大学出版社 2017 年版，第 1000 页。为了防止债权人利用优先权掏空财产豁免的政策，国会授予了债务人撤销损害债务人财产豁免权得特定优先权的权力，这体现在 § 522(f)中，包括两类优先权：一是在任何可豁免财产上的司法优先权，后国会剔除了用于担保 § 523(a)(5)所规定的家庭抚养费的优先权；二是对于主要价值在于为债权人议价优势的优先权，满足非占有性且非按揭型及为特定动产的要求。

② 参见[美]查尔斯·J.泰步：《美国破产法新论》(第三版)，韩长印、何欢、王之洲译，中国政法大学出版社 2017 年版，第 960 页。

③ 参见徐阳光、陈科林：《论个人破产立法中的自由财产制度》，载《东方论坛》2020 年第 3 期。

偿率过低而无心参与债务人的个人破产程序、积极行权。从《深圳个人破产条例》的规定来看，如果债务人的豁免财产清单想要通过，必须由债权人会议作出决议，只有在债务人的豁免财产清单未获债权人会议表决通过时才由人民法院裁定。《深圳个人破产条例》的规定实际上设置了人为的障碍。对此笔者认为可以通过改变在债权人会议在豁免财产制度中的角色而畅通豁免财产制度的运行，即将债权人会议由终端决策者变为中间参与者，对此可以借鉴美国破产法典中规定的财产豁免的程序。

根据 §541(a)的规定，债务人所有财产最初都要归入破产财团，之后债务人可以向破产财团提出财产豁免请求，从而将豁免财产移除出破产财团；提出异议的责任由管理人承担。① 具体而言，财产豁免的第一步就是将可能属于豁免财产范围的财产根据 §541(a)的规定都归入破产财团；第二步则是由债务人或者债务人的代表提出财产豁免的请求，债务人需在破产申请后提交的财产信息清单中附带提交一份豁免财产清单，如果债务人未按期提交豁免财产清单，债务人的被抚养人也可以代表债务人提交；第三步即是由管理人或者债权人对债务人主张豁免的财产中任何不应豁免的部分提出异议；第四步取决于是否有人提出了异议，如果没有人提出异议，债务人主张应予豁免的财产便会从破产财团中移除出来重新由债务人占有，如果有人及时提出了异议，法院就必须在发出通知后举行听证，以判断争议财产是否属于可得豁免的范围，异议方负有举证责任。②

笔者之所以主张采用美国的模式主要有以下两个原因：一方面明确了个人破产中各方主体的角色，促进各方积极行权。债务人作为豁免财产制度的直接受益人，对于豁免财产的列明必定有较强的积极主动性，但是如果让债务人有"即使我如此提交也会被修改"的消极思想，那么其自身合法权益定然受损，如此安排或许也是一种家长主义的考量，毕竟在大多数情况下债务人都是多方主体中相对弱势的一方。此外，对于债权人而言，由于其仅享有异议权而无最终决定权，故可以有效地减轻个人破产制度中债权人自治的负面效应，避免债权人"躺在权利上睡觉"。另一方面，上

---

① 参见[美]查尔斯·J. 泰步：《美国破产法新论》(第三版)，韩长印、何欢、王之洲译，中国政法大学出版社 2017 年版，第 994 页。

② 参见[美]查尔斯·J. 泰步：《美国破产法新论》(第三步)，韩长印、何欢、王之洲译，中国政法大学出版社 2017 年版，第 994-1000 页。

述程序或许会被质疑过度消耗司法资源导致法院压力过重，但是应当认识到，即使是在以《深圳个人破产条例》为代表的程序下，如果债权人会议无法达成一致，法院仍然需要扮演最终决策者的身份，此外，在上述程序中由于除债权人会议外管理人也有权提出异议，那么从勤勉尽责的角度考察，如果管理人因为失职导致债务人破产财团财产流失过多，债权人也可追究其失职责任，以此而反向激励管理人审慎。

五、结　语

我国当前亟须明确个人破产立法中豁免财产制度的诸多细节性规定。虽然《深圳个人破产条例》专节对豁免财产制度作出了规定，但是通过设例即可发现其在豁免财产制度构建选择上欠缺斟酌、回避了负有担保权益的债务人住房问题以及过度信任债权人积极行权等细节问题。

豁免财产制度的实质是以债权人与债务人两方为代表的多方主体的利益平衡，在通过宪法视角论证该制度构建的合理性的同时，也应当独具国际视野，明确区分个人破产立法中的豁免财产制度和民事诉讼执行制度，并在我国当前民事诉讼执行程序的基础上更加关注债务人的发展权，摒弃偏见，保护"诚实而不幸"的债务人。在此观念的指引下，一系列的问题也将会以更清晰的姿态展现，以供立法者考察。

第二部分

房地产企业破产问题

论商品房预售中预告登记的破产保护效力

吴雯琛*

内容提要：为化解房地产企业破产后，商品房预售所产生的社会矛盾，应明确预告登记在破产程序中的法律效力。我国立法规定预告登记用以保全不动产物权变动为目的之债权的实现，可以法定排斥后来其他物权的变动，使债权进一步向物权"位移"。预告登记的破产保护效力实质上是物权公示效力在破产程序中的体现。因预告登记并非物权，购房者无法通过行使取回权取得房屋所有权，可以采取目的解释的方式，限缩《企业破产法》第18条破产管理人的选择权，或在立法中明确预告登记的公示效力，以保障预告登记在符合条件时自动转化为本登记。此外，在购房者的预告登记转为本登记前，应限制抵押权预告登记人银行对预售商品房的优先受偿权。

一、问题的提出

我国预告登记制度主要适用于商品房预售情形。① 随着"房住不炒"定位的重申和"三道红线"政策的落地，我国房地产行业增长已进入瓶颈阶段，房地产企业陷入经营困境，申请破产的企业数量逐年增加。在这种环境下，若房地产企业在破产申请受理时未将预告登记转为本登记，购房者对商品房的所有权及银行对商品房的抵押权都面临权益落空的风险。

明确预告登记在破产程序中的法律效力是化解上述社会矛盾，保障利害关系人合法权益的理论前提。然而，在规范上，《中华人民共和国企业

---

* 吴雯琛，武汉大学法学院民商法硕士研究生。

① 参见张双根：《商品房预售中预告登记制度之质疑》，载《清华法学》2014 年第 2 期。

破产法》(以下简称《企业破产法》)和《中华人民共和国民法典》(以下简称《民法典》)中有关预告登记制度的条款有待完善。在学理上，虽然学者们普遍认可预告登记具有破产保护效力，① 但是，相关著述就这种效力的理论基础及内容实现方式未能予以进一步论述。在实务中，就房企破产时，购房者能否取回房屋这一问题，"同案不同判"现象频繁出现，遑论各法院的裁判理由及裁判依据。② 进行备案登记的购房者能否排除他人对房屋的处分，在破产程序中取得房屋所有权，各级法院存在不同观点。③ 除此以外，预告登记权利人还可能与抵押权人银行等其他主体产生利益冲突，房企破产所带来的社会矛盾由此凸显。④ 有鉴于此，有必要对我国立法中有关预告登记效力的法律规范进行考察，探究破产保护效力的理论基础，完善预告登记破产保护效力在商品房预售情形中的实现路径，以期为商品房预售中破产纠纷的定纷止争提供理论依据。

二、预告登记效力的本土化考察

预告登记起源于普鲁士法中的"异议登记(Widerspruch)"，成熟于德国民法典，瑞士、日本汲取、借鉴德国民法典规定，分别建立了与本域制度相协调的预告登记制度。⑤ 我国地方立法及其实践为保障房地产交易安全引入预告登记制度，以期解决商品房预售中购房者可能遭受的"一房数卖"风险。⑥ 此后，《中华人民共和国物权法》(以下简称《物权法》)第20

---

① 参见孙宪忠：《中国物权法总论》，法律出版社2014年版，第384页。
② 参见马晓瑞等编：《破产案件审理指南》，人民法院出版社2018年版，第53-54页；最高人民法院民事审判第一庭编：《民事审判指导与参考》(2018年第2辑总第74辑)，人民法院出版社2018年版，第152-160页。
③ 支持相同效力的案例，可参见最高人民法院(2015)民申字第661号民事裁定书；不支持相同效力的案例，可参见最高人民法院(2021)最高法民申4628号民事裁定书。
④ 以"烂尾楼"为关键词在北大法宝司法案例中检索显示，自2000年以来有11335篇民事裁判书。
⑤ 参见最高人民法院民法典贯彻实施工作领导小组主编：《中华人民共和国民法典物权编理解与适用(上)》，人民法院出版社2020年版，第113页。
⑥ 参见全国人大常委会法制工作委员会民法室编：《〈中华人民共和国物权法〉条文说明、立法理由及相关规定》，北京大学出版社2007年版，第31页。

条首次在民事立法中以法律形式对预告登记作出规定。① 在《物权法》的基础上,《土地登记办法》《房屋登记办法》针对实践情形在登记程序上细化预告登记制度。在我国实行不动产统一登记后,《不动产登记暂行条例》及其实施细则、《不动产登记操作规范(试行)》均对预告登记作出规定。② 《中华人民共和国民法典》(以下简称《民法典》)第 221 条基本保留了《物权法》第 20 条规定,《最高人民法院关于适用〈中华人民共和国民法典〉有关担保制度的解释》(法释〔2020〕28 号)(以下简称《民法典担保制度解释》)第 52 条则特别规定了抵押权预告登记。

（一）预告登记的保全效力

预告登记的主要功能是在将来保障不动产变动的实现,结合《民法典》第 221 条规定与《最高人民法院关于适用〈中华人民共和国民法典〉物权编的解释(一)》(法释〔2020〕24 号)(以下简称《民法典物权编解释一》)第 4 条规定来看,未经权利人同意,不动产处分行为不发生物权效力。此处的处分是指预告登记义务人对该不动产进行的,能够导致既有权利内容变更、移转、设定负担或者消灭的处分行为。③ 故此,处分预告登记不动产行为生效的必要条件是权利人的同意。而且,未经同意的处分行为不仅不对预告登记权利人生效,对其他人也不生效,是一种绝对不生效。

我国立法中预告登记的此种法律效力可类比德国法上预告登记的保全效力(Sicherungswirkung)。④ 《德国民法典》第 882 条第 2 款对预告登记的保全效力作出规定,"在预告登记后对土地或权利所为的处分行为,在它

---

① 参见侯国跃:《论不动产预告登记——以我国〈物权法〉第 20 条为中心》,载《河北法学》2011 年第 2 期。

② 参见孙宪忠、朱广新主编:《民法典评注物权编1》,中国法制出版社 2020 年版,第 131-132 页。

③ 参见《民法典物权编解释一》第 4 条:"未经预告登记的权利人同意,转让不动产所有权等物权,或者设立建设用地使用权、居住权、地役权、抵押权等其他物权的,应当依照民法典第二百二十一条第一款的规定,认定其不发生物权效力。"

④ 参见蔡虹、邓沁婷:《预告登记权利人"排除异议"的判定——以〈异议复议规定〉第 30 条为中心》,载《河北法学》2020 年第 5 期。

会挫败或侵害请求权的限度内无效"①。具体而言，德国法中的预告登记不会阻碍预告登记义务人对不动产的再次处分行为，也不会引起程序上的不动产登记障碍。② 只是在处分行为使预告登记目的不能实现时，对预告登记权利人相对无效。与之相比，我国预告登记的保全效力可使义务人的物权处分行为绝对无效，即在未经预告登记权利人同意时，处分行为不仅在实体上不对所有人生效，还在程序上存在登记障碍。原因在于：根据《民法典》第 209 条规定，公示程序是不动产物权变动的生效要件。《不动产登记暂行条例实施细则》第 85 条第 2 款在程序上增设不动产登记机构办理预告登记标的物不动产登记申请的条件，没有预告登记权利人的书面同意，不动产无法完成物权变动登记，处分行为因此没有法律约束力，第三人很难以不知道某特定标的物上存在着预告登记为由予以抗辩。③ 综上所述，相较于德国法，我国预告登记的保全效力更强，使得物权处分行为绝对无效，且权利人能够以此对抗第三人。

此外，预告登记的适用范围虽不限于与房屋有关的不动产物权协议，但在实务中主要用于降低商品房交易风险。房屋买卖合同备案登记作为我国特有的制度，④ 也是控制商品房预售商业模式风险的阀门。备案登记，又被称为网签备案，是指在政府主管部门专用网络系统上，房地产开发商与购买者就预售房签订商品房买卖合同，用以进行网上合同备案。⑤ 备案登记的法律效力与预告登记有相似之处，未经购房者同意备案登记不可撤销，房地产企业亦不能将已备案预售房抵押或一房多卖。理论界与实务界对预告登记与备案登记的关系一直存在争议，有观点认为，在商品房预售

---

① 参见陈卫佐译注：《德国民法典》（第 5 版），法律出版社 2020 年版，第 398-399 页。

② 参见蔡虹、邓沁婷：《预告登记权利人"排除异议"的判定——以〈异议复议规定〉第 30 条为中心》，载《河北法学》2020 年第 5 期。

③ 参见崔建远：《一房成为数个权利标的物时的紧张关系及其理顺》，载《清华法学》2013 年第 5 期。

④ 参见常鹏翱：《住房买卖合同网签备案何以必要》，载《法治研究》2020 年第 4 期。

⑤ 参见住房和城乡建设部《房屋交易与产权管理工作导则》《关于进一步规范和加强房屋网签备案工作的指导意见》和《房屋交易合同网签备案业务规范（试行）》。

买卖合同关系范围内，备案登记和预告登记没有实质性区别，① 备案登记在此范围中会发生与预告登记类似的法律效力。② 也有观点主张，预告登记与备案登记具有巨大差异，在性质上，备案登记属于政府主管部门对商品房预售买卖合同的一种行政管理措施，不应具有与预告登记相同的效力。③ 诚然，备案登记与预告登记在启动主体与存续限制等方面存在差异，未来可选择通过立法或司法解释的整合消除差异合二为一，也可以选择通过实质嫁接的方式让两种制度在同一轨道上运行，同时释放各自的本有功能。④ 但不可否认，在商品房预售中，二者的共同目标都是确认和保障购房者取得房屋所有权，且经过备案登记的预售房买卖合同具有对世效力。是以，预售商品房备案登记的情形亦在本文研究范围内。

(二)抵押权预告登记的优先受偿效力

《民法典担保制度解释》第 52 条规定了抵押权预告登记的优先受偿效力。依照这一条文，权利人可就抵押财产优先受偿，但应满足三个条件：第一，抵押建筑物所有权已办理首次登记。这一条件排除了建筑物尚未建成的情形。第二，预告登记的财产与办理建筑物所有权首次登记时的财产一致。第三，预告登记仍具效力。根据《民法典》第 221 条第 2 款，预告登记的失效事由包括预告登记所保障的债权已消灭，或者当事人未在规定时间内申请不动产登记。《民法典物权编解释一》第 5 条具体化《民法典》第 221 条第 2 款中"债权消灭"这一表述，预告登记中不动产物权变动的协议被法律认定为无效、被撤销，或权利人直接放弃预告登记所保障实现的债权时，预告登记失效。

追根溯源，抵押权预告登记的优先受偿效力源于预告登记的顺位保证效力。域外立法中，德国和日本都在法律中规定预告登记具有顺位保证效

---

① 参见孟勤国：《论备案登记应有预告登记效力——一个事关我国经济和民生的重大法技术问题》，载《法治研究》2022 年第 5 期。

② 参见最高人民法院(2015)民申字第 661 号民事裁定书；河南省南阳市中级人民法院(2014)南民二终字第 01188 号民事判决书。

③ 参见最高人民法院(2021)最高法民申 4628 号民事裁定书。

④ 参见常鹏翱：《中国式买房：网签备案的功能分析》，载《法律科学(西北政法大学学报)》2020 年第 4 期。

力。顺位保证效力体现为预告登记请求权经履行后产生的将来权利之顺位按照预告登记予以确定。① 与所有权预告登记不同的是，抵押权本身不具有限制抵押人处分不动产的法律效力，因此，抵押权预告登记自然无法对抗他人对抵押财产的处分，其主要作用是确保办理抵押登记的条件实现时，权利人能够凭借抵押权预告登记获得相较其他债权人或担保物权人更加优先的顺位。② 由此可见，《民法典担保制度解释》第 52 条规定是保障抵押权预告登记功能实现的必然选择，在人民法院认定权利人可以就抵押财产优先受偿时，抵押权自预告登记之日起设立。

可是，抵押权预告登记的优先受偿效力应在破产情形中受到一定限制。实践中，抵押人在破产前先就部分尚未建成的建筑物办理抵押权预告登记，后建成的建筑物不在不动产登记范围内，不应属于抵押人破产财产，若在此时赋予权利人对全部建筑物的优先受偿权可能损害第三人利益。③《民法典担保制度解释》第 52 条第 2 款就是最高院为解决实践中存在的上述情形作出的规定，最高院对抵押人破产情形中权利人的优先受偿效力作出限制：一是明确抵押财产应是破产财产；二是将抵押财产的确定节点设置在受理破产申请之时。

(三) 小结：预告登记效力存在立法缺位问题

我国立法仅规定，对预告登记所保全债权之不动产所为的处分行为，未经预告登记权利人同意，不生效力，并就抵押权预告登记的特殊立法价值，赋予其顺位保证效力。但是，法律并未规定预告登记能否对抗执行措施，例如人民法院查封、扣押或破产管理人之行为。在房地产企业破产申请受理时，预告登记的不动产究竟是作为申请人的破产财产，由破产管理人依破产程序进行清算分配，还是不纳入申请人破产财产直接归属于购房者存在争议。除此以外，若预告登记权利人无法通过行使取回权取回房屋，法律如何保障其债权的实现？在抵押贷款买房的情形中，若房地产企

---

① 参见陈卫佐译注：《德国民法典》(第五版)，法律出版社 2020 年版，第 398-399 页；王书江译：《日本民法典》，中国人民公安大学出版社 1999 年版，第 208 页。

② 参见最高人民法院民事审判第二庭：《最高人民法院民法典担保制度司法解释理解与适用》，人民法院出版社 2021 年版，第 455 页。

③ 参见最高人民法院民事审判第二庭：《最高人民法院民法典担保制度司法解释理解与适用》，人民法院出版社 2021 年版，第 460 页。

业破产时，房屋尚未建成，银行作为抵押权预告登记权利人是否对房屋享有优先受偿效力？若银行享有优先受偿效力，又是否受到限制？一言以蔽之，我国立法中有关预告登记效力的规定留有缺陷，难以保障商品房预售情形中的预告登记权利人的合法权益。

三、预告登记破产保护效力的理论基础

（一）预告登记的性质之争

预告登记的登记内容是一项在将来发生不动产物权变动的债权。这项债权经预告登记后，具有了限制处分和对抗第三人的物权排他效力，由此可见，预告登记制度同时蕴含物权法与债权法的原理，破除了物债二分的绝对界限，也可以说预告登记是物权法原理向债权法的扩张和渗透。① 因预告登记构造之复杂，其法律性质是物权或者一种债权保全的手段，学理上甚有争议。

理论界和实务界对预告登记性质的认定不一，由此产生了多种不同学说。"担保手段说"认为预告登记并非物权，是一种"以保护物权变动请求权为目的，有物权效力的担保手段"。② "债权说"分为"特殊债权说"和"债权物权化说"两种观点，"特殊债权说"认为经预告登记后的物权变动请求权与债权的唯一区别在于，经预告登记的债权具有对抗第三人的效力。其他特征均与普通债权一致。③ 即使预告登记是在债权的基础上具有物权性质的效力，也不会使其丧失债权的属性，"债权物权化说"认为预告登记的请求权基础是债权性的，而就其处分保护而言，却具有物权的特征。④ "物权说"主

---

① 参见吴国喆：《建构我国物权登记的效力体系》，载《西北师大学报（社会科学版）》2000 年第 5 期。

② ［德］鲍尔·施蒂尔纳：《德国物权法（上册）》，张双根译，法律出版社 2004 年版，第 419 页。

③ 参见杨立新、宋志红：《预告登记的性质、效力和范围探索》，载《法学杂志》2006 年第 4 期。

④ 参见金可可：《预告登记之性质——从德国法的有关规定说起》，载《法学》2007 年第 7 期。

张预告登记是物权。① 预告登记所担保的内容涉及将来的不动产物权变动，可以纳入物权的范畴，有关不动产物权的一般规则均可以适用于预告登记。② "物权期待权说"认为预告登记是一种物权期待权。期待权概念由德国学者创设，是指当法律规定或双方当事人之间约定的要件实现时，已经取得特定权利部分要件的主体可受法律保护，取得全部特定权利。③ 赞同"物权期待权说"的学者认为预告登记权利人从办理预告登记至不动产变动登记完成期间，权利人对不动产享有预期权利，这一权利可以排除预告登记义务人撤回双方物权合意或另行处分不动产的行为。④

　　有关预告登记性质的各种学说从不同视角出发，分别具有其合理性，但同时也存在不足之处。首先，"担保手段说"并未明确预告登记的性质，只是根据预告登记的效力对其本身进行阐述。其次，"债权说"中，"特殊债权说"认为预告登记的特殊性在于破除债权的相对性，对其他人具有绝对性，但其实预告登记的效力内容不限于此，在我国立法中，预告登记还具有优先受偿效力。"债权物权化说"将预告登记所保障的债权视为绝对的请求权，这可以较好地从理论层面解释预告登记的保全效力，但却无法成为优先受偿效力的理论基础。原因在于："债权物权化"与"特殊债权说"一样，仅涉及债权相对性面相下，法律对债之标的物的处分保护。抵押权人在原则上无法阻碍他人对抵押物的处分行为，抵押权预告登记的权利人因此仅享有顺位保护，具有"主体随物"特征，属于"狭义债之关系随物化"。⑤

---

　　① 除"物权说"外，理论界还提出"事实物权说""准物权说"，这两种学说观点与"物权说"相近，在此与之合并，统称为"物权说"。参见孙宪忠、常鹏翱：《论法律权和事实物权的区分》，载《法学研究》2001 年第 5 期；金俭：《不动产预告登记制度的搁浅与重启——以我国〈民法典〉颁行为契机》，载《政治与法律》2020 年第 12 期；韩延斌：《商品房买卖纠纷中逾期办证责任的认定》，载《人民司法》2006 年第 5 期；河北省郸城县人民法院(2016)豫 1625 民初 497 号民事判决书。

　　② Vgl. Schwab-Prütting, Sachenrecht, 27. Aufl., Verlag C. H. Beck, 1997, S. 92. 转引自常鹏翱：《比较法视野中的预告登记》，《金陵法律评论》2005 年第 1 期。

　　③ 参见王轶：《期待权初探》，载《法律科学(西北政法学院学报)》1996 年第 4 期。

　　④ 参见庄诗岳：《中国式不动产物权期待权的批判与反思》，载《河北法学》2021 年第 11 期。

　　⑤ 参见袁野：《"债权物权化"之范畴厘定》，载《法学研究》2022 年第 4 期。

再次,"物权说"基于预告登记所保全债权的对世性,将预告登记归入物权范畴。不过,预告登记权利人因尚未取得对不动产的所有权,无法支配不动产。这样,预告登记既不符合物权的基本法律特征,也不符合准物权的基本法律特征。除此以外,事实物权虽貌似物权,但从来没有丝毫的物权基因,其无对世效力或排他效力,仅仅只能对抗法律物权人。① 其实,"事实物权说"在本质上跟与"担保手段说"相似,它们都没有明确预告登记的性质,只是用一个新的概念将预告登记包装起来。

最后,"物权期待权说"虽可以作为一种学理上的观点,但在实务中难以进行理解与适用。期待权本身性质就存在诸多争议,有法律地位说及附条件权利说和将来权利说等。对于期待权效力的研究,学者们也未达成共识。有学者认为期待权的效力有救济的效力和处分的效力两方面,而法律之所以保护期待权,也是基于其包含的救济权能,也有学者认为期待权具有对抗效力、处分效力和形成效力。② 尽管期待权的效力与预告登记存在部分重合,但物权期待权说自身具有模糊性和不确定性,将其作为预告登记的理论基础有叠床架屋之嫌。

综上所述,理论界和实务界无法单纯用物权或债权的法律效力完善对预告登记法律效力的认识,学者们一般从域外法律规定和实践适用情况中归纳总结出预告登记的制度规则。有鉴于此,立法在预告登记的法律效力规范上也采取回避态度,从《物权法》到《民法典》,有关预告登记的条文基本没有实质变化。

(二)破产保护效力的本质

学理上基本认可破产保护效力是预告登记效力的一种,但对其具体表现和实现方式的认识存在差异。有学者主张预告登记的破产保护效力是权利人陷入破产时,排斥其他人而保障自身请求权发生既定的效果。③ 有学者认为破产保护效力是对抗第三人的一种表现形式,用于探究预告登记权

---

① 参见孟勤国:《论备案登记应有预告登记效力——一个事关我国经济和民生的重大法技术问题》,载《法治研究》2022 年第 5 期。

② 参见张丽洁:《论物权期待权与抵押权的适用规则——从未经变更登记的房产强制执行的角度》,载《甘肃政法学院学报》2019 年第 2 期。

③ 参见王宏、王道昌:《不动产预告登记制度初探》,《法学论坛》2000 年第 6 期。

利人对不动产是否享有取回权或者别除权。① 最高院在解读《民法典》第221条时指出，预告登记的破产保护效力是在相对人破产，但预告登记所保全的债权请求权履行期限尚未届满或者请求权的履行条件并未成就。预告登记尚未转为本登记时，请求权标的物的不动产不列入破产财产，权利人依法律保护使请求权发生指定的效果。② 还有学者从房地产企业、购房者与银行利益平衡的角度出发，论述破产保护效力的合理性和可行性，破产保护效力受到破产程序限制具有非完全性和非绝对性。③

上述观点都是基于预告登记的法律性质，从表现形式方面阐述何为预告登记的破产保护效力，从而囿于将预告登记归入债权或物权范畴这一问题的窠臼。深究破产保护效力的本质，其在实质上并非预告登记在破产程序中所具有的一类特殊法律效力，而是预告登记的公示效力在破产程序中的体现。如前所述，我国现行立法规定预告登记具有保全效力，具体表现为非经权利人同意，处分预告登记所保全不动产的行为对所有人都无效，甚至阻碍不动产物权变动登记，这是物权的排他性在预告登记中的映射，使得预告登记具有法定排斥后来其他物权变动的公示效力。在商品房预售中，经过预告登记或备案登记的购房者权益均具有公示性。此种公示破除了债权的相对性和隐蔽性，使债权进一步向物权"位移"。

《企业破产法》第16~21条规定，人民法院受理企业的破产申请后，债务人对个别债权人的清偿无效，债务人与债权人的合同由破产管理人选择是否履行。破产程序对于民事保全和民事执行程序具有优先地位，民事诉讼与仲裁也应当中止。可见，破产程序具有特殊性，《民法典》及《民法典担保制度解释》中有关预告登记效力的法律规定在破产程序中难以直接适用。具体而言，一方面，破产程序启动后，可能出现的情形繁多。在这个过程中企业可能通过重整、和解"起死回生"，也可能通过破产清算"寿终正寝"。④ 此时，债务人与债权人的合同履行情况、债务人的财产范围

---

① 参见王利明：《论民法典物权编中预告登记的法律效力》，载《清华法学》2019年第3期。

② 参见最高人民法院民法典贯彻实施工作领导小组主编：《中华人民共和国民法典物权编理解与适用（上）》，人民法院出版社2020年版，第119页。

③ 参见何嘉：《论不动产预告登记的破产保护效力》，载《浙江学刊》2014年第5期。

④ 参见王卫国：《破产法精义》（第二版），法律出版社2020年版，第2页。

也许会产生变化，这将影响预告登记所登记债权的实现。另一方面，根据《民法典》第 221 条和《不动产登记暂行条例实施细则》第 85 条规定，预告登记可以适用于各种形态的不动产物权变动，引起不动产物权变动的债权无论产生于民事合同还是行政合同，无论是否附条件、附期限，都在预告登记法律规范的适用范围内。是以，破产保护效力的实现方式，应根据不动产物权变动合同内容和实践情形，在重整程序、和解程序以及清算程序等不同的破产程序中，参照协议履行情况等因素予以认定。

四、商品房预售中预告登记破产保护效力之实现

商品房预售中一般存在两类预告登记。一是(所有权)预告登记，此时权利人为购房者，义务人为房地产企业。在房地产企业破产时，若预告登记尚未转为本登记，存在两种情况：其一，购房者已付清全部房款，不动产物权协议义务履行完毕；其二，购房者未付清全部房款，购房者与房地产企业双方均未履行完毕不动产物权协议的义务。二是抵押权预告登记，权利人为向购房者贷款的银行，义务人为预售房购房者。抵押权预告登记与上述所有权预告登记中的第二种情形同时办理。此外，因"烂尾楼"现象层出，在破产过程中，建筑物可能尚未建成，其财产价值也可能会经破产重整后发生改变，在探讨商品房预售中预告登记破产保护效力之实现时，不仅要区分不动产物权协议的履行情况，还应区分人民法院受理破产申请时，预告登记转为本登记的条件是否满足，也即预售商品房办理所有权首次登记和未办理首次所有权登记两种情况。

(一)破产受理时商品房已办理所有权首次登记

已办理所有权首次登记的预售商品房被称为"现房"，在破产受理时预售商品房是现房的情形中，预告登记转为本登记的条件已满足，但预售商品房所有权仍属于房地产企业。于是乎，购房者能否将预告登记转为本登记，取得房屋所有权是这一情形中最重要的问题。若购房者能够取得房屋所有权，预售商品房就不属于破产企业房地产企业的破产财产，购房者不会再参与后续的财产分配。因此，在这一情形中，无需区分不同的破产程序，只需依照权利人与义务人之间的不动产物权协议履行情况进行分类。

（1）双方均未履行完毕的不动产物权协议

根据《企业破产法》第18条规定，人民法院受理破产申请后，破产管理人对破产申请受理前成立，而债务人和对方当事人均未履行完毕的合同，享有决定解除或者继续履行的选择权。破产管理人若选择解除合同，不动产物权协议中权利义务消灭，预告登记权利人只能根据《企业破产法》第53条取得由此发生的损害赔偿请求权。损害赔偿请求权人所购入的商品房将作为普通破产债权等待分配。① 是以，若由管理人自由行使选择权，既无法体现预告登记中物权的排他效力，也无法体现其公示效力，最重要的是会导致预告登记的目的落空。

有鉴于此，为衡平破产企业与购房者的权益，保障预告登记目的的实现，应通过目的解释的方式限缩破产管理人的选择权，预售房购房者有权要求破产管理人继续履行商品房预售买卖合同，以确保房屋物权变动的实现，破产管理人不得拒绝履行合同，亦不得解除作为请求权基础的未履行完毕的合同。理由在于：第一，《企业破产法》制定时《物权法》尚未出台，当时的法律并未规定预告登记制度，《企业破产法》第18条中破产管理人毫无限制的选择权是立法疏漏导致。② 第二，根据《民法典》第221条规定，预告登记可使他人对不动产的处分行为绝对无效，并可以此对抗第三人。《企业破产法》属于特别法，并不排斥《民法典》的适用，因此基于预告登记的保全效力，其所保全的债法请求权不应作为普通债权来对待，而是应免受破产程序影响。第三，域外对此问题已有立法经验。德国《破产法政府草案的说明》第146页规定破产管理人对预告登记之请求权的履行不存在选择权，强调了法律对预告登记在破产程序中的特别保护。③ 根据《日本不动产登记法》与日本破产法的相关规定，即使作为标的物的不动产已经被纳入预告登记义务人的破产财产，仍然无法阻碍权利人办理不动产本登记。如办理本登记的条件已满足，权利人得以其对不动产的所有权

---

① 参见庄加园：《预告登记的破产保护效力》，载《南京大学学报（哲学·人文科学·社会科学）》2014年第6期。

② 参见庄加园：《预告登记的破产保护效力》，载《南京大学学报（哲学·人文科学·社会科学）》2014年第6期。

③ 参见［德］乌尔里希·福尔斯特：《德国破产法》（第七版），张宇晖译，中国法制出版社2020年版，第139页。

对抗其他债权人。①

（2）预告登记权利人履行完毕的不动产物权协议

在已支付全部房款但未完成所有权转移登记的房屋是否属于破产人的破产财产这一问题上，理论界存在支持取回和反对取回两种观点，实践中也有一定争议。

支持取回的理由在于：第一，依照《最高人民法院关于审理企业破产案件若干问题的规定》（法释〔2002〕23 号）（以下简称《关于审理企业破产案件若干问题的规定》）第 71 条规定，预售商品房属于"特定物买卖中尚未转移占有但相对人已完全支付对价的""尚未办理产权证或者产权过户手续但已向买方交付的财产"，不属于破产财产。预售商品房属于上述情形，因此，预告登记权利人可根据《企业破产法》第 38 条规定，对预售商品房享有法定取回权。② 第二，因预售商品房已完成所有权首次登记，法律应当允许购房者的预告登记自动转化为本登记，从而使得购房者在实际取得商品房所有权后，基于该不动产物权在破产程序享有取回权。③ 第三，在比较法视野下，德国法中的预告登记除保全效力、顺位保全效力外，还具有完善效力。《德国民法典》第 883 第 2 款规定：即使对预告登记不动产的处分行为属于法院扣押、拍卖，或破产管理人分配财产，也和义务人处分行为一样，不生效力。④ 也即预告登记在执行程序和破产程序中，已被当作将来完整的权利对待。此处的预告登记属于"不受破产法影响的请求权"，类似于破产程序中的取回情形。

反对取回的理由在于：第一，2013 年施行的《最高人民法院关于适用〈中华人民共和国企业破产法〉若干问题的规定（二）》（法释〔2020〕18 号）（以下简称《企业破产法解释二》）第 2 条删除了《关于审理企业破产案件若干问题的规定》第 71 条规定中的几种情形，根据新法优于旧法的法律适

---

① 参见吴春岐：《论预告登记之债权在破产程序中的法律地位和保障》，载《法学论坛》2012 年第 1 期。

② 参见黄丹、梅伟：《房企破产清算中破产管理人的选择权分析——以消费者购房合同的履行为视角》，载《盐城师范学院学报（人文社会科学版）》2018 年第 6 期。

③ 参见陈耀东：《房地产法》，复旦大学出版社 2006 年版，第 129 页。转引自王利明：《论民法典物权编中预告登记的法律效力》，载《清华法学》2019 年第 3 期。

④ 参见陈卫佐译注：《德国民法典》（第五版），法律出版社 2020 年版，第 398-399 页。

用原则，不应适用第 71 条规定，此时预售商品房属于破产财产。①第二，根据《企业破产法》第 38 条规定，取回权是以物权为基础的请求权，取回权人是以物的所有人身份提出权利请求的。② 预告登记虽具有物权性质，但不动产物权并未变动，预告登记无法达到本登记的效果。因此，预告登记权利人无法通过行使取回权取得预售商品房所有权。同理，预告登记权利人根据《企业破产法》第 109 条行使别除权亦不具有理论依据，原因在于，别除权以担保权为基础权利，而预告登记并非担保物权。

最高院在这一问题上出现不同裁判观点，（2017）最高法民申 1429 号案中，最高院认为《关于审理企业破产案件若干问题的规定》第 71 条第 5 项规定的"尚未转移占有"，包括客观上不符合交付条件，尚无法转移占有的情形，商品房预售时，建筑物尚未建成，在客观上无法满足交付条件，故原审法院依据该规定认定涉案商品房不属于破产财产的判决理由并无不当。③ 在（2021）最高法民申 9 号案中，最高院认为，不动产物权变动采取登记生效主义，未经登记不发生物权效力。由于房屋尚未转移占有，无法对抗执行，在权利尚不足以对抗执行的情况下，显然不能赋予优先权利从而允许其从破产财产中予以取回。④ 除此以外，实践中还有一种观点，认为符合《最高人民法院关于人民法院办理执行异议和复议案件若干问题的规定》（法释〔2020〕21 号）（以下简称《执行异议和复议的规定》）规定的债权人，可以据此主张房屋的取回权。⑤

因预告登记并非物权或担保物权，在房地产企业破产时，权利人确实无法通过取回权或别除权将预售商品房从义务人责任财产中取回。然而，根据《执行异议和复议的规定》第 29 条的规定，在商品房满足以下三个要件时：其一，在人民法院查封出卖人财产之前，买受人与出卖人已签订有效的书面房屋买卖合同；其二，买受人购入的商品房是其名下唯一用于居住的房屋；其三，买受人已经支付合同约定总价款的一半以上，买受人对将被执行的商品房提出异议的，能够排除执行。这一条文表明最高院承认

---

① 参见湖南省高级人民法院（2019）湘民终 792 号民事判决书。
② 参见王卫国：《破产法精义》（第二版），法律出版社 2020 年版，第 138 页。
③ 参见最高人民法院（2017）最高法民申 1429 号民事裁定书。
④ 参见最高人民法院（2021）最高法民申 9 号民事裁定书。
⑤ 参见福建省高级人民法院（2021）闽民再 298 号民事判决书。

已支付全部价款但未能办理所有权转移登记的预售商品房在实际上已经属于购房者。然而，依据第二个要件，只有"消费型购房者"①能够排除人民法院的强制执行，若购房者名下已有其他房产或购买房屋不以居住为目的，则不受司法解释的特别保护。这一限制既无法理依据，也不符合实务需要。因为，一方面，购房者与房地产企业之间的房屋买卖关系不因购房者是否以生活居住为目的的购房而改变；另一方面，若法律强行区分消费型购房者和非消费型购房者，会使房屋交易中不同购房者利益失衡，将不利房地产市场的活跃。

由于破产程序和强制执行程序都是对债权人的清偿程序，在司法实践中，购房者可依照这一条款取回房屋。这在体现预告登记物权效力的同时，还无损破产企业其他债权人的利益，实现了利益的平衡。同时，在这一情形中，预告登记权利人已支付全部价款，相较于双方均未履行义务完毕时的购房者更应当受到保护，因此，此时的破产管理人的选择权也应受到限制。

(3)商品房已办理所有权首次登记时破产保护效力实现路径

综上所述，在预售商品房已办理所有权首次登记时，可以从两个路径保障购房者购房利益的实现：第一，采取目的解释的方式，限缩《企业破产法》第18条中破产管理人的选择权。购房者有权要求破产管理人继续履行商品房预售买卖合同，将预售房预告登记转为本登记，且破产管理人不能拒绝。第二，借鉴德国法规定，在立法中明确预告登记在已办理所有权首次登记时的公示效力，在破产程序中将符合条件的预告登记直接视为本登记。参考《执行异议和复议的规定》第29条中"已支付的价款超过合同约定总价款的百分之五十"这一要件，在商品房预售情形中，当购房者已支付的房屋价款超过合同约定总价款的百分之五十的，可以对抗破产程序，预告登记权利人得以取回房屋。

(二)破产受理时商品房未办理所有权首次登记

未办理所有权首次登记的商品房被称为"期房"，在破产受理时预售商品房是期房的情形中，建筑物尚未全部建成，不仅预告登记转为本登记的条件尚未满足，甚至其所保全之不动产物权变动中的房屋都不是实体

---

① "消费性购房者"是指以生活居住为目的的购房者。

物。此时，探究预售商品房是否为债务人的破产财产没有意义，限制破产管理人的选择权也无法保障预告登记之债权的实现。在这一情形中，应当根据房屋续建是否完成，区分预告登记权利人的在破产程序中的地位。一方面，若在人民法院受理破产申请后，房屋没有续建，或房屋续建未完成的，此时预告登记所保全的不动产物权协议在客观上不能履行，属于预告登记的失效情形。在破产清算程序中，原预告登记权利人只能作为破产债权人参与财产分配，预告登记所保全的债权只能按照普通债权认定。在破产重整和破产和解程序中，一旦预告登记失效，购房者只能作为房地产企业的破产债权人按照《企业破产法》的规定参与破产程序。根据《企业破产法》第 97 条，重整计划或和解协议草案尚未表决的，预售房购房者应当在其债权经债权人会议审核后，参与同类债权人组表决；重整计划或和解协议已经表决通过的，则按重整计或和解协议草案划规定的同类债权的清偿条件行使权利。另一方面，房屋续建完成时，因依照前文所述的预售商品房是现房的情形保障预告登记权利人取得房屋所有权，在此不再赘述。

(三)抵押权预告登记的适用与限制

在商品房预售中，抵押权预告登记一般适用于按揭贷款抵押情形。此时，购房者向银行贷款支付全部房款，购房者在商品房预售合同中的义务已履行完毕，银行为保障借款债权的实现，就预售商品房办理抵押权预告登记。房地产企业破产申请受理时，若预售商品房是现房，购房者可通过限制破产管理人选择权的方式，办理房屋本登记，取得所有权，银行可随之将抵押权预告登记转为抵押权本登记。若购房者尚未取得或客观上无法取得房屋所有权，银行能否对房屋优先受偿？

根据《民法典担保制度解释》第 52 条第 1 款规定，房屋已经办理所有权首次登记，购房者预告登记尚未失效时，人民法院应当认定贷款银行对房屋的抵押权自办理预告登记之日起设立。是以，在此情形中，抵押权预告登记的优先受偿效力本不应受房屋所有权归属购房者还是企业的影响，但为保障购房者预告登记目的之实现，应对贷款银行抵押权预告登记的优先受偿效力进行限制。一方面，根据《不动产登记暂行条例实施细则》第 78 条规定，贷款银行抵押权预告登记的转化，本就应该在预告登记的转化之后。《民法典担保制度解释》第 52 条使得银行可以越过购房者直接就预售商品房优先受偿属于立法漏洞，理应补正。另一方面，抵押权预告登记是预告登记的配套制度，而预告登记的首要目标是保障购房者在本登记条件满足时取得房屋所有权。若使抵押权预告登记权利人在购房者未取得房屋所有权时，直接就预售商品房优先受偿，将会导致购房者目的落空，且遭受房财两空的损失，这不仅不利于购房者、房地产企业与银行之间利益的平衡，而且会导致按揭贷款抵押这一贷款模式受到质疑，将增加社会矛盾，引发社会动荡。综上所述，《民法典担保制度解释》第52条第1款的适用在商品房预售中应受到限制，在购房者的所有权预告登记未转为本登记时，银行不能以预售商品房优先受偿。若预售商品房是期房，即在《民法典担保制度解释》第52条中房屋未竣工、首次登记未办理的情形中，预告登记所保全之债权客观上不能实现，优先受偿效力没有逻辑前提和理论依据。此时，抵押权预告登记已失效，银行与购房者之间只存在没有担保的借款关系。

五、结　语

我国立法规定预告登记用以保全不动产物权变动为目的之债权的实现，可以法定排斥后来其他物权的变动，使债权进一步向物权"位移"，使得预告登记具有物权公示效力，其破产保护效力实质上是公示效力在破产程序中的体现。因现在"烂尾楼"现象层出，在探讨房地产企业破产中预告登记效力之实现时，不仅要区分不动产物权协议的履行情况，还应区分商品房办理所有权首次登记和未办理首次所有权登记两种情况。当商品房已经办理所有权首次登记，可以采取目的解释的方式，限缩《企业破产法》第18条破产管理人的选择权，或参考德国民法典第883条，明确预告登记的公示效力，以保障预告登记在破产程序中自动转化为本登记。当商品房未办理所有权首次登记时，应进一步区分不同破产程序中预告登记的效力，若企业未进入重整程序或经重整程序后商品房仍未建成的，预告登记所保全的不动产物权协议在客观上不能履行，属于预告登记的失效情形，在清算程序中，购房者只能作为普通债权人参与财产分配。若经重整程序后，房屋已经建成并办理所有权首次登记，经预告登记的购房者可获得房屋所有权，此时，新的问题已经产生，修建商品房所产生的重整费用如何分摊，购房者是否应承担全部重整费用？预告登记的效力问题只是房地产企业破产问题中的太仓一粟，还有更多问题有待未来进行探究发掘。

我国房企重整融资问题及完善路径
——以资产管理公司参与为视角

刘卫锋　黄健超　潘镜池*

内容提要： 破产房企在重整实践中频遭融资障碍，其异化根源在于房地产行业的特殊性以及现有制度供给的不足。虽然我国在困境房企融资的司法实践中，不仅实现了传统融资途径下的新突破，而且还探索出市场化重整融资的新路径。但我们也应清楚地认识到，鉴于我国重整融资机制固有缺陷，房企重整融资实务效果仍有待优化。在比对实务重整融资路径的基础上，适当引入资产管理公司参与重整融资才是我国破产事业市场化、法治化实施的应有之义。为进一步优化资产管理公司参与房企重整融资，从破产法律维度审视，在遵循破产社会本位理念的前提下，基于"融资激励"与"利益平衡"的二元价值理念，我国应重塑融资微观规则。诚然，破产重整融资应属市场行为。从宏观市场维度出发，在"府院联动"机制的协调下完善资产管理公司参与重整融资的相关配套措施，以及基于市场供求定律构建市场化的重整融资平台，亦是我国日后重整融资机制变革的应然之路。

一、问题缘起：我国房企破产重整频遭融资困境

近年来，从恒大集团的资金链断裂到融创中国的债务危机，我国房地

---

* 刘卫锋，法学博士，西北政法大学合规研究院特聘研究员，硕士研究生导师，西北政法大学民商法学院商法教研室主任。黄健超，西北政法大学硕士研究生。潘镜池，西北政法大学硕士研究生。

该论文系 2022 年资产管理公司委托西北政法大学研究课题之"资产管理公司+破产重整化解问题楼盘项目"专题调研报告的阶段性成果。

产企业因受政策调控、信贷收紧、新冠疫情反复等不利因素的影响，已相继步入"寒冬"。房地产开发企业普遍面临严重的债务危机，部分房企亟需破产法的救济。由于房地产行业牵涉利益主体众多、衍生问题突出，关乎民生及社会稳定问题。所以，房地产企业不能"一破了之"，需要妥善的解决之道。

破产重整作为国际公认拯救企业的最为有效的法律制度，其设置的目的在于挽救困境企业的经济与社会价值，谋求债务人财务危机的成功化解，让所有人都能基于有重生希望的商事企业得到挽救而获益，① 同时也能避免企业因破产清算而造成的各种不良社会影响。所以，破产重整制度也是我国拯救困境企业、盘活特殊资产、解决债务风险的最为常用的市场化、法治化路径。②

如果说破产法的世界是一顶漂亮的"皇冠"，那么重整融资就是皇冠上稳居核心的"明珠"。重整融资是决定重整程序成败的关键环节，能否及时获得必要的重整融资，关系到危困房企能否摆脱财务困境，实现涅槃重生。世界银行在 2020 年发布的营商环境评估报告中就指出，"良好的破产制度"应鼓励贷款人提供高风险贷款。③ 对于我国目前低迷的房地产行业而言，由于受政策调控、自身信用丧失以及偿债能力下降等多方因素影响，即使对于运营正常的房企而言，其都难以募集到新的运营资金，④ 更不必说已经陷入财务困境亟需破产救济的困境房企。

虽然学界对企业破产重整融资已展开过相应的讨论和研究，但我国现有文献对该研究方向大多仅停留在广义的重整融资方式层面，鲜有对资产管理公司参与困境房企重整融资作相应的研究。鉴此，本文将以资产管理

---

① 参见[美]查尔斯·J. 泰步：《美国破产法新论》，韩长印等译，中国政法大学出版社 2017 年版，第 103 页。

② 参见池伟宏：《困境企业拯救的破产重整路径效率优化》，载《中国政法大学学报》2021 年第 4 期。

③ See Doing Business 2020, http://www. goclee. com/Uploads/file/202008/20200803112259_1508.pdf，访问日期：2022 年 10 月 10 日。

④ 克而瑞研究中心的最新数据显示，2022 年 6 月，我国 100 家典型房地产开发企业的融资总量为 587.06 亿元，环比减少 11.8%，同比减少 62.6%。2022 年的上半年，房企累计融资总量为 4126 亿元，环比 2021 年下半年减少 19%，同比减少 49%，房企融资压力持续凸显。参见克而瑞中国网，http://www.cricchina.com/research/，访问日期：2022 年 10 月 12 日。

公司参与重整融资为切入点，结合目前我国房地产行业的融资困境，分析其融资异化的根源，并在借鉴域外先进融资制度的基础上，分析我国现有融资制度的不足，为我国今后的破产重整融资立法提供借鉴。

二、原因探析：破产房企重整融资的异化根源

（一）房企行业的特殊性

1. 房企融资方式单一

作为消费市场与金融衍生品市场交织的房地产业，其开发资金构成主要由自有资金、金融贷款、商品房预售或出售款项等三大部分组成，房地产企业投入自有资金比例较低，融资渠道较为单一。[①] 通过对国家统计局发布的房地产相关数据汇总，虽然国内贷款仅占全国房地产开发到位资金的14%左右，但结合中国人民银行《金融机构贷款投向统计报告》的数据分析，银行贷款在房地产业开发资金中的占比高达62%。（参见表1）

我国房地产开发行业不仅过度依赖国内银行融资贷款，而且也缺乏市场化的融资手段。由于金融机构通常对融资贷款设定过多的担保，所以困境房企几乎无任何有价值的资产可供抵押，这也最终阻断了房企向外融资的路径。[②] 并且根据学者统计，我国部分省份破产案件银行债权占比较高，房地产信贷风险伴随房地产信贷规模的增大而不断累积。[③] 房地产开发企业一旦出现资金链断裂的情形，不仅我国金融行业将承担贷款难以收回的巨大风险，而且众多个人购房者的权益也将受到影响。

2. 房地产行业前景低迷

在需求透支、房住不炒调控政策、企业过度追求规模等内外因素叠加

[①]　参见丁海湖、李欣婷：《房地产企业破产重整若干司法实务问题探讨》，载《法律适用》2016年第3期。

[②]　参见孙小平、姚明：《房地产企业破产重整案件审理实务初探》，载《法学杂志》2010年第6期。

[③]　参见丁海湖、李欣婷：《房地产企业破产重整若干司法实务问题探讨》，载《法律适用》2016年第3期。

影响下，2021年下半年后中国房地产市场进入了深度的下行调整期。① 从国家统计局公布的全国商品住宅及商业销售的情况来看，全国商品住宅的销售已经连续多年增速放缓，② 甚至在2022年6月商品住宅销售额累计增长值达到罕见的-31.8%，我国房地产行业规模已经见顶。

根据《最高人民法院关于正确审理企业破产案件为维护市场经济秩序提供司法保障若干问题的意见》，对于"符合国家产业结构调整政策、仍具发展前景的企业"，要充分发挥破产重整和破产和解程序的作用，对其进行积极有效的挽救，把行业前景视为重整价值的一个重要考量因素。具体到房地产行业，由于我国房地产行业在中长期阶段将保持高位下滑、持续出清的趋势，当前我国房地产行业前景不明，而这也势必会加剧房地产企业的融资困难。

表1　房地产开发到位资金③

年度	融资来源					银行贷款	总额单位/亿元
	国内贷款	利用外资	自筹资金	定金/预收款	个人按揭贷款		
2020年	26676	192	63377	66547	29976	119100	193115
	13.81%	0.1%	32.8%	34.5%	15.5%	61.67%	100%
2019年	25229	176	58158	61359	27281	112200	178609
	14.13%	0.1%	32.56%	34.35%	15.27%	62.82%	100%
2018年	24005	108	55831	55418	23705	101900	165963
	14.46%	0.07%	33.64%	33.40%	14.28%	61.40%	100%

（数据来源：国家统计局、金融机构贷款投向统计报告）

---

① 参见《2022年中国城市房地产市场投资前景研究报告》，载克而瑞研究中国网，http://www.cricchina.com/research/，访问日期：2022年10月12日。

② 参见《中华人民共和国2021年国民经济和社会发展统计公报》，载国家统计局官网，http://www.stats.gov.cn/tjsj/zxfb/202202/t20220227_1827960.html，访问日期：2022年10月10日。

③ 数据来源：国家统计局官网，http://www.stats.gov.cn；中国人民银行官网，http://www.pbc.gov.cn，访问日期：2022年10月18日。

（二）现行制度供给不足

1. 融资激励政策的缺乏

迄今为止，我国关于企业破产重整融资激励的破产立法几乎处于空白状态。与破产重整融资制度相关的规定，也仅限于《中华人民共和国企业破产法》（以下简称《企业破产法》）关于融资借款的倡导性规定以及《最高人民法院关于适用〈中华人民共和国企业破产法〉若干问题的规定（三）》（以下简称《企业破产法解释三》）关于融资借款的顺位清偿问题的规定。我国既无域外重整融资优先权的规定，也鲜有市场化融资机制的落实。

对于投资方而言，其对外提供融资借款的最终目的是盈利，但在现行法律之下，我国对于重整期间融资借款能否获得利息收益的问题仍无相关规定。虽然我国在 2014 年"深圳市亿商通进出口有限公司与东莞市清溪金卧牛实业有限公司企业借贷纠纷一案"①的司法实践中，广东高院支持了上诉人对于将重整融资认定为共益债务的请求，这也在一定程度上激励了投资人的融资信心。但因上诉人有关借款利息的主张被驳回，以及共益债务的实现具有不确定性，并且为融资提供担保的操作难度较大，② 我国现行重整融资立法不仅缺乏对重整投资者的激励，而且还缺乏对融资债权人的保护，这也导致鲜有借款融资方式在重整程序中得到运用，《企业破产法》的制度设计预期几近落空。

2. 企业信用修复机制的缺失

金融机构在发放贷款时，往往会对借款人的信用情况进行严格的审核。而困境房企在进入破产重整程序时，往往在征信系统中已存在多笔逾

---

① 参见广东省高级人民法院（2014）粤高法民二破终字第 2 号民事判决书。在"深圳市亿商通进出口有限公司与东莞市清溪金卧牛实业有限公司企业借贷纠纷一案"，广东省高院认为，"该笔借款系经由东莞金卧牛公司破产管理人确认且约定用于东莞金卧牛公司破产重整期间继续营业而应支付的劳动报酬、水电费用、安保费用和社会保险费用以及由此产生的其他费用之目的，系为维护全体权利人和破产财产利益而发生，依法应当认定为东莞金卧牛公司的共益债务。东莞金卧牛公司在借得该笔 100 万元款项后，如何使用该笔款项，并非否认该笔债务为共益债务的充分依据"。

② 参见郝朝晖、金恒、陈思达：《论重整程序中债务人借款融资机制的缺陷与完善——以美国 DIP 模式为借鉴蓝本》，载王欣新、郑志斌等主编：《破产法论坛（第十九辑）》，法律出版社 2020 年版，第 368-369 页。

期等不良信用记录,甚至部分房地产公司在进入重整程序前,未足额缴纳税款、罚款及滞纳金的情况已为常态,所以其在信用评价中被评定为 D 等次的情况较为多见。① 对于处于破产阶段的房企而言,在面临企业信用评级下调的困境之下,其不仅难以通过传统融资渠道获取融资,而且还难以获得在招标投标、市场准入、资质认定等正常经营活动方面的资格。② 对于我国现阶段的破产配套而言,由于缺乏体系、完备的企业信用修复机制,重整房企能否再次获得参与市场竞争的基础能力依旧存疑,若不能使重整房企恢复其市场竞争力,则破产重整程序的终结将成为重整房企开启破产清算程序的"导火索"。

三、实务视角下破产房企重整融资机制的不足与完善

自 2013 年以来,受宏观经济形势及房地产市场周期性变化的影响,我国部分房地产企业相继陷入经营困境,房企破产涉众涉稳问题突出。我国浙江法院在困境房企拯救案件中,先后探索出政府垫资模式、市场融资模式以及组合融资模式等多元融资方案,③ 其采用"预重整"方式处置的"怡丰成房开公司破产重整案"④及创新性采用市场化融资方式的"丰华公司破产清算转重整案"⑤还相继入选浙江法院 2015 年和 2016 年十大破产

---

① 参见荣艳:《破产重整企业信用修复问题初探》,载《企业合规论丛》2018 年第 2 期。

② 参见范志勇:《破产联动共识及其法治化进路》,载《扬州大学学报(人文社会科学版)》2021 年第 3 期。

③ 参见浙江省杭州市余杭区人民法院课题组:《涉房破产企业在建工程续建的困境与解决方法的探索》,载《法律适用》2016 年第 3 期。

④ 参见浙江省杭州市余杭区(市)人民法院(2015)杭余商破字第 12 号民事裁定书。怡丰成房地产开发有限公司因资金链出现严重问题,其开发的房产自 2015 年 3 月以来处于停工状态,涉案业主债权人高达 1200 余户。在法院与政府的协调下,该案合理利用市场资源,采用"预重整"等方式,通过市场化融资方式盘活烂尾楼盘,"怡丰城"项目资产价值大幅提升,普通债权清偿率由破产清算条件下的零清偿率提升至重整条件下的 9.81%左右。

⑤ 参见浙江省安吉县人民法院(2015)湖安民破字第 3—6 号民事裁定书。安吉丰华置业有限公司在控股股东主营业务持续低迷及自身房地产开发处于市场下行期的双重影响下,企业资金链断裂而陷入债务危机。在申请破产清算初期,项目陷入全面停建状态,300 余户业主无法收房,涉稳涉众问题突出,后通过市场化融资方式盘活烂尾楼盘,成功拯救危困企业。

典型案例。而广东与河南等地先后创新设立全流程一体化的重整投融资"智融平台"以及"地产纾困基金",通过资产处置、资源整合、重组顾问等方式,成功助力多个问题楼盘"涅槃重生"。虽然以"浙江经验"为代表的我国房企重整融资实践,不仅标志着我国房企重整融资迈入现代化,而且也是破产法市场化与法治化应有之义的体现,但我国重整融资机制仍存以下不足。

(一)"一楼一策"的化解机制难以复制

我国各地在困境房企拯救中,虽然已经先后探索出政府垫资模式、市场融资模式以及组合融资模式等多元融资方案,① 但现今"问题楼盘项目"的化解仍主要依托"府院联动"机制下"个案协调"的单向联动状态,② 未能有效形成体系化、制度化、规范化的破产联动机制,所以"一楼一策"的化解机制难以在全国复制推广,其弊端具体包括以下方面。

第一,"一楼一策"的化解机制主要依赖人与人之间的沟通与协调,能否解决破产疑难问题取决于人治而非法治,具有较大的不确定性及不稳定性风险。首先,在市场化破产的背景下,政府定位应为"行政配套",③ 但本应在推动房企破产程序中发挥关键作用的政府部门,却因权责模糊、定位不清,最终难以持续稳定发挥作用。其次,由于体系化破产联动机制的缺乏,我国现阶段难以形成破产机制的有效配套。比如说对于通过破产重整程序刚获得重生的房地产企业而言,其在"后重整时代"的经营状况能否进一步改善的关键因素在于能否获得政府的税费支持以及能否完成企业信用的修复。对于我国现阶段破产配套而言,由于缺乏体系化的破产联动机制,重整房企能否再次获得参与市场竞争的基础能力依旧存疑,若不能使重整房企恢复其市场竞争力,则破产重整程序的终结将成为重整房企开启破产清算程序的"导火索"。

第二,我国在少数困境房企拯救案件中存在不当的行政干预。随着经

---

① 参见浙江省杭州市余杭区人民法院课题组:《涉房破产企业在建工程续建的困境与解决方法的探索》,载《法律适用》2016 年第 3 期。

② 参见范志勇:《破产联动共识及其法治化进路》,载《扬州大学学报(人文社会科学版)》2021 年第 3 期。

③ 参见陆晓燕:《"府院联动"的建构与边界——围绕后疫情时代市场化破产中的政府定位展开》,载《法律适用》2020 年第 17 期。

济体制改革不断深化和社会保障制度日益健全，破产工作逐步从政策性破产向市场化法治化破产转变，资源配置从行政干预转向市场主导。而房企破产案件往往涉及资产处置、管理人选任、重整计划制订等问题，但个别政府部门基于维稳以及自身政绩的考量，违背市场化法治化原则，对房企破产案件不当干预。① 这导致部分有重整价值的房企得不到支持，对本该清算的房企做无意义的抢救，这也最终造成了社会资源和司法资源的浪费。

诚然，破产重整融资属于市场行为，要不要继续借款给重整中的公司，是一个纯粹的商业判断，最好留给资本市场自己去决定，而不应由政府越俎代庖。② 现今，"一楼一策"作为"问题楼盘项目"化解机制的核心，虽然在各地的房企破产案件中已取得不错的社会效果，但由于其作为我国一种妥善解决破产融资问题特殊时期的"权宜之计"，其在时效、费用等方面存有固有的体系性缺陷。所以，我国日后有必要基于供求定律视角构建市场化重整融资平台，从而激活重整融资信贷市场。③

（二）市场化融资路径的缺失

重整融资是决定重整程序成败的关键环节。能否及时获得必要的重整融资，关系到重整企业能否摆脱财务困境，实现涅槃重生。虽然我国各地在"问题楼盘项目"处置中已取得良好的社会效果，但鉴于我国目前破产重整市场化融资渠道还未健全，多数困境房企的融资主要依靠行政机关协调下的银行贷款支持，重整融资渠道仍较为单一。

迄今为止，我国企业重整融资市场化路径几乎处于空白状态，我国既无融资激励的专门立法，也鲜有市场化融资的司法实践。反观域外重整融资机制，建立市场化融资渠道对于获得新融资十分关键。以美国危机证券市场为例，其是较为典型的市场化企业重整融资平台，其不仅合理利用供

---

① 参见《全国人民代表大会常务委员会执法检查组关于检查〈中华人民共和国企业破产法〉实施情况的报告》，载中国人大网，http://www.npc.gov.cn/npc/kgfb/202108/0cf4f41b72fe4ddeb3d536dfe3103eb3.shtml，访问日期：2022 年 10 月 26 日。

② See G. McCormack, "Super-priority new financing and corporate rescue", *Journal of Business Law*, 2007, p. 701.

③ 参见丁燕：《破产重整企业债权融资的异化及其解决》，载《华东政法大学学报》2019 年第 4 期。

求定律活跃投资市场，而且通过投资者对不良债权的投资，进而吸引外部资本，从而为投资者提供一条将问题资产套现的路径。① 这也为我国市场化重整融资平台的构建提供了蓝图。但归根结底，当前我国现行市场化重整融资机制缺失的深层原因是融资激励政策的不足，这也体现在如下方面：

其一，我国缺乏融资激励政策。虽然我国《企业破产法》第 75 条明确规定了债务人可对重整借款融资设定担保，但根据《企业破产法解释三》第 2 条关于融资借款顺位清偿的规定，重整融资担保不能突破我国现有担保制度体系主张优先于此前已就债务人特定财产享有担保的债权清偿。并且，我国现行破产立法不仅未对新旧担保权人利益平衡问题作出明确规定，而且欠缺重整融资有关设定担保、使用程序的周延规定。② 总而言之，我国现行破产重整融资制度，不仅缺乏对新债权人的融资激励，而且难以适应融资与债权人利益保护的需求，与破产法市场化、法治化的理念相违背。

其二，我国重整投资人的权益难以保障。对于我国现行的破产制度体系而言，我国缺乏程序转换后优先权效力的延伸规定，而且由于无法预期新融资贷款的可回收性，我国重整投资人的权益难以保障。我国企业破产法第 93 条第 1 款规定虽然认可了企业重整失败转清算程序时，重整融资担保债权的优先受偿性。但由于该条款未对重整融资债权人能否继续保有优先权作出明确规定，所以这在无形中也增大了重整投资者融资的法律风险。反观《美国联邦破产法》第 364（e）款关于"上诉无意义规则"的规定，只要放贷人的行为出于"善意"，那么即便上诉审将融资授权裁定推翻或修改，其也不会对融资债务的任何优先顺位或优先权的有效性产生影响。③ 因为一旦上诉法院最终将融资批准裁定撤销，放贷人就将面临丧失优先权的风险，那么在所有上诉程序终结之前，任何理性的放贷人都不愿意贷出一分钱，毫无疑问，这将会对亟需融资的困境企业造成毁灭性的灾

---

① 参见丁燕：《企业重整融资方式创新之探究》，载《人民法治》2017 年第 11 期。

② 参见陈景善：《重整融资之超级优先权模式：功能与构造》，载《政治与法律》2021 年第 9 期。

③ 参见［美］查尔斯·J. 泰步：《美国破产法新论》，韩长印等译，中国政法大学出版社 2017 年版，第 1178-1180 页。

难。而且联合国早在 2004 年《贸易法委员会破产法立法指南》第 68 条也建议，在企业重整失败转清算程序时，应继续延续融资优先权在清算程序中的优先效力。

(三) 传统管理人多元化市场处置能力的不足

重整制度是为即将死亡的企业提供一次涅槃重生的机会，而重整管理人正是涅槃重生过程中关键的掌舵人。这不仅要求其具备专业的法律执业能力，并且在破产企业管理、资产管理、投资融资、调查与价值识别、企业重整并购等方面也应该具有专业水准，唯此方能成为适格管理人。目前大多数管理人为符合一定资质的社会中介机构，并以律师事务所和会计师事务所为主，虽然具备资质的社会中介机构在法律、会计方面具备较强的专业能力，但是在问题楼盘项目化解中也暴露出一定的弊端。具体包括以下：

第一，缺乏公司治理能力。一方面，管理人对企业管理经验的缺失。我国《企业破产法》第 25 条第 1 款第 3 项规定管理人职责包括决定债务人内部管理事务，但是在社会中介机构担任管理人的情况下，其本身组织架构相对单一，经营资产和管理经验相对薄弱，其不具备复杂公司治理和企业管理经验。另一方面，管理人对企业经营经验的缺失。根据最高院颁布的《关于正确审理企业破产案件为维护市场经济秩序提供司法保障若干问题的意见》第 12 条规定，重整管理人的职责不仅是管理和处分债务人财产，更要管理债务人的经营业务。在问题楼盘项目化解过程中，专业、复杂的债务重组和企业重组是制定重整计划必要的手段，维持困境房地产公司的正常运行是基本保障，但很明显一般社会中介机构尚且不具备该种专业素养。

第二，缺乏资产运作与管理能力。法院受理房地产开发企业破产申请之后，管理人的首要任务是接管被申请破产的房地产企业的财产以及进行资产管理。对于已经出现问题楼盘的危困房企，其负债状况复杂、利益相互缠绕，不仅涉及银行等金融机构债权、政府税收债权、土地出让合同债权，同时涉及房地产开发企业上下游合同债权、购房者债权，甚至涉及民间融资债权。复杂的负债结构需要更为专业化、精细化的尽职调查能力。此外，危困房地产企业的价值会随着破产程序的启动而逐步下降，管理人应当在短时间内建立起有效的资产管理模式，区分优势资产和不良资产，分门别类针对不良资产予以识别、运作和处置。这一资产运作能力也是一般管理人所不具备的。

第三，资源配置与专业手段单一。问题楼盘项目化解的关键在于"融资难和保交楼"，融资不仅仅是房企破产重整中的一项环节，更多的是一种市场化要素，发挥市场功能、合理配置资源是其关键。社会中介机构是市场经济参与主体的辅助机构而非直接参与经济活动，因此由其担任管理人时不能充分发挥配置市场资源的作用。拯救危困房企往往需要债务重组、资产整合甚至是企业兼并等专业化手段，这就要求管理人具备相关资源配置优势，多元的人才配置优势和协同参与府院联动优势。通过破产重整盘活问题楼盘项目需要一支涵盖金融、法律、会计、评估、造价、管理甚至是投资融资的专业化团队作为管理人，仅仅依靠传统的社会中介机构管理人难以实现。

反观资产管理公司参与下的"问题楼盘项目"的危机化解，相较于传统管理人，资产管理公司在该维度上有很多独有优势：

首先，出色的程序甄别能力。在如何更好地选择"问题楼盘项目"的方式维度上，由于资产管理公司对国家宏观经济政策和环境有较强的认知度和敏感性，将投资着眼于符合国家产业政策且具有潜在升值空间的资产和项目，对企业陷入困境的原因、财务数据表现、未来现金流预测、重组需要解决的难题等问题能进行充分的判断，所以，在资产管理公司的介入下，能更为有效地为"问题楼盘项目"量身定做投资方案。

其次，强大的资源整合能力。相对于其他传统机构，资产管理公司更容易整合政府、产业投资人等企业重组过程中所需资源，通过各方面资源整合，加快重整进度、提高重整收益。而且由于资产管理公司往往具有国资背景，与地方政府、法院、金融机构能够形成较好的沟通关系，因此对地方的司法体系、社会环境与资本市场运作都有深入的了解以及形成了一套较为成熟的处置手段。并且由于资产管理公司常年积累的专业性，所以资产管理公司常为主导、吸收基金、资管公司等方面的共同投资，分享整个不良资产处置庞大市场规模，并根据债务主体和债权资产的不同特征，设计包括本息清收、诉讼追偿、债务重组、以资抵债、资产置换、债转股、股权回购、资产租赁、追加投资和资产上市等相应方案，实现项目利益的最大化。

最后，能有效平衡各方权益。在传统债务重组中，由于"信息不对称"问题的存在，大债权人可依托对企业状况充分了解的优势地位，找到对自己最为有利的债务解决方案。而小债权人往往由于信息能力获取的缺乏而遭受到一定程度的误导，进而导致丧失自身利益最大化的机会，最终造成中小债权人的利益受到相对减损。而在资产管理公司的参与之下，各方的信息获取趋向一致，使得各方利益主体的权益得以有效平衡，最终实现效率与公平的双重价值目标。

由于传统破产管理人缺乏处置不良资产的相关经验，故其不仅难以甄别高效的融资方式，而且还缺乏相应的资源整合以及资源最大化的能力。所以，在具有专业不良资产处置背景的资产管理公司参与下的"问题楼盘项目"的化解，不仅能有效帮助危困房企实现重整融资，而且也是我国破产法市场化、法治化实施的应有之义。

四、进一步思考：资产管理公司参与房企重整融资的优化路径

虽然我国《企业破产法解释三》对共益债务赋予了优先受偿顺位，而且实务中在重整计划中约定"超级优先权"的操作也屡见不鲜，但由于我国仍未确定美式的"超级优先权"，这对于将承担巨大风险的融资债权人来说保护并不充分。而且由于"共益债投资"模式的退出机制主要是根据楼盘具体销售情况逐步退出，鉴于当前我国楼市的销售前景与现状，共益债权人的投资回报能否实现依旧存疑，这也需要共益债投资人做好市场分析与背景尽调，提前采取多种介入方式规避相应风险。

（一）制度层面：融资激励+准确定位

1. 有限度的超级优先权构建

（1）我国超级优先权的设立困境

为实现破产重整之融资便利、优化营商环境，必须考虑破产重整制度的特殊性。[①] 毫无疑问，虽然美国法的"超级优先权"模式在促进重整融资层面效果显著，但重整融资制度的移植必须结合我国制度语境进行体系

[①]　参见张世君：《我国破产重整立法的理念调适与核心制度改进》，载《法学杂志》2020 年第 7 期。

化考量。现如今，若我国全盘采纳美国破产法第 364 条关于重整融资优先权恐难以协调新旧债权人的利益，具体理由如下：

第一，"超级优先权"模式与我国现行担保制度相违背。在重整融资中，虽然债务人可为融资人的借款设定担保，但根据《企业破产法解释三》第 2 条关于融资借款顺位清偿的规定，重整融资担保不能突破我国现有担保制度体系主张优先于此前已就债务人特定财产享有担保的债权清偿。担保权是现行法律能够赋予债权人最强的保护之一，担保债权人在进入破产程序前采用设立担保权的方式来保护自己的权益，已经尽到一个理性商业主体能够尽到的注意义务。① 而且，在破产法的领域中，除非基于特殊的利益考量，否则不应与非破产法规范相左。

第二，"超级优先权"模式易打击原债权人投资的积极性。对于我国的房地产行业而言，其开发资金主要来源于银行等金融机构，而且房地产企业在贷款时往往会为金融机构设定足额的担保。正如美国破产实证分析，在大多数案件中，原机构债权人通常作为重整期间的继续贷款人出现。② 如果我国贸然引入美国法中的"优先担保贷款"（Priming liens）等超级优先权，不仅会打乱原担保债权的清偿顺序，造成原债权人权益保护的不确定性，而且不利于房地产行业的正常商业投资与运转，甚至可能导致重整融资恶性竞争现象的出现。

第三，"超级优先权"模式容易遭到滥用。美式超级优先权贷款体系的高效发挥，离不开建立在充足资源和技术保障的专业破产法庭系统以及完善的法律配套体系之上，否则即使引进也难以发挥作用。③ 现如今，我国缺乏美国融资优先权设立的审查与监督等基本条件，如果盲目全盘引入美式的"超级优先权"模式，不仅造成现有担保体系的冲突，而且会大大加大法院的融资审查负担，甚至使得"超级优先权"成为重整投资者参与融资的前提条件，最终使得"超级优先权"模式遭到滥用，这显然不符合

---

① 参见郝朝晖、金恒、陈思达：《论重整程序中债务人借款融资机制的缺陷与完善——以美国 DIP 模式为借鉴蓝本》，载王欣新、郑志斌等主编：《破产法论坛（第十九辑）》，法律出版社 2020 年版，第 379 页。

② See David A. Skeel, Jr., "The Past, Present and Future of Debtor-in-Possession Financing", *Cardozo Law Review*, Vol. 25, Issue 5（April 2004）, p. 1925.

③ See Insolvency Service, A Review of Company Rescue and Business Reconstruction Mechanisms, DTI, London, May 2000, p. 137.

我国破产法市场化、法治化实施的应有之义。

（2）融资优先权构建的应然路径

毫无疑问，美国法中的"超级优先权"模式在促进重整融资层面效果显著，其重整融资激励理念值得我国研究与借鉴。但总的来说，由于美国破产法第 364 条所确立的继续贷款安排体现的是一种"后到先得"的优先权体系，全盘移植美国模式不仅与我国现行担保制度相违背，而且还难以协调新旧债权人的利益，甚至还可能影响我国投资市场的正常运作，所以我们必须权衡，究竟是选择通过建立超级优先权体系使重整企业获得新贷款从而降低破产清算的发生概率，还是选择更好地保护破产前的债权人，防止其权益受到稀释。

在我国现行担保体系下，为进一步挽救危困企业以及平衡新旧债权人的利益，有限度地引入美国法中的重整融资超级优先权才是我国重整融资制度构建的应然路径。国内有学者认为，我国重整融资优先权应采用循序渐进的构建理念，在现行担保体系之下，无需全盘引入美国"超级优先权"模式，而应移植优先于破产费用与其他共益债权的优先权模式。① 与此同时，国外学者也构建了一种平衡可行的优先权方案：让"后到先得"的优先规则只适用于具体的投资项目。② 也就是说，向重整企业提供贷款的新"债权人"只能享受"受限制的优先权"，即只能从自己资助的具体项目或财产中优先受偿，而不能及于重整企业的其他投资或财产。③ 综上，国内外学者在平衡新旧债权人利益的前提下，为促进重整企业融资，有限度地引入美国法中的重整"超级优先权"的理念值得我国借鉴。

2. 目的论下的融资激励体系的完善

（1）《企业破产法》融资条款的激活

我国现行《企业破产法》第 75 条第 2 款仅为重整融资借款的倡导性规定，由于该规则过于原则与笼统，而且在司法实践中凸显出种种不足，故难以实现重整融资激励的立法目标。对于我国的房地产行业而言，其涉众

---

① 参见陈景善：《重整融资之超级优先权模式：功能与构造》，载《政治与法律》2021 年第 9 期。

② See G. Triantis, "Law and Economics of Debtor-In-Possession Financing" (31 Mar 1999) as prepared for the Corporate Law Policy Directorate, p. 6.

③ 参见齐砺杰：《破产重整制度的比较研究——英美视野与中国图景》，中国社会科学出版社 2016 年版，第 195 页。

涉稳问题突出,采用预重整制度,更有利于激活我国《企业破产法》的融资条款。

首先,如上文所述,对于我国的房地产行业而言,其开发资金主要来源于银行等金融机构,而且房地产企业在贷款时往往会为金融机构设定足额的担保。由于房地产企业财产变现受市场因素影响较大,以破产清算程序中的拍卖、变卖等方式不利于实现不动产价值的最大化,所以作为其最大债权人之一的金融机构,也希望继续融资并期冀成功重整后能获得更多的利益。其次,在预重整阶段中,房地产企业的资产并未损失殆尽,而且其企业信用并未受到破产的不利影响,加之预重整制度不仅能维系困境企业的营业价值,而且还能有效提高企业的重整效率,所以这都为传统融资担保渠道的畅通创造便利条件。

由于房地产在预重整阶段,包含融资方案在内的重整计划就已经制作完成并已经获得债权人多数表决通过。正如徐阳光教授所言,我们必须警惕债权人通过预重整程序规避市场化投资人的参与,这显然不符合我国破产法市场化、法治化实施的应有之义。所以,在充分尊重当事人意思自由的基础上,有必要借助必要的司法干预,加强对重整协议效力的审查,进一步规范房企重整融资市场的乱象。①

(2)利息债权的完善保护

"逐利"是商人的本性。对于重整融资人而言,其向危困企业提供重整融资资金的最终目的还是盈利。迄今为止,我国《企业破产法》对于重整融资借款能否获得利息债权收益并无明确规定,而且在"深圳市亿商通进出口有限公司与东莞市清溪金卧牛实业有限公司企业借贷纠纷一案"中,广东省高院虽然支持了将融资借款界定为共益债务的请求,但也依据《企业破产法》第46条第2款②的规定驳回了借款利息的主张。③ 此不仅与市场经济的"风险—收益"理论相违背,而且导致利害关系人之间的权利失衡,最终也难以实现重整融资激励的立法目标。所以有学者认为,为

---

① 参见张婷、胡利玲:《预重整制度理论与实践》,法律出版社2020年版,第4页。

② 《企业破产法》第46条第2款规定,附利息的债权自破产申请受理时起停止计息。

③ 参见广东省高级人民法院(2014)粤高法民二破终字第2号民事判决书。

实现拯救重整企业与平衡债权人利益之目的，对企业破产程序启动后的利息应予确认，但现阶段可作为劣后债权予以保护。①

3. 注重融资人的权益保障

（1）程序转换优先权效力的延展

我国《企业破产法》第 93 条规定虽然认可了企业重整失败转清算程序时的重整融资担保债权优先受偿性，但由于该条款未对重整融资债权人能否继续保有优先权作出明确规定，所以这在无形中也增大了重整投资者融资的法律风险。由于重整程序本身具有不确定性，而且我国企业破产重整成功率仍处于较低水平，为促进企业重整融资与保护重整投资人合法权益之目的，我国可尝试引入美国法中的"上述无意义规则"的理念，只要放贷人的行为出于"善意"，那么即便上诉审将融资授权裁定推翻或修改，其也不会对融资债务的任何优先顺位或优先权的有效性产生影响。② 具体到我国破产法的规范中，在企业重整失败转清算程序时，应认定重整融资中债权优先性继续有效。

（2）共益债务范围认定的优化

对于继续履行的合同项下于破产申请受理前已发生的债务是否应认定为共益债务，我国《企业破产法》没有作出明确规定。虽然在"浙江亚西亚房地产开发有限公司与杭州宋都诚业投资管理有限公司破产债权确认纠纷一案"中，杭州市中院认为融资人在借款时债务人已经具备破产原因，应当认定为共益债务，但由于我国《企业破产法》没有作出明确规定，这也导致司法实践中常常存在不同认定的判决。反观日本法将"共益债权"的范围延伸至当事人申请重整到法院裁定重整期间的借款，此规定无疑具有创新性和实务价值，将保护阶段提前，保障更为充分，其规定值得我国借鉴。③

4. 资管公司参与重整融资的应然定位

在"问题楼盘项目"的化解中，由于资产管理公司经营的业务种类众

① 参见贺丹：《企业拯救导向下债权破产止息规则的检讨》，载《法学》2017 年第 5 期。

② 参见[美]查尔斯·J. 泰步：《美国破产法新论》，韩长印等译，中国政法大学出版社 2017 年版，第 1178-1179 页。

③ 参见丁燕：《论破产重整融资中债权的优先性》，载《法学论坛》2019 年第 3 期。

多，身份特殊、地位敏感，在破产程序开始前便可能与债务人存在千丝万缕的联系。在部分"问题楼盘项目"的化解中，资产管理公司不仅具有重整管理人甚至还具有重整投资人的双重身份，所以对与破产重整有利害关系的资产管理公司能否胜任破产管理人仍存诸多质疑。

根据我国《企业破产法》第 24 条之规定，与本案有利害关系的个人或组织不能担任管理人。从该法目前的表述看，资产管理公司属于与企业破产重整有利害关系，不可以担任管理人的情形。鉴此，聘请或指定处于超然地位、有着严格纪律约束的社会中介机构担任企业破产案件管理人是再合适不过的选择，而资产管理公司则并不适合担任破产案件管理人的角色，因为资产管理公司可能与破产企业存在直接的投融资关系，与就职于社会中介机构且具有专门知识的从业人员相比，资产管理公司的业务人员受到行业监管的约束也相对更少。① 鉴此，为更好地防范房企破产重整融资中出现的道德风险，对于资产管理公司在担任破产案件管理人后经营重整企业既有的业务应进行严格监管，在承担管理人具体工作的过程中，资产管理公司也应尽到较高的审慎注意义务、保持良好的职业意识、严守管理人的中立性。

(二)配套层面：府院联动+市场融资

1. 企业信用修复机制的建构

金融机构在发放贷款时，往往会对借款人的信用情况进行严格的审核。但困境房企在进入破产重整程序时，在征信系统中往往已存多笔逾期等不良信用记录，甚至部分房地产公司在进入重整程序前，未足额缴纳税款、罚款及滞纳金的情况已为常态。② 对于处在破产阶段的房企而言，在面临企业信用评级下调的困境之下，若不能使重整房企恢复其市场竞争力，则破产重整程序的终结将成为重整房企开启破产清算程序的"导火索"。

而"府院联动"机制适用的目的，是使政府在破产审判之外更好地发

---

① 参见陈露莎：《金融资产管理公司参与困难企业重组实践》，载《浙江金融》2015 年第 10 期。

② 参见荣艳：《破产重整企业信用修复问题初探》，载《企业合规论丛》2018 年第 2 期。

挥其社会调整作用。① 鉴于司法权具有被动与中立等特性，法院在介入房企经营风险的处置中往往具有滞后性，这也使得行政机关在稳定金融市场与处置破产涉稳涉众方面具有天然优势。

有鉴于此，我国多地也相继开展企业信用修复机制的建构。具体而言，在房企破产案件中，应在法院司法权主导的前提下，充分发挥政府"行政配套"的协调处置作用。在房企破产案件中，行政机关应站在优化社会资源配置的全局角度，既要积极防范与处置破产衍生的涉稳涉众问题，又要防范行政权力过分干预司法活动，最终造成"政策性破产"行政主导局面的重现。在破产府院联动机制下，行政机关应给予法院司法权的足够尊重，并应坚持必要性和不干涉原则，对其权力进行必要限定，防止政府权力挤压社会公众利益，最终为推动产业结构转型升级和实现市场主体有序退出提供有力保障。

2. 供求定律下市场化重整融资平台的构建

虽然在遵循破产社会本位理念的前提下，通过"融资激励"与"利益平衡"理念进行规则的构造可为重整融资提供有力的法律保障，但也有必要基于供求定律视角构建市场化重整融资平台，从而激活重整融资信贷市场。②

美国的危机证券市场是较为典型的市场化企业重整融资平台，其不仅合理利用供求定律活跃投资市场，而且通过投资者对不良债权的投资，进而吸引外部资本，从而为投资者提供一条将问题资产套现的路径。③ 这也为我国市场化重整融资平台的构建提供了蓝图。但不管是以美国危机证券市场为典型代表的市场化企业重整融资平台，还是以日本企业再生支援机构为代表的政府主导型企业重整融资平台，能否有效引入重整融资，都离不开信息披露。

信息披露制度是重整融资平台构建的核心，而困境房企能否在市场化重整融资平台获得融资通常取决于企业信息的全面性。市场化融资平台要

---

① 参见王欣新：《府院联动机制与破产案件审理》，载《人民法院报》2018 年 2 月 7 日第 7 版。

② 参见丁燕：《破产重整企业债权融资的异化及其解决》，载《华东政法大学学报》2019 年第 4 期。

③ 参见丁燕：《企业重整融资方式创新之探究》，载《人民法治》2017 年第 11 期。

求相关主体及时、全面履行信息披露义务。现今，虽然可以通过全国企业破产重整案件信息网了解困境企业的相关信息，但受限于其信息发布的局限性，投资人难以获得所需的全面信息。为了促使重整融资平台真正发挥其融资促进的作用，域外国家形成了一套涵盖信息披露义务主体、期限、范围以及法律责任的完备的信息披露制度，尤其是英国的调查制度，其通过赋予法院协助破产执业调查者调查困境企业的真实状况的权力值得我国研究与借鉴。① 健全完备信息披露体系基础下的市场化破产重整融资交易平台，其不仅能有效帮助危困房企实现重整融资，而且也是我国破产法市场化、法治化实施的应有之义。

五、结　语

　　房地产企业破产危机是我国当前市场经济体制及社会稳定所面临的重大挑战。然而作为拯救困境房企核心的重整融资制度，由于缺乏市场化资产管理公司的参与，以及相关融资激励与保护机制的缺失，我国在重整实践中频遭融资障碍。通过借鉴域外先进重整融资经验以及立足现有国情现状，基于资产管理公司出色的程序甄别能力、强大的资源整合能力以及能有效平衡各方权益等独有优势，应适当引入资产管理公司参与重整融资，同时为进一步优化资产管理公司参与破产房企重整融资，可从"制度层面"及"配套层面"进行双维度建构。首先，从破产法律视角出发，在融资权益保护维度上，可通过构建有限度的超级优先权模式、明确程序转换的优先权效力，以及进一步优化共益债务的范围等多项举措以实现融资保护之目的；在融资激励维度上，可通过利息债权的确认与保护等举措以实现融资激励之目的；而在角色应然定位维度上，应防范资管公司参与重整融资的道德风险。其次，从宏观市场视角出发，在"府院联动"机制的协调下，通过完善资产管理公司参与重整融资的配套以及基于市场供求定律构建市场化的重整融资平台，在做到救济破产房企的同时，实现各方权利保障与促进经济发展相兼顾的立法目的。

---

　　① 参见丁燕：《破产重整企业债权融资的异化及其解决》，载《华东政法大学学报》2019 年第 4 期。

论房企纾困的破产重整路径

——纾困基金的市场化运行

兰国强[*]

兰国强[*]

内容提要： 面对当前房地产企业项目的规模性烂尾，法治所能做的不仅仅是传统的单体性民事救济。市场化破产重整法律制度不仅可以有效弥补传统救济方式的缺陷，还可以与房地产纾困基金的运作流程与设立目的高度关联。同时，纾困基金的市场化运作要求与破产重整法律制度也具有天然的相关性，二者的耦合是金融工具借道法律制度实现市场化救助目标的必然选择。而破产重整的路径、模式选择则会直接影响纾困基金的利用功效。充分发挥预重整制度功能、保有资产运营价值成为重要要求。金融资产管理公司介入破产管理工作、府院协调机制的激活与完善也会确保基金的利用安全与效率。

一、问题的提出

面对 2022 年 7 月我国房地产市场出现的大面积楼盘烂尾，进而导致购房人集体"停贷"事件，化解纠纷的出路应该是什么？法治能为其做什么？对此，部分地方政府紧急颁布规范性文件，试图以此来缓解被激化的社会矛盾。短期来看，这种方式可以缓解部分楼盘项目所面临的困境，但这种运动式的行政拯救措施似乎并不能为房地产市场的可持续发展提供长效机制。

---

* 兰国强，甘肃政法大学民商经济法学院研究生。

本文系 2022 年中国金融资产管理课题"债券市场风险化解与工具创新"（项目编号：2022HZI007）的阶段性成果；国融证券委托西北政法大学研究课题之"企业合规管理制度体系化构建"的阶段性成果。

构建房地产市场良性拯救框架，最终依然要回归法治的轨道，就是要充分运用好市场主体的再生机制，尤其是要运用好破产重整制度，积极为房地产企业纾困，实现效益最大化目标。本文试图通过对造成目前房地产企业困境的成因做较为深入的剖析，得出化解此类风险矛盾所需要的制度需求。最后通过对破产重整制度下具体路径和方法的分析，提出具有可操作性的建议，以期能对破产审判的司法实践工作有所裨益。

二、困境房企的现状检视

造成房企困境的原因是综合性的，本文主要从实证数据所体现的因素、制度层面困境以及司法救济的局限性三个方面，探析造成房地产企业烂尾楼事件频发的深层次原因。

（一）实证语境下的困境成因

根据相关机构对 200 份停贷告知书的分析，烂尾楼盘停工的原因主要是由于资金、项目交付要求、不可抗力因素、工程管理、法律纠纷 5 个方面引起。（见表 1）

表 1　200 个楼盘的停工原因和分类①

原因分类	具 体 原 因
资金问题	施工方未收到施工款或存在工程款纠纷
	房企自身出现债务问题和资金短缺
	预售资金监管账户出现资金空缺或违规挪用
	房企等待政府返还土地出让金或补助资金
项目交付要求	购房者必须购买车位才能交付
	项目不符合规划和交付要求
	项目虽强制交付但相关配套不到位

---

① 易居研究院：《2022 年全国烂尾楼研究报告》，先导研报网，https://www.xdyanbao.com/doc/2a03u2f4ce，访问日期：2023 年 8 月 11 日。

原因分类	具 体 原 因
不可抗力因素	疫情管控干扰了楼盘的开复工
	扬尘管控措施
	暴雨、天气降温和自然气候等影响
工程管理问题	项目出售，但接盘方很快退出
	房企处于重组阶段，影响了工程推进
	施工人员受疫情管控不能及时返回工地
	承建方根据自身情况合理安排施工进度或退场
	施工方被更换但还没入场
法律纠纷问题	项目处于纠纷和被查封状态
	被银行冻结所有未售资产
	公司内部股东和管理层存在矛盾

资料来源：易居研究院智库中心

按照可以通过法律手段有效化解的标准过滤，对矛盾焦点可以作出进一步的方向指引。首先，资金方面，指向了房企自身资信的恢复、对合作方的义务履行、与政府的紧密协调、行政机关加强资金监管。其次，工程管理方面，指向了及时协调项目的重组方、承建方、施工方开展施工，迅速清理失败的合同法律关系。再次，法律纠纷方面，指向了尽早启动破产重整程序，解冻、解封被冻结查封的财产、及时将公司内部控制权移转给债权人委员会或破产管理人。复次，项目交付方面，指向了消解不合理的强迫交易矛盾、及时与购房人沟通并按照合同约定进行项目整修整改。最后，不可抗力方面，实属法律所不能范畴，意义有限。换言之，房企烂尾原因分析所指向的解决路径主要集中于三个方面：一是要迅速甄别具有挽救价值的企业并启动破产预重整，做好与庭内重整程序的衔接工作。二是及时推进房企重整的融资、控制权转移、府院联动以及与法院沟通协调机制。三是积极与合同相对方磋商，及时复工复产。

（二）制度层面的困境成因

1. 商品房预售制度的局限性

商品房预售制度的优势在于可以撬动更多的资本以供房企扩张建设，但这次停贷事件也充分暴露了预售制度下存在难以规避的风险。有关商品房预售制的存废之争，主要形成了三种观点：第一种观点认为，从长期来看预售制改为现房销售制是大势所趋，[①] 应取消预售制度。其主要理由是现今房企融资手段已经多元，作为解决融资的历史产物也应随之作古。第二种观点认为，预售制度不可贸然取消，应当通过改革化解风险。[②] 其主要理由是当下房企融资成本高，一旦资金链断裂则会引发"蝴蝶效应"。第三种观点认为，取消预售制不可一蹴而就，而应因地制宜，根据地区经济发展差异来确定逐步取消的范围。[③] 笔者赞同第三种观点，商品房的增量与存量情况客观上并不统一，主要是由于经济发展水平所带来的，例如海南省早在 2020 年便已经宣布施行现房销售。[④] 而针对预售制所附带的内生缺陷，有学者认为可通过司法化解预售风险，同时加强行政监管即可防患于未然，[⑤] 但该方案仍然具有单体救济、面向未来的缺陷，对于购房人群体的整体救济和已然发生烂尾的事实却束手无策。

2. 过度依赖于土地财政

财政与税收制度情况是地方经济多元化发展进程的缩影，著名经济学家温铁军教授曾将我国房地产业的发展概括为三次"圈地运动"：第一次

---

① 参见上海易居房地产研究院：《2021 年度全国房地产业十大事件》，载《中国房地产》2022 年第 1 期；李玉波：《超八成消费者认为应取消商品房预售制度》，载《工人日报》2022 年 3 月 18 日第 4 版。

② 参见亿翰智库：《停贷或再砸市场深坑，地产回暖待何时》，载《城市开发》2022 年第 7 期；国鹏、韩振文、倪玲玲：《后民法典时代购房人受偿顺位规则研究——从烂尾楼拍卖处置谈起》，载《法律适用》2021 年第 8 期。

③ 参见陈磊：《商品房预售制度该何去何从？》，载《法治日报》2022 年 8 月 18 日第 4 版；苏志勇：《商品房预售制度可以寿终正寝了吗？》，载《中国房地产报》2022 年 7 月 25 日第 11 版。

④ 参见北梦原、杨召奎：《走过 28 个年头的商品房预售制度将何去何从？》，载《工人日报》2022 年 3 月 9 日第 4 版。

⑤ 参见王琦：《商品房预售制风险司法化解方案》，载《法人》2022 年第 8 期。

是 1984 年完成农村大包干之后的"以地兴企",发展乡镇企业;第二次是"以地生财";第三次是 1998—2003 年银行市场化改革后出现的"以地套现"。① 但是由第三次运动所引发的余波并未随着时间而消逝,这种高投资+高负债=高增长的地方经济发展模式②已然形成,并且已经将积聚的政府负债与土地金融紧密捆绑。而异化后的金融资本与房地产迅速扩张的需求结合产生了房地产业的暴利,这成为政府偿还城市基础设施投资贷款和实现土地出让的通道,同时也造成了过剩资本的过度涌入。同时,由于我国幅员辽阔,东西南北各地区发展差异客观存在,地区产业的单调化也是促生"以地套现"的重要因素。

从资本流入与逃逸的方向看,自 2015 年金融改革以来,大量资本从股市逃逸进入房地产业。同时,为了对冲外资进入的客观影响,货币的增发也使得房地产业的金融化加速。而房地产企业作为行业的缩影,泡沫繁荣是体现在每个房企自身的,这表现在部分头部房企的盲目规模扩张之上,例如 2021 年恒大风险事件的首要原因就是地产主业大举加大杠杆盲目扩张。③ 加之外部市场环境的压力与疫情的不可抗力,在内因与外因双重作用之下部分房企则不可避免地陷入困境。

(三)民事救济制度的反思

当下司法实践中对于烂尾楼项目的民事救济主要集中于房屋买受人权利的维护问题之上,并且表现出明显的单体救济特征。

1. 诉讼程序的局限性

烂尾楼涉诉纠纷呈现出规模大、人数多、法律关系复杂的特性。即使我国民事诉讼法规定了诉讼代表人制度,便于人数众多的当事人一方可以通过诉讼代表人集中实施,避免众多当事人参诉的问题。但在面对烂尾楼所引发的纠纷时这一制度难以发挥效用,各类债权人之间利益需求迥异,难以达成统一的共识。并且该制度在我国诉讼实践中的作用也微乎其微,

① 参见温铁军:《告别百年激进》,东方出版社 2016 年版,第 262-264 页。
② 参见温铁军:《八次危机:中国的真实经验 1949—2009》,东方出版社 2013 年版,第 236 页。
③ 中国社会科学院国家未来城市实验室、中国房地产估价师与房地产经纪人学会编:《房地产蓝皮书:中国房地产发展报告 No. 19(2022)》,社会科学文献出版社 2022 年版,第 353-354 页。

甚至有观点认为该制度不利于社会稳定。① 再者，诉讼程序囿于审理期限限制，处理此类复杂纠纷耗时过长。最后，各类债权人的诉讼管辖法院因案件标的、法律关系等差异，其级别管辖与地域管辖无法统一，容易出现类案异判问题。

2. 民事强制执行程序的局限性

（1）执行优先原则

所谓执行优先原则，是指首先对债务人的财产申请查封的债权人，享有优先于其他无法定优先权的债权人受清偿的权利。主流观点认为，优先原则属于未来民事执行立法的较优选择，契合民事执行效率价值选择。② 更有学者指出，执行和破产两种法律制度各自拥有其功能定位，理应各自发挥功能、相互配合，前者更应注重债权实现的效率，后者则更应注重多个债权人之间债权受偿的公平。③ 可见，民事强制执行法中亦难以实现多个债权人受偿的利益最大化目标。

（2）不动产物权期待权的理论悖论

在司法实践中涉及房屋的执行异议与执行异议之诉，最多的案型就是不动产物权期待权与担保权人的利益冲突。即便是在单个房屋买受人的救济中，在面临权利冲突时也难以避免理论缺陷的诘问。当房屋已经交付但并未办理过户登记时，面对不动产抵押权人的保全查封措施，实践中以不动产物权期待权为买受人提供保有房屋的合法正当性。④ 但这一概念用法也遭到期待权严格确定性要件的质疑，在此种案型下尚不足以成立物权期待权。有学者则以"遗留问题策略说"⑤，为当下的规则预留了解释空间与发展方向，还有学者则提出"民事执行权益"，认为此时的优先性是来

---

① 参见张卫平：《民事诉讼法》（第五版），法律出版社 2019 年版，第 157 页。

② 参见肖建国：《中国民事强制执行法专题研究》，中国法制出版社 2020 年版，第 36-46 页。

③ 参见董少谋：《民事强制执行法学》，法律出版社 2011 年版，第 35 页。

④ 参见江必新、刘贵祥主编：《最高人民法院关于人民法院办理执行异议和复议案件若干问题规定理解与适用》，人民法院出版社 2015 年版，第 422 页。

⑤ 吴香香：《〈民法典〉第 598 条（出卖人主给付义务）评注》，载《法学家》2020 年第 4 期。

自于执行法公法属性介入。① 虽然概念的逻辑矛盾不至于影响实质目的的实现，但缺陷的客观存在并不会因掩盖而消逝。

（3）执行拍卖困难

尽管拍卖模式具有处置周期短、资产变现快的优势，但在处理烂尾楼项目时也存在诸多难题。其一，烂尾楼项目是工程开发建设的未完成状态，本身所蕴含的价值量低。其二，执行程序中的土地及其地上附着物通常被房企用作抵押担保以融资使用，其交换价值会大打折扣。其三，案涉项目通常还伴随着大量的诉讼纠纷等。第四，拍卖价格通常远低于续建成功后的价格，并且拍卖款根本无法满足众多债权人的债权受偿。所导致的结果是优先权人可以得到全部或部分清偿，普通债权人基本无法得到清偿，最终沉淀为社会问题。可见，此种解决方式不仅无法满足债权人诉求，并且还可能积聚社会矛盾，不利于社会治理。

3. 实体法救济的局限性：强制停贷模式

在与烂尾楼诉讼纠纷的一则年度参考案例中，最高人民法院认为在商品房买卖合同引发的商品房担保合同解除中应突破合同相对性，商品房担保贷款合同解除后的房贷本息返还义务人为房企，并非是购房人；同时认定银行所订由买受人承担合同解除后贷款本息义务的格式条款无效。② 但这一判决规则所预设的前提是购房合同与按揭贷款合同都解除的情形下，买受人不承担还本付息义务的正当性，而并未对买受人未解除合同时的强制停贷行为正当性作出指引。由此，关于房屋买受人集体强制停贷告知书的正当性，第一种观点认为：商品房购买合同与银行的按揭贷款合同属于两个独立的法律关系，③ 买受人单方面强制停贷行为违反了与银行之间的约定，属于违约行为。第二种观点认为，商品房预售合同纠纷期间，强制停贷行为不属于违约行为，④ 如因银行违规放贷所致，更不属于

---

① 参见庄诗岳：《中国式不动产物权期待权的批判与反思》，载《河北法学》2021 年第 11 期。

② 参见最高人民法院（2019）最高法民再 245 号民事判决书。

③ 参见王琦：《强制停贷背后 法治能做什么》，载微信公众号"法学学术前沿"，2022 年 7 月 16 日。

④ 参见浙江省金华市中级人民法院（2019）浙 07 民终 6852 号民事判决书。

违约行为。① 对于第二种观点的正当性理据则存在着分歧，有学者认为提供按揭贷款合同的银行通常与房企之间存在合作关系，事实上购房人对于合同相对人并没有选择的自由，因此购房合同与按揭贷款合同之间构成经济上的整体性。买受人进而可以援引购房合同中对于房企的抗辩事由以此对抗银行的还本付息请求权。② 更有观点进一步分析指出所谓强制停贷，其实指的是买受人向银行主张基于商品房买卖合同的不安抗辩权。③ 但集体停贷终究不是烂尾楼问题的谢幕，而恰巧只是开幕。

总之，民事救济所具备的单体救济功能已经由法院的裁判所检验，停贷行为的法理逻辑正当性也得到了学者的充分论证，切实地在司法裁判中为购房人维护自身权益作出了贡献。但是，其所天然附带的单体性、单方性、滞后性缺陷却并不能实现房企资产效益和购房人利益以及社会效益的最大化，本文以为，破产重整制度才是妥善解决楼盘烂尾的不二之选。

（四）行政性挽救措施的反思

各地的行政改革措施主要集中于预售资金的监管制度④之上，经济学界则讨论房地产税制改革的迫切性。

1. 预售资金监管的缺失

房地产企业陷入困境的原因是多样的、长期的，而诱发这一危机的直接原因则是资金监管账户出现纰漏，存在被违规挪用预售资金⑤的问题，典型代表如融创的项目烂尾事件⑥。针对资金监管制度完善的建议也主要集中在以下几个方面：明确资金监管主体责任、引入第三方监管、落实行政机关的行政责任、将商业银行纳入民事赔偿之诉范畴、完善信息披露制

---

① 参见广东省高级人民法院(2018)粤民申 7516 号民事裁定书。

② 参见陆青：《合同联立问题研究》，载《政治与法律》2014 年第 5 期。

③ 参见高济民：《"强制停贷"与穿越的不安抗辩权》，载微信公众号"中国民商法律网"，2022 年 7 月 20 日。

④ 参见郑州市人民政府：《关于修订〈郑州市商品房预售款监管办法〉的起草说明》，2022 年 7 月 4 日发布，第 1-3 页。

⑤ 参见宋亦桐：《银保监会：停贷事件关键在"保交楼"》，载《北京商报》2022 年 7 月 15 日第 7 版。

⑥ 参见张宇轩：《融创爆雷内幕 郑州楼盘近乎烂尾，监管账户存疑》，载《中国经济周刊》2022 年第 13 期。

度、允许购房者分期付款、预售资金分拨与房企信用和资质挂钩。①

2. 房产税改革的迟滞与现实需求紧迫性之间的张力

2021 年 10 月，国务院已经决定对房产税改革进行 5 年试点，将立法先行变为试点先行，② 也有经济学家指出，政府可以通过税收和打折来调整行业利率，进而更新产业布局，同时，针对已经烂尾的项目则大面积通过破产制度实现出清与财产和资源的再分配。③ 但这一建议存在的缺陷有二：一是房地产税制改革并非一日之功，调控房地产金融泡沫尚需时日。在试点期间所出现的现实危机，如烂尾楼所引起的群体性上访、闹访，是无法得到及时解决的。二是房企牵涉利益主体广泛，破产清算所带来的市场阵痛期并非广大购房人所能承受的，或可通过破产重整制度寻求拯救路径。

综上，无论是行政监管抑或是民事救济与税制改革，在当前的救济框架下均无法实现资产效益和房屋买受人利益最大化。对于烂尾楼问题的妥善解决方式应当是通过重整制度续建，力促保交楼。

三、破产重整化解房企困境的可行性分析

(一) 对现行救济方式局限性之克服

如上分析，现存救济框架所存在的缺点可归纳为以下几点：一是单体救济特征，无法兼顾更多利益主体；二是单方救济特征，无法真正地盘活烂尾资产、无法兼顾房企利益；三是滞后性特征，无法解决现实问题，远水难解近渴；四是无法克服机会主义行为。而上述缺陷却都可以通过破产重整制度予以克服，实现当事人利益和社会效益的统一，具言之，重整制度在应对烂尾楼项目盘活具有如下优势：

1. 多方多个主体的利益冲突消解

房企困境中所关涉的利益主体主要有债权人、债务人、法院、政府、

---

① 参见张达：《力促保交楼 多地出台新规强化预售资金监管》，载《证券时报》2022 年 8 月 5 日第 A01 版；陈红艳：《商品房预售资金监管赔偿责任——立法缺陷与机制构建》，载《中国房地产》2021 年第 30 期。

② 参见上海易居房地产研究院：《2021 年度全国房地产业十大事件》，载《中国房地产》2022 年第 1 期。

③ 参见陈平：《眉山金融论剑》，中国友谊出版公司 2022 年版，第 151-159 页。

管理人、中介机构。而债权人与债务人无疑是法律关系的主角，主体间的利益矛盾也集中爆发于债权人与债务人之间。烂尾楼项目通常所涉及的债权人一方依其债权受偿的优先性可以划分为优先债权人与普通债权人，前者的内部有破产费用及共益债务、被拆迁人债权、支付了全部或大部分购房款的消费性购房人债权和办理了预告登记的购房人债权、建设工程债权、支付了小部分款项或定金的购房人债权、担保物权、职工债权、税收债权，后者则会涉及民间借贷债权、刑事犯罪中的受害人债权、无优先权工程款债权、贷款债权、保证担保债权、其他普通债权。每类债权下又可能是无数的单个债权主体，每类债权人内部及各类债权人之间也可能存在着矛盾。破产重整制度的目的就是为了解决多个债权人之间的公平受偿问题以及实现债务人资产利益的最大化，可以有效化解多方、多个主体的纠纷。

2. 市场主体重生的效率优势

破产重整制度具有盘活房企资产，实现资源再次优化配置的功能。对于市场经济而言，切实做到了"六保、六稳"要求；对于所涉利害关系人而言，增益了资产总量或者降低了损失。相比于学界所热议的其他救济措施是更有效率的，真正地立足于事后解决实际问题的角度。同时，保市场主体与民生息息相关，房企的重整意味着烂尾楼盘的续建，对于广大购房人利益保护而言是最优解。

3. 法律监管下规范运行优势

破产重整制度作为资源二次配置的调节器，从微观与中观的框架下审视企业拯救过程的规范化。相较于行政拯救中易滋生腐败的缺陷而言，重整制度具备了相对完备的法律、司法解释、规范性文件的规范优势。使得房企纾困有轨可行，各方利益主体有法可依，程序的精细设计与信息披露制度也可预防机会主义行为的发生。

综上，破产重整制度可以有效克服现行各种制度救济的弊病，并且对于各方利益主体而言实现了权利的最大收益，对于社会治理而言有效消解了社会矛盾，对于市场经济发展而言实现了资源优化配置。破产处置方式与国家经济调控具有密切关联，具备经济法宏观调控的功效。[①]

---

① 参见李曙光：《论我国〈企业破产法〉修法的理念、原则与修改重点》，载《中国法律评论》2021 年第 6 期；陈夏红、闻芳谊编：《破产重整实务指南》，法律出版社 2019 年版，第 151 页。

(二)房企重整的特殊性与制度需求

1. 房地产企业重整特殊性

(1)债权额度大且关系混乱。高杠杆高负债已经成为困境房企所普遍具有的特征。并且,我国房地产开发企业所采取的多为公司集团式法律构造,具体楼盘项目则由各种母子公司、姊妹公司开发运营,各个运营公司之间又有借贷、担保等各种法律关系交织,法人人格呈现混同之势。加之企业内部治理水平落后、不同主体间的资金挪用现象频发,财务关系的混乱难分也成为普遍特征。

(2)债权类型多,法律关系复杂。困境房企所牵涉利益主体如上文所述,并且各个主体间的主要矛盾与次要矛盾、共识与分歧纵横交错,法律关系也纷繁复杂。

(3)牵涉社会公共利益,行政权介入较深。房企破产会衍生诸多社会问题,如职工、购房人等群体庞大,如处理不当会引发群体性上访及重大社会舆论事件,对于社会公共秩序维护存在潜在隐患。因此地方党委及政府往往会提前介入房企纾困工作,听取各方意见,积极参与拯救工作。

2. 影响房企重整程序选择的因素

(1)房企的经营规模。房企重整所选路径须量体裁衣、量身打造,适宜的重整路径会大大提高案件审理效率,降低制度性成本。房企的规模大小会直接影响到破产案件的审理难度和时间成本,而是否需要合并重整以及实质合并抑或是程序合并皆与房企规模和经营模式息息相关。

(2)优质资产的存废及负债率。有关房企重整模式的选择标准之一就是房企留存资产与负债之间的比较。例如,房企资产中建设用地使用权、在建工程、建成工程在烂尾时大多已经为债权人设定抵押权,所留存资产中具有未来收益前景的主要为在建工程。具言之,在建工程续建所获收益与支出成本将对重整模式选择产生重大影响。

(3)债权人所关涉法律关系复杂程度。破产重整之所以较之破产清算更适合处理烂尾楼项目的原因之一就是可以减少债权人之间的利益冲突,以共益共损的利益复合体谋取最大共识。法律关系的复杂程度不仅会影响重整路径、模式的选择,更会影响重整中的商业判断、战略投资人的接盘等各个细节工作。

总之，在"房住不炒"的中央政策基调下，房地产行业的业务转型升级成为必由之路，① 大量烂尾楼盘活工作的现实需求也使得破产重整呼之欲出，重整法律制度在处理房企纾困方面具有其他制度所无可比拟的效率效益优势。

四、破产重整与纾困基金化解房企困境的出路

破产法律制度具有市场经济基本法之定位，② 其本身就是作为市场主体出清与再生的制度基础，具有保障市场规律下优胜劣汰与市场失灵缺陷弥补的功能。破产重整制度更是肩负社会本位理念下的经济调整功能，目的是为了让经营主体及时摆脱困境，回归正常的市场竞争秩序。面对当下大量的烂尾楼停贷事件，政府提出纾困基金拯救模式，力求达到盘活一个、救活一批的杠杆效应。住建部会同各省部门拟设立千亿级房地产纾困基金，预计基金总规模将达致 3000 亿~4000 亿元。③ 关于资金运作模式，郑州市首创"政府引导、多层级参与、市场化运作"原则。④ 那么由此所带来的问题是如何适用破产重整法律制度来实现纾困基金的高效市场化利用？本文拟就此从重整制度运行与纾困基金运作流程相结合的角度提出房企市场化纾困的方式与操作要点。

（一）房地产纾困基金的制度定位与运作流程

1. 房地产纾困基金的制度定位

2022 年 7 月，停贷事件的曝光量达到峰值，月底中央政治局召开会议提出保交楼要求。⑤ 随之而来的就是全国十多个地区提出纾困基金救助

---

① 参见宋效军、余翔：《反思恒大债务违约》，载《银行家》2021 年第 11 期。

② 参见李曙光：《宪法中的"破产观"与破产法的"宪法性"》，载《中国法律评论》2020 年第 6 期。

③ 陈月芹：《千亿级房地产纾困基金来了》，载《经济观察报》2022 年 8 月 1 日第 1 版。

④ 参见郑州市人民政府：《郑州市房地产纾困基金设立运作方案》（郑政办文[2022]14 号），2022 年 7 月 29 日发布。

⑤ 孙梦凡：《超十地出台措施拯救"烂尾楼"地产纾困基金加速落地》，载《第一财经日报》2022 年 9 月 5 日第 A09 版。

模式，可见房地产纾困基金具有专项救急特征，应属于政策性纾困基金①范畴。而学界有关纾困基金的性质定位存在诸多观点：第一种观点认为属于政府与社会资本合作（PPP）；第二种观点认为应界定为政策性纾困基金，其目的在于实现公共产品属性，具有经济法品格；第三种观点认为这是经济理性和公共利益保障的复合体。② 本文赞同第三种观点，破产重整框架下的房地产纾困基金应是公共产品的理性使用。原因在于纾困基金的运作要遵循市场经济法发展的客观规律，针对具备破产重整原因的房地产企业要灵活结合庭外重组、预重整等路径，使房企再生在市场化、法治化的轨道之上运行。这不仅是削减制度性成本要求，更是保障资金效用优化的方式。

2. 纾困基金的运作流程

纾困基金经募集、投资、管理、退出四个步骤③形成资金利用闭环。在资金募集方面，郑州模式已经作出母子基金运行样本，并且金融资产管理公司参与重组业务本就是其业务模式的一部分。④（见图1）

在资金投资方面，置于破产重整框架下则表现为重整条件的过滤机制；在资金管理方面，则关乎破产管理人的选任、债务人企业运营治理以及监管问题；在资金退出方面，则与重整模式的选择息息相关。

（二）破产重整的府院协调机制

破产案件区别于传统民事纠纷之处在于其采取非对抗性手段公平处理数个债权人之间的受偿利益和其他相关方的权益，⑤ 房企危机以单纯的法律手段已经无法充分化解各方主体间的矛盾冲突。本文以为，在当下依法

---

① 参见郭琳：《民营企业纾困：由来、实践与进路》，载《经济研究参考》2019年第15期。

② 参见方乐：《后疫情时代下政策性纾困基金法治化研究》，载《金融与经济》2021年第12期。

③ 参见柯树林、鲍子璇、叶陈刚：《纾困基金对民营企业控制权影响研究——以天风证券2号资管计划纾困喜临门为例》，载《会计之友》2020年第22期。

④ 参见于津梁：《金融资产管理公司重组业务的发展演变》，载《现代管理科学》2019年第12期。

⑤ 参见范志勇：《从单向走向互动的破产府院联动机制——以我国法院的破产能动司法为中心》，载《中国政法大学学报》2021年第1期。

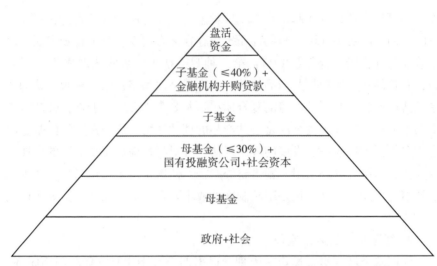

图 1 郑州母子基金募集运行模式

治国和市场经济体制健全完善的要求下，充分利用市场主体的清退与拯救机制是处理此问题的主干，在司法力量所不及之处辅之以行政力量的调控，二者协调共进方能建立健全房地产企业拯救的可持续发展模式。故对此提出以下建议：

1. 廓清府院协调机制的制度定位

府院协调机制是为了解决因房企陷入困境而带来的社会衍生问题，[①]同时也是弥补市场失灵的内在要求[②]，但并不涉及以法院主导的司法权领域和当事人意思自治领域。在实践中基本形成了"地方党委领导、各部门参与"[③]的运行方式，通常主要涉及税务局、国土局、规划局、招商局、公安局、街道级政府等部门。府院协调机制的问题主要表现为行政权越位、错位以及缺位三种情形。当前学界所讨论的主要矫正对象是行政权的越位问题，即在破产案件审理中政府部门的过度干预，甚至为不具备重整

---

① 参见范志勇：《破产联动共识及其法治化进路》，载《扬州大学学报（人文社会科学版）》2021 年第 3 期。

② 王欣新、郑志斌主编：《破产法论坛（第十八辑）》，法律出版社 2020 年版，第 469 页。

③ 参见王欣新、郑志斌主编：《破产法论坛（第十八辑）》，法律出版社 2020 年版，第 461 页。

条件的僵尸企业提供资金、优惠政策支持。① 而对于行政权的缺位问题则讨论较少，为克服地方政府对企业困境的漠视心理，更需要从制度上加以激励和监督。现代法治理念普遍认为行政以形成和实施政策为目的，而司法则以消极性、被动性面目示人。② 但是在房地产企业破产重整中，行政权和司法权的协调共进才能真正地起到为企业纾解困境的作用，这就要求司法能动③和行政谦抑同时发力。根据我国《企业破产法》以及各地重整工作指引，司法的能动作用已经得到较为充分的调动，例如当市场存在信息不对称时，市场则不存在均衡，此时就需要政府的干预，通过制定专门的法律予以调整④，重整中则要求对债务人的财务、经营状况等信息予以充分披露。但是关于行政权缺位和越位问题尚未得到完全纠正，针对越位问题，本文以为前端发动控制可以通过比例原则和行政权行使谦抑性予以规范，末端则配合以举报反馈机制予以监督；针对缺位问题，则纳入地方行政绩效考核，从前端发动调动积极性，同时于末端作出反馈监管。

2. 遵循比例原则与权力行使谦抑性的拘束

作为实质法治所要求的比例原则，是指行政权虽然有法律上的依据，但必须选择使相对人利益受到限制或损害最小的方式来行使，并且使其对相对人个人利益造成的损害与所追求的行政目的或所要实现的公共利益相适应，从而达到既实现公共利益又保护公民合法权益的目的。⑤ 这一基本原则之下又囊括了三个子原则：适当性原则，指一个行政权力的行使，实际上可否达到法定之目的；必要性原则，指一个行政权力的行使，在仅达到行政目的即足，不可过度侵及公民权利；均衡性原则，指一个行政权力之行使，虽是达成行政目的所必要的，但不可给予公民超过行政目的之价

---

① 参见陆晓燕：《"府院联动"的建构与边界——围绕后疫情时代市场化破产中的政府定位展开》，载《法律适用》2020 年第 17 期；王欣新：《僵尸企业治理与破产法的实施》，载《人民司法（应用）》2016 年第 13 期。

② 参见［日］南博方：《行政法》，杨建顺译，商务印书馆 2020 年版，第 11 页。

③ 参见范志勇：《从单向走向互动的破产府院联动机制——以我国法院的破产能动司法为中心》，载《中国政法大学学报》2021 年第 1 期。

④ 参见许成钢：《探索的历程》，中信出版集团股份有限公司 2021 年版，第 54-58 页。

⑤ 周佑勇：《行政法基本原则研究》，法律出版社 2019 年版，第 193 页。

值的侵害。① 而针对企业重整府院联动实践中的问题同样要经过三道关隘的检视，这对于破产重整的良性运行是有必要的。第一，手段的妥当性，地方政府以挽救企业、维护社会稳定为目的，但对于不加甄别的救助则与法定目的背道而驰。第二，必要性原则的违反则表现为地方保护主义下强制批准制度被滥用。② 第三，法益相称性的违反，过度的行政权介入重整是对企业破产法精神的违背，侵蚀了司法权和当事人自治的领域，所造成的社会影响与所拯救个别企业获得收益不相适应。

即使经过了比例原则的检视，还应当谦抑克制。③ 谦抑性原则指的是公权力的行使在社会调控中应当谦卑退让，保持克制，蕴含着限制行政权适用范围和处罚程度的意思。因此本文以为，应当及时出台府院协调的全国性法律文件，取消部分地区的政府主导模式，例如珠海市烂尾楼综合整治模式④，统一采取由法院主导、政府辅助⑤的复合模式。

3. 完善行政绩效考核

徒法不足以自行，调动行政权积极性不难于立法，而难于法之必行。我国经济欠发达地区法院相较于发达地区法院受理企业破产案件数量较少，其中固然有经济发展水平的参差，但行政权的缺位因素也不可忽视。这一结论仅从各地所颁布的有关企业破产案件审理和府院协调机制相关规范性法律文件的数量即可得出，地方政府通常以企业破产案件处理周期长、损害成本高等理由漠视现实中企业再生的需求。因此，应当将地方政府参与本地困境企业纾解作为行政绩效考核的内容之一，考核指标上可以设置对本地企业有无动态监管体系、对困境企业有无及时登记备案、有无对重整中的困境企业积极提供政策帮扶等作为衡量标准。政府作为优化营商环境的主导者，须带头为企业削减制度性成本，在房地产企业重整过程中做好融资牵线、维稳、税费减免的辅助性工作。

---

① 陈新民：《中国行政法学原理》，中国政法大学出版社2002年版，第43页。

② 参见丁燕：《上市公司重整中行政权运行的偏离与矫正——以45家破产重组之上市公司为研究样本》，载《法学论坛》2016年第2期。

③ 参见陆晓燕：《"府院联动"的建构与边界——围绕后疫情时代市场化破产中的政府定位展开》，载《法律适用》2020年第17期。

④ 珠海市自然资源局：《珠海市"烂尾楼"整治处理办法》第4条。

⑤ 参见王毓莹：《论我国上市公司重整中的"府院失衡现象"及其协调》，载《法学评论》2022年第2期。

4. 增设案件反馈监督制度与渠道

当下府院协调机制中所显露的两大问题，都可通过事后的监督管理制度得到有效应对。无论是越位的扩张抑或是缺位的怠政，都可成为监督的内容。上级政府针对下级政府可以选择随机抽取破产案件债务人、债权人、管理人等利害方听取反馈意见，同时开辟破产案件反馈意见的互联网反映渠道，真正地发挥督促地方政府依法行政的作用，促使破产案件走上规范化的法治道路。①

（三）重整路径与模式的选择

1. 重整程序的比较选择

根据我国现行法律规定和司法实践探索，房企纾困有庭外重组、预重整、庭内重整、中小微企业快速重整四种路径可供选择。其中单纯的庭外重组因容易遭受少数人钳制问题，在房企破产案件中难以实行，正式重整程序作为标准亦无须赘言。所需仔细探讨的是简易重整程序与预重整程序。关于中小微企业快速重整程序，因对于重整对象具有严格要求，② 而大多数烂尾楼项目通常涉及债务额度较大，所以仅在少数烂尾楼项目中可以适用。

预重整程序是指在申请重整之前，债务人与债权人通过法庭外协商制定重整计划，并获得债权人多数同意后，借助重整程序使重整计划发生约束全体债权人的效力，以早日实现债务人复兴的一种拯救机制。③ 预重整程序具有压缩成本、提高效率与债权回收率、债权人知情权保护、企业价值维护④等诸多优点，这与纾困基金拯救烂尾楼项目的目标不谋而合。但

---

① 参见龚家慧：《论府院联动机制的构建》，载《公司法律评论》2019年卷。

② 参见杨春平：《保护市场主体，助力中小微企业更快更好发展——西安市中院〈中小微企业快速重整实施办法〉重点解读》，载微信公众号"摩达法律策略研究院"，2022年8月19日；陕西省西安市中级人民法院：《中小微企业快速重整实施办法》第1条（西中法〔2022〕102号），2022年7月25日发布；北京破产法庭：《中小企业快速重整工作办法（试行）》十问十答，载微信公众号"中国破产法论坛"，2022年6月8日。

③ 张婷、胡利玲：《预重整制度理论与实践》，法律出版社2020年版，第3页。

④ 参见徐阳光、王静主编：《破产重整法律制度研究》，法律出版社2020年版，第28-30页。

预重整制度也具有其本身的局限性，其不适用于债权人数量多且社会影响重大的案件，并且司法保护力度有限。但笔者以为这些缺陷在房企重整中或可通过规则柔化、府院协调机制搭配克服。第一，有关预重整是否具备执行中止的效力，理论界与实务界形成了不同的看法，其争论之处在于部分案型的特殊情况对于中止执行效力的需求与预重整法律制度性质存在着矛盾。理论界主流观点均否认其具有执行中止效力，主张通过当事人协商由债权人停止追索，① 对于未加入协议的债权人则保留其通过强制执行实现债权的权利。② 相反观点则认为预重整期间可以获得中止执行效力，③ 否则预重整程序将丧失可行性。④ 本文以为，预重整期间可以由当事人向法院申请中止执行，法院经过审查符合必要性标准时，裁定中止执行。类似做法还有虽然原则上不承认其具有中止效力，但法院可根据预重整需要与相关执行部门沟通协调以确保中止执行。⑤ 具体而言，必要性标准需要满足以下几个条件：首先，被执行标的物为债务人重整经营所必须；其次，债务人须提供担保，确保该标的物价值不会遭受不当的毁损灭失；最后，如果是不动产，法院在裁定中止执行时一并作出限制债务人处分财产。如此这种方案，既可以应对预重整企业对重整保护效力的现实需求，又可以防止债务人企业逃债以损害债权人利益，同时以最低限度的司法权力介入了当事人自治领域。有学者认为，如不能保障庭外重组阶段的完全自治性，是对预重整制度本质的违背，此种案件应当直接申请正式破产重

---

① 参见韩长印主编：《破产疑难案例研习报告》（2020 年卷），中国政法大学出版社 2020 年版，第 455-457 页；徐阳光、王静主编：《破产重整法律制度研究》，法律出版社 2020 年版，第 33 页。

② 参见韩长印主编：《破产疑难案例研习报告》（2021 年卷），法律出版社 2022 年版，第 24 页。

③ 参见四川省成都市中级人民法院 (2020) 川 01 执 344 号之一号执行裁定书。

④ 参见国浩律师事务所编著：《破产重整律师业务：疑难问题与实务应对》，法律出版社 2021 年版，第 389 页。

⑤ 参见李晓峰、杨春平：《预重整的制度价值及其构建——兼具解读陕西高院〈破产案件审理规程（试行）〉有关规定》，载微信公众号"中国破产法论坛"，2021 年 7 月 17 日；陕西省高级人民法院：《陕西省高级人民法院破产案件审理规程（试行）》第 169 条。

整，而非预重整。① 但笔者以为，对于房地产企业重整案件需要面对债权人人数众多，通常会引发大量诉讼案件。如果预重整制度不具有一定的破产保护效力而直接进入正式重整程序，大量的债权债务关系梳理、利益主体间的协商等工作势必会导致耗费时间过长、成本剧增的矛盾出现。固然维护单纯的意思自治与比较法保持了一致，但理论的界定也应照顾实践的制度需求。第二，对于债权人数量多且社会影响重大的局限性，则可通过府院协调机制提前梳理债权债务关系、资产状况等信息予以解决。

2. 重整模式的比较选择

通过对长期理论与实践的总结，学界主流观点认为共有四类重整模式，分别是存续型重整、清算式重整、出售式重整、反向出售式重整。如何合理选择具体的破产重整模式则关系到债务人、债权人及投资人三方主体之间的利益衡平。故须对几种模式下的制度特性做分析比较以选择契合房地产纾困基金助力保交楼政策目标的重整模式。第一，存续型重整模式，是指通过债务减免、延期清偿以及债转股等方式解决债务负担，并通过债转股、企业内部治理结构优化等措施达到企业重建再生之目的。② 第二，清算式重整模式，是指在重整程序中参照清算程序对破产财产进行拍卖、变卖以清偿债务。③ 第三，出售式重整模式，兼具出售的形式特征与重整的实质特征，但出售仅是其实现重整的手段。其出售的价值是比清算价值更高的营运价值，④ 德国学者亦认为出售式重整的突出特征在于作为有机整体的功能性资产的出售。⑤ 第四，反向出售式重整，指投资人想同时保留债务人企业的营业与主体资格，而将其他资产予以剥离，出售、变

---

① 参见王欣新：《预重整的制度建设与实务辨析》，载《人民司法》2021 年第 7 期。

② 参见王欣新：《重整制度理论与实务新论》，载《法律适用》2012 年第 11 期。

③ 参见国浩律师事务所编：《破产重整律师业务：疑难问题与实务应对》，法律出版社 2021 年版，第 261 页。

④ 参见韩长印主编：《破产疑难案例研习报告》（2021 年卷），法律出版社 2022 年版，第 473 页。

⑤ 参见何旺翔：《破产重整制度改革研究》，中国政法大学出版社 2020 年版，第 194 页。

现所得对价用于清偿全部债务。①

关于上述四种模式在房企重整中如何选择，笔者以为可以债务人企业所拥有的资产优劣及各方主体间利益冲突协调难度做出区分处理。首先，房企重整中的主要优质资产是在建工程，续建成功后的利润是投资人所追求的。对于具备续建价值高的优质资产，可结合相关方意愿采取后三种模式，将优质资产与不良资产、债务剥离开来，发挥制度的效率优势，快速推进项目复工复产。其次，利益相关方的意愿也是影响模式选择的决定性因素，对于矛盾冲突尖锐且通过多数决机制无法化解的案件宜采取后三种模式实施重整。后三种重整模式在应对当下烂尾楼整治具有其独特的优势：第一，可以剥离优质资产的重整模式具有简化投资人与债权人、债务人、股东间沟通程序，降低信息成本的作用；第二，房地产纾困基金设立初衷在于其通过提供政策性公共产品服务以维护广大消费群体的利益，故原则上应当尽力救助烂尾楼项目本身而非房企；第三，此种模式对于投资人与债务人而言均可实现各方的利益诉求，而债权人的利益诉求则在表决机制中通过法定程式得以消化。最后，在后三种重整模式中因大多需维系与购房人的交易关系，采取清算式与反向重整式更有利于商品房买卖合同法律关系的主体更换。

总而言之，在重整程序方面，债务人企业要积极利用预重整程序，缩减重整的费用成本与时间成本，及时有效的推进复工复产工作。在重整模式选择方面，利用后三种模式不良资产与优质资产剥离共性，实现营运价值整体出售的最大化利用。② 同时，针对同一房企拥有多个烂尾项目公司，并且多个项目之间具有高度关联的规模开发优势情形，可以考虑采取存续型重整模式，具体选择或为债权型纾困、或为股权型纾困抑或为两者并用。③

①　参见包君生主编：《困境与突围：企业重整与可持续发展指南》，法律出版社2022年版，第45页。

②　参见张钦昱：《我国破产法的系统性反思与重构——以世界银行〈营商环境报告〉之"办理破产"指标为视角》，载《法商研究》2020年第6期。

③　参见吴梓境、张波：《纾困基金的运行机理、投资模式与创新路径》，载《河北经贸大学学报》2019年第3期。

（四）投资对象的甄别

纾困基金旨在缓解部门房地产业企业所面临的流动性债务危机，这一目的同重整对象甄别要件高度契合，即适用重整制度时债务人企业需满足重整可行性要件。当前已有的理论与实务观点建基于会计学、社会学中的营运价值论、利益与共论、社会政策论，① 在量化标准上有学者主张只有经济上具有生存能力的公司才值得拯救，即只要所预测的未来收入净现值能大于全部资产分拆清算所得，就具有继续经营的价值剩余。② 实践中还采取了针对不同体的计算方法，如股东的现金流折现法、普通债权人的清偿受偿率与重整受偿率、投资人的未来收益和购买成本。但对于社会价值的定性与量化标准上依然存在着缺陷。本文以为，企业重整条件的精准识别是建立在行业平均利润率和生命周期以及地方政府的动态监管基础之上的。行业平均利润率与生命周期可从各地经济统计数值中得出量化标准，企业经营状况的监管则有赖于政府的社会调查分析。

此外，在社会价值中还需要考虑的是地区之间发展水平差异性，③ 我国部分地区商品房市场已经进入存量销售，即使重整注入资金也难以盘活，市场价值和社会价值都相对较低。因为重整过滤机制的规范目的在于实现僵尸企业、不具备挽救价值企业和具备挽救价值企业的分流处置，④使有限的重整资源得到最大化利用，节约资源成本。

（五）管理人制度的改革与完善

1. 金融资产管理公司担任管理人的可行性分析

（1）AMC 介入的必要性分析

金融资产管理公司介入房企破产重整既是制度所需，又是实践对

---

① 参见申林平编：《上市公司破产重整：原理与实务》，法律出版社 2020 年版，第 97-99 页。

② 参见齐砺杰：《破产重整制度的比较研究：英美视野与中国图景》，中国社会科学出版社 2016 年版，第 30-31 页。

③ 参见周孝华、王诗意：《纾困基金是否具有"造血"扶持之效？——基于民营企业价值的视角》，载《财经研究》2022 年第 3 期。

④ 参见李曙光：《通过破产制度实现"僵尸企业"的破产出清》，载《人民论坛》2018 年第 23 期。

理论的回应。从实践层面来看，已有地方 AMC 以重整投资人①、破产管理人②的身份积极参与了房地产企业的破产重整工作，并且获得了积极反馈，破产重整已经成为地方 AMC 可以大展身手的蓝海领域。③ 从制度理论层面而言，金融资产管理公司的诞生就是为了化解系统性金融危机风险，且经过多年发展探索已经形成了完整的资产处置运作机制。

首先，当下我国破产管理人主要从律师事务所、会计师事务所、清算事务所中选任，并且在债务人企业内部治理结构中采取管理人中心主义，换言之，律师、会计师等专业人员主持了债务人企业日常商业经营与决策。固然律师等专业人员担任破产管理人或可完备解决法律等专业问题，但对于困境房企运营与决策的商业判断需求上却显不足。而金融资产管理公司内部经过多年的房地产业务经营，已经形成了完备的房地产业务运行团队，对于房企项目的风险评估与调查已有专业化操作方式。④ 虽然当下 AMC 担任破产管理人在法律规定上尚付阙如，但秉持实质大于形式的实操立场与私法自治的精神理念，规范的缺失不应成为阻碍实践探索的缘由。

其次，有经济学家在论及产业补贴政策与差异化税率调节功能时指出，如果只是直接给企业拨款立项，但没有足够懂业务的人去监管款项的使用，这种简单化的产业政策，会成为造假空间的源头。⑤ 事实上，这种风险在房地产纾困基金的使用上仍然存在，而这对于基金运作的监管则提出了制度性要求。金融资产管理公司介入房地产企业内部治理结构中即可弥补这一信息不对称缺陷，对基金是否用于烂尾楼项目的开发续建做出有效监管。具体言之，一是 AMC 可设立专职监管人员和职位，利用自身资

---

①　参见刘亚楠、吕鑫：《金融资产管理公司实质性重组业务研究》，载《中国银行业》2022 年第 2 期；肖永明、谭明：《地方 AMC 参与上市公司重整模式研究——以某创业板上市公司为例》，载《投资与创业》2021 年第 23 期。

②　参见王宁：《金融资产管理公司参与问题企业破产重整的介入模式研究》，载《金融发展研究》2022 年第 4 期。

③　翟立宏、蒙宇编：《中国地方资产管理行业白皮书（2020）》，第 153 页，载微信公众号"地方 AMC 论坛"，2021 年 4 月 18 日。

④　普华永道：《中国不良资产管理行业改革与发展白皮书》2022 年 8 月，第 63 页，载微信公众号"不良资产网"，2023 年 4 月 1 日。

⑤　参见陈平：《眉山金融论剑》，中国友谊出版公司 2022 年版，第 163 页。

产审查与财务审计专业优势及时发现问题并做出调整。二是定期对纾困基金的使用情况做信息披露报告。三是可充分发挥投资对象选择时的尽职调查优势。

（2）AMC成为管理人的方式

根据《中华人民共和国企业破产法》第22、24条规定，破产管理人的产生具有法定性，管理人由人民法院指定，由清算组或依法设立的律师事务所、会计师事务所、破产清算事务所等社会中介机构，或者社会中介机构中具备相关专业知识并取得执行资格的人员担任。从现行法律规定的文义来看，金融资产管理公司担任重整管理人并无法律依据。

虽囿于法定限制而无法直接成为管理人，但或可以通过以下几种方式实现其基金监管与专业化经营的目的。第一，资产管理公司可通过协议等方式将内部功能外部化。例如根据《陕西省律师条例》第27条之规定，在中国（陕西）自由贸易试验区内，除执业律师外，注册会计师、注册税务师、注册造价工程师、专利代理人等其他专业人员可以成为特殊的普通合伙律师事务所的合伙人。该规定允许其他专业人员成为律师事务所合伙人，而资产管理公司中设有针对房企重整的业务部门与专业人员。第二，资产管理公司亦可直接与律师事务所合作探索公司化管理运行模式。例如根据《陕西省律师条例》第28条之规定，在中国（陕西）自由贸易试验区内，鼓励具备条件的律师事务所建立公司化管理模式，提高管理效率和服务质量。第三，还可通过与破产管理人、债务人签订资产托管协议[1]的模式进入重整房企的内部治理。第四，实际上已有部分地区资产管理公司取得破产管理人资格，在房企重整中亦可直接应用。有观点针对AMC担任管理人时的利益冲突问题提出参考券商行为规范建立防火墙机制,[2] 压实信息披露义务与执业责任规范。

2. 管理人商业判断职能的外包

如前所述，金融资产管理公司成为破产管理人可以弥补传统破产管理

---

[1]　参见刘佳、刘原：《出售式破产重整与不良资产处置创新》，载《上海金融》2018年第1期。

[2]　参见李兰明、孟静、檀昊天：《资产管理公司担任破产管理人的相关问题分析及制度建议》，载微信公众号"破产圆桌汇"，2022年4月14日。

人制度下的商业判断职能羸弱的问题。但为了制度的完善健全，有关经营方案和经营决策等商业判断职能亦可选择像聘任财务审计机构、不动产评估机构、工程造价审计一样外包给专业人员出具意见。并且已有实务观点分析认为，房地产项目可行性分析具有高度专业化要求，必要时可以引进有资质或有资格的商业咨询评估机构出具科学、客观的研判结论。① 况且在企业正常经营状况下已有观点提出让董事会服从市场力量，并且董事会服务商能够以较低的总成本提供和部署专业知识。② 而在房企重整案件中由于债务人公司内部治理失灵，管理层刑事犯罪等影响重整工作运营时，似乎并没有充分理由不允许经营判断职能外包给董事会服务提供商。在实际操作层面由于我国董事会市场化程度相对较低，可考虑由管理人通过委托同行业具有经营管理的公司做出参考性意见。

（六）纾困基金投资人的退出

正如前文所述，笔者积极主张使用清算式、出售式、反向出售式重整的另一重要原因即在于纾困基金的利用效率。在数量和时间一定的情况下，资金的循环使用次数与利用效率呈正相关关系。三种重整模式都具备重整计划内容明确简易，债权人可分配额度与优质资产出售价额明确的优点，不仅有利于烂尾楼盘的复工，还有利于纾困基金投资人与余债破产隔离功能的发挥。纾困基金投资人可以实现快入快出的效率目标，在较短时间内以有限资力拯救多个烂尾项目，对社会资源实现高效利用。

五、结　语

纾困基金的市场化运作要求与破产重整法律制度具有天然的关联性，二者的耦合是金融工具借道法律制度实现市场化救助目标的必然选择。而破产重整的路径、模式选择则会直接影响纾困基金的利用功效，充分发挥

---

① 参见吴正彦、万玉婵：《论房地产企业破产重整的商业判断——可行性研究》，载微信公众号"破产法实务"，2022年10月11日。

② 参见［美］斯蒂芬·M.班布里奇、［美］M.托德·亨德森：《外包董事会——董事会服务提供商如何改善公司治理》，李诗鸿译，上海人民出版社2022年版，第11、239页。

预重整降低成本、缩短周期的制度功能，利用清算式重整、出售式重整、反向出售式重整模式保有资产运营价值成为重要要求。基金的安全使用与破产经营环境的需求，唤使金融资产管理公司要适时介入破产管理工作、府院协调机制既要谦抑又要主动。烂尾楼已经成为社会顽疾，市场化的破产出清与再生能有效激发市场活力，为我国房地产业可持续发展构建长效保障机制。

房地产企业自救式重整之路径探析及实践证成

耿　栋[*]

内容提要： 房地产是资金密集型行业，在房地产企业重整时，① 如何融入足额资金并确保项目续建、开发顺利完成是重整能否成功的关键。在聚焦外部融资的同时，实践中部分破产房企实际具有盘活自身存量资产、筹集足够资金对项目进行阶梯式续建和开发，通过内部融资完成自救重整的条件。房地产企业经营中沉淀的建成项目、达到预售条件的在建工程为内部融资提供了物质基础，企业破产法特别规则能够祛除影响破产房企财产上阻断收入的各种瑕疵，亦能为规范企业资金筹集使用、顺利经营提供相应的制度保障。在破产程序中，管理人依法对房地产企业的财产进行清理、融资性分析，按人民法院批准或债权人会议表决通过的财产管理、变价方案出租、出售债务人财产，获得续建开发所需资金；根据续建开发方案，以破产房企自行组织人员、委托代建方代建或两者相结合的方式完成项目的建设和土地开发，从而成功实现重整。实践证明，破产房企通过内部融资进行续建和开发，以自救方式实现重整是完全可能的。

引　言

以 1998 年"房改"为标志，中国福利分房时代正式终结，开启了房地

---

* 耿栋，浙江六和律师事务所律师。

① 广义的房地产企业包括房地产开发、房地产评估、咨询、经纪等中介服务公司、物业管理公司，本文所称房地产企业是指狭义上的房地产开发企业，下文有时简称"房企"。

产市场化的发展进程，房地产市场快速发展。① 在经历了六年市场化初期后，自2004年我国房地产市场进入快速发展、调整发展的黄金十年，房地产开发投资高速增长、房价快速上涨，万科、保利等千亿房企诞生，房地产行业集中度显著提升。2014至2016年，随着国家调控政策先松后紧，房地产市场量价齐创新高，房地产行业竞争向规模化、专业化转变，中海与中信、保利与中航等品牌房企的整合并购，不可避免地压缩了中小企业的生存空间，行业竞争愈加激烈，房地产市场进入转型变革期。2016年以来，中央坚持"房住不炒"调控基调，地方因城、因区、因势施策保持房地产市场稳定，房地产金融监管持续从严，房地产行业从追求规模的粗放式发展阶段进入注重产品、融资、营销等环节精益求精的高质量发展阶段，市场"优胜劣汰"功能进一步显现，大量房企面临债务危机。

房地产开发属于资金密集型行业，在土地出让、拆迁、工程建设等方面需要投入大量的资金，同时，房地产项目开发周期长，短则两三年，长则七八年，资金回笼速度慢，资金是房地产开发企业的命脉。一旦遭遇金融政策收紧、融资渠道被限或因企业自身资金调配不当等原因导致流动资金匮乏的情况时，房地产企业很快就会陷入困境。为抑制房地产发展过快、过热以及可能出现的债务风险，国家运用了各种金融调控手段。2020年8月20日央行、住建部关于房企融资"三道红线"出台，成为悬在早已习惯于高负债、高杠杆房企头上的达摩克利斯之剑。2021年恒大事件，惊出了房地产业一身冷汗。在房地产市场高质量发展阶段，产品的市场接纳度和融资限控政策双重因素叠加，不仅使中小房企，而且使一些大型房企也面临市场清洗。数据显示，从2019年至2021年8月，累计申请破产的房企超过1000家，大多数是中小房企。② 在中国社科院城市与竞争力研究中心等发布的《2021上市房地产企业竞争力研究报告》上榜的A股、

---

① 中指研究院：《中国房地产代建行业发展蓝皮书》（第二版），企业管理出版社2021年版，第3页。

② 参见张凯阳：《3年1000多家房企破产！什么信号？》，载《城市开发》2021年第16期。

H 股 122 家房企中，触及"三道红线"的企业有 17 家。[1]

　　破产是房地产企业重生和出清的法律程序，房地产企业破产时，需要保留经营资质及延续规划、施工、预售等方面的许可，以完成在建工程的续建和土地开发，项目竣工后还涉及委托物业管理、为业主办理产证等事宜，所以房地产企业通常会通过重整使其主体存续，直接通过破产清算退出市场的较少。房地产企业重整时，囿于其资金密集型属性，如何筹集资金完成项目续建和土地开发是管理人工作的重中之重。房地产企业的融资途径一是企业内部融资，二是企业外部融资。房地产企业的外部融资途径主要渠道有申请银行贷款、发行股票、吸引股权投资、发行企业债券、发行房地产信托、利用外资、合作开发、发行产业基金等。[2] 正常经营的房地产企业获得外部融资已属不易，对于资不抵债、不能清偿到期债务且财产权利已基本被限的破产房地产企业而言，更是难上加难。因案制宜、另辟蹊径，根据破产房企资产的实际情况，结合破产制度的特殊规则，通过清理盘活存量资产从而以内部融资方式对待建项目进行阶梯式续建开发，以实现房地产企业自救式重整，亦是破产实务中应探索的问题解决之道。

一、破产房企内部融资可行性分析

　　通过各种途径获得续建开发所需资金，是破产房企自救式重整的前提。相对于输血式的外部融资性重整，自救式重整是通过内部融资恢复自我造血功能使企业重生。房地产企业内部融资主要包括自有资金、商业物业租金、预收的购房定金或购房款，由于房地产项目投资大、周期长，即便是正常经营的房地产企业也难以单纯依靠内部融资满足资金需要，对于负债累累、财产权利受限的破产房企来说，在破产程序中通过内部融资完成项目续建及开发似乎是天方夜谭。但是，房地产企业沉淀的财产及其产品特性以及破产程序的特别机制使之成为可能。

---

　　[1]　参见《中国房地产报》上市公司竞争力课题组、中国社科院城市与竞争力研究中心、中央财经大学二市企业竞争力研究课题组：《上市房地产企业竞争力报告出炉》，搜狐焦点，https://house.focus.cn/zixun/584d013e6174b074.html，访问日期：2022 年 1 月 22 日。

　　[2]　董藩、赵安平编著：《房地产金融》（第 2 版），清华大学出版社 2019 年版，第 43 页。

（一）企业破产法对债务人财产的界定

我国企业破产法对债务人财产采取膨胀主义，即破产受理时属于债务人的全部财产，以及破产申请受理后至破产程序终结前债务人取得的财产，为债务人财产，① 这是对债务人财产时间范围的界定。

《中华人民共和国企业破产法》（以下简称《企业破产法》）第5条第1款规定，依照《企业破产法》开始的破产程序，对债务人在我国领域外的财产发生效力，因此债务人财产不仅包括在我国境内的财产，还包括债务人在其他国家或地区的财产，这是对债务人财产空间范围的界定。

财产是法律保障的主体生存和发展需要的物质资料总和或经济利益，有广义和狭义之分。广义的财产权是和人身权相对应的概念，狭义的财产权主要指物权。② 债务人财产属于广义的财产，《最高人民法院关于适用〈中华人民共和国企业破产法〉若干问题的规定（二）》（法释〔2013〕22号）（以下简称《企业破产法解释二》）第1条规定："除债务人所有的货币、实物外，债务人依法享有的可以用货币估价并可以依法转让的债权、股权、知识产权、用益物权等财产和财产权益，人民法院均应认定为债务人财产。"

自救式重整通过内部融资完成，而内部融资的前提是破产房企需拥有一定的财产，企业破产法及司法解释对债务人财产时间、空间、类型的界定，为房企自救式重整所需之财产基础提供了法律依据。

（二）房地产企业及其财产特性剖析

房地产开发是以城市土地资源为对象，在依法取得国有土地使用权或规划批准的集体土地上进行基础设施和房屋建设，为人们的生产生活提供空间的行为过程。房地产开发是以房屋和土地为主要内容的综合开发，包括地产开发和房产开发。③ 广义的房地产开发包括居住、商业、工业、特

---

① 参见《企业破产法》第30条："破产申请受理时属于债务人的全部财产，以及破产申请受理后至破产程序终结前债务人取得的财产，为债务人财产。"

② 最高人民法院民法典贯彻实施工作领导小组主编：《中华人民共和国民法典总则编理解与适用（下）》，人民法院出版社2020年版，第569页。

③ 代春泉编著：《房地产开发》（第2版），清华大学出版社2019年版，第3页。

殊类型等四种物业的开发，狭义的房地产开发仅指居住和商业两种，因破产房企绝大多数仅涉及居住和商业两种物业形态，故本文论述的是狭义房地产开发。

房地产企业开发产品主要包括商品房、配套设施、代建工程、车库等，其产品特征为：一是开发周期较长，产品要经过规划、设计、施工等过程方能完成；二是价值较大，如一个车位价值数万元甚至数十万元，一套商品房价值百万元甚至上千万元；三是流转速度慢，因房地产产品属于耐用消费品且生产周期长、价值高，需要通过产品、价格、销售渠道、促销等诸多要素配套组合运行才能实现价值。以上是房地产企业区别于工业企业、商业企业的主要行业特征。

房地产开发是一个系统完整的过程，按开发程度可分为土地开发、在建工程、建成物业三种类型，此种分类一方面表明产品所处的开发阶段，另一方面也体现了成本投入和价值实现的时间配比关系。房地产产品要通过销售才能实现价值收入，《中华人民共和国城市房地产管理法》（以下简称《房地产管理法》）第 45 条规定了商品房预售的条件。在达到预售条件前，土地开发、工程建设是单纯的资金投入；当在建商品房达到预售条件时，持续投入成本的同时也会逐渐产生收入；建成后的物业除少量的营销费用外，主要是产品销售和资金回笼。所以，房地产产品按现金净流入强弱度依次为：已建成物业，取得预售许可证的在建工程，未取得预售许可证的在建工程，熟地、毛地、生地等待开发的土地。破产房企财产中如果有已建成的物业、已取得预售许可的在建工程，这些财产的租赁、变价处置会产生较大数额的资金收入，用这些资金依次对未取得预售许可的在建工程、熟地、毛地、生地进行阶梯式滚动开发或酌情同步开发，就能通过内部融资实现破产房企的自救式重整。事实上，很多成立时间较早，特别是经历了房地产市场黄金十年、白银时代的破产房企，基本上都有已建成物业、已取得预售许可的在建工程这种短期内能够产生大量收入的财产沉淀，这构成了破产房企内部融资的物质基础。

（三）企业破产法特别规则对财产瑕疵的祛除

债务人财产只有在权利无瑕疵时才能变价处置，房企进入破产程序前，其财产或已设定担保，或已被采取查封、扣押、冻结等保全措施，或已被强制执行，或以物抵债给债权人，基本上没有无权利瑕疵能够即时进行变价处置或取得资金收入的财产。破产是集体清偿的特别法律程序，其特有的规则能够消除破产房企财产上存在的各种瑕疵，为通过租赁、出售等方式盘活相应财产、获取后续建设资金提供了制度保障。

1. 企业破产法对于有担保财产的特别规制

《企业破产法解释二》第 3 条第 1 款规定："债务人已依法设定担保物权的特定财产，人民法院应当认定为债务人财产。"所以，设定担保的财产仍为债务人财产，属于管理人管理的范围。虽然担保权人享有优先受偿权，但为保持债务人继续营业、确保重整程序顺利进行，《企业破产法》对担保权人权利予以限制，重整期间，担保权一般暂停行使，除非担保物有损坏或价值明显减少的可能足以危害担保权人权利。① 对于人民法院受理破产申请前一年内，以债务人财产对原来没有财产担保的债务提供财产担保的，管理人有权请求人民法院予以撤销。②

2. 破产对于保全、执行的阻却

破产属于保全、执行的法定阻却事由，《企业破产法》第 19 条规定："人民法院受理破产申请后，有关债务人财产的保全措施应当解除，执行程序应当中止。"《全国法院民商事审判工作会议纪要》（法〔2019〕3 号）（以下简称《九民会议纪要》）第 109 条专项规定了执行法院不解除保全或不中止执行时，破产受理法院可向该法院的上级法院请求予以纠正，以及向法院纪检监察部门移送违法审判责任线索等处理措施，进一步强化了破产对于保全、执行阻却的立法、执法理念。

3. 破产程序对个别清偿的排除

集体清偿是企业破产法的基本准则，破产程序不允许对债权人进行个别清偿。破产前房地产企业以房抵债、以车位抵债的，如果房屋、车位不符合《中华人民共和国民法典》（以下简称《民法典》）规定的不动产物权转

---

① 参见《企业破产法》第 75 条第 1 款："在重整期间，对债务人的特定财产享有的担保权暂停行使。但是，担保物有损坏或者价值明显减少的可能，足以危害担保权人权利的，担保权人可以向人民法院请求恢复行使担保权。"

② 参见《企业破产法》第 31 条第 3 项："人民法院受理破产申请前一年内，涉及债务人财产的下列行为，管理人有权请求人民法院予以撤销：（三）对没有财产担保的债务提供财产担保的。"

让要件,① 债权人亦不属于消费者购房户,则构成个别清偿,对于相关的抵债合同,管理人可依据《企业破产法》第 18 条或《民法典》第 563 条规定予以解除,抵债财产由管理人收回纳入债务人财产统一管理、变价,债权人对其债权进行申报,管理人审查后按法定程序依顺位清偿。对于上述情形的处理,司法实践中各地各级法院均有相关的裁判案例,最高人民法院的裁判标准亦较为一致。②

(四)其他制度保障

1. 管理人的待履行合同选择权

《企业破产法》第 18 条赋予了管理人待履行合同选择权,对于破产受理前债务人与非消费者购房户签订的未履行完毕的《商品房买卖合同》、与债权人签订的未履行完毕的以租抵债、以物抵债合同等,管理人可以依法解除,但对于未履行完毕的与在建工程、土地开发有关的勘察、设计、施工、监理、造价审计等合同,基于有利于债务人财产、有利于续建、有利于重整的原则考虑,管理人则可以选择继续履行。继续履行合同产生的债务属于共益债务,由债务人财产随时优先清偿,有利于合同相对方;同时,继续履行合同能够保证项目开发各项工作前后连贯衔接,避免出现资料缺失、推诿责任等情形,能够提高续建开发工作效率。继续履行合同对债务人和合同相对方均为有利,因此,管理人可根据内部融资的实际情况,在付款期限、金额等方面促使合同相对方做出一定让步,使内部融资与续建开发能够更好有机结合。

2. 管理人、债权人会议对资金及营业的监管

房地产企业在经营过程中,其资金由企业控制,由于股东个人收支与

---

① 房地产企业开发的地下车库,涉及人民防空工程的部分,俗称"人防车位",房地产企业享有占有、使用、收益权,可对使用权以租赁等方式进行处分,但不能以买卖方式进行转让。

② 参见山东省高级人民法院(2020)鲁民终 116 号民事判决书;广西壮族自治区高级人民法院(2020)桂民申 6729 号民事裁定书;江苏省高级人民法院(2020)苏民申 5529 号民事裁定书;最高人民法院(2020)最高法民申 3802 号民事裁定书;最高人民法院(2020)最高法民申 6918 号民事裁定书;最高人民法院(2021)最高法民申 969 号民事裁定书;最高人民法院(2021)最高法民申 1966 号民事裁定书。

企业财务混同、关联企业间融资、还贷互相调用资金、企业对外盲目扩张投资等原因，房企的资金很难专项用于其自身项目的开发建设，这也是一些房企因资金链断裂从而破产的主因。破产程序中，管理人接管了债务人的财产、印章和账簿，债务人的民事行为能力受限；管理人开设银行账户专门用于破产程序中资金收支；债务人财产管理方案、变价方案要经过债权人会议审议表决；管理人实施土地、房屋等不动产权益转让等重大财产处分行为时，应依法及时报告债权人委员会；上述监管措施为破产程序所获资金闭环专项使用提供了保障。在破产程序中，内部融资资金将用于破产费用和续建开发等共益债务支出，办公等破产费用通常数额不大，所以，破产程序中的各项监管措施能够确保内部融资所获绝大部分资金专项用于项目的续建和开发，从而为成功实现重整提供有力保障。

3. 停息止付等破产保护制度

《企业破产法》第46条第2款规定："附利息的债权自破产申请受理时停止计息。"对于破产房企的债务，债权人要依《企业破产法》的规定向管理人申报，经过管理人审查、债权人会议核查、法院裁定后，债权人在破产程序中统一清偿，不得单独提前清偿。停息止付使破产房企摆脱了进入破产程序前巨额债务即时清偿产生的执行、追债等各种困扰，在破产程序中能够专注于通过清理盘活自身财产进行内部融资从而实现自救重整。

二、破产房企内部融资的具体实施

企业破产法提供的相应制度保障仅使破产房企内部融资具备了理论可行性，内部融资能否实现以及实现程度如何最终还有赖于管理人清理财产、消除权利瑕疵、制定资金筹集和使用方案及其执行、调整等具体工作的实施和开展。房地产企业内部融资主要包括以下几个方面的工作。

（一）清理财产，厘清内部融资来源

内部融资就是将融资人自身财产变现获取货币资金的过程，所以内部融资首先要完整详尽地了解融资人的财产状况。调查债务人财产状况并制作财产状况调查报告是管理人的法定职责之一，管理人对债务人财产调查的内容包括：财务记载的财产状况；财务未记载但业已形成的财产；虽由债务人管理或控制但不属于债务人的财产；企业破产法规定应予追偿的破产欺诈行为、偏袒性清偿行为、出资人未缴或抽逃出资、高管人员从企业获得的非正常收入和侵占的财产；影响财产整体价值的相关因素。[①] 在财产调查过程中，管理人可以着重关注与内部融资有关的财产类型，将之整理归纳作为内部融资的物质基础，对于内部融资而言，财产"多多益善"。

（二）分析各类财产获现能力

财产类型不同，其获取货币资金的能力亦不同，获现能力强弱直接影响着融资期间长短，在清理财产的同时，管理人亦应对各类财产的获现能力进行分析。参考财务会计准则对资产类科目的设置以及各类财产获取货币资金的方式方法，破产房企各类财产获现主要有以下几种情形：

第一，管理人接管后即取得现金的财产，该类财产获现能力最强，如"库存现金"；第二，需依规履行划转、交易、承兑等程序后方能获现的财产，如"银行存款"、银行汇票存款等"其他货币资金"，股票、债券、基金等"交易性金融资产""应收票据"等；第三，需与债务人、付款方通过确认债权债务数额、协商付款时间后方能获得货币资金，如协商不成还须通过诉讼程序予以追偿的财产，如"应收账款""预付账款""其他应收款"等，《企业破产法》规定的应予追偿的破产欺诈、偏袒性清偿行为、股东未缴或抽逃出资、高管应返还财产等情形亦属于此类；第四，需拟定变价方案，经人民法院批准或债权人会议表决通过后，按变价方案处置后方能获得货币资金的财产，如"原材料""在途物资""固定资产""无形资产""长期股权投资"等。

在破产房企财产中，有一类获现能力较特殊的财产，即"投资性房地产"。投资性房地产是指为赚取租金或资本增值，或两者兼有而持有的房地产，主要指已出租的土地使用权、持有并准备增值后转让的土地使用权、已出租的建筑物。[②] 有些破产房企持有商业物业用于出租，在不能清偿债务时就"以租抵债"，该类房产虽然在破产程序中最终要变价处置，但在此之前则可通过出租获得一定的货币资金收入。

---

① 宋小毛、耿栋：《刍议破产程序中的财产状况调查》，载《破产法论坛（第八辑）》，法律出版社 2013 年版，第 216-217 页。

② 参见《企业会计准则第 3 号——投资性房地产》第 2、3 条。

（三）清除财产瑕疵

出租、变价获得资金收入均需财产上无任何瑕疵，在清理财产的同时，管理人亦需采取相关措施清理消除内部融资财产上的各种瑕疵。

对于破产房企已被采取查封、扣押、冻结等保全措施的银行账户、房产，管理人应当向采取保全措施的机构发函要求解除，相关机构不予解除的，管理人可提请受理破产申请的人民法院依照《九民会议纪要》第109条的规定予以处理。①

对于破产房企以租赁车位、房屋方式进行抵债的合同，在破产受理后不能继续履行，否则就属于对债权人的个别清偿。管理人应当根据《企业破产法》第18条的规定，通知债权人其与破产房企原签订的以租抵债合同自破产申请受理时依法解除，债权人应向管理人申报债权。以租抵债合同解除后，如果债权人仍需租赁相关财产的，可按市场价与管理人重新签订租赁合同，向管理人支付租金。

对于破产房企以车位、房产抵债所签合同，涉及两种情形：一是不涉及所有权的人防车位，由于破产房企对人防车位只有占有、使用、收益权，没有处分权，以人防车位抵债类似于以租抵债，参照以租抵债合同的解除进行处理；二是涉及所有权的车位、房产，则依《民法典》关于物权转移的要件对财产归属进行认定，对于未办理产权登记未发生物权转移的车位、房产，均属于破产房企财产，管理人应向债权人发出解除原抵债合同的通知，收回抵债车位、房产，债权人依法向管理人申报债权。如果抵债车位、房产已办理网签备案登记的，管理人还需向不动产登记部门申请撤销。

（四）通过管理和变价财产获取资金

在清理财产、清除瑕疵时，管理人应按破产房企不同的财产类型进行

---

① 参见《九民会议纪要》第109条规定："相关人民法院拒不解除保全措施或者拒不中止执行的，破产受理人民法院可以请求该法院的上级人民法院依法予以纠正；相关人员违反上述规定造成严重后果的，破产受理人民法院可以向人民法院纪检监察部门移送其违法审判责任线索；对于税务、公安、海关等其他具有强制执行权力的国家行政机关，参照上述具体操作规程。"

相应的管理或变价：接管的现金，存入管理人账户；破产房企原银行账户存款，解除保全措施后划回管理人账户；对金融票据进行交易、兑付，所获款项存入管理人账户；向破产房企的债务人、股东、高管等应收款项的相对方发出清偿债务通知，无异议的按通知清偿债务，有异议的双方进一步清理核对；原材料、固定资产等实物资产中，对短期内可变现的进行变价处置，无法短期内变现的，以出租方式获取资金收入。

基于房地产行业特性，破产房企内部融资的主要来源是已建成物业和取得预售许可的物业，上述两类财产变现周期短、变现金额大，管理人应着重进行清理核实，并及时采取消除权利瑕疵的措施，解除保全、解除以租抵债、以物抵债合同等。在已建成物业中，特别是商业物业，在变价处置之前应优先采用出租方式快速获得资金收入，以维持日常的破产费用和前期必要的续建开发支出。

破产房企的内部融资是通过财产管理、变价获取货币资金的过程，应遵守程序性规定。根据《企业破产法》的规定，在第一次债权人会议召开之前，对债务人财产的管理和变价要报请人民法院批准，第一次债权人会议后由债权人会议审议表决相应的财产管理方案、变价方案。在清理财产、清除瑕疵时，管理人应对各项财产能否获得资金收入及其期限、金额以及采取的方式、途径进行分析，经过管理人会议讨论确定后，依法报请人民法院批准或作为财产管理、变价方案的内容提交债权人会议表决。待人民法院批准或债权人会议表决通过后，管理人按方案的内容予以执行。

三、续建开发的组织实施

内部融资为自救式重整奠定了物质基础，但破产房企还要完成未完工项目的建设、未开发土地的开发，才能最终实现重整。一般来说，房地产开发可以分为项目构思与决策、项目拓展与定位、项目建设实施、租售及服务四个阶段。① 由于破产房企通常已经过前期的策划、调研、定位取得了土地使用权，所以自救式重整多涉及后三个阶段工作，而其中的主要工作如开发项目立项、申办用地规划许可证、拆迁安置、项目规划设计与报

---

① 代春泉编著：《房地产开发》（第 2 版），清华大学出版社 2019 年版，第 15 页。

建、办理工程开工手续、项目管理及控制、项目竣工验收等均属于工程建设方面的专业工作，必须由专业人员对接政府相关部门及勘察、设计、施工、监理、造价以及物业等相关单位才能完成。如何确保具有与项目续建和开发相匹配的专业管理团队，是破产房企完成续建和开发的关键。破产房企可采用的项目管理方式主要有以下三种。

（一）破产房企对项目续建开发自行管理

根据2015年住房城乡建设部修订并发布的《房地产开发企业资质管理规定》，我国对房地产开发企业实行资质等级管理制度，未取得资质等级证书的，不得从事房地产开发经营业务。具有一定数量的专业人员，是房地产开发企业获得相应资质的条件之一，根据规定，房地产开发企业有职称的建筑、结构、财务、房地产及有关经济类的专业管理人员，一级不少于40人，二级不少于20人，三级不少于10人，四级不少于5人，另外对于具有中级以上职称的管理人员最低人数、持有资格证书的专职会计人员最低人数，《房地产开发企业资质管理规定》亦作了相应规定。[1] 房地产开发企业具有的专业人员数量与其项目开发规模相当，如果房地产开发企业进入破产程序后仍具有足够数量的专业人员，在破产程序中可根据项目区域、数量等具体情况，采用职能型、项目型、矩阵型等组织结构，[2]自行对项目续建及开发进行施工、营销、竣工验收、物业服务等事务的管理，如果专业人员不足但不影响主要管理工作的，可在破产程序中通过招聘补足，以确保项目续建开发的正常顺利进行。

（二）委托代建方完成续建开发的管理

一些房地产开发企业由于经营困难，在进入破产程序前长期欠付职工薪酬，导致员工大量流失，破产时员工已所剩无几，特别是没有项目续建开发所需的工程技术、营销人员。通过招聘，周期长且存在不确定性，无

---

[1] 根据《房地产开发企业资质管理规定》第5条的规定，房地产开发企业具有中级以上职称的管理人员，一级不少于20人，二级不少于10人，三级不少于5人，四级未作限制；持有资格证书的专职会计人员一级不少于4人，二级不少于3人，三级、四级均不少于2人。

[2] 参见季朝文主编：《房地产项目管理》，北京理工大学出版社2017年版，第41-43页。

法保证续建开发工作如期进行。在此情形下，破产房企应考虑采用商业代建模式。

我国的房地产代建兴起于最初的政府代建，自 1993 年厦门市政府采用政府投资项目代建制以来，代建制在我国已形成和发展了近 30 年。代建分为政府代建和商业代建，中央、地方各级政府已逐步制定了完善的规范性文件，对政府代建予以规制。所谓商业代建，是由非政府类委托方委托，以盈利为目的，受托方以品牌输出或管理输出为主要运营模式并收取代建管理费或服务费的代建模式。在项目代建运作过程中，委托方负责筹措项目开发所需全部资金，拥有项目开发中的投资决策权、监督权、建议权和知情权，享有项目的投资收益，承担项目投资风险。代建方主要负责项目管理团队组建、规划设计管理、工程营造管理、成本管理、营销管理、竣工交付管理等开发环节的全过程管理。① 商业代建通常属于委托合同法律关系，破产房企是委托方，代建方是受托方。由于房地产行业的特殊性，代建方要具有与破产房企续建开发项目相符的资质，其一般按项目总销售额的 3%～5% 收取管理费。目前，除 2020 年 7 月港交所上市的中国代建第一股"绿城管理"外，我国还有中原建业、金地管理、阳光城等多家大型代建企业。随着房地产市场发展，许多房地产商开始转型升级、多元化探索，代建业务拆分持续加速，未来可供选择的代建方会越来越多，将覆盖更多的地域和规模层级。

（三）自行管理与委托管理相结合

如果破产房企虽拥有一定数量的专业人员，但是严重缺乏续建开发中某一领域的人员，如缺乏工程技术人员无法进行项目施工管理，缺乏营销人员无法对产品进行销售等，可以采用自行管理与委托管理相结合的方式。对于人员充足齐备的业务领域，由破产房企自行管理；对于缺乏人员的业务，相应地委托开发、营销、物业等企业进行管理，以弥补房企在续建开发整个业务链中的短板，保证自救式重整彻底完成。

房地产企业自救式重整是内部融资和续建开发的结合，两者相辅相成。破产房企通过出租、出售财产获得的收入能够提供必要的启动资金，

---

① 参见中指研究院：《中国房地产代建行业发展蓝皮书》（第二版），企业管理出版社 2021 年版，第 70 页。

促使项目续建开发工作阶梯式展开；同时，续建开发有计划、有步骤执行亦能提供更多可租、可售的财产，从而保证破产房企获得足够资金完成所有项目的续建和开发。要成功实现自救式重整，破产房企需要把资金的筹集和使用、各项目资金预算和产值估算、各项目动工时间安排等做整体统筹，使内部融资与续建开发有机结合起来，确保重整工作的有序顺利推进。

1. 对内部融资的预测

在清理财产时，管理人应与破产房企对能够即时出租、出售的财产进行着重梳理，根据当地的租金水平、租金缴纳期限、可租面积、房屋价格、销售周期、可售面积等情况预测资金收入的时间、金额，分析判断通过内部融资能否为项目续建开发筹集到足够的启动资金。如果完全不能，则不应再考虑自救式重整，而应考虑以何种方式获得外部融资；如果略有不足，则可以考虑以施工方短期垫资等外部融资方式予以补充。

2. 对各项目续建开发的预算和预估

对于待建待开发的项目，管理人应与破产房企按各个项目的实际情况，组织专业人员预算各项目后续投入的资金总额、各施工节点应付的工程款及其他建设费用支出数额；预计各项目取得预售许可的时间；预估各项目销售周期及各期销售收入等。由于内部融资资金不太可能保证全部项目同时开工，因此，应按各项目所需资金数额、建设周期长短、产值大小等要素对各项目进行排序，确定开工顺序，对于投入金额小、建设周期短但产值较大的项目应优先开工续建。

3. 充分预计现金流量，防止"二次烂尾"

内部融资、续建开发并不能包括重整中的全部收支，破产程序中还有利息、执行款返还等收入，还有办公费、聘用人员工资、诉讼费、销售中介费等破产费用、共益债支出，为了保证项目续建开发顺利完成，管理人需要对破产程序中的资金收支做统筹安排，对续建开发期间的现金流入和现金流出进行预算。由于自救式重整没有外部资金投入，所以对于资金使用应严格"量入为出""量力而行"，在资金筹集使用上做到每期的现金流入大于流出，期末现金净流量能够保证下期支出，在此基础上，才能确保续建开发工作有充分的资金保障，避免出现停工、讨薪甚至再次烂尾的情形发生。

四、自救式重整之实践运用

笔者办理的房地产开发企业甲公司破产案件中，甲公司成立于2004年，曾先后开发了A、B、C、D四个项目，A、B两个项目已全部竣工交付，C、D两个项目除四栋楼未建完、两栋未建外，其他部分已竣工交付，甲公司另有五块土地未开发。甲公司的土地、房产或设定抵押，或以物抵债、以租抵债，另外资产较分散，难以短期内获得外部融资完成续建开发。通过清理，管理人发现甲公司开发的四个项目有部分车位、房屋未销售，商业房产均以租抵债，需要续建的车库、楼盘主体均已完工，后期投入资金数额不大。经过研究分析，遂决定采用内部融资对项目进行阶梯式续建开发，帮助企业自救重整。

（一）清理财产，厘清内部融资来源

经过初步清理，甲公司的财产包括货币资金、应收款项、长期股权投资、土地、房屋、车位等，其中货币资金数额不大，应收款项、长期股权投资情况较为复杂，短期内难以取得资金收入。通过进一步核对权属证书、现场查看，管理人发现甲公司自成立以来开发的项目中均有相应的财产沉淀，可以作为内部融资来源。

其一，可出租的物业。经过清理，甲公司开发项目中已抵押给金融机构，破产前以租抵债给债权人的房产包括：B项目地下室，面积共计3800平方米；C项目中一栋商业物业，共四层，面积1.4万平方米。另外，A项目中未办理产证，可零星用于出租的商业物业约1000平方米。根据甲公司所在地市场情况，结合甲公司原签订的正常租赁合同分析，上述可租物业确定每年可收租金约300万元，每月25万元。

其二，未售物业。经过清理，已建成的A项目中，有5个车位未售出，每个车位市场价约6万元；已建成的B项目中，有9个车位未售出，每个车位市场价约10万元；在C项目已建成的1号车库中，有28个车位未售出，每个车位市场价约8万元。另外，在A、B、C、D四个项目中，均存在以车位或房屋抵债的情形。

综上，甲公司每月固定可获得租金收入25万元，有344万元的车位可供出售，另外抵债的车位或房屋收回后可作为或有收入。

（二）分析待续建开发项目的情况

经过清查，甲公司需要续建的项目包括：

第一，C 项目中的 2 号车库。2 号车库主体已完工，经预算后期续建费用约 100 万元，施工周期两个月。该车库共有车位 265 个，破产前已长租 46 个，余 219 个车位均以物抵债给债权人。车位租金每个 8 万~10 万元，建成后可实现产值 1900 余万元。2 号车库对应的规划户数为 516 户，按 70% 入住率计算，亦有业主 361 户，车位具有稀缺性，销售前景较好。

第二，C 项目中的 1 号楼、2 号楼。C 项目共有 26 栋楼，23 栋楼已竣工交付，3 号楼未建，1 号楼、2 号楼主体已完工，已办理预售许可证。经预算，1 号楼、2 号楼续建费用约 700 万元，施工周期六个月；两栋楼面积共计 6000 平方米，均为住宅，破产前全部以物抵债给债权人；当地住宅市场均价 8000 元/平方米，两栋楼建成后可实现产值 4800 余万元。C 项目规划容积率 1.7，绿地率 38.4%，地处市中心，销售前景较好。

第三，D 项目中的 1 号楼、2 号楼。D 项目中有 6 栋楼，4、5、6 号楼已竣工交付，因拆迁问题 3 号楼未建、2 号楼两个单元仅建了一个单元。1 号楼主体已完工，已办理预售许可证，续建费用约 200 万元，面积约 1 万平方米，破产前均以物抵债给债权人。1 号楼均为商业物业或公寓，预计销售周期较长，产值约 5500 万元。

经过清理，甲公司待开发的项目包括：C 项目中的 3 号楼，已拆迁完毕；D 项目中的 3 号楼，因拆迁问题未建；另外，甲公司尚有五块地因拆迁、规划问题未开发，土地面积共计 10701 平方米。

（三）制定续建开发方案

经过对内部融资的预测，对待建待开发项目的预算，管理人拟定了以下阶梯式续建开发方案：

第一阶段：优先启动 C 项目 2 号车库的续建。经测算，甲公司每月租金收入扣除聘用人员工资、办公费等破产费用外，尚余 20 万元，租金一般按季预收，在预收第二个季度租金时，管理人账户资金余额就达 120 万元，能够确保 2 号车库续建所需资金。另外，可售车位、收回抵债的车位、房屋变价收入均可作为续建支出的备用资金。2 号车库建设周期短，产值大，变现能力强，回笼资金可用于后续建设开发。

第二阶段：续建 C 项目 1 号楼、2 号楼。在 C 项目 2 号车库续建完成后，续建 C 项目 1 号楼、2 号楼。2 号车库竣工交付后，按 40%变价就可实现收入 760 万元，能够满足 C 项目 1 号楼、2 号楼续建所需资金，另外甲公司每月固定的租金收入、可售车位、收回抵债车位、房屋的变价处置收入均可用作两栋楼续建资金的补充，能够确保两栋楼续建完成。

第三阶段：续建 D 项目 1 号楼、2 号楼，开发 C 项目 3 号楼、D 项目 3 号楼。第二阶段续建完成，甲公司实现的产值将达到 7900 万元，足以支撑第三阶段的续建开发。由于 D 项目 1 号楼续建费用少，没有施工障碍，所以在第三阶段优先开工续建。C 项目 3 号楼、D 项目 2 号楼、3 号楼均不同程度存在规划、拆迁问题，在第三阶段视问题解决情况确定续建开发顺序。

第四阶段：剩余五块地的开发。剩余五块地由于存在历史遗留问题，需要进一步查明情况，然后根据每块地开发的难易程度、开发手续办理情况确定开发顺序。

(四) 实施自救式重整

自救式重整是系统性工作，其中主要包括解除以租抵债合同、寻找承租方重新签订租赁合同、解除以物抵债合同、招募续建方、组织续建开发、提请债权人会议审议表决重整计划草案等方面。在甲公司自救式重整过程中，管理人解除了所有以租抵债合同，均重新对外出租，所收租金与原预测基本相符；与 C 项目 2 号车库的建设方协商一致继续履行原施工合同，对付款金额、付款期限等内容进行了调整，约定预付部分工程款、剩余工程款根据车位变现情况予以支付，确保内部融资与续建有效结合；向 2 号车库以物抵债的债权人发出解除合同的通知，收回全部车位 219 个；向 C 项目 1 号楼、2 号楼以房抵债的债权人发出解除合同的通知，已收回房屋 15 套，面积 1800 平方米；通过招募确定了续建开发项目的建设方，并与其签订了施工合同。由于前期工程量不大，甲公司自行组织工程技术人员、营销人员对续建项目进行管理，后期根据项目续建开发情况再行调整。

目前，在甲公司自救式重整过程中，C 项目 2 号车库已竣工交付，正在进行变价处置；C 项目 1 号楼、2 号楼本已开工建设，由于受疫情影响中途停工两次后恢复正常施工。在项目续建开发过程中，管理人计划在查清所有项目情况后补充完善续建开发方案，根据财产变价处置实际情况，待回笼资金除保障后续建设费用支出外能够进行第一次分配时，管理人将起草重整计划草案提交债权人会议表决，由于此时续建开发已初见成效并且重整计划草案具有可执行性，获得通过的概率将大大提高。

五、结　语

在房地产企业破产程序中，解除以租抵债、以物抵债合同、实施有效管理确保项目续建开发均是比较艰巨复杂的工作，加之房地产开发周期长，如果没有选用适当的重整方式，无疑会严重影响破产工作效率。"条条大路通罗马"，破产房企的具体情况不同，采用的重整方式亦应有所不同。外部融资的他救式重整和内部融资的自救式重整各有其优点，可因案制宜选取其中一种或两者相结合，在房企破产程序中，管理人应当根据企业财产情况、项目续建开发实际，选择适合于案件本身的重整方式，以实现财产价值最大化、债权人清偿率最高的破产工作目标。

预重整制度的审视与重塑

——以问题楼盘案件为切入点

王　辉　杜伟杰*

内容提要： 问题楼盘破产涉及的债权人数量庞大，不稳定因素较多，严重影响法治营商环境的建设。问题楼盘破产中引入预重整制度对于缩短破产时间、降低破产成本、提升回收率等营商环境指标具有重要价值。因为我国立法层面的缺失，致使各地对问题楼盘预重整实践模式探索不一，在具体适用中存在定位偏差、程序适用混乱、信息披露程度不足、行政权与司法权参与界限模糊、执行中止缺乏法理支持等问题。为破解这一难题，更好的保障购房人、普通债权人、金融机构等众多群体利益，营造更优的法治化营商环境氛围，提升预重整的成功率，从明确预重整制度的法理定位出发，构建双层协同的预重整立法机制、明晰行政权与司法权的权力边界、构建预重整规则四个层面开展论述。

引　言

近些年，房地产过热导致问题楼盘破产案件呈现爆炸式增长，问题楼盘破产牵涉购房债权人、金融机构、小额担保公司、建筑工程承包商、建材供应商、农民工等多方利益主体，涉及利益群体数量庞大，不稳定因素较多，维稳形势严峻。同时问题楼盘破产在处置土地、房屋时需与土地、税收等多部门协调，大部分财产难以及时变现，利益交织复杂，化解难度高，重整程序效率低、耗时长、成本高，严重影响法治化营商环境的优

---

* 王辉，河南省平顶山市中级人民法院院长。杜伟杰，河南省平顶山市中级人民法院法官助理。

化。近几年，我国各地积极探索预重整制度，并有效化解了大量问题楼盘破产重整案件，对保护各方利益，维护社会稳定大局、优化营商环境起到积极促进作用。但预重整制度缺乏法律规定，实践运用混乱，一定程度上制约着问题楼盘预重整的准确、有效适用，急需完善与优化。

一、检视：问题楼盘预重整实践概览

预重整制度发轫于美国，是一种为克服传统重整模式与法庭外重组模式缺陷而发展起来的新型破产预防制度。我国立法上虽尚未建立预重整制度，但最高人民法院发布的司法文件①多次提到探索及完善庭外重组与庭内重整的衔接机制，并在最高人民法院、国家发展改革委等联合颁布的《加快完善市场主体退出改革方案》（以下简称《方案》）中明确了预重整的法律地位和制度内容。实践中各地积极探索应用预重整制度，并出台了相关规范或指引。在此笔者以问题楼盘破产优化营商环境为视角，检视各地预重整制度的实践情况。

（一）启动方式多样化

在问题楼盘预重整实践中，启动方式主要有以下三种。

1. 法院决定预重整

法院决定预重整大致有两种情况：一种是债务人直接向法院申请预重整，法院受理后作出预重整决定；另一种是债务人或债权人向法院申请破产重整，法院先预登记，经听证认为问题楼盘破产有重整价值的，暂不裁定破产重整，而作出预重整决定。不过实践中也有一些例外情形，比如有些法院"创设"破产程序内的预重整，即法院受理破产申请后，宣告破产前，债权人、债务人等利害关系人在此期间进行协商并达成一致意见形成预重整方案，再提出重整申请，由破产清算程序转为重整程序。

2. 政府决定预重整

当问题楼盘出现债务危机向政府请求拯救或者申请政府进行预重整的，政府认为问题楼盘存在重整价值及挽救可能的，作出受理预重整的决

---

① 参见《全国法院破产审判工作会议纪要》和《全国法院民商事审判工作会议纪要》。

定,并指定管理人员进行指导、监督。温州市政府就是政府决定预重整的典型代表。

3. 债务人决定预重整

破产申请前,问题楼盘破产债务人根据债权债务情况决定预重整,并与债权人、投资人等利益各方协商,形成预重整方案,经债权人会议表决通过后,由债务人向法院提起破产重整申请,法院审查后裁定是否批准企业重整。①

(二)主导模式多元化

预重整主导模式主要是指由谁来主导并实施预重整程序。实践中一般有以下几类。

1. 债务人主导模式

在楼盘出现债务问题后,债务人对于债权债务情况、融资情况、经营情况等更加了解,在预重整期间,一般参照《中华人民共和国企业破产法》(以下简称《企业破产法》)第73条的规定,在法院指导政府协调下,在临时管理人辅助下,自行管理问题楼盘破产的财产和营业事务。

2. 债权人主导模式

浙江省高院确立了债权人主导破产预重整程序模式。② 不过这种模式一般适用于债权人为大型金融机构的情况,其有能力主导预重整的开展。比如在杭州怡丰成房地产开发有限公司破产预重整中,主要债权人 H 银行与其他债权人组成联合召集人,主持召开债权人会议,在政府、法院的指导帮扶下,形成了一系列重整方案,有序推进项目复工续建、引入投资等,盘活了问题楼盘破产。

3. 管理人主导模式

一些问题楼盘破产企业团队无心经营、无法应对债务困境或者自身无法进行预重整时,政府或者法院认为有拯救必要,且债务人和债权人有预

---

① 参见浙江省杭州市余杭区人民法院课题组:《房地产企业预重整的实务探索及建议》,载《人民司法(应用)》2016 年第 7 期。

② 《关于企业破产案件简易审若干问题的纪要》第 8 条:"企业破产申请预登记期间,由占已知债权(含担保债权)总额二分之一以上主要债权人召集,可以比照企业破产法的相关规定建立债权人联络、协商机制并开展相关工作。"

重整意向的，可以由管理人主导开展预重整。①

4. 政府、法院主导模式

有些地方组织法院和政府部门建立预重整协调领导小组，或者政府设立临时机构专门主导预重整工作。② 比如温州市政府在《企业金融风险处置工作府院联席会议纪要》指出：“政府主导下的预重整机制是我市推动市场化破产程序的有益尝试”，并成立了“风险企业帮扶和不良贷款处置工作领导小组”，在对于预重整企业的识别，帮助处置产权瑕疵、职工安置、债权债务等，协调多部门推进企业融资，推动预重整顺利开展的过程中发挥了重要作用。

（三）运行效果评价：优缺点并存

选取探索预重整较早的五家中院作为调研对象，进行电话访谈以及问卷调查，③ 结果显示，62%的被调查对象认为问题楼盘破产适用预重整运行效果明显，17%认为效果不明显，21%认为效果不佳（见图1）。尽管大多数人认为问题楼盘破产适用预重整制度具有较好的效果，但根据调查，100%的被调查者也认为在预重整适用过程中存在诸多问题，并表达了他们的隐忧。

问题楼盘预重整能够尽早让债权人、债务人以及其他利益相关方平等协商，这种协商以解决问题为目的，不拘泥于破产重整严格的程序要求，因而防止陷入公权力运作中繁杂的程序中，也防止因程序要求导致对问题楼盘经营活动的干扰以及停业等造成的消耗，降低了问题解决的时间成本与财务成本而获得资源、机会和支持，进而完成价值创造的能力总和。④从实践来看，预重整巧妙地结合了私力救济和公力救济的优点，其不依赖

---

① 参见江丁库主编：《破产预重整法律实务》，人民法院出版社 2019 年版，第 41 页。

② 参见江丁库主编：《破产预重整法律实务》，人民法院出版社 2019 年版，第 52 页。

③ 五家中院分别为 BYJ 中院、GZ 中院、NJ 中院、SZ 中院和 WZ 中院，问卷发放给参与过这五家中院问题楼盘预重整的法官 30 名、中介机构人员 50 名、政府人员 30 名、债权人 30 名、债务人 30 名、专家学者 30 名，回收有效问卷 194 份。

④ 参见丁燕：《破产重整企业债权融资的异化及其解决》，载《华东政法大学学报》2019 年第 4 期。

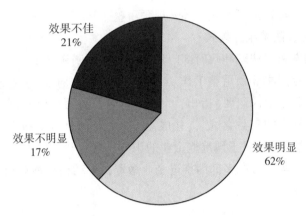

图 1 问题楼盘预重整运行效果评价图

于全部债权人的同意和正式程序，避免钳制现象的出现，确保正式重整连续、高效开展，预重整在问题楼盘破产中的应用缩短了重整时间，降低了重整成本，提高了清偿率和重整成功率，减少了涉诉信访因素，对优化营商环境具有重要价值。问题楼盘破产运用预重整后比直接适用重整程序在营商环境指标上有明显改善，详见表 1。

表 1 问题楼盘破产重整与预重整的指标对比（2019 年 1 月—2022 年 6 月）

法院	重整/预重整	时间（年）	成本（%）	清偿率（%）
BJY 中院	重整	1.5	19.2	29.2
	预重整	0.5	6.3	35.4
GZ 中院	重整	1.4	19	29.9
	预重整	0.4	6.1	38.5
NJ 中院	重整	1.6	19.4	31
	预重整	0.5	5.9	40.7
SZ 中院	重整	1.4	18.8	30.6
	预重整	0.3	5.8	41.5
WZ 中院	重整	1.7	20.6	32.1
	预重整	0.5	6.2	37.6

　　针对问题楼盘预重整在适用时存在的问题，被调查对象做了列举，主要有以下几个方面：一是预重整成为规避法律的工具，比如一些法院或债务人利用预重整在法律规定外变相延长重整期间。二是适用预重整让政府深度介入成为可能，甚至有些问题楼盘预重整是政府主导，影响当事人自主协商，让一些不符合条件的问题楼盘破产强行预重整，给营商环境良性发展埋下隐患。三是预重整程序应用失范。比如一些法院在受理破产清算后，开展预重整，还有一些法院将庭外重组也纳入预重整，导致预重整与庭外重组、正式重整程序混同。四是预重整的某些探索与法律规定相悖。比如滥用执行中止，随意解除保全措施等。五是预重整信息不对等，容易导致权力寻租、债务人转移财产等，影响重整成功率，损害营商环境。

　　问题楼盘预重整的实践探索，促进了营商环境指标的优化，提升了法院的审判质效和司法公信力，但该制度在运行中也存在一些问题，制约问题楼盘预重整效果有效发挥。

　　（一）预重整定位存在偏差

　　预重整是结合了破产重整制度和庭外重组制度而产生的新型破产企业挽救制度，其并非重整必需的前置程序，而应为债权人、债务人、投资方等主体间自主协商和司法程序衔接的准备程序。但是从各地实践来看，有些地方对预重整的定位存在偏差：一是将预重整设置为对重整申请应否受理的事前审查制度，并不具有当事人庭外协商重组的基本属性，只是解决了实践中重整申请审查期间不足的问题，或者说规避了法律规定的受理期间限制。二是过于强调正式受理重整前完成预重整程序，而并非提出重整申请时已完成预重整程序，有将庭外重组程序变为庭内程序之嫌。域外比如美国以提起重整申请作为预重整程序终结的标志，而中国则将重整申请作为预重整程序开启的标志。甚至有些地方将预重整完全置于法院权力的控制之下，使其失去当事人各方庭外市场化自治协商的基本属性。三是简单地将所有的庭外重组均理解为预重整，要求法院认定其重组协议对债权人具有约束效力。

　　（二）预重整程序适用混乱

　　因预重整上位法的缺失，各地探索中程序适用较乱，比如预重整启动方式就有三种、管理模式有四类，各地适用程序完全不一。再比如按照程序适用的时间节点划分，预重整可分为破产申请前的预重整、法庭内重整前置程序的预重整及破产清算程序中的预重整。有学者尖锐地指出法院受理破产清算申请或者重整申请后还能再转入预重整，背离了预重整制度设立宗旨与基本原则。① 还有一些法院混同法庭外非司法程序与重整程序，比如中止对债务人财产的执行、中止诉讼、中止担保债权人行使权利、解除保全措施、停止计算债权利息等。实践中程序适用混乱不仅未发挥出预重整的制度优势，反而在某程度上成为规避法律的工具，严重影响到预重整制度的正确实施。

(三)信息披露程度不足

《企业破产法》并未对破产重整的信息披露作出详细规定，无法充分保障重整投资人的知情权，② 在问题楼盘预重整中信息披露更是无所遵循。虽然实践中各地也出台涉及信息披露的规定，比如深圳中院要求信息披露做到全面、准确、合法，但实际上进行信息披露的案件并不多见，根据调查，在五家法院近两年问题楼盘预重整案例中，仅有 2 起案件要求债务人向债权人等利益各方充分披露公司资产、负债、财务、生产经营等情况。由于信息披露不足导致信息不对称的存在，债权人对债权清偿率无法正确评价，很难有效、准确地行使表决权。③ 信息披露程度的不足，还会导致债务人及股东利用信息优势在预重整期间逃避债务，拖延重整时间，加大重整成本与难度，不利于债权人利益实现，甚至导致营商环境的恶化。

(四)行政权、司法权参与界限模糊

我国问题楼盘预重整因缺乏系统性规定导致案件裁判过程中差异性较大，依靠政府行政力量或法院裁决并非典型意义的预重整，而需要从企业

---

① 参见王欣新：《以破产法的改革完善应对新冠疫情、提升营商环境》，载《法律适用》2020 年第 15 期。

② 参见丁燕：《论合同法维度下重整投资人权益的保护》，载《法律适用》2018 年第 7 期。

③ 参见王欣新、丁燕：《论破产法上信息披露制度的构建与完善》，载《政治与法律》2012 年第 2 期。

经营的角度认识到预重整是债务人的自我脱困。①

目前理论界和实务界对政府是否应介入预重整以及法院参与预重整程度存在较大争议。反对者认为，预重整是私法自治和契约自由的体现，应完全由平等主体之间自由协商，政府或者法院不应过度干预。在实践中，有些地方采取的是以政府或法院为主导的模式，这种本属于私立救济的途径被行政权或者司法权强行介入很难避免权力腐败。② 比如，一些地方为了维稳或者保护上市公司的品牌而强行进行预重整，政府或法院过度干涉会导致一些本身已无价值的企业还留在市场中，极大影响营商环境的优化。

（五）执行中止缺乏法理支持

最高人民法院《关于正确适用暂缓执行措施若干问题的规定》并未将预重整作为暂缓执行的法定事由。从预重整的概念看，预重整本质上仍属私力救济性质，因其与司法重整的衔接，而获得了公力救济的保护。一些地方将破产重整中的中止执行强行应用在问题楼盘预重整程序中，缺乏法理支持，且和预重整的庭外重组基本属性不符。③ 域外预重整制度中鲜有中止执行的法律规定。比如美国，在申请司法重整之前的协商过程中，债务人并不能"自动中止"相关执行诉讼。英国伦敦模式虽有"债权自动中止"，但并非强制性规定，而是主导者沟通协调各债权人达成一致不向债务人追债的约定。日本事业再生 ADR 的"暂缓搁置"，系由事业再生实务家协会同债务人联名发出，其建立在供应商债权的全额保护基础之上，效力仅及于金融债权人。从制度效果考量，中止执行固然有利于问题楼盘预重整的成功，但如果预重整期间裁定中止执行成为常态，必然导致大量问题楼盘破产案件主动选择进入预重整程序，由于预重整的受理标准并不严格，将可能导致债务人借预重整拖延债务清偿，借机转移资产，侵害债权人利益。

---

① 参见曹文兵、朱程斌：《预重整制度的再认识及其规范重构——从余杭预重整案谈起》，载《法律适用》2019 年第 2 期。

② 参见曹文兵、朱程斌：《预重整制度的再认识及其规范重构——从余杭预重整案谈起》，载《法律适用》2019 年第 2 期。

③ 参见王欣新：《预重整制度的立法根据、性质与现实问题》，载微信公众号"中国破产法论坛"，2020 年 10 月 13 日。

三、展望：法治化营商环境下预重整的重塑路径

预重整设立的目的，是在当事人自主协商和重整市场化实施的基础上，将企业挽救中的疑难问题提前予以处理，减轻企业负面商业影响，并能够解决正式重整程序期间较长、成本高昂、风险较大等问题，以促使重整顺利成功。① 问题楼盘预重整的路径优化对我国法治化营商环境指标提升意义重大。

(一)校准：预重整为兼具司法与非司法双重属性的衔接程序

预重整是在庭外重组模式基础上附加一定的强制性规制手段的重整模式，预重整主要包括两个阶段，第一阶段是庭外重组，第二阶段是将第一阶段延伸到司法框架下的强制性规制。② 有关国际文件及《指南》也都认可该观点，并将预重整定位为法庭外债务重组和法庭内正式重整相衔接之程序。③

目前，因立法的缺失，我国法律界对预重整的法律地位有不同认识。有的认为它是当事人申请进入司法程序之前，在"府院联动机制"下的法庭外重组活动；有的认为它必须是在法庭外重组基础上以当事人申请进入司法程序为前提，即法庭内预先于正式重整之前启动的程序。从我国《全国法院破产审判工作会议纪要》《全国法院民商事审判工作会议纪要》《方案》的定位来看，将预重整定位为法庭外债务重组过渡到法庭内正式重整的"衔接"程序。由此可见，预重整兼具司法和非司法双重属性，且具有间接性和后置性，规则的约束力不表现为法院在预重整中直接进行各种干预，而是体现为各方利害关系人在预重整中必须遵循相应规则，在转入重整程序后，法院将依据这些规则对预重整活动及其形成的重整计划草案进行严格的事后审查并决定是否批准，从而迫使当事人在事前预重整的谈

---

① 参见王欣新：《充分发挥预重整制度在企业挽救中的作用》，载《中国审判》2017 年第 33 期。

② 参见王佐发：《预重整制度的法律经济分析》，载《政法论坛》2009 年第 2 期。

③ 参见深圳市中级人民法院课题组：《世界银行〈关于有效破产与债权人/债务人制度的准则〉》，载《中国应用法学》2019 年第 2 期。

判、信息披露、重整计划制定、利害关系人权益的维护、权利人的表决等事项中主动、自觉地遵守规则。(见表2)

表2　预重整与庭外重整、破产重整的区分

	法律性质	主导者	参与主体	条件	程序
庭外重组	私法行为	债务人	债务人、债权人、投资人等	无	无
预重整	私法行为	债务人	债务人、债权人、投资人等	陷入严重财物困境,具有重整可能,且符合《企业破产法》规定的条件	部分法定程序
破产重整	司法程序	法院	债务人、债权人、投资人、法院、管理人等	符合《企业破产法》规定的条件	法定重整程序

(二)筑基:构建双层协同的预重整立法机制

若没有法律支撑,预重整效力将等同于纯私力救济的重组模式。多数西方国家都对预重整进行立法,赋予其法律上的效力。我国法律并未将预重整纳入其中,法源的缺失动摇了预重整制度实施的正当基础,削弱了其功能的发挥,故应给予预重整制度以立法支持。鉴于预重整的理念和价值追求与破产重整高度一致,二者存在制度内容上的连贯性,故应将预重整的内容纳入《企业破产法》,以确保二者有效衔接。我国应当构建双层协同的预重整立法机制:其一,在《企业破产法》修订时,将预重整制度纳入其中,从立法上明确预重整的制度内涵,并对预重整的启动标准、实施程序、协议效力等核心要素作出规定,以立法的方式填补预重整制度的法律空白。其二,在《企业破产法》尚未修订前,通过司法解释规定预重整制度的具体内容并赋予其法律效力,《企业破产法》修改后,预重整具体规则及操作规程可通过制定司法解释明确,使预重整程序运作规范化、流程化、规则化。政府及相关部门及时出台配套预重整的政策法规,对符合要求的问题楼盘预重整项目开展常规化财税、行政审批等优惠减免政策,政府积极引导企业与社会基金的合作,强化运用资本手段解决问题楼盘预重整的能力。

(三)边界：政府有限介入，法院适度参与

1. 政府有限介入

问题楼盘破产案件不仅涉及法律问题，更多涉及社会问题，其中涉及购房人、农民工、建材供应商、建筑工程承包商、金融机构等多方利益主体，法院在破产案件审理中可以处理法律问题，但对于职工救济、社会维稳等社会问题却无能为力。中国的破产重整案件，中间涉及大量政府主管的事务，若政府不介入，法院很难裁定批准破产重整计划，就算作出裁定批准也很难执行。但这并非意味着政府能插手各项问题楼盘破产事务。按照布坎南的理论，政府也是"经济人"，也希望实现其利益最大化。因此政府应当明确自身权力界限，对于政府职责范畴内，且当事人或法院无法凭自身能力处理的事项，才需要动用行政力量介入。故在公力救济时需设置一定的限制条件，将救济程序公开化、可视化、规范化，约束权力的行使。① 在涉及土地、税务、职工安置等政府主管事务，仅靠当事人无法解决时，政府基于其行政管理职能和公信力、协调力，在法律范畴内为企业提供政策和技术支持。但在介入时要在自己权责范围内，尊重法院的司法权力，避免政府侵扰司法活动。同时政府要充分尊重当事人的自主意愿，不应过分干涉谈判过程，避免损害当事人权益。

2. 法院适度参与

审判权作为中央事权，其职权范围应围绕着"维护国家政治安全，确保社会稳定大局"这一目的来确定。② 故应明确法院在预重整程序中的参与限度，避免过度干预当事人意思自治。在问题楼盘破产案件中，法院主要做三项工作：其一，对债务人预重整申请进行预立案，并对当事人选任的临时管理人备案，经当事人申请也可以指定临时管理人；其二，明确预重整中各方在庭外重组时必须遵守的规则，比如明确预重整的债权人范围，信息披露范围以及预重整草案的制定等；其三，法院批准进入重整程序的审查规则。具体审查预重整方案的信息披露情况、投票情况以及重整

---

① 参见孙锐：《对程序正义与实体正义之冲突关系的质疑》，载《政法论坛》2007 年第 1 期。

② 韩德强：《正确认识和把握审判权 维护社会公平正义的历史使命》，载《人民法治》2018 年第 21 期。

计划草案的内容是否符合正式重整的实体性要求等。上述各项规则要契合《企业破产法》的有关规定，不得降低对利害关系人实体和程序权利的保护程度，不得改变预重整作为庭外重组的基本属性。①

（四）路径：问题楼盘预重整的规则设计

预重整兼具司法与非司法属性，庭外协商必须符合司法规则，才能保证预重整期间协商成果在法律效力上得以固化。② 故需明确问题楼盘预重整规则，以便与重整程序衔接。

1. 预重整启动阶段

在申请主体方面，有学者主张债权人因权利受损可以作为预重整的申请主体，有学者主张债务人、债权人、债权人委员会、出资人、政府部门或主管部门均可以提出预重整申请。③ 从域外及我国各地法院的实践来看，因债务人对问题楼盘破产情况最了解，故由其向法院申请预重整，能够提升重整效率、降低重整难度；在启动模式方面，借鉴域外经验以及实践情况，可由债务人向法院申请预重整，法院审查企业是否符合条件，再以预备案或登记的形式启动，并就重要事项向法院报告，法院可予以法律规则方面的指导，方便庭外协商程序与正式重整程序的良好衔接。④

2. 预重整实施阶段

一是推荐临时管理人辅助庭外重组。问题楼盘预重整是一项较为复杂、繁琐的程序，对法律、会计等专业知识要求较高，而债务人、债权人等利害关系人一般很难自主完成这项程序。这就需要专业的、有丰富经验的中介机构（如律师事务所、清算事务所、会计师事务所）参与预重整程序，比如日本预重整由中立的第三方专家参与案件审理，并主导整个程序。所以，建议债务人、债权人等利害关系人协商推荐中介机构作为临时

---

① 参见王欣新：《预重整的制度建设与实务辨析》，载《人民司法》2021 年第 7 期。

② 参见徐阳光、毛雪华：《破产重整制度的司法适用问题研究》，载《法制与经济》2015 年第 1 期。

③ 参见张艳丽、陈俊清：《预重整：法庭外重组与法庭内重整的衔接》，载《河北法学》2021 年第 2 期。

④ 张婷、胡利玲：《预重整制度理论与实践》，法律出版社 2020 年版，第 117 页。

管理人，辅助开展预重整工作。临时管理人比照正式重整程序开展工作（但不接管问题楼盘破产财产和营业事务），全面清产核资，高效完成预重整程序的债权申报、审核、债委会选任、招募投资人、制订预重整计划草案等，并向法院提交预重整工作报告，为制定重整计划提供数据支撑。

二是充分信息披露保障各方信息知情权。根据信息对称理论和知情权保护理论，法庭外重组要求债务人有义务进行充分的信息披露，以保证债权人是在了解债务人的营收、负债、资产等情况下对预重整方案进行投票表决。《最高人民法院关于适用〈中华人民共和国企业破产法〉若干问题的规定（三）》要求重整程序对单个债权人披露与之相关的所有信息，预重整程序也要不低于相关披露范围和程度。在信息披露标准上要保证信息披露的"完整性、真实性、充分性"；信息披露的内容应采用"全面披露原则"，即将与重整相关的"所有信息"或者"可能影响利害关系人就预重整方案作出决策的信息"，向债权人、出资人、意向投资人等利害关系人进行充分的披露；信息披露方式一般应采取听证的方式。

三是预重整阶段应采用"柔性执行中止"。问题楼盘预重整阶段，可以借鉴域外经验，采用"柔性中止"方式，即通过债权人与债务人协商中止的方式，以保障问题楼盘对财产的实际控制权，保障债权人的利益，促进预重整的顺利开展。

四是预重整方案的制定、表决。预重整方案的制定，美国通常由债务人制定，日本由事业再生专家制定，英国公司自愿整理，由破产执业者协助债务人制定。因为问题楼盘预重整涉及人员众多、关系复杂，需要多种专业知识，建议临时管理人协助债权人和债务人制定，内容和形式可参照重整计划草案的规定；在表决时，可参照正式重整程序召开债权人会议，最终以分组的形式投票表决。若召集特别困难，可以借鉴杭州怡丰成房地产公司的非现场会议经验，即通过购房债权人信息，以网络、电话等形式对债权人进行充分信息披露，并征集债权人投票表决。

3. 预重整与正式重整衔接阶段

预重整方案表决通过后，债务人向法院申请进入重整程序，临时管理人或债务人根据预重整方案，制定重整计划草案。

一是重整程序的申请。预重整期间届满前，临时管理人提交预重整工作报告，向法院申请进入重整程序。

二是破产重整的批准。法院自收到预重整书面申请和工作报告等材料之日起十日组织听证，经听证审查后，重整方案符合法定的信息披露、有关债权人、购房人、出资人同意表决程序、符合破产法重整计划内容规定等，裁定进入正式重整程序。此时，被法院裁定批准的重整方案转化为正式重整计划，对所有债权人具有拘束力。

三是重整计划的再表决。在庭外协商期间的投票表决，可能有部分债权人表决未通过，或者庭外协商可能未及于所有表决组，正式重整后也可能有新债权人加入，因此应给予未通过和未表决的债权人补充表决的机会。

四是"禁反言条款"的应用。债权人在预重整阶段对重整方案的承诺，将被视为已按照破产法的规定对重整方案进行表决。若重整计划草案内容对预重整方案进行了补充和修改，则应当召集利益受到影响的债权人对补充修改事项进行表决。

五是临时管理人的继任。在法院受理重整申请后，除临时管理人存在无法依法、公正履行职务或者有无法胜任职务情形外，应继任为重整案件管理人。

四、结　语

问题楼盘预重整涉及利益群体庞大、关系复杂，处理不当会严重影响社会稳定以及营商环境的优化，在《企业破产法》全面修改的背景下，对预重整的探索意义重大。随着我国社会经济体制改革进入深水区，对供给侧改革与法治化营商环境的需求日甚，而对预重整制度的探索与优化必然会对促进社会稳定、企业良性发展、优化营商环境起到更加显著的作用。

第三部分

重整制度的完善

破产企业重整价值识别机制的理性建构

——以"广东科利亚公司破产重整案"为例

芮媛媛　李梦瑶*

内容提要： 伴随企业破产模式从破产到破产预防的逻辑理念演变，我国破产重整制度逐步衍生和兴起。然而迎向破产重整制度良性发展的首要问题，就是制度适用的范围不清、存在错用及滥用的现象。化解此类关键性问题的思路就是建构一套科学、合理的破产重整价值识别制度。广东科里亚公司作为华南最大农机民企借助破产重整制度成功破解债务纾困僵局，通过该案例分析可以得出破产重整价值识别机制建构的新思路。首先，须厘清并协调参与破产重整的多元主体价值取向，达成利益平衡的"破产重整共同体"。其后，价值识别制度建构的具体因应措施，应当依托于行业价值等识别因素的标准设定。并且，须加大配套制度的完善力度，如专家团的引入等。最后，应发挥破产预重整制度具有的传统重整和法庭外债务重整所不具备的优势地位，提升困境企业的重整成功率。

一、破产重整制度的实践缘起

起初破产法仅规定清理债务、帮助企业解体的单一破产制度，到后期规定预防企业破产并帮助企业重新健康经营的破产重整、破产和解制度的衍生，实质是近代破产立法理念向现代破产预防立法理念思维转变的过程。这样的一个由破产到破产预防的必然的逻辑演进进程，决定了我们需要在未来应为企业营造更加侧重风险预防和促进企业恢复重建的良好营商

---

* 芮媛媛，锦天城律师事务所(广州)合伙人。李梦瑶，华南理工大学法学院博士研究生。

管理环境。① 破产重整制度亦正是在现代破产预防理念的指引下不断突破发展的。破产重整制度等破产预防制度的建立不是对破产法功能的排斥，而是使破产法对债权债务的调整功能由自发走向自觉，由消极变为积极。因此，破产预防制度是对破产法的完备和精确，是对破产法的丰富和发展，是破产法精神的全面贯彻和实现。

2021 年 10 月 30 日，海南省高级人民法院正式裁定批准海航集团及相关企业的重整计划。这标志着中国迄今为止最大的破产重整案取得重大突破，是万亿级债务体量法治化和市场化处置的重要探索。近年来，随着经济增长速度放缓、产业结构持续调整和转型升级，叠加后疫情效应的影响，诸多企业因过往的高杠杆、激进扩张导致债务负担沉重，最终出现严重的财务困境。根据 2021 年初的两会报告："2020 年各级法院审结破产案件 10132 件，涉及债权金额 1.2 万亿元，其中审结破产重整案件 728 件，盘活资产价值 4708 亿元，让 532 家有发展前景的企业重获新生，帮助 48.6 万名员工稳住就业。"在此背景下，破产重整在帮助企业化解债务危机、提质增效及解决社会问题的过程中发挥着越来越重要的作用，同时也加快产能过剩的供给侧结构性改革，从而实现合理与有效的资源配置。但由于破产重整的程序复杂性及其利益多元性、应允价值较难估量，债权人和债务人都缺乏申请破产重整的积极性和主动性。② 探索和考量我国破产重整制度有效运行的路径，解决该制度存在的"启动难"问题，在经济形势依旧复杂严峻的背景下成为当务之急。

二、破产企业重整价值识别机制的建构意义及实现障碍

(一)破产企业重整价值识别机制的建构意义

企业重整制度的运作不可完全预估未来风险，至于企业重整能否达成

---

① 参见付翠英：《从破产到破产预防：一个必然的逻辑演绎》，载《法学杂志》2003 年第 1 期。

② 参见张艳丽：《破产重整制度有效运行的问题与出路》，载《法学杂志》2016 年第 6 期。

重整计划所规划的目标还有待具体的操作和落实，如果重整计划失败则意味着无力清偿债务的企业仍要走向破产清算的结局。那么，需要考虑破产重整给债权人利益实现带来的不利影响，可以总结为如下四项：其一破产重整时间拖延。在企业的破产重整中，时间是很重要的因素，拖延会大大降低企业的价值。但是，破产重整程序的时间拖延，始终为人们所诟病。其二破产重整会耗费较高费用。其中包括但不限于资产评估费用、债权人委员会的费用及法律和会计等专业服务费用。其三司法资源投入大。破产重整程序中司法机关作为引导性的指导者和监督者，需要对整个程序从启动、重整计划批准、计划的实际落地和全过程监督乃至最终破产重整程序的终结予以监督和控制。其四破产重整程序的公开性易造成重整企业的商业价值降低。因为破产重整公开性很高，使得债务人企业的信誉常常被外界议论损害，并且连带性地降低外界对企业的整体商业价值评判。① 因此，破产重整如果不能较好估量企业是否具备被重整的价值，后续破产重整程序的推进将存在较大的风险。

(二)破产企业重整价值识别机制建构的障碍

破产企业的重整价值识别机制因为其复杂性、特殊性与高技术性，使得其在实际建构中存在着多重障碍，主要总结为以下四个层面：首先是立法层面，相关法律文件规定模糊，操作性较低。一方面，《中华人民共和国企业破产法》(以下简称《企业破产法》)，针对破产重整的规定较为宏观且尚不完善，缺乏应对现实需求的具体适用规则。另一方面，《全国法院破产审判工作会议纪要》(以下简称《破产审判纪要》)第 14 条规定："破产重整的对象应当是具有挽救价值和可能的困境企业；对于僵尸企业，应通过破产清算，果断实现市场出清。人民法院在审查重整申请时，根据债务人的资产状况、技术工艺、生产销售、行业前景等因素，能够认定债务人明显不具备重整价值以及拯救可能性的，应裁定不予受理。"可以归纳破产重整案件的价值识别定性为两个标准：其一，困境企业是否有必要挽

---

① 参见胡利玲：《破产重整制度之审思》，载《中国政法大学学报》2009 年第 4 期。

救；其二，拯救困境企业的可能性。但是这两项简单的规定，在落地过程中存在许多需要细化的方面。相关文件发挥的主要是指导作用，实际操作性不强。立法的缺陷以及对破产法功能认知的不足，导致立法预期并没有在司法实践中圆满实现。①

其次是主体能力层面，重整价值识别主体自身能力不足。目前许多企业的破产重整还是以政府为主导，政府作为行政机关，不具备专业性的市场价值评估能力。因为自身价值识别能力的不足，而盲目地为挽救企业来推进重整计划的实施将可能导致重整程序的真正意义落空。再比如法院也并非专业资产评估机构，对于重整企业价值识别亦不具备专业性，在专业性不足的前提下只能借助专业机构人员来进行评判。

再次是监管层面，管理人的选任机制和监督水平不足。办理案件的破产管理人办案经验和业务能力参差不齐，没有全国性的行业实务操作指引等规范。这给管理人的选任、实际工作和监督留下了巨大的裁量性空间，也容易被外界质疑公正性。破产管理人的职权范围广、空间大，在破产企业是否具有重整价值以及后续重整计划的推行中占据关键性地位。而我国的破产管理工作起步较晚，规范化与精细化水平还不够高，这也十分考验破产管理人职业道德和专业素养。②

最后是信息渠道层面，取证困难，造成信息不对称。在债权人申请债务人重整的情况下，由于债权人对债务人的有关情况无法充分掌握，其不可能满足举证证明债务人具备"有明显丧失清偿能力的可能"的要求。破产重整中信息不对称的状态与重整决策权归属之间的偏离，直接影响到程序的公平和效率。③ 以上为破产重整价值识别机制建构的主要障碍，在面对诸多障碍存在时，需要合理确定一系列重整价值的评价体系，以规避上述主要障碍和其他未列举的障碍。

---

① 李曙光、王佐发：《中国〈破产法〉实施三年的实证分析——立法预期与司法实践的差距及其解决路径》，载《中国政法大学学报》2011 年第 2 期。

② 参见张宏伟、朱淼蛟：《对破产管理人的管理与监督》，载《人民司法（应用）》2017 年第 25 期。

③ 陈英：《破产重整中的信息披露问题研究》，载《广西大学学报（哲学社会科学版）》2009 年第 5 期。

三、破产企业重整价值识别机制的建构路径
——以科利亚破产重整案为例

(一)以具案为视角剖析重整价值识别的影响因素

本文以参与的典型案例——广东科利亚现代农业装备有限公司破产重整案为例,通过对该案例的剖析意图为重整价值识别机制建构提供新思路。广东科利亚现代农业装备有限公司(以下简称"广东科利亚")于2009年12月22日在广州市增城区成立,受经济环境变化、产业转型、债务负担加重等因素影响,连年发生严重的经营亏损。因不能清偿到期债务,经广东科利亚申请,因其具备重整价值,2020年5月14日广州中院依法裁定受理广东科利亚重整一案。2021年4月22日,广州中院作出(2020)粤01破129-3号民事裁定书,裁定批准广东科利亚重整计划,终止广东科利亚重整程序。[①] 广东鑫隆科利亚投资控股有限公司(以下简称"鑫隆科利亚")与广州资产管理有限公司共同设立有限合伙企业,通过股东借款形式向项目公司提供重整投资款项。随着重整计划的有序推进,广东科利亚在接受注资及债务重组后,成功在短期内实现扭亏为盈,预计年产值将突破10亿元。

本文认为广东科利亚的重整计划推进的顺利完成,主要是以下三方面原因:一是形成了参与主体间利益的平衡。如图1所示,以重整计划的主要参与主体政府、法院、破产管理人、重整投资人及债权人作为研究对象,可以分析出在本案例中主要参与主体均借助重整程序实现各自利益,从而在整体上达成了利益平衡的共识,最终保证在重整计划推进上的"合力"。二是从行业价值角度,广东科利亚本身作为本土农机龙头企业,拥

---

① 在广东科利亚重整项目中,广东鑫隆科利亚投资控股有限公司为破产重整计划指定的投资人,计划提供全部资金清偿广东科利亚债务。广州资产管理有限公司(优先级LP)与重整投资人(劣后级LP)共同设立指有限合伙企业,广州资产、重整投资人分别向有限合伙企业进行实缴出资,由有限合伙企业以股东借款形式提供投资款项。

有多项自主研发专利，在中高端农机装备领域占有一席之地，该公司生产
的设备将有效弥补农业从业人员短缺，提高农村生产力。洞察广东科利亚
的发展前景，该公司仍有可以深度挖掘和扩展的行业价值。三是该公司尚
有可挽救余地。广东科利亚作为行业龙头企业，因为疫情等原因导致资金
链断裂，公司生产设备和厂房被查封，无法继续生产经营，使得公司负担
过重而不得已申请破产，但该公司实际上尚具备创收能力，拥有可持续发
展的技术和生产水平。

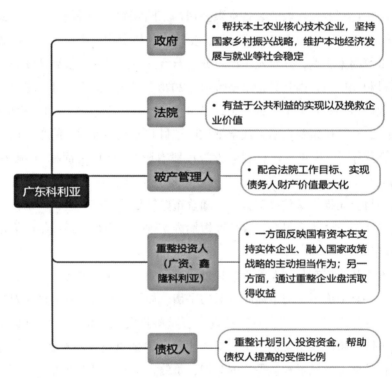

图1　广东科利亚重整项目的主要参与主体

（二）重整价值识别机制的多元主体价值取向协调

破产重整的过程实际上是为了实现多方主体包括债权人、债务人等的
利益平衡，不同主体角度对于企业是否具备破产重整的价值可能存在一定

的偏差，但保持同一性的是重整企业需要拥有重新焕发生机、恢复正常经营且与预期收益较为明朗的基本生存条件。故而，企业的破产重整价值评价机制实际上是一项集合多元衡量标准的制度，综合性地、全面性地理解企业破产重整的价值，需要以阐明多元主体对破产重整的价值取向需求为基本，在此基础上进一步对具体的企业破产重整价值识别机制作完善建构。① 本文主要选取了广东科利亚重整项目中的相关主体，即在企业破产重整中具有重要地位的债权人、债务人、政府、法院、重整投资人、管理人为参照主体，结合前述主体分别在破产重整中的权利与义务，对其在重整前企业是否具备破产重整价值的判断标准分主体作取向辨明。

由表1可知，本文通过从各方主体在企业破产重整中具有的权利和义务总结，较好地明确了各方主体在重整中的角色定性。在不同的权利义务内容下，不同的主体有不同的利益诉求和价值评价视角，但不可否认的是债权人、管理人等多方主体在考虑某企业是否启动破产重整程序时，最终的目标均是企业能实现恢复正常运作，并达到能自负盈亏、创造更高效益的效果。从社会学角度分析，破产债权交易市场的构建需要破产职业共同体的形成，比如，债权人、债务人及其顾问、破产法教授、机构投资方（买方）等。② 而广东科利亚最终能够较为高效地完成重整程序，实现企业的效益恢复，也是得益于多元主体的利益共同诉求的趋同与利益平衡。根据公共选择理论，只有当代表每个主要破产群体的精妙而又专业的组织都致力于对破产法产生影响的努力的时候，一个强大的破产共同体才能存在。破产共同体的存在，能够保障在整个破产程序过程中的有效分工与协作，追求更广泛的、共享有的、共同的利益。③

---

① 参见王建平：《论破产重整中的利益平衡》，中国政法大学 2011 年博士学位论文，第 51 页。

② 参见丁燕：《破产重整企业债权融资的异化及其解决》，载《华东政法大学学报》，2019 年第 4 期。

③ 参见[美]卡伦 · M. 杰比亚：《法典守护者：破产共同体的演化》，扈芳琼译，载李曙光、刘延岭主编：《破产法评论（第 1 卷）》，法律出版社 2018 年版，第 86、87 页。

表1　破产重整项目中多元参与主体的权利义务剖析表

主体	破产重整中的权利与义务	价值取向
债权人	权利：(1)知情权；(2)表决权；(3)申请法院裁定终止执行重整计划、宣告债务人破产；(4)申请法院更换管理人，监督管理人工作等的监督权；(5)选任或更换债权人委员会成员。 义务：(1)配合重整程序有序进行，包括容忍义务；(2)应停止申请对债务人的个别强制执行程序和要求债务人个别清偿债务；(3)遵守债权人会议的议事规则和履行债权人会议的决议。	破产企业清算与重整对应的受偿比例
债务人	权利：(1)自行管理模式中在管理人监督下，经营财产和营业事务，包括对存续企业财产的支配权和处分权；(2)债务人营业权的保护，限制债权人与投资人对债务人财产的分配；(3)融资权；(4)参与重整计划的制定等。 义务：(1)未履行出资或未全面履行出资的股东，在加速到期制度下，该类股东均应在程序内完成出资义务并承担不能完成出资义务的责任；(2)妥善保管其占有和管理的财产、印章和账簿、文书等资料；(3)配合人民法院、管理人的工作并接受监督；(4)列席债权人会议并如实回答债权人的询问，恪守诚实信用原则。	企业重整与清算的受益衡量
政府	权利：(1)决定税收、政策等支持；(2)监督权。 义务：(1)促进本行政区域以经济可持续发展，维持社会秩序稳定；(2)保障企业重整稳步推进、协调各方关系；(3)帮助企业后期信用修复。	企业对本地区经济的贡献度、对本地区就业率保证、企业未来发展前景
法院	权利：(1)审核决定企业是否符合进入破产重整程序的标准；(2)强制批准重整计划；(3)确定破产管理人。 义务：(1)司法引导、协助执行；(2)审查投票表决程序是否公平公正；(3)监督。	公共利益的实现、符合开展破产重整相关的法定要件、社会的维稳发展、企业是否具备挽救价值

续表

主体	破产重整中的权利与义务	价值取向
重整投资人	权利：(1)知情权；(2)公平参与破产重整程序；(3)企业的新增融资属于共益债权，具有优先受偿的权利；(4)提出重整计划、参与债权人会议。 义务：(1)保障出资的真实性与合法性；(2)配合后续重整程序有序开展；(3)帮助企业恢复正常经营、推动其结构优化升级。	企业的投资预期收益、企业的财务与经营情况、重整企业与自身经营范围是否相同或相似、投资成本
重整管理人	权利：(1)监督债务人管理财产以及经营事务；(2)聘任企业原经营人员管理企业营业事务；(3)申请重整终止的权利。 义务：(1)理清债权债务管理、制作重整计划外，依照法律和重整计划，管理债务人财产、处理债务人事务；(2)在重整期间，管理人负有向人民法院汇报重整计划实行情况的义务；(3)管理人在重整期间负有忠实勤勉的义务。	企业的财务与经营情况

(三)破产企业重整价值识别机制建构的因应措施

破产重整利益共同体的基础之上，需要更进一步的识别破产企业是否真正具备重整价值，需要从识别因素界定以及相关配套制度强化等方面着力。

第一，破产企业重整价值识别的因素界定。对于价值识别机制的构建可以参考上文剖析科利亚重整项目重整案例得出的确定重整的原因。案例中，该重整计划的启动经过法院的综合评定，包括确定广东科利亚本身的口碑信誉、资产状况、核心技术、生产条件、行业前景等情况较好，认定重整挽救的可能性较大。同时，还有一部分原因在于扶持国家核心技术，带动国家薄弱产业的国家发展规划要求。当前我国持续推进"六稳""六保"政策①贯彻落实。广东科利亚正是国家政策扶持的主要对象,其在保障就业、促进农业产业规模化、集约化发展方面有着不可忽视的作用。因此,基于广东科利亚本身尚属于行业优质企业,且符合国家政策方针,最终被裁定予以进入破产重整程序,挽救企业于水火之中。目前,广东科利亚破产重整案已入选广东省司法服务保障"六稳""六保"十大典型案例。

根据广东科利亚的破产重整项目,可以总结出破产重整企业的价值识别机制需要考虑的因素:其一,政策因素。国家政策的支持可以保证联合重整各方的利益,并且能够在政策推动下高效、无阻地执行破产重整计划。其二,宣传因素。帮助困境企业破除经营危机,可以为资产管理公司等重整投资人带来宣传的增效。作为国有企业等社会主体有义务也有责任帮助企业特别是农业等民生产业,在提供帮助之余,因为重整程序的公开性质,社会外界也会提升对破产重整投资公司的信誉评价,所以对于企业的切实宣传效果也相当客观。其三,行业价值因素。企业在行业中占据的价值也是判断是否能够进入破产重整程序的一项重要因素。最高人民法院2009年发布的《关于正确审理企业破产案件为维护市场经济秩序提供司法保障若干问题的意见》中指出,"对于虽然已经出现破产原因或者有明显丧失清偿能力可能,但符合国家产业结构调整政策、仍具发展前景的企业,人民法院要充分发挥破产重整和破产和解程序的作用,对其进行积极有效的挽救"。行业的发展前景也是判断困境企业是否进行重整的一个重要原因。企业本身有产业核心技术和竞争力,但因为暂时性的资金链断裂导致停产等。因为该公司还可以有长期性可挖掘的发展潜力,所以可以在考虑还拥有长期存续价值的基础上,将其纳入重整的范围。后期可以通过整合债权债务,使其恢复正常良好的经营状态。例如广东科利亚,若关注其重整之后的情况,可以发现在广州中院裁定该公司重整不到半年的时间,该公司80%的员工已复职到位,80%的机械设备已可以进入生产,企业恢复运营就签订了生产供应订单,恢复了自行造血功

---

① "六稳""六保"是我国为应对经济形势发生重大变化,外部环境严重恶化,保证经济平稳健康发展而出台的政策方针。其中"六稳"指的是"稳就业、稳金融、稳外贸、稳外资、稳投资、稳预期",而"六保"为"保居民就业、保基本民生、保市场主体、保粮食能源安全、保产业链供应链稳定、保基层运转"。

能。这也从侧面证实了法院、债权人、投资人等的重整价值评价标准是科学、合理的。但是，针对没有可存续性、发展潜力不足的企业，应当优先考虑转入破产清算程序。其四，重大资产属性。经过法定程序的核查与监督，公开性较强，因此债权债务关系较为透明且确定，相对于其他的产权中心受让的资产而言，可获益性的空间易评估，风险具有一定程度上的可控性。

第二，加大价值识别专家智囊团的引入和强化相关工作人员的培训力度。首先，企业是否具有可持续经营的价值与可能性，需要借助于法律、会计等专业性的机构来介入辅助，应当加快建立相关破产重整的专家智库，将涉及重整领域的各行业权威专家、执业律师、会计师等专业人才引入价值识别体系当中，形成多元主体模式下的专业型重整价值评价机制。加大专家的引入力度，也可以帮助企业破产重整项目的推进得到更为广泛领域的认可和支持，提高决策的民主性与科学性。[1] 我国也有相关文件支持在破产程序中积极引入专家评议，鼓励人民法院参考专家的专业咨询意见。如最高人民法院《关于审理上市公司破产重整案件工作座谈会纪要》规定："受理案件的人民法院应当通过最高人民法院，启动与中国证券监督管理委员会的会商机制。中国证券监督管理委员会安排并购重组专家咨询委员会对会商案件进行研究，人民法院应当参考专家咨询意见作出是否批准重整计划草案的裁定。"其次，对于法院、管理人等相关工作人员也应当坚持定期培训，提升其处理破产重整案件的能力，长期性的培养其对企业重整价值识别的素养。

第三，加强对管理人选任的程序及后期履职的全过程监管。对破产管理人的制度完善可以分为两部分，一是加强管理人的选任程序的完善。最先应当扩展管理人的选择方式，结合法院指定与债权人选任相结合的方式，债权人如果对法院指定的破产管理人不满，可以提起异议。法院如果同意债权人的异议，则债权人可以通过要求法院另行指定管理人或者以债权人会议决议的方式推荐管理人，最终经法院认可审查成立方可任命。与此同时，因为破产重整案件的专业性强、各案之间差异性大，所以应对管理人的专业能力作细分名单，专业能力的不同区分可以灵活适用于不同产

---

[1] 参见池伟宏：《论重整计划的制定》，载《交大法学》2017 年第 3 期。

业领域的破产重整案件。同时，要尽快建立并规范破产管理人的行业协会，以行业自律的方式约束管理人的行为。① 二是加强对破产管理人的全过程监管。本文建议对破产管理人的监管应当实现全过程控制，包括从破产管理人的选任确立、破产管理人的履职行为直到破产管理人职责的终止，均应当进行监督管理。②

第四，引入预重整制度，降低重整风险。预重整制度指的是破产重整程序启动之前，债权人、债务人、投资人、政府等就通过协商谈判，制定重整计划草案，通过一定程序获多数已知债权人同意，在向法院提起破产重整申请时一并提交重整计划草案，债权人在预重整期间所作的承诺在进入破产重整程序后对其仍有约束力，法院经审查后批准该重整计划。预重整制度可以被定义为破产重整程序的前置制度，该程序已成为许多国家拯救困境企业的重要法律制度，其功能在于将庭外重组与司法重整相结合，提高正式重整程序的效率和重整计划实现的可能性。③ 预重整呈现出预先打包重整、部分预先打包重整、预协商重整、重组支持协议等多种样态，目前我国关于预重整制度尚处于探索阶段。鉴于预重整制度的风险规避属性以及充分发挥庭外重组的市场化机制识别作用等重要功能，我国在未来企业重整价值识别中，可以逐步尝试在进入破产程序之前即适用预重整制度，以实现高效率、低风险的完成重整任务。④ 我国未来预重整规范的构建，需要正确认识预重整的基本属性，从程序规制和结果规制两个层面作出明确规定，同时完善预重整与庭内正式重整的衔接与协调关系，而并非简单的取代庭内正式重整程序。⑤

---

① 参见高志宏：《困境与出路：我国破产管理人制度的现实考察——以"东星航空破产案"为视角》，载《法治研究》2010 年第 8 期。

② 参见丁燕：《上市公司重整中行政权运行的偏离与矫正——以 45 家破产重组之上市公司为研究样本》，载《法学论坛》2016 年第 2 期。

③ 张艳丽：《破产重整制度有效运行的问题与出路》，载《法学杂志》2016 年第 6 期。

④ 参见潘光林、方飞潮、叶飞：《预重整制度的价值分析及温州实践——以温州吉尔达鞋业有限公司预重整案为视角》，载《法律适用》2019 年第 12 期。

⑤ 徐阳光：《困境企业预重整的法律规制研究》，载《法商研究》2021 年第 3 期。

四、结　语

　　破产重整企业的价值识别机制是一个崭新的命题，从破产法律角度审视，我国《企业破产法》的具体规则存在缺失。此外，识别主体能力和监督管理水平较弱、信息不对称等问题均影响着价值识别的准确判断。鉴于此，本文建议对破产重整的价值识别机制建构应当先行从宏观层面建立"破产重整机制共同体"，即法院、政府、破产重整企业、债权人等主要参与者之间的利益共同体。在达成利益共同诉求的前提下，形成合力多角度共同辨析企业是否具备重整价值。与此同时，微观层面的识别机制建构须明确政策、宣传、企业行业价值、重大资产属性等多种类型的价值因素，辅之以加强相关领域从业人员的识别能力、完善信息畅通机制和有效监管体制，从而系统化地建立和完善我国破产重整制度的价值识别机制。

重整程序中债权人的收益权质权的实现问题

王冠锜*

内容提要：收益权属于将来债权，其质权在破产重整程序中实际实现的价值会极大地受到特殊的隔离效果影响。在对于破产重整程序关键节点的认识上，对于担保物价值的判断时点应当以管理人提交重整计划草案之时为准。在上述理论基础上，收益权质权人可以对破产重整受理前产生的收益主张优先受偿权，且急需明确对于收益权独立的评估方法；对于破产重整期间产生的收益同样可以主张优先受偿权，但对于有特定财产的担保物的评估基准日，应当以提交破产重整计划方案之时为准，管理人也应当保障重整期间的质权人的期待利益，若行使法定解除权导致债权人优先受偿权减损，应当承担赔偿责任；对于破产重整执行后产生的收益，纳入收益权质权的优先受偿范围中会导致期待利益是否产生的风险转嫁给其他普通债权人，故质权人对于这部分收益不得优先受偿。

一、问题的提出

随着目前权利质押的范围和类型被不断突破，立法者也在保持谨慎态度的基础上开始逐渐开发权利质押范围，但是配套的法律规则却受限于各种原因仅以笼统的立法结构规避立法缺陷。由于实践中部分大型国有企业落入破产重整的境地，① 收益权质权在破产重整中的实现问题也在司法裁

---

　*　王冠锜，武汉大学法学院民商法学硕士研究生。

　①　参见青海省西宁市中级人民法院（2020）青 01 破申 1 号民事裁定书；重庆市第一中级人民法院（2017）渝 01 破 3 号民事裁定书；辽宁省沈阳市中级人民法院（2020）辽 01 破 21-1 号决定书。

判中出现大量纠纷，但却由于缺乏法律规定或者法律解释而无法得到合理解决。当债权人基于对破产公司享有的债权享有对破产公司某项收益权的质权，且该收益权的约定期间长于正常破产重整程序的时间时，管理人必然会面临这样的拷问，收益权应当按照约定期间进行优先受偿还是按照重整期间抑或其他期间段进行优先受偿，具体实现过程中还存在何种阻碍。为回答上述问题，笔者拟从收益权以及收益权质权之法律属性入题，分析其相较于一般动产质权以及权利质押的特殊之处，并在此基础之上讨论收益权质权在破产重整程序中的处理规则。

二、收益权质权的权利属性与实现风险

担保物权作为物权法中最为活跃的领域之一，一直反映着"社会生活领先于立法"这一现象。20 世纪末，我国开始推行积极开放的经济政策，国内基础设施建设迈入加速发展轨道。但在与此相关的担保法体系尚未完善的情况下，融资渠道单一的问题阻挠了大量市场主体对于资金流转需求的实现。于是这一时期，各种新型的融资手段层出不穷，我国东南沿海地区的部分银行，开始基于整体经济政策的积极风向以及法律法规的原理，尝试以高速公路、渡口、桥梁等公共基础设施的收益权作为质押权的设立标的开展国有企业的融资业务，以支持这一时期基础设施建设的融资需求。

1997 年，广州市环城高速公路建设项目以今后若干年道路收益权为质押标的，在取得政府主管部门的支持后，成功与建行为首的银团签订质押合同，成为全国首个成功以不动产收益权质押融资成功的操作实例。此后为了满足现实需求，2000 年最高人民法院以《最高人民法院关于适用〈中华人民共和国担保法〉若干问题的解释》的形式单设"权利质押"一节，第 97 条规定"以公路桥梁、公路隧道或者公路渡口等不动产收益权出质的，按照《担保法》第 75 条第(4)项的规定处理。"这一时期收益权质押的规定还存在着明显的立法局限性，囿于当时的社会实践，"公路桥梁、公路隧道或者公路渡口"的不动产类型规定既没有明确其为封闭列举还是开放式列举，也没有通过提取公因式对不动产类型进行立法技术上的提炼。2007 年《中华人民共和国物权法》(以下简称《物权法》)与 2007 年《应收账款质押登记办法》将不动产收益权类型的权利质权归入"应收账款"类型当中，并在《应收账款质押登记办法》中将"公路、桥梁、隧道、渡口等不动产收费权"纳入质押权利

范围中。此后在 2017 年修正的《应收账款质押登记办法》中将其扩充为"能源、交通运输、水利、环境保护、市政工程等基础设施和公用事业项目收益权"。在这一时期，实践中将水电站的收益权、污水处理厂收益权、游乐场收益权等权利作为质押标的的情况开始逐渐普遍。① 随着类似于游乐场收益权的权利质押开始被司法实践所承认，私营企业中并不需要特许经营权的质押也如雨后春笋一般出现，为了摆脱"收费权"这一概念中蕴含的行政收费的性质，立法开始倾向于以"收益权"一词来界定该类权利。② 2021 年，《中华人民共和国民法典》(以下简称《民法典》)第 440 条规定"现有的以及将有的应收账款"可以出质，在依然沿用了应收账款的立法结构的同时明确了"收益权"这一种特别类型的合法地位。《民法典》时代收益权的属性似已有结论，但需要指出最终落向应收账款的立法选择是一种技术性选择，在学理上收益权的属性从未形成真正意义上的共识，"特殊权利说"③、"用益物权说"④、"将来债权说"⑤、"区分说"⑥等观点层出不穷。

（一）收益权属性之辨

1. 学说溯源

"将来债权说"现为学界的主流观点，如部分学者认为"将来债权说"更符合收益权的交易特征，其系根据当事人约定产生的债权性权利，其权利义务人为基础资产的持有人或权利人，其产生源自基础资产但又与基础资产(股权、债权、基础设施和公共服务、各类不动产和动产等特定经营资产)本身相区分，具有相对的独立性。⑦ 持有相同观点的学者还从物权

---

① 参见青海省投资集团有限公司等借款合同纠纷案，青海省西宁市中级人民法院(2019)青 01 民初 383 号民事判决书；福建省福州市中级人民法院(2012)榕民初字第 661 号民事判决书；最高人民法院(2020)最高法民终 910 号民事判决书。

② 参见最高人民法院(2020)最高法民终 910 号民事判决书。

③ 参见王利明：《收费权质押的若干问题探讨》，载《法学杂志》2007 年第 2 期。

④ 参见李遥：《不动产收益权质押研究》，武汉大学 2013 年博士学位论文，第 35 页。

⑤ 参见程啸：《物权法·担保物权》，中国法制出版社 2005 年版，第 473 页；程啸：《担保物权研究》，中国人民大学出版社 2017 年版，第 578 页。

⑥ 参见李富成：《公共基础设施收费权的法律定性》，载《法学》2006 年第 2 期。

⑦ 王乐兵：《"物权编"与"合同编"体系化视角下的应收账款质押制度重构》，载《法学家》2019 年第 3 期。

法定原则的角度提出不得将其认定为物权性质的权利。① 但也有学者提出资产收益权质押设立时无事实的债权债务关系，进而否认了其债权属性。② "用益物权说"则以李遥、孙淑云、孙玥等学者为主，李遥在其《不动产收益权质押研究》一文中认为用益物权更能体现不动产收益权的本质属性，如高速公路收益权、酒店经营收益权是不动产所有权派生收益权能的体现。③ "特殊财产权利说"认为不动产收益权质押属于一种特殊的财产权，既不是物权，也不是债权，一方面，收费权支配的对象既不是有体物，也不是对财产直接支配的权利，而只是在提供了一定的服务之后收费的权利，因此还不能称其为物权；另一方面，收费权虽然属于请求权，但其本质上是一种取得一定债权的资格，而并非依据合同或者侵权行为等原因而发生的具体债权。④ 与"特殊财产权利说"有近似思路的为"区分说"，该学说则基于"物权法定原则缓和"的理论以公共基础设施收费权的排他性为界限区分收费权的物权类型和将来债权类型。⑤

2. 制度演变视角下的收益权属性之辩

收益权质押的实现依赖于收益权能够持续稳定地产生双方当事人签署质押合同之初预计的收益，并且需要出质人基于公路、桥梁、水电站、游乐园等基础资产进行正常经营，其外观与物权的紧密联系的同时又体现出了具有特定对象的请求权属性，出现如此之大的争议情有可原。囿于传统的物债视角，学说之辩陷入了扁平的类别之争，但从收益权质权制度发展的历史角度来看，该问题并非无解。

支持"用益物权说"的学者主要认为不动产收益权权能可以等同于所有权中对孳息的收益权能，可以将不动产收益权看作是不动产所有权中对法定孳息、天然孳息的收益权能的非典型性扩张，进而认定其

---

① 参见胡伟：《反思与完善：资产收益权信托之检视——兼析我国首例信托诉讼判决之得失》，载《华北金融》2013 年第 8 期。

② 参见孟勤国、刘俊红：《论资产收益权的法律性质与风险防范》，载《河北学刊》2014 年第 4 期。

③ 参见李遥：《不动产收益权质押研究》，武汉大学 2013 年博士学位论文，第 39 页。

④ 参见王利明：《收费权质押的若干问题探讨》，载《法学杂志》2007 年第 2 期。

⑤ 参见李富成：《公共基础设施收费权的法律定性》，载《法学》2006 年第 2 期。

属于用益物权,① 部分学者认为收益权也具有物权应有的对世性、排他性、直接支配性等物权的基本特征,进而认为其属于一种特殊的用益物权。② 但该学说忽略了收益权本质在立法沿革中演变的显著趋势。早期担保法时期的立法者基于审慎态度,仅将公路、渡口等收益稳定的收费权纳入权利质押的范畴中,导致学者在这一时期对于收益权的讨论大多认为收益权本质上包含特许经营权,该类型收益权所涉及的基础资产物权归属极少发生变动,在权利外观上使得收益权与基础资产物权不可分割,故而使得用益物权说盛行于学界。但随着实践中游乐场收益权等特别类型权利质押的出现,以及最高法指导案例 53 号的发布,③ 特许经营权的属性开始逐渐从收益权当中剥离出来。2007 年《物权法》以及《应收账款质押登记办法》颁布后,收益权作为应收账款项下的质押标的在权利性质上开始与一般物权具有的支配效力进一步相割离,而这种趋势也一直延续到了《民法典》以及《最高人民法院关于适用〈中华人民共和国民法典〉有关担保制度的解释》(以下简称《民法典担保制度解释》)当中。④ 该学说的大前提已欠缺合理性。

而支持"特别权利说"的学者除反对用益物权说以外,主要认为收益权实际上是取得一定债权的资格,与有着实际债权债务关系的债权有着显著区别,进而论证其既不属于物权也不属于债权,而属于一种特殊

---

① 参见李遥:《不动产收益权质押研究》,武汉大学 2013 年博士学位论文,第 35 页。

② 参见孟勤国、刘俊红:《论资产收益权的法律性质与风险防范》,载《河北学刊》2014 年第 4 期。

③ 参见福建海峡银行股份有限公司福州五一支行诉长乐亚新污水处理有限公司、福州市政工程有限公司金融借款合同纠纷案,最高人民法院指导案例 53 号(2015 年)。

④ 《中华人民共和国民法典》第 440 条:"债务人或者第三人有权处分的下列权利可以出质:……(六)现有的以及将有的应收账款……"《最高人民法院关于适用〈中华人民共和国民法典〉有关担保制度的解释》第 61 条第 4 款:"以基础设施和公用事业项目收益权、提供服务或者劳务产生的债权以及其他将有的应收账款出质,当事人为应收账款设立特定账户,发生法定或者约定的质权实现事由时,质权人请求就该特定账户内的款项优先受偿的,人民法院应予支持;特定账户内的款项不足以清偿债务或者未设立特定账户,质权人请求折价或者拍卖、变卖项目收益权等将有的应收账款,并以所得的价款优先受偿的,人民法院依法予以支持。"

的财产权利。① 但从时间跨度上将收益权与债权的性质相区别，但收益权必然会在法定或约定的质权实现事由发生时特定为具体确定的债权债务关系，在将来债权与实际发生的债权的间隙中强行塞入一个概念无益于实际问题的解决，该种观点实际上是以收益权并非典型债权为由否认其债权的本质属性。

由于收益权的概念在民法体系中完全是为权利质押所创设的，而在实际设立质押权时出质人与质权人需就收益权的具体实现形式进行约定，故收益权的发生原因依然是双方当事人的合意而并非依附于物权而自始存在，这也是笔者认为收益权之本质为债权的主要理由，不过由于其债权债务关系尚未特定化导致其不属于典型的债权，进而将其作为将来债权更为合理。同时，笔者需要强调的是，这种区分并非是由于收益权无法归入现有权利分类而作出的权宜之计，而是将来债权相比于债权在权利效力上应当存在其特殊之处。将来债权与一般债权的核心界限就在于将来债权的相对方并未实际确定，权利人仅能"期待"收益的产生，质权人在其质权标的受到侵害时的救济途径相对有限，仅能采取增担保请求权和拍卖变卖收益权。

（二）收益权质权的实现风险

1. 收益权质权的特点

在融资担保中，收益权质权是通过将担保物延伸至将有财产进而增加融资手段的，无论是立法选择还是当事人订约时的意向，都当然地希望收益权可以稳定地达到双方的预期，故一般意义上会对于收益权的实现价值做随时间变化而增加的推定，但这一推定未臻全面。需要明确的是，法律应当以何种态度面对因对收益权价值进行推定而产生的意外风险。

在实践中，例如高速公路收益权容易因节假日变化与疫情因素产生较大波动，水电站收益权会因季节与自然灾害产生较大变化，以至于收益的稳定性期待与现实有极大冲突。而《民法典担保制度解释》第 61 条第 4 款以账户内余额作为质权实现对象的思路就回应了这一观点，由于即使质权提前实现抑或收益权项下的实际收益并未达到预期，质权人均只能基于特定账户获得清偿。故立法宗旨上是让质权人自行承担收益权本身所附带的

---

① 参见王利明：《收费权质押的若干问题探讨》，载《法学杂志》2007 年第 2 期。

实现风险。立法试图规避的收益权价值稳定性风险并不能在实践中完全避免，因此从当事人的视角客观看待收益权质权时，法律对于收益权的类型限定是准入门槛，而质权人仍应当承担接受此种担保方式的担保物价值变动价值风险。

2. 破产程序的效力影响

司法实践中出现了收益权因企业进入破产重整导致后续产生收益如何计算问题产生争议的情况，但就目前的立法模式而言，权利质押的救济途径采取了参照一般动产质权的处理规定的方式进行。如出现上述导致收益权落空的事项，目前法律上只能笼统地从担保请求权以及拍卖变卖收益权的角度进行救济。由于原本实践中主要采取收益权质押模式进行融资的市场主体往往是肩负维护国家公共利益义务的大型国有企业，用以质押的权利所涉基础资产往往也是受行政管制的公路、发电站等资产，出现上述情形的可能性较小，大多数学者将讨论压缩在我国行政管制的整体框架之下进行，但随着《民法典》立法以及司法实践开放了收益权质押的合法范围，以及实践中新型案例的出现，现有的法律规定已逐渐无法满足现实社会需要，深入探讨收益权质权在破产重整中的实现逻辑并解释适用相应的规则便显得尤为必要。

破产清算中，破产企业以无可挽回的态势走向衰败，随着企业财产的拆分变现和企业主体资格的消灭，即使收益权在质押中的约定时间尚未届满，也再无存续之可能。破产重整中，就目的而言与破产清算并无本质区别，因为最终都力图使债权得以公平实现。[1] 但相同的目的下，破产重整程序中债的担保与物的担保存在完全不同的实现逻辑，此时收益权项下所属财产利益成为一个随重整进程不断变动的质押物，其归属问题与价值贬损的风险分配问题也应当在不同重整阶段细致安排，这便需要对于不同重整阶段的关节节点进行系统性理解。

三、破产重整中关键节点认识的理念调适

破产重整中对于有财产担保的债权的实现受到高度限制，为了重整的

---

[1]　参见许德风：《破产法论：解释与功能比较的视角》，北京大学出版社 2015 年版，第 476 页。

公平与效率的实现,这种限制贯穿破产重整程序之始终,以至于破产重整中对于担保物的处理往往脱离担保物权的法定框架,落入各方利益博弈与破产法暗含的难以把握的公共政策之中。作为一门需要对社会公共利益作一定考量与回应的"非典型私法",[①] 利益与风险分配基础上的模糊性导致了实践中管理人在设计重整方案时难以找到合适的对担保物价值进行判断的时点。

(一)破产重整各节点定位的析理

"重整期间"概念虽频繁见诸学术成果,但《中华人民共和国企业破产法》(以下简称《企业破产法》)对此未能给予清晰的界分,仅在第72条规定"自人民法院裁定债务人重整之日起至重整程序终止,为重整期间",但对于重整程序何时"终止"亦无明确界定。此问题已有学者进行了充分论述,认为人民法院在批准重整计划草案之时,重整程序即行中止,而重整计划的执行期间在法律上已不属于重整期间。[②] 本文探讨中采用的重整期间概念与此一致。

整体而言,从对于破产重整企业产生实质影响的标准上来看,重要节点包含破产重整受理之日、重整计划表决通过之日、重整计划执行完毕之日等三个时点。破产重整受理之日起,企业破产财产的范围一定程度上锁定,担保物权行使被限制,为债权人申报债权以及管理人与各方协调并制定重整方案预留时间,在重整期间有财产担保的债务清偿实质上处于停滞状态,为破产管理人的继续经营保留生产资料。在这一阶段,破产管理人采用破产重整受理之时作为众多时点的参考这一实践中大量出现的惯例似乎并无正当性理据,针对这一现象需要回应的是,重整期间因无法预估的各种原因导致的价值风险应当由担保权人自己承担,还是在重整程序中与债权人共同承担风险。而重整计划表决通过后,法律对于重整计划内容的强制性要求注定了执行阶段的有财产担保的债权均已做出了合理等价安排,此时未做拍卖变卖处理手段的担保物根据计划逐步解除担保进入执行

---

① 参见邹海林、周泽新:《破产法学的新发展》,中国社会科学出版社2013年版,第15-18页。

② 参见钱宁:《重整计划执行期间的独立性及规则完善》,载《华侨大学学报(哲学社会科学版)》2021年第1期。

企业资产池，公司按照重整计划经营偿还债务，执行期间届满后企业彻底重获新生。在执行过程中，担保债权已形成拍卖变卖抑或留债的决定，具体价值与金额再无变化的可能。

（二）财产价值波动问题上的时点选择

虽然破产重整程序整体而言仍属于自治性规则，管理人在设计重整方案过程中可以对于担保债权的受偿范围及方式作实质性调整，但《企业破产法》第 87 条仍做了充分保障，详究第 87 条之规定，重整计划应当满足三个要件，包括"就该特定财产将获得全额清偿""其因延期清偿所受的损失将得到公平补偿""担保权未受到实质性损害"。第一项的全额清偿在实践中以评估结果为准，但是评估时间往往随破产管理人工作实时开展，并无定数；第二项可以见立法者对于担保财产价值变动尝试做了风险分配，但仍需要进一步解释，"损失"既应当包括一般财产损失，也应当包括可得利益损失；该款第三项的突出了实质性损害，该要件在覆盖一般损害情形时，还应当作用于有价无市、担保物因加工等原因混同致价值贬损等特殊情形。上述三项要件并非完全独立，但均为充分条件。

无论是评估基准日抑或整体拍卖变卖时的收益权期间，都应当基于某一特定时间节点进行。为了实现困境企业的复兴目标，破产重整制度对担保债权的规制并不遵循传统民法上优先受偿之路径，担保债权行使的时机及方式都受到一定的限制。① 从实践中看大量出现的以破产重整受理之日的处理方式，似乎在第 87 条框定下有合理之处，有财产担保债权人并非没有任何救济的出路。然而实质上在重整计划制定过程中，最终的担保物价值敲定只能以管理人以及基于正当程序选出的评估机构的意见为准，进而形成同债同权的统一清偿方案。有贬损也当然可能存在其他担保权人的担保物升值，本因针对个人财产价值贬损的救济手段便容易陷入了多方博弈怪圈中，当救济制度只能在部分甚至及少数情形下发挥作用时，是当然存在缺陷的。而如今出售式重整等新兴重整方式说明了重整计划可能以原公司"不复存在"为代价，会在与收益权上形成了与破产清算类似的隔离效果，故综合前文，重整计划执行完毕之日显然也是不能作为判断时

---

① 参见李忠鲜：《担保债权受破产重整限制之法理与限度》，载《法学家》2018年第 4 期。

点的。

故理论上重整计划表决通过之日是作为财产价值判断时点的最佳参考，但仍需考虑到实际操作中，管理人为了预留重整方案制定时间只能选取尽可能接近的时点，且不可能预估重整计划批准的具体时间，判断时间应当提前到管理人提交重整计划草案之时。虽然对于管理人制定重整计划的压力较大，但可以通过评估技术和方法提前评估时间，降低管理人实践操作的负担，这一点于后文中详述。

四、基于不同重整阶段的收益的质权实现问题

收益权质押可能由于其依赖将来经营行为的特点而面临特殊的损害情形，使得一般的处理规则无法满足现实需要，故有单独讨论之必要。由于破产重整具有维持企业继续运营的积极拯救功能，以致整个破产重整过程中的收益权质权之标的都处于动态浮动的状态，并随着经营过程价值逐步增多，一般情形下不同阶段收益权质权标的价值的计算方式会直接关系到债权人的受偿水平。

（一）进入破产重整程序前产生的收益

在企业进入破产重整程序前，由于企业依然处于正常经营情形下，收益权仍随着经营行为而不断产生收益，这一部分收益应当作为质权标的之涵盖范围自不待言，但在具体操作中仍然面临一些问题。收益权作为质权标的时，会涉及在破产重整中留债清偿等方案中的价值评估，而收益权作为一种无体物，在采用会计学上的不同的评估方法时会导致价值差异极大。

目前会计学上主要的评估方法包括收益法、市场法、成本法几种。其中，收益法是以会计学中的预期价值理论为基础综合基础资产各项情况进行预估；市场法则是利用市场中的同类或近似资产进行类比估测；而成本法则针对的是资产本身的构建成本进行的评估。而上述三种评估方法都各有优劣，收益法的评估方式较为灵活，但由于缺少参考容易导致评估考虑的因素不充分；市场法以参照模式为主，可实践中可以用于同类型参照的收益权类型较少，也常常由于融资金额较大而涉及商业秘密难以公开，存在阻碍；而成本法则完全无法作用于未来收益权这种价值产生于将来时段的无形资产。

上述评估方法看似仅仅是择一适用的关系，但处理不当也容易导致纠纷。例如在破产重整情形下，涉及有财产担保的债权需要留债清偿时，普通的动产与不动产在采取成本法进行价值评估的过程中未来收益权质押是否可以采用不同的评估方法，如此处理是否又会存在违反"同债同权"处理原则之嫌。故笔者认为仅有为未来收益权这一特殊的无形资产制定一套独立的价值评估方法以及适用规则，来确认在何种情形下适用何种评估手段，进而减少类似情形发生时所产生的争议。

(二)破产重整期间产生的收益

破产重整中，为了实现企业起死回生的制度价值，债权人的权利行权会受到较破产清算阶段更多的限制，这一点在收益权质权实现过程中还会进一步放大，具体而言主要包括评估基准日的确定和管理人法定解除权两个问题。

1. 评估基准日

在会计学上，由于考量到市场的内外环境是不断变化的，资产的价值也会随着市场条件的变化而不断改变的。为了使资产评估得以操作，同时又能保证资产评估结果可以被市场检验，评估基准日是评估报告的必要条件以及评估报告时效性的保证。[1] 我国立法并没有明确破产程序中评估基准日的选取标准，根据对破产重整方案以及裁判文书的检索，[2] 重整程序中的评估基准日绝大部分都选择了破产重整受理之日。[3]

破产重整案件时间跨度大，法律规定的重整期限为六个月，六个月后不能提交重整计划方案的，经人民法院许可可以延长三个月，[4] 实践中重

---

[1]　《资产评估执业准则——资产评估报告》第 14 条："资产评估报告正文应当包括下列内容：……(五)评估基准日；……"

[2]　参见四川省乐山市市中区人民法院(2018)川 1102 破 1 号民事裁定书；吉林省白城市中级人民法院(2019)吉 08 民初 84 号民事判决书。

[3]　《中华人民共和国企业破产法》第 107 条："债务人被宣告破产后，债务人称为破产人，债务人财产称为破产财产，人民法院受理破产申请时对债务人享有的债权称为破产债权。"

[4]　《中华人民共和国企业破产法》第 79 条："债务人或者管理人应当自人民法院裁定债务人重整之日起六个月内，同时向人民法院和债权人会议提交重整计划草案。前款规定的期限届满，经债务人或者管理人请求，有正当理由的，人民法院可以裁定延期三个月。"

整期间更有长达数年之久的案例。在如此长的时间范围内，企业的各项财务数据会随市场变动、经济规律等原因产生较大变化。同时，根据法律规定，管理人（第一次债权人会议召开前经法院许可）以及债权人会议可以根据企业实际情况决定债务人是否继续经营或者停止经营。债务人继续经营的，其财务状况、资产状况随时都变动，如果审计评估工作仍旧以案件受理日为基准日，可能其作出的结论与企业的真实状况不符，管理人以此为基础进行投资洽谈也很难说服意向投资人，计算的分配比例是否符合企业真实资产状况也会存疑。

在破产重整案件的办理上，应当根据企业的实际情况，以及案件的进展情况，将审计评估的基准日调整为重整计划方案提交债权人会议之时，使重整计划方案中载明的数据最大限度地反映企业的真实状况，进而达成各方的真实合意，实际操作中也更有利于管理人工作的开展。

2. 破产管理人的法定解除权

在破产重整期间，若破产管理人为了降低留债负担，提高重整成功可能性，对于与资产收益直接相关的收益合同行使《企业破产法》第18条规定的法定解除权，那么可以从根本上消灭收益权的存续可能性，自然收益权质权亦无法存续。

由于收益权的实质是已有和将有的债权集合，破产管理人为了重整成功，必然在行使法定解除权之后再行签订收益性质的合同，以保证未来现金流足以承担重整之后的债务规模，并同时借用重整程序的保护外壳规避收益权质权的实现。应当允许质权人在破产管理人行使法定解除权时要求增加担保或者直接进行拍卖变卖，尤其在立法中应当防止破产管理人假借收益权完整为"重整所必需"①的理由排除质权人提前进行优先受偿。

在中国农业银行股份有限公司大安市支行与天威（大安）新能源有限公司别除权纠纷案中，管理人就基于《企业破产法》第18条第1款主张作为电费收益权的基础购电合同已经解除，进而拒绝债权人以重整期间产生

---

① 《全国法院民商事审判工作会议纪要》第112条："[重整中担保物权的恢复行使]……经审查，担保物权人的申请不符合第75条的规定，或者虽然符合该条规定但管理人或者自行管理的债务人有证据证明担保物是重整所必需，并且提供与减少价值相应担保或者补偿的，人民法院应当裁定不予批准恢复行使担保物权……"

的收益享有优先受偿权的主张。① 在少量案例中，法院采取实质认定的方式限制法定解除权的滥用，中国长城资产管理股份有限公司江苏省分公司与苏州康盛风电有限公司普通破产债权确认纠纷案中，法院以"康盛风电公司目前仍然以阳澄湖低速风电示范项目发生的电力向江苏省电力有限公司收取电费"为由认定基础合同并未实质解除，进而保障了质权人对于重整期间产生收益的质权的实现。②

从收益角度讲，收益权在破产重整期间产生的收益如果均纳入债权人优先受偿的范围，那么其他债权人的偿债资源并未实质增加，所以仅从收益角度讲管理人并没有保障经营收益的动机。但从管理人职责角度仍有一定的限制空间，法定解除权的基本逻辑是，赋予管理人在经营管理过程当中决定是否继续营业的特权，以尽可能地增加破产财产，提高偿债资源。在不会影响其他债权人偿债的前提下，管理人应当保证这一部分期待利益的实现，或者承担未尽勤勉尽职、忠实执行职务给债权人造成损失的赔偿责任。

(三)破产重整执行期间产生的收益

收益权作为一种将有的应收账款，其反映的是质权人与质押人形成了以可期待利益担保主债权的合意。值得注意的是，由于破产重整期间和破产重整执行阶段，破产企业都始终处于继续经营维持运转的状态，并以起死回生作为重整最终目的，这就面临着被质押的收益权项下始终在产生收益，导致实务中的质权人认为重整后继续经营所产生的收益依然应当作为质权标的所涵盖的范围，并与管理人产生冲突。③ 具体来看，需要回答的问题是破产重整程序能否阻断被质押的收益权这种期待利益的实现，但是纵观裁判说理，均没有直接回应这一问题的判决，往往是以"重整计划草案被人民法院批准执行后，享有优先清偿的担保债权已经依法予以保护，对于按照重整计划减免的债务，债务人不再承担清偿责任"的逻辑驳回质权人的观点，但由于缺乏明确的法律规范指引导致说理并不充分。

笔者认为，质权人对于破产重整执行后的收益不能享有优先受偿权，

---

① 参见吉林省白城市中级人民法院(2019)吉 08 民初 84 号民事判决书。
② 参见江苏省苏州市相城区人民法院 (2018)苏 0507 民初 6991 号民事判决书。
③ 参见最高人民法院(2020)最高法民终 910 号民事判决书。

主要可以从以下两个视角引导法院说理。其一，破产重整中的债务清偿仅能以破产财产为限，即所有债权人从一个固定的资产池中分配偿债资源，作为将来债权的收益权由于一部分收益尚未实际产生，故重整方案执行后的收益还不属于破产财产，管理人在设计重整方案时也不应当就重整执行的后续收益进行分配。其二，即使收益权往往具有收益稳定的特点，但其依然存在如行政规划调整、特许经营权转移的风险，破产重整程序本身也存在执行失败的风险，如若在重整方案设计阶段就将执行阶段收益纳入质权人优先受偿范围，是将期待利益产生的风险不当地嫁接到了所有其他普通债权人身上，这是普通债权人无法预料也不应当预料的风险。基于此，处于破产重整程序中时，收益权质权在重整执行的后续收益将会被重整程序所阻断，而不应当在重整方案中优先受偿。

我国破产重整程序中担保权恢复
行使制度的完善

——基于206份裁判文书的分析

程继伟　梁　敏　周　鸿*

内容提要: 现行企业破产法体系下, 有担保债权在破产重整程序中的实现存在双重阻碍: 实体层面并未界定对担保物权进行限制与保护的实质审查标准, 程序层面亦未就当事人权利救济的形式、期限等要素作出明确界定, 破产重整程序中担保债权人的权利救济机制形同虚设。《企业破产法》修订时宜权衡各方利益并重构破产重整程序中的担保权恢复行使制度: 建立以维护债务人营利、同时充分考虑担保债权人现实权利需求的实质审查体系, 构建二元审查主体基础之上的担保权恢复行使司法救济机制, 并完善破产重整程序中担保权行使的配套制度。

一、问题的提出

担保权是指担保物权人在债务人不履行到期债务或者发生当事人约定的实现担保物权的情形, 依法享有就担保财产优先受偿的权利。[1] 在主债权外另行提供债务人或第三人之财产作为债之履行的保证, 有助于维护交易安全、稳固市场信用体系, 担保权人亦因此在众多债权中享有受偿顺序

---

* 程继伟, 武汉市中级人民法院武汉破产法庭庭长。梁敏, 中南财经政法大学经济法学硕士研究生。周鸿, 中南财经政法大学法律硕士。

[1]　参见《中华人民共和国民法典》第386条。

上的优先性。① 但在债务人资不抵债的情况下，若有意以继续从事生产经营为目标对企业进行破产重整，则不得不牺牲债权人的利益，以暂时放弃到期债权作为维系企业营利的代价。可见，担保权具有优先实现债权的独特价值，破产重整程序则基于维系企业在经营上的长久性具有延缓债权实现之功能，二者存在一定价值冲突。

担保权因其具有请求处置担保财产的权能内容，而该担保物通常系破产企业维持营利所需之物，处置担保物可能导致债务人企业营利上的减少，各国立法均对担保权人在破产重整这一特殊阶段的权利实现进行了不同程度的限制。美国破产立法规定，一旦破产申请被提出，任何可能影响破产程序的财产行为自动中止；德国破产法赋予了破产管理人和债权人会议一定的破产财产处置权，若其能证明担保权的实现可能阻碍重整程序的进行，则可向法院申请限制担保债权人行使债权。② 我国《企业破产法》第 75 条规定在一定程度上借鉴了美国破产立法的"自动中止制度"，对担保权在破产重整程序中的行使亦采取了限制为主的做法。尽管该条第 2 款同时为担保债权的继续实现提供了救济路径，但对于应当如何区分担保权限制与保护的界限，以及原则性的规定能否为当事人的权利诉求及人民法院的审理工作提供有效的思路等问题尚存疑。当前正值我国破产立法修订之际，本文将从司法实践视角审思我国破产重整程序中担保债权行使与实现的情况，并结合当前权利救济与保护的现实困境，探讨担保权恢复行使的完善路径。

二、我国破产重整程序中担保权限制与保护的现状

（一）担保权在破产重整程序中限制与保护的适用规则

我国《企业破产法》在第八章"重整"中对重整期间、重整计划的批准等事项作出专门规定。按照现行规定，重整期间自法院作出重整裁定之日

---

① 参见胡吕银：《担保权属性与各种担保方式的重新界定》，载《法学》2013 年第 8 期。

② 参见许德风：《论担保物权在破产程序中的实现》，载《环球法律评论》2011年第 3 期。

正式起算。① 进入重整期间后，担保权一律暂停行使，担保权人不得就特定的担保财产进行变卖或就该财产变价的价款获得受偿。我国立法者考虑到过度限制担保权人对担保财产的处置权可能造成对担保物权的侵害，因此对担保权人提供了权利救济的方案——若该担保物有损害或价值明显减少的可能时，担保权人可向人民法院请求恢复行使担保权。② 据此可看出我国立法者对于担保权在破产重整中的行使与实现问题持以下态度：第一，对担保权人权利的限制是"相对限制"而非"绝对限制"，即我国《企业破产法》是以限制处分担保物为原则，同时为担保物权的实现和救济保留了一定可能性，而未采用一刀切的形式阻断该权利的实现，且仅限制了担保物权人对担保财产的变现权，而并未否认对担保物进行优先受偿的权利；第二，对担保物权的实现采取的是限制而非排除手段。我国《企业破产法》第87条对重整计划提出了保证"担保权人的债权全部实现"的强制要求，可见破产重整程序中担保物权只是暂停行使，担保权人就破产财产优先受偿的权利实质并未遭到否定。

（二）重整程序中担保权恢复行使的司法检视

对濒临破产的债务人企业进行重整的首要目标是通过整理各类不良资产、寻找新的投资人等形式促成债务人继续营利，而担保物权保护的则是债权人对破产财产进行变现的处置权和受清偿顺序上的优先性。因此，破产重整导致债权的延缓实现，而担保债权在性质上属优先债权，二者在权利的实现层面存在现实冲突。现行《企业破产法》以暂停担保物权在破产重整中的行使为原则，同时为担保物权人开放权利救济途径，似乎有意在立法层面强调二者的平衡。为检视担保债权人在司法实践中权利救济的效果，在威科先行、北大法宝、中国裁判文书网等网站中，以"破产重整""恢复行使担保权"等为关键词，共检索到206个与本文相关的民事案件。

---

① 《中华人民共和国企业破产法》第72条规定："自人民法院裁定债务人重整之日起至重整程序终止，为重整期间。"
② 《中华人民共和国企业破产法》第75条第1款规定："在重整期间，对债务人的特定财产享有的担保权暂停行使。但是，担保物有损坏或者价值明显减少的可能，足以危害担保权人权利的，担保权人可以向人民法院请求恢复行使担保权。"

1. 案件数量呈现总体稳定趋势

我国担保权破产重整程序中行使受到限制的纠纷主要始于 2015 年。2015 年至 2016 年涉及担保权在破产重整程序中实现的案件均为两例，2017 年这一数量急剧增长，达至近八年来案件数量顶峰。从样本数据来看，在 2017 年的 122 件案件中，涉及同一诉讼主体的案件超过 100 件，该年案件量剧增的原因在于重庆典雅房地产开发集团有限公司的破产管理人在破产重整计划中对抵押财产的不当处置，引发了中诚信托有限责任公司对多名被执行人提起的执行异议之诉。2018 年，因企业进行破产重整而导致担保权行使受限而提起的诉讼数量变化较为稳定，基本围绕平均每年 15 件进行上下波动。（见图 1）相较于我国同时期的破产重整案件的数量呈逐年上升之趋势，我国司法实践中涉及担保权在破产重整程序中恢复行使的案件数量平稳增降，这可能跟破产企业及破产管理人对有担保财产的重视程度、《九民纪要》的出台有关。此外，本文检索到的样本均引用了《企业破产法》第 75 条的规定，并据此作为裁判案件的主要法律依据。

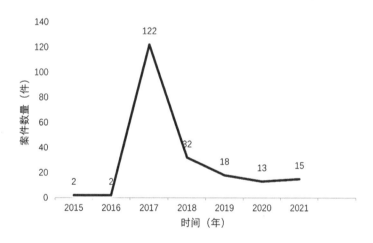

图 1　破产重整程序中担保权恢复行使案件数量统计

2. 适用范围广泛，案件类型多样

样本中，不同当事人在面临担保权暂停行使时选择的救济路径不一，担保权在破产重整程序中行使的案件案由分布因此较为广泛，涉及合同纠纷、执行程序、破产债权确认纠纷、执行异议之诉等。经检索发现，实践中通过破产程序主张恢复行使就特定担保财产实现优先权的案件共计 31 件。此类案件中，尽管当事人并未明确提出"恢复行使担保权"，但均向人民法院提出了确认其对破产财产享有优先权，并就该财产进行变价后的款项进行优先受偿的诉讼请求，构成实质的恢复行使担保权的权利请求。在破产程序外的其他涉及担保物处置的民事案件中主张实现对担保物的优先权案件占据多数。其中，担保物权人通过执行异议之诉主张实现优先权的案件共 153 件，以金融借贷、民间借贷、船舶纠纷等合同纠纷为由提起诉讼的共 19 件，通过执行程序提出主张的共 3 件。① （具体数据见表 1）

表 1　破产重整程序中当事人主张恢复行使担保权的案由统计

案　　由		数量(件)	占比(%)
执行程序		3	1.46
合同纠纷	建设工程施工合同纠纷	1	0.49
	金融借款合同纠纷	7	3.40
	民间借贷纠纷	3	1.46
	信用证纠纷	1	0.49
	保证合同纠纷	1	0.49
	追偿权纠纷	5	2.43
破产债权确认纠纷		31	15.05
执行异议之诉		154	74.76

总体来看，近 3/4 的当事人选择以提起执行异议之诉的形式，主张恢复担保物权在破产重整中的行使。这可能是基于以下考虑：一方面，担保物权的从属性决定了担保物权的行使往往以主合同的民事法律关系存在为前提，担保物权得以实现则意味着主合同的债务已经到期，或合同约定的实现担保权之情形已经成就。因此，当担保债权人无法实现优先债权时，往往以主合同的履行产生阻碍为由提起主张。另一方面，现实中大量案件是在执行阶段中，由于债务人资不抵债向法院提出破产重整申请，法院依

---

① 本文中的原始裁判数据均来自中国裁判文书网。

照《企业破产法》第 19 条规定实行了解除冻结等中止执行的措施,① 涉及执行与破产程序之间的衔接问题。案由的分布情况揭示了当事人在面对暂停行使担保权情形时,在救济路径上的不同选择,而人民法院面对案件时作出的判断亦有所不同。

3. 司法实践中限制担保权行使的倾向明显

本文检索到的样本中,人民法院经实质审理后同意恢复行使担保权的共 3 例,分别为(2016)桂 72 民初 80 号、(2015)甬海法执异字第 23 号、(2019)浙 02 民终 2221 号案件。在南京连润运输贸易有限公司、钦州市龙港船舶修造有限公司船舶修理合同纠纷一案中,② 北海海事法院考虑到船舶在停泊状态下仍会产生看管、靠泊等费用,以及长期停泊会造成船体的锈蚀等特性,以继续停泊会导致船舶净值明显减少为由,对船舶作出恢复执行的决定。后被执行人南京连润运输贸易有限公司提出执行异议。法院经审理认为,为避免损失进一步扩大,应当尽早拍卖涉案船舶,故驳回了南京连润运输贸易有限公司的异议请求。其他两个案件中,人民法院在审理过程中注重审查的亦是担保物的估值和损耗等事实。除少数权利得以实现的案件外,担保权的行使受制则为普遍情况。法院在审理当事人主张实现优先权的案件中(尤其是针对在破产程序外的程序主张实现担保权的案件),采取了较为保守的态度。尽管人民法院均对债权是否具有优先性作出了实质判断,而对当事人是否有权在破产重整期间就担保物优先受偿的问题则普遍予以否定。其一,以"证据不足"为由驳回当事人诉讼请求的案件共 143 件,占全部案件的 70.44%。法院一般要求担保债权人提供能够说明担保物财产价值削弱的证据,并以无法恢复行使担保权作为其举证不能承担的不利责任。其二,以"程序选择错误"为由驳回当事人起诉或诉讼请求的案件共 22 件。人民法院普遍认为当事人的担保权应当依法实现,但当债务人进入破产重整程序后,其主张的实现应当依照《企业破产

---

① 《企业破产法》第 19 条规定:"人民法院受理破产申请后,有关债务人财产的保全措施应当解除,执行程序应当中止。"

② 参见北海海事法院(2016)桂 72 民初 80 号民事判决书、北海海事法院(2018)桂 72 执异 4 号民事裁定书。

法》第 21 条①、第 75 条的规定②在破产程序中进行审理，故对当事人以主合同的履行受阻为由实现担保权的主张不予认可。其三，以担保债权人已经同意破产重整计划为由否定优先受偿权的共 4 件。法院认为，若允许当事人在破产重整计划外对重整财产的分配提出异议，则会导致司法资源的浪费和对当事人权利的重复救济。此外，司法实践中个别法院对该问题还存在模糊不清的界定。例如，在（2017）京 01 民初 721 号一案中，人民法院仅就案涉债权是否具有优先性作出了裁定，而对当事人能否对担保物优先受偿的问题则未作出直接的回应，而此类以"双方均认可暂停担保权的行使不会导致担保物价值减少"、"不确定涉案债权具有优先性"等理由作出否定裁判的案件共 34 件。（见表 2、图 2）

表 2　司法裁判结果的类型化分析

裁判结果	裁判理由	案件数量（件）	占比（%）
恢复行使担保权	担保物价值可能减少	3	1.48
驳回全部或部分诉讼请求	证据不足	143	70.44
	程序错误	22	10.84
	已经通过重整计划	4	1.97
	其他	34	16.75

三、破产重整程序中担保权恢复行使的现实困境

（一）实体困境：担保权限制与恢复的审查标准不明确

不论是从我国破产立法的规定还是司法实践的结果来看，我国破产重

---

①　《企业破产法》第 21 条规定："人民法院受理破产申请后，有关债务人的民事诉讼，只能向受理破产申请的人民法院提起。"

②　《企业破产法》第 75 条规定："在重整期间，对债务人的特定财产享有的担保权暂停行使。但是，担保物有损坏或者价值明显减少的可能，足以危害担保人权利的，担保权人可以向人民法院请求恢复行使担保权。在重整期间，债务人或者管理人为继续营业而借款的，可以为该借款设定担保。"

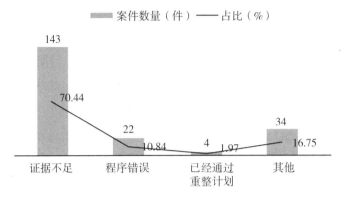

图 2 驳回当事人诉讼请求的裁判理由分析

整程序中担保债权人恢复权利行使存在一定阻碍。"宜粗不宜细"的立法观念使得我国破产重整程序的相关规定呈原则化的特点，导致司法实践的具体适用存在困境。我国现行《企业破产法》于破产重整程序中对担保权进行限制的方式是"自动中止"制度，也即重整期间开始后自动暂停担保权的行使，且包括有担保债权在内的所有债权立即停止计息。尽管我国《企业破产法》第 75 条第 1 款规定了在例外情形下担保物权人可依法申请恢复行使担保权，但"担保物有损坏或者价值明显减少的可能"的规定本身太过原则化，该法也未就上述情形制定具体的认定标准，司法实践中往往出现管理人和债权人会议为促成债务人营业的维持、更大限度实现债权公平受偿，在核查债权时对有担保财产不加区分地适用"自动中止制度"。如在我国近十年间进行破产重整的 126 家上市公司中，除了成都天翔环境股份有限公司、郴州市金贵银业股份有限公司等 7 家公司的重整计划中明确作了有担保债权人、无担保债权、留债分期清偿等区分外，大多数上市公司在进行破产重整时均未针对有担保债权作出特别处理。① 当担保权人向人民法院提起救济时，是否对担保权施以暂停的限制，亦更加依赖破产法官的价值判断。统一化判断标准的缺位，加剧了司法认定的差别化和无序化，同时也极易损害有担保债权的实现。《全国法院民商事审判工作会议纪要》(以下简称《九民会议纪要》)第 112 条规定，管理人或债务人在

---

① 参见樊威：《破产重整中担保债权人利益保障制度研究》，重庆工商大学2022 年硕士学位论文，第 15 页。

判断重整期间是否暂停担保权应当充分考虑"确定设定有担保物权的债务人财产是否为重整所必需"①，及时地填补了我国破产立法中的空白，也为人民法院审理类案时提供了裁判思路和原则性方向。但囿于法律效力位阶上的短板，法院在审理民商事案件时无法援引《九民会议纪要》作为裁判依据，仅能作为增强说理的辅助手段配套适用。

(二)程序困境：担保债权人权利救济的衔接规则欠缺

尽管我国《企业破产法》第 75 条为担保债权人提供了权利救济的方式，但该条仅是原则性规定，破产法的其他条文和相关司法解释均未对担保债权人应当以何种方式提出请求、法院的审查期限以及举证责任的分配等问题作出基本规定。而司法案例检索的结果来看，我国破产重整程序中担保债权人在实现权利受阻的情形下，寻求司法救济的过程中亦存在诸多程序上的困难。

1. 恢复行使担保权救济程序的方式不明确

《企业破产法》第 75 条仅规定当事人可向人民法院提起恢复行使该权利的主张，而并未明确具体主张提起的方式，《九民会议纪要》也仅规定了法院应当以"裁定"形式对当事人的主张予以回应。从我国的司法实践来看，尽管我国人民法院对于实现担保权的主张应当在破产程序中提起的做法已成为主流，但仍有少数当事人的担保权被允许通过执行异议之诉程序实现，且我国仅有的三例被允许恢复担保权行使的案件均为通过非破产程序实现。可见，对于应在破产程序中还是可在破产程序外解决担保权问题，我国现行立法与司法实践的冲突亦愈发明显。《九民会议纪要》第 112 条明确指出，担保债权人应当以申请的方式向人民法院提起恢复行使担保权的主张，人民法院应当在受理申请后的 30 日内作出裁定，且赋予了担保债权人对裁定不服时依法向上级人民法院复议的权利。且先不论《九民会议纪要》的效力位阶，在上述规定存在的情况下，司法实践中

---

①　《九民会议纪要》第 112 条规定："重整程序中，要依法平衡保护担保物权人的合法权益和企业重整价值。重整申请受理后，管理人或者自行管理的债务人应当及时确定设定有担保物权的债务人财产是否为重整所必需。如果认为担保物不是重整所必需，管理人或者自行管理的债务人应当及时对担保物进行拍卖或者变卖，拍卖或者变卖担保物所得价款在支付拍卖、变卖费用后优先清偿担保物权人的债权。"

担保债权人以"确认债权""执行异议"等案由提起诉讼的不在少数，而此类案件往往被人民法院以"不在审理范围内"驳回，并告知应当在破产程序中进行。

2. 举证责任分配不合理

按照文义解释，若担保债权人以《企业破产法》第 75 条为法律依据，向人民法院提出恢复行使担保权的主张，必须要提供证据证明，担保物的价值有减少或受损的情形。而司法实践中，由于担保权的设立并不必然以转移担保物为必要前提，担保权人于破产重整程序启动时往往并不占有担保物，对于担保物的财产价值的损耗程度缺乏认知的渠道与可能性，因而难以证明担保物符合上述情形。现实中人民法院亦常以"证据不足"为由，驳回担保债权人的请求。而从《九民会议纪要》增设了管理人或债务人对担保物的审查义务的内容来看，管理人或债务人应当对"担保物为重整所必需"履行相应的举证责任，这导致在证明担保物权在破产重整程序中的限制与保护问题下，对待同一个问题却规定了两段完全相反的论证逻辑和举证逻辑：在担保债权是否应当恢复行使这一问题上，债务人应当证明其应为重整服务，而我国现行企业破产法体系下，程序上限制担保权的实现已经在某种程度上限制了有担保债权人的合法权益，若在举证责任的分配上仍遵循民事诉讼法上"谁主张，谁举证"的规则，则更不利于担保债权在破产程序中的实现。尤其是当债权人是一些规模较小、资金流动较为困难的中小企业时，债务人濒临破产对其债权的实现已经造成巨大威胁，而在担保物的财产价值巨大的情形下，中小企业所受的直接或间接影响亦比大规模企业更为严重。若仅注重对担保财产价值的估量而对债权人的利益置若罔闻，将不利于中小企业的保护。既有法律已缺乏对担保债权人进行保护的规则，若还为其附加举证不能压力，则愈加显得《企业破产法》第 75 条规定救济路径名存实亡。

四、破产重整程序中担保权恢复行使制度的域外考察

（一）美国破产重整程序中担保权的恢复行使规则

美国的破产立法对于担保物的使用与变现设置了严格的限制条件。企业进入破产程序后，包括担保财产在内的全部财产行为全部自动中止。若

担保权人与债务人之间的担保物以现金形式存在，且破产管理人在破产重整中需继续使用该资金促进经营时，必须提出"使用现金担保物的紧急动议"，并经担保债权人或法院许可。法院作出许可时，通常应当征求担保权人的意见；在担保债权人拒绝该动议的情况下，法院仍具有强制许可并促成担保权人与破产管理人达成协议的权力。对于其他形式的担保财产，破产管理人或者债务人可通过司法拍卖或在有约定"债权人出售权"条款时以直接出售的方式进行处置。在该情况下，债务人或破产管理人与债权人之间形成信托关系，管理人应为债权人的最大利益进行变现。① 另外一种普遍的变现方式是"严格丧赎权"，即担保权人与债务人在经法院进行债权确认后，约定债权清偿期，若债务人在清偿期届满后仍无法满足担保权人的权利需求，则担保权人取得抵押物的所有权。而对于担保物的拍卖和变现，需要判断是否属于企业日常经营的变现。若是日常经营内的变现，则无需取得法院的认可，拍卖的价款优先用于清偿担保债权，而如果是日常经营之外的变现，则需要法院的介入，由法院组织听证会后才能实施。

(二)德国破产重整程序中财产担保权的恢复行使规则

根据德国破产立法的规定，担保权人和破产管理人对担保财产均享有变现权，除非变现权被暂时中止行使，不动产担保物权人有权在破产程序之外就担保物进行变现而获得清偿。担保权未被中止的情况下，若抵押权人在破产程序开始以前已经对不动产进行强制拍卖或强制管理，则该变现过程并不会因破产程序的影响而中断，此时破产管理人仅能提出参与强制拍卖的程序的请求，并不能阻止担保权人的变现。但实践中担保权人成功变现的情形并不常见：一方面，破产管理人会申请中止担保权的行使；另一方面，破产管理人参与强制拍卖时，被赋予更有利的拍卖顺位，所确定的底价往往低于担保权确定的底价，因此，破产管理人拍卖的成功率更高。

而对于动产担保的变现，则由标的物的占有主体决定。若破产管理人

---

① 参见许德风：《论担保物权在破产程序中的实现》，载《环球法律评论》2011年第 3 期。

根据德国《破产法》第 148 条的规定实际占有了动产担保物，则其依法享有独占的使用和变现的权利，相反则应由担保物权人自行变现。对于所有权保留买卖合同的标的物，德国主流观点认为，如果买受人破产，所有权保留人仍然享有取回权。所有权保留所有人也不享有单方解除权，这类似于租赁关系，根据德国《破产法》第 112 条，出租人在破产程序开始后便不得单方解除合同，否则会破坏破产法保护债权人整体利益的基本目标。对于破产重整中的质押物，其变现由质权人自行决定，原因在于质物与企业其他财产的联系往往比较疏远，因此让质权人在破产程序中继续行使变现权，并不会影响企业的整体价值和持续经营的能力。而对于股权、知识产权等无形权利的质押，变现权的归属曾有过争议，不过德国破产法规定了破产管理人的变现权不包括股权、知识产权等质权，因此可以理解为该变现权属于质权人。

（三）小结

美国破产法环境下，对担保债权的保护主要体现在重整计划上，即要求重整计划必须是"公平公正"的，必须遵循"绝对优先"原则，顺序在先的债权人获得全部清偿之前，在后的债权人不应获得任何清偿。恢复担保权的行使，需要担保权人通过"动议"寻求自动中止的"解除"，即由担保权人向法院提出申请，法院进行形式和实质的审查。而根据德国破产法的规定，债权人会议可以决定是否限制担保权的行使，如果债权人会议不同意限制担保权，而破产管理人向法院申请对担保权的限制，则由债权人提出异议并承担举证证明责任。担保权人和破产管理人对于不动产均享有变现权，该法同时规定了较为周全的拍卖程序，能够确保担保物上相关权利人的利益；动产担保物的变现原则上由动产的实际占有人进行，这样的安排能最大限度地发挥担保物的经济价值。我国破产程序中担保权的实现主要通过司法拍卖的形式完成，相比之下往往延长了担保权人的变现时间。因此我国担保债权的实现可借鉴美国破产法制度，允许破产管理人在"日常交易"的框架下变现，或赋予其自由变卖标的物的权利，以获取最大的变现价格。

五、破产重整程序中担保权恢复行使制度的完善路径

(一)确立平衡多方利益的担保物权恢复行使审查理念

公权力的过度介入必然会导致债权人(特别是享有优先受偿权的有担保债权人)权利的萎缩,我国《企业破产法》第75条应当对自动中止制度的适用范围予以严格限制。对担保债权的限制应当符合比例原则,规定管理人、债权人会议和人民法院在对待担保债权的行使时,应当注重限制手段与目的之间的关联性,平衡重整程序中公平与效率价值、债务人利益与债权人优先受偿权之间的冲突。具体而言,既然《九民会议纪要》已有第112条的"审查条款"对我国《企业破产法》第75条的规定作出了进一步补充,应当在保留该规定的基础上进行细化。

1. 以维持债务人营利为首要目标

在对担保权进行限制时,应当从维系企业生产经营的目标出发,衡量处置担保财产对其经营的必要性。对此,债权人向人民法院提出恢复担保权的主张时,人民法院应作出如下审查:(1)暂停担保权的行使是否会导致担保物损失或担保物价值减少;(2)在限制担保权行使有可能损害担保权人利益的情形下,该担保物与企业存续、继续经营有无关联性;(3)在限制担保权可能导致担保财产价值减少,且该限制对促进企业存续是必要之举的情况下,债务人是否有能力就该权利的限缩提供相应的担保或就担保权人因此造成的损失进行补偿。

在法院进行审查的过程中,破产管理人应当尽到协助义务。人民法院在破产程序启动后指定破产管理人,就债务人的相关财产状况进行专门的处置与整理。我国《企业破产法》第24、25条就管理人的资格和职责作出了明确的规定。作为具备破产技能和知识的专业人员,破产管理人应当深入了解重整企业的财产状况,接受债权人的债权申报,并制作相应的报告提交至法院批准,因此破产管理人往往是重整程序中最了解债务人与各担保债权人之间的债权、债务关系的法律主体。在法院就担保权的限制问题作出审查与判断时,破产管理人应当积极配合法院的相关工作,并将涉案的债权、债务和担保财产的具体情况告知法院,以便法院能在破产重整中兼顾公平与效率的效能。(见图3)

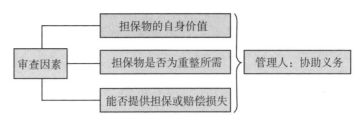

图 3　以维持债务人营利为目标的审查体系

2. 兼顾担保债权人的现实权利需求

法院在对担保财产和担保权进行实质审查时，可按照担保权的不同属性和权利内容作出区分判断。按照我国民法的传统理论，担保物权可细分为抵押权、质押权和留置权，以及《民法典》依据"担保功能理论"所衍生出的各种非典型担保行为所产生的权利。① 尽管担保的核心内容是以担保人的财产权促进债的履行，但不同形式的担保权所指向的客体仍各自相异。例如，抵押权的设立不以转移抵押物为前提，且抵押同时包括动产抵押、不动产抵押两种情形；而质权则是自质押物交付之日起设立，且质押物通常限于动产或权利。对破产财产的占有状态往往决定其是否能够继续维持生产经营，或便于新的投资人进场继续维系企业的营利。一般而言，厂房、机器等不动产设备是从事传统生产的核心工具，通常需要为了恢复生产经营而限制担保权人的权利。不过随着市场经济的发展和企业之间交换需求的变化，可能存在以股权、专利技术等特殊内容存在的新型担保权形式，则需要人民法院在个案中作出具体判断。

此外，法院亦应当充分考虑市场经济的运行状况和重整形式的多样变化，作出恰当的决断。例如，相较传统的"存续型重整"而言，近年来破产实务界逐渐创新出"出售型重整"模式，即重整企业通过招标等形式将其主要资产和营业出让给新的投资人，由新投资人以其为出资设立一个新的企业继续从事生产经营。新的企业成立后，重整企业即告消灭，而各债权人则按照财产分配方案就上述主要资产和营业的转让款进行受偿。在"出售型重整"模式下，是否可考虑在破产企业的主要资产中先行剥离一

---

① 参见石冠彬：《论民法典担保物权制度的体系化构建》，载《法学评论》2019年第 6 期。

部分对担保权人进行清偿，担保权暂停行使的机制能否为重整形式的多样化发展等其他因素预留例外空间，这些问题应当在《企业破产法》修订时予以回应。

（二）完善担保权恢复行使司法救济机制

细化重整程序中担保权行使与保护的审查标准是平衡各方利益的实体保障，而完善当事人权利救济的程序衔接规则亦尤为关键。《九民会议纪要》第112条在一定程度上填补了我国现行破产立法体系中针对该问题的空白领域，其内容亦具有一定合理性，因此可尽快将《九民会议纪要》第112条的规定上升为可在司法程序中援引的法律依据，同时在以下几方面对其进行细化：

1. 确立二元审查主体制度

对担保物进行审查的主体应当包括法院、管理人或自行管理的债务人。一方面，进入破产重整程序后，管理人（或自行管理的债务人，下同）应当及时审查是否有必要于重整程序中限制担保权的行使。由于《九民会议纪要》并未就管理人或自行管理的债务人违反审查义务设置相应的法律责任，管理人是否对该事项进行了实质审查亦无从得知。而判断义务人有无履行义务，可通过对担保债权人赋予相应的异议权来实现。因此，在启动程序上，可增设管理人依担保债权人的申请进行审查之情形，以便在进一步维护债权人救济权的同时督促管理人履行其监督职责。另一方面，当担保物经管理人审查被认为是破产重整之需时，担保债权人可进一步向人民法院请求恢复担保物权。人民法院在收到当事人的请求后，应当充分考虑限制担保物权会对担保物自身价值产生何种影响、是否会损害中小企业在内的担保债权人正常生产经营等因素，对是否恢复行使担保权作出审慎判断。必要时，可要求负有管理、估量债务人财产状况职责的管理人履行协助义务。

2. 调整担保权恢复行使的救济程序规则

对于是否恢复行使担保权的审查，应当围绕促进债务人重新经营、平衡各方利益两个目标，建立起一套合理、高效的审查程序规则。在救济程序上，本文提议在构建二元审查的基础之上，以"向管理人提起救济"作为异议的前置程序，鼓励担保债权人向熟悉债务人各项财产运行状况的管理人积极主张权利。对此，在权利主张的期限上，可考虑设置一段同债权申报期间同步的异议期，允许有异议的当事人以书面形式向管理人提交《审查意见书》，管理人应在收到异议后及时作出判断。若经管理人审查认为担保物并非经重整所必需，则应及时以拍卖、变卖等形式促进担保权的实现，反之则继续向人民法院提起救济。对于人民法院的审查期限，《九民会议纪要》第 112 条已作出详细规定，未来修法时可直接适用该条规定。

3. 细化担保权恢复行使的举证责任

在权利主张的论证规则上，对于各方当事人在救济程序中的举证责任，应当以"有利于未占有担保物一方的利益"为原则进行分配。不论是管理人还是人民法院，在对暂停行使担保权的必要性和恢复行使担保的可行性进行审查时，均应当考虑担保权的权利属性和内容，并根据担保物的占有情况对各方主体的举证责任作出不同区分。原则上，应当由破产管理人负主要的举证责任，提供合理的证据说明担保物确实为重整所需，同时证明暂停行使担保权并不会导致担保物自身的灭失及价值的贬损。此外，对于担保权恢复行使制度的其他程序规则（如继续限制担保权情形下给予有担保债权人的担保或损失补偿、对人民法院作出的裁定不服可继续向上一级人民法院复议等），《九民会议纪要》第 112 条已作了明确规定，其内容亦与本文的思路基本契合，故不再赘述。（见图 4）

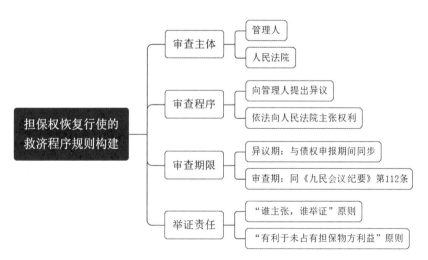

图 4　担保权恢复行使的程序救济规则初步构想

（三）完善担保权行使的配套制度

我国《企业破产法》第 81 条规定，重整计划必须包含债权的受偿方案。民法体系下，担保权主要依赖于拍卖、变卖等变现行为实现，我国破产程序中对于担保物的处置亦保留了网络司法拍卖这一形式，但实践中往往出现拍卖担保财产流拍的情况，更有甚者，经过多次流拍仍无法顺利处置担保财产，法院无奈之下只能裁定不再拍卖或终止重整计划的做法，重整企业往往亦因此走向消亡。随着重整类型的创新和我国企业破产实务经验的累积，一些法院创设出了"以物抵债"这一新形式应对担保财产流拍的窘境。例如，在吴海杰、咸阳国金房地产开发有限公司民间借贷纠纷一案中，① 担保资产经两次流拍仍未能实现变现的情况下，破产债务人选择与有担保债权人达成以物抵债协议，保障有担保债权人顺利受偿。该案的审理过程中，一审和二审法院均认可了该以物抵债协议的效力。尽管本案在再审过程中，最高院以现有证据无法证明以物抵债协议没有损害其他债权人利益为由撤销了一审和二审的裁定，但并未否定以以物抵债的方式为企业纾困的合理性。本文认为，重整程序中若出现多次流拍的情况，在不损害其他债权人的前提下将担保财产以流拍价抵债给担保权人是较为合理的方式，破产法实务中可以适当参考上述方式，以确保有担保债权人和普通债权人在权利实现上的平衡。

六、结　语

破产重整制度因以促进企业继续经营为目的，往往以限制和延后债权实现为代价，担保制度强调的则是债权人就某特定财产进行优先受偿。可见，破产重整制度与担保制度在理念、目标上均有不同甚至呈相互排斥状，而过度限制担保债权在重整程序中的实现则有悖于债权人自治原则，同时也将损害担保债权人的积极性，从而影响我国信用市场体系的构建。我国现行《企业破产法》对担保权人利益采取的是"限制多于保护"的规制思路，且囿于其规定的粗放化，对担保债权人进行保护的适用规则不明。修订《企业破产法》时，可考虑专门增设对担保权恢复行使制度进行规制

---

① 参见最高人民法院（2018）最高法执监 1151 号民事裁定书。

的条款。具体而言，可考虑在保留第 75 条现行规定的基础上，删去表征担保权人负有举证责任的条款，同时将担保权人请求恢复行使担保权的期间限定在债权申报期间。对该款的规定可调整为"在重整期间，对债务人的特定财产享有的担保权暂停行使。担保权人对此有异议的，可以在债权申报期间届满前向人民法院请求恢复行使担保权"。第 75 条后可再增设一条，对《九民会议纪要》第 112 条的规定进行沿用，以明确恢复行使担保权的实体审查标准，为平衡担保债权人与债务人之间的利益冲突、对担保债权人进行司法救济提供坚实的实体法背景和程序衔接规则。

非上市公司出资人权益调整实证研究

——以 151 份非上市公司重整计划草案为分析样本

孙才华　王　杉 *

内容提要：对全国企业破产重整案件信息网披露的 151 家非上市公司重整计划草案进行样本分析后发现，绝大多数重整计划草案都对出资人权益进行了调整，并设立出资人组进行表决，将出资人持有的股权全部无偿让渡给投资人或者债转股债权人是调整的主要方式。重整实践中，出资人权益是否受到出资人权益调整方案影响的判断标准不一，出资人组表决规范缺失，出资人参与重整程度低，出资人权益调整方案存在执行障碍。应当明确出资人权益调整公平、公正的判断标准，保障出资人参与重整的程序性权利，建立出资人权益强制调整的听证制度，赋予重整计划草案强制执行力。

受国际环境更趋复杂严峻和国内疫情冲击明显的超预期影响，经济下行压力进一步加大，进入破产程序的企业也日益增多，其中绝大部分为非上市公司。破产重整制度能够挽救困境企业、有效盘活资产，破产重整就是新一轮招商引资，"对出资人权益进行调整是重整制度的应有之义"。① 有鉴于此，本文选取非上市公司重整实践中的若干样本加以研究分析，以期有所发现。

---

* 孙才华，北京中伦（武汉）律师事务所合伙人。王杉，北京中伦（武汉）律师事务所律师。

① 曹文兵：《上市公司重整中出资人权益调整的检视与完善——基于 51 家上市公司破产重整案件的实证分析》，载《法律适用》2018 年第 17 期。

一、出资人权益调整的必要性

（一）公平调整各方利益的必然要求

重整计划草案是重整程序中最核心的内容，重整计划草案的协商表决实质上是债权人、债务人、出资人、投资人之间利益的博弈。出资人权益调整方案最能体现出重整制度利益博弈的特征。① 当公司资不抵债而进入破产重整程序，公司的全部资产应优先向债权人进行清偿，只有债权人获得全额清偿后，股东才享有投资收益的分配权。重整计划草案对债权人债权的清偿时间、清偿比例进行调整，出于公平的角度，理应对出资人的权益进行相应调整。

（二）共担重整成本的必然选择

普通债权在重整程序中几乎不可能获得全额清偿，而普债债权人按照重整计划草案的规定清偿后，未受偿部分被法定豁免，自重整计划执行完毕时起，债务人不再承担清偿责任。如果重整计划草案对出资人权益不予调整，重整成功后出资人将继续享有债务人的营业价值，分配投资收益。这意味着对于企业发展作出贡献的债权人独自承担巨额的重整成本，而对企业陷入困境存在过错的股东却独享重整成功后的投资收益。为了实现债权人与出资人利益保护的实质性公平，债权人与出资人理应共同承担重整成本，出资人承担重整成本的方式是调整其出资人权益。为了避免公司破产清算的风险，需要出资人和债权人共同作出努力，共同承担公司实现重生的成本。

（三）引入重整投资人的现实需求

进入破产程序的企业，往往已缺少足够的现金流来维持正常生产经营活动，如果股东或者债权人不能及时注入新的资金，企业最终不得不宣告破产。为了盘活资产、获得偿债资金，需要引入重整投资人。重整投资人

---

① 参见陈景善、李魏：《上市公司破产重整中出资人权益调整机制之完善》，载《上海政法大学学报（法治论丛）》2021 年第 4 期。

的引入不仅能够清偿债权人的债权，还能改善生产经营、提升债务人的营运价值。而投资人支付对价往往以获得对债务人的控制权为条件，为了实现债务人的重生，需要对出资人的权益进行调整。

二、非上市公司重整计划草案中出资人权益调整之样本分析

2022年10月28日，我们以"重整计划草案"为关键字，"破产案件"为案件类型，在全国企业破产重整案件信息网共检索发现151家非上市公司的重整计划草案全文。以这些重整计划草案为样本，我们对重整计划草案涉及的非上市公司出资人权益调整相关内容进行了对比分析，希望能够较为全面地了解我国非上市公司重整案中出资人权益调整的实践，为完善相关制度提供参考。

（一）出资人权益是否调整

在这151份重整计划草案中，有31份未对出资人权益进行调整，占比20.53%；另外120份重整计划草案对出资人权益进行了调整，占比79.47%。可见，大多数的重整计划草案会对出资人权益进行调整。

（二）出资人权益调整方案的表决

重整计划草案对出资人权益进行调整的，一般都设立出资人组对出资人权益调整方案进行表决。但实践中也有例外。例如，浙江皮卡王集团控股有限公司等七家公司重整计划认为皮卡王系公司资不抵债，所有者权益为负数，出资人在皮卡王系公司的股权价值为零，且鉴于原出资人涉及非法吸资刑事犯罪，相关股权已由人民法院正在拍卖中。将皮卡王系公司相关股权依照重整计划及法院批准裁定，零价格调整让渡给重整投资人或其指定主体，实质上并未影响原出资人的权益。故在皮卡王系公司重整计划草案表决时，不设出资人组表决。

（三）出资人权益不予调整的原因

重整计划草案中不调整出资人权益的原因，一是截至重整计划草案提交表决之日，暂未招募到重整投资人，对出资人权益进行调整不具备实质

性条件。等到招募到正式投资人后，根据投资人提出的方案结合实际情况再对出资人权益进行调整。有3份重整计划草案为此种原因。二是通过出售式或者清算式重整，即将全部资产出售投资人获取偿债资金，重整企业按照重整计划草案的规定进行注销，有3份重整计划草案为此种原因。三是采取共益债务或者处置部分资产盘活企业进行重整，原股东股权结构不调整，但是在清偿全部债务前，限制股东经营权、分红权等，有18份重整计划草案为此种原因。四是原股东、实际控制人筹集资金或资产清偿债务，例如关联上市公司通过以股抵债方式偿还债务。有7份重整计划草案为此种原因。

（四）出资人权益调整的效力范围

出资人权益调整的效力范围一般是指在公司登记机关登记在册的全部股东。为了防范在重整计划的出资人权益调整方案实施完毕前，因交易或非交易原因导致持股情况发生变动，有13份重整计划草案规定出资人权益调整方案的效力及于其股权的继承人或受让人。有4份重整计划草案规定存在股权代持行为的，重整计划对出资人权益的调整效力及于隐名股东。

（五）出资人权益调整的方式

出资人权益调整方式主要分为四类：一是出资人持有的股权全部无偿让渡给投资人或者债转股债权人。有111份重整计划采取此种方式，占出资人权益调整样本比92.50%。二是出资人无偿让渡部分股权给投资人或债转股债权人，即重整后原出资人还保留部分股权。有4份重整计划草案采取此种方式，占出资人权益调整样本比3.33%。三是出资人以一定的价格转让其持有的全部股权。例如在西昌瑞康钛业有限公司重整计划草案中，考虑到大部分出资人为债转股债权人，投资人对出资人中原"债转股"股东提出现金补偿方案。有2份重整计划草案采取此种方式，占出资人权益调整样本比1.67%。四是增资扩股，即投资人投入资金或者债权人以其债权作为增资款对企业进行增资，原出资人权益按原登记出资额等比例稀释股权。有2份重整计划草案采取此种方式，占出资人权益调整样本比1.67%。

(六)出资人组表决规则

对出资人权益进行了调整的 120 份重整计划草案中，有 9 份明确规定了出资人组的表决规则，占出资人权益调整样本比 7.50%。具体规则主要分为三种：一是经代表三分之二以上表决权股东表决通过。二是参考债权人组表决规则，即出席会议的股东人数过半数，并且其所持有的股权比例占注册资本的三分之二以上通过。三是经半数以上有表决权股东表决通过。

(七)股权上权利负担的解除

尽管存在以债务人股权质押担保或者对债务人股权采取保全措施的债权未获得全额清偿的情形，但因债务人所有者权益为负，出资人所持债务人的股权价值为零，质押权人及其他权利人已无就质押或保全股权获得优先受偿的可能。有 15 份重整计划草案规定出资人、质押权人及其他权利人应配合办理解除质押、财产保全的手续。如果相关权利人拒不配合办理的，管理人可以向相关法院申请协助执行。

三、非上市公司出资人权益调整面临的问题

对分析样本进行研究后不难发现，非上市公司出资人权益调整实践中面临如下问题：

(一)出资人权益是否受到影响的判断标准不一

根据《最高人民法院关于适用〈中华人民共和国企业破产法〉若干问题的规定(三)》第 11 条的规定,① 权益未受到影响的股东不参与重整计划草案的表决，但是对出资人的权益是否受到影响无明确的判断标准，导致

---

① 《最高人民法院关于适用〈中华人民共和国企业破产法〉若干问题的规定(三)》第 11 条第 2 款规定："根据企业破产法第八十二条规定，对重整计划草案进行分组表决时，权益因重整计划草案受到调整或者影响的债权人或者股东，有权参加表决；权益未受到调整或者影响的债权人或者股东，参照企业破产法第八十三条的规定，不参加重整计划草案的表决。"

出资人的权益无法得到有效保障。例如，在邯郸阿波罗置业有限公司重整计划草案中将出资人权益调整为零，因评估报告显示股东全部权益价值为零，从而认定"股东的调整并不影响出资人组的利益"。① 从样本来看，进入破产重整程序的绝大部分企业所有者权益为负数，如果按照此种判断标准，就意味着在企业资不抵债的情况下调整出资人权益无需提交出资人组表决。又如，通过共益债务融资的方式进行重整，在重整期间限制股东经营、管理等权利，对出资人权益是否受到影响在不同的重整计划草案中有不同的认定标准。

(二) 出资人组表决规范的缺失

关于上市公司出资人权益调整事项的表决通过规则，最高人民法院《关于审理上市公司破产重整案件工作座谈会纪要》规定，"出资人组对重整计划草案中涉及出资人权益调整事项的表决，经参与表决的出资人所持表决权三分之二以上通过的，即为该组通过重整计划草案"。但是，现行法律法规对于非上市公司出资人组表决通过的标准并无明确规定，只有部分法院出台的规范指引文件作了相应规定。②

---

① 参见河北省邯郸市丛台区人民法院(2019)冀 0403 破 3-13 号民事裁定书。

② 《深圳市中级人民法院审理企业重整案件的工作指引(试行)》第 94 条规定："有限责任公司的出资人权益调整事项经股东所持表决权的三分之二以上同意，即为通过。股份有限公司的出资人权益调整事项经出席出资人组会议的股东所持表决权的三分之二以上同意，即为通过。"《北京市高级人民法院企业破产案件审理规程》第 217 条规定："出席债权人会议的同一表决组的债权人过半数同意重整计划草案，并且其所代表的债权额占该组债权总额的三分之二以上的，即为该组通过重整计划草案。出资人组对重整计划草案中涉及出资人权益调整事项进行表决，同意重整计划草案的出资人的出资额占债务人注册资本三分之二以上的，即为该组通过重整计划草案。各表决组均通过重整计划草案时，重整计划即为通过。"《山东省高级人民法院企业破产案件审理规范指引(试行)》第 151 条规定："表决出资人权益调整事项的，应当召开出资人组会议并提前十五日通知全体出资人。债务人的股东会或者股东大会已对出资人权益调整作出决议的，可以不再另行召开出资人组会议进行表决。有限责任公司的出资人权益调整事项经股东所持表决权的三分之二以上同意，即为通过；股份有限公司的出资人权益调整事项经出席出资人组会议的股东所持表决权的三分之二以上同意，即为通过。"

（三）出资人参与重整程度低

企业破产法虽然规定债务人的出资人代表可以列席讨论重整计划草案的债权人会议，但是对于出资人代表的产生、通知出资人列席债权人会议的时间和方式、对重整计划草案的建议等参与重整的具体方式均无规定，出资人缺少参与重整程序的有效方式。同时，在非上市公司重整案件中，绝大部分案件将出资人权益调整为零，这意味着重整成功后原出资人从企业退出，这也影响出资人参与重整的积极性。

（四）出资人权益调整方案存在执行障碍

从理论上来说，资不抵债的企业股权价值为零，不仅股东权利应该受到限制，而且对股东股权采取保全措施或者对股权享有质押权的利害关系人优先受偿权也将落空。但实践中在法院裁定批准重整计划草案后，股东、质押权人及其他利害关系人并不配合办理相关手续。对于股东股权不存在质押或有冻结措施的情况，很多法院愿意协助执行。但是对于股东股权涉及非破产受理法院的保全措施，或者股东股权存在质押的，部分法院无法协助执行，这就导致重整计划执行存在障碍，严重甚至导致重整计划执行失败。

四、出资人权益调整的域外规定

（一）日本《公司更生法》对出资人权益调整的规定

日本《公司更生法》第165条、第166条以及第202条是公司更生程序中涉及出资人权益的关键条款。当更生公司没有处于资不抵债的状态时，股东可以凭借其持有的股份参加公司更生程序，股东的每股股份都拥有一个表决权，并且股东可以行使其他程序权利，例如不服申请权。此外，拥有超过1/3表决权的股东，对涉及营业转让的行为拥有否决权；拥有超过1/2表决权的股东，对更生计划拥有否决权。但是，当更生公司处于资不抵债状态时，股东的权利受到严格限制，股东不再拥有表决权，营业转让时也无须征求股东的意见。此外，股东不能对批准更生计划的裁定提出不服，因为股东已经不具备任何价值，不允许其提出即时抗告可以避免救济程序的滥用。综上,《公司更生法》大幅度限制了此时股东的权利,处于资不抵债状态公司的股东实质上已经不具备任何经济利益。①

(二)德国破产法中出资人权益调整的规定

德国破产法第243条和第244条规定每个享有表决权的参与人小组均对计划进行单独表决。计划被接受的前提是,每个小组中参与表决的人均达到多数同意并且表示同意的人的请求权或股权超过所有参加表决的人的请求权总额的半数。股东的表决权只依据股东的认购资本份额或财产份额而定。但是无债权人获得超过其请求权总额的金额,并且与无计划时相比,没有股东比其他共同的股东获得更好的地位时,股东的反对并不重要,可以依法拟制为同意。②

当原始自有资本已经用于补偿价值贬值或损失,并且绝对无法在清算时再返还股东时,原股东或第三人在支付原始股份后可以获得通过资本增加设置的新股份,③ 即原股东也可以通过增资的方式为企业注入流动参与公司重整。

(三)美国破产法关于出资人权益调整的规定

美国《破产法典》规定只有因重整计划受部分调整的组别的成员方有资格对重整计划草案进行投票表决。如果重整计划对特定组别进行了彻底调整,该组别不享有表决权。例如,债务人股东组别的股权被清零,那么根据《破产法典》,就应当将股东组别视为未通过重整计划。④《破产法典》第1126(c)和(d)对股东组别通过重整计划所需的赞成票比例作了规定,重整计划的通过要求在实际投票的业经确认的股东中所持的股权额达

---

① 参见[日]山本和彦:《日本倒产处理法入门》(第四版),金春等译,法律出版社2016年版,第196页。

② 参见[德]乌尔里希·福尔斯特:《德国破产法》(第七版),张宇晖译,中国法制出版社2020年版,第273-276页。

③ 参见[德]莱因哈德·波克:《德国破产法导论》(第六版),王艳柯译,北京大学出版社2014年版,第190页。

④ 参见[美]查尔斯·J. 泰步:《美国破产法新论(下册)》(第三版),韩长印、何欢、王之洲译,中国政法大学出版社2017年版,第1231页。

到该组经确认的股权总额的 2/3 以上。① 股东组别不同于债权人组别是，其表决没有股东人数上的要求。如果债权人组表决通过，而出资人组未能表决通过，当重整计划下股东的待遇不低于破产清算时的股权价值，符合重整计划草案批准的最佳利益标准时，法院可以强制裁定批准重整计划。

《破产法典》第 1102 条授权但不强制任命一个出资人委员会。出资人委员会仅在投票持有人认为其权益无法得到有效保障以及债务人并不是因资不抵债而进入破产程序时有必要成立。② 出资人委员会是出资人的自治机构，出资人委员会可以代表出资人进行谈判与协商，以维护出资人的合法权益。

（四）英国破产法关于出资人权益调整的规定

英国 1986 年《破产法》创立重整制度，重整方案需要征得各类债权人和股东的同意。债权人与股东分组对重整计划进行表决，赞成的股东人数必须过半，重整协议才能发生效力。③

（五）韩国统一倒产法关于出资人权益调整的规定

韩国《统一倒产法》第 205 条第 4 款就规定在因公司董事、准董事或者经理有重大责任的行为而引起重整程序开始原因产生的情况下，应规定以注销对该行为行使有较大影响力的股东及其亲属以及大统领所规定的有特殊关系的其他股东的三分之二以上股份或者把三个以上的股合成一股的方法来减少资本。④ 即对导致公司陷入困境存在过错的股东可以通过注销股权来对其权利进行限制。

---

① 参见［美］查尔斯·J. 泰步：《美国破产法新论（下册）》（第三版），韩长印、何欢、王之洲译，中国政法大学出版社 2017 年版，第 1233 页。

② 参见尹正友、张兴祥：《中美破产法律制度比较研究》，法律出版社 2009 年版，第 188 页。

③ 参见［美］杰伊·劳伦斯·韦斯特布鲁克、［美］查尔斯·布斯、［德］克里斯托弗·保勒斯、［英］哈里·拉贾克：《商事破产全球视野下的比较分析》，王之洲译，中国政法大学出版社 2018 年版，第 125 页。

④ 参见刘宁、贾洪香：《论破产重整程序中出资人权益的调整》，载《中国律师》2008 年第 10 期。

五、完善非上市公司出资人权益调整制度的建议

(一)明确出资人权益调整公平、公正的判断标准

1. 底线标准:不得低于清算状态下股东能够获得的收益

在公司严重资不抵债的情况下,股东无法对公司的剩余财产进行分配,此时股东的股权价值为零,将出资人权益调整为零并未实际损害出资人的利益。据此,对出资人的权益调整公平、公正最低的判决标准是,出资人在权益调整方案下的利益不低于其清算状态下的利益。

2. 客观公允:股权价值评估

非上市公司的股权价值在公开市场上无可参考的报价,需要专业的中介机构对股权价值出具客观公允的评估报告。对于股权价值的评估,不仅需要考虑清算状态下的股权价值,还要将继续经营状态下的营业价值作为出资人权益调整的依据之一。

3. 责权统一:考虑贡献和过错责任

对于积极配合破产重整工作,主动承担履行相关责任,新增现金、资产、技术等资源盘活企业,对生产经营有一定贡献的股东,在制定出资人权益调整方案可以考虑继续保留股东股权。对于公司进入破产程序负有直接责任、拒不配合破产工作、阻碍重整进程、侵占公司财产及以其他方式侵犯公司和债权人利益的股东,应惩罚性调减其股权份额。

(二)保障出资人参与重整的程序性权利

保障出资人参与重整的程序性权利,可从以下几个方面完善:

1. 设立出资人代表和出资人委员会

对于出资人人数较少的有限责任公司,可以由出资人共同推选一到两名出资人代表;对于出资人人数较多的股份有限公司,可以参考债权人委员会的规定设立出资人委员会。在全体出资人的授权范围内,出资人代表和出资人委员会可以开展与管理人、投资人、债权人的沟通,跟进重整工作进展,参与重整计划草案的讨论与制定等工作。

2. 召开出资人大会

如果重整计划草案涉及出资人权益调整,应召开出资人大会。出资人

大会应提前十五天通知全体出资人，由出资人对出资人权益调整方案和重整计划草案进行讨论。出资人大会可以与债权人会议共同或分别召开。债务人的股东会、股东大会或其他权力机构已对重整计划草案中的出资人权益调整事项作出决议的，可以不再召开出资人大会进行表决。

3. 允许出资人查阅破产程序相关资料

允许出资人查阅债权核查报告、债权人会议决议、债权人委员会决议等参与破产程序必需的过程性文件。

4. 统一出资人组表决规则

出资人权益调整方案属于对股东权益有重大影响的事宜，对于出资人组的表决规则，可以参考公司法中重大事项由三分之二以上由表决权的股东表决通过的规定。

(三)建立出资人权益强制调整的听证制度

重整计划草案协商的根本属性在于，不同的债权人与股东均能以反对重整计划草案作为要挟来争取自身利益。当出资人权益调整为零且对原股东无任何补偿时，原股东很难产生同意出资人权益调整方案的意愿。但是，如果公司已严重资不抵债，此时对出资人权益调整的内容是公平、公正的，未实质损害出资人的利益，仅因为出资人组的非理性反对而导致重整计划草案未获通过，这可能导致出资人权利的滥用。因此，在收到批准重整计划申请后，如果发现重整计划草案涉及出资人权益调整，法院应就强制裁定批准重整计划问题进行听证，听取各方特别是出资人的意见，保障裁判结果的正当性、公正性。

(四)赋予重整计划强制执行力

根据法院裁定批准的重整计划，需要办理股东登记事项变更，但因企业原出资人持有的股权已被质押或被法院查封无法办理的，应允许管理人以重整计划为依据向破产受理法院申请强制执行。查封解除或者质押涤除后，破产受理法院应当及时将有关情况告知质押权人和原采取保全措施的法院。

《企业破产法》修订背景下出售式重整制度的法律构建

沈诗淳　孙　燕[*]

内容提要：作为重整制度的重要模式之一，出售式重整制度具有隔断或有负债、确定性较高、提升重整效率以及降低重整成本等优势，在挽救困境企业、平衡各方利益、化解社会矛盾方面发挥着积极作用。然而，我国现行《企业破产法》并未对出售式重整制度进行规定，实践中仅能通过对法律条款的解释和推理寻找其适用空间。为了帮助更多陷入困境但仍具有发展前景的企业重获生机，有必要借助《企业破产法》修订的契机，对出售式重整制度展开深入研究，将其纳入法律调整范围。文章从出售式重整制度的基本问题、现行立法及司法实践、存在的问题以及《企业破产法》修订背景下的法律构建四个方面对出售式重整制度进行研究，以期为我国出售式重整制度的法律构建提供借鉴。

2022年7月，发布的《最高人民法院关于为加快建设全国统一大市场提供司法服务和保障的意见》(以下简称《意见》)，明确指出要完善市场主体救治和退出机制，推动《中华人民共和国企业破产法》(以下简称《企业破产法》)修改，对陷入财务困境但仍具有挽救价值的企业，积极适用重整、和解程序，让企业重新焕发生机活力。作为重整制度的重要形式之一，出售式重整制度在挽救困境企业方面发挥着关键作用。但是，由于我国现行《企业破产法》未对其进行明确规定，使得在对该制度的实际应用中存在很多模糊之处。在新冠疫情影响下，经济下行压力

---

* 沈诗淳，北京植德(武汉)律师事务所律师。孙燕，北京植德(武汉)律师事务所律师、武汉大学法学院硕士。

持续加大，破产企业的数量不断增多。为了帮助更多面临破产的企业走出困境，在《企业破产法》修订的背景下，对出售式重整制度进行深入探讨显得尤为必要。

一、出售式重整制度的基本问题

（一）出售式重整制度的基本概念

重整制度的设计初衷是为了给可能或已经具备破产原因但又有存续价值的企业以再生的机会，恢复其经营能力和盈利能力，实现企业与债权人的利益共赢，从而尽可能避免企业破产所产生的经济成本和社会成本。[1]根据我国《企业破产法》的规定，重整制度是指通过对各方利害关系人的利益进行协调与平衡，对前述濒临破产又有挽救价值的企业实现债务调整和营业重组，使其避免破产清算、获得新生的法律制度。[2]

存续型重整是重整制度的重要模式之一，其主要是指通过债务减免、延期清偿等手段解决破产企业的债务负担，并佐以调整公司生产经营方针和改善公司治理模式、增加或减少注册资本、置换资产等措施，使企业摆脱破产危机、重获经营能力的制度，其典型特征是维持债务人企业的法人资格存续。[3]

出售式重整则是重整制度的另一重要模式，其是指以营业延续为核心，将破产企业具有活力的全部或主要部分的营业事业出售让与他人，以转让所得对价和破产企业剩余财产的清算所得对债权人进行清偿，并注销原破产企业的制度。[4] 出售式重整的价值在于最大限度地帮助困境企业重获新生，秉持"破产不破业，保事业不保外壳"的理念，另辟他径实现企

---

[1] 参见郁琳:《破产重整制度的实施与保障》，载微信公众号"人民司法杂志社"，2021 年 4 月 1 日。

[2] 参见王欣新:《破产法》，中国人民大学出版社 2019 年版，第 284 页。

[3] 参见王欣新:《重整制度理论与实务新论》，载《法律适用》2012 年第 11 期。

[4] 参见宋玉霞、李政印、周迈:《论"出售式重整"模式的美国经验和本土实践》，载《现代管理科学》2018 年第 1 期。

业涅槃重生。①

但是，除了营业事业具有价值的债务人外，也有一些企业的外壳是可估的资源，典型的如国内上市公司的壳资源或特殊行业中存在的行政许可资格，这些依凭于企业主体存续而有价值的资质比起企业的运营实业和资产更为贵重。此时，通常情况下的出售式重整制度将无法满足保留原债务人特殊资质的需求。于是，一种全新的出售式重整制度应运而生，这种出售企业外壳、旨在保护具有特殊资质的企业主体存续的新型重整模式，可以称之为"反向出售式重整"。② 两种模式有不同之处，但核心的价值追求完全一致：都是选取债务企业最有重整价值的部分予以留存，将不利于继续存续的剩余部分与之剥离。为了便于区分，本文将出售债务人营业事业的重整模式定义为正向出售式重整，将正向出售式重整和反向出售式重整统称为出售式重整(制度)。

(二)出售式重整制度的优势特征

1. 隔断或有负债

根据《企业破产法》第 92 条第 2 款③的规定可知，在重整程序中未按期申报债权的债权人，在重整计划执行完毕后，仍可向债务人要求清偿。该条款的制定是为了尽可能地保障债权人利益，但是却给传统的存续式重整程序带来了很大的隐患——若前述债权人的债权金额较大，对其进行清偿，很可能导致重整目的无法实现，前期努力将毁于一旦。即使前述债权人的债权金额不足以导致重整失败，也会给重整企业带来一定的不利影响。

为了应对这一隐患，公司在制定重整计划时通常会预留部分资金用于余债清偿，但这又会带来新的问题：若预留的资金较多，可用于企业重整的运营资金势必减少；若预留的资金较少，一旦债权人出现，则由重整后

---

① 参见争议解决团队：《困境企业出售式重整的实务操作》，载微信公众号"道可特法视界"，2020 年 4 月 13 日。

② 参见徐阳光、何文慧：《出售式重整模式的司法适用问题研究——基于中美典型案例的比较分析》，载《法律适用(司法案例)》2017 年第 4 期。

③ 《企业破产法》第 92 条第 2 款规定："债权人未依照本法规定申报债权的，在重整计划执行期间不得行使权利；在重整计划执行完毕后，可以按照重整计划规定的同类债权的清偿条件行使权利。"

的公司承担清偿责任，企业负担加重。① 此时，若又有较大的债权要求清偿，则极有可能造成债务人因无力清偿而再度破产的局面，本应该顺利终结的重整程序将以失败告终。

而在出售式重整制度下，或将债务人的营业事业转让给新主体，或将债务人的资产和负债平移至平台公司，原债务人仅保留壳资源，将待投资人收购的营业事业或壳资源与负债进行分割，从而使未按期申报的债权人无权向受让债务人营业事业或接收其壳资源的新主体主张债权，有效割断了债务人的或有负债，有利于重整目的的实现。

2. 确定性较高

在存续型重整模式下，为了保障债务人的持续性经营，并不会对债务人的资产进行实际处置，即清偿债权的财产来源不是债务人财产的变现价值，而是债务人存续的未来收益。当然，不排除新引入的战略投资人会提供部分资金用以偿债，但实践中通常以债务人存续的未来收益作为偿债的主要资金来源。② 因此，对于在重整计划草案中拟定的债权人受偿比例，需要通过对债务人存续的未来收益进行模拟计算得出。现实中，债务人的后续经营效果如何、预期收益能否实现，债权人能否获得预期清偿比例，与市场因素的影响有较大关联，因此，存在一定的不确定性。若实际经营效果与预期相差甚远，则容易引发债权人争议，甚至可能导致重整失败。

但是，在出售式重整模式下，债权人所获得的清偿，是将债务人的全部或部分营业事业或者壳资源打包出售后的转让对价，而非模拟计算出的结果，确定性较高。另外，出售式重整制度对债务人的剩余财产采取实际变现的方式进行处理，更有利于消除不确定因素，减少纠纷。③

3. 提高效率，降低成本

存续式重整模式下，由于流程多、难度大、资金短缺，从程序的启动到终结往往需要耗费大量时间，重整效率低下，从而导致重整费用过高，

---

① 参见争议解决团队：《困境企业出售式重整的实务操作》，载微信公众号"道可特法视界"，2020年4月13日。

② 参见赵坤成：《中美两国的破产法实践比较：以重整制度为核心》，载微信公众号"中国破产法论坛"，2017年1月12日。

③ 参见王欣新：《重整制度理论与实务新论》，载《法律适用》2012年第11期。

还容易因此与重整机遇擦肩而过。而在出售式重整模式下，将破产企业有活力的营业事业或者壳资源出售给适格的投资人之后，用转让对价和未转让的其他财产拍卖变卖所得清偿债权人，有效缩短了重整所花费的时间，使得重整效率大幅提升。① 此外，转让破产企业营业事业或者壳资源给投资人，将剩余其他资产平移至平台公司，拍卖变卖平台公司的资产用于清偿债务，并在破产程序终结后注销该平台公司。在这种模式下，无需支付过多费用维持破产企业在重整过程中的运行，大幅减少重整所耗时间，减少管理人报酬等费用支出，从而有效降低重整成本。例如，2021 年，佛山市沙口发电厂有限公司(以下简称"沙口发电厂")管理人在佛山市法院的监督和指导下开展相关工作，仅耗时 70 日即完成了对沙口发电厂的出售式重整，成功处置企业约 1.8 亿元资产，不仅解决了沙口发电厂长达十多年的历史债务问题，而且促成其主营业务得以存续，最大限度发挥其价值。②

二、我国出售式重整制度的立法及司法实践

(一)关于出售式重整制度的立法实践

我国《企业破产法》关于重整制度的规定集中于第八章，包括重整申请和重整期间、重整计划的制定和批准，以及重整计划的执行，共二十五条规定。这些规定是围绕传统的存续型重整制定的，并未对出售式重整制度进行明确规定。实务中，只能通过对相关法条的解释和推理寻找其适用空间。

《企业破产法》第 25 条第 6 项赋予管理人以管理和处分债务人财产的职责，出售属于处分的方式之一，因此，管理人自然享有对债务人财产进行出售的权利。又因为债务人的营业事业属于债务人财产的一部分，因

---

① 参见争议解决团队：《困境企业出售式重整的实务操作》，载微信公众号"道可特法视界"，2020 年 4 月 13 日。

② 参见《70 天"出售式重整"！市法院助力企业换壳重生》，载微信公众号"佛山市中级人民法院"，2021 年 7 月 9 日。

此，管理人有权出售债务人营业事业的全部或部分。第 69 条第 3 项规定，管理人转让"全部库存或者营业"的，应当及时向债权人委员会报告。尽管此条款的本意在于强调管理人及时报告债权人委员会的义务，但就其逻辑而言，该条款直接表明管理人享有转让债务人营业事业的权利。第 73 条规定，经法院批准其申请，在管理人的监督下，债务人可自行管理财产和营业事务，并行使管理人的职权。此时，管理人仅需对债务人进行监督，而其本来的职权则转移至自行管理财产和营业事务的债务人，当然包括第 25 条第 6 项和第 69 条第 3 项确定的管理人对债务人的全部或部分营业事业进行出售的职权。另外，尽管《企业破产法》第 112 条第 2 款明确规定了"破产企业可以全部或者部分变价出售"，但该条规定位于《企业破产法》第 10 章"破产清算"，与前述重整章节下的内容有区别。

结合第 25 条、69 条和 73 条的规定可知，尽管我国现行《企业破产法》重整制度下未明确提及出售式重整，但是，通过对相关条款的解释和推理，实践中运用出售式重整制度挽救破产企业仍有一定的适用空间。

此外，部分地方性文件鼓励适用出售式重整模式挽救破产企业，以尽可能维持既有经营事业。在北大法宝数据库法律法规检索界面，以"出售式重整"为关键词进行检索，共出现十项地方性文件，对其筛选后进行分析，详见表 1。

根据表 1 可知，包含出售式重整内容的地方性文件多为近五年颁布，且具体内容均为鼓励适用出售式重整，以维护企业营运价值、确保职工就业。另外，与其他五份文件大致提及"出售式重整"，但未区分具体类型不同，《河南省高级人民法院关于开展全面提升破产审判工作水平营造法治化营商环境活动的工作方案》还提到了反向出售式重整，明确"保留企业经营资质、品牌声誉等资源"，① 可见，实务中，反向出售式重整也存在一定的适用空间。

---

① 参见《河南省高级人民法院关于开展全面提升破产审判工作水平营造法治化营商环境活动的工作方案》第 3 条第 2 项。

表1　关于包含出售式重整内容的地方性文件的分析

序号	文件名称	发布部门	发布时间	文件性质	相关内容
1	《乌鲁木齐市园区"僵尸企业"清理工作方案》	乌鲁木齐市政府	2017年	地方规范性文件	对"破产重整类"企业,要尽可能推进出售式重整,维护核心商业渠道,确保大部分职工就业。
2	《河南省高级人民法院关于开展全面提升破产审判工作水平营造法治化营商环境活动的工作方案》	河南省高级人民法院	2019年	地方司法文件	在常规重整模式外,探索预重整、出售式重整等模式,提高破产重整、和解成功率。 探索出售式重整,采取"保壳"重整使原企业存续,同时将企业其他资产变价处置以清偿债务,保留企业经营资质、品牌声誉等资源,吸引更多优质战略投资人,促进企业尽快恢复生产经营。
3	《关于充分发挥审判职能作用为企业家创新创业营造良好法治环境的实施意见》	江苏省高级人民法院	2018年	地方司法文件	对于具备经营价值和挽救可能的企业,积极引导适用破产重整程序、出售式重整模式,尽可能维持既有经营事业。
4	《佛山市中级人民法院破产重整案件审理操作规程(试行)》	佛山市中级人民法院	2022年	地方司法文件	鼓励重整模式适度创新,精准识别企业困境成因,因企施策。灵活采取重整、预重整、关联企业实质合并重整、出售式重整等多种方式,最大限度发挥破产保护和拯救功能,维护企业营运价值,挽救危困企业。

续表

序号	文件名称	发布部门	发布时间	文件性质	相关内容
5	《安阳市"十四五"营商环境和社会信用体系发展规划》	安阳市人民政府	2022年	地方工作文件	加强对企业重整价值的识别，灵活运用债务重组、引进战略投资人、出售式重整、预重整等模式，支持银行、资产管理公司等金融机构参与企业破产重整。
6	《丽水市处置"僵尸企业"工作方案》	丽水市人民政府	2016年	地方工作文件	对"破产重整类"企业，要尽可能推进出售式重整，维护核心商业渠道和大部分职工就业。

（上述表格为笔者根据检索内容自行制作）

综上可知，尽管《企业破产法》没有关于出售式重整的条款规定，但将其制度化和特定化已成为一种趋势。

（二）出售式重整的司法实践

虽然立法尚未明确规定出售式重整制度，但实践已然先行。在最高院于2022年1月发布的2021年全国法院十大商事案件中，第五例案件即为采用出售式重整模式的北大方正集团有限公司等五家公司实质合并重整。此外，最高院于2021年4月发布的10件典型破产案例[①]、江苏省高院于2022年3月发布的破产审判典型案例[②]、山东省高院于2019年12月发布的全省十大破产典型案例[③]和佛山市中院于2021年8月发布的破产审判服务优化营商环境十大典型案例(2020—2021)[④]均包含采用出售式重整模

[①] 参见《最高人民法院发布10件典型破产案例》，北大法宝，https://www.pkulaw.com/，访问日期：2022年10月25日。

[②] 参见《江苏省高级人民法院破产审判典型案例》，北大法宝，https://www.pkulaw.com/，访问日期：2022年10月25日。

[③] 参见《山东高级人民法院发布全省十大破产典型案例》，北大法宝，https://www.pkulaw.com/，访问日期：2022年10月25日。

[④] 参见《佛山市中级人民法院发布破产审判服务优化营商环境十大典型案例(2020—2021)》，北大法宝，https://www.pkulaw.com/，访问日期：2022年10月25日。

式成功挽救破产企业的案例。在此，选取北大方正集团公司重整案作为正向出售式重整的典型案例、淮安泰邦节能建材有限公司破产重整案作为反向出售式重整的典型案例加以介绍和分析。

1. 正向出售式重整——北大方正集团公司重整案①

2019年底，北大方正集团有限公司（以下简称方正集团）爆发流动性危机，负债达数千亿元。2020年2月19日，北京市一中院受理债权人对方正集团的重整申请。2020年7月17日，方正集团管理人提出实质合并重整申请；7月28日，北京一中院组织申请人、被申请人、异议债权人等利害关系人及中介机构进行听证；7月31日，裁定方正集团等五家公司实质合并重整，以降低清理成本，增加重整的可能性，提高重整效率。

2021年5月28日，债权人会议高票通过方正集团实质合并重整案的重整计划草案；2021年6月28日，北京一中院裁定批准方正集团等五家公司重整计划，并裁定终止重整程序。

对此，学者王欣新教授作出如下点评：在重整模式上，方正集团管理人采取出售式重整的模式，以保留资产设立新方正集团和各业务平台公司，承接相应业务和职工就业，以待处置资产设立信托计划，处置所得对受益人补充分配，通过出售式重整真正实现债务人全部资产（包括处置所得）均直接用于清偿债权人的目的。通过出售式重整一揽子化解集团全部债务风险，最大程度维护了企业事业的营运价值，隔离方正集团历史遗留风险和其他潜在风险，减轻了债务重组收益税负，有利于企业未来经营发展。

2. 反向出售式重整——淮安泰邦节能建材有限公司破产重整案②

淮安泰邦节能建材有限公司（以下简称泰邦公司）经营加气混凝土砌块、聚氨酯保温板生产和销售，具备独特的区位经济优势，拥有稀缺的经营资质及独立的商标权，是当地重点建材企业。后因管理不善，公司欠债

---

① 参见《最高人民法院发布2021年全国法院十大商事案件》，北大法宝，https://www.pkulaw.com/，访问日期：2022年10月25日，案件五：首例真正意义上的多元化"企业集团"重整，出售式重整一揽子化解债务风险——北大方正集团有限公司等五家公司实质合并重整。

② 参见《江苏省高级人民法院破产审判典型案例》，北大法宝，https://www.pkulaw.com/，访问日期：2022年10月25日。

1000多万元，且因诉讼缠身，已停止生产，大量到期债务无法清偿。

2020年8月24日，涟水县人民法院(以下简称涟水法院)依债权人申请裁定受理泰邦公司破产清算一案。清算过程中，为保留泰邦公司名下的商业字号、经营资质、企业荣誉、知识产权、行政许可等优质"壳资源"，涟水法院积极探索在破产清算程序中运用预重整功能，指导管理人与债权人、债务人、重整意向投资人协商一致将争议财产纳入重整资产，确定了"反向出售式重整"方案，破解了无证财产变价难题。2021年8月14日，管理人组织对重整方案进行预表决，各债权组均高票通过。后债务人向法院申请由破产清算转为重整程序，并根据重整方案制订重整计划草案。2021年9月6日，涟水法院裁定对泰邦公司进行重整。2021年9月28日，法院裁定批准重整计划并终止破产重整程序。

本案中，为解决无证财产变价难的问题，法院积极采用"反向出售式重整"的模式，从裁定重整到重整完成仅耗时22天，成功挽救了尚有生存价值的破产企业。

三、我国现行《企业破产法》下适用出售式重整制度存在的问题

由于我国《企业破产法》的重整制度主要围绕存续式重整模式制定，没有关于出售式重整制度的明确规定，当面临挽救破产企业的情况时，尽管可以通过对《企业破产法》第25条、第69条以及第73条等相关条款的解释来适用出售式重整制度，近年来司法实践中也不乏成功适用出售式重整制度挽救破产企业的优秀案例，但在某些具体问题上，由于缺乏明确的法律规定指引，学界和实务界仍存在很多争议，包括：我国《企业破产法》是否允许计划外出售式重整？重整计划的执行主体必须是债务人是否合理？实务中适用出售式重整制度的表决程序应当如何选择？

(一)关于我国《企业破产法》是否允许计划外出售式重整的问题

计划外出售式重整，即在重整计划外适用出售式重整制度，具体是指

不需要通过债权人会议对重整计划草案进行表决即可实施出售式重整的模式，由美国破产法典第 363 条规定演化而来。① 关于我国《企业破产法》是否允许在重整计划外适用出售式重整的问题，学者们有着不同观点。

部分学者认为，根据《企业破产法》第 26 条和第 69 条，仅需经过人民法院许可，管理人就可以在第一次债权人会议召开之前进行"全部库存或营业的转让"，因此，我国《企业破产法》给计划外的出售式重整留有制度空间。② 然而，也有学者认为，尽管第 69 条的规定看似允许管理人无需债权人表决通过重整计划草案即可实施出售式重整，但《企业破产法解释三》第 15 条弥补了这一漏洞，对计划外出售式重整进行了否定。③

而对官方说明进行解读可知，前述司法解释仅仅是对《企业破产法》第 69 条规定的补充，"针对的是第一次债权人会议召开后，管理人实施的处分行为"，对于"第一次债权人会议召开前管理人实施处分的，仍然应当按照企业破产法第 26 条的规定处理"。④ 因此，我国现行《企业破产法》下，仍然存在计划外出售破产企业营业事业的空间。但是，存在适用空间是否意味着一定正确？退一步讲，即使存在适用空间具有合理性，那么有无必要对其进行一定限制呢？笔者认为，该问题值得进一步讨论。

（二）关于重整计划的执行主体必须是债务人是否合理的问题

根据《企业破产法》第 89 条和第 90 条的规定，债务人是执行重整计划的唯一主体，重整计划被法院裁定批准后，管理人必须向债务人移交财产和营业事务，在整个重整计划的执行阶段，管理人仅享有对债务人执行

---

① 参见韩长印：《论破产程序中的财产处分规则——以"江湖生态"破产重整案为分析样本》，载《政治与法律》2011 年第 12 期。

② 参见韩长印：《论破产程序中的财产处分规则——以"江湖生态"破产重整案为分析样本》，载《政治与法律》2011 年第 12 期。

③ 参见郭娅丽：《出售型破产重整司法适用的现实困境与突破思路》，载《兰州学刊》2020 年第 2 期。

④ 参见最高人民法院民事审判第二庭编：《最高人民法院关于企业破产法司法解释(三)理解与适用》，人民法院出版社 2019 年版，第 12 页。

重整计划的监督权。在存续型重整模式下，债务人的法人资格仍然存续，将其财产和营业事务予以归还，有助于债务人恢复营业，进而有利于重整的成功实现。但是在出售式重整模式下，管理人对债务人在重整期间的情况有着更加深入的了解，现行《企业破产法》关于重整计划通过后财产和营业事务必须重归债务人的规定反而难以配合出售式重整制度在实务中的操作，影响其效率高等优势的实现。

（三）关于出售式重整的表决程序应当如何选择的问题

根据前文可知，尽管我国《企业破产法》未对出售式重整制度进行明确规定，但依照第25条、第69条和第73条等相关条款的规定，在实务中适用出售式重整制度挽救破产企业还是具有一定正当性的。而根据北京市炜衡律师事务所高级合伙人尹正友在由中国法学会商法学研究会、最高人民法院民二庭和中国政法大学商法研究中心共同主办的"第四届公司法司法适用高端论坛——破产法实施中的公司法适用"上的会议发言，实务中采用出售式重整制度挽救破产企业时依据的法律条款主要为《企业破产法》第26条和第112条的规定，第26条为重整章节下的内容，第112条却为破产清算章节下的内容，因此，与适用出售式重整制度是否具有法律依据相比，实务操作中更令从业者困惑的是有关出售式重整适用程序的选择，即应当按照重整表决程序进行还是按照破产清算中变价方案的表决程序进行？①

四、《企业破产法》修订背景下对出售式重整制度的法律构建

我国现行《企业破产法》自2007年6月1日实施至今，一直未进行过修订。但是，2018年，全国人大将《企业破产法》修订作为五年立法规划的重点立法项目；2021年，全国人大常委会对《企业破产法》开展了执法检查；2022年，《企业破产法》修订被列入年度立法工作计划，《企业破产

---

① 参见尹正友等：《公司重整的方式与中国本土实践创新》，载微信公众号"破产法快讯"，2016年11月27日。

法》的改革与完善迎来了新的机遇。为此，理论界和实务界就《企业破产法》的修订内容进行了广泛征集和热烈讨论。① 笔者以为，随着经济的高速发展，已经实施16年之久的现行《企业破产法》并不能很好地适应我国的商业环境，尤其是出售式重整制度的缺失，不利于实现对破产企业的挽救。因此，借《企业破产法》修订之际，应当在《企业破产法》中明确规定出售式重整制度，对出售式重整制度进行立法构建，以更好地拯救危困企业、促进经济发展。结合前文陈述的我国现行《企业破产法》下适用出售式重整制度存在的几个问题，笔者现对出售式重整制度的立法构建提出如下建议：

（一）针对计划外出售式重整的适用，采取"原则+例外"的立法模式

尽管我国现行《企业破产法》下存在计划外实施出售式重整制度的空间，但笔者并不赞同对其不加任何限制的做法，因为，允许计划外出售式重整，意味着无需经过重整计划草案的制定和债权人会议的表决，经过法院许可，在第一次债权人会议召开之前即可进行出售式重整。此种情况下，债权人缺乏发表意见的渠道，无法行使发言权和表决权，其合法利益无法得到充分保障。出售完成后，若因快速出售营业事业对债权人的利益造成损害，缺乏适当的救济途径。

但是，当营业事业存在价值急速下跌的风险时，为了减小损失、争取债务人营业事业的最大价值，确有在重整计划外尽快将营业事业对外出售转让的必要。因此，可以采取"原则+例外"的立法模式，即原则上要求实施出售式重整制度需要通过重整计划进行，但是，在债务人相关经营资产的价值面临急速贬值的风险，不迅速出卖可能导致债务人营业价值遭受重大、无法挽回损失的情况发生时，应当允许在第一次债权人会议之前对债

---

① 例如，中国人民大学破产法研究中心和北京市破产法学会公开征集破产法实践中遇到的疑难问题和相关立法建议，参见《破产法及相关法律法规联动修改意见和建议征集》，载微信公众号"中国破产法论坛"，2021年3月18日；参见张善斌、钱宁：《论破产法修订应考量的几个重要关系》，载《宁夏社会科学》2022年第4期。

务人的营业事业进行出售转让。①

(二)增加管理人作为重整计划的执行主体

对于重整计划的执行，我国《企业破产法》规定了法院裁定批准重整计划后，财产和营业事务必须重归债务人，债务人是执行重整计划的唯一主体，根据前文分析可知，这样的规定过于局限，难以适应实践需要，不利于出售式重整效率优势的发挥。事实上，在采用出售式重整模式拯救破产企业的案件中，管理人对债务人在重整期间的具体情况更加了解，与战略投资人的交流更加频繁，双方之间达成的转让协议的关键内容，往往也会体现在重整计划草案中，重整计划通过的时间点对投资款的支付、资产和营业事业的转让也有一定影响，实践中，有案件将重整计划被法院裁定通过作为投资款支付的前提条件之一。因此，笔者认为，应当增加管理人作为重整计划的执行主体，如此，在出售式重整模式下，法院裁定批准重整计划后，可以由管理人继续接管债务人的资产和营业事业，对重整计划进行执行。

(三)适用重整程序实施出售式重整

《企业破产法》第84条第2款规定："出席会议的同一表决组的债权人过半数同意重整计划草案，并且其所代表的债权额占该组债权总额的三分之二以上的，即为该组通过重整计划草案。"第86条第1款规定："各表决组均通过重整计划草案时，重整计划即为通过。"即重整计划草案经债权人会议表决通过的要求为同一表决组"人数过半数+债权额过三分之二"，且各表决组均需满足前述人数及债权额应达到的比例。

《企业破产法》第61条第1款第9项规定，债权人会议行使"通过破产财产变价方案"的职权。第111条第1款规定，"管理人应当及时拟订破产财产变价方案，提交债权人会议讨论"。第64条第1款规定，"债权人会议的决议，由出席会议的有表决权的债权人过半数通过，并且其所代表的债权额占无财产担保债权总额的二分之一以上"。据此可知，破产清算中财产变价方案通过的要求为债权人会议"出席并有表决权人数过半

---

① 参见《出售式重整模式的适用及案例简析(上)》，载微信公众号"特殊资产投资与管理"，2017年11月6日。

数+债权额占无担保债权总额过半数"，即"人数+债权双过半"，且无需分组表决。

由以上规定及分析可知，《企业破产法》中可供出售式重整适用的程序主要有重整表决程序和破产清算中变价方案的表决程序两种，且前者的要求比后者更为严格。我国为数不多的出售式重整案件中，多数案件选择适用重整程序，但也有少部分案件选择适用破产清算程序，其理由为：出售式重整的法律后果具有债务人资产处置和清算注销两大标志，符合破产清算的概念，且该模式涉及资产出售后债务人企业主体资格的注销，若适用重整程序还需浪费额外的时间成本和司法资源来实现重整到清算程序的转换，因而应在清算程序中进行。① 笔者认为，虽然出售式重整会造成破产企业的注销，但企业注销只是最终结果的一个方面，出售式重整的核心仍然在于维持经营事业的存续，其本质是拯救困境企业，属于重整制度，自然应当适用重整程序。

（四）其他重要事项

1. 出售式重整程序的启动方式

《企业破产法》第 70 条规定了重整程序的两种启动方式，一种是债务人或者债权人直接向法院申请重整，即初始重整申请，另一种是债权人申请对债务人进行破产清算的，在法院受理破产申请后、宣告破产前，债务人或满足特定条件的出资人向法院申请重整，即程序转换中重整的启动。实践中，出售式重整程序的启动也包括以上两种途径，在进行立法构建时，也应当针对该两种途径进行条款设计。笔者以为，初始重整申请途径应当继续沿用现行《企业破产法》的规定，由债务人和债权人向法院申请；但是，程序转换中重整的启动应当在现行法律规定的基础上进行一定调整，即将管理人也列为申请重整的主体。因为，在企业破产清算的过程中，管理人的参与程度较深，对破产企业的核心资产、营业事业及偿债能力等情况也有较为全面的了解，此种情况下赋予管理人后续重整申请权，有利于出售式重整程序的顺利进行，从而实现对破产企业营业事业的挽救。

---

① 参见延淑琪：《出售式重整的司法适用》，载微信公众号"海普睿诚律师事务所"，2020 年 7 月 21 日。

2. 投资人的选任

有学者认为，对于出售式重整制度而言，投资人的选任至关重要，因此，应当在《企业破产法》中明确规定投资人的选任条件、选任程序和引入时点等内容，以确保最适格的买受人进入。[①] 而笔者认为，投资人的选任固然重要，但是，每个破产企业均有其自身特点，不同行业、不同企业之间可能千差万别，在《企业破产法》中规定得过于细致可能反而不利于管理人进行实际操作。因此，对于投资人的选任条件、选任程序以及引入时点等特别事项，在修订《企业破产法》时可以进行概括性规定，但必须赋予管理人一定的自主权，如此，才更有利于合格投资人的引入，有利于重整目标的成功实现。

---

① 参见郭娅丽：《出售型破产重整司法适用的现实困境与突破思路》，载《兰州学刊》2020 年第 2 期。

执行期间重整计划的变更原因探讨

孙　权[*]

内容提要：《破产审判纪要》第 19、20 条弥补了《企业破产法》在重整计划变更方面的立法空白，但重整计划的变更原因以"事件"+"无法执行"为标准并不恰当。变更原因应以"重整计划执行障碍程度"为标准，通过"不可抗力"与"情势变更"进行多重保障。如若达到无法执行的程度，可基于不可抗力进行变更。如若仍可履行但履行显失公平，则可基于情势变更进行变更。除此之外，因重整计划的本质是决议行为，应当例外涵括基于意思自治而进行变更的情形。具体可分为债务清偿方案、经营方案、重整计划执行期限、出资人权益调整方案四个部分进行构建，并皆需受到变更原则与法院实质性监管的限制。

引　言

重整制度作为企业退出市场前的最后一道防线，在整个破产程序中有着举足轻重的地位，重整计划的妥善执行则是重整制度实现的必经路径。2006 年出台的《中华人民共和国企业破产法》（以下简称《企业破产法》）仅有 6 个条文对重整执行机制进行规定，且并未给予重整计划进行变更的机会。第 93 条明确表示债务人不能执行或者不执行重整计划的，管理人或者利害关系人可以请求人民法院裁定终止重整计划的执行。这意味着，重整计划无法执行时仅有转入破产宣告这一个选项。该项规定忽视了重整计划执行中的复杂性与多样性，难以契合实务中相关主体的需求，以致重整

---

　* 孙权，武汉大学法学院硕士研究生。

的目的无法实现，浪费大量的司法成本与社会成本。2018 年最高人民法院出台了《全国法院破产审判工作会议纪要》（以下简称《破产审判纪要》），其第 19 条对重整计划的变更原因进行了规定。可该纪要不具有法律效力，仅能作为法院在裁判时的说理依据。纪要中所提及的变更原因也较为严苛，难以适应执行期间重整计划变更的复杂情况。故而，对于执行期间重整计划的变更原因的探讨应当提上日程，为《企业破产法》修订提供参考。

一、对"事件"+"无法执行"标准的质疑

《企业破产法》并未对重整计划变更作出规定，由于实践中对于重整计划变更的需求愈来愈大，故而《破产审判纪要》第 19 条规定，"因出现国家政策调整、法律修改变化等特殊情况，导致原重整计划无法执行的，债务人或管理人可以申请变更重整计划一次"。该条赋予了债务人或管理人请求变更重整计划的权利，实际上是采取"事件"+"无法执行"的认定标准，即如若出现"国家政策调整"或"法律修改变化"这两种情形，且达到"原重整计划无法执行"的标准时，可以变更重整计划的执行。但该标准在实践中的适用情况与实际效果并不理想。

（一）案例分析

笔者通过"威科先行"，以"变更重整计划"为关键词进行案例检索，时间截止至 2022 年 10 月 18 日，共检索到 81 份案例，排除了 35 个无关案例以及将 21 份同一案号的案例合一后，[①] 剩余 26 份案例。发现检索案例正好自 18 年才出现，契合了《破产审判纪要》出台的时间节点。其中排除干扰后剩余的 26 份案例都对于重整计划具有极大的变更需求。根据变更原因中的事件与导致的结果，笔者将案例分类如表 1。

---

① 此为齐星集团有限公司等二十七家公司合并重整，参见山东省邹平市人民法院（2017）鲁 1626 破 1、2、3、4、6、8、10、15、17、18、19、20、21、22、23、24、25、26、27、28、29 号民事裁定书。

表1 重整原因统计

序号	变 更 原 因	案件总数
1	国家防疫政策调整+无法继续执行	1
2	政府规划政策调整+未能按期执行	1
3	客观情况发生重大变化+无法继续执行	1
4	春节假期、新冠疫情防控、经营情况变化、工程需加固修复前期质量问题以及工程资料缺失等客观原因+未能按期执行	13
5	规划变更审批困难等客观情况+难以继续履行	1
6	客观原因(未明确具体内容)	1
7	补充申报债权材料	1
8	无法继续执行	1
9	执行过程中存在问题	1
10	执行对各方债权人均产生不利影响	1
11	出资人不履行出资义务、投资人不能按期缴纳保证金等主观情形+无法继续执行	2
12	并未考虑变更原因+均表决同意	2

从上述表格中，共可归纳出以下几点信息：

第一，仅有序号1、2中涵盖的2份案例完全符合《破产审判纪要》中"国家政策调整"+"无法执行"的要求。这貌似意味着现行规定被束之高阁，难以满足实践的需求。

第二，实践中客观情形貌似并不局限于"国家政策调整"与"法律修改变化"这两种情形。序号4、5、7中涉及了春节假期、新冠疫情防控、经营情况变化、工程需加固修复前期质量问题以及工程资料缺失、规划变更审批困难、补充申报债权材料等客观原因，其中大多数是因为疫情影响而变更重整计划。序号3、6并未提及具体的客观原因内容，序号8甚至未提及是否是客观原因而直接因为无法继续执行裁定变更。

第三，实践中变更原因的法律效果不止"无法执行"这一种情形。序号3~9中包含了"无法继续履行""未能按期执行""难以继续履行""不考虑对执行程度影响"等四种情形。

第四，有不少法院甚至将主观情形纳入变更原因之中。序号 10～12 中，法院有因执行对各方产生不利影响而进行重整计划的优化，也有出资人不愿出资等原因而变更，甚至存在未提及任何原因，因符合程序要求而裁定变更的情形。

(二)"事件"+"无法执行"要件之质疑

1. "事件"范围受限

《破产审判纪要》第 19 条仅通过列举的方式，明确了国家政策调整、法律修改变化这两种具体情形，并以"等"字进行兜底。其中"国家政策调整""法律修改变化"即是明确的可变更事件，但除此之外是否还存在其余事件也可使重整计划变更？这主要取决于对"等"字的理解，在法解释学中存在"等内说"与"等外说"两种解释路径。一是表示列举后煞尾，即"等内等"，二是表示列举未尽，即"等外等"。《破产审判纪要》没有规定，实际上允许法官自由裁量。从重整程序的目的及司法实践可知，此处应当采用"等外说"，除了该条中所明确规定的两种情形外，还存在其他相等情形。但有一点还须明确，"等"字前后的情况应当在性质与程度上大体相当，否则就将"等"变成了"不等"。可是在实践中，能够与国家政策调整、法律修改变化相等分量的其他特殊情况基本上不存在，更多导致原重整计划无法执行的，是市场变化、债务人或战略投资者情况变化等。① 因此，无论采取"等内说"还是采取"等外说"，都难以涵盖全部的客观情形，更无法将利害关系人的意愿作为一个理由引入重整计划的变更事宜中。

2. "无法执行"标准过于严苛

《破产审判纪要》第 19 条除了要求出现"国家政策调整"或"法律修改变化"这两种情形外，还须达到"原重整计划无法执行"的标准，才可以变更重整计划的执行。本就因"国家政策调整"与"法律修改变化"对情形的限制而不大的可能性，又受到"无法执行"的要求，这既不符合破产法对重整程序的立法目的与要求，也让重整计划的变更几乎难以在实践得到适用。故而实践中法院纷纷突破了该规定的限制，扩大了适用的范围。如有法院认为受新冠疫情影响，国内外资本市场和投资形势出现了一定的不确

---

① 参见王欣新：《企业破产法》(第四版)，中国人民大学出版社 2019 年版，第 332 页。

定性因素而准予变更。① 又如以在执行过程中存在问题需要进行变更，且当日召开的第七次债权人会议决议同意变更重整计划为由准予变更。② 除此之外，重整计划仅能适用于"无法执行"的情形，而对于"执行显失公平"等其他客观情形不予救济的法理基础亦难以证成。

二、变更标准的重构："重整计划执行障碍程度"

《破产审判纪要》第 19 条采取的是"事件"+"无法执行"标准。实际上，以"事件性质"为标准极易产生同一类事件既被定性为不可抗力也被定性为情势变更的混同结果，因为事件的可预见程度和可避免程度本身也是难有标准的。③ 重整计划的变更需舍弃"事件性质"标准，采取"重整计划执行障碍程度"标准，根据执行过程中出现情形对重整计划履行的影响程度，来判断是否可以变更。通过"不可抗力"与"情势变更"规则对重整计划的执行进行多重保障。

（一）"重整计划执行障碍程度"标准之界定

《破产审判纪要》第 19 条的"事件性质"标准聚焦于事件的可预见程度与可避免程度，将变更原因局限在"国家政策调整"与"法律修改变化"这两种情况上。但却并未考虑到事件的可预见性与可避免性本身也是标准模糊，其要件具有极强的个案性，事件对不同给付的实现影响千差万别。这两种情况无论是采取"等内说"还是采取"等外说"都仍须落脚于是否产生"无法执行"的阻碍程度，与此同时，它也不能解释为何其他同样产生"无法执行"的情况却不能主张变更的问题。相较于"事件性质"标准，"重整计划执行障碍程度"标准则是说，重整计划的变更需要判断出现的客观情况对重整计划的执行影响是否达到需变更的程度。该概念源自民法中的"合同履行障碍"，是指那些影响债之关系目的实现的障碍和困难。④ 在

---

① 参见黑龙江省哈尔滨市中级人民法院（2019）黑 01 破 5-3 号民事裁定书。

② 参见四川省江油市人民法院（2018）川 0781 破 2 号之八民事裁定书。

③ 参见刘清生、陈伟斌：《〈民法典〉不可抗力与情势变更规则的界分适用》，载《华南理工大学学报（社会科学版）》2021 年第 5 期。

④ 最初由德国法学家海因里希·施托尔提出，参见韩世远：《合同法总论》（第四版），法律出版社 2018 年版，第 475 页。

合同履行障碍制度体系下，具体包含了不可抗力制度与情势变更制度等。其中，不可抗力可以直接影响到合同的要素，使得合同的履行被阻却。情势变更则并不能直接导致合同履行不能，只是继续履行合同会造成显失公平的结果。根据笔者所搜集的案例，发现管理人申请变更的客观情形有多种，但最后都会回到重整计划执行存在一定障碍的角度上，其中障碍的程度主要是无法执行与难以执行，与此相对应，法院一般也对此裁定批准变更。因此，笔者借鉴民法中的"合同履行障碍"制度，以"重整计划执行障碍程度"为标准重构重整计划的变更原因体系，通过"不可抗力"与"情势变更"规则对重整计划的执行进行多重保障。

（二）"不可抗力"的复原：以"无法执行"为中心

1. 破产重整中不可抗力的法效果突破：可变更重整计划

根据民法中对不可抗力的规定，貌似实定法上并无依据认为不可抗力可以具有变更权，不可抗力产生的是合同解除与免责的法效果。但需注意，一方面，民法与破产法之间存在一定的差异。民法中，主张基于不可抗力产生的变更是法定变更，也就是一方当事人可在条件出现时，向人民法院申请主张与另一方当事人进行合同变更。而破产重整中的变更更像是一个协议变更，仅是需要法院进行最后的裁定。这是在债权人会议表决通过的前提下，变更后的重整计划才进入法院的裁定批准环节，此时并不存在所谓的博弈双方或者说利益冲突。这其实是意思自治的体现，只要变更内容不违反合同成立与生效的要件，就不应干涉。另一方面，该变更并不是纯粹的"不可抗力"规则的原则性适用，而是进行了一定的法律突破。《破产审判纪要》已对此进行规定，认为重整计划在满足客观情况的要求下达到"无法执行"的程度时，并不是直接终止重整计划的执行（合同解除），而是可以申请进行变更。虽然该纪要并不具有法律效力，但对立法与实践仍有一定的指引效果。

2. 不可抗力的复原：舍弃"国家政策调整"与"法律修改变化"的限制

有学者以"事件性质"为标准，认为政策变化、物价暴涨或暴跌等社会经济形势重大变化是情势变更事件。① 但《最高人民法院第二巡回法庭

---

① 参见王利明：《情事变更制度若干问题探讨——兼评〈民法典合同编（草案）〉（二审稿）第 323 条》，载《法商研究》2019 年第 3 期。

法官会议纪要》中也提出相反观点，认为新的法律法规的变化①与政府行为②一般属于不可抗力。③ 根据《破产审判纪要》第 19 条后半段要求的"无法执行"条件判断，第 19 条的标准实际上就是一个"小不可抗力"。④ 其实，将重整计划的变更原因限制为"国家政策调整"与"法律修改变化"情形并无必要，我们不可能将不可抗力的范围一劳永逸地确定下来，其范围只能是一个大致的，依据个案具体判断的，判断时的核心仍需着落于"原重整计划无法执行"这样的结果要件上。故而，"不可抗力"作为重整计划的变更原因不应局限于与上述规定的两种情形等同的情况，而需回复到不可抗力的本质，以"无法执行"为判断因素。如若该客观情形满足"无法执行"的要求，那么就属于变更原因。

3. "无法执行"在重整执行中的理解

重整计划中的"无法执行"可参照民法中的合同"不能履行"进行适用。"无法执行"首先包含了"履行不能"，既包括全部不能、也包含部分不能。且对象是主给付义务、从给付义务以及附随义务。其次，"无法执行"是否还包含履行迟延与不完全履行？尽管《中华人民共和国民法典》（以下简称《民法典》）第 590 条并未提及不可抗力致使履行迟延的情形，但根据文本回溯以及从其他合同法的相关规定中不难推测出立法者的立场，"不能履行"应当包含履行迟延。⑤《最高人民法院关于依法妥善审理涉新冠肺炎疫情民事案件若干问题的指导意见（二）》（以下简称《最高院关于涉疫情若干指导意见（二）》）第 20 条第 2 款规定"协商变更重整计划或者和解协议的，按照《全国法院破产审判工作会议纪要》第 19 条、第 20 条的规定进行表决并提交法院批准。但是，仅涉及执行期限变更的，人民法院可以依债务人或债权人的申请直接作出裁定"，也表明重整计划的迟延执行也属于执行不能范畴，可以进行变更，仅是程序更为简易。除此之外，不可

---

① 由于新的法律法规的出台，导致原来合同约定的内容不能履行。

② 主要指合同订立后，政府颁布新的政策，采取新的行政措施导致合同不能履行，由此需要通过解除合同的方式提供救济。如政府改变规划、发布禁令等。

③ 参见仲伟珩：《二巡法官纪要：法律、法规出台是情势变更还是不可抗力，合同不能履行如何救济》，载微信公众号"民商事裁判规则"，2022 年 9 月 17 日。

④ 仅限于以"国家政策调整"或"法律修改变化"为标准的情形下的不可抗力。

⑤ 参见解亘：《〈民法典〉第 590 条（合同因不可抗力而免责）评注》，载《法学家》2022 年第 2 期。

抗力还需满足"客观情况"与"不能预见、不能避免和不能克服"的要素，并且其中"三不"的要求是并存的而非择一的。

（三）"情势变更"的纳入：以"继续执行显失公平"为重点

1. "情势变更"应作为重整计划的变更原因

有学者认为在重整计划变更中，不可抗力作为原因与情势变更作为结果往往具有关联性，且在重整计划的执行过程中情势变更原则逐步演变为重整计划变更的主要原因。因此，仅讨论情势变更原则在重整计划变更中适用的情形与程序规制即可完善变更原因的体系构建。① 该观点忽视了不可抗力本身的情形或者说仅将不可抗力作为一种起因归入情势变更中一同解决。不可抗力具有自身的独立价值，情势变更虽然与不可抗力存在一定的交叉，但不能涵盖不可抗力的全部情形，单一适用难以契合实践需求，但该观点也肯定了情势变更纳入变更原因的意义。如若在执行期间出现了"情势变更"，即自重整计划通过后，发生当事人在重整计划制定时无法预见的、不属于商业风险的重大变化，仍可继续执行重整计划但对于当事人一方明显不公平的情形时，也应当允许重整计划进行变更。这既符合决议行为的私法本质，满足重整程序设立的目的，符合变更的法理基础，也契合《民法典》的立法动向。《民法典》第 533 条吸收了合同法司法解释关于情势变更原则的规定，正式以法律形式规定了情势变更制度，破产法亦不应禁止情势变更于重整计划变更中的合理类推适用。重整计划变更与情势变更原则的根本目的十分契合。② 情势变更原则的根本目的是追求正义与公平，而它在重整计划变更中的适用有利于兼顾众多主体的利益平衡，这亦是实质正义的真正体现。司法实践中虽未直接提出"情势变更"，但实际上也逐渐将其作为重整计划变更的原因，如有法院认为本案重整计划执行期间遇到新冠疫情，一定程度影响了重整计划的执行，管理人申请延长重整计划执行期限和监督期限，避免破产重整失败转为破产清算，既是当前形势下的合法诉求，亦有利于维护债权人和债务人的

---

① 参见余敏、曹文兵：《情势变更原则在重整计划变更中的适用规则》，载微信公众号"中国破产法论坛"，2022 年 11 月 7 日。

② 参见余敏、曹文兵：《情势变更原则在重整计划变更中的适用规则》，载微信公众号"中国破产法论坛"，2022 年 11 月 7 日。

合法权益。① 有法院认为因客观情况的变化导致重整计划无法完全执行，或按照重整计划执行将对债权人产生重大不利影响的，债务人或管理人可以申请变更重整计划。②

2. "继续执行显失公平"在重整执行中的理解

在具体适用时，需把握情势变更中"继续执行显失公平"的内涵。民法中"继续履行显失公平"是指对一方当事人明显不公平。但在重整程序中，由于重整计划不存在所谓的合同对立的双方，无论是债权人、债务人、还是投资人，都是利益共同体，彼此之间一荣俱荣、一损俱损。故而"继续执行显失公平"的含义在该语境下是指"重整计划的均衡性被严重破坏"。具体主要表现为，重整计划执行成本的剧增、预期的执行所获价值大幅度减少或变得毫无价值，以致使得重整目的落空。③ 继续执行将会损害债权人、债务人、投资人的合法权益。此处的情势变更追求的是众多主体之间的利益平衡、社会经济制度的稳定与实质正义的实现。在"继续执行显失公平"为核心的理念下，还需满足"情势变更的事实""时间点在合同成立以后、履行完毕之前""不可归责于当事人""缔约时不可预见"等条件，并排除商业风险的干扰。其中，对于商业风险应区分"可预见的风险"与"不可预见的风险"、"可承受的风险"与"不可承受的风险"。④ 其中不可预见但可承受的风险，因其后果并非"重大变化"而不属于情势变更，不能以情势变更的理由来主张重整计划的变更，而需寻求其他理由来判断是否能够进行变更。

根据所收集的案例来看，新冠疫情即是现在实践中重整计划变更的最大因素。判断疫情是否是变更原因仍需回到"重整计划执行障碍程度"的标准上，如若是因为受国家防疫政策要求及自然灾害的影响，造成重整计划无法继续执行⑤，那么应当适用不可抗力规则。如若是因为本案重整计划执行期间遇到新型疫情，一定程度影响了重整计划的执行的情形，⑥ 但

---

① 参见福建省福清市人民法院(2018)闽0181破2号之五民事裁定书。

② 参见安徽省宣城市中级人民法院(2015)宣中民二破字第00004-6号民事裁定书。

③ 参见朱广新：《情势变更制度的体系性思考》，载《法学杂志》2022年第2期。

④ 参见韩世远：《合同法总论》(第四版)，法律出版社2018年版，第503页。

⑤ 参见河南省新安县人民法院(2017)豫0323破3号之十二民事裁定书。

⑥ 参见福建省福清市人民法院(2018)闽0181破2号之五民事裁定书。

该案中并未明确疫情防控对执行影响的程度，仅说明是为了防止重整转清算的风险。对此我们需判断该疫情影响是否达到"执行显失公平"的程度，以决定可以适用情势变更原则。

除此之外，是否应当将尚未达到不可抗力或者情势变更所要求的"执行障碍程度"的其他客观情形纳入变更原则之中？美国《联邦破产法》未对变更原因做出特别限制，只要存在客观的、足以使原重整计划修改正当化的情势即可请求变更。① 实践中有部分法院疑似采取肯定的观点。如有法院仅基于"四川通泽置业有限公司重整计划在执行过程中存在问题需要进行变更，且当日召开的第七次债权人会议决议同意变更重整计划"的理由，即认定可以变更。② 其并未局限于以产生无法执行或者显失公平的效果为要件。也有一案例仅因产业园区规划方案确定对经营方案有影响而批准通过变更。③ 德国《企业破产法》的规定也未局限于这两种情形，主要针对重整计划中存在错误情况而进行变更。④ 为了实现重整计划中挽救危困企业、清偿债务与程序效率的平衡，重整计划的变更不应得到滥用。原则上仅有"不可抗力"与"情势变更"才是重整计划变更的理由，除此之外的其余情形是例外规定，需要受到一定的限制。实际上，对于其他的客观情形来说，它的限制应当与基于意思自治而变更的情形保持一致，因为申请变更的主体往往是基于一定客观情形的发生而主动寻求变更，意思自治与客观情形的出现相辅相成。故而对其限制于下文具体阐述。

三、"意思自治"的例外涵括

虽然有学者根据《破产审判纪要》第 19 条的论述认为，重整计划变更申请的原因或根据不能随意将之扩张、膨胀。出于债务人本身的主客观原因如不愿意执行，或者生产经营困难无力、无法、不能执行等，不能成为

---

① See U. S. C(2003 Edition)，Title 11，Section1127. 转引自崔明亮：《破产重整计划执行法律问题研究》，载《中国政法大学学报》2018 年第 2 期。

② 参见四川省江油市人民法院(2018)川 0781 破 2 号之八民事裁定书。

③ 参见辽宁省大连市中级人民法院(2018)辽 02 破 52-5 号民事裁定书。

④ 参见何旺翔：《破产重整制度改革研究》，中国政法大学出版社 2020 年版，第 128-129 页。

重整计划变更的原因而据之申请变更。① 但也有学者认为，对允许变更重整计划的情况，法官在裁量中应当适当放宽，更多地应交由因重整计划变更而可能遭受不利影响的债权人、出资人决定，即由债权人会议决定。对涉及当事人对自身权益的判断与调整，应当更多地尊重利害关系人的意愿。② 原则上为了维持重整目的与程序效率的平衡，应从严把握变更原因，以防滥用程序致使社会成本与司法成本不当增加。可是，重整计划要解决的是危困企业处于重整状态下，债权人、债务人、出资人、重整投资人等利益主体基于意思自治协商形成的权利义务关系，法院不应一律禁止，而需留下一定的例外涵括情形。这或许才是最为妥当的规制路径。

（一）"意思自治"作为变更原因的法理证成

重整计划的本质是决议行为，这是"意思自治"作为变更原因的法理证成。重整计划是重整程序参加人在协商基础上就债务清偿和企业拯救作出的安排，是重整制度的核心。③ 对于重整计划性质的认定，学界认定不一。概括起来，大致有"契约说"④、"司法文书说"⑤、"混合行为说"⑥

---

① 参见贺小电：《破产法原理与适用》（第二版），人民法院出版社 2020 年版，第 959 页。

② 参见王欣新：《企业破产法》（第四版），中国人民大学出版社 2019 年版，第 332 页。

③ 参见王卫国：《破产法精义》，法律出版社 2007 年版，第 241 页。

④ 参见付翠英：《破产法比较研究》，中国人民公安大学出版社 2004 年版，第 265-266 页。在这基础上，还存在团体契约、综合性协议、强制契约等学说，但本质上仍属于"契约说"的范畴。参见张钦昱：《重整计划制定权归属的多元论》，载《社会科学》2020 年第 2 期；梁伟：《论我国企业破产重整计划制定权主体制度》，载《学术交流》2018 年第 2 期。

⑤ 参见汤维建：《破产程序与破产立法研究》，人民法院出版社 2001 年版，第 437 页；罗培新主编：《破产法》，上海人民出版社 2009 年版，第 270 页；李永军、王欣新、邹海林：《破产法》，中国政法大学出版社 2009 年版，第 196 页。还有学者主张"法律规范说"，认为破产重整计划是私人因行使被委托的国家规范制定权而制定的一种形式独特的法律规则。但该说缺乏实证意义。

⑥ 参见崔明亮：《我国破产重整计划性质探究》，载《河南社会科学》2018 年第 7 期。

这三大类。近年来还有学者主张"决议说",认为破产重整计划不同于传统的契约法律行为,而是依多数决原则形成的团体意思,决议过程中参与表决的债权人个别意思表示之独立性为多数决原则所吸收,形成单一的集体意思也就是决议。① 笔者认为,"决议说"更为合理,重整计划与决议行为在本质属性上极为契合。从法律特征角度分析,② 首先,在适用范围上,重整计划主要调整破产重整之间的内部法律关系。其次,在意思表示受领人方面,其意思表示针对该破产债务人作出。再者,在表决机制与法律约束力方面,重整计划的团体意思高于决议主体中的个人意思,即重整计划的效力及于未参与表决的其他债权人。最后,在司法审查方面,决议行为强调正当程序原则,重整计划需要得到法院的裁定才可通过与执行。综上所述,重整计划的本质应是决议法律行为。也正是决议行为本质的要求,意思自治作为私法的核心需要得到保障。重整计划执行期间,市场可能发生剧烈变化,导致企业资产价格的下降或企业盈利能力的降低。此时出于企业营利与挽回损失的考虑,相关利益主体就可能倾向于调整或修改破产重整计划。如果仅仅因为重整计划的这部分内容不能执行就"终止重整计划的执行,并宣告债务人破产",显然对各方当事人的权益都会造成不利影响。③ 基于重整计划的决议本质,在未涉及法律行为无效或可撤销等情形下,法律应当允许重整计划在例外时基于意思自治而进行合理变更,以实现相关利益主体意思自治的需求,推动重整计划的顺利实现。至于重整效率与成本等问题,应当通过限制意思自治的行使情形来解决,而非"一刀切"地对其绝对禁止。

除此之外,适当放宽重整计划变更的标准也是优化营商环境的内在需要。办理破产是世界银行对各国营商环境考评的专项评估指标之一,世界银行推出的新营商环境体系 BEE 项目,强化了破产法在优化营商环境工作中发挥的作用。我国在这次企业破产法修订时需引入破产指标的理念,

---

① 参见崔明亮:《我国破产重整计划性质探究》,载《河南社会科学》2018 年第7 期。

② 参见王雷:《论民法中的决议行为——从农民集体决议、业主管理规约到公司决议》,载《中外法学》2015 年第 1 期。

③ 参见王欣新:《试论重整制度之立法完善》,载《昆明理工大学学报(社会科学版)》2010 年第 5 期。

进一步完善以保障企业继续运营为目标的破产重整法律制度。① 促进我国企业的重整执行，以提高具有挽救价值的企业的重整成功率，维持社会稳定，助力我国经济发展。

(二) 对"意思自治"的限制

一方面，因为重整计划是决议行为，意思自治作为变更原因应当得到适当允许。另一方面，法经济学也要求破产需注意"效率"与"正义"之间的博弈。在实践操作中，为争取获得更多支持，重整企业或投资人往往对拥有较高表决权的债权人许以更高的承诺。此举虽然有助于重整计划的批准，却加大了重整计划执行的难度，亦容易导致重整计划发生变更，② 以致产生滥用重整程序的效果。破产法作为典型的商法，其制度设计需体现对效率的追求。重整计划变更对意思自治的适用应留有余地，但亦需严格把控并进行一定限制，以提高重整的效率，降低重整的成本。具体限制如下：

1. 受可行性原则、债权人最大利益原则、信息披露原则的限制

重整计划变更的原则应是可行性原则、债权人最大利益原则与信息披露原则。有学者认为重整计划的变更应当符合执行穷尽原则、可行性原则、债权人最大利益原则、信息披露原则。③ 执行穷尽原则虽有利于维持重整计划的稳定性，保护当事人的合理预期，减少因人为变更而产生的纠纷，降低执行成本。但该原则主要针对客观情形中的不可抗力原因，难以涵盖情势变更等客观原因或基于意思自治而发生的变更需求。可行性原则是指变更后的重整计划应当具有可行性，能够具体落实而非空中楼阁。可行的标准应当以客观的评估标准为基础，而非一种主观推断或臆想。不得损害债权人利益原则，是指债权人在重整计划变更后所能获得的清偿不得低于变更之前所能获得的清偿。如确因客观原因或债务人经营收益未达到预期目标导致债务人清偿能力受限而使债权人预期收益降低，必须得到受

---

① 参见余敏、曹文兵：《情势变更原则在重整计划变更中的适用规则》，载微信公众号"中国破产法论坛"，2022 年 11 月 7 日。
② 参见余敏、曹文兵：《情势变更原则在重整计划变更中的适用规则》，载微信公众号"中国破产法论坛"，2022 年 11 月 7 日。
③ 参见崔明亮：《破产重整计划执行法律问题研究》，载《中国政法大学学报》2018 年第 2 期。

损债权人的同意且债权人所能获得的最低清偿限度必须高于依清算程序债权人所能获得的清偿。信息披露原则要求申请变更的主体、变更的时间、变更的内容及带来的影响等因素，应当予以披露公告。

2. 法院进行实质性监管

法院的实质性监管则是重整计划变更的最后一道把关。由于破产重整的特殊性，法院在其中应具有一定的职能与义务。其具体的监管方式是核查重整计划变更是否符合原则的要求，且应从严把控以免产生滥用现象。可行性原则监管方面，申请主体应当出具可行性报告，以供法院或利害关系人判断。[①] 例如管理人或债务人在提交重整计划修正案时可以通过制订详细的商业计划并附专家出具的证明意见书来证明修正案的可行性。[②] 这样有助于将不切实际的、不具可行性的重整计划修正案排除在外，避免造成可贵的企业资源、司法资源和社会资源的浪费。[③] 债权人最大利益原则方面，法院应严守依清算程序债权人所能获得的清偿的底线，如若低于该条件则不予批准，转入破产清算程序。至于信息披露原则，法院应当核实申请变更的主体、变更的时间、变更的内容及带来的影响等因素，并及时予以公告。

(三)意思自治适用情形的具体构造

在具体构造意思自治的适用情形时，需先明确变更内容应当如何划分。大部分学者将重整计划的内容大致划分为两部分，一是债务清偿方案，二是经营方案。《企业破产法》第 81 条[④]对重整计划草案内容的规定可资借鉴。其中，重整计划的执行期限实际上既不属于债务清偿方案也不属于经营方案，但在实践中的变更往往是对该内容的变更。除此之外，出

---

① 参见崔明亮：《破产重整计划执行法律问题研究》，载《中国政法大学学报》2018 年第 2 期。

② 参见刘敏、池伟宏：《法院批准重整计划实务问题研究》，载《法律适用》2011 年第 10 期。

③ 参见龚云辉：《论重整计划的变更》，江西理工大学 2020 年硕士学位论文，第 14-15 页。

④ 《企业破产法》第 81 条："重整计划草案应当包括下列内容：(一)债务人的经营方案；(二)债权分类；(三)债权调整方案；(四)债权受偿方案；(五)重整计划的执行期限；(六)重整计划执行的监督期限；(七)有利于债务人重整的其他方案。"

资人权益方案因出资形式不同，既可能涉及债务清偿方案也可能涉及经营方案，具有自身的独特性。因此，笔者认为，根据第81条应将重整计划的变更内容划分为债务清偿方案变更、经营方案变更、重整计划执行期限的变更与出资人权益调整方案变更四部分。意思自治的适用空间需在这四个部分的框架下分别阐述：

1. 债务清偿方案变更

债务清偿方案是债权调整方案与债权受偿方案的概括。在性质上因涉及变更债权，无论是债权调整还是债权受偿，学界皆认为原则上不得变更，除非债权人的利益没有受到实质性的减损，或者受到不利影响的债权人全体同意。① 因此，原则上意思自治不得适用，除非债权人的利益未受到实质性减损或受不利影响的债权人全体同意。实践中，有管理人在执行期间收到一位债权人涉及18330757.77元的补充申报债权材料，申请法院就重整计划中的部分内容进行变更。法院认为变更重整计划程度符合《企业破产法》的规定，故裁定批准变更。② 但该案中债权人会议的表决仅满足双多数决，而非受不利影响的债权人全体同意。另外，重整计划通过重整程序终止后补充申报的债权应该丧失主张债权的权利，只能通过《企业破产法》第92条第2款进行保护，未依法申报债权的债权人可在重整计划执行完毕后，按照重整计划规定的同类债权的清偿条件行使权利。如若案件中执行对各方债权人均产生不利影响，且相关利害关系人经表决均表示认可则可允许变更。③

2. 经营方案变更

经营方案是为了拯救债务人，使其恢复持续经营能力和盈利能力而对其实施的各种营业调整措施，具体包括经营管理方案、融资方案和资产业务调整方案。债务人的经营方案有时候会由于情况变化而不得不进行一些

---

① 参见崔明亮：《破产重整计划执行法律问题研究》，载《中国政法大学学报》2018年第2期；王欣新：《试论重整制度之立法完善》，载《昆明理工大学学报（社会科学版）》2010年第5期；许德风：《破产法论：解释与功能比较的视角》，北京大学出版社2015年版，第501页。

② 参见广东省东莞市第一人民法院（2017）粤1971破14-4号民事裁定书。

③ 参加安徽省宣城市中级人民法院（2015）宣中民二破字第00004-6号民事裁定书。

变更，债务人可以根据实际情况加以调整，① 进行适当变更，但是必须符合相应的法律程序。② 原则上，无论是因客观情况所需还是基于意思自治而进行的优化，经营方案的变更都应允许。当然，变更原因则仍须受到上文中原则与法院实质性监管的限制。

3. 重整计划执行期限的变更

对于重整计划执行期限的变更，司法实践中有法院依据《最高院关于涉疫情若干指导意见（二）》第 20 条第 2 款③规定，认为债务人本次申请仅涉及执行期限的变更，并未变更重整计划。④ 但学界主流观点认为本质上仍属于广义上重整计划的变更内容。对于第 20 条第 2 款应当正确理解"仅"字，该字说明执行期限变更属于重整计划变更的范畴。重整计划执行期限的变更相较于其他的变更内容，一般仅延长了执行时间并未涉及其他利益变动。故而应尊重意思自治的行使，原则上如若满足上述原则与法院监管的要求，则应当准许，只是对其次数与时间从严把控。笔者所收集的案例中绝大部分也是基于某种特定情况未能按期执行而需延长所发生的变更。《最高院关于涉疫情若干指导意见（二）》第 20 条第 2 款认为人民法院可以依债务人或债权人的申请直接作出裁定，且期限一般不超过六个月。笔者认为，上述主张值得参考，为防止人为拖延重整程序，滥用重整制度，损害债权人利益，应规定法院延长执行期限后总时间的上限或延长次数的上限。"六个月"的期限由于产生原因仅限于"疫情影响"，需进行适当调整，可以参考《法国商法典第六卷·困境企业》第 621-66 条规定，方案的实施期限由法庭确定，该期限可以延长，但不得超过 10 年。债务

---

①　参见许德风：《破产法论：解释与功能比较的视角》，北京大学出版社 2015 年版，第 501 页。

②　参见王欣新：《试论重整制度之立法完善》，载《昆明理工大学学报（社会科学版）》2010 年第 5 期。

③　《最高人民法院关于依法妥善审理涉新冠肺炎疫情民事案件若干问题的指导意见（二）》第 20 条第 2 款规定："对于重整计划或者和解协议已经进入执行阶段，但债务人因疫情或者疫情防控措施影响而难以执行的，人民法院要积极引导当事人充分协商予以变更。协商变更重整计划或者和解协议的，按照《全国法院破产审判工作会议纪要》第 19 条、第 20 条的规定进行表决并提交法院批准。但是，仅涉及执行期限变更的，人民法院可以依债务人或债权人的申请直接作出裁定，延长的期限一般不得超过六个月。"

④　参见河南省新乡市中级人民法院（2019）豫 07 破 6-7 号民事裁定书。

人为农业生产者的，该期限不得超过 15 年。我国台湾地区"公司法"第
304 条规定，重整计划应订明执行期限，但不得超过一年。在一年内有正
当理由不能于一年内完成的，可以经重整监督人许可，申请"法院"裁定
延展期限；期限届满仍未完成者，"法院"得依职权或依关系人之申请裁
定终止重整。① 次数原则上以一次为限，如有必要理由则由法院按需裁
量，但应在裁定书中详实地阐明理由。

4. 出资人权益调整方案的变更

出资人权益调整方案并未明确出现在《企业破产法》第 81 条条文中，
划分依据主要是第七项"有利于债务人重整的其他方案"。立法中出资人
权益一直未得到重视，出资人在破产重整程序中的多数情况下处于制度性
的"失语"状态。但在债权人表决的重整计划之中包含着出资人权益调整
方案几乎已经成为重整案件，特别是上市公司重整案件的"标配"。在部
分地方法院的破产审判指导文件中，已经要求普通债权在不能得到全额清
偿的情况下，必须制定出出资人权益调整方案，区别仅在于调整方式与调
整力度。② 其具体内容一般是采取用让渡股权、资本公积金转增等形式调
整出资人权益以实现偿还债务或者吸引重整投资人的特定目标。在亿阳集
团破产重整案中，由于受疫情的影响，上海华图公司已无履行出资义务的
能力，不能按照重整计划的约定按期履行出资义务。债权人会议也形成决
议，同意变更重整计划。③ 此时法院裁定批准变更符合意思自治的要求，
保障了相关利益主体的权益与重整目的的实现。总而言之，对于出资人权
益调整方案，属于当事人意思自治的范畴，法律原则上不应干涉，除非涉
及对债权人的不利影响且受不利影响的债权人未满足双多数决要求。

四、结 论

"重整计划执行是重整程序的最终落脚点，也是能否实现重整目的的

① 参见丁燕：《上市公司重整计划执行制度的完善——基于我国上市公司的样本分析》，载《政治与法律》2014 年第 9 期。
② 参见陈景善、李魏：《上市公司破产重整中出资人权益调整机制之完善》，载《上海政法学院学报（法治论丛）》2021 年第 4 期。
③ 参见黑龙江省哈尔滨市中级人民法院（2019）黑 01 破 5-3 号民事裁定书。

实际检验。"①破产重整执行中产生的实践需求倒逼着立法进行调整，对重整计划的变更原因进行调整迫在眉睫。具体来说，变更原因应以"重整计划执行障碍程度"为标准，通过"不可抗力"与"情势变更"进行多重保障。如若重整计划达到"无法执行"的程度，包含全部不能执行、部分不能执行与迟延执行，那么可基于"不可抗力"规则进行变更。如若重整计划仍"可履行但履行显失公平"，则可基于"情势变更"规则进行变更。除此之外，因重整计划的本质是决议行为，应当例外涵括基于意思自治而进行变更的情形，具体可分为债务清偿方案、经营方案、重整计划执行期限、出资人权益调整方案四个部分进行构建。债务清偿方案原则上不可适用意思自治，但债权人的利益未受到实质性减损或受不利影响的债权人全体同意的除外。经营方案、重整计划执行期限与出资人权益调整方案原则上只要符合程序要求则应允许基于意思自治而进行的变更。其中执行期限需注意限制次数与延迟时间。上述意思自治的变更内容还需受到可行性原则、债权人最大利益原则、信息披露原则与法院实质性监管的限制。

---

①　崔明亮：《我国破产重整计划性质探究》，载《河南社会科学》2018 年第 7 期。

"双元模式"预重整程序启动制度的构建

曲天明　谭润泽*

内容提要：我国当前尚未在法律层面建立预重整程序启动制度，实践中各地方虽出现以破产申请审查期间内启动预重整为主流的多种模式，但仍存在启动制度与预重整目的、功能脱节，以及与破产重整启动同质化等弊端。我国未来预重整立法可以借鉴德国"保护伞"制度，在传统的破产申请前预重整启动程序外，建立具有特殊启动事由和证据规则的破产申请审查期间预重整启动程序，从而构建"双元模式"的预重整程序启动制度。

一、问题的提出

预重整制度作为庭外重组与破产重整的衔接机制，近年来受到破产法理论界和实务界的广泛关注。由于我国《中华人民共和国企业破产法》(以下简称《企业破产法》)暂无关于预重整制度的规定细则，学界的相关研究多集中于预重整的法律属性、制度价值、庭外与庭内的衔接程序和参与主体的法律地位等，但是对于预重整的启动条件和启动程序问题却罕有提及。从现有研究看，部分学者从预重整等于"非正式庭外重组+正式破产重整"的混合程序角度出发，① 认为庭外重组阶段是否纳入预重整程序，取决于破产法院是否以庭外重组结果为基础受理重整程序，故预重整始于

---

* 曲天明，青岛科技大学法学院教授，法学博士。谭润泽，青岛科技大学法学院研究生。

基金项目：山东省社会科学规划项目(18CSPJ20)

① 参见胡利玲：《预重整的目的、法律地位与性质——基于对我国预重整地方实践的反思》，载《东方论坛》2021 年第 4 期。

法院受理债务人提出破产重整申请。① 然而，另有学者认为预重整程序需要额外的登记和审查步骤，② 只有在预重整申请获得法院或政府承认后，债务人与债权人的庭外谈判工作才能在法院或政府的介入下进行。③

对于预重整启动制度的不同认识和处理，会在启动条件的确定、参与主体的范围和程序内部措施的适用等方面引发一系列问题。我国当前预重整程序启动制度的相关规范，散见于各地方的破产规范性文件和预重整裁判案例中，但其关于预重整启动条件和启动程序的规定均有所差异，故本文将以此为出发点分析我国实践中预重整程序启动制度的特征与弊端。同时，考虑到我国在破产法的理论研究方面尚不成熟、司法实践尚处于探索阶段，本文亦将考察域外破产法中预重整程序启动制度的发展和内容，以期为我国预重整程序启动制度的构建提供些许裨益。

二、我国预重整程序启动制度的现状与弊端

(一)我国预重整程序启动制度的现状

我国当前虽未在国家法律层面确立预重整制度及相关规则，但实践中各地方法院已开展有关预重整的规范工作。就预重整程序的启动制度而言，综合各地方的破产规范性文件和预重整裁判案例，我国预重整启动模式大致可以划分为三种：第一种为申请审查期间"预登记"模式("浙江模式")。法院对债务人的重整申请进行预登记作为司法备案，待预重整工作完毕、相应重整条件满足后再裁定受理。④ 第二种为申请审查期间"预重整"模式("深圳模式")。法院受理重整申请前，"合议庭可以决定对债务人进行预重整"，且合议庭作出决定后，"债务人应当在预重整期间制

① 参见王欣新：《以破产法的改革完善应对新冠疫情、提升营商环境》，载《法律适用》2020 年第 15 期。

② 参见龚家慧：《论我国关联企业实质合并预重整制度的构建》，载《当代法学》2020 年第 5 期。

③ 参见曹文兵、朱程斌：《预重整制度的再认识及其规范重构——从余杭预重整案谈起》，载《法律适用(司法案例)》2019 年第 2 期。

④ 参见浙江省杭州市余杭区人民法院课题组：《房地产企业预重整的实务探索及建议》，载《人民司法(应用)》2016 年第 7 期。

作重整方案"。① 第三种为申请前和申请审查期间"预重整"模式("重庆模式")。除重整申请审查期间"预重整"外,债务人在申请重整前重组协议已经达成的,申请重整时可以请求法院根据协议批准重整计划草案,该请求即为债务人的预重整启动申请。②

从上述模式可以看出,前两种模式本质上均是将庭外重组置于重整申请审查期间内,且预重整的启动需经法院的"登记"审查或"决定"审查。相反,"重庆模式"中法院在规定重整申请审查期间"预重整"的同时,对破产重整申请前所达成的庭外重组协议予以了承认。但不可否认的是,破产申请审查期间内启动预重整程序,仍是我国目前预重整程序启动的主流模式。

(二)我国预重整程序启动制度的弊端

1. 启动制度与预重整程序的目的与功能脱节

我国现阶段预重整制度的探索主要是借鉴美国破产法的"预先包裹式重整"理论,在预重整程序的目的和功能上承袭了美国预重整制度重整"效率促进"的理念,如《全国法院民商事审判工作会议纪要》(以下简称《九民会议纪要》)明确预重整的目标是"降低制度性成本,提高破产制度效率"。然而,美国破产法中破产申请前的预重整程序之所以能够实现"效率促进"功能,得益于美国发达的庭外谈判机制完成了重整程序的主要环节,换言之庭外重组本身是促进重整程序效率、节约破产重整成本的基石,至于预重整制度的设计则是对"钳制"问题影响庭外重组效率的进一步修正。与此相反,我国各地方法院在制定关于预重整程序启动问题的具体工作指引时,将制作重整计划草案等环节简单移至申请受理前且置于法院主导下的做法,并未从整体上缩减法院参与债务人进行破产重整工作的成本和时间,甚至某些案件的预重整时间长达6个月,与制作重整计划草案的法定期限并无二致。③

预重整程序在我国之所以发生立法预期效果与司法实务操作间的严重脱节,究其原因是地方破产规范中预重整启动制度的立足点并非是"效率

---

① 参见《深圳市中级人民法院审理企业重整案件的工作指引(试行)》。
② 参见《重庆市第五中级人民法院预重整工作指引(试行)》。
③ 参见浙江省德清县人民法院(2018)浙0521破申2号破产民事裁定书。

促进"功能。无论是重整申请审查期间的"预登记"模式还是"预重整"模式，各地方法院均赋予预重整程序以"识别重整价值及重整可行性"的任务，预重整程序实际成为法院对破产企业重整申请的审查识别机制。① 在破产重整程序的启动问题上，我国以往存在对于重整申请进行形式审查或实质审查的争议，即债务人是否具有重整价值或再建希望可以作为重整启动的积极条件。虽然我国学者出于降低重整启动门槛的考虑大多支持仅采取形式审查，② 但实践中实质审查一直作为重整司法审查的"隐藏"内容被法院加以使用。③ 然而，实质审查始终困扰法院的难题是如何界定"重整价值或再建希望"这一商业判断的司法标准，④ 而我国《企业破产法》第10条对破产申请审查时间的限定进一步增加了法院的审理难度，以至于法院在构建预重整程序时选择将重整计划制定环节前移至申请审查阶段，通过重整计划制定的时间反映债务人企业的营运价值以达到"审查识别"的功效。

2. 预重整启动制度与破产重整启动同质化

司法实践中的破产申请审查期间预重整程序长期受到较大诟病，⑤ 主要原因是我国申请审查期间的预重整与破产重整存在同质化问题，诸如执行中止、保全措施解除、设立共益债务等，特别是预重整申请时合议庭批准和法院受理二者高度近似。破产法作为市场自发剔除非健康因素的商事法律，其基本法律属性具有鲜明的私法色彩，⑥ 而法院作为公权力机关得以在申请受理后进行干预，使债务人受到破产重整制度的特殊保护，其正当性来源于法律希冀规定时间内债权人保持对债务人恢复盈利的信心。然

---

① 参见杜军、全先银：《公司预重整制度的实践意义》，《人民法院报》2017年9月13日第7版。

② 参见许德风：《破产法论：解释与功能比较的视角》，北京大学出版社2015年版，第480页。

③ 参见北京市海淀区人民法院(2007)海民破1号破产民事裁定书。

④ 参见彭国元、张亚琼：《论破产重整程序的启动》，载《学术论坛》2012年第2期。

⑤ 参见王欣新：《建立市场化法治化的预重整制度》，载《政法论丛》2021年第6期。

⑥ 参见赵万一：《我国市场要素型破产法的立法目标及其制度构造》，载《浙江工商大学学报》2018年第6期。

而，破产申请审查期间预重整程序中法院于受理前干预，迫使债权人作出超过法定时间的期待行为和利益牺牲，其提前干预破产程序的合理性必然遭受质疑。

另外，就我国现行法律下的破产重整程序而言，《企业破产法》规定的重整启动事由存在制度设计缺陷，呈现出有别于国际通行做法的复合型立法模式，① 其中破产清算事由包括"不能清偿到期债务+资不抵债"和"不能清偿到期债务+明显丧失清偿能力"。由于"明显丧失清偿能力"这一我国特有的法律术语实际是对"不能清偿到期债务"的推定原因，② 其结果是破产重整事由可归纳为"不能清偿到期债务"和"有不能清偿到期债务的可能"。破产重整与破产清算两种不同功能的法律程序，在"不能清偿到期债务"领域出现重叠现象，倘若将重整价值或再建希望视作重整启动的隐藏要件，其与作为清算事由的"不能清偿到期债务"之间的关系难以阐明。如果预重整程序的启动条件简单效仿破产重整，可能使"明显丧失清偿能力"且无法恢复经营的债务人进入预重整程序，以至于申请审查期间预重整识别重整可能性的机制无法实现。

3. 预重整启动制度缺乏"效率促进"的规则支撑

我国学者所主张的破产申请前预重整程序虽然通过当事人自治，在破产申请前完成重整计划草案制作可以实现"效率促进"的功能，③ 但以"识别重整价值及重整可行性"为目标的申请审查期间的预重整程序，却因为简单复刻破产重整程序而无法真正提高法院的审查工作效率。首先，法院在预重整期间仍要承担重整程序中的破产申请审查义务，不仅同正式破产程序一样需要审查破产原因，进行对于司法工作人员而言并不擅长的商业判断，而且部分地方法院对适用预重整程序的债务人范围作出较为复杂的限定，如"债务人企业应当具有一定规模和一定属性；债权人人数众多关

---

① 参见易仁涛：《论我国破产原因之完善》，载《河南省政法管理干部学院学报》2011 年第 4 期。

② 参见王欣新：《破产原因理论与实务研究》，载《天津法学》2010 年第 1 期。

③ 参见梁小惠、姚思好：《法治化营商环境下中国民营企业之重整纾困——以浙江金盾系破产重整案为例》，载《河北学刊》2020 年第 6 期。

系复杂"等,① 法官在预重整程序启动时需要额外审查相应的主体条件,以至于法院在预重整程序中的司法审查工作相较于重整程序有增无减。其次,重整计划草案的制作等环节全部被前置于预重整程序,仍以重整计划草案的制作过程作为鉴定重整成功希望的方式,其表面上缩短的重整程序时间实际是变相转化为预重整程序的时间。换言之,申请审查期间预重整程序的"效率促进"功能的"实现",是以架空破产重整程序的实质内容为代价,且该"实现"于破产程序的当事人、特别是债权人并无益处,债权人甚至要提前忍受其于破产重整程序中债权无法实现的困境。最后,我国现行预重整程序启动阶段存在债权人监督机制的阙失,债权人滞迟在重整计划草案表决时方能提出异议,② 对于预重整程序启动合理性的担忧只能寄托于法官的判断。若至预重整阶段的债权人会议召开后,部分债权人始因债务人不具备再建希望而否决重整草案,无疑使前期债务人和法院就预重整工作的努力付之东流,预重整启动制度的"效率促进"功能亦就此失去价值。

三、德国预重整程序启动制度的"双元模式"经验

(一)德国预重整启动制度的历史演进

德国 1999 年《破产法》(Insolvenzordnung)中未见"预重整"这一专有概念的法条表述,预重整制度在德国体现为一种法律规范的组合,③ 包括《破产法》第 18 条债务人以存在支付不能危险为由提出破产申请、《破产法》第 270 条债务人申请破产期间自我管理,以及《破产法》第 218 条债务人提出在破产申请准备阶段(Insolvenzvorfeld),与部分债权人协商制作的

---

① 参见《南京市中级人民法院关于规范重整程序提升企业挽救效能的审判指引》。

② 参见徐阳光:《困境企业预重整的法律规制研究》,载《法商研究》2021 年第 3 期。

③ Eidenmüller, Münchener Kommentar zur Insolvenzordnung, 2020, InsO § 218 Rn. 66.

重整计划草案。① 其中，第 218 条第 1 款"破产管理人和债务人有权提出重整计划草案。债务人可以在申请启动破产程序时提交重整计划草案"，是整个德国预重整制度的核心。

为了改善困境企业重整的经济性框架条件，德国 2012 年出台了《进一步简化企业重整法》（简称"ESUG"），根据《ESUG》第 1 条第 46 号的规定，在德国《破产法》原第 270 条后补充第 270b 条"重整准备"，即"保护伞"制度（Schutzschirmverfahren）。② 第 270b 条第 1 款规定债务人以"有支付不能危险或资不抵债"为由申请启动破产的，如果债务人同时申请自行管理且被谋求的破产重整不会明显失败，则债务人可以向法院申请确定制作重整计划草案的期间（该期间最长为 3 个月）。相较于以《破产法》第 218 条第 1 款为核心的破产申请前预重整程序，"保护伞"制度下申请审查期间预重整的启动制度发生了极大的变化：①申请破产的事由从"有支付不能危险"（drohende Zahlungsunfähigkeit）扩大到"资不抵债"（Überschuldung）。2010 年《进一步简化企业重整法讨论草案》在初步构建"保护伞"制度时，维持了破产申请前预重整程序以"有支付不能危险"为启动事由，但之后的《进一步简化企业重整法政府草案》将预重整程序的适用范围扩大到"资不抵债"。这一立法变革的主要动议是因为"资不抵债"作为企业法人破产启动的补充性事由，其与"有支付不能危险"和"支付不能"之间的界线较为模糊，且判断"有支付不能危险"往往依赖于资产负债表中推定期间内收入和支出的对比，故在实践中"有支付不能危险"和"资不抵债"经常同时出现。②申请审查期间预重整程序的启动以"被谋求的破产重整不会明显失败"（die angestrebte Sanierung ist nicht offensichtlich aussichtslos）为条件。如果债务人想要在申请破产后以自行管理方式制作重整计划草案，他必须提交附有具体说明的、由相应资质的人作出的证据，以证明其申请破产所谋求的重整不存在明显失败的可能性。③债务人请求法院确定申请破产后制作重整计划草案的期间（即预重整期间）。德国《破产法》并未像我国《企

---

① 本文所指"重整计划"（Insolvenzplan）直译应为"破产计划"，其内容并不仅限于破产重整，但考虑到本文的考察重点是预重整制度，故本文采用了"重整计划"这一翻译。

② Römermann, Neue Herausforderungen durch das EUSG-ein Überblick, GmbHR 2012, S. 421.

业破产法》一样明确规定法院审查破产申请的时间，在司法实践中，法院审查的时间可能短则数天、长则数月，而"保护伞"制度则将债务人在审查期间自行管理的时间通过法院裁定予以限制，以此来确保债权人的合法权益不会因为债务人在破产申请后享受过长的"预重整"而受到损害。

"保护伞"制度的建立打破了德国原有预重整规范体系，构建了包括破产申请前和申请审查期间两种不同启动制度的预重整程序，虽然两者均以债务人提出破产申请作为申请预重整程序启动的标志，但作为"预重整"主要内容的重整计划草案制作却发生在了不同的阶段，因此，两种预重整程序的启动制度在其他方面也存在极大差异。

(二)德国"双元模式"预重整程序启动制度的特征

1. 兼顾"效率促进"与"成功促进"的功能定位

如上文所述，美国破产法中破产申请前的预重整程序之所以能够缩短破产重整时间，得益于其发达的庭外谈判机制以缩短债务重组的谈判时间，虽然在德国因"破产耻辱"观念的存在尚无法形成发达的庭外破产重组，但是，"保护伞"下预重整程序的启动制度同样具有加速和简化破产重整程序的功能。尽管因重整计划草案的制作被安排于申请审查期间，相较于破产申请前的预重整程序该时间可能过长，但最长期间3个月的限制仍然保证了破产重整可以在较短时间内完成。① 此外，债务人在申请预重整启动时提交证明"被谋求的破产重整不会明显失败"的证据，是"保护伞"下预重整程序发挥"效率促进"功能的关键机制。这一证据使得法院无须像一般破产申请审查一样对申请内容进行事实判断，只需审查制作该证据的主体是否具有法定资格以及制作过程是否违反法律强制性规定，由此法院作出关于预重整程序启动或重整计划草案完成后重整程序启动的裁定被大大简化。②

"双元模式"的预重整启动制度或"保护伞"下的预重整启动制度的另一功能是促进破产重整成功。德国《破产法》第270b条第1款关于预重整启动条件的规定，首先在于确定申请预重整的债务人具有破产重整的目

---

① Laroche, 30 Monate ESUG-eine Zwischenbilanz aus Insolvenzrichterlicher Sicht, ZIP 2014, S. 2153.

② Kern, Münchener Kommentar zur Insolvenzordnung, 2020, InsO § 270b Rn. 10.

的，以及保证债务人所谋求的破产重整存在能够实现的机会。"成功促进"功能的实现同样依赖于债务人所提交的"被谋求的破产重整不会明显失败"的证据，一方面为了证明该内容证据的制作者必须给出足够具体的判断依据，如债务人在申请破产前已为重整计划草案制作进行准备工作，这可以成为债务人谋求破产重整的目标真实性的间接根据。① 另一方面，证据的证明内容包括债务人没有丧失清偿债务的能力，即"支付不能"被禁止作为"保护伞"制度下预重整启动事由，这在很大程度上排除了破产重整几乎不可能成功的情形，保证了债务人所谋求的破产重整成功的最少机会。②

2. 预重整程序启动制度中确立的特殊证据规则

无论是"效率促进"还是"成功促进"的预重整制度目的或功能，其实现都需要借助德国《破产法》第 270b 条第 1 款的规定中，债务人在申请预重整启动时提交证明"被谋求的破产重整不会明显失败"的证据（Bescheinigung）这一规则设计。

德国《破产法》第 270b 条第 1 款规定："债务人在申请时必须提交具有理由的证据，该证据由一个有破产案件经验的税务咨询员、审计员、律师或有类似资质的人作出。"虽然债务人在申请破产程序启动时亲自向法院提交证据，但证据的制作者是独立于债务人、具有一定资质的专业律师等第三方人员。"有破产案件经验"（Erfahrung in Insolvenzsachen）是德国《破产法》要求证据制作者具备相关专业知识的重要表现。对于证据制作者曾经在何种程度上参与其他破产案件，才满足第 270b 条"有破产案件经验"的表述在德国学界存在争议，主流观点认为基于证据的目的是证明"被谋求的破产重整不会明显失败"，那么证据制作者应当从事过涉及破产原因和重整成功前景的工作。证据制作者所提交证据的证明对象至少分为两个部分，一是对启动预重整程序的破产原因的证明，即"存在有支付不能的危险或资不抵债，但是没有支付不能"，因为"支付不能"意味着债务人申请破产的时间已经较晚，在债务人的财产因持续经营而逐渐消耗的情况下，其有限的流动资金将压缩其继续经营和破产重整的空间，此时债务人通过破产重整恢复盈利能力的希望已明显较少，故不应当允许债务人

---

① Kern, Münchener Kommentar zur Insolvenzordnung, 2020, InsO § 270b Rn. 3.

② Kern, Münchener Kommentar zur Insolvenzordnung, 2020, InsO § 270b Rn. 4.

在这种情形下进入预重整程序并享有特别保护。对于"保护伞"制度下的预重整程序启动条件,《破产法》明确列举了"有支付不能的危险"和"资不抵债"两种破产原因,这种对启动事由的积极表述主要是一种法律政策的考量,其目的是避免债务人纯粹利用"保护伞"制度来躲避债务危机。二是对预重整程序所要求的重整可能性的证明,即"被谋求的重整不会明显失败",这是证据制作者对债务人"被谋求的重整"的合理性的专业鉴定结果。德国《破产法》采用"不会失败"(nicht aussichtlos)这一双重否定的逻辑表述,其目的是降低第三方证据制作者对债务人重整可能性的判断难度,特别是"明显"(offensichtlich)意味着重整失败仅为证据制作者必然认识的情形。对于破产重整"明显失败"的具体情形,德国立法和司法机构均没有给出统一的标准,从德国法院审查"预重整"的相关判例看,证据制作者若能提供以下三种内容的证据即可:其一,债务人在申请破产时已丧失特定经营资格;其二,债务人申请破产重整不被主要债权人所支持;其三,债务人的初步重整方案中的重整措施明显不切实际。

德国"保护伞"制度下预重整程序以"有支付不能的危险或资不抵债",和"被谋求的重整不会明显失败"作为程序启动的两个必要条件。法院基于债务人的申请说明确定第 270b 条第 1 款的启动条件是否满足时,可以运用债务人提交的由独立第三方制作的证据对相关事实加以认定。由于证据制作者是"有破产案件经验"的特定资格人员,法院原则上无需对证据的证明效力进行实质审查,也不被允许委托其他专业人士对证据重新鉴定,① 证据不被采信的情形仅限于证据制作者被证实有意伪造等,此时证据制作者需要承担相应的民事或刑事责任。② 由此产生的结果是,法院可以在较短时间内作出预重整程序是否启动的决定。诚然,德国《破产法》并未否定法院对预重整启动条件进行自由裁量的权力,换句话说,债务人所提交的证据对法院认定相关事实并不发生绝对的拘束效力。不过,在德国破产重整案件的司法实践中,证据已经表明"被谋求的重整不会明显失败"时,法院坚持存在重整明显失败可能的情况极少出现。因此,"保护伞"制度下债务人所提交证据对法院自由裁量的限制,实际上是法院自身有意简化审查预重整启动条件程序的结果。

---

① Frind, Die Praxis fragt, "ESUG" antwortet nicht, ZInsO 2011, S. 2249.

② Zipperer, Insolvenzordnung, 2019, InsO § 270b Rn. 21.

四、我国预重整程序对"双元模式"启动制度的 回应性建构

德国预重整程序启动制度经历了从"单元模式"的破产申请前"预重整",到"双元模式"的破产申请前和申请审查期间两种"预重整"并存的立法转变。我国最高法 2018 年《全国法院破产审判工作会议纪要》和 2019 年《九民会议纪要》明确了预重整程序的衔接规则,重整申请受理前的庭外协议均可以成为重整计划草案的根据。这种较为开放的衔接程序为容纳多阶段的预重整启动提供了可能,"重庆模式"预重整包含破产申请前和申请审查期间两种启动方式,便是预重整启动制度"双元"立法模式的构建,在我国破产法体系内具有可能性的有力佐证。

(一)启动制度立足于预重整程序的目的和功能

立法目的是法律功能的"本体",法律功能是立法目的的"实像",二者均反映了法律规范这一社会事实与社会整体环境的关系。但是,立法目的或法律功能并不是社会事实产生的原因,而是法律规范作为社会事实在社会环境中得以存在的依靠,① 其必须体现法律规范与社会有机体之间的客观适应性,即法律规范的社会功能应当满足社会的现实需要和发展状况。重整申请的审查识别机制在我国当前社会环境中具有一定的必要性,除可以满足降低重整成本、节约司法资源的破产制度有效运行需要外,从个体层面讲是对破产重整程序中债权人利益的保护,避免债务人滥用重整程序、将破产风险转嫁至普通债权人,② 从社会层面讲则是我国供给侧结构性改革中化解产能过剩、清理僵尸企业的要求。"僵尸企业"的大量存在是我国产能过剩问题最为集中的表现,③ 究其原因是我国破产制度市场化程度相对较低,破产行为并非完全基于市场的内在需要,存在地方政

---

① 参见付子堂:《社会学视野中的法律功能问题》,载《郑州大学学报(哲学社会科学版)》1999 年第 5 期。

② 参见彭晓娟、朱远超:《对破产重整程序中债权人利益保护的思考》,载《武汉理工大学学报(社会科学版)》2009 年第 5 期。

③ 参见聂晶、方资:《供给侧改革背景下破产审判存在的问题及对策研究》,载《河北法学》2018 年第 2 期。

府、大型银行等其他社会因素的介入,① 致使债务人畏惧或滥用破产重整程序的现象络绎不绝。所以, 法院能否借助破产申请审查期间的预重整程序及其特有的中立地位, 就破产重整行为的市场化导向发挥指引作用便显得尤为重要。

法律规范与立法目的或法律功能之间并非一一对应关系, 同一法律规则既可有基本功能, 也可有部分功能; 既可有显性功能, 亦可有隐性功能。社会的需要和意见常常是或多或少走在法律前面的, 纷繁多变的现代社会对法律自身的稳定性要求形成冲击, 只有法律制度能够容纳更多不同的法律功能, 法律的适应性才能真正在社会现实中得以体现。我国未来预重整程序的相关立法必然借鉴他国立法成果, 但启动制度的立法理念不应禁锢于美国预重整制度"效率促进"的单一功能, 而是要考虑我国当前破产法治环境下对于预重整程序的现实功能需求。鉴于我国供给侧改革背景下提高破产重整质量以化解产能过剩的要求, "识别重整价值及重整可行性"这一非传统的预重整制度功能似有存在余地, 我国未来预重整程序的构建应当包含更为多元化的法律功能结构, 考虑实现"识别重整价值及重整可行性"功能的申请审查期间预重整启动制度的立法价值。

(二)破产申请审查期间预重整程序启动的特殊化

在传统大陆法系国家的破产立法例中, "不能清偿到期债务"(或"支付不能")与"资不抵债"是彼此平行的破产事由, 而"不能清偿到期债务"是债务人进入清算程序时最主要的状态。相较之下, "资不抵债"更多时候是破产清算的辅助事由或补充事由, 因为大多数情况下"资不抵债"不意味着债务人丧失清偿能力, 其仅表明债务人有不能清偿到期债务的危险, 由此而言, "不能清偿到期债务"与"资不抵债"和"有明显丧失清偿能力的可能"应当存在一定程度的位阶差别。各国破产法普遍承认给予破产重整以更为宽松的启动标准, 除准入门槛的降低可扩大适用重整程序的企业数量外, 在债务人丧失清偿能力前使其提早进入重整程序, 亦可增加破产重整成功概率、减少对债权人利益的损害。申请审查期间预重整将司法干预阶段延伸至申请受理前, 其目的在于更为提前地挽救陷入经营困境的

---

① 参见申来津、张中强:《供给侧结构性改革背景下"僵尸企业"的破产法应对》, 载《学术论坛》2017 年第 4 期。

企业，如果仍将"不能清偿到期债务"等符合清算事由的企业吸纳入预重整程序，其与预重整制度的设立目的是完全相违背的。因此，我国未来构建预重整启动规则时有必要借鉴德国破产法，限制破产申请审查期间预重整程序的债务人准入标准，预重整程序的启动事由不应完全采用重整程序的破产原因，特别是"不能清偿到期债务"与"明显丧失清偿能力"这一事由应当被排除，从而与基于"效率促进"功能的破产申请前预重整相区分，为"识别重整价值及重整可行性"功能的实现奠定基础。此外，从破产重整利益衡平的角度出发，司法干预下重整程序的正常运行和债务人的经营存续，是以限制普通债权人或担保债权人的权利行使为代价。[1] 在法院介入时间更长的预重整阶段，债权人利益会被进一步牺牲而需要特殊保护。若将申请审查期间的预重整启动制度予以特殊化，限定于"有明显丧失清偿能力的可能"或"资不抵债"两类启动事由，更为严苛的预重整程序启动条件可以视作债务人请求法院提前介入的对价，实现破产预重整程序中债权人与债务人之间的利益平衡，以此为债务人在正式破产重整前获得破产法保护提供正当性。

（三）证据规则平衡"效率促进"与"成功促进"

如果要使申请审查期间的预重整程序真正实现节约司法成本、提高重整效率的立法目的，其着眼点应当是如何在破产申请审查期间预重整程序启动时，建立依托于债务人和债权人自身的启动审查机制，恢复"当事人自治"理念这一预重整制度的应有之义，[2] 将破产法院从繁重、低效的实质审查工作中解脱出来，并在程序启动时最大限度确认被申请债务人具有重整成功的可能。德国《破产法》第 207b 条第 1 款所开创的破产申请审查期间预重整证据规则，在保留破产法院对债务人破产申请形式审查的基础上，将"重整价值及重整可行性"的证明责任移转于债务人身上。我国未来预重整程序启动制度在构建时不妨对此加以要求，债务人在申请预重整启动时需提交证明其重整价值及重整可行性存在的证据，同时该证据必须

---

① 参见王建平：《论破产重整中的利益平衡》，中国政法大学出版社 2011 年版，第 35 页。

② 参见马学荣：《预重整制度市场化的建构及其法理分析》，载《经营与管理》2021 年第 9 期。

由具有一定专业资格的第三方中立机构作出并承担相应责任，法院原则上不对该证据的证明效果进行事实上的实质审查，仅排除证据制作者资格不符合法定要求或证据制作过程明显违法的证据，且其他债权人有证据证明"被谋求的重整会明显失败"的，也可向法院申请撤销受理债务人预重整程序启动的裁定，由此可以使法院的审查内容限于法律层面而无需涉及债务人经营能力等商业范畴，从而大幅简化法院在法定审查期限内判断债务人是否具有重整可能性的难度，最终在"识别重整价值及重整可行性"的功能基础上兼顾"效率促进"功能。

五、余　论

　　预重整制度作为现代破产拯救文化发展的产物，将其纳入破产制度是我国未来破产法改革的必然趋势，而启动制度的"端首"地位决定了其是预重整规范构建的重中之重。法律制度的改革应当依托于其原有的法律体系与现实的功能需求，任何割裂现实或盲目嫁接的立法技术必然无法达致预期的法律效果。本文基于我国预重整程序启动制度现存的弊端，引入德国破产法上的"双元模式"预重整启动制度，意在指出我国未来预重整启动制度的构建，应在理论继受和实践经验之间寻求立法平衡，综合考量"效率促进"与"识别重整价值及重整可行性"、破产申请前预重整与申请审查期间预重整的关系。当然，预重整程序是一个完整的法律结构，启动制度的立法选择与其他制度不能分割，本文仅期望能为预重整启动制度的构建提供新的视角。

我国预重整程序中的司法干预及其合理限度

郭 骞*

内容提要：在我国本土的预重整实践中，法院的干预程度明显超过域外实践。这种司法介入与预重整的传统优势有着深刻的内部冲突。对预重整的司法干预体现了我国治理体系中"一统体制与有效治理"之间的紧张关系。法院对预重整实践整体呈现出高度的干预，这种干预为地方政府与法院灵活解决企业重整可能带来的一系列社会后果提供了便利，但也对试图通过迅捷的预重整自我挽救的企业设置了难以逾越的障碍。立法上，首先应当明确允许债务人在申请重整时直接提交已经过表决的重整方案草案。同时，对于直接受理重整申请可能对债务人生产经营产生负面影响或者产生重大社会不稳定因素的企业，具有重整原因的，可以授权法院介入预重整程序，但应当对法院权力进行限制。

一、问题的提出

随着《全国法院破产审判工作会议纪要》第 22 条、《全国法院民商事审判工作会议纪要》第 115 条提出推行、完善"庭外重组与庭内重整制度的衔接"机制，国家发改委又在下发的《加快完善市场主体退出制度改革方案》中明确使用"预重整"概念并提出"实现庭外重组制度、预重整制度与破产重整制度的有效衔接，强化庭外重组的公信力和约束力"，"预重整"逐渐成为破产法理论和实务中的一个热点概念。全国各地法院或在其推出的破产审理指引中设专门的章节规范预重整实践，或推出专门的预重整审判指引对其加以规范。预重整在我国破产审判实践中的重要性与日俱增。

---

* 郭骞，武汉大学法学院民商法学硕士研究生。

预重整之所以得到青睐，原因在于其能够更好地挽救债务人。"预先打包"的重整实践将债务人自发的重组与庭内的司法重整结合起来，其相比单纯的司法重整，节约了时间成本，也减小了重整不成的商业风险；而相比单纯的重组，其又能有效避免少数债权人不合作导致重整失败。正因如此，联合国国际贸易法委员会也将与庭外重组相衔接的"简易重整"制度作为其立法指南的一部分，推荐各国在破产制度设计中酌情采用。①

然而，预重整作为一种舶来的破产实践，其在中国的存在与其在美、英、德等国的存在有一点显著的不同。在预重整的域外实践中，包括在联合国国际贸易法委员会给出的立法建议中，预重整仅仅是作为债务人申请正式重整并同时提交重整方案草案之前与债权人的自愿重组行为存在，并非一项正式制度，法院通常也不会介入其中。② 而在我国本土的实践中，法院对预重整的司法干预程度明显超过域外实践。各地出台的预重整指引中，预重整的制度设计多有模仿司法重整制度之虞，且为企业进入预重整程序设立了一系列门槛，③ 这与域外的预重整实践大相径庭。在借鉴预重整模式的过程中，这种司法干预程度的差异是如何产生的？在破产制度未来的修订中，法院又是否应当深度介入预重整实践？

预重整实践中的司法介入与预重整的传统优势有着深刻的内部冲突。法院对预重整实践整体呈现出高度的干预，这种干预为地方政府与法院灵活解决企业重整可能带来的一系列社会后果提供了便利，但也对试图通过迅捷的预重整自我挽救的企业设置了难以逾越的障碍。预重整中司法的高度介入反映了破产重整实践市场化、法治化总方向与地方有效治理、个案妥善处理之间的紧张关系。在未来的预重整规范设计中，应当在考量破产

---

① 参见联合国国际贸易法委员会：《破产法立法指南》，联合国 2006 年，第212-213 页。

② 参见张婷、胡利玲编著：《预重整制度理论与实践》，法律出版社 2020 年版，第 21-64 页；联合国国际贸易法委员会：《破产法立法指南》，联合国 2006 年，第 218页。

③ 参见《浙江省高级人民法院关于企业破产案件简易审若干问题的纪要》（以下简称《浙江纪要》）；《深圳市中级人民法院审理企业重整案件的工作指引（试行）》（以下简称《深圳指引》）；《南京市中级人民法院关于规范重整程序适用提升企业挽救效能的审判指引》（以下简称《南京指引》）；张婷、胡利玲编著：《预重整制度理论与实践》，法律出版社 2020 年版，第 105-106 页。

对地方治理产生的挑战的同时，为有自救意愿的企业保留充足的制度通路。

二、司法权介入与预重整程序的异化

预重整发源于美国。美国破产法并未直接规定预破产，债务人可以在申请司法重整时直接向法院提交已经表决过的重整计划，该计划符合破产法规定的，法院可以直接审查批准。① 此类案件被形象地称为"预先打包的重整案"（prepackaged Chapter 11 cases）。"预先打包"的重整实践将债务人自发的重组与庭内的司法重整结合起来，其相比单纯的司法重整，节约了时间成本，也减小了重整不成的商业风险；而相比单纯的重组，其又能有效解决自发重组过程中普遍存在的"钳制"（hold-out）问题，避免少数债权人不合作导致重整失败。② 我国理论界与实务界也普遍认可预重整的这些优势，并以此为由主张推广预重整这一企业拯救模式。③

然而，从实践层面来看，中外语境中预重整的实际过程存在很大区别。在域外的预重整实践中，法院仅仅在债务人申请司法重整并同时提交重整方案时介入预重整，通过审查债务人所提交的重整方案是否符合法律规定间接地影响当事人庭外重组的实践。④ 虽然域外司法实践中，法院也会出台预重整案件的审理指引，但这些指引的立足点仅是法院对债务人所

---

① 11 U. S. Code § 1126, 1129.

② 参见[美]大卫·G. 爱泼斯坦、史蒂夫·H. 尼克勒斯、詹姆斯·J. 怀特：《美国破产法》，韩长印等译，中国政法大学出版社 2003 年版，第 837 页。See John J. McConnell & Henri Servaes, *The Economics of Prepackaged Bankruptcy*, Journal of Applied Corporate Finance, Vol. 4, 1991, pp. 93-98.

③ 参见浙江省杭州市余杭区人民法院课题组：《房地产企业预重整的实务探索及建议》，载《人民司法（应用）》2016 年第 7 期；张婷、胡利玲编著：《预重整制度理论与实践》，法律出版社 2020 年版，第 8-14 页；张世君：《我国破产重整立法的理念调适与核心制度改进》，载《法学杂志》2020 年第 7 期；龚家慧：《论我国关联企业实质合并预重整制度的构建》，载《当代法学》2020 年第 5 期；王佐发：《预重整制度的法律经济分析》，载《政法论坛》2009 年第 2 期；聂晶、方资：《供给侧改革背景下破产审判存在的问题及对策研究》，载《河北法学》2018 年第 2 期；邢丹：《"绿色原则"视阈下预重整制度的功能性建构》，载《现代法学》2022 年第 2 期。

④ 参见张婷、胡利玲编著：《预重整制度理论与实践》，法律出版社 2020 年版，第 21-64 页。

提交方案的实体和程序合法性的审查。① 在债务人申请正式重整以前，其与债权人的一切行为原则上都属于私人的谈判行为，法院并不干涉。这也是联合国《破产法立法指南》中对预重整案件的基本立场。②

与此相比，我国的预重整实践则普遍呈现出强烈的司法干预特征。除了重庆市第五中级人民法院出台的《预重整工作指引（试行）》以外，法院都在预重整的最早阶段就介入了预重整活动。通过观察、对比各地法院出台的预重整指引，可以发现，这种司法干预特征主要体现在以下几方面：(1)法院对预重整目的的定义；(2)法院在启动预重整程序上拥有主动权；(3)法院为预重整指定临时管理人等。

（一）我国司法实践对预重整目的的定义

诸多预重整指引将预重整的目的表述为"识别其重整价值及重整可行性，提高重整成功率"。③ "提高重整成功率"这一目标自然并无疑义，但"识别其重整价值及重整可行性"这一表述则颇值玩味。"识别其重整价值及重整可行性"的主体是谁呢？只能是负责审理破产重整案件的法院。此类对预重整目标的定义反映出，诸多法院出台规范、推行预重整制度，其目标在于更加详尽地审查债务人是否有必要进入重整程序。预重整程序从

---

① See Procedural Guidelines for Prepackaged Chapter 11 Cases in the United States Bankruptcy Court for the Southern District of New York, III. A.; Procedural Guidelines for Prepackaged and Prenegotiated Chapter 11 Cases in the United States Bankruptcy Court for the Eastern District of New York, III. B.; Guidelines for Prepackaged Chapter 11 Cases, Local Bankruptcy Rules and Administrative Procedures, United States Bankruptcy Court, Southern District of California, 3. A.

② 参见联合国国际贸易法委员会：《破产法立法指南》，联合国 2006 年版，第218 页。

③ 参见《深圳市中级人民法院审理企业重整案件的工作指引（试行）》第 27 条。类似表述，参见《北京破产法庭破产重整案件办理规范（试行）》第 27 条；《杭州市中级人民法院审理企业预重整案件工作指南（试行）》第 1 条；《成都市中级人民法院破产案件预重整操作指引（试行）》引言部分；《江西省高级人民法院关于审理企业破产预重整案件工作指引》第 1 条；《潮州市中级人民法院破产案件预重整操作指引（试行）》引言部分；《大连市中级人民法院关于审理企业预重整案件的工作指引（试行）》引言部分；《长治市中级人民法院关于破产案件预重整操作指引》第 1 条；《枣庄市中级人民法院破产案件预重整操作规程（试行）》引言部分。

设计上就已经不再是债务人积极自愿自我拯救的一种工具，而蜕化为司法重整程序的向前延伸。

这样定位预重整程序会带来两点问题。

其一，最直接地，这样的制度设计与《中华人民共和国企业破产法》（以下简称《企业破产法》）的规定存在明显龃龉。《企业破产法》第2条明确规定，具有破产原因或重整原因的企业法人可以进行重整；第71条规定，人民法院经审查认为重整申请符合规定的，应当裁定重整。易言之，只要企业法人存在破产原因或重整原因，同时其重整申请符合法律规定的，人民法院有义务裁定重整。《企业破产法》并未授权人民法院在裁定受理或裁定重整的过程中审查债务人是否有"重整价值及重整可行性"。法院应当对当事人的重整意愿保持最大限度的宽容和尊重，因为当事人对重整价值的评价应当比人民法院的评价更加可靠。① 法院借预重整之机"识别其重整价值及重整可行性"，事实上违反了《企业破产法》对重整启动的规定，无形中为重整程序的启动在法外设置了门槛。

其二，这样的定义反映出，预重整程序的功能在我国发生了显著异化。预重整本来是债务人掌握重整主动权、减少重整中的商业风险的有力工具，但在我国的司法语境下却反而成为司法权进一步干预企业重整事宜的途径。法院在预重整中识别债务人的"重整价值及重整可行性"，换一种表述就是法院会将那些重整希望较小的债务人排除在正式的司法重整程序之外。这样一来，重整的成功率的确会增加，但并不完全因为更多企业得到了拯救，而是因为重整难度过大的企业被排除在了正式程序之外。由于缺乏较高层级规则规制的预重整蜕化为"司法权力不当扩张的最佳溢出渠道"，法院可以"以预重整是当事人的庭外重组为名，对干预不负责任"。②

（二）法院在预重整中掌握程序主动权

在预重整的本土实践当中，法院明显掌握了更大的程序主动权。

---

① 参见许德风：《破产法论：解释与功能比较的视角》，北京大学出版社2015年版，第480-481页；高长久、汤征宇、符望：《上市公司重整中的法律难题——以"华源股份"重整为例》，载张育军、徐明编：《证券法苑（第3卷）》，法律出版社2010年版，第677-679页。

② 王欣新：《预重整的制度建设与实务辨析》，载《人民司法》2021年第7期。

　　其一，预重整本来是当事人自觉自愿开展的自我拯救活动，却由于被纳入了各地法院的案件管理制度，而被地方法院的指引设置了各种准入门槛。部分地方指引并未对可以进入预重整的企业类型作过多限制，①但也有很多地方法院要求进入预重整程序的企业必须符合涉及职工数量众多、债权人数量众多、破产后社会影响重大等特点。②有些地方的法院未限制启动预重整程序的债务人类型，但规定，法院在裁定受理破产前，对于涉及职工数量众多、债权人数量众多、破产后社会影响重大的企业法人，有权决定其先行预重整。③

　　这一特征与预重整的域外实践是完全相左的——域外预重整实践中债务人规模普遍较小，但在我国各地实践中，预重整主要被用来解决大型企业的重整问题。④这进一步印证了上文的观察——预重整的功能发生了异化，社会后果考量，抑或政治性考量，成为驱动法院推动预重整实践的一大重要因素。即使在没有为预重整程序启动设置较高门槛的地区，企业破产可能引发的社会后果也是地方法院选择预重整的关键理由。企业破产案

────────────

　　①　参见《北京破产法庭破产重整案件办理规范(试行)》第 29 条；《重庆市第五中级人民法院预重整工作指引(试行)》第 2 条、第 3 条；《上海破产法庭预重整案件办理规程(试行)》第 3 条；《大连市中级人民法院关于审理企业预重整案件的工作指引(试行)》第 3 条；《苏州市吴中区人民法院关于审理预重整案件的实施意见(试行)》第 4 条。

　　②　参见《南京市中级人民法院关于规范重整程序适用提升企业挽救效能的审判指引》第 20 条；《深圳市中级人民法院审理企业重整案件的工作指引(试行)》第 28 条；《杭州市中级人民法院审理企业预重整案件工作指南(试行)》第 2 条；《枣庄市中级人民法院破产案件预重整操作规程(试行)》第 1 条。

　　③　参见《成都市中级人民法院破产案件预重整操作指引(试行)》第 1 条；《潮州市中级人民法院破产案件预重整操作指引(试行)》第 1 条；《郑州市中级人民法院审理预重整案件工作规程(试行)》第 4 条；《长治市中级人民法院关于破产案件预重整操作指引》第 3 条。

　　④　参见[美]查尔斯·J. 泰步：《美国破产法新论》，韩长印等译，中国政法大学出版社 2017 年版，第 1238-1239 页。See Peter Walton and Chris Umfreville, *Pre-Pack Empirical Research: Characteristic and Outcome Analysis of Pre-Pack Administration*, University of Wolverhampton, 2014, p. 12. 我国学者的相反观点，参见邢丹：《"绿色原则"视阈下预重整制度的功能性建构》，载《现代法学》2022 年第 2 期；浙江省杭州市余杭区人民法院课题组：《房地产企业预重整的实务探索及建议》，载《人民司法(应用)》2016 年第 7 期。

件可能涉及地方的职工就业、楼盘烂尾等社会、民生风险,[①] 预重整规则的模糊、灵活与真空为地方府院排除此类敏感风险提供了制度通路。

其二,目前,多数预重整指引规定,债务人开展预重整须向法院申请,法院或登记或批准后方决定启动预重整程序。我国各地预重整指引对预重整程序的启动规定大体可分为三类:第一类为重庆市第五中级人民法院所出台的指引,该类路径给予当事人预重整的充分自由外,当事人无须向人民法院进行任何申请即可自行预重整,法院只是在审查重整申请时一并审查重整方案草案;[②] 第二类规则规定,债权人或债务人单独申请预重整程序;[③] 第三类规则规定,申请人申请重整之后、法院受理破产申请之前,法院可以为了识别债务人的重整可能性和重整价值决定预重整。[④]

后两种制度选择在很大程度上会挤压当事人自我重组的自治空间。我国《企业破产法》并未禁止债务人在申请重整时一并提交已经与债权人协商、表决通过的重整方案,也并未明确允许这一做法。所以,仅就法律的措辞而言,"美式"预重整实践存在其规范空间。而如果法院明确规定须申请后才能启动预重整,则意味着未申请预重整的债务人,如果在自行达成重整方案后直接申请正式的司法重整,很可能不会得到法院的认可。

从重庆市第五中级人民法院的实践情况看来,我国企业对于这种债务人自主自愿开展的预重整存在着相当的需求。[⑤] 强制规定当事人在预重整前须向法院备案或登记无疑阻碍了自主型预重整的顺利开展,在很大程度上会侵蚀预重整的效率优势。

---

① 参见《10 年烂尾楼复工续建:辽宁完成首例通过预重整程序受理债务人破产重整申请案件》,中国长安网,http://www.chinapeace.gov.cn/chinapeace/c100042/2022-08/26/content_12663781.shtml,访问日期:2022 年 8 月 26 日。

② 参见《重庆市第五中级人民法院预重整工作指引(试行)》第 1 条、第 10 条、第 11 条。

③ 参见《上海破产法庭预重整案件办理规程(试行)》第 4~6 条;《江西省高级人民法院关于审理企业破产预重整案件工作指引》第 7 条;《郑州市中级人民法院审理预重整案件工作规程(试行)》第 3 条。

④ 参见《北京破产法庭破产重整案件办理规范(试行)》第 27 条;《深圳市中级人民法院审理企业重整案件的工作指引(试行)》第 27 条;《南京市中级人民法院关于规范重整程序适用提升企业挽救效能的审判指引》第 19 条;《杭州市中级人民法院审理企业预重整案件工作指南(试行)》第 3 条。

⑤ 参见王欣新:《建立市场化法治化的预重整制度》,载《政法论丛》2021 年第 6 期。

（三）法院在预重整中指定临时管理人

在预重整阶段强制指定"临时管理人"，是我国预重整实践中另一极具本土特色的制度设计。前文已经述及，我国的预重整制度事实上是移植了域外的预重整实践得来的。域外的预重整总体上是债务人自发进行自我拯救的一种实践，因此自然不存在所谓"临时管理人"这一角色。即使在英国模式下，预重整广泛聘请"引导人"，也不存在法院提前介入预重整并指定引导人的做法。①

反观我国各地法院出台的预重整指引，多数法院都规定在决定预重整时，法院也要指定"临时管理人"。总体而言，临时管理人的选任相比司法重整中正式管理人的选任程序上更加宽松；多数地区规定，临时管理人可以由债务人和债权人在协商一致后从管理人名录中推荐，协商不成的由法院指定。② 临时管理人的职责各地规定各异，总体而言，相比司法重整中正式管理人的职权有所限缩。临时管理人无权接管债务人的财产和资料，通常无权决定债务人继续或停止营业，无权管理债务人的日常经营事务。不过，临时管理人仍有相当可观的权限，包括调查债务人的资产负债等财务状况、监督债务人是否对外清偿债务、监督债务人是否对外提供担保、监督债务人是否妥善经营、负责债务人诉讼、仲裁、执行等案件的处理等。临时管理人在预重整期间的工作往往引导到其在预重整程序终结时向人民法院提交的预重整报告，该报告中记载了债务人的经营状况、重整价值和重整方案，以辅助人民法院判断是否转入正式重整程序。③

临时管理人的存在也与预重整实践的传统效率优势存在冲突。虽然在

---

① 参见张婷、胡利玲编著：《预重整制度理论与实践》，法律出版社 2020 年版，第 50-56 页。

② 参见《北京破产法庭破产重整案件办理规范（试行）》第 35 条；《南京市中级人民法院关于规范重整程序适用提升企业挽救效能的审判指引》第 23 条；《上海破产法庭预重整案件办理规程（试行）》第 7 条；《深圳市中级人民法院审理企业重整案件的工作指引（试行）》第 30 条；《成都市中级人民法院破产案件预重整操作指引（试行）》第 8 条。

③ 参见《北京破产法庭破产重整案件办理规范（试行）》第 36 条、第 44 条；《南京市中级人民法院关于规范重整程序适用提升企业挽救效能的审判指引》第 24 条、第 29 条；《上海破产法庭预重整案件办理规程（试行）》第 8 条、第 16 条；《深圳市中级人民法院审理企业重整案件的工作指引（试行）》第 31 条、第 39 条；《成都市中级人民法院破产案件预重整操作指引（试行）》第 9 条、第 13 条。

名义上，临时管理人并没有接管债务人的经营事项，但法院的操作指引赋予其极大的监督权限，并将其监督结果汇报给法院，这势必导致债务人在预重整期间的决策自由受到限制。加之我国法院在预重整实践中已经表现出一种通过延长预重整程序以缩短正式重整程序的倾向，① 在司法干预与管理人监督的齐头并进之下，希望通过预重整自我拯救的债务人须首先向法院申请登记，进入预重整后又必须接受临时管理人全方位的监管，预重整债务人"甚至在重整期间也可以进行正常的业务活动"②这一命题是否成立恐怕存疑。

再次，临时管理人这一制度反映出我国预重整实践的司法干预特征。临时管理人在预重整期间所承担的一切职能并非为债务人提供引导和辅助，而是为了辅助法院的决策。易言之，虽然临时管理人在选任、职权上与正式管理人略有差别，但其角色与正式管理人③十分类似。各地法院事实上预设了进入预重整的企业可能存在较高的道德风险，并以临时管理人一职对债务人进行监督。预重整不再是债务人自发、自愿的自我拯救，而是成为正式司法重整的延伸，成为法院检视债务人经营情况的一个制度工具。

综上所述，当预重整在我国落地生根进入实践，不管从其定位还是具体的制度设计，无不彰显着预重整的功能已经被异化。预重整原本是规模偏小企业通过灵活谈判与司法强制结合的方式自我拯救的一种操作模式，在我国却成为法院灵活处理大型甚至上市企业重整过程中敏感风险的制度缺口。

三、预重整中司法干预的事实成因与应然限度

上文对"本土预重整"和"传统预重整"的比较分析主要是在事实层面展开的，并不构成一种指控，也不能从中当然地推导出任何政策结论。"学术研究的意义不在发现和批评荒谬，而在发掘和解释荒谬背后

---

① 参见邢丹：《"绿色原则"视阈下预重整制度的功能性建构》，载《现代法学》2022 年第 2 期。原文以图表统计数据试图证明预重整制度能够降低重整的时间成本，但比较图中使用了预重整程序和未使用这一程序的企业数据就能发现，使用预重整的企业，其预重整和重整的总时间很可能长于直接重整企业的重整时间。

② 王佐发：《预重整制度的法律经济分析》，载《政法论坛》2009 年第 2 期。

③ 参见王卫国：《破产法精义》，法律出版社 2020 年版，第 53 页。

的逻辑。"①预重整在中国发生了功能上的转化，这固然存在其负面效应，但该实践为何发生了这种功能变异也是在制度设计中需要被谨慎考量的。

预重整的定位和功能在引进我国后产生了如此大的变化，显然是满足了地方法院(以及政府)在地方治理问题上的某种殷切需求。现阶段，预重整相对于正式重整的模糊性为地方法院和政府排除大型企业破产可能隐含的一系列社会风险提供了一个可以灵活操作的灰色地带。

(一)司法高度干预预重整的成因

1. 公司重整的社会效应

在我国，大型公司的重整与破产从来都不是一个纯粹的商业问题。对地方政府、法院来说，大型公司的破产重整给地方的社会稳定造成的不利影响是必须谨慎考虑的。除却在各国司法中都或多或少可能考量的包括就业在内的经济因素以外，② 在我国，大型企业破产给地方治理带来的挑战还可能包括两方面，其一是投资者保护的问题，其二是以烂尾房问题为首的民生问题。

2012 年 10 月 29 日，最高人民法院印发《关于审理上市公司破产重整案件工作座谈会纪要》，其中"维护社会稳定原则"被作为上市公司破产重整案件的审理原则之一。该纪要指出，上市企业的破产重整案件"各方矛盾比较集中和突出，如果处理不当，极易引发群体性、突发性事件，影响社会稳定"，要求各级法院在审理过程中"积极配合政府做好上市公司重整中的维稳工作"。③

容易集中社会矛盾的不只是上市企业。在上市企业之外，烂尾楼问题也已经俨然成为影响地方稳定的另一大风险因素。④ 预售房在建设初期吸收了大量公众资金，房地产公司的经营一旦难以为继，公众住有所居的需

---

① 黄仁宇语，转引自周雪光：《中国国家治理的制度逻辑：一个组织学研究》，生活·读书·新知三联书店 2017 年版，第 3 页。

② 我国地方府院对于经济考量的程度可能还要相对更高。参见周黎安：《"官场+市场"与中国增长故事》，载《社会》2018 年第 2 期。

③ 最高人民法院印发《关于审理上市公司破产重整案件工作座谈会纪要》的通知。

④ 《买到烂尾楼办不了房产证》，四川省人民政府官方网站，https://www.sc.gov.cn/10462/10778/10876/2022/10/10/c444690aac1d4219a2ed3092b785584b.shtml，访问日期：2022 年 10 月 10 日。

求得不到满足而毕生积蓄付之东流，自然会激化社会矛盾。当下，商品房预售制度改革已经成为公众关注的一大政策议题，各地政府纷纷出台措施予以回应，各地政府、法院也对以预重整制度解决烂尾楼问题报以很高的期望。[①]

有观点指出："将预重整作为一种独立程序纳入立法的'冲动'，本质上是对当事人庭外协商的不信任。"[②]这是一句恰如其分的描述，但其忽略了这种不信任背后的原因。这种不信任的背后，并不是像该学者所暗示的那样，是一种家长主义的观念作祟，而是一种对企业重整所产生的外部性的高度敏感。

2. 预重整制度的规范真空

现阶段，《企业破产法》尚未对预重整进行明确规范，仅有前文所提及的最高人民法院的两份会议纪要中的两个条款对预重整实践进行指导，[③] 预重整实践处于法律规范的灰色地带。这种"文化的模糊性"[④]契合了地方治理中对破产重整案件处理的急切需要。

我国学者在论述预重整的优势时也沿用了域外经验中预重整具有灵活与效率的优势的话语体系，但仔细推敲其措辞就能发现，很多国内学者在谈及预重整中的效率时，其含义已经悄然发生了变化。域外对预重整效率优势的经典表述包括可以减少违约、减少对抵押财产的变现、避免信用评级下降、减少市场信心震动、避免影响员工士气、减少对品牌价值和董事名誉的损伤。[⑤] 要具备这些优势，预重整实践往往需要在较少的当事人之间以相对私密的方式迅速达成协议，相对大型的企业在司法介入下进行预

---

① 参见《10 年烂尾楼复工续建：辽宁完成首例通过预重整程序受理债务人破产重整申请案件》，中国长安网，http://www.chinapeace.gov.cn/chinapeace/c100042/2022-08/26/content_12663781.shtml，访问日期：2022 年 8 月 26 日。

② 何心月：《我国破产预重整实践的现状与出路》，载《华东政法大学学报》2022 年第 5 期。

③ 参见《全国法院破产审判工作会议纪要》第 22 条；《全国法院民商事审判工作会议纪要》第 115 条。

④ 李曙光：《论我国〈企业破产法〉修法的理念、原则与修改重点》，载《中国法律评论》2021 年第 6 期。

⑤ See Vanessa Finch, *Corporate Insolvency Law: Perspectives and Principles*, Cambridge University Press, 2009, p. 294；参见[美]大卫·G. 爱泼斯坦、史蒂夫·H. 尼克勒斯、詹姆斯·J. 怀特：《美国破产法》，韩长印等译，中国政法大学出版社 2003 年版，第 837 页。

重整很难实现这些优势。然而，在我国的语境下，很多观点已经认为规模较大、牵涉利益众多的企业更加适宜预重整，① 其实质理由在于这些企业"一旦重整失败，企业进入破产清算，大量弱势群体的利益无法得到保护，可能引发极端后果"。② 可以看出，在后一种论述中，"灵活"和"效率"在很大程度上是规则模糊的另一种表述；法院事实上是在利用预重整延长的期间规避重整失败的破产后果。

很大程度上，这种对规则模糊性或多或少的偏好是"一统体制与有效治理"之间紧张关系③的一种缩影。申言之，在全国层面上，国家的有关破产制度发展前景的整体构想是市场化、法治化。④ 市场化和法治化的制度构建总目标意味着，公权力在破产程序中的存在必然受到限制。《企业破产法》中重整相关规范限制了案件审理中司法权（当然还有行政权）的存在，最典型的制度设计在于(1)在受理破产重整案件阶段，并未授权法院审查企业的重整价值；(2)在受理破产重整以及实际进行重整的阶段，重整活动受到审理期限和重整计划提交期限的限制，审限经过后债务人或管理人未提出重整计划草案的，债务人将被宣告破产。

然而，我国各地市场发展水平殊有不同，进行破产的债务人也情况各异，现阶段并非所有地方、所有案件都具备市场化、法治化破产的条件。在地方法院和政府处理破产案件时，市场化、法治化的目标并非其需要考虑的唯一因素，地方经济形势和稳定情况也是其必须考虑的因素。⑤ 甚至，由于大型企业重整或重整失败给地方治理带来的挑战更加急切、紧

---

① 国内学者和实务界相关论述，参见邢丹：《"绿色原则"视阈下预重整制度的功能性建构》，载《现代法学》2022 年第 2 期；浙江省杭州市余杭区人民法院课题组：《房地产企业预重整的实务探索及建议》，载《人民司法（应用）》2016 年第 7 期；聂晶、方资：《供给侧改革背景下破产审判存在的问题及对策研究》，载《河北法学》2018 年第 2 期；张婷、胡利玲编著：《预重整制度理论与实践》，法律出版社 2020 年版，第 105 页。

② 张婷、胡利玲编著：《预重整制度理论与实践》，法律出版社 2020 年版，第 105 页。

③ 参见周雪光：《中国国家治理的制度逻辑：一个组织学研究》，生活·读书·新知三联书店 2017 年版，第 12 页。

④ 参见《国民经济和社会发展第十三个五年（2016—2020 年）规划纲要》第十三章第三节；国家发展改革委下发的《加快完善市场主体退出制度改革方案》。

⑤ 参见周黎安：《"官场+市场"与中国增长故事》，载《社会》2018 年第 2 期；《最高人民法院印发〈关于审理上市公司破产重整案件工作座谈会纪要〉的通知》。

迫，其不得不将地方经济与稳定局面放在较高优先级，在《企业破产法》所规定的框架中同时平衡好其若干目标就变得相对困难。"预重整"这一概念的降临，恰好为这种本来如履薄冰的地方治理提供了一个灵活地带，令地方府院在处理较高的治理负荷时在时间上和工具上都更加灵活。在这样的现实需求下，预重整的功能发生变化，脱离了许多学者构想的"市场化""法治化"轨道，[①] 也就并不令人惊讶了。因为对于实际负责地方治理的法院和政府来说，"市场化""法治化"只是一个相对遥远的理想化目标，而个案处理的成功与否则既关乎其切身利益，也关乎地方的经济发展和稳定形势。

（二）司法介入的应然限度

面对这种对预重整的高度司法干预，实务界及学界呈现出两种截然不同的态度。相对主流的观点对司法干预持欢迎态度，其常见理由包括，预重整需要法院把好入口关、法院能够维持预重整案件的公平、法院能够规范、监督相关当事人、克服重组协议在履行上的不确定性等。[②] 少数观点则对司法干预保持警惕，强调预重整本质上属于当事人自愿的谈判协商行为，认为目前普遍存在的司法干预式预重整会导致司法权逃避法律约束不当行使。[③]

[①] 参见李曙光：《论我国〈企业破产法〉修法的理念、原则与修改重点》，载《中国法律评论》2021年第6期；王欣新：《建立市场化法治化的预重整制度》，载《政法论丛》2021年第6期；李曙光：《论我国市场退出法律制度的市场化改革——写于〈企业破产法〉实施十周年之际》，载《中国政法大学学报》2017年第3期。

[②] 参见潘幼亭、朱晋华：《适度司法干预下的预重整程序》，载《人民司法》2021年第16期；张艳丽、陈俊清：《预重整：法庭外重组与法庭内重整的衔接》，载《河北法学》2021年第2期；曹文兵、朱程斌：《预重整制度的再认识及其规范重构——从余杭预重整案谈起》，载《法律适用（司法案例）》2019年第2期；陈唤忠：《预重整制度的实践与思考》，载《人民司法》2019年第22期；邢丹：《"绿色原则"视阈下预重整制度的功能性建构》，载《现代法学》2022年第2期；龚家慧：《论我国关联企业实质合并预重整制度的构建》，载《当代法学》2020年第5期。

[③] 参见王欣新：《建立市场化法治化的预重整制度》，载《政法论丛》2021年第6期；徐阳光：《困境企业预重整的法律规制研究》，载《法商研究》2021年第3期；何心月：《我国破产预重整实践的现状与出路》，载《华东政法大学学报》2022年第5期；张世君：《我国破产重整立法的理念调适与核心制度改进》，载《法学杂志》2020年第7期。

　　这两种观点都存在一定偏颇。一方面，从我国目前的市场发展水平来看，尤其是对经济相对发达地区的发展水平而言，当事人完全自主自愿型的预重整具备实施的需求和可能性。① 如果强制要求所有债务人都须向法院申请后才可以开展预重整，在事实上给很多债务人设置了不必要的门槛，因为这些债务人即使不向法院备案、不被指定临时管理人也有能力自我重整。另一方面，对于涉及地方稳定的重整案件，仅由债务人决策层牵头开展的预重整未必能兼顾好多方利益，未必具有足够的公信力。② 由法院和临时管理人监督开展的磋商，完全排除预重整中司法介入的可能性的主张忽略了地方治理中确实存在的需求，未来《企业破产法》的修订应当兼顾到这两种需求。

　　首先，就预重整程序的启动而言，应当明确允许债务人在申请重整时直接提交已经过表决的重整方案草案。这样规定，是为了避免地方法院为预重整案件私设门槛，阻碍债务人自发预重整。原则上，预重整是债务人、债权人等当事人在庭外自发进行的企业拯救行为，当事人成功提出重整草案并自行表决通过的，法院不对其进行干涉，只需要通过后续的审查程序确认该重整草案的合法性与法律效力即可。

　　其次，同时应当规定，债务人属于上市公司、债权人人数众多、职工安置数量较大等直接受理重整申请可能对债务人生产经营产生负面影响或者产生重大社会不稳定因素的企业，具有重整原因的，可以向法院申请登记预重整。法院经形式审查认为具备重整原因的，③ 应当进行登记，并对后续程序进行监督。债务人属于上述情形直接申请正式重整，法院经审查认为该企业具有重整原因的，向债务人释明后果并经过债务人同意后，可以决定进行预重整。债务人已经具备破产原因的，不应当进行预重整，而应当进行重整。因此，如果债务人具有破产原因而向法院申请预重整，法院应当向债务人释明，由债务人另行申请正式重整；具有破产原因而申请

　　① "指引出台后，重庆破产法庭共接到提出预重整备案申请的案件46件，其中40件已登记备案进入预重整程序，目前已审结的预重整案件全部获得成功。"王欣新：《建立市场化法治化的预重整制度》，载《政法论丛》2021年第6期。
　　② 参见潘幼亭、朱晋华：《适度司法干预下的预重整程序》，载《人民司法》2021年第16期。
　　③ 参见王欣新：《预重整的制度建设与实务辨析》，载《人民司法》2021年第7期。

重整的，即使其直接重整可能带来不稳定因素，法院应当直接裁定受理其申请，不应考虑转入预重整。

再次，对于债务人申请重整同时提交重整方案草案的情形，应当制定自行预重整的程序规范以及法院审查其重整方案草案的审查规则。人民法院对重整方案草案的审查规则是预重整法律规范体系的核心，司法权通过该审查规则间接地、后置地影响当事人的预重整实践。[1] 法院应当审查应当参与预重整的当事人是否都参与了预重整、重整方案草案制定、表决或征集程序是否合法。其中，重整中利益受损的债权人都应当参加预重整程序。[2]

最后，对于采用了预重整程序的债务人，应当为其规定更短的正式重整审理期限，以节约债务人的时间成本，实现预重整的最初目标。债务人申请重整同时提交重整方案草案的，法律可以设置更加简易的审理程序，以尽快实现重整。[3]

四、结　语

预重整这一概念"有一种文化的模糊性"。[4] 在这一模糊的概念下，预重整的特点与功能已经发生了变异，由债务人自愿、自发的拯救行为转化为地方府院排除大型企业重整所带来的社会风险的排雷器。这一转化的成因可以从两方面考察：从社会、政治背景上来看，在我国，破产重整案件的处理从来都不只是一个商业上的、法律上的问题，还牵涉地方经济发展和稳定形势，而毋庸讳言，后者也是法院和政府在处理重整问题时本来就需要谨慎考虑的；从预重整本身的特点来看，预重整为重整案件的处理

---

① 参见王欣新：《建立市场化法治化的预重整制度》，载《政法论丛》2021 年第 6 期；何心月：《我国破产预重整实践的现状与出路》，载《华东政法大学学报》2022 年第 5 期。

② 参见联合国国际贸易法委员会：《破产法立法指南》，联合国 2006 年，第 214 页。

③ 参见联合国国际贸易法委员会：《破产法立法指南》，联合国 2006 年，第 217-220 页。

④ 李曙光：《论我国〈企业破产法〉修法的理念、原则与修改重点》，载《中国法律评论》2021 年第 6 期。

提供了更加宽松的时间框架，现阶段对预重整程序的规范也相对较少，法院(以及政府)得以在预重整程序中更加灵活地排除大型企业重整所涉及的敏感风险。在未来的破产法修订中，一方面，应当明确允许债务人在申请重整时直接提交已经过表决的重整方案草案，并制定审查其重整方案草案的审查规则；另一方面，应当规定，债务人具有重整原因但直接受理重整申请可能对债务人生产经营产生负面影响或者产生重大社会不稳定因素的，债务人可以向法院申请预重整登记，法院审查符合条件的可以决定预重整，并对后续的预重整协商谈判采取对应的监督措施。

　　在我国的特定环境下，预重整规则的设计关键在于兼顾债务人自愿地自我拯救的需求以及地方法院妥善处理重整涉及社会风险的需求。这种两全的制度建议仅仅是权宜之策，仍然存在着法院过度干预的风险。该风险的根本原因并非制度设计上的偏误，而很大程度上来源于我国地方政府、法院较高的治理负荷。当法院在案件处理中需要考虑较多法外因素时，司法干涉的风险也就并非仅靠法律就能解决。恐怕，只有当宏观上政府、社会关系发生改变，社会与市场更多地建立起自我治理的机制以减轻地方政府的治理负荷时，① 预重整中的司法权才能进一步后退，司法过度干预的问题才能得到更加根本的缓解。就破产预重整而言，这种社会化、市场化的机制可能是更多的专业预重整引导人的介入，也可能是更多的专业破产律师的高度参与。在现阶段，司法权的介入对于形成这种市场机制可能会产生积极的引导作用，但应当明确这只是预重整实践初期阶段的特别机制，而非预重整制度常态良性运转过程中不可缺少的一部分。

---

　　① 参见周雪光：《中国国家治理的制度逻辑：一个组织学研究》，生活·读书·新知三联书店 2017 年版，第 438-439 页。

第四部分

破产程序优化

世界银行宜商环境（BEE）语境下
"破产前程序"概念解析

汤正旗　汪涛　何普*

内容提要：即将出台的世界银行宜商环境评估体系（BEE）将营商环境评估体系（DB）中的"办理破产"指标改为"企业破产"指标，并增加了"破产前程序""中小微型企业的专门程序""破产管理人的专业素养""破产程序的专门机构和运作机制的质量"四个指标。BEE 三组二级指标中第一组指标"破产程序法规的质量"包含六小组三级指标，其中"破产程序的启动"这个指标新增了"破产前程序"评价指标。"破产前程序"是指陷入财务困境即将破产的企业可以诉诸哪些救济程序，包括早期预警机制和董事申请破产的义务。"破产前程序"是破产预防程序，是企业拯救机制，是破产法规范的正式程序。欧盟"预防性重组程序"是破产前程序的典型代表。严格意义上，我国地方法庭内预重整属于破产前程序。研究如何对标BEE"破产前程序"，建立早期预警机制和董事申请破产义务制度，确立以企业拯救为导向的破产制度改革，是我国破产业界一个紧迫又现实的课题。

一、问题的提出

2021 年 9 月 16 日，世界银行集团（WBG）管理层决定停止《营商环境报

---

* 汤正旗，湖北文理学院副教授，法学硕士，湖北文理学院破产法研究中心主任，湖北省法学会破产法学研究会常务理事。汪涛，湖北文理学院副教授，法学硕士，湖北文理学院破产法研究中心副主任。何普，湖北文理学院讲师，法学博士，湖北文理学院破产法研究中心主任。

告》及其数据的发布，并宣布世界银行集团正在研究一种新的方法来评估全球经济的商业和投资环境。2022年2月4日，世界银行发布了新版营商环境评估体系的编制方案即《项目初步概念书：营造宜商环境（BEE）》（Pre-Concept Note：Business Enabling Environment），提出了"宜商环境"①（以下简称BEE）评估的十大一级指标，用来替代营商环境评估体系（Doing Business，以下简称DB）。这十大一级指标分别是：市场准入（Business Entry）、经营场所（Business Location）、市政公用基础设施接入（Utility Connections）、劳动力（Labor）、金融服务（Financial Services）、国际贸易（International Trade）、纳税（Taxation）、争端解决（Dispute Resolution）、市场竞争（Market Competition）、企业破产（Business Insolvency）。BEE的十个一级指标，是按照企业全生命周期设计的：开办企业、经营企业、关闭企业。

破产业界最为关注的是，BEE将DB中的"办理破产"指标改为"企业破产"（Business Insolvency）指标。BEE破产指标增加了"破产前程序""中小微型企业的专门程序""破产管理人的专业素养""破产程序的专门机构和运作机制的质量"。二级指标也出现了变动。原本DB中的两组二级指标"回收率"（Recovery rate）和"破产框架力度指数"（Strength of Insolvency work Index）变为三组二级指标，分别是"破产程序法规的质量"（Quality of regulations for insolvency proceedings）、"破产程序的专门机构和运作机制的质量"（Quality of institutional and operational infrastructure for insolvency processes）和"获得破产救济的便利度"（Ease to resolve an insolvency judicial proceeding）。第一组指标"破产程序法规的质量"将衡量每个经济体适用于司法清算和重组程序的破产条例的质量，以及它们与国际公认的良好做法的比较。拟议的指标将通过与目标密切相关的具体代用指标来衡量破产法规的质量，并充分反映世界银行《有效破产和债权人/债务人制度原则》和联合国国际贸易法委员会《破产法立法指南》中规定的良好做法。"破产程序法规的质量"包含六小组三级指标：(1)破产程序的启动（Commencement of insolvency proceeding）；(2)债务人资产的管理（Management of debtor's assets）；(3)清算和重组程序的范围（Scope of liquidation and reorganization

---

① "Business Enabling Environment"暂无中文正式翻译。有人翻译为"宜商环境"；有人翻译为"商业扶持环境"；有人翻译为"商业赋能环境"，等等。本文认为翻译为"宜商环境"以区别于DB"营商环境"较为贴切恰当。

proceedings）；（4）债权人参与（Creditor participation）；（5）破产管理人的专业知识（Insolvency administrator's expertise）；（6）中小微企业的专门程序（Specialized proceedings for MSMEs）。

"破产程序的启动"这个指标将包括诸如债务人和债权人是否可以申请清算和/或重组程序，以及关于中止程序的规则等问题。它还将衡量，例如，在实际申请破产之前，处于财务困境的企业可以利用哪些程序。因此，该指标将评估可用于处理企业债务人即将破产的法律救济途径，包括早期预警机制和董事申请破产的义务。其中，相较于 DB 的"办理破产"指标，"破产前程序"（pre-insolvency proceedings）是新增的评价指标。

按照世界银行《项目初步概念书：营造宜商环境（BEE）》的英文释义，"破产前程序"，是指在实际提出破产申请之前（predating the actual filing for insolvency），陷入财务困境即将破产的企业可以诉诸哪些救济程序，包括早期预警机制（availability of early warning tools）和董事申请破产的义务（the extent of directors' duties to file for insolvenc）。①

2022 年 2 月 8 日至 3 月 8 日，在 BEE 全球征集意见和反馈中，"破产前程序"评价指标引起了有关世行集团成员国政府、国际组织、国际金融机构等有关组织机构的关注。首先，一些国家政府和国际组织肯定了新增"破产前程序"这一评价指标。如多哥政府（Presidency of the Republic）认为，没有考虑许多大陆法系司法管辖区常见的破产前程序，是 DB 一个重大的疏忽；欧盟委员会认为，我们希望能包括破产前程序；法国也认为，不仅要考虑清算程序，还要考虑到发现困难的机制、破产前程序。其次，"破产前程序"应包哪些程序或内容有不同的建议。如代表哥斯达黎加、萨尔瓦多、危地马拉、洪都拉斯、墨西哥、尼加拉瓜和西班牙的 WBG 执行董事办公室认为，至少要评估"破产前程序"的一些特点；国际货币基金组织认为，新指标中包括的"预警系统"或"破产前程序"的提法似乎没有以标准为基础。②

---

① The World Bank, Pre-Concept Note Business Enabling Environment（BEE）. Retrieved February 4, 2022, https://consultations.worldbank.org/sites/default/files/2022-02/BEE%20Pre-Concept%20Note%20-%20Feb%208%202022.pdf.

② 参见营商环境研究小组：《世行 BEE 项目全球反馈意见汇总（七）——企业破产》，载微信公众号"营商环境国际交流促进中心"，2022 年 5 月 11 日。

目前，BEE中"破产前程序"尚属定义不明确的概念。所谓一个概念明确，就是这个概念的内涵与外延都明确，也就是说，这个概念所反映的对象本质属性与概念的适用范围，这两者都是明确的。因此，拟使用"破产前程序"这一评价指标，首先得明确"破产前程序"的基本性质和程序。

二、破产前程序首先是破产预防程序

BEE新增"破产前程序"评估指标，表明在正式破产程序开始之前，世界银行鼓励和支持困境企业尽早自救和恢复业务。经验和常识告诉我们，陷入困境的企业越早开始救助，避免破产的可能性就越高，就越有重生的希望。从BEE对"破产前程序"不甚明确的表述来看，"破产前程序"至少包括早期预警工具和董事申请破产的义务，目的是构建破产预防的机制，使陷入困境的企业早期通过破产预防程序而获得救助的机会。

BEE"破产前程序"评估指标应该是借鉴了欧盟预防性重组框架指令。欧盟预防性重组框架指令属于典型的"破产前程序"法律。2019年6月20日，欧洲议会和理事会通过《第2019/1023号指令》（IRECTIVE（EU）2019/1023 OF THE EUROPEAN PARLIAMENT AND OF THE COUNCIL of 20 June 2019），全称为"关于预防性重组框架，关于解除债务和取消资格，以及关于提高重组程序效率的措施，破产和解除债务，并修订欧盟第2017/1132号指令（关于重组和破产的指令）"（以下简称欧盟指令）。按照欧盟法的体系，到2021年7月17日，欧盟指令由各成员国转化为成员国法，然后在全欧盟范围内推行。西班牙成为第一个基于欧盟指令展开国内立法活动的欧盟国家。法国、斯洛伐克和捷克、荷兰、德国、希腊、奥地利、爱尔兰、罗马尼亚、意大利等国欧盟指令转化为国内法。

欧盟指令的目的是促进救援计划效率的提高。因此，破产预防在欧盟破产法律框架中似乎变得越来越重要。欧盟指令的前言指出，"债务人越早发现其财务困难并采取适当行动，避免即将破产的可能性就越高，或者在企业的生存能力受到永久损害的情况下，清算过程就越有序、越有效。"一些成员国的程序范围有限，只允许在相对较晚的阶段，在破产程序的背景下进行企业重组。在其他成员国，重组在较早的阶段是可能的，但现有的程序并不那么有效，或者非常正式，特别是由于它们限制使用庭外安排。预防性重组框架首先应使债务人能够在早期阶段进行有效重组，避免破产，从而限制对有生存能力的企业进行不必要的清算。这些框架应有助于防止工作岗位的流失和专门技术和技能的损失，并最大限度地提高债权人的总价值——与他们在企业资产清算的情况下或在没有计划的情况下的下一个最佳方案中所获得的价值相比——以及对所有者和整个经济的价值。因此，欧盟预防性重组框架首先是预防破产的制度。

破产早期预警系统和公司董事申请破产义务已经纳入欧盟预防性重组框架指令。早期预警工具的作用在于识别企业财务风险，包括破产风险。早期预警工具是指债务人何时没有支付某些类型的款项，包括不支付税款或社会保险费等等；也包括通过第三方如会计师、税务和社会保障机构向债务人通报负面情况。欧盟指令将预警工具视为有效补充预防性重组框架的一种手段或提醒机制。欧盟指令鼓励成员国利用现代 IT 技术，例如在一个专门的网站或网页上提供有关早期预警工具的信息，提供有关现有预防性重组程序的清楚、最新、简明和便于使用的信息，以及一种或多种明确和透明的预警工具，提醒债务人尽早开始庭外重组或非正式预防程序解决其财务困难。

西方主要国家的破产法均规定公司董事负有破产申请义务，如德国破产法规定，公司丧失清偿能力或资不抵债的情况下，公司的管理层成员应当立即（不迟于上述事由发生后的三周内）提请破产申请。如果管理层疏忽职守，可能导致管理层承担个人连带责任，还可能被判处罚金，甚至构成刑事犯罪。[①] 欧盟指令第 19 条规定，成员国应确保，在存在破产可能性的情况下，董事至少应适当考虑以下方面：（a）债权人、股权持有人和其他利益相关者的利益；（b）需要采取措施避免破产；以及 （c）需要避免威胁企业生存能力的故意或严重疏忽的行为。如果公司遇到财务困难，董事应采取措施尽量减少损失并避免破产，例如：寻求专业建议，包括关于重组和破产的建议，例如，利用早期预警工具在适用的情况下；保护公司的资产，以实现价值最大化，避免关键资产的损失。考虑企业的结构和功能，以检查可行性和减少开支；除非有适当的商业理由，否则不要让公司进行可能被撤销的交易类型；以便在适当的情况下继续经营，以使持续经营的价值最大化；与债权人进行谈判，并进入预防性重组程序。

---

① 参见汤翔：《德国法下的破产申请义务｜疫情下的欧洲法律实践（二）》，载微信公众号"兰迪律师"，2020 年 6 月 26 日。

有效利用国家与社会提供的预警系统，是附加公司董事的职责。这就为我们提供了一个破产预防解决方案的思路：建立破产预防机制需要获得外部支持如企业风险"预警系统"，和监督公司内部管理层履行勤勉忠诚义务，如确保董事在公司遇到财务困难的情况下，采取措施尽量减少损失并避免破产。为进一步促进预防性重组，破产前董事基于合同或司法介入等方式开展重组、调解等拯救企业的计划方案，可以成为董事破产申请义务的免责事由，或者延长公司董事申请破产的法定时限。①

三、破产前程序是企业拯救机制

"破产前程序"是拯救陷入困境的企业的程序。"破产前程序"规定了在正式破产程序之外向债权人和其他资本提供者提出重组计划的权利，以及在某些情况下将该计划强加于对方当事人的能力。② "破产前程序"是在《美国破产法》第 11 章重整程序和预重整实践的基础上发展而来的。破产前程序通常有两个方面特征的程序。首先，债务人还没有正式破产。其次，债务人享有在破产程序中可用的某些重组工具。新加坡、英国和欧盟在内的世界上几个国家和地区已修改其重组框架，以实施破产前机制，其中包括美国破产法第 11 章重组程序中存在的大部分特征。这些特征包括延缓偿付期、限制强制执行、债务人自行管理（DIP）等存在于《美国破产法》第 11 章中的一些条款。因此，这种破产前的机制看起来像《美国破产法》第 11 章的重整程序，与第 11 章只在三个主要方面有区别：首先，虽然破产前机制寻求帮助一般尚未破产的债务人，但第 11 章重组程序既可以作为破产前机制，也可以作为正式的破产程序，以帮助有生存能力的公司。其次，与美国的情况不同，在美国，如果不能根据第 11 章程序达成重整计划，就会导致第 7 章清算。实施这些破产前机制的国家和地区等司法管辖区仍然被允许使用正式的重组程序。最后，尽管《美国破产法》第

---

① 参见马来客、郑伟华、王玲芳：《董事破产申请强制义务及其责任》，载《人民司法》2021 年第 19 期。

② Nicolaes Tollenaar, Het pre-insolventieakkoord: grondslagen en raamwerk, 2022 年 11 月 20 日，https://research. rug. nl/en/publications/het-pre-insolventieakkoord-grondslagen-en-raamwerk.

11 章与许多司法管辖区实施的破产前机制有相似之处，但仍有一些工具只能在正式的重整程序中使用（例如，撤销诉讼）。①

2008 年金融危机以来，欧洲联盟积极地开始了以企业救助为导向的新立法努力阶段，重点是所谓的破产前或预防性破产程序。欧盟指令目的是"建立一个共同的全欧盟框架，以确保在国家和跨境层面进行有效的重组、第二次机会和有效的程序"。陷入财务困境的企业和企业家能够获得有效的国家预防性重组框架，使他们能够继续经营；诚实的破产或过度负债的企业家可以在一段合理的时间后受益于债务的完全解除，从而使他们有第二次机会。

2020 年初在世界大多数经济体爆发的 COVID—19 大流行，造成了 80 年来最严重的经济衰退。虽然全球经济预计 2021 年将反弹至 5.6% 左右，到 2022 年，全球产出预计仍将比大流行前的预测低 2% 左右。② 面对重大经济萧条的风险，各国政府采取了一系列紧急经济措施，包括冻结破产程序，以及前所未有的财政和货币支持，以维持企业的运转。欧洲委员会报告称，官方应对疫情支持措施逐步减弱后，欧盟各国应确保能应对随之到来的公司"破产潮"。欧盟各国应提高破产制度执行力，进一步健全破产和破产前程序。目前，国际破产法界呈现四个主要趋势：①采用简化的中小企业破产框架；②实施混合程序；③促进庭外重组；④为企业家个人有效清偿债务提供便利。③ 各国越来越多地采用破产前程序的各种重组工具——庭外重组和混合重组等方法来支持正式的破产制度。新冠疫情背景下英国出台的《公司破产及管理法案 2020》（Corporate Insolvency and Governance Act 2020）于 2020 年 6 月 26 日正式生效，被称为 20 年来英国对破产法进行的

---

① See Aurelio Gurrea-Martínez, The Future of Reorganization Procedures in the Era of Pre-insolvency Law, 2022 年 11 月 20 日, https://doi.org/10. 1007/s40804-020-00191-y.

② See Thi Bich Duyen PHAM, Hoang Phong NGUYEN, What Exacerbates the Probability of Business Closure in the Private Sector During the COVID—19 Pandemic? Evidence from World Bank Enterprise Survey Data, Thi Bich Duyen PHAM, Hoang Phong NGUYEN / Journal of Asian Finance, Economics anThi Bich Duyen PHAM, Hoang Phong NGUYEN.

③ See Aurelio Gurrea- Martínez, The Future of Insolvency Law in a Post-Pandemic World, 2022 年 11 月 20 日, Electronic copy available at：https://ssrn.com/abstract, p. 7.

最大规模的改革，是在破产法中贯彻拯救文化的进一步举措。① 在英国，公司拯救（Company Rescue）措施包括：①接管程序（Administration）；②A1条款下的债务暂缓（Part A1 moratorium）；③资产接管程序（Administrative Receivership）；④公司自愿安排（Company Voluntary Arrangement，CVA）；⑤安排计划（Scheme of Arrangement，SoA）。其中，公司自愿安排（CVA）的设计主要目的是通过使一家陷入财务困境的公司能够与其债权人达成合同上的妥协，从而促进该公司的恢复。CVA作为破产前程序可以独立使用，也可以与其他程序，例如接管程序（Administration）结合。引入了新的延缓偿付期（Moratorium）、债务人自行管理（DIP）的规定，法院可以批准并将重组计划强加给持反对意见的债权人组别（cross-class cramdown）。CVA对英国企业拯救文化的发展作出了重大贡献，构成了当前将英国破产法的精神转向有效的公司救援的趋势的重要组成部分。②

四、破产前程序与混合程序的区别

破产前程序越来越受到西方学者和世界银行的重视。西方有学者将拯救企业的机制分为以下三种不同的机制：①庭外重组；②正式的破产程序；③介入庭外重组与正式的破产程序之间的混合程序。③ 也有学者根据监管机构干预的程度和债务人财务问题的严重程度，将破产程序分为五种类型。这些程序包括：①庭外重组；②强化重组；③混合程序；④正式重组；⑤正式破产。④ 前四种程序为企业拯救机制，其中前三种属于破产前

---

① 参见徐阳光、武诗敏：《企业拯救文化与破产法律制度的发展——基于英国破产制度最新变革的分析》，载《山西大学学报（哲学社会科学版）》2021年第1期。

② See Alexandra Kastrinou & Lezelle Jacobs：Pres-insolvency procedures，a United Kingdom and South African Perspective，2022年11月20日，http://irep.ntu.ac.uk/id/eprint/29645/1/6974_Kastrinou.pdf，p. 5.

③ See omáš Moravec，Jan Pastorč ák & Petr Valenta，EUROPEAN REGULATION OF INSOLVENCY STATUS IN THE HYBRID PROCEEDING，doi：10. 17265/1548-6605/2015.05.005，p. 457.

④ See Aurelio Gurrea-Martínez，The Future of Reorganization Procedures in the Era of Pre-insolvency Law，European Business Organization Law Review，2022年11月20日，https://doi.org/10. 1007/s40804-020-00191-y.

程序。世界银行将破产程序分为五种类型。这些程序包括：①庭外重组（Out-of-court workout）：债务人与其全部或部分债权人之间私下协商的重组；②强化重组（Enhanced workout）：通常是一个强大的、积极主动的协调机构（银行）参与的重组，但没有规定法院发挥作用；③混合重组（Hybrid workout）：一种涉及重组协议的私人谈判的程序，并规定了法院的作用，但没有对整个程序进行监督；④预防性混合重组——混合重组（Preventative hybrid workout）：目的是在法院保护下，对处于财务困境但尚未达到技术性破产状态的债务人的企业进行重组；⑤司法重组（Judicial reorganization）：一种由法院监督的重组程序，旨在恢复债务人企业的财务状况和生存能力；⑥清算（Liquidation）：在法院的监督下，根据法律规定的债权排序，对资产进行出售和处置以分配给债权人。① 前五种程序为企业拯救的机制，其中前四种程序属于破产前程序。

王玲芳法官认为，混合程序可以分为破产前程序与预重整。② 混合程序在美国主要表现为预重整的实践，而在欧洲则表现为破产前程序的推进，欧盟预防性重组框架指令即属于此种程序。③ 实际上这是国际破产界的一种观点。西方学者认为，破产前程序，就其核心而言，是介于纯粹的合同解决和正式的破产或重组之间的某些程序。主要借鉴了《美国破产法》第11章的重要内容和欧盟指令。破产前程序具有某些核心特征不一定是单独存在的，而是可以嵌套在更广泛的、混合的、多用途的程序中。这些核心特征主要为：①这些程序是正式的，都有法律规定，而不是完全依赖于债务人与债权人之间协商或谈判。②它们主要是债务重组程序，而不是变现资产和分配收益的程序。尽管可能考虑将资产处置作为重组的一部分，但它们主要是债务重组程序，而不是变现资产和分配收益的程序。③这些程序是在债务人事实上已经破产之前，换句话说，在

① The World Bank Group，Overview of Insolvency and Debt Restructuring Reforms in Response to the COVID—19 Pandemic and Past Financial Crises：Lessons for Emerging Market，2022 年 11 月 20 日，https://openknowledge. worldbank. org/handle/10986/35425，p. 31.

② 参见王玲芳：《混合企业救援实践下的预重整制度构建》，载《法治研究》2022 年第 4 期。

③ 参见王玲芳：《欧盟预防性重组框架指令对我国企业救援的启示》，载《法治日报》2021 年 6 月 7 日第 6 版。

其财务状况严重恶化，达到法定前提条件（现金流和/或资产负债表上的破产）之前，债务人可以利用这些程序。④破产前程序可能是债务人自行管理模式，进入程序可能不会导致债务人的现任管理层被管理人或清算人等股东取代。因此，管理者利用具有这种特点的破产前程序在早期阶段解决预期的困难是一种积极的激励措施，因为他们不会因为这样做而失去控制权。①

因此，上述观点是将破产前程序与混合程序看作是两个意思一样的概念。但是，破产前程序与混合程序既不能混为一谈，也不能说破产前程序属于混合程序。相反，破产前程序包括了混合程序，或者说混合程序是破产前程序的核心内容。欧盟指令统一了之前欧盟有些国家实施的破产前程序，例如法国友好协商程序、德国准备程序和意大利和解制度。欧盟指令"预防性重组程序"与"破产前程序"这两个概念实际使用起来没有区别。欧盟指令"预防性重组程序"已将破产前程序向前延伸至企业早期预警和董事负有避免破产义务的时期；向后拓展至对重整计划有异议的债权人的救济程序。

在世界银行 BEE 看来，破产前程序也可能向前延伸至企业早期预警时期，在这时期如果公司遇到财务困难，董事应采取措施尽量减少损失并避免破产——董事申请破产的职责范围。除此之外，破产前程序还包括庭外重组、强化重组、混合重组和预防性混合重组等程序。因此，混合程序应当属于破产前的主要程序之一。混合程序（混合重组），是指在庭外重组程序中，兼具合同性庭外重组的特征和有限的司法介入。这些程序是"混合"的，因为其吸收了部分正式破产程序的元素以解决非正式程序中的问题。原来混合程序包括：有法院指定调停人的混合程序；中止债权人行动的混合程序；法院承认债权人之间协议的混合程序（预重整）；预先安排的计划（pre-arranged plans）；预先出售（prepackaged sales）、"预先打包破产"（prepackaged insolvency）②，现在混合重组还指的是预防性混合重

---

① See Irit Mevorach·Adrian Walters, The Characterization of Pre-insolvency Proceedings in Private International Law, European Business Organization Law Review, 2022 年 11 月 20 日, https://doi.org/10. 1007/s40804-020-00176-x.

② 参见王卫国、郑志斌主编：《法庭外债务重组》（第 1 辑），法律出版社 2017 年版，第 89 页。

组(preventative hybrid workout)。预防性混合重组是指在司法干预下，陷入财务困境企业还没有达到丧失流动性无法偿还到期债务时进行重组，激励陷入财务困境企业尽早开始救助。

综上，区分破产前程序与混合程序非常重要。破产前程序设计起来很复杂。国外有学者对混合程序应受适用于相应合同的法律管辖还是应受适用于破产程序的法律管辖，存在不同意见。而破产前程序是由破产法规范的正式程序，它使有财务困难的债务人有机会在法院或行政当局的监督下，在破产前阶段进行重组和自我恢复。① 欧盟指令"预防性重组程序"从其本质而言，是一种司法程序。② 欧盟指令主要还是结合了庭外债务重组和司法破产程序的各个方面。破产前的程序不仅使用有限的司法干预来批准重组计划，而且还使用司法权力来防止债权人对债务人采取强制性行动。暂停债权人行动解决了债权人机会主义行动的问题。有限的司法干预使谈判最终达成重组计划，而不纳入司法破产程序的所有要素。这种方法被广泛使用，特别是在欧洲(法国、德国、意大利、西班牙和所有纳入欧洲联盟重组指令的欧洲联盟国家)，但在欧盟以外，阿根廷和巴西等国家也采用了这种方法。③ 至于BEE中"破产前程序"最终确定哪些评估指标，有待进一步观察。

五、结　语

荷兰律师尼古拉·托勒纳尔对"破产前程序"进行了系统性研究。他认为，"破产前程序"一词通常用来指发生在传统或更全面的正式破产程序之外的程序，或在可以预期破产但债务人尚未破产的阶段进行的程序。"破产前"用于这两种含义——即债务人未进入更全面的正式破产程序，以及预期财务破产但尚未实际发生的情况。尼古拉·托勒纳尔将"破产前

---

① See Tomáš Moravec, Jan Pastorčák & Petr Valenta, EUROPEAN REGULATION OF INSOLVENCY STATUS IN THE HYBRID PROCEEDING, US-CHINA LAW REVIEW Vol. 12, pp. 458-459.

② 参见陈夏红：《欧盟"预防性重组"，一种新破产理念的崛起》，载微信公众号"破产法快讯"，2020年1月15日。

③ See IMF DEPARTMENTAL PAPERS, Policy Options for Supporting and Restructuring Firms Hit By the COVID—19 Crisis, IMFbookstore. org, p. 24.

程序"视为"破产前计划程序"，但他也认为破产前的程序通常不仅仅是一个计划程序，如有一些辅助措施包括延期付款和终止或保留合同的规定来补充计划程序。①

"破产前程序"的法律性质是属于合同法范畴或公司法范畴，还是属于司法程序，纳入破产法框架，在国内外学术界是一个争议的话题。尼古拉·托勒纳尔律师认为，破产前程序实质上是债权人集体强制执行程序。破产前程序，最终源于债权人的集体执行权利。通过破产前程序，满足债权人的利益，并协助他们行使其集体执行权利。破产前程序不应被视为一种旨在符合债务人利益的恢复工具，这可能会不适当地阻碍债权人行使其强制执行权并对其造成损害。更具体地说，破产前程序的目的是为债权人提供一种替代的、改进的手段，以便在正式的破产程序框架之外，为债权人提供另一种更好地行使其集体强制执行权利的手段。债权人可以利用破产前程序在正式破产程序之外清算业务，以提高对债权人的整体追偿能力。债权人还可以利用破产前程序在正式破产程序的框架之外进行重组，以提高整个债权人的回收率。②

王玲芳法官认为，破产前程序是指在企业陷入财务困境后为避免破产，在正式的破产程序开始前，在法院或者官方机构的监督下实施的一项有约束力的解决债务危机的准集体清偿的计划方案。破产前程序具有尽早进行救援、准集体清偿、司法有限介入、流程简化、保护债务人商誉等好处，同时在制度设计上还具有灵活性和多样性，是正式破产程序的一种有益补充。破产前程序的核心是在纯粹的合同解决程序和正式的破产程序之间的某个范围内进行的一种计划程序。目前，不同于美国发展出来的预重整，我国地方法院各类预重整模式大多可理解为破产前程序。我国预重整构建仍要定位于司法最低限度介入下单纯的庭外重组。③

---

① See Nicolaes Tollenaar, Pre-Insolvency Proceedings: A Normative Foundation and Framework, Oxford University Press 2019, p. 4.

② See Nicolaes Tollenaar, Pre-Insolvency Proceedings: A Normative Foundation and Framework, Oxford University Press 2019, p. 254.

③ 参见王玲芳:《混合企业救援实践下的预重整制度构建》，载《法治研究》2022 年第 4 期。

2015 年以来,随着中国二重重整案、福昌电子重整案①被最高人民法院作为预重整成功案例发布,浙江、深圳、北京等地政府和法院相继在破产重整案件审理中,探索"预重整"适用模式。在我国地方预重整探索与实践中,逐渐建立了以法庭内预重整为主流的类型。法庭内预重整发生在申请重整或预重整后,法院受理重整申请前为预重整期间,即发生在法院受理破产案件的审查阶段。严格意义上说,我国地方法庭内预重整属于破产前程序。2022 年 6 月 30 日,苏州市吴中区人民法院出台《关于审理预破产案件的工作指引》,在我国首创预破产机制。所谓预破产,是指向法院申请破产的企业,符合预破产条件的,由法院编立"破申(预)"案号,实行"四轨运行":符合受理条件的裁定受理破产清算申请;不符合条件或借破产逃废债务的,裁定不予受理;临时管理人经调查认为存在重整或和解可能的,依有关主体申请转入相应程序;债务成功清理的,可撤回破产申请,促使困境企业"轻装再出发";② 并引入临时管理人企业地方政府或法院深度介入的法庭内预重整为主流的类型,但这个类型仅发生在法院受理破产案件的审查阶段。明显不同于西方破产前程序,我国以庭内预重整为代表的破产前程序大都由"府院联动"主导,行政干预色彩浓厚。

世界银行宣布将于 2023 年最后三个月内发布世界银行《宜商环境报告》第一版,这势必对我国现有营商环境评估体系造成冲击,也可能影响我国企业破产法的修订。在世界银行《宜商环境报告》发布之前,我国破产业界应当抓紧时间研究 BEE "企业破产(Business Insolvency)"指标,对标"企业破产(Business Insolvency)"指标,开展我国破产法相关问题的研究。目前,如何建立企业早期预警机制和董事申请破产义务制度,确立以企业拯救为导向的破产制度改革,是破产业界一个紧迫又现实的课题。

---

① 2015 年中国第二重型机械集团公司与二重集团(德阳)重型装备股份有限公司重整案是 2016 年最高人民法院发布的全国企业破产重整及清算十大典型案例之一,参见《人民法院关于审理破产案件推进供给侧结构性改革典型案例》,载《人民法院报》2016 年 6 月 16 日第 3 版;中国深圳福昌电子技术有限公司重整案是 2017 年最高人民法院发布的民事与行政十大典型案例之一,参见《2017 年度人民法院十大民事行政案件》,载《人民法院报》2018 年 1 月 7 日第 4 版。

② 参见苏州市吴中区人民法院:《关于审理预破产案件的工作指引》,载微信公众号"苏州市吴中区人民法院",2022 年 6 月 20 日。

寻路：构建破产审判绩效考核体系的路径研究

——基于提升"办理破产"回收率指标的思考

梁　斌[*]

内容提要：从近年世界银行营商环境测评来看，我国"办理破产"指标一直处于低位，已成为优化营商环境亟待改进的指标。从司法实践来看，破产审判一直未受到重视，传统的案件考核机制往往将破产案件和普通商事案件等而划之，未做区分，当法官因缺乏科学的考核机制不愿意办理破产案件时，就会导致时间、成本、债权人回收率等一系列指标的恶化。虽然在 2019 年最高人民法院办公厅下发了《关于强制清算与破产案件单独绩效考核的通知》，提出对破产审判进行单独考核，但并没有提出一套标准的考核机制，不利于破产审判提速增效。为此，本文通过实证分析方法，梳理当前各地法院不同的破产审判绩效考核模式，深入剖析破产审判绩效考核难以实施的深层原因，并从提升"办理破产"回收率指标出发，提出构建破产审判绩效考核体系的合理化建议，为全面提升"办理破产"指标，深入优化法治化营商环境提供改革思路。

破产审判作为商事审判组成部分，从司法实践来看，并不受人关注。《中华人民共和国企业破产法》(以下简称《企业破产法》)也被称为"沉睡的法典"。随着党的十八届五中全会、中央经济工作会议以及中央财经领导小组相关会议要求大力加强破产制度机制建设，推进供给侧结构性改革，利用破产制度解决产能过剩问题已上升为国家战略，成为我国参与全球治理的重要途径。特别是中央对世界银行营商环境评价指标体系十分重

---

* 梁斌，浙江省临海市人民法院桃渚人民法庭庭长、一级法官。

视，"办理破产"指标作为世界银行营商环境评价指标体系中十大核心指标之一，提升"办理破产"指标，完善破产审判更是当前司法改革的重点工作。如何提升"办理破产"指标也成为当前破产审判的重要课题。从"办理破产"指标来看，回收率和破产框架力度指数各占 50% 权重。回收率是关于破产程序的时间、成本、结果等指标。当前破产框架力度指数，在《最高人民法院关于适用〈中华人民共和国企业破产法〉若干问题的规定（三）》和《全国法院民商事审判工作会议纪要》（法〔2019〕254 号）相继发布的情况下，已趋于满分；但回收率指标涉及的时间、成本等则需要建立合理的绩效考核体系、倒逼破产案件承办法官、管理人用心履职才能提升。但遗憾的是，长久以来法院对于破产审判考核没有一个科学、合理的体系。2019 年发布的《最高人民法院办公厅关于强制清算与破产案件单独绩效考核的通知》，明确"列入一级类型名称强制清算与破产案件范围的案件，应当单独绩效考核"。但至今为止，破产审判绩效考核体系仍未建立。为此，本文全面梳理当前各地关于办理破产案件的绩效考核模式，对比各个法院考核模式的优劣，并对标"办理破产"回收率指标，提出构建破产审判绩效考核体系的合理化建议。

一、实证考察：各地法院破产审判绩效考核基本状况

从破产审判实践来看，破产案件是"办案+办事"模式，破产案件与其他民商案件相比，具有专业要求高、审判用时长、案外协调难等特点。为此，在审判绩效考核上，无法套用普通民商事案件的绩效指标来考核破产审判。为此，各地也在探索破产审判单独考核制度。经梳理，当前各地破产审判考核有以下四种模式：

（一）同等对待模式

同等对待模式，即办理破产案件视为普通民商案件，一件破产案件视为一件普通民商案件，这种模式较为少见，主要在那些破产案件较少，破产案件作为普通案件由民商线法官通过随机分案分配办理。如南京中院目前即采用这种模式。①

----

① 参见王雪丹、邵巧玲、刘晓纯：《破产案件的绩效考核标准探析》，载《法制博览》2018 年第 10 期。

(二)案件折算模式

案件折算模式,是以普通民商案件作为折算对象,即办结一件破产案件折抵若干件普通民商案件。这是当前各地采用最多的考核模式,如北京二中院、台州中院、温州中院均采用这种模式。

(三)综合考核模式

综合折算模式,是区别于民商事办案考核的模式,目前有三种实践范示:一是江苏启东模式:启东法院出台《破产、清算案件考核暂行办法(试行)》,规定破产案件的办案工作量分为破产案件基础工作量和附加工作量,并结合案件审理进度折算普通民商事案件数的方法进行计算。假设办结一件普通民商事案件的工作量为 1,根据申报债权额(或破产企业财产总额)将破产案件定为 20 至 100 四个不同的基础工作量,将参与维稳、员工分流、外出追收债权、对外协调沟通等附加工作量按次折算相应的工作量。同时,考虑案件审理周期长的特点,将基础工作量按审理进度拆分为数个节点,并确定每个节点的工作量占比计算已完成的工作量。破产案件折算普通民商事案件的数量为:案件基础工作量×案件进度比例+案件附加工作量。二是广东佛山模式:佛山中院指定专门的破产审判法官和破产审判合议庭,采取"专案专审、专人考核、单独考核"的管理模式。佛山中院根据破产、清算案件所涉及的类型、职工人数、债务金额、债权人人数、有无财产等影响案件处理难度和进度的各种客观因素以及环节的多少和案件的处理结果不同,将破产案件划分为简单案件、普通案件、重大案件、疑难复杂案件四种类型,结合是否进入并终结破产程序、案件一般周期,对破产审判法官及辅助人员进行专门性、复合型的案件质效考核。[1] 三是深圳模式:深圳中院成立专门破产审判庭,不对其办案质效和数量进行考核,其考核参照综合部门来进行考核。[2]

---

[1] 参见王雪丹、邵巧玲、刘晓纯:《破产案件的绩效考核标准探析》,载《法制博览》2018 年第 10 期。

[2] 参见张纯金、郭一鸣:《破产审判绩效考核制度的实证分析与构建——基于广州市中级人民法院破产审判的现实考量》,载《法治论坛》2016 年第 4 期。

(四) 不参与考核模式

不参与考核模式，即破产案件由综合业务部门的员额法官专办(综合业务部门如审判管理办公室、研究室、执行综合科等)，但不参与办案考核。如笔者所在的基层法院即适用该种模式。

上述四种模式基本上涵盖了当前我国各地法院破产审判考核模式，较为有代表性的有同等对待模式、案件折算模式和综合考核模式。但是这三种模式存在不可回避的问题：一是破产审判考核仅以办案数为考核内容，缺少对破产审判效率、效果、公正指标的考核。二是即使像广东佛山模式对破产案件单独考核，但确定破产案件为简单案件、普通案件、重大案件、疑难复杂案件四种类型的标准较为主观和模糊，破产审判考核简单，未呈现合理化考核体系，极易引起破产办案法官之间或破产办案法官与其他办案法官之间的内部矛盾。三是案件折抵考核作为最为常见的破产审判考核办法，折抵权重难以确定。各地对于破产案件折抵普通民商案件数的权重各不相同，而设置权重缺乏依据。如江苏启东法院将破产案件定为普通民商事案件的 20 至 100 倍，但该权重并没有相应依据，而是主观确定的。

二、深层剖析：破产审判绩效考核难以实施原因分析

破产审判绩效考核难以实施的症结在哪里？笔者通过分析认为有以下四个方面原因。

(一) 审理程序具有独特内容

破产案件的审理程序依据《企业破产法》，其与刑事、民事、行政和执行程序所依据的诉讼法程序有着明显不同。根据《企业破产法》的规定，我国的破产程序不仅包括清算型破产，还包括清算型以外的各种以避免债务人破产清算为主要目的的和解和重整预防型破产。企业进入破产程序有三种程序，即和解、重整和破产清算，当然这三种程序必要时可以打通并相互切换。[①]

---

① 参见徐根才：《破产法实践指南》(第2版)，法律出版社2018年版，第3页。

从绩效考核的角度来看，普通审判绩效考核是在各自诉讼法所确定的特有程序中建立考核指标，如在调解指标方面，民事审判有民事调撤率、民事可调撤率和诉前化解和民事可调撤率三个指标，但这三个指标并不是行政审判和刑事审判的考核指标。又如执行方面基于执行程序的特殊性，对于绩效考核中单列了有财产可供执行案件法定期限内实际执结率、终本率、网拍率等特有考核指标。但反观破产审判，破产审判有和解、重整和破产清算三种程序，但在绩效考核上并没有针对破产审判的单独考核指标。其他普通审判指标基于破产审理程序的独特内容，也无法直接套用。故破产审判绩效考核无相应指标可考核，这是破产审判考核难以实施的重要原因。

（二）审理方式有别两造诉讼

破产审判除了审理程序自成体系外，审理方式也有别于其他诉讼案件法官"坐堂审案、居中裁判"。与两造诉讼不同，破产案件中各类参与主体的定位：债权人会议是决策者、管理人是执行者、法官是破产监督者和程序推进指导者。破产案件办案法官审理工作是"办案+办事"模式，工作包括：（1）对诸如债权确认、财产变现、重整、和解、分配等诸多事项进行审查裁决；（2）指导和监督管理人对企业方方面面事务进行管理，大到职工的分流安置、重大营业事项的经营决策，小到某项办公用品的维修更换等，事无世细，均需介入与监督；（3）协调工商、税务、社保、国土房管等行政职能部门，共同商讨解决企业破产过程中的各种实际问题；（4）外出执行企业清场移交、财产追收、财产过户等各种执行工作。[①]

破产审判审理方式的独特性，一个破产案件的一项工作的工作量可能大于10件普通民事案件，如笔者所在法院审理浙江时新纺织品有限公司破产清算案，仅厂房处置就与不动产管理部门、厂房承租企业召开协调会7次；在厂房过户时，又与不动产管理部门、税务部门就过户纳税问题召开3次协调会。这仅是一个普通破产案件的一项工作，但协调会就开了10次，工作繁重。故破产审判难以按照普通审判绩效考核体系简单地以结案数、结案率、平均审理天数等指标进行工作量和办案效率的考核，而

---

① 参见张纯金、郭一鸣：《破产审判绩效考核制度的实证分析与构建——基于广州市中级人民法院破产审判的现实考量》，载《法治论坛》2016年第4期。

且对于协调会召开、管理人相关请示报告审查和裁定等工作，目前为止没有一个全新且定义准确的指标可以对其工作进行量化。

（三）评价体系呈现多元标准

普通审判案件的绩效考核指标通常以效率指标、效果指标和公正指标三大块内容组成，破产审判绩效考核也应当围绕这三大块内容展开。但实践中，破产案件具有涉及利益阶层广泛、利益冲突杂乱交错、矛盾对立尖锐等特点，若案件能妥善处置，往往能得到社会的高度赞誉，若处理不当，极易引发群体性事件，造成严重不良影响。同时，企业破产案件个案差异较大，有些案件所涉破产企业仅为小微企业，经济关系较为简单，涉及的债权也不足百万，无财产可供处置。但有些企业，如房产公司、上市公司等，经济关系复杂，涉及债权上亿以上，可处置的财产一般都在亿元以上。不同的企业、差异巨大的债权处置和财产处置，也无法以同一评价体系进行考核。

（四）配套制度制约考核实施

近年来，虽然破产审判有了长足的发展，但与西方破产经验丰富的国家相比，管理人制度、各方联动机制等破产配套制度仍处于不完善状态。如《浙江法院 2019 年破产审判工作报告》陈述："当前，存在部分管理人实战经验少、执业能力不强、执业经验不足，影响了工作质效的情况，又存在部分管理人过分依赖于法院的指导，缺乏独立完成破产事务的能力，导致法院负担过程的情况……"据此，管理人履职能力的好坏与破产审判绩效有着密切联系，若管理人履职能力强，则破产案件的处置效率、效果均会有较好的表现，若管理人履职能力低，不仅破产案件效率和效果差，法官工作量也将大幅上升。另外，当前各地普遍存在府院联动机制未实质化运行，如《浙江法院 2019 年破产审判工作报告》陈述："浙江虽已率先建立了省级层面破产审判府院联动机制，但有许多方面还待进一步优化……前期已经出台的一些破产审判对接的政策，还没有得到很好的落实，或者各地在政策理解上还不统一。"配套制度的不完善，导致破产审判绩效考核受到管理人履职、部门协作程度等外界因素影响较大，单纯以传统绩效考核流程对破产审判进行考核，有失公允。

三、观念重整：对标办理破产指标绩效考核创新思路

经调研分析，笔者认为，破产审判绩效考核难以实施的主要原因在于破产案件在审理程序、审理方式、评价标准及配套程度等方面均有别于普通民商事案件，无论是以案件量折抵还是套用民商事案件绩效考核标准，针对破产审判来说，均不是合理、科学的绩效考核体系。但世界银行的"办理破产"指标为破产审判提供了考核标准。

"办理破产"指标作为世界银行营商环境测评体系十大核心指标之一，下设回收率和破产框架力度指数两项子指标。其中回收率指标是关于破产程序的时间、成本、结果及贷款利率的函数，按担保债权人收回的债务占债务额的百分比来记录。破产框架力度指数是对一个经济体现有破产法律框架的充分性和完整性进行评估，该指标取值范围为 0 ~ 16 分，数值越高，表示破产框架力度越好。[①] 破产框架力度指数是破产法制度方面的构建，2019 年我国在世界银行的测评为 13.5 分，较 2018 年有了较大幅度的提升。但回收率仅为 36.9，与美国的 81 相差甚远。回收率指标过低也是我国"办理破产"指标仅排第 51 名的重要原因。换句话说，破产框架力度指数的提升在于破产法律制度的完善程度，而回收率指标则是反映了破产审判的优劣程度。如果说"办理破产"指标是破产审判的一面镜子，那么破产审判绩效标准就是要看"办理破产"指标在营商环境测评的排名。为此，在构建优质营商环境的大背景下，"办理破产"指标，特别是回收率指标好坏是检验破产审判绩效最好成绩单。为此，笔者建议，围绕提升回收率指标构建破产审判绩效考核体系。

回收率的计算是按照世行假设案例中的条件，答卷人结合中国法律规定和破产案件处理经验对设问作答后得出的。基于世界银行的假设案例，回答者应当回答以下六个问题：①结合一般实践，哪一种庭内程序最可能被应用于该案例？②哪一家法院将会卷入该案件？③在问题一所选择的程序上，全部破产程序完成后，该公司能否继续运营？④基于问题一

---

① 参见容红、高春乾、邹玉玲：《"办理破产"之国际比较——解析世行营商环境评估报告》，载《中国经济报告》2018 年第 9 期。

所选择的程序，完成全部破产程序完成需要多长时间？请结合自身经验给出最可能的估计。⑤结合问题一所选择的程序，所有进程将有多少花费？⑥什么法律(laws)和所依附的规范性文件(regulations)或规则(rules)将在该案例中得以适用？基于上述六个问题，用于测算回收率的函数关系式为①：

$$回收率 = \frac{\left[100 \times GC - 70(1-GC) - cost - a \times 20\% \times time\right]}{(1 + lending\ rate)^{\wedge}time}$$

GC(持续经营，Going Concern)值的确定方法是，如果一个公司可以继续经营则为1，否则为0；cost指回收债务所需的成本，以占债务人不动产价值的百分比表示；a×20%×time中a是指固定资产占资产总额的比重，20%是年折旧率，time是回收债务所需时间(从债务人违约到最终实现继续经营或是拆分处理，也可以理解为从债务人违约到债权人受偿为止)；lending rate是指贷款利率(国际货币基金组织《国际财务统计数据》公布的贷款利率，以各国央行和《经济学人》信息部的数据为补充)。从此公式来看，"破产程序的时间、成本和结果都是影响回收率的变量，但其中'破产程序的结果'即债务人企业是否会继续经营对回收率的影响最大"②。

综上，提升回收率指标主要看破产案件审判的时间(效率)、成本、结果(效果)三个方面。这三个方面也成为建立科学、合理破产审判绩效体系的核心要旨。

四、制度设计：构建破产审判绩效考核体系路径思考

《浙江法院2019年破产审判工作报告》提出："要充分发挥基层法院的探路作用，尊重和保护其首创精神。"笔者作为基层法院从事破产审判的员额法官，结合破产审判实践，对标"办理破产"回收率指标(时间、成

---

① 参见张旭东、韩长印：《中国大陆营商环境破产"回收率"指标的提升路径问题》，载《月旦财经法杂志》2020年第45期。

② 容红、高春乾、邹玉玲：《"办理破产"之国际比较——解析世行营商环境评估报告》，载《中国经济报告》2018年第9期。

本、结果），提出建立破产审判绩效考核体系的初步路径。

（一）破产审判绩效考核的原则

1. 考核目标。破产审判绩效考核的目标，是实施破产审判绩效考核的出发点和落脚点。对标"办理破产"回收率指标，笔者认为破产审判绩效考核的目标包括以下五方面：一是帮助债权人实现资产价值最大化；二是鼓励和引导有救助可能的企业进行重组，并有效关闭失败的企业；三是提高市场的确定性，促进经济的稳定与增长；四是提高贷款人提供高风险贷款的可能性；五是保障更多员工从事原有工作及保护供应商及客户的利益。

2. 考核要求。借鉴审判绩效考核体系，破产审判绩效考核应当坚持注重实效，避免片面地追求指标值，在破产审判中力求客观反映成本、效率和效果；应当坚持尊重司法规律，实现定期考核与日常监管相结合，确保考核的客观性、科学性和权威性。

3. 考核模式。破产审判绩效考核应当区别于审判绩效考核的"排名为主"的考核模式。建议将破产案件分别简易案件、普通案件和重大复杂案件，为每类案件设立考核合理区间，通过绩效指标整体提取、个案随机抽选回访和管理人评价相结合的方式进行综合考核。

4. 考核权重。因绩效指标相对客观，建议设置考核权重为70%；个案回访中债权人或相关协助机构的主观性较强，赋予过高权重不利于全面反映办案法官的工作实绩，建议设置考核权重为10%；管理人作为专业团队作出的评价相对客观但带有主观性，建议设置考核权重为20%。

（二）破产审判绩效考核的指标

1. 效率指标。破产审判效率指标是反映破产案件审判用时情况。回收率指标中对破产审判的时间要求较为严格，无论是回收率指标的分子、分母均体现了对破产审判时间的要求。基于此，笔者将核心指标设置为结案率、平均审理天数、担保物权实现平均用时、12个月以上未结案率和归档率等5个指标(见表1)。

表 1

核心指标		指 标 解 析
效率指标	结案率	结案率是反映破产结案与破产收案之比。该指标既能反映破产办案法官的工作量，又能反映工作效率，是传统质效数据中的关键指数。该指标的计算公式为结案数/收案数（包括旧存和新收）。该指标越高则破产审判效率越高。
	平均审理天数	平均审理天数是反映办案法官的工作效率最为直观的数据。该指标的计算公式为破产案件自立案之日至审结之日花费的天数总和。该指标越高则破产审判效率越低。
	担保物权实现平均用时	担保物权实现平均用时是反映破产企业抵押权人在进入破产程序后，实现担保物权的时间。破产企业进入破产程序后，抵押权人可以随时要求管理人通过拍卖、变价方式清偿债务。设置该指标，也能够更好地督促管理人尽快处置担保物，维护债权人利益。该指标的计算公式为破产案件中担保物处置的总天数。该指标越高则破产审判效率越低。
	12 个月以上未结案率	超期未结破产案件对回收率指标的影响很大，对标回收率指标较高的国家和地区在 12 个月以内处置完毕已成为常态。为此，严控破产案件超 12 个月以上，是破产审判考核的重点。设置 12 个月以上未结案率是反映超期未结破产案件在破产案件中的占比情况。设置该指标是为了动态监控超期未结破产案件的情况。该指标的计算公式为 12 个月以上未结案件/破产案件总数。该指标越高则破产审判效率越低。
	归档率	案件归档是破产审判审理完毕的标志。设置归档率指标是为了更好地掌握破产案件审结情况。该指标的计算公式归档案件/破产案件总数。该指标越高则破产审判效率越高。

2. 成本指标。根据回收率指标的构成，降低破产成本是提升回收率指标的重要举措。为此，在破产审判中设置成本指标是十分必要的，这也

是破产审判绩效考核区别与普通诉讼案件考核的特点。笔者认为，破产审判成本指标是反映破产企业在破产程序中的费用支出情况。核心指标包括破产财产处置费用占比、管理人报酬占比、无纸化办案适用率、电子送达率和网上公告率等 5 个指标(见表 2)。

表 2

核心指标		指 标 解 析
成本指标	破产财产处置费用占比	破产财产处置费用占比是反映破产财产处置过程中所产生的费用是否得到有效的控制，该指标主要体现了办案法官对管理人处置破产财产的指导和监督力度。① 该指标的计算公式为(个案破产财产处置费用/个案破产案件费用总和)×同期审结破产案件总和；该指标越低则破产成本控制越好。
	管理人报酬占比	管理人报酬占比是反映管理人费用是否与其工作量相匹配，该指标主要体现办案法官对管理人工作量在报酬上的核定情况及管理人报酬在破产案件费用的占比情况。该指标的计算公式为(个案管理人报酬/个案破产案件费用总和)×同期审结破产案件总和；该指标越低则破产成本控制越好。
	无纸化办案适用率	无纸化办案适用率是指破产案件在审理过程中的无纸化办案适用情况，无纸化办案适用是降低破产费用的举措之一。② 该指标的计算公式为(破产案件网上立案数/破产案件立案总数)×(合议庭在线会签或在线报批已结个数/破产案件合议庭已结总数)×(结案案件中采取过电子签章的案件数/有结案文书的案件数)×(网络债权人会议数/已结案件召开债权人会议总数)，该指标越高则破产成本控制越好。

---

　　① 为降低破产成本，提升回收率指标，各地法院推出一系列控制破产财产处置费用的举措，如浙江台州中院临海法院对于执转破案件，对在有效期内的资产评估报告予以沿用，超出有效期的，要求管理人要求评估机构补充评估，以此降低或名除破产财产的评估费用。

　　② 2020 年，浙江省高院全面推进无纸化办案工作，其中破产案件无纸化办案有效降低了召开债权人会议所产的费用及材料、邮寄等中间费用。

续表

核心指标		指 标 解 析
成本指标	电子送达率	电子送达率是指破产案件中管理人通知债权人所适用线上送达的比例。邮寄通知费用一直是破产费用中组成部分之一，当前浙江高院推出移动微法院、智能送达、E键送达平台已基本可以满足管理人通过上述平台通知债权人的需求。为此，该指标主要体现办案法官引导管理人通过线上送达途径开展通知工作，从而有效降低中间费用。该指标的计算公式为使用过移动微法院、智能送达平台等线上送达平台的破产案件数/同期审结破产案件总和；该指标越高则破产成本控制越好。
	网上公告率	网上公告率是指破产案件中管理人发布公告所占的比例。根据2016年发布的《最高人民法院关于企业破产案件信息公开的规定（试行）》，管理人在全国企业破产重整案件信息网发布公告，具有法律效力。因全国企业破产重整案件信息网发布公告完全免费，网上公告将免除了破产案件的公告费，为此，该指标主要体现办案法官引导管理人在全国企业破产重整案件信息网上发布公告，从而有效降低中间费用。该指标的计算公式为网上公告案件数/同期审结破产案件总和；该指标越高则破产成本控制越好。

3. 效果指标。从回收率指标来看，鼓励破产企业进入重整程序或资产被整体出售，从而实现破产企业恢复正常运营。若破产企业资产被分割出售，势必使破产企业退出市场或优质资产被瓦解，不利于市场经济发展，回收率指标也势必处于低位。为此，笔者认为，设置破产审判效果指标，反映破产企业通过破产程序适用的处置方式及最终结果。核心指标包括和解成功率、重整成功率、无担保债权受偿率、无产可破案件简易程序适用率等4个指标(见表3)。

表3

核心指标		指 标 解 析
效果指标	和解成功率	和解成功率是指破产案件达成债权人和解的比例。债权人和解可以避免破产企业资产被分割出售，保持破产企业运营。该指标主要体现债权人和解的数量。该指标的计算公式为和解成功案件数/同期审结破产案件总和；该指标越高则破产效果越好。

续表

核心指标		指 标 解 析
效果指标	重整成功率	重整成功率是指破产案件达成破产企业重整成功的比例。破产企业重整成功可以避免破产企业资产被分割出售，保持破产企业运营。该指标主要体现破产企业重整成功的数量。该指标的计算公式为重整成功案件数/同期审结破产案件总和。该指标越高则破产效果越好。
	无担保债权受偿率	无担保债权受偿率是体现破产案件中债权人最终收回债权的比例。该指标是体现破产审判效果的关键指标。该指标的计算公式为无担保债权人受偿债权总额/经确认的无担保债权总额。该指标越高则破产效果越好。
	简易程序适用率	根据《浙江省优化营商环境办理破产便利化行动方案》，适用简易程序的破产案件应当在 6 个月内审结。设置简易程序适用率考核指标，旨在强化对无产可破及其他简单破产案件的快速处理。该指标计算公式为适用简易程序破产案件数/破产案件总数。

上述 5 个效率指标、5 个成本指标和 4 个效果指标应当结合破产审判实际设置合理区间，作为破产审判良性运行的标准，避免各级法院为了过度追求绩效排名而造假、掺假。

(三)破产审判绩效考核的流程

1. 每月通报三项指标。出于绩效考核透明性及发挥考核指挥棒作用的考虑，建议由审判管理部门每月通过破产审判效率指标、破产审判成本指标及破产审判效果指标，并公布三项指标 14 项具体指标的合理区间。破产审判部门可根据每月通报情况，并对比指标合理区间，对低于合理区间的指标，及时改进破产审判工作。

2. 每季开展互动评判。破产审判中，办案法官与管理人的良性互动是必不可少的。对于破产审判的考核也应当建立办案法官与管理人的互评机制，具体而言，法官对管理人在破产案件的法律能力、工作效率、团队协作等方面进行评价；管理人对法官在破产审判中的法律能力、沟通能力、司法品性、廉政情况等方面进行评价。互评可以每季开展，互评结果作为考核评定的重要依据。

3. 每年进行个案测评。个案是最能反映破产审判绩效的载体。为此，建议由审判管理办公室牵头，以员额法官人数及管理人人数为基准，抽取若干个案进行对债权人、相关协作机构进行回访，回访内容包括办案法官的法律能力、司法品质及廉政情况。

（四）破产审判绩效考核的配套

1. 明确考核部门。借鉴当前普通审判的绩效考核流程，结合破产审判的特点，鉴于当前人民法院的绩效考核部门确定为审判管理办公室，据此，笔者建议，破产审判考核由审判管理办公室负责。

2. 实行每月通报。出于绩效考核透明性及发挥考核指挥棒作用的考虑，建议每月通过破产审判效率指标、破产审判成本指标及破产审判效果指标。破产审判部门可根据每月通报情况及时改进破产审判工作。

3. 推行第三方评价。在每月通报绩效指标的基础上，为全面评价办案法官的破产审判绩效，建议在年底开展管理人评价及个案回访工作，即一方面，在年底由管理人对法官在破产审判中的法律能力、沟通能力、司法品性、廉政情况等方面进行评价；另一方面，以破产办案法官数量为基数，抽取若干个案进行对债权人、相关协作机构进行回访，回访内容包括办案法官的法律能力、司法品质及廉政情况。

4. 设置指标提分例外。破产审判除办案法官尽责履职外，破产案件的绩效还受到管理人履职、政府部门配合协助等配套机制的约束。为此，建议建立管理人履职评价机制，对管理人履职不称职导致破产审判绩效过低的，应当按一定比例对相应绩效指标值予以提分。（见图1）与此同时，因政府部门原因导致破产审判停滞的，办案法官在用尽司法手段仍未解决的情况下，也应按一定比例对相应绩效指标值予以提分。通过上述提分举措，确保能客观反映办案法官的工作实绩。

5. 考核综合评定。审判管理办公室根据破产审判绩效指标值处于指标区间情况、管理人评价结果及个案回访结果，并对符合提分条件的指标值统一赋分，从而按设置的考核权重对办案法官工作实绩进行综合评定。

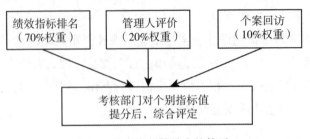

图 1 破产审判绩效考核体系

破产效率提升路径实证研究

——以 L 市法院长期未结破产案件为样本

黄力韬*

内容提要： 实践中效率低下已成为破产审判面临的主要问题，其所引发的破产成本上升不利于供给侧结构性改革的推进和营商环境的优化。长期未结破产案件集中体现了破产办理中的难点和堵点，本文以 L 市法院长期未结破产案件为样本，从法院案件管理、体制机制、破产参与人三方面总结了影响破产审限的七点因素，其中内部因素为破产法律法规不完善和常态化协调机制欠缺，外部因素为破产衍生诉讼多，管理人能力不足，债权人怠于申报，债务人不配合，企业财务账册混乱。为提高破产审判效率，切实发挥破产法制度价值，应当加强立审执破衔接、探索简单破产案件快速审理模式，建立健全预重整制度，建立合理的府院联动考评体系，打造专业化管理人团队，提升企业运营规范化水平。

现代破产法集清算退出与挽救更生程序于一体，是警醒正常市场主体"向死而生"之法，是帮助困境企业"涅槃重生"之法，是促使失败企业"规范退出"之法，对建立现代化经济体系、推进供给侧结构性改革、优化营商环境具有重要意义。然而目前破产案件办理过程中仍存在许多阻碍因素，严重影响了破产程序的正常推进，直接后果便是破产审理时限大幅延长。企业破产成本的提高阻碍了其重生或及时退出市场，不利于债权人权利的实现和市场资源的合理配置，且案件久拖不决严重影响了司法公信力。为此最高人民法院《关于推进破产案件依法高效审理的意见》（法发

---

* 黄力韬，法学硕士，浙江省临海市人民法院审判管理办公室（研究室）法官助理。

〔2020〕14号）（以下简称《关于推进破产案件依法高效审理的意见》），浙江省高级人民法院《关于深化执行与破产程序衔接推进破产清算案件简易审理若干问题的会议纪要（二）》（浙高法〔2020〕12号）（以下简称《简易审会议纪要》）等文件均就如何提高破产审判效率作出了规定，各地也在实践的基础上形成了一批成熟的经验做法。

　　长期未结破产案件集中体现了破产案件审理过程中的难点、堵点，现以此为切入口，对影响破产案件审理的因素进行分析。

一、问题的提出：破产程序效率低下的现实困境

　　2016—2021年L市法院破产案件收结案数量呈快速上升趋势，5年间收案增幅为1620%，结案增幅为4000%。近年来全球经济表现疲软，国际贸易摩擦加剧，行业竞争日趋激烈，尤其是2020年以来受到新冠疫情的影响，全球产业链、供应链受到冲击，企业市场规模缩小，融资难度增加，违约概率和成本提高，部分企业陷入经营和债务困境，破产风险显著上升。在这一严峻形势下，法院对破产案件的审理质效关系到企业能否有序退出市场或实现产业转型升级，对防范化解各类风险、促进新旧动能转换具有重要意义。然而目前法院办理破产案件面临着效率低下的问题，尽管《中华人民共和国破产法》（以下简称《企业破产法》）并未对破产整体审限作出规定，但破产案件久拖不决仍严重影响了破产法律价值的实现。

　　为解决长期未结破产案件，浙江省高院于2021年12月下发《关于对长期未结破产案件进行专项清理的通知》（以下简称《通知》），正式开展为期两年的专项清理行动。《通知》建议一般破产案件六个月结案，无产可破案件四个月结案，重大复杂案件一年内结案。L市法院在按《通知》规定梳理超三年未结破产案件的同时，对超12个月以上的潜在长期未结案件进行了标记。

　　截至2021年底，L市法院共有未结破产案件103件，其中超12个月以上23件，超18个月以上14件，超3年以上12件，较之2016年分别上升了229%、100%、300%。审限最长的案件于2004年立案，至今已超过17年。同期L市法院共有超12个月以上未结审判、执行案件7件，仅占超12个月以上未结破产案件的30.4%。

　　长期以来破产审限问题受到的关注较少，据笔者了解，目前并无专门

针对这一问题的调研分析。破产案件涉及债权债务人、管理人、法院和行政机关等多方主体，其中任一环节都可能影响到程序的有效推进。为找出影响破产办理效率的症结，本文以 L 市法院长期未结破产案件为样本，总结归纳出该类案件中存在的一般规律，进而为破产法的修订及破产流程的优化提供参考。

二、追根溯源：多重视角下破产高效化的阻却因素

（一）衍生诉讼多

近年来，在供给侧结构性改革、完善企业退出机制、加速处置"僵尸企业"的政策导向下，企业破产案件数量逐年增加，破产衍生诉讼也随之大幅攀升。2021 年，L 市法院受理破产衍生诉讼案件 47 件，而 2020 年审结企业破产案件 40 件，意味着平均每个破产案件都会衍生出超过 1 个诉讼案件。此类关系企业实体权利义务的案件直接影响到破产债权确认、债务人行为效力、破产财产分配等一系列事项，在一定程度上决定了破产程序能否继续进行。

早在 2020 年 12 月，最高人民法院印发的《民事案件案由规定》中便在"与破产有关的纠纷"项下设置了 15 个具体案由。然而长期以来法院立案窗口并未正确理解该类案件的适用范围与类型，将破产企业涉及的案件均认定为与破产有关的纠纷，极大增加了案件承办人的工作负担。针对破产衍生诉讼立案案由混乱的现象，T 市中院（L 市法院上级）破产审判部门于 2021 年 12 月下发了《关于与破产有关的纠纷案由的注意要点》，进一步强调了《民事案件案由规定》中对衍生诉讼类别的界定，其后各基层法院对破产审判部门的职责进行了明确，将破产衍生诉讼的案由限定在上述范围内。

实际上破产审判部门所办理的案件并不止如此，由于"普通破产债权确认纠纷"这一案由并无明确内涵，立案部门认为与破产企业有关的劳动争议、民间借贷、金融借款以及各类合同纠纷案件，其本质也属于破产债权确认纠纷，过去是简单地以基础法律关系作为案由，现在则是笼统地将其归入这一类案件中，导致破产法官办案量并无明显变化。

此外，破产衍生诉讼也普遍存在审理周期长的问题。据统计，2021

年 L 市法院以判决结案的破产衍生诉讼平均审理天数为 93 天，同期普通民商事案件平均审理天数约为 31 天，仅为前者的三分之一。造成这一现象有事实查明、法律适用、当事人不配合等多方面的原因，某些案件经历了一审、二审、再审全过程，作为破产程序推进前提的实体权利义务关系迟迟不能得到确定，进一步加剧了破产程序的空转。

（二）法律法规不完善

《企业破产法》颁布 16 年来，社会经济形势发生了重大变化，供给侧结构性改革已进入深水区，社会各界对优化法治化营商环境有了更高的期待和要求。特别是在近年新冠疫情的冲击下，全球范围内破产法革新成为各国应对疫情冲击的主要政策选项。然而目前我国破产法律体系并不完善，无法满足社会日益增长的司法服务需求，主要存在以下问题：

一是破产法自身存在的缺陷。破产法及相关司法解释对审判实践中的很多问题规定得还不够细致，在债务人财产、破产清算、破产费用与共益债务、金融机构破产、跨境破产、破产企业职工权益保护、破产简易程序等制度上均未进行深入研究，导致实践中缺乏可操作性。另一方面，"当前破产审判实践中很多案件的类型是我们以前没有碰到过的，如关联企业的破产问题、房地产企业的破产问题等。破产审理的技术性、专业性、程序性更强、更复杂。很多破产案件中出现一些新型的公司治理结构、股权结构，如 VIE 结构、资产证券化等，涉及复杂的重组、重整、预重整、庭外与庭内重组、执转破等。随着数字经济的发展，未来也可能出现平台企业的破产。这些都涉及复杂的法律技术，需要很好的立法技术设计予以回应"①。

二是破产法与其他法律的衔接问题。我国现行法律规范体系多是以正常经营下的企业作为调整对象，而未考虑到企业丧失债务清偿能力的特殊情形，以至于针对企业的市场退出与经营事业挽救的破产法规范与其他法律法规存在诸多冲突之处。如在破产法与民法典的衔接协调问题上，我国《民法典》第 423 条规定的最高额抵押的抵押权人的债权确定时点，以及第 411 条规定的动产浮动抵押的抵押财产确定时点中的"抵押人被宣告破

---

① 李曙光：《论我国〈企业破产法〉修法的理念、原则与修改重点》，载《中国法律评论》2021 年第 6 期。

产"的表述，与破产法以破产申请受理之日作为破产程序启动与发生效力时点存在冲突。[①] 再如在破产法与民事诉讼法的衔接协调问题上，债务人破产程序中，解除财产保全、查封的路径设置，以及涉及刑事赃款、赃物的民刑交叉问题仍待理清。

三是与其他部门配套制度不足。尤其是不动产处置、职工安置、税收减免、企业工商登记注销等问题，相关的法律法规与破产程序的衔接不足。以破产涉税问题为例，原有的税收法规是基于正常状态下的企业进行考量的，对濒临破产这一状态下的企业规定并不明确，导致在破产案件办理过程中缺乏具体、统一的指引，从而影响了案件的正常推进。

（三）常态化协调机制欠缺

破产事务涉及面较广，利益关系复杂，在这一过程中会衍生出其他一系列需要政府部门协调解决的问题，如职工安置、信用修复、税收保障等，这些事务已经超出了法院的职权范围，单纯依靠司法力量往往难以推动。"在市场化破产的初期乃至当下，'府院联动'主要表现为政府与法院之间以个案中的协调小组为载体形成的'一案一议'甚至'一事一议'。"[②] 虽然在某些破产案件的审查中，有当地政府和法院组成的联合工作小组，但因其是临时性的机构，不具备长期性特征，对于后续协调事项连贯不到位，这就使破产整体进程和社会效果受到了一定程度的影响。特别是面对各种历史遗留问题、涉访涉众涉稳情况，各方在法律和政策的适用上容易发生分歧，党政的支持与干预界限需要进一步厘清。

自《企业破产法》实施以来，破产审判中的府院联动机制建设就一直在不断的探索和发展中，不少法院和地方政府在积极推动府院联动机制建设，探索高效处理破产衍生问题，相继出台了许多规范性文件。然而破产工作府院联动在很大程度上仅仅是纸面上的机制，各地均存在部门间分工不明、沟通不畅、积极性不高等现象，究其根本是由于府院联动缺乏必要的考评机制，行政机关缺乏内生动力。

---

① 参见王欣新：《〈民法典〉与破产法的衔接与协调》，载《山西大学学报（哲学社会科学版）》2021 年第 1 期。

② 陆晓燕：《"府院联动"的构建与边界——围绕后疫情时代市场化破产中的政府定位展开》，载《法律适用》2020 年第 17 期。

在浙江省级和部分地区关于府院联动的诸多文件中，不乏对法院、破产管理人绩效考核的建议，却没有任何一份文件涉及对于府院双方合作领域的考评。不仅如此，行政机关对于破产事务也缺乏重视，破产衍生事务的办理实效并未出现在政府及其具体职能部门的绩效考核办法中。

其实在早期浙江省关于清理"僵尸企业"的文件中就有关于破产事务考核的原则性规定。2016 年《关于处置"僵尸企业"的指导意见》中提出"把'僵尸企业'处置工作纳入省政府对市、县政府'腾笼换鸟'工作考核内容，成效明显的设区市、县（市、区）予以财政资金奖励"。2017 年《关于加快处置"僵尸企业"的若干意见》提出"将'僵尸企业'处置工作纳入年度相关考核内容，定期开展督促检查，对没有完成年度处置工作目标任务的予以通报，并限期整改"。但在其后发布的一系列文件中均未提及考核相关事项。

正如前文所述，行政机关在企业破产中是不可或缺的一环，仅凭法院单打独斗是无法解决一系列破产衍生事务的。浙江省《优化营商环境办理破产便利化行动方案》所提及的第一项主要任务就是"加强部门合作，破解破产难题"，《2021 年浙江省政府工作报告》也提及"引导各类企业健全现代企业制度，深化企业破产制度改革"。但这一理想距离落地仍有相当距离。

（四）破产参与人能力和认识不足

1. 管理人能力不足

最高法院《全国法院破产审判工作会议纪要》（法〔2018〕53 号）（以下简称《破产审判纪要》）指出，"管理人的能力和素质不仅影响企业破产的质量和效率，还关系到企业的命运与未来发展"。破产管理人是破产程序的实际操作者和破产法律的实际执行人，其履职情况直接关系到破产程序能否公平公正、顺利高效的完结。① 然而目前管理人队伍的建设情况并不足以应对愈发专业化的市场趋势，管理人能力的不足影响着破产程序各节点的有效推进。具体来说，管理人能力不足体现在以下几个方面。

一是团队成员知识结构单一。破产债权的审查、破产财产的分配等事项都由管理人负责具体实施，这一过程中管理人不仅需要了解相应的破产

---

① 参见张丽、曹丽媛：《营商环境视角下我国破产管理人制度研究——基于破产回收率指标的分析》，载《山东工商学院学报》2022 年第 1 期。

法律法规，财务、税收、企业管理和运营知识也不可或缺，这就要求管理人应当具备复合型的知识和技能。按照现行做法，破产管理人多为律师事务所或会计师事务所，其人员在各自领域具有一定的专业水平，但知识结构过于单一，如律师事务所主要侧重法律定性和程序规范，而会计师事务所在财产调查、债权债务清理、企业诊断等方面具有专业优势。而上述在其他领域往往会因自身专业所限，陷入知识盲区，导致破产进程推进缓慢，周期被拉长。并且这种人员构成方式使管理人更擅长从实现破产企业清算价值的角度办理案件，而缺少对企业运营价值的发掘和实现，具体体现在管理企业财产和营业事务，尤其是制定破产企业重整计划、监督重整计划执行等方面的能力非常有限。

二是从业经验不足。根据《企业破产法》第 25 条等规定，管理人职责主要包括债权申报与确认、破产财产分配、财产管理与变现等，伴随着破产程序的推进，管理人要承担诸多履职风险，仅在债权申报中就可能对未到期的债权未依法确认、附利息的债权未停止计息、错误认定债权等。目前 L 市共有破产管理人 7 家，其中律师事务所 5 家，会计师事务所 1 家，资产管理公司 1 家。整体来看，管理人队伍的水平参差不齐，几乎所有纳入名册的管理人都是兼职办理破产案件，从事破产业务经验非常有限，尤其是新加入的管理人，在办理破产衍生事务、刑民交叉等疑难问题时往往不知如何应对。

管理人能力不足的直接后果是其对法院产生依赖性，造成职责范围混淆。《企业破产法》区分了管理人自行决定事项、需提交债权人会议审议事项、需提交法院许可事项，然而实践中不少管理人综合协调能力不足，工作主动性不够，在遭遇问题时往往会请示承办法官，寻求法院指导，甚至在一定程度上因不愿意"得罪"法院而事无巨细均请示法官，客观上影响了破产程序的推进。

2. 债权人怠于申报

依法申报债权是债权人参与破产程序的前提，未申报债权不得行使相应的权利，《企业破产法》第 45 条规定了债权申报期限为自人民法院发布受理破产申请公告之日起 30 日至 3 个月内，以此督促债权人及时申报。然而该法同时对债权人逾期申报债权给予了充分的救济途径：第 92 条第 2 款、第 100 条第 3 款明确规定，债权人未依照该法规定申报债权的，在重整计划或和解协议执行完毕后，可以按照重整计划或和解协议规定的同类债权的清偿条件行使权利。根据该法第 56 条，只要破产财产未分配完毕，债权人在清算程序中亦可补充申报债权，惩罚是可供分配资产范围的限缩。上述程序充分保障了破产债权人权利的行使，然而这也导致了破产实务中补充申报债权行为司空见惯，破产企业的该类潜在债务也成为制约破产效率的原因之一。

在清算程序中，债权人补充申报尚需承担一定法律后果，由于程序的不可逆性，在分配完毕后已无财产可供分配，补充申报意义不大。然而在重整程序中，该类债权人几乎没有成本，反而能实现利益最大化。若债权人未按期申报债权，在债权总额一定的情况下，则其他债权人能够获得更高的清偿率，在重整计划执行完毕后按照同类债权清偿条件申报债权反而能比按期申报情况下得到更高的清偿率，易引发道德风险。实践中就有债权人利用此规则，恶意拖延申报债权，意图在重整计划执行完毕后要求按照重整计划规定的同类债权清偿条件受偿。补充申报债权的期限并不明确，未按期申报债权人可以在重整计划执行完毕后任何时间补充申报，且其债权并不会因迟延申报而缩减。在重整程序中，投资人为提高重整成功率，往往会要求法院或管理人对债务人的或有债务进行明确，但法院和管理人由于上述条款的存在而无法作出承诺，导致错失了许多重整的机会，甚至导致重整不具备可行性而进入清算程序。除增加投资人风险外，债务人本希望通过重整程序获得新生，而一旦补充申报债权超出其承受范围，可能因无法清偿而再度陷入破产。

3. 债务人不配合

根据《企业破产法》有关规定，管理人负有以下职责：一是接管债务人企业。接管内容包括债务人全部资产、企业账簿、印章文书等全部资料；二是调查、清理债务人财产。管理人对债务人企业的财产要进行权属界定、范围界定、分类界定和登记造册；三是管理、处分债务人财产。管理人要对债务人企业进行财务管理、资产管理和人员管理，行使对债务人企业的财产权利，负责债务人财产的变价和分配；四是代表债务人参加诉讼、仲裁和其他法律程序。上述管理人的一般性职责能够适用于破产重整、和解以及清算程序，除此之外，《企业破产法》也规定了管理人在重整、和解程序中的特定职责。

管理人对债务人企业进行全面接管后，债务人的配合是管理人行使职权的基础。如在债权人提供的申报材料不充分的情况下，管理人需要通过债务人签订的合同、财务账册、审计报告等材料来核查债权的真实性，上述材料也是管理人代表债务人参诉应诉的重要依据。同时，及时移交公章、营业执照等印章证照也能有效避免债务人继续实施转移财产等违法犯罪行为。

然而实践中企业主携相关资料逃匿、拒不移交账簿、财产清册等行为时有发生，主要是债权人申请破产的情况下。这导致管理人无法查清其财产状况，影响后续工作推进，同时管理人也难以防范债务人转移财产、虚构债务等违法行为。

企业财务账册混乱的情况较多，尤其是"执转破"案件的中小民营企业，经常存在账册灭失、实际收支与账目不符、会计账簿设置不连续、往来账款管理混乱、企业财产与股东个人财产混同等情况，导致管理人不能及时接收破产企业的资产和账册，或是无法有效查清企业资产负债情况，影响破产程序的有效推进，也加大了破产案件的审理难度。企业出现乱账现象主要在于其财务管理机制不规范，对公司账务处理不及时，在会计人员变动情况下没有做好衔接工作等。同时也存在出于挤占成本费用、偷逃税收等动机而造假账的现象。

《企业破产法》已实施超过 16 年，但选择破产的企业仍然是少数。仅在 2021 年，L 市范围内注销、吊销的企业就高达 822 户，但法院收到的破产申请仅有 67 件，比例约为 8%。数据反映了企业在走投无路时选择破产的寥寥无几。债务人对破产程序具有抵触心理的原因是多方面的，主要在于以下三点：一是对破产程序认识不足，尤其是对重整与和解制度在预防企业破产、挽救危困企业的积极作用缺乏了解，认为破产没有面子，试图通过其他方式渡过难关，甚至为逃避债务选择跑路。二是个别企业经营者在经营过程中存在抽逃出资、关联交易、挪用资金、侵占资产、人格混同等违法行为，通过破产清算程序，上述违法行为可能被发现，若是情节严重则债务人可能面临刑事处罚，债务人出于保护自身的考虑不配合接管。三是目前破产程序流程较多，期限较长，广大市场主体尤其是中小企业适用破产法律制度退出的意愿不足。

三、对症施策：有效提高破产审理效率的思路

为实现破产案件高效化办理，首先是要建立健全破产相关法律制度，

对当前实践中存在的问题进行回应。其次要明确破产衍生诉讼收案范围，将"与破产有关的纠纷"这一类案由细化。此外，应采取有效措施以优化破产流程，解决府院联动不足、管理人能力低下、企业治理不善等影响破产案件办理的因素。

（一）制度保障方面：优化破产流程，提高审理效率

1. 加强立审执破衔接

破产审判应凝聚内部合力，促进立案、审判、执行与破产程序的工作衔接和高效运行。"立审执破"有效衔接不仅是化解执行难的一剂良方，同时也是推动破产审判工作的重要内容。具体来说，一是要建立预立案审查机制。立案部门在接收以企业法人为被告或被执行人的案件材料时，应主动审查该企业涉诉、涉执及涉案标的情况，在发现企业存在破产风险时，及时移送破产审判部门进行破产审查。在案件审理过程中发现企业存在破产情形的，应移送立案部门对企业资信、涉诉涉执情况进行调查。二是建立信息共享和协调配合机制。立案时，立案部门应做好涉诉涉执企业基本情况及其财产情况的信息采集工作，执行部门应积极配合立案部门、破产审判部门查询涉企信息，查控企业财产、财务账册。通过已掌握的企业财务报表、资产负债表等能证明企业具备破产条件的，及时移送破产审判部门进行审查。严禁在执行程序中将已经查控的财产分配完毕后再移送破产审查。三是实现管理人提前介入。管理人可在破产预立案阶段或执转破阶段，对具备破产风险的案件提前介入，了解企业经营基本情况，提前开展资产评估和审计等工作，减少后续工作负担，提高案件办理效率。

2. 探索简单破产案件快速审理模式

鉴于中小企业是建设现代化经济体系、推动经济实现高质量发展的重要基础，那么通过引入简易破产程序，促进中小企业以低成本、高效率的方式实现重整或者清算，可以说是我国贯彻新发展理念、建设现代化经济体系的必然要求。同时此举也是实现破产案件繁简分流、化解相关审判难题的现实选择。①

为提高企业破产案件审理效率，各地应在自身实践基础上，结合最高

---

① 参见刘颖：《论我国破产法上简易程序的构建》，载《法学评论》2022年第3期。

人民法院《关于推进破产案件依法高效审理的意见》，浙江省高级人民法院《简易审会议纪要》等有关规定，进一步完善破产案件简易审理机制。目前 T 市法院已就此进行了有益探索，T 市中院于 2016 年发布《关于企业破产案件简易审理规程》，L 市法院于 2020 年发布《关于企业破产案件简易审理工作的规程(试行)》。

具体来说，一是要明确简易破产程序的适用范围。参照《民事诉讼法》第十三章简易程序以及上述文件相关规定，具备下列情形的破产案件，可以适用简易程序：(1)债权债务关系明确；(2)债务人财产状况清楚；(3)人民法院认为适宜用简易程序审理。但有下列条件之一的除外：(1)有关债务人财产的民事诉讼或者仲裁已经开始而尚未终结的；(2)管理、变价、分配债务人财产可能需要较长期限或者存在较大困难的；(3)债务人为上市公司或者金融机构的；(4)属于关联企业合并破产或者跨境破产的；(5)存在职工安置、刑民交叉等因素，具有重大社会影响的；(6)其他不宜简便快捷审理的情形。二是明确简单破产案件由法官独任审。三是缩短相应程序时限。如明确简易破产程序的审理期限为 6 个月，债权申报期限为《企业破产法》规定的最短期限 30 日等。四是实现流程上简单化，如对简单破产案件由法院指定管理人，债权人会议采用线上表决的方式，破产财产原则上一次性分配等。

3. 建立健全预重整制度

《破产审判纪要》第 22 条明确了预重整的概念：在企业进入重整程序之前，可以先由债权人与债务人、出资人等利害关系人通过庭外商业谈判，拟定重组方案。重整程序启动后，可以重组方案为依据拟定重整计划草案提交人民法院依法审查批准。相较于一般的重整程序，预重整制度以其灵活性克服重整制度公力救济程序严苛的缺陷，使重整制度的核心——重整计划在进入程序前得以协商完成，[1] 在谈判成功后启动的重整程序能够简化许多原有程序，进而加快案件办理速度，节约重整成本。

在推进预重整制度的过程中，应当明确以下几点：一是预重整的法律定性及公权力的作用。预重整由庭外重组和庭内重整两个阶段构成，庭外重组阶段依靠当事人意思自治，所有实质性的重组活动，包括重组计划草

---

[1] 参见邢丹：《"绿色原则"视阈下预重整制度的功能性建构》，载《现代法学》2022 年第 2 期。

案的形成均排除法院的干预；庭内重整则是赋予庭外重组活动及重组计划草案效力的阶段。法院对当事人主导的庭外重组不应过度干预，其是否进行、如何进行应依当事人意愿决定，因此预重整不存在法院指定管理人的问题，债务人可以会同债权人在管理人名册中聘请相应的辅导机构。二是预重整适用的条件。"预重整的适用对象必须在庭外重组中有与债权人谈判的时间与空间，如债务结构相对较简单、明确，自身有挽救价值与希望，有较优质的营运资产与重整资源，至少不依赖地方政府的政策救助和资源投入，其经营与债务困境尚未达到不依靠中止执行、解除保全等司法强制力保障就难以维持的程度，等等。"①三是预重整的具体规则。预重整规则主要包括两个部分，一是当事人在庭外重组阶段谈判、制定重整计划草案的规则；二是法院在重整活动中对上述活动审查和批准的规则。预重整既是重整程序向前端的延伸，就离不开破产法的规制，尤其是当事人主导的庭外重组阶段，更需要避免因缺乏指引而造成的混乱局面。在《企业破产法》修改过程中，可以参考联合国国际贸易法委员会《破产法立法指南》中对预重整的有关规定，同时考虑实践中的需要，对庭外重组和法院审查批准过程作出详细规定。

（二）外部协作方面：建立合理的府院联动考评体系

在落实《浙江省优化营商环境办理破产便利化行动方案》各项规定的同时，建立常态化、具体、可操作性强的考评体系和考评标准，能够明确各部门职权范围，规范破产全流程，提高工作效率。近年来省委、省政府提出了一系列办理破产便利化有关要求，在优化营商环境的大背景下，此举能够体现各部门工作成效，以便于查漏补缺。此外，规范化、制度化的考评体系能够倒逼行政机关提高重视程度，考核的压力也能使其主动作为，促使经办人加强业务学习，积极与法院、管理人交流沟通。

"办理破产"指标及其两项二级指标为我们构建破产府院联动考评机制提供了思路，即从整体框架和运行成效两个方面构建府院联动考评体系。其中整体框架指的是常态化的府院联动机制，运行成效指的是各部门在推动破产中工作的具体成效。首先是常态化的府院联动机制，包括组织领导、沟通协调、企业风险评估甄别、破产经费保障和援助、破产企业职

---

① 王欣新：《建立市场化法治化的预重整制度》，载《政法论丛》2021 年第 6 期。

工权益保障、破产企业资产处置协调、破产企业税费筹划、刑民交叉联动解决、企业信用修复和政策支持机制。其次是以成本、效率和效果三项具体要求为基础构建的运行成效指标。二者从整体和部分、静态和动态两个方面反映了府院联动机制的规范性与合理性。

鉴于部门之间业务共性较少，建议以各部门在破产事务中的具体工作设置考评指标，根据相关政策的完善程度、实践中的难易程度对其设立合理区间。在反映运行成效的成本、效率、效果三项具体标准之外，通过个案随机抽选回访和管理人评价相结合的方式进行综合考核。

(三) 管理人履职方面：打造专业化管理人团队

为提高管理人能力以适应日益专业化、复杂化的破产实践需要，应协同有关方面着力做好以下工作。

一是加强管理人队伍建设。各地法院要落实《浙江省破产管理人动态管理办法(试行)》中关于管理人考核等方面的具体要求，制定和完善《管理人绩效考评办法》，以考评推动管理人团队规范化建设，通过破产程序相关方联评机制，对管理人工作予以客观评价，并将考评结果作为今后竞争性选任管理人的重要依据。依托管理人协会，提升管理人履职能力和业务水平，出台《破产管理人业务操作指引》，指导新进管理人全面提升业务能力。在管理人队伍建设方面发挥作用，积极引导管理人改变其团队构成人员单一的情况。可以根据案件实际需要对管理人聘用专业人员提出相应建议，使具有工程技术、科学知识、企业管理经验的人员获得参与企业破产管理的机会，并及时依法批准。

二是优化管理人选任机制。管理人选任应以关系人推荐为主，法院随机指定为辅的方式，以最大程度争取相关利益主体达成共识，提高破产审理效率。在法院受理破产案件后应当允许债权人、债务人及其出资人或主管部门在法院破产管理人名册中推荐管理人，上述人员未推荐或推荐的管理人有不适宜担任管理人情形的，再由法院通过随机或竞争方式指定管理人。

三是提高管理人报酬水平。"破产案件本身具有案情复杂、审理周期长、人力成本高的特点。如果没有一个合理的、市场化的报酬机制，不仅不利于吸收高素质的社会中介机构及律师加入破产管理人队伍，还会造成存量的破产管理人队伍中优秀人才的流失，不利于实现破产管理人队伍专业化的长远发展目标。"①具体来说，一是要在有产可破案件中提高管理人获取报酬的比例，允许以协商方式明确报酬；二是进一步规范破产援助资金的来源和使用，在当前基础上提高无产可破案件管理人报酬。

四是建立公职管理人制度，作为市场化管理人制度的补充。破产程序与社会公共利益密切相关，现阶段管理人对大量存在的无产可破案件缺乏积极性和主动性，导致该类主体既无法实现涅槃重生，也难以及时、规范退出市场，影响生产要素的合理配置。针对这一情形，隶属于司法行政机关的公职管理人原则上不再收取报酬，体现了政府利用行政手段对优化市场资源配置的作用。

（四）企业治理方面：提升企业运营规范化水平

为满足企业日益增长的司法服务需求，助推其实现内部管理优化升级、生产经营合法合规，进而提高办理破产效率。

一是要建立法院和相关行政机关指导下的，以律师事务所、会计师事务所等专业机构为主体的企业运营监管机制，依托大数据分析，重点监测企业资产负债情况，针对该指标持续上升的企业，组织力量进行前期会诊和综合研判，并根据企业实际经营状况提出重整或清算方案，避免企业长期带病经营。

二是要创新司法服务形式，定期组织企业家普法教育培训，宣传破产法价值理念；梳理和总结审判实践中遇到的涉企纠纷要点，形成《企业破产法律风险防范指南》，并通过司法建议的形式引导企业优化内部管理；公布企业破产典型案例和因企业内部经营管理不善导致的审限拖延典型事例，以案说法，增强相关人员法律意识和责任意识。

三是要落实相关人员的法律责任。将公司法、破产法以及相应司法解释关于债务人企业及其组成人员拒不履行法定职责、妨害清算、破产欺诈等违法行为进行汇总，统一形成企业债务人破产清算法律责任实施方案，以此倒逼企业提高重视程度。

---

① 张婷：《我国破产管理人制度面临的挑战及应对》，载《中国律师》2022年第1期。

"执转破"程序无缝衔接的路径重构

滕俊贤 *

内容提要："执转破"程序在司法实践中的运用，可在很大程度上缓解近年来各级法院面临的"执行难"问题。通过"执转破"程序的有效衔接，将在执行过程中符合破产条件的企业移送法院进行破产审查，及时清除"僵尸企业"，有利于推动市场资源再配置和产业结构升级。但是该项制度施行至今，其实际效果并不理想。本文对"执转破"程序衔接运行中的困境进行梳理，深入透析其原因，对"执转破"程序的有效转换与衔接有针对性地提出对策和建议，如建立"执转破"预审制度、构建执行法院依职权强制破产模式、建立财产查控信息共享制度、优化完善"执转破"案件考评机制等，以期能对该项制度的完善有所裨益，更好发挥"执转破"程序的价值功能。

执行转破产（以下简称"执转破"）制度作为 2015 年 2 月 4 日施行的《最高人民法院关于适用〈中华人民共和国民事诉讼法〉的解释》（以下简称《民诉法解释》）中一项新设的制度，是"执转破"程序衔接的核心。最高人民法院于 2017 年 1 月 20 日印发的《最高人民法院关于执行案件移送破产审查若干问题的指导意见》（以下简称《执转破意见》）对"执转破"制度，如"执转破"程序的转换衔接等进一步作出了明确的规定。"执转破"制度对于解决"执行难"，及时清除"僵尸企业"，推动市场资源再配置和产业结构升级具有重要的现实意义。然而，目前"执转破"程序面临衔接机制运行不畅等诸多困境。优化完善"执转破"程序衔接工作机制，建立执行

---

* 滕俊贤，四川省武胜县人民法院审判委员会专职委员，一级法官。

不能的依法进行破产的工作格局,① 有助于完善市场主体退出机制,维护市场交易秩序,促进社会经济健康持续发展。

一、现实之困:"执转破"程序衔接运行情况的现状审视

"执转破"制度的核心在于"执转破"程序的衔接顺畅,尽管《执转破意见》规定了"执转破"程序之间的衔接应坚持协调配合及高效便捷的工作原则,司法实践中,因涉及执行法院与破产法院两个不同法院,同一法院内部不同部门,仍存在衔接不畅等诸多问题。

(一)当事人申请"执转破"的动力不足

当前,对于"执转破"程序的启动,遵循当事人申请主义,执行当事人为"执转破"程序的申请主体,包括申请执行人和被执行人。法院在"执转破"程序中的作用仅限于向当事人释明、告知并引导当事人同意移送破产,而"执转破"程序启动真正的决定权仍在于当事人。将"执转破"程序的启动权给予执行当事人,系"不告不理"原则的深刻体现。

首先,与通过"执转破"程序来实现债权相比,债权人会考虑成本等因素,往往更倾向于选择申请强制执行来实现其债权。其次,案件一旦进入破产程序后,将由管理人接管债务人的财产和业务,此时债务人无权再经营企业。由于担心企业经营过程中的一些违法违规行为在进入破产程序后被曝光,使自己成为追责对象,债务人及其股东等清算义务人或者实际控制人通常不愿意企业申请破产;同时,被执行人在执行程序中虽暂无财产可供执行,但仍有一线生机,在有财产时还可恢复执行,由于破产系不可逆转的程序,一旦法院裁定宣告债务人破产,之后企业将可能被注销,在一定程度上致使债务人申请或者同意"执转破"程序的动力不足。② 一旦当事人怠于行使申请启动权,案件就无法实现移送破产,《民诉法解

---

① 参见王富博:《关于〈最高人民法院关于执行案件移送破产审查若干问题的指导意见〉的解读》,载《法律适用》2017 年第 11 期。

② 参见林晔晗、曾洁赟、任敏:《十个"第一"! 广东的"执转破"探索之路》,载《人民法院报》2019 年 8 月 6 日第 8 版。

释》确立的依申请启动破产程序这一机制就无法从根本上解决"执转破"启动主体失位的问题。

(二)执行法院移送破产审查的积极性不高

一般情况下,只要在履行期限届满时,债务人未清偿的全部债务就构成不能清偿到期债务,而对于债务人是否资不抵债、是否明显缺乏清偿能力,还需要结合债务人的债权债务情况、有关财务会计报告等资料进行综合判断,很显然这对执行法官的业务水平提出了很高的要求。一般情况下,执行法官在移送破产审查前无法对债务人的财产情况进行全面审查,特别是在债务人的法定代表人下落不明、债务人"人去楼空"的情况下。因此,要求执行法官在决定将案件移送破产审查之时,判断债务人是否具备破产原因,无疑给执行法官增加了很大的难度。此外,对于拟移送进行破产审查的执行案件,执行法官需要对被执行人穷尽强制执行措施,包括全面查询企业所欠债务、所涉诉讼及执行情况,并全面查控企业资产等,这无疑会给执行法官增加很大的工作量。况且,还存在破产法官将移送的案件退回的风险,导致执行法官把案件移送进行破产审查的积极性不高。

(三)"执转破"信息资源共享不充分

执行程序与破产程序虽然系两种不同的程序,但都需要审查债务人名下的债权债务关系、查控并处置债务人的财产,涉及"执转破"案件的债权申报及确认、中止执行、保全措施解除与财产归属及登记等内容都需要沟通协调。执行"总对总"查控平台与破产重整案件法官工作平台系两个不同的平台,目前互联共享正在推进,但推动缓慢。执行查控平台只能用于执行案件使用,而破产平台现无查控功能,破产法官无法对债务人财产直接进行网络查控,破产案件的办理效率会受到一定的影响,导致破产法官对执行法官存有一定的意见,在对"执转破"案件进行审查时非常"严格"。

(四)"执转破"企业的资产变现难

司法实践中,资产处置变现难客观存在,有的企业设备因购买时间长、陈旧老化,已不再具备生产力,出售时愿意购买的人很少,导致被迫降价出售。拍卖过程中还经常出现流拍及变卖无人竞买等情形,导致资产无法变现。有的财产系向银行贷款时办理了抵押登记，此时抵押权人享有优先受偿权，一旦抵押财产变现后，还不能直接列入破产财产。根据实践来看，企业资产变现难主要表现在以下几个方面：处置财产周期长、资产变现率低、资产变现价值不高。

（五）"执转破"程序衔接机制运行不畅

《执转破意见》对"执转破"相关工作作出了明确的规定，如告知、征询意见，对执行法院移送、受理法院接收义务等也作出了相应的规定，对于保障"执转破"程序的有效衔接具有重要的指导意义。司法实践中，仍存在以下困境。首先，对拟移送启动破产审查的案件，执行人员不仅需要对被执行人穷尽强制执行措施，全面查控被执行人财产，查询所欠债务及所涉诉讼及执行情况，更要对恶意破产、逃废债承担甄别工作。案件移送破产前的调查、审查判断，企业相关资产信息、债权债务情况的汇总与整合，导致执行人员的工作量大幅增加。其次，由于企业资产变现难、破产案件审理周期长等因素的影响，加之执行部门与破产审判部门缺乏有效沟通，破产审判部门通常会以各种理由不予接收和受理移送案件。移送破产审查的执行案件一旦被退回，那么执行法官的前期工作将变得毫无意义，移送破产审查的积极性将遭到打击，导致"执转破"程序的衔接工作更难。此外，《执转破意见》第7条明确规定，若对移送决定有异议的，申请执行人或被执行人可在受移送法院破产审查期间提出，由受移送法院一并处理，但具体应当怎样处理？《民诉法解释》《执转破意见》均未作出具体的规定。

（六）专业的"执转破"法官团队缺乏

目前，我国商事审判能力尚不能跟上国内外形势的变化。相对而言，基层法院从事破产案件审判的法官，具有高水平的并不多，更未建立专业的"执转破"法官团队，无法满足破产案件审理需要，导致在一定程度上"执转破"案件的审理效率不高、效果不佳。因破产案件审判的司法资源不多，大多未设立专门的破产合议庭对破产案件进行审理，导致一些法院对破产案件办理存在分工不明确的现象，案件审理耗时长，成本高，很多法院的法官排斥这类案件。

二、原因之探:"执转破"程序衔接运行困境的成因透视

(一)当事人对"执转破"存在排斥心理

申请执行人申请执行目的就是实现胜诉权益,最大化的实现个人债权。根据企业破产法的规定,破产程序中的普通债权无法优先分配,这与申请执行人的想法背道而驰。正常情况下,通过强制执行个案,申请执行人就能实现自己的全部债权。但在破产程序中,将对所有破产财产进行重新分配,导致申请执行人很难实现其全部债权。从案件办理效率来看,执行程序一般更为简洁、高效,由于管理人履职能力不强等诸多因素,破产程序可能会被"拖上"很多年,且会产生预期之外的评估费等费用,故申请执行人不愿意企业进入破产程序。

对于被执行人而言,因企业所欠债务数额较大,不堪重负,法定代表人及股东对企业是被执行还是被破产漠不关心,这种消极的不作为心理导致法院无法启动破产程序。同时,企业法人一旦进入破产程序,被执行人担心企业经营过程中的偷税、漏税等违规操作行为会被公之于众,因此不愿主动申请企业破产。[1]

(二)法律规定滞后增加了"执转破"的阻力

我国《企业破产法》于 2007 年 6 月 1 日施行,随着社会经济的发展变化,现行规定已经不能完全满足新时代市场经济体制下企业破产的司法需求。《民诉法解释》中仅对不同法院之间"执转破"案件的移送配合作出规定(新《民诉法解释》对该规定未作修改),《执转破意见》中也只对不同法院之间、同一法院内部不同部门之间的协调配合作出原则性的规定。然而对法院与政府相关职能部门以及银行等之间怎样协调配合未作规定。破产案件涉及企业人员安置等多方面的工作,一旦缺乏政府相关职能部门以及银行的支持与配合,仅靠法院一家之力主导处置恐难以解决。因此,在司

---

① 参见王雪丹:《试论破产程序与执行程序的竞争与共生》,载《江西师范大学学报(哲学社会科学版)》2018 年第 5 期。

法实践中因协调配合机制的规定不详尽、不全面，致使各部门间协调配合效果不佳，有时甚至推诿扯皮，增加了"执转破"案件的办理难度，故有必要从立法上对法院与其他部门在"执转破"程序上进行协调配合作出规定。

(三)破产专业化审判力量不强

当前，在全面优化营商环境的大背景下，"执转破"案件大幅增长，此时，毫无疑问对法院破产审判工作提出了更高的要求。由于破产审判专业性极强，需要综合适用《企业破产法》《公司法》等其他相关法律的规定，对破产审判法官的审判业务水平及审判实践经验要求较高。然而客观实际是，具有丰富破产审判实践经验的法官及审判辅助人员并不多，无法满足司法实际需求。

(四)破产管理人不认真履职

目前，很多地方的区、县，律师事务所与会计师事务所较少，符合担任破产管理人条件的更少，因此当选择管理人时，法院通常只能通过随机摇号的方式选择破产管理人。通过这种方式选择管理人，虽然程序公平公正，但法院对被选定的管理人的专业水平、履职能力及所办破产案件数量等情况并不了解，导致被选中的管理人不能胜任破产案件的办理。有的破产管理人专业水平不高、道德低下，滥用管理人的权利而损害他人利益。特别对于无产可破的"执转破"案件，由于不能保障破产管理人的报酬，甚至履行职务的基本费用都无法得到保障，导致管理人不愿意认真履职。还有的管理人没有担当，想推卸各种责任，事事均向法院"请示汇报"，将本应自己完成的工作全部转嫁给法院。因《企业破产法》对破产管理人违反勤勉、忠实义务的归责原则、责任承担方式、免责事由等未作清晰的规定，致使对失职的管理人追责、问责较为困难。

(五)地方保护主义对"执转破"造成一定障碍

当前，有的地方党委政府出于对辖区经济发展和社会稳定的影响的考虑，对企业破产采取比较谨慎的态度。首先，企业破产必然带来职工安置问题。对于法院而言，能够解决职工安置的司法手段仅仅限于职工债权依法优先受偿，而对于国企职工身份置换、职工再就业保障等诸多问题，要靠政府相关职能部门才能解决。因政策支持及协调配合机制缺乏，导致法院通常也只能就个案进行协调来推动职工安置，协调效果也因人、因案而异，总体不尽如人意。其次，有极少数地方政府盲目招商引资，对投资方的真正实力、投资项目的前景没有进行严格审查。这些企业一旦宣告破产，意味着招商引资的失败，地方政府不愿承担招商引资不力的责任，故也不愿意对企业启动破产程序。

三、破解之道："执转破"程序无缝衔接的路径重构

《执转破意见》对"执转破"案件审查的规则、条件与管辖等内容进行了规定，"执转破"制度有助于强力推进"基本解决执行难"工作，也能深入推进市场化、法制化和常态化的企业破产审判，无论是对执行程序还是对破产审判的现状，都能起到积极的作用。要确保"执转破"制度高效运行，真正实现这一机制设立所要达到的预期效果，还需要对于"执转破"程序衔接制度进行优化。

（一）建立健全"执转破"府院联动机制

"执转破"工作涉及方方面面，需要举全社会之力来共同推进，仅仅靠法院"单打独斗"将难以高效、高质量完成。①

1. 构建"执转破"工作大格局

法院的各项审判执行工作必须立足于服务大局，"执转破"工作亦不例外。破产审判不仅涉及法律及司法解释的准确适用，还涉及社会经济生活的方方面面。破产审判中的企业财产处置、职工安置、税收减免、登记注销等相关工作，与政府相关职能部门密不可分，如果没有得到相关部门的支持与配合，单靠法院之力将难以解决。当破产审判涉及重要工程项目、民生问题时，应大力加强与政府相关职能部门、行业协会的沟通协调，认真听取专家、学者的意见和建议，推动形成党委领导、法院主办、多方支持的共同推进"执转破"工作大格局，这样有利于缩短"执转破"案件审理周期，提升办理效率。

2. 优化信息网络共享平台

---

① 参见杨玉泉：《执行转破产工作机制探索》，载《人民司法》2020 年第 1 期。

企业财产的查询职能分散在政府的各职能组成部门，如企业征信、登记注销等信息由工商管理部门管理，税费交纳情况由税务局管理，房屋信息由房产管理部门管理、土地使用权信息由土地部门管理。法院在查询案件相关信息时，很显然需要相关职能部门的协作配合，全力搭建信息网络共享平台，以便实现信息实时共享，从而快速推进破产审判工作。虽然最高人民法院建立了网络执行查控系统，可以查询被执行人名下的存款、车辆及不动产等。由于网络建设不完善，查询过程中仍然存在一些问题，主要是极少数单位联网信息反馈结果慢，此时法院应当及时将这种情况反馈给相关部门。

3. 妥善解决维稳问题

在"执转破"案件办理过程中，应积极加强与工商、税务、住建、国土等政府职能部门的沟通协调，搭建运转有序的"执转破"工作联席平台。对于涉及企业职工安置等维稳工作，应建立常态化联席会议机制。对于可能引发重大网络舆情、重大信访的群体性事件，法院应在第一时间向当地党委、政法委汇报，以充分发挥政府及其相关部门的社会管理和公共服务职能，通过解决就业、提供补贴、减少税收等方式，解决企业破产的后顾之忧。

(二)优化"执转破"程序衔接运行机制

要实现"执转破"工作有序实施，必须对"执转破"程序的衔接机制进行优化和完善。①

1. 建立"执转破"预审制度

首先，对于在同一法院内部的"执转破"案件，执行法官在移送破产审查前，可以联合破产审判法官组成"执转破"审查决定团队，经审查后直接作出移送决定与受理裁定，以此大幅提高"执转破"案件移送与受理工作效率。在进行破产预审时，应重点审查研究以下几个方面的情况：(1)企业的财产现状；(2)企业的债权债务(包括未到期债务)、经营状况；(3)企业所涉诉讼及执行情况(包括执行已分配的情况)；(4)破产程序启动后可能涉及的职工安置等问题的处置预案；(5)对同一被执行人名下案件、关联企业案件进行分类，对于同类清算案件，可以统一集中裁定

---

① 参见杨玉泉：《执行转破产工作机制探索》，载《人民司法》2020 年第 1 期。

受理、选定管理人、选定审计机构、公告。同时，在预审查阶段，破产审判法官可提出补充查询企业资产信息的需求，由执行法官利用查控平台进行查询，补充企业资产信息。对于可能影响社会稳定、申请执行人众多等重大案件，在预审查阶段可组织召开听证会，听取申请执行人和被执行人的意见，被执行人的股东等利害关系人也可申请参加听证。

其次，对于跨地域案件，因系不同法院之间的执行案件移送破产审查，此时执行法院还应加强与破产法院的信息沟通。对于执行案件是否具有破产原因，是否符合破产条件，执行法院仍然可先征求破产法院的审查意见，以此提升执行法院甄别"执行不能"需要转破产审理案件的能力。在强调审慎作出移送决定的前提下，还应明确受移送法院对执行法院依法决定移送的案件不得拒绝接收，一旦移送错误，可按移送管辖的相关程序处理。根据现行相关规定，目前的"执转破"案件系由被执行人住所地法院管辖，对于涉及异地移送时，应按照级别管辖的原则，由执行法院所在地的中级法院决定，将执行案件移送给异地中级人民法院进行破产审查。

2. 构建执行法院依职权强制破产模式

《执转破意见》规定的是当事人申请主义模式。但司法实践中，"执转破"需要经过一系列程序，对于申请执行人而言，公平受偿区别于先到先得，有优先受偿权的除外，导致部分申请执行人缺少申请执行转破产的动力；而对于被执行人而言，由于担心企业经营过程中的偷税、漏税等违规行为将被公之于众，故也不愿意主动申请企业破产。执行法院需要判断被执行人是否符合破产条件，就必须花大量的精力查询被执行人资产状况等。在这种背景下，单纯的当事人申请主义操作模式已不能完全满足当前司法实践的需要，相反则大大增加了执行法官的工作量。纵观其他国家和地区，其立法大多将职权主义操作模式作为当事人申请主义模式的补充，这样不仅赋予执行法官以启动程序的权利，同时可让"执转破"的操作流程更加流畅，从而更有助于执行不能案件向破产程序流转。

3. 确定"执转破"管辖法院

对于"执转破"管辖法院的设置，直接关系到"执转破"案件的移送效率、破产审理及破产审判任务配置，影响破产审判专业化建设。《执转破意见》第3条对"执转破"案件级别管辖作出了明确的规定，即以中级人民法院管辖为原则，基层人民法院管辖为例外；中级人民法院经高级人民法院批准后也可将案件交由具备审理条件的基层人民法院审理。虽然中级法院接收案件有利于案件的专业化审理，也能为基层法院分担案件压力，但由于流传程序繁多，"执转破"案件的办理效率将大打折扣。考虑到绝大部分执行案件集中在基层法院，对于那种"三无"企业，此类案件相对简单，可直接确定由基层法院办理，完全没有必要移送中级法院管辖后又指令基层法院办理，但基层人民法院首先应加强自身破产审判专业化建设。如四川省高级人民法院于 2021 年 8 月出台的《执行案件移送破产审查工作指南》，规定基层法院可以自己审查、受理、办理本辖区登记被执行人的破产案件，不再像以往那样需要中级人民法院报请高院批准同意后，再交由具备审理条件的基层人民法院审理，这无疑减少了一些审批环节，审理周期相应缩短。

(三)建立财产查控信息共享制度

最高人民法院的"五五改革钢要"指出，必须进一步完善"执转破"机制，完善"执转破"信息交流与共享机制，推进"执转破"案件的快速审理，促进执行积案化解。与执行程序查询资产不同，破产审判中对企业资产查询重点在于资产流向等。必要时管理人可申请协调执行法官调查企业资产。同时，对于在执行程序已查控的企业资产信息，在破产审判阶段可根据实际合理综合运用，避免重复查询，浪费不必要的时间和精力。

1. 共享财产查询结果

目前，总对总执行查控平台，已基本上能够查询被执行人在全国范围内的财产，与以往相比，现在执行查询有统一的查控平台，获取查控信息更快速、准确。在将案件移送进行破产审查时，执行部门应同时提供最近 3 个月内的企业财产查询结果。对于查询时间超过 3 个月的，破产管理人可向破产审判法官提出查控申请，由破产法官协调执行法官重新查询。当然如果要查询资金的具体流向，破产管理人可申请法院到相关银行查询企业账户的银行交易明细，若破产管理人委托了律师，也可向法院申请律师调查令到相关银行查询。

2. 共享财产评估结果

在破产案件审理中，对于执行程序中所作的未超过有效期的评估报告，可直接沿用。如果评估报告已超过有效期，超出时间在 3 个月以内的，破产管理人可向破产审判法官申请，协调执行法官联系原评估机构，由其作出价值未变的情况说明或出具补充意见。若评估报告超过有效期3个月，为准确反映财产的真实价值，此时不宜再使用原评估报告，可重新委托评估机构作出评估。

（四）优化"执转破"案件的审理条件

1. 推动"执转破"案件繁简分流

《全国法院破产审判工作会议纪要》（法〔2018〕53号）第29条规定，法院应建立破产案件审理的繁简分流机制，这样有助于实现轻重分离，快慢分道，简出效率，繁出质量，[①] 从而有利于提高"执转破"案件的审判效率和审判质量，提高破产审判业务水平。因此，应着力构建简易"执转破"案件的识别机制，综合考虑债权人数及债权数额、可供分配的资产总额等情况，初步判断执行案件的疑难、复杂程度。对于一些事实清楚、债权债务关系明确且争议不大的"执转破"案件，可对选定破产管理人、申报债权、公告等环节予以简化，这样不仅有利于推进破产审判专业化建设，也有利于实现"执行不能"案件及时转破产审理，终结执行程序。而对于法律关系疑难复杂、破产衍生诉讼较多、债务人资产较多且难以变现等情形的案件，则按照普通破产审判程序予以审理。

2. 推进"执转破"审判专业化建设

之所以破产案件审理难度大，其主要原因在于涉及很多专业知识，如破产法、公司法等。另外破产案件大多系涉及社会稳定的案件，当地党委政府比较重视，法官不但要考虑案件本身法律关系的正确认定与法律的准确适用，而且还需考虑案件涉及的社会利益。[②] 毫无疑问，这要求破产法官必须具备较高的专业素养与丰富的审判实践经验，这也意味着破产案件审判必须走专业化发展道路，必须加强破产审判力量的组织和配备，提高破产审判人员专业素质。首先，应定期开展专题培训，就典型案例及办案实践中碰到的疑难复杂问题，开展交流研讨，从而提高破产法官的办案能力。其次，可在破产案件较多的地区，设置专门的破产法庭，对破产案件

① 参见李蕊：《执行转破产工作的推进路径》，载《人民法院报》2018年8月1日第4版。

② 参见廖丽环：《执行转破产制度的路径优化》，载《北京理工大学学报（社会科学版）》2018年第2期。

实行集中管辖，以减轻普通法院的办案压力。① 由于机构编制限制，即使不能设置专门的破产审判庭，也应组建专业化的"执转破"审判团队，可从执行局和商事审判团队抽调骨干力量组成，负责集中办理"执转破"案件的甄别、审查、立案、审理工作，努力打造一支既善执行，又懂破产的专业化审判队伍，提升"执转破"案件办理的质量与效率。

（五）优化完善"执转破"案件考评机制

着眼于长远，在完善"执转破"衔接相关机制的同时，针对"执转破"工作，还应建立科学的案件考评机制。一方面，推动建立"执转破"移送案件激励机制，要求执行法官积极对具有破产原因且符合破产条件的执行案件，应及时移送提请进行破产审查，同时递交详细的涉及企业资产情况等方面的材料。可考虑制定移送成功 1 件执行案件，可折抵一定数量普通执行案件的考核办法，以充分反映执行法官在"执转破"移送工作中的付出，以提高其做好"执转破"工作的积极性。另一方面，对破产法官办理的破产案件可折抵一定数量的普通案件，根据破产案件的难易程度，可考虑 1 件"执转破"破产案件在 5~20 件范围折抵普通案件，对破产法官办理的其他案件的考核指标适当降低，以提高破产审判法官办理破产案件的积极性，集中精力办理疑难、复杂破产案件，提升破产案件的审判质效。

---

① 参见祝祎：《执行转破产程序"启动难"的解构与应对》，载《中州大学学报》2020 年第 1 期。

企业简易破产程序的适用逻辑与制度设计

杨用芳　张耀天*

内容提要：普通破产程序存在时间长、流程复杂及观念滞后的缺陷。基于当前繁简分流、降低成本的司法改革要求、国内外客观实践的有益探索以及我国现有立法的规范支撑，简易破产程序的适用具有可行性与必要性。首先，完善思路层面，明确效率兼顾公平和费用相当原则的适用原则；其次，具体规则方面，厘清简易程序的类型化范围、管辖等细则；最后，完善简易程序的监督与救济机制，可以赋予当事人复议权和申诉权，保障其合法权益。

一、问题的提出

中国共产党的二十大报告指出，要"坚持以推动高质量发展为主体，把实施扩大内需战略同深化供给侧结构性改革有机结合起来"。其中，深化供给侧结构性改革是实现高质量发展的治本之策，我国经济运行的主要矛盾已经从总需求不足转变为供给结构不适应需求结构，矛盾的主要方面转到供给侧。① 在深化供给侧改革的过程中，按照市场化原则，减少无效和过剩的低端供给，淘汰出清落后、过剩产能，推进市场主体的优胜劣汰，促进产业和市场的优化重组。在此过程中，破产程序作为市场参与主体退出市场活动的重要途径之一，应充分发挥其应有的作用和功效。

《中华人民共和国企业破产法》（以下简称《企业破产法》）实施以来，

---

* 杨用芳，湖北瀛楚律师事务所专职律师。张耀天，湖北瀛楚律师事务所专职律师。

① 参见刘鹤：《把实施扩大内需战略同深化供给侧结构性改革有机结合起来》，载《中国经济周刊》2022 年第 21 期。

企业通过破产程序实现退出市场活动的比例不足5%。据统计，我国适用破产程序的案件数量不足美国的0.2%，不足西欧全部国家的1.16%。①通过《企业破产法》化解产能过剩、推进供给侧结构性改革的目标尚未实现，究其缘由，破产程序虽可妥善解决债务纠纷，但囿于破产程序时间长、破产程序复杂、破产观念尚未改变等因素，多数企业不会主动申请进入破产程序。

从各省的审判实践来看，破产案件审理周期较长，适用破产普通程序效率低下，提高破产程序的效率是当务之急。据统计，河南省各级人民法院2018年到2020年审结的新收破产案件，平均审理周期为441天。反观适用了简易破产程序的法院审理情况，重庆破产法庭2021年新收破产案件362件，适用快速审方式审理239件，审结案件138件，平均审理周期为95天，审限最短的重庆江南面粉有限责任公司破产清算案用时31天即告审结。南京市各级人民法院2020年至2022年适用简易审程序审结破产案件442件，适用简易审理程序案件平均结案周期仅为100天。

提升破产程序效率、简化破产案件审理，须从理论上论证简化破产程序的价值、从制度设计上兼顾流程简单化和可操作性，这不仅是完善企业破产法律制度的需要，更是健全优胜劣汰市场化退出机制、优化营商环境的客观要求。

如前所述，因破产程序时间长、破产程序复杂、破产观念滞后等众多原因，多数企业并不会有强烈的动机主动申请破产，这也使得如何革新破产程序成为当前亟待考虑的问题。事实上，基于当前繁简分流、降低成本的司法改革要求、国内外客观实践的有益探索以及我国现有立法的规范支撑，简易破产程序的适用具有可行性与必要性。

二、企业简易破产程序的适用逻辑

（一）价值维度：繁简分流、降低成本的必要要求

2018年3月4日最高人民法院印发《全国法院破产审判工作会议纪要》，提出要"建立破产案件审理的繁简分流机制"，在确保利害关系人程

---

① 参见罗书臻：《依法开展破产案件审理，稳妥处置"僵尸企业"》，载《人民法院报》2016年4月26日第2版。

序和实体权利不受损害的前提下，对于债权债务关系明确、债务人财产状况清楚的破产案件，可以通过缩短程序时间、简化流程等方式加快案件审理进程。

从《武汉法院破产审判白皮书(2017—2021)》中的相关数据来看，武汉各级人民法院审结的企业破产案件涉及企业 163 家，以企业注册资本金额为标准，注册资本 1000 万元以下 93 家，占比 57.05%；注册资本 1000 万元至 5000 万元 45 家，占比 27.61%；注册资本 5000 万元以上 25 家，占比 15.34%。[①] 在破产实践中，大量的破产案件是中小微企业破产案件，该部分破产企业财产较少、偿债能力较低，甚至是无财产、无人员、无账册的"三无"企业。若全部案件均按照破产法规定的普通程序处理，则破产案件处理周期较长，极易造成案件的囤积，司法资源也将被大量浪费。

破产案件体量大小不同，难易有别，不同的案件可适配不同的程序，是程序相当、成本费用相当等理念的必然要求。在简易程序缺失的情况下，适用普通程序审理，周期普遍在一至两年。在经历长时间的审理后，法院、管理人、债权人等相关方投入大量人力物力却无所获，这会极大影响司法权威和管理人的办案积极性，甚至可能出现债务人或债权人抗拒破产程序不愿通过破产程序进行救济的情形。设置简易破产程序后，管理人可在法院的主持和指导下，通过尽快清查债务人债权债务、处置债务人资产等流程办理简单破产案件，助力债权人债务人尽早脱身。

(二)经验维度：国内外司法实践的有益探索

1. 国外经验

最早在 1986 年的英国破产法中就出现了简易破产程序，适用的条件为债务简单(债务无担保)且数额较小(债务不超过 2 万英镑)，法院依职权启动简易破产程序，案件审理期限为两年，比普通程序缩短了一年。1994 年《德国破产法》第九章中规定了简易破产程序，适用个人破产制度中的消费者破产程序和其他小额程序，要求债务人债权债务关系简明清晰且债权人人数少于二十人，可依债权人提出或法院依职权两种方式启动程序。德国的简易破产程序规定了公告程序和公告方式的简化、破产财产的简易分配等内容。"德国破产法确立简易程序的主要目的是减轻法院的审

---

① 《武汉法院破产审判白皮书(2017—2021)》，第 5 页。

判负担，促使债务人与债权人在诉讼前和诉讼中协商制定债务清理计划，如果最终未能达成此种计划，则争取通过一个简易的破产程序实现案件的最终处理。"①日本破产法律体系中多次出现过简易破产程序，适用小额破产程序的标准是财产数额的大小。在简易破产程序的启动上，也仅法院可裁决适用，债权人和债务人无权申请适用。在案件办理流程上，债权调查日期可与第一次债权人会议日期合并；部分简单事项，可以由法院的决定代替债权人会议决议；破产财产须在破产程序终结时一次性分配，但破产程序结束后可追加分配；管理人由个人担任，法院对管理人工作进行监督，不另设监察委员。美国在 2005 年通过了《防止破产滥用和消费者保护法案》，对债权人提起破产申请以及法院召集债权人会议等内容进行了简化，缩短了破产启动和审查程序的时间。瑞士在 1994 年《瑞士联邦债务执行与破产法》第七章破产程序中规定了简易破产程序，破产事务局根据破产财产的数额及案件的繁简程度来判断是否向法院申请适用简易破产程序，法院在适用简易程序后，可以不召开债权人会议，还可以对破产财产及时变价。

在破产法中设置简易破产程序的国家很多，其经验可供我国构建简易破产程序时借鉴，我们可在深入研究国外关于简易破产程序规定的同时，结合我国的国情，探索创设出符合我国当前经济发展形势的简易破产程序。

2. 国内司法实践的有益探索

深圳经验。1993 年《深圳经济特区企业破产条例》(已失效)中第六章关于"小额破产"的规定是我国最早关于简易破产程序的探索。其对适用简易程序的条件、债权人会议召开、是否设立清算组、破产财产分配等方面作出了规定。此后，深圳地区继续积极探索破产简易程序，2015 年 2 月 5 日通过的《深圳市中级人民法院破产案件审理规程》在第七章中对简易程序的适用作出了详细规定。在程序启动上，法院依职权启动简易程序。在适用范围上，包括：不属于国有企业，财产价值总额不超过 100 万元；主要财产账册灭失，或者债务人人员下落不明，未发现存在巨额财产下落不明情形的；债权债务关系简单，不存在重大维稳隐患的。在送达方

---

① 参见黄少彬：《我国设立简易破产程序的必要性探析》，载《江苏技术师范学院学报(职教通讯)》2009 年第 12 期。

式上，可以采用传真、电子邮件等简便方式送达相关文书，债务人下落不明的，相关文书可送达给其股东，并在其工商登记或其他依法备案的住所地张贴。在债权人会议制度上，一律不设立债权人委员会；债权人会议一般以书面方式召开，可采取网络表决等形式进行表决。在资产处置和分配上，财产管理、变价、分配方案统一格式，如无审计必要，管理人清算报告可替代审计报告。对于无产可破、资不抵费案件，管理人应在三日内报请终结破产程序。在适用简易程序过程中，发现案情复杂的应及时转为普通清算程序。

温州经验。相比于深圳经验，温州市同样对简易破产程序进行了有益探索，尤其在管理人的指定、无产可破案件的简化、降低破产费用等方面提出了诸多规则。2013年温州市中级人民法院发布《关于试行简化破产案件审理程序的会议纪要》，在简易破产程序适用的范围和规则方面做了相应的规定。在程序启动上，法院可依职权或依当事人申请启动简易程序。在适用范围上，包括债务人资产和债权人人数都较少的；破产财产可能不足以支付全部破产费用的；申请人、被申请人及其他主要破产参与人协商一致同意简化审理程序的；债务人与全体债权人就债权债务的处理达成协议的。排除适用范围上，包括有重大维稳隐患的、裁定破产重整的案件。在管理人的指定上，可以指定个人或清算组为管理人。缩短案件处理流程中的期限，包括受理通知期限、债权申报期限、债权人会议的召集期限、宣告破产的期限等。在公告事项上的简化，除受理破产申请、指定管理人、宣告破产和终结破产程序必须公告外，其余事项可不予公告。在送达方式上，可以按《中华人民共和国民事诉讼法》有关简易程序的简便送达方式送达。在债权人会议制度上，不设立债权人委员会；债权人会议表决可与网络表决同步；召集债权人会议期限可相应缩短。在资产处置和分配上，管理人可选择便捷方式处理，原则上一次性分配，债权人会议通过时也可以不经过变价直接分配。对确无任何财产可供分配且无人垫付相关费用的破产案件，管理人可以不刻制印章和登报公告。在程序衔接上，六个月内未审结的案件转为普通清算程序。

（三）规范维度：《民事诉讼法》、工作会议纪要等的规范指引

2021年修订的《民事诉讼法》第十三章中规定的简易程序和小额诉讼程序，明确了基层法院及其派出法庭审理事实清楚、权利义务关系明确、

争议不大的简单民事案件适用简易程序审理，甚至当事人双方也可以约定适用。可适用简易程序审理的小额诉讼案件，审限为二个月，实行一审终审。对小额诉讼的程序转换机制可以依职权进行转换，并赋予当事人就案件适用小额诉讼的程序的异议权。破产审判是一种特殊的审判模式，《企业破产法》第4条规定，破产案件审理程序中破产法没有规定的，适用民事诉讼法的有关规定。基于此，《民事诉讼法》中关于简易程序的管辖和启动、受案范围、审限时长、程序的转换等方面的规定，都是构建简易破产程序的重要指引，为简易破产程序的司法适用提供了充实的法律支撑。

2018年3月4日，最高人民法院印发《全国法院破产审判工作会议纪要》，强调人民法院审理破产案件应当提升审判效率，在确保利害关系人程序和实体权利不受损害的前提下，建立破产案件审理的繁简分流机制。对于债权债务关系明确、债务人财产状况清楚的破产案件，可以通过缩短程序时间、简化流程等方式加快案件审理进程，但不得突破法律规定的最低期限。最高人民法院的会议纪要为构建破产简易程序制度提供了统一指导。

2020年4月15日，最高人民法院出台《关于推进破产案件依法高效审理的意见》，进一步明确构建简单案件快速审理机制。对于快速审理的受案范围、审理时限、办案期限、财产变价分配方案的表决、程序的转换做了详细规定。

前述关于简易审判实践探索是帮助我国构建破产简易程序的宝贵经验。

三、企业简易破产程序的制度设计

（一）企业简易破产程序的构建理念

1. 效率兼顾公平原则

公平和效率是立法的基本原则，都是为实现破产法的功能这个统一的目标。但是公平原则侧重于追求利益平衡以实现社会公平正义，而效率原则重在强调成本收益比例的最优化，在公平和效率产生冲突时，一般主张"效率优先，兼顾公平"。

"破产程序在产生之初就体现出了很强烈的效率价值，其本质——总括执行程序，是一种可以避免多数债权人的多次重复、无效率个别执行的执行程序。"①破产程序存在很多集中体现债权人意志的制度，比如债权申报、债权人会议等。上述制度不仅可以快速准确统计债权，还能提高执行效率，从而达到债权得以快速实现的目标。

破产程序参与主体众多，包括债权人、债务人、法院、管理人、审计评估中介机构等主体，集程序法律关系和实体法律关系于一体。按照普通程序审理破产案件，流程长、程序复杂，大部分破产案件从受理到终结需要 6 个月以上的时间，甚至个别案件存在数年仍无法结案的情况，严重影响了司法的公正性。

复杂的破产普通程序忽视了部分社会主体的需求，背离了效率价值，设置简易破产程序，正是对破产法效率价值的积极回应。对于资产状况清晰，债权债务关系简单，无社会风险隐患的企业，通过司法力量的介入，合法公平分配破产财产，快速清理债务，符合各方主体的需求，亦实践了破产法的公平和效率价值。

2. 费用相当原则

在破产实践中，大量的破产案件的主体是中小微企业，部分案情简单破产案件的审理均只能适用普通破产程序。债权申报期间过长、不必要的审计评估等导致案件审理周期较长，产生不必要的破产费用，破产程序成本过高，亦造成司法资源的浪费和破产案件的积压。这也导致许多企业在提及适用破产清算程序时，产生畏难情绪。破产案件有难易之分，对于债权债务关系简单，债权人人数不多，资产规模和债务规模都不大的破产案件，应考量破产成本，不同案件适用不同审理程序，符合程序相当、费用相当的原则。

(二)企业简易破产程序的细则设计

1. 厘清简易破产程序的适用范围

综合我国目前经济发展水平及国内司法实践的经验，参考《民事诉讼法》第十三章关于简易程序的规定，本文认为简易破产程序的适用范围，应综合考虑以下因素：

首先需要考虑的是案件事实复杂程度。具体案件可以参考是否存在以

---

① 董泽楠、丁铭：《营商环境法治化背景下简易破产程序的构建研究》，载《河南司法警官职业学院学报》2022 年第 3 期。

下情形，如破产程序主要参与人是否都同意简化破产程序；是否属于执行部门已查明无财产可供执行，终结执行程序后移送破产；债务人是否是上市公司、金融机构，或可能存在关联企业合并破产、跨境破产等情形；破产案件为重整案件或有重整可能性的破产清算案件；涉及企业众多职工分流安置的；案件存在风险处置隐患和维稳因素的。

其次是考虑债务人的基本状况。债务人财产金额较小，如设定债务人资产100万元以下；破产财产不足以支付全部破产费用；账册灭失或债务人人员下落不明，且未发现存在巨额财产的情况；财产易于变价或无需变价的。如果债务人财产存在管理、变价、分配期限可能较长或存在较大的处置困难，或债务人资产情况复杂或者难以变现的，或债权债务关系复杂，可能需要审计的，就不宜采用简易破产程序。

再次应考虑债权债务基本情况。若债权人人数较少，债务人与全体债权人就债权债务处理已达成协议，债务人经过强制清算，资产和负债均已确认完毕的，可以适用破产简易程序。若债务人存在未结诉讼、仲裁，或者受理后可能发生衍生诉讼，可能影响案件简易程序审结的，应排除适用简易破产程序。

在简化普通破产程序的同时更要保障当事人的权益，不宜单独以债务人资产规模大小、债务金额大小或债权人人数作为区分标准。

2. 完善启动方式

司法程序的启动主要有当事人申请主义、法院职权主义。当事人申请主义强调当事人掌控程序，充分体现对当事人作为程序主体的尊重更关注当事人在程序中的体验和感受。[①] 当事人申请主义充分尊重当事人对自身权利的处置，虽保障了当事人的程序参与权和选择权，但是以牺牲效率和增加成本为代价的。职权主义强调法院在破产程序中的主导作用，通过法院对程序的控制和领导，有效推动程序的前进，防止司法资源的浪费和个人成本的增加，[②] 赋予了法院控制诉讼进程的权力，有效保障简易破产程序对效率价值的实现。

---

①　参见白洁、殷季峰：《当事人主义与职权主义结合的诉讼模式——试评我国的民事审判方式改革》，载《新疆大学学报（社会科学版）》2003年第3期。

②　参见冀宗儒：《当事人主义、职权主义与合作主义——民事诉讼立法指导思想的发展》，载《公民与法（法学版）》2009年第12期。

按照我国目前的司法实践，大部分采取的是法院依职权启动，部分采用的是法院依职权结合当事人申请启动。本文建议简易破产程序的启动采用职权主义，同时赋予当事人异议权。法院可在立案时对案件进行综合判断，审查案情是否符合适用简易破产程序的条件，在符合的情况下可直接依职权决定采用简易破产程序审理案件，对当事人进行说理解释，保障当事人的合法权益。若当事人对适用简易破产程序有异议，可给予其救济的途径，以保障适用简易破产程序的公平性。

关于简易破产程序的管辖法院，《全国法院破产审判工作会议纪要》指出，对于债权债务关系简单、审理难度不大的破产案件，可以主要由基层人民法院管辖，通过快速审理程序高效审结。破产案件专业性较强，相较普通民商事案件而言，仍显繁杂，结合《民事诉讼法》简易程序总结出来的经验，简易程序的破产案件在基层法院审理最为合理，不宜再在派出法庭中审理。

3. 明确与普通破产程序的衔接机制

采用职权主义启动简易破产程序，法院在审查时因无法全面掌握企业情况，对适用简易破产程序可能会出现偏差，若在一定程度上影响了破产当事人的权利，或者在管理人调查、接管或处置财产过程中发现案情复杂或出现新情况导致案件不适宜用简易程序的，必须坚持审慎适用的原则，建立合理的程序转换机制。

简易破产程序与普通破产程序在符合法定的条件下相互进行转换。具体而言，如果法院决定采取破产简易程序，在破产程序进行中发现了不适宜采用简易程序的情况时，应当及时依职权进行程序转换，或当事人向法院申请转换破产程序，法院裁定将简易破产程序转为普通破产程序。职权主义使法官对案件有了更多的司法裁量权，所以也必须有一定的约束机制，对决定适用简易破产程序和转换破产程序要设置严格的审查审批流程。

4. 简易程序审理周期与流程的调整

为提高破产案件的办案效率，具体程序的简化要做到效率和公平的结合。具体程序的简化可考虑：第一，缩短并限定审限。由于适用简易破产程序的破产案件，债权债务关系明确，债权人人数较少，可缩短部分程序的时间，如债权申报期限，债权人会议召开的提前通知时间；管理人接管资产的期限、财务状况报告的提交期限也可相应缩短。结合目前国内的司法实践，大多规定简易破产程序的审限自裁定受理破产案件之日起不超过6个月。第二，简化财产变价与分配。为了达到简易破产程序迅速高效完成破产债务清偿的目标，在简易破产程序的实践中，管理人可以使用统一格式的财产管理、变价和分配方案，及时制定出方案，在法院宣告债务人破产后，按照通过的破产财产分配方案一次性分配完毕，可允许追加分配。无产可破的简易破产案件，管理人甚至可不制定债务人财产管理方案、破产财产变价方案和破产财产分配方案，减少破产的时间成本。债务人的破产财产较少，管理人在制定方案时应选择一次性分配，也允许追加分配。破产财产处置要灵活，对于不便变现的财产，经债权人会议表决通过后，可采取实物分配、债权分配或产权分配的方式，甚至如债务人财产价值不大，无需经过评估拍卖程序以提高财产处置的效率。在瑞安法院审理的温州中雷科技有限公司破产清算案中，债务人名下有一批存货，但价值不高，如按传统评估拍卖的方式，不仅周期冗长，还会产生评估费等额外费用，不利于资产价值最大化。因此，法院决定直接由管理人联系有意向的买受人，对该批货物直接变卖，大大提高了债权受偿率。①

5. 管理人的选任与报酬

破产程序中的管理人是破产事务的执行者，在简易破产程序中，因债务人资产较少，资产状况较为简单，可以由人民法院指定个人作为破产管理人。目前我国个人担任破产案件管理人在司法实践中尚不多见，但是可以选取具备法律、会计、税务等复合型专业知识并有一定执业经历的个人担任简易破产案件的管理人，进行有益的尝试和探索。个人担任管理人具有成本低、权责清晰等优势，且个人管理人相对薪酬成本较低，可相应减少破产成本。

《最高人民法院关于审理企业破产案件指定管理人的规定》第17条规定，对于事实清楚、债权债务关系简单、债权人财产相对集中的企业破产案件，人民法院可以指定管理人名册中的个人为管理人。因此，简易破产程序案件所涉案情简单、财产较少，可以考虑由个人担任管理人。管理人报酬可以发挥激励、约束管理人勤勉尽责履职方面的积极作用。结合破产

---

① 参见浙江省瑞安市人民法院课题组：《无产可破破产案件的再简化审程序——以浙江瑞安法院简化破产案件审理程序经验为样本》，载《人民司法（应用）》2018年第25期。

案件的实际情况，若债务人无资产支付管理人报酬，可与股东或其他利益相关方协商出资、垫付或以破产援助基金补助等方式解决管理人报酬的难题。管理人报酬的计算方式也可以多元化，除以资产总量为计算标准外，可以考虑采用按工作时间计时计酬，或将债权人对债务人未知财产的追索权以及对公司股东、董事、实际控制人等相关责任人的民事请求权全部或部分转让给管理人，折抵管理人报酬。

（三）企业简易破产程序的救济监督

简易破产程序是建立在对当事人实体和程序权利有效保障的基础之上，不能以损害当事人权益、损害法律公平公正原则作为简化程序的代价。简化破产程序，完善对破产程序的监督和救济，就可以达到破产程序设立的宗旨与目标。

一方面，简易破产程序适用中的监督。因简易破产程序审理的破产案件债权债务关系相对简单，债权人数量较少，未成立债权人委员会的，可以由法院和债权人会议共同行使监督职责。

另一方面，对简易破产程序使用的救济。赋予当事人复议权和申诉权。参照《民事诉讼法》及其司法解释相关规定，当事人就案件适用简易程序提出异议，人民法院经审查，异议成立的，裁定转为普通程序；异议不成立的，口头告知当事人，并记入笔录。转为普通程序的，人民法院应当将合议庭组成人员及相关事项以书面形式通知双方当事人。转为普通程序前，双方当事人已确认的事实，可以不再进行举证、质证。为保护简易程序中当事人的权益，破产案件当事人对人民法院已经适用简易程序审理的案件有异议的，可以向上级人民法院申请复议，对普通程序转为简易程序当事人有异议的，可以向上级人民法院申诉。

四、结　语

我国《企业破产法》施行以来，在保障债权公平有序受偿、完善优胜劣汰竞争机制、优化社会资源配置、调整社会产业结构、拯救危困企业等方面发挥了积极作用。随着我国经济的快速发展，对于市场退出机制的需求持续扩大，破产程序作为企业退出市场的一项重要制度，关涉众多利害关系人的切身利益，破产案件繁简分流成为解决这一问题的一种思路，有助于保障企业高效有序地退出市场。简易破产程序的提出是基于现实的需求，其目的在于可以通过多元化的破产程序提高社会效益，更好地发挥破产法对市场经济结构性改革和中国特色法治建设的积极作用。构建符合中国国情、具有中国特色的简易破产程序具有重要的时代意义。

破产简易程序的反思与构建

陈　乾[*]

内容提要：随着供给侧结构性改革的持续推进，破产简易程序亟需设立已然成为一个不争的事实。但就各地法院的先行探索来看，仍存在着适用标准混乱、适用范围模糊、程序保障空洞、配套机制缺位的问题。从理念层面上讲，也应及时厘清破产简易程序以追求公正为基本原则、以费用相当为构建基础、以穷尽救济为制度保障的价值取向。在具体构建中，还应重点关注破产简易程序的适用范围、管辖法院、程序模式、机构设置和审理机制。

一、问题的提出

2022 年 8 月 16 日，山东省威海经济技术开发区人民法院审结一起破产案件。① 据称，该案在充分保障各方合法权益的基础之上，从受理至审结共用时 34 天，跑出了破产审判的"加速度"，为经济社会的高质量发展作出了积极贡献。② 但在如此惊人的速度背后，不由得让人深思，当事人的合法权益是否真的能够得到良好的保障？法院的职权主义又是否有越位之嫌？自 2015 年中央经济工作会议明确提出供给侧结构性改革与依法实施市场化破产程序以来，我国破产案件数量逐年递增，这给法院造成了相当大的压力，也给正在修订的《中华人民共和国企业破产法》（以下简称

---

* 陈乾，西南政法大学民商法学院硕士研究生。

① 参见山东省威海经济技术开发区人民法院（2022）鲁 1092 破 1 号民事裁定书。

② 参见山东省威海经济技术开发区人民法院：《做好破产审判"加分题" 推进"僵尸企业"高效出清——去繁就简 34 天快审快结"僵尸企业"破产清算》，载微信公众号"威海经区法院"，2022 年 8 月 29 日。

《企业破产法》) 带来了新的思考。怎样在保障当事人权利的同时兼顾效率，成为目前《企业破产法》修订中的一个重要课题。在此背景下，破产简易程序再次受到人们的关注，不少学者纷纷提出了自己对破产简易程序的认识和看法，① 各地法院也对简化破产程序开展了大量的实践，② 但无论是根植于理论层面的探讨，还是立足于实践层面的摸索，对破产简易程序的理解或多或少都有一些偏颇或失当。有鉴于此，本文拟从我国破产简易审的问题出发，分析我国破产简易程序的价值取向，最后提出我国破产简

---

① 参见王欣新：《破产法修改中的新制度建设》，载《法治研究》2022 年第 4 期；刘颖：《论我国破产法上简易程序的构建》，载《法学评论》2022 年第 3 期；李曙光：《论我国〈企业破产法〉修法的理念、原则与修改重点》，载《中国法律评论》2021 年第 6 期；葛平亮：《论自然人破产简易程序的体系性引入》，载《经贸法律评论》2020 年第 5 期；王欣新：《以破产法的改革完善应对新冠疫情、提升营商环境》，载《法律适用》2020 年第 15 期；张世君、王晔：《简易破产程序构建研究》，载《北京政法职业学院学报》2020 年第 2 期；董泽楠、丁铭：《营商环境法治化背景下简易破产程序的构建研究》，载《河南司法警官职业学院学报》2022 年第 3 期；孙小莉：《论我国企业破产简易程序之构建》，载《上海法学研究》2020 年第 7 卷。

② 参见《北京市高级人民法院关于加快破产案件审理的意见》《天津市高级人民法院关于适用快速审理方式审理破产案件的审判委员会纪要》《上海市高级人民法院关于简化程序加快推进破产案件审理的办案指引》《重庆市高级人民法院关于破产案件简化审理的工作规范》《广东省高级人民法院关于推进企业破产清算案件快速审理的若干意见》《江苏省高级人民法院民事审判第二庭关于加快破产案件审理的工作指引》《浙江省高级人民法院关于深化执行与破产程序衔接推进破产清算案件简易审理若干问题的会议纪要（二）》《山东省高级人民法院关于破产案件简易快速审理工作指引（试行）》《陕西省高级人民法院破产案件审理规程（试行）》《湖北省高级人民法院关于规范破产案件简化审理服务法治化营商环境的工作指引（试行）》《河南省高级人民法院关于探索破产案件繁简分流建立简单破产案件快速审理机制的指导意见》《海南省高级人民法院关于企业破产清算案件快速审理的若干意见（试行）》《江西省高级人民法院关于破产案件适用快速审理方式的工作指引》《广西高级人民法院民事破产案件——简化裁判指引》《厦门市中级人民法院关于依法快速审理简易破产案件的实施意见（试行）》《衡阳市中级人民法院关于破产案件简化审理的工作指引》《山西省忻州市中级人民法院关于推进破产案件繁简分流的实施意见（试行）》《凉山州中级人民法院关于简化破产案件审理程序的规定（试行）》《吉林省长春市中级人民法院关于审理破产案件实行繁简分流的指引》《包头市中级人民法院关于简化破产案件审理程序的操作指引（试行）》《山西省晋中市中级人民法院关于推进破产程序案件繁简分流实施意见（试行）》。

易程序的制度建构，以期能对我国破产简易程序的设立有所裨益。

二、现行破产简易审之检讨

破产简易审固然加强了我国法院办理破产案件的审判质效，但由于缺乏必要的立法和理论指导，司法实践中暴露出诸多问题。概括起来，主要有以下方面：

（一）破产简易审的适用标准混乱

为畅通市场主体退出渠道，降低市场主体退出成本，最高人民法院于2019年6月联合多个部委共同印发《加快完善市场主体退出制度改革方案》(发改财金〔2019〕1104号)，明确要完善企业破产制度，建立破产简易审理程序，实行破产案件繁简分流。① 自此以后，全国多地法院陆续印发关于破产简易审理的规范文件，以健全破产审判工作机制，提升破产审判工作效率。但遗憾的是，顶层制度的缺失，也造成了各地法院对破产简易审的适用标准混乱。详言之，各地法院对破产简易审的适用范围、审判组织、审理期限、管理人指定的时间和方式、程序的启动和转换、债权人会议等方面，都因其对破产简易审的认识不一而有所差异。以破产简易审的适用范围为例，大多数法院将债权债务关系简单、破产财产金额较小、债权人人数较少作为适用的积极条件。而陕西高院还将"债务人和主要债权人或者大部分债权人已经就债务清偿达成意向的"作为破产简易审适用的积极条件；② 又如，海南高院亦将"债务人成立时间较短，无经营活动或经营活动不多的"作为破产简易审适用的积极条件。③ 就破产简易审适用的消极条件而言，大多数法院将债权债务关系复杂、破产财产金额较大、债权人人数较多列入。而浙江高院还将"房地产企业等特殊主体破产案件"作为破产简易审适用的消极条件，④ 湖北高院亦将

① 参见《加快完善市场主体退出制度改革方案》。

② 参见《陕西省高级人民法院破产案件审理规程(试行)》第230条。

③ 参见《海南省高级人民法院关于企业破产清算案件快速审理的若干意见(试行)》第3条。

④ 参见《浙江省高级人民法院关于深化执行与破产程序衔接推进破产清算案件简易审理若干问题的会议纪要(二)》第6条。

"管理、变价、分配债务人财产可能期限较长或者存在较大困难等情形，债务人财产状况复杂的"作为破产简易审适用的消极条件。① 总体而言，因缺乏立法和制度的顶层设计，究竟哪些事项可以简化、如何简化、简化到何种程度，各地法院的认识做法不一，亟待进一步研究后予以规范和统一。②

（二）破产简易审的适用范围模糊

尽管最高人民法院对破产简易审的适用范围作了明确规定，③ 各地法院也采取列举式的方法规定了破产简易审的适用范围，但过于原则化的标准仍使破产简易审的适用范围模糊。一方面，"债权债务关系明确""债务人财产状况清楚""案情简单"等语词的内涵及外延均具有极大的不确定性，为破产简易审的模糊适用创造了条件；另一方面，由于我国缺乏专门适用破产简易审的机构和人员，同一法官通常兼具破产简易审与普通审的双重职责，④ 加之司法资源与司法需求之间的紧张关系，扩大现行破产简易审的适用范围，便成为人民法院缓解司法扩容需求的首要选择。而立法没有赋予当事人程序选择权，便又为人民法院任意扩大破产简易审的适用范围提供了机会。⑤ 以"债权债务关系明确"为例，在我国公司治理体系尚不发达的大背景下，绝大多数企业在长期经营过程中很难做到每笔债权债务关系都明确。⑥ 也即绝大多数适用破产简易审的案件都与"债权债务关系明确"的标准，存在着或多或少的差距，而人民法院出于案件数量的增长或考评机制的压力，通常就会放宽"债权债务关系明确"的认定标准，

---

① 参见《湖北省高级人民法院关于规范破产案件简化审理服务法治化营商环境的工作指引（试行）》第2条。

② 参见徐建新主编：《破产案件简化审理程序探究》，人民法院出版社2015年版，第6页。

③ 参见《最高人民法院关于推进破产案件依法高效审理的意见》第13条。

④ 参见章武生：《简易、小额诉讼程序与替代性程序之重塑》，载《法学研究》2000年第4期。

⑤ 参见章武生：《我国民事简易程序的反思与发展进路》，载《现代法学》2012年第2期。

⑥ 参见徐建新主编：《破产案件简化审理程序探究》，人民法院出版社2015年版，第210页。

使得一些本该适用普通审的破产案件，也得适用简易审理。这样不仅使简易审的规范目的难以实现，而且也使普通审规范构造难以保障。那些应当适用简易审的破产案件，无法保障其审判效率；那些应当适用普通审的破产案件，无法保障其程序公正，最终造成"简易程序不简化，普通程序不规范"的司法乱象。

（三）破产简易审的程序保障空洞

法谚有云："程序是法治和恣意而治的分水岭。"①正当、完备的法律程序不仅可以限制恣意、约束权力，还可以推动人们有效服从程序运行的结果并最终形成法律信仰的局面。因此，程序保障在程序运行过程中显得尤为重要。早在《企业破产法》修订之初，不少学者就极力主张设立破产简易程序，② 但终因反对的呼声过高，而未被立法所采纳。其中，最主要的声音便是破产简易程序无法保障当事人的程序利益。③ 现今，伴随着市场体制机制性要素的发展和变化，破产简易程序亟需设立，已然成为一个不争的事实，但就各地法院实施破产简易审的情况来看，程序保障并不尽如人意。

由表1可知，破产简易审的程序保障空洞大致可以归结为三个方面：其一，当事人的程序选择权缺失。大多数法院都未规定当事人可以协商适用破产简易审，漠视了当事人的程序主体地位。虽然少数法院明确了当事人可以协商适用破产简易审，但对当事人行使选择权的时间、方式和效力，都没有进一步明确。其二，当事人的程序异议权虚化。一方面，尽管大多数法院都规定了当事人对适用破产简易审的异议权，但其转换的决定权仍在人民法院，且未明确异议审查标准、异议成立条件等内容；另一方面，在当事人的程序异议权被驳回后，相关规范指引亦未明确有关复议权的内容，封闭了程序救济的渠道。其三，破产简易审转为普通审的规定不清。虽然各地法院大多规定了破产简易审转换为普通审的基本事由，

① 参见河南省高级人民法院(2018)豫01行终608号行政判决书。
② 参见曹思源：《论现行破产法的修改》，载《开放时代》1999年第1期；汤维建：《修订我国破产法律制度的若干问题思考》，载《政法论坛》2002年第3期。
③ 参见王利明：《关于制定我国破产法的若干问题》，载《中国法学》2002年第5期；李永军：《破产法制定中的主要问题》，中国民商法律网，http://www.civillaw.com.cn，访问日期：2022年9月25日。

但其转换标准仍显粗陋。例如，"相关衍生诉讼对破产程序有重大影响的"就是一个弹性标准，实践中很难明确界定。所以，在当事人程序选择权缺失、程序异议权虚化、简易审转为普通审规定不清的制度设计下，很难说为当事人提供了必要的程序保障，其实施的结果亦难为当事人所信服。

表1　破产简易审的程序保障

	程序启动方式	程序转换条件
北京高院	职权主义	①破产参与人提出+充分理由；②发生不宜继续适用的事由
上海高院	职权主义	①破产参与人提出+充分理由；②相关衍生诉讼对破产程序有重大影响；③发生不宜继续适用的事由
重庆高院	职权主义	案情复杂不宜继续审理+分管院长批准
广东高院	①职权主义；②当事人协商申请+法院审查决定	—
湖北高院	当事人协商同意	（①破产参与人提出+充分理由；②无法在六个月内审结；③相关衍生诉讼对破产程序有重大影响的；④其他不宜继续适用简化审理的事由）+审判业务庭负责人审批
河南高院	职权主义	发现不宜快速审理+院长批准
海南高院	①职权主义；②当事人协商申请+法院审查决定	①破产参与人提出+充分理由；②发生不宜继续适用的事由
江西高院	职权主义	①破产参与人提出+充分理由；②无法在六个月内审结，延长期限可能亦无法审结；③相关衍生诉讼对破产程序有重大影响的；④其他不宜继续适用简化审理的事由
天津高院	①职权主义；②当事人协商申请	①破产参与人提出+充分理由；②无法在六个月内审结；③相关衍生诉讼对破产程序有重大影响的；④其他不宜继续适用简化审理的事由

续表

	程序启动方式	程序转换条件
广西高院	①职权主义；②当事人协商一致	①破产参与人提出＋充分理由；②发生影响破产进程的衍生诉讼；③诉讼途径进行债权清收等不宜简化审理程序的事由
包头中院	职权主义	①破产参与人提出＋充分理由；②发生不宜继续适用的事由
长春中院	职权主义	发生不宜继续适用的事由
厦门中院	①职权主义；②当事人协商申请	①破产参与人提出＋充分理由；②发生不宜适用快速审理的情形
衡阳中院	职权主义	案情复杂、不宜继续适用简易审理＋分管院长审批
晋中中院	职权主义	发现不宜简化的情形

（四）破产简易审的配套机制缺位

程序改革的成功，不仅有赖于制度本身的综合改革，还在于配套制度之间、程序制度的各个部分之间的相互协调。① 破产案件实行简易审理，亦不能仅通过缩短办案期限来达成。在办案过程中，除了要遵循相应的规范指引，还必须建立一套契合破产简易审的配套机制。然而，就各地出台的规范指引来看，大多数法院强调了审理方式的优化与审理期限的缩短，但忽视了配套机制的构建。具体而言：其一，府院联动机制有待深化。破产程序是一项系统性、综合性的事务处理工程，不仅需要解决债务清偿、财产分配、企业挽救等方面的破产法问题，而且还要协调职工安置、招商引资、民生权益保障等方面的社会性事务，仅仅依靠法院难以维系，需要政府部门的深度参与。② 尽管不少地区已经出台相关规范文件，着手建立"市场化"的府院联动机制，但从实践来看，政府部门的参与积极性并不

---

① 参见傅郁林：《繁简分流与程序保障》，载《法学研究》2003 年第 1 期。

② 参见王欣新：《府院联动机制与破产案件审理》，载《人民法院报》2018 年 2 月 7 日第 7 版。

高，"对而不接、联而不动"的现象仍广泛存在，有着较大的规范和完善空间。① 以与税务机关的衔接为例，在破产程序中，税务机关除了要配合管理人依法履职外，还必须做好税收债权的申报以及办理税收注销手续等相关工作，这些都是需要进一步明确的。② 其二，信息化建设有待加强。破产案件实行简易审理，无论是公告的送达，还是债权人会议的召开，抑或是破产财产的处置，都离不开信息技术的深度嵌入。但就目前的情况来看，信息技术嵌入破产程序仍存在一些技术层面的障碍：一是不同地区的信息化建设程度不同，部分地区硬件配置存在问题，信息平台的使用也存在较大困难；二是通用性的技术，并没有充分考虑到法律行业的特殊性，③ 尤其是破产审判的特殊性。以破产财产的网络拍卖为例，虽然网络拍卖在一定程度上降低了财产拍卖的成本、缩短了财产变价的周期，但随之而来的就是如何确保市场的充分竞争、网拍机构的成本负担等问题，这些都是需要着重考量的。④

三、破产简易程序的价值取向

正如耶林所言："目的是全部法律的创造者，每条法律规则的产生都源于一种目的，即一种实际的动机。"⑤易言之，只有准确把握法律规范背后的"目的"，才能有效实现法律规则的科学设计，避免法律规则的异化与失范。破产简易程序的科学设计，取决于对各项制度之应然功能的准确定位，而其根本还在于对其基本价值的客观表达。因此，正确理解破产简

---

① 参见山东省济南市中级人民法院课题组、张爱云：《破解破产案件审判疑难问题的进路探究——以济南破产法庭为分析样本》，载《山东法官培训学院学报》2021年第6期。

② 参见龙立琼：《"法院+税务"解企业破产程序涉税处置难题》，载《法制生活报》2021年9月23日第2版。

③ 参见左卫民：《热与冷：中国法律人工智能的再思考》，载《环球法律评论》2019年第2期。

④ 参见徐阳光、韩玥：《营商环境中办理破产指标的"回收率"研究》，载《上海政法学院学报（法治论丛）》2021年第4期。

⑤ Jhering, *The English Philosophers from Bacon to Mill*, p. liv, 转引自［美］E.博登海默：《法理学：法律哲学与法律方法》，邓正来译，中国政法大学出版社2017年版，第122页。

易程序的价值取向，是构建我国破产简易程序的基本前提。

(一)破产简易程序以追求公正为基本原则

"迟延诉讼或者积案实际上等于拒绝审判。因此，迅速地审判一直被当作诉讼制度的理想。"[1]近年来，《中华人民共和国民事诉讼法》进行的一系列修改亦是围绕着诉讼效率的提升与诉讼成本的降低来展开。就破产案件的审理而言，最高人民法院曾于2020年4月印发《关于推进破产案件依法高效审理的意见》(法发〔2020〕14号)，明确要努力提高破产审判的效率、降低破产程序的成本。在这种制度背景下，破产程序对效率价值的追求被提高到前所未有的高度。然而遗憾的是，就各地出台的规范指引来看，大多法院都过于强调诉讼效率的提升与程序制度的简化，但却未能很好地平衡公正与效率之间的关系。同时，有论者也认为："在我国破产程序利用率低的境况下，应当将利用率的提升作为破产程序的首要任务，而不是防止其滥用。"[2]

诚然，在纠纷类型日益多元、案件数量逐年攀升的客观状况下，法院"案多人少"的矛盾愈发突出，但这也并不构成偏重追求效率价值的正当性依据。[3]原因在于：一方面，公正是提高效率的前提，如果失去了公正，也就失去了司法模式的生命；另一方面，程序的设计从来都是立足于制度的利用者而非制度的运行者，任何单纯以提升效率和减轻负担为由的司法改革也都是站不住脚的。[4]当然，程序的简化并不意味着就会牺牲公正，复杂的程序也并非意味着公正一定能够实现，但如果一味地追求效率的提升，而将破产简易程序作为减负的生产线，那么其实现的公正也必将是残缺的和低层次的。

具体而言，在破产简易程序中，公正的实现至少应该包括以下几个方面：其一，要赋予当事人程序选择权，明确当事人的程序主体地位，以制

---

[1] [日]谷口安平：《程序的正义与诉讼(增补本)》，王亚新、刘荣军译，中国政法大学出版社2002年版，第52页。

[2] 参见孙小莉：《论我国企业破产简易程序之构建》，载《上海法学研究》2020年第7卷。

[3] 潘剑锋：《"基本"与"其他"：对〈民事诉讼法〉相关制度和程序修订的体系化思考》，载《法学评论》2022年第2期。

[4] 参见傅郁林：《小额诉讼与程序分类》，载《清华法学》2011年第3期。

约人民法院的自由裁量权并提升当事人对破产简易程序的信服度，实现程序运作的人性化。① 其二，要建立健全法官的释明权，促进法官与当事人之间的沟通，保证当事人能够充分知悉适用破产简易程序所可能带来的后果，以弥补处分权主义的不足并防止法官突袭裁判。② 其三，要强化当事人的程序推进知情权，明确知情权的程序范围，保证当事人对破产简易程序的进展状况能够有充分的了解并及时知晓人民法院的裁判结论。③ 其四，要明确当事人的程序推进异议权，尤其是"简转普"程序中的异议权，以排除人民法院在程序推进过程中不当损害当事人的合法权益，保障破产简易程序合法妥当的进行。④ 其五，要保障当事人的程序推进妨害救济权，确保当事人能够在破产简易程序中依法享有寻求司法救济的权利并最大限度地实现程序公正。概而言之，破产简易程序应当建立在公平公正的基础之上，不能因为程序的简化而损害程序设立的目的和宗旨。⑤

(二)破产简易程序以费用相当为构建基础

在现代社会，当事人的价值需求日渐多元，破产案件的类型亦呈现出多层次的结构特点。为使不同类型的破产案件都能够得到妥当的处理，就有必要根据案件的性质和特点设置不同类型的破产程序以回应当事人的利益诉求。⑥ 所谓费用相当，是指程序的设置应当与案件的类型相适应，不应使国家或当事人遭受不必要的利益损害。长期以来，我国破产程序利用率都不高，这其中固然有其内生的缺陷，但繁琐的程序、高昂的成本亦是不容忽视的制度阻碍。试想，如果一个案情较为简单的破产案件，国家也通过复杂的破产程序来予以救济，那么这个当事人还会通过破产程序来实

---

① 参见李浩：《民事程序选择权：法理分析与制度完善》，载《中国法学》2007年第6期。

② 参见肖建华、陈琳：《法官释明权之理论阐释与立法完善》，载《北方法学》2007年第2期。

③ 参见肖春竹：《民事审判程序控制权滥用及其规制——以G法院诉讼拖延案件为样本》，载《政治与法律》2014年第9期。

④ 参见占善刚：《民事诉讼中程序异议权研究》，载《法学研究》2017年第2期。

⑤ 参见王欣新：《破产法修改中的新制度建设》，载《法治研究》2022年第4期。

⑥ 参见刘敏：《论我国民事诉讼法修订的基本原理》，载《法律科学(西北政法学院学报)》2006年第4期。

现自己的权利吗？质言之，"无论审判能够怎样完美地实现正义，如果付出的代价过于昂贵，则人们往往只能放弃通过审判来实现正义的希望"①。正因如此，对于那些金额相对不大、案情较为简单的破产案件，就没有必要使用非常复杂的破产程序来予以救济。与之相对的，应当是简便、经济、快捷的破产简易程序来加以解决，从而避免资源的不必要浪费，也使国民在一定的条件下获得更多的服务。②

值得注意的是，在有关破产简易程序的规范研究之中，营商环境的优化、法律体系的完善、审判难题的化解、繁简分流的实现，似乎已经成为破产简易程序的构建理念，而当事人合法权益的实现、司法亲民的制度初衷却丝毫未曾显现。例如，有学者认为，破产简易程序的构建是提高国际竞争力的有效途径、构建现代化市场经济体系的必然要求、化解破产审判难题的现实选择；③ 另有学者认为，破产简易程序的构建是贯彻多元化纠纷解决原理和实现程序繁简分流的现实需求、具有应对破产程序的司法总体需求和适用范围扩容需求的功能作用；④ 还有学者认为，破产简易程序的构建可以降低程序成本、提升司法效能，有助于加快债务企业市场出清、优化营商环境，实现一般正义与个别正义的统一。⑤ 不难看出，这种法院本位主义的构建理念，已经严重影响了我国破产简易审理的规范构建。更为严重的是，如不及时厘清我国破产简易程序的构建理念，由此所引发的后果将会是致命性的，即破产简易程序不可能在保障当事人权利方面关注过多，程序的适用就必将会损及当事人的合法权益。⑥ 因此，有必要明确破产简易程序的构建绝不是为了缓解司法扩容需求或者化解审判难

---

① ［日］棚濑孝雄：《纠纷的解决与审判制度》，王亚新译，中国政法大学出版社 1994 年版，第 266 页。

② 参见马登科：《论民事简易程序的基本法理》，载《西南民族大学学报（人文社科版）》2006 年第 1 期。

③ 参见刘颖：《论我国破产法上简易程序的构建》，载《法学评论》2022 年第 3 期。

④ 参见徐阳光、殷华：《论简易破产程序的现实需求与制度设计》，载《法律适用》2015 年第 7 期。

⑤ 参见张世君、王晔：《简易破产程序构建研究》，载《北京政法职业学院学报》2020 年第 2 期。

⑥ 参见萧远：《民事诉讼简易程序：正当化与简易化之间——评章武生著〈民事简易程序研究〉》，载《现代法学》2004 年第 4 期。

题等外部应延，而是为了弥补当事人在寻求司法救济方面的内生缺陷，提供一条费用相当的救济途径。

（三）破产简易程序以穷尽救济为制度保障

无救济则无权利，权利救济机制作为保障审判权依法公正行使的内部装置，不仅能切实维护当事人的程序权益，还能有效实现程序公正的价值理念。[①] 于破产简易程序而言，其独特的程序构造和一审终审的制度特点更是决定了立法必须设定一套完善合理的救济保障措施，借以保证其准确、恰当的适用。事实上，从域外有关破产简易程序的立法规定来看，穷尽救济亦为各国破产立法所采纳。例如，《日本破产法》第 206 条规定，破产财产管理人在基于简易分配进行通知时，必须同时通知对简易分配有异议的破产债权人，如果破产债权人在规定的期间主张异议的，法院书记官必须撤销该许可。[②] 又如，《德国破产法》第 314 条规定，债务人如果在法院确定的某一时期前把一笔相当于可期待变价收益额的款项支付给受托人，便可免于变价，破产法院作出裁判前应积极听取破产债权人的意见。[③] 可见，为破产简易程序提供一套完善合理的救济保障措施，不仅是我国破产立法的价值取向，更是世界各国破产立法的共同理念。因此，在构建我国破产简易程序时，亦不应缺失对救济保障措施的关注。

本文认为，完善的救济保障措施至少应该包括三个方面：其一，强化检察监督。一方面要强化对法官职务行为的监督，重点审查法官在适用破产简易程序过程中，有无贪污受贿、徇私舞弊、枉法裁判等行为；另一方面要强化对破产简易程序的处理过程和处理结果的监督，看法院裁判中认定事实的证据是否充分、适用法律是否正确。其二，完善法院监督。一方面要完善法院的内部监督，尽可能地强化院长、审判委员会、庭长、审判监督庭对破产简易程序的监督，同时积极开展研讨会、办公会等内部交流活动，形成一套针对破产简易程序的监督机制；另一方面要完善上级法院

---

①　参见潘剑锋：《论建构民事程序权利救济机制的基本原则》，载《中国法学》2015 年第 2 期。

②　参见李飞主编：《当代外国破产法》，中国法制出版社 2006 年版，第 808 页。

③　参见［德］莱茵哈德·波克：《德国破产法导论》，王艳柯译，北京大学出版社 2014 年版，第 216 页。

的监督，可以通过出台有关破产简易程序的典型案例、审判指南、会议纪要等方式进行类案监督，也可以借助智能化庭审系统对破产简易程序的审理进行远程庭审、远程阅卷、远程听证等异地监督。① 其三，细化当事人的程序异议权。一方面要明确当事人的同级复议权，即当事人对原审法院作出的判决、裁定存在异议的，原审法院应当另行指定法官对当事人的异议进行审查，如果确有错误，则作出新的判决、裁定纠正其原判决、裁定；如果异议不成立，则裁定驳回异议；② 另一方面要明确当事人的上级复议权，即当事人对原审法院作出的异议结果有不服的，可以向上级法院申请复议。同时，为了避免过分地迟延诉讼，也应将复议的情形限制在存在明显的程序违法或适用法律错误。③

四、破产简易程序的具体构建

(一)破产简易程序的适用范围

纵观域外立法例，关于破产简易程序的适用范围，无外乎采用数额和混合两种标准。对于数额标准而言，其具有较强的操作性，但也难以判断破产案件是否真的简单，容易造成"复案简审"的司法弊端；对于混合标准而言，其具有较强的涵盖性，但也存在操作性不强的缺陷，容易造成适用混乱的尴尬局面。本文认为，我国破产简易程序适用范围应当建立在混合标准的基础之上采取反向列举的方法加以涵盖。具体而言，可以从以下三个方面加以界定。

第一，以明确的标的额为标准。关于破产简易程序的标的额，一种观点认为应当制定统一的标准，防止各地法院从自身利益出发，制定与自身情况不相符的标的额；另一种观点认为，由于我国经济发展的不平衡，受案标准应由各地高院根据本地经济发展水平视情况而定。本文认为，鉴于

① 参见蒋敏：《协调与指导：上下级法院审判监督关系探究》，载《法律适用》2018年第17期。
② 参见吴英姿：《民事速裁程序构建原理——兼及民事诉讼繁简分流改革的系统推进》，载《当代法学》2021年第4期。
③ 参见黄少彬：《我国设立简易破产程序的必要性可行性及路径研究》，载《江南大学学报(人文社会科学版)》2010年第6期。

我国目前的经济发展水平和各地经济发展的不平衡性，可以将标的额的上限设置为 500 万元，同时各地高院也可以根据自身经济发展水平对受案标准予以细化。

第二，以当事人的自由合意为标准。一是任意合意选择适用破产简易程序，即申请人、被申请人及其他主要破产参与人协商同意并申请人民法院适用破产简易程序的，人民法院可以根据案件具体情况决定是否准许适用破产简易程序；二是拟制合意选择适用破产简易程序，即对于不该适用破产简易程序审理的，人民法院在未经当事人同意的情况下，直接适用了破产简易程序，但当事人并未提出任何异议，在这种情况下，视为当事人已有适用破产简易程序之合意。①

第三，以案件的性质和类型为标准。一是采取概括式的方法正面规定破产简易程序的适用范围，即对于债权债务关系明确、债务人财产状况清楚、案情简单的破产案件，人民法院认为适宜适用破产简易程序审理的，可以适用破产简易程序进行审理；二是采取列举式的方法反面排除破产简易程序的适用范围，即对于下列案件不宜适用破产简易程序进行审理：①申请重整或者有重整可能的；②债务人系上市公司、金融机构，或者存在关联企业合并破产、跨境破产等情形的；③债务人存在未结诉讼、仲裁等情形，债权债务关系复杂的；④涉及刑民交叉案件的；⑤其他不宜适用简易程序审理的情形。

(二)破产简易程序的管辖法院

2016 年 6 月 21 日，最高人民法院印发《关于在中级人民法院设立清算与破产审判庭的工作方案》(法〔2016〕209 号)，明确中级人民法院将作为破产审判机构专业化建设的重点层级。② 自此以后，全国多地法院陆续设立专门的清算与破产审判庭，以逐步解决破产审判机构缺乏与破产审判能力不强的困局。③ 本文认为，破产案件的管辖，可以参照部分学者的思

---

① 参见何文燕、廖永安：《我国民事简易诉讼程序之重构》，载《中国法学》2002 年第 1 期。

② 参见《最高人民法院关于在中级人民法院设立清算与破产审判庭的工作方案》第 2 条。

③ 参见罗书臻：《依法开展破产案件审理，稳妥处置"僵尸企业"：专访最高人民法院审判委员会专职委员杜万华》，载《人民法院报》2016 年 4 月 26 日第 2 版。

路，将破产案件集中到中级人民法院或特别授权的基层人民法院管辖。①于破产简易程序而言，可以在清算与破产审判庭中指定专门的破产法官进行专案审理，这样既可以避免破产审判中出现经验不足的问题，也可以极大程度地提高破产审判的效率。

(三)破产简易程序的程序模式

1. 破产简易程序的启动模式

在确定破产简易程序的管辖法院后，如何启动破产简易程序，便成为破产简易程序的首要问题。关于破产简易程序的启动模式：一种观点认为，应当适用职权主义的程序启动模式，即由人民法院决定是否适用破产简易程序，以保证破产简易程序的适用率；另一种观点认为，应当适用当事人主义的程序启动模式，即程序的启动必须经由当事人的申请，以凸显当事人的程序主体地位。本文认为，我国破产简易程序的启动模式应当采取职权主义为主，当事人主义为辅的程序启动模式，即人民法院认为应当适用破产简易程序的，适用破产简易程序进行审理。同时，当事人协商同意并申请人民法院适用破产简易程序的，人民法院可以根据案件的具体情况决定是否准许适用破产简易程序。这样既能保证破产简易程序的可操作性，也能体现出对当事人的程序关怀。

2. 破产简易程序的转换模式

在民事诉讼中，程序的转换模式大体有两种：一是简易程序转换为普通程序；二是普通程序转换为简易程序。在本文中，笔者仅讨论破产简易程序转换为普通破产程序。具体而言，可以从以下两个方面予以完善。

第一，明确人民法院在依职权进行转换时，需征得当事人的同意。一般而言，人民法院在认为破产案件不宜继续适用简易程序进行审理的，可以将破产简易程序转换为普通破产程序。但这样的制度设计，虽关注到了当事人的实体权利，却也忽视了当事人的程序合意。原因在于：破产简易程序为当事人提供了便捷、高效的救济途径，部分当事人宁愿选择程序保障的适微削弱，也不愿意适用成本高昂的普通破产程序。因此，有必要明确人民法院在依职权进行转换时，需征得当事人的同意，尽可能地满足当

---

① 参见尹正友：《建立专业破产法庭的构想》，载王欣新、郑志斌主编：《破产法论坛(第10辑)》，法律出版社2015年版，第480页。

事人不同利益的追求和需要。

第二，明确当事人对破产简易程序提出异议的适用。其一，明确提出异议的时间：人民法院受理破产案件并告知当事人适用破产简易程序审理之后。其二，明确提出异议的方式：口头和书面均可。其三，明确提出异议的标准：①对本应适用普通破产程序而人民法院错误适用破产简易程序进行审理的；②在诉讼过程中，法律关系日渐复杂、破产财产显著增加的；③相关衍生诉讼严重影响破产程序进程的。其四，明确提出异议的审查：当事人在向人民法院提出异议后，主审法官应当将案件报告给分管庭长，由分管庭长决定破产案件应适用的程序。

(四)破产简易程序的机构设置

1. 破产管理人

在破产简易程序中，管理人制度的优化，可以从以下三个方面予以完善：首先，明确自然人破产管理人应当优先适用破产简易程序。根据《最高人民法院关于审理企业破产案件指定管理人的规定》(法释〔2007〕8号)，自然人破产管理人主要承担事实清楚、债权债务关系简单、债务人财产相对集中的企业破产案件。[①] 于破产简易程序而言，其审理的案件恰好符合自然人担任破产管理人的综合条件，故有必要明确自然人破产管理人应当优先适用于破产简易程序。其次，采用随机方式指定破产管理人。关于破产管理人的指定方式，有随机选任、竞争选任和推荐选任三种模式。于破产简易程序而言，其审理的案件大多都较为简单，并不存在管理人无法胜任的情形，采用随机选任的方式，可以最大限度地缩短选任时间、降低选任成本。最后，建立管理人内部的报酬互助基金，即从较高的管理人报酬中提取基金，用于管理人报酬过低或者无报酬时的补偿。[②] 鉴于破产简易程序审理的案件，大多都无产可破或者破产财产金额较小，单纯依靠破产援助基金难以从根本上解决管理人报酬支付的难题。因此，通过对管理人报酬进行削峰填谷式的调节，可以最大限度地保证破产管理人履职的积极性，实现破产审判的公正与高效。

---

① 参见《最高人民法院关于审理企业破产案件指定管理人的规定》第 17 条。
② 参见张磊、陆晓燕：《论破产管理人报酬基金制度之构建》，载《法律适用》2013 年第 5 期。

2. 债权人会议

在破产简易程序中，债权人会议的优化，可以从以下三个方面予以完善：首先，不设立债权人委员会。关于债权人委员会的设立，国际上普遍实行任意设立主义，① 我国《企业破产法》第 67 条亦明确，债权人会议可以决定是否设立债权人委员会。而是否设立债权人委员会，关键还在于破产案件的复杂程度，于破产简易程序而言，自无设立的必要。其次，合并债权人会议的程序事项。根据《企业破产法》第 62 条的规定，第一次债权人会议的召开属于法定召开，是破产程序中不可缺少的环节，而以后债权人会议的召开，则根据破产案件的具体情况提议召开。鉴于召开债权人会议总会产生一定的成本，故在破产简易程序中，应尽量减少债权人会议的召开。正因如此，管理人可以将债务人的财产变价方案、分配方案等需要债权人投票表决的事项，在第一次债权人会议上一并提交债权人会议进行表决。② 最后，创新债权人会议的行权方式。随着时代的发展，互联网技术在司法领域中的应用日渐广泛，就债权人会议而言，部分法院开始采用网上召开债权人会议和在线投票的方式进行表决。《最高人民法院关于适用〈中华人民共和国企业破产法〉若干问题的规定(三)》(法释〔2020〕18 号)第 11 条亦明确，债权人会议可以采取通信、网络等非现场方式进行表决。③因此，在破产简易程序中，就更应该允许人民法院采取多样化的行权方式，降低债权人会议的决议成本，提高债权人会议的决议效率。

(五)破产简易程序的审理机制

1. 缩短审理期限

关于审理期限的缩短，应着重关注破产管理人和人民法院的履职期限，而不应涉及债权人的程序利益期限。④ 具体而言，可以从以下两个方面予以完善：其一，缩短人民法院的审理期限，即适用破产简易程序审理的案件，从受理至审结应不超过 6 个月。进一步的，可以将人民法院受理

---

① 参见王卫国：《破产法精义》(第二版)，法律出版社 2020 年版，第 221 页。

② 参见《最高人民法院关于推进破产案件依法高效审理的意见》第 17 条。

③ 参见《最高人民法院关于适用〈中华人民共和国企业破产法〉若干问题的规定(三)》第 11 条。

④ 参见林文学、关丽、郁林、詹应国：《〈关于推进破产案件依法高效审理的意见〉的理解与适用》，载《人民司法》2020 年第 13 期。

破产申请后的通知期限缩短为 15 日，将人民法院召集第一次债权人会议的期限缩短为 10 日，将人民法院作出破产宣告的通知期限缩短为 5 日，将人民法院终结破产程序的审查期限缩短为 5 日。其二，缩短破产管理人的履职期限。具体而言，可以将破产管理人调查债务人财产状况的期限缩短为 30 日，将破产管理人通知债权人召开债权人会议的期限缩短为 10 日，将破产管理人申请企业注销登记的期限缩短为 5 日。

2. 简化审理方式

关于审理方式的简化，可以从以下三个方面予以完善：其一，公告方式的简化。在破产案件的审理中，需要公告的环节较多，故公告的方式也成为影响破产案件审判质效的重要因素。早在 2016 年，最高人民法院就发布《关于企业破产案件信息公开的规定（试行）》（法发〔2016〕19 号），明确人民法院、破产管理人在破产重整案件信息网发布的公告具有法律效力。因此，在破产简易程序中，网络公告应成为其主要的公告方式。其二，财产处置方式的简化。根据《企业破产法》第 112 条的规定，破产财产的变价方式以拍卖为原则，但传统的拍卖方式程序较为复杂、操作成本也较高。因此，有必要明确在破产简易程序中，应以网络拍卖为破产财产的主要处置方式。同时，也应授予破产管理人一定的灵活处置权，根据案件的具体情况，采取招标出售、标价出售、协议出售等变价方式，实现效率的最大化。其三，财产分配方式的简化。根据《企业破产法》第 116 条的规定，破产分配可以是一次，也可以是多次。但是，考虑到多次分配主要适用于破产财产数额大，变现时间长的破产案件。因此，在破产简易程序中，破产财产的分配原则上一次性完成。

五、结　语

供给侧结构性改革的持续推进、"僵尸企业"和落后产能企业的规范出清以及《企业破产法》的适时修订，为破产简易程序的设立奠定了现实基础，但基于法院本位主义的构建立场，强调当事人权益保障的重要，无异于掩耳盗铃。"案多人少"的解决之道，绝不仅在于破产简易程序的规范构造，审判资源的优化配置、审判运行的强化管理才是其"万能良药"。最后，信息技术的深度嵌入，也必然带来一系列次生影响。例如，电子法律交往中互联网传送的安全性和真实性如何保障？破产简易程序应在多大程度上与信息通信技术相结合？这些都是需要着重考量的。

第五部分

其　　他

论永续债破产违约条款的适用

谢天宇[*]

内容提要：受制于永续债固有特点，债券持有人往往面临违约救济的困境。随着市场交易规则的完善，永续债合约中逐步加入了破产违约事由并以逾期违约金的形式进行救济。这一变化回应了客观现实需要，但现行的破产法规则却无法为其实现提供制度支持。事实上，只要破产违约条款未对固有的破产清偿秩序造成实质影响，合同意思自治与破产法定是可以兼顾的。就目前破产法的研究成果和立法变革趋势看，增设劣后债权与取消破产止息规则在未来有望实现。在这两大前提条件得以满足的基础上，再从具体操作层面加以细化规定，可在破产程序中实现对永续债持有人的违约救济。

一、破产程序中对永续债持有人违约救济的现实意义

作为融资工具的永续债在我国出现始于 2013 年，发展至今，市面流通的永续债不仅数量众多，而且具体称谓、发行主体、设定条件各异。根据财政部和国家税务总局 2019 年联合印发的《关于永续债企业所得税政策问题的公告》，"永续债是指经国家发展改革委员会、中国人民银行、中国银行保险监督管理委员会、中国证券监督管理委员会核准，或经中国银行间市场交易商协会注册、中国证券监督管理委员会授权的证券自律组织备案，依照法定程序发行、附赎回（续期）选择权或无明确到期日的债券，包括可续期企业债、可续期公司债、永续债务融资工具（含永续票据）、

---

[*] 谢天宇，武汉大学法学院民商法硕士研究生。

无固定期限资本债券等"①。可见永续债是具有同一特征的一类证券，其最显著的特点在于债务并无固定的偿还期限，发行人有权不限次数地延展期限或者延迟付息而无违约之虞。基于上述特征，永续债在财会处理上常常能划入权益工具类别，② 如此一来，发行方在实现债权融资的同时却未提高自身负债率。永续债正是凭借这一独特优势而深受融资企业青睐。

但这种金融工具的缺陷亦是显而易见的，即导致发行方与投资方权利义务的失衡。因此在制度设计上，永续债不仅设置了较高的票面利率，还通过延期后的利率跳升等经济激励力求实现双方的利益平衡。不过利率跳升机制建立在理性经济人的假设，希望通过加重发行人的融资成本进而倒逼其及时赎回永续债，却忽视了发行人主体资信状况持续恶化、无力承担还本付息的情形，此时投资人有权获取的高额"利息"仅仅存在于纸面之上。③ 可见，在经济手段可能失灵的情况下，需要引入法律手段来强化对投资者(债券持有人)的权益保护。

对于普通债券而言，发行人最大的违约风险点在于未能按时还本付息，但永续债的发行人却在规避违约问题上享有先天的"特权"。从国内的理论探讨来看，解决路径集中在通过事先约定对发行人的"特权"加以必要限制。学者或建议强化发行方在信息披露、设置担保、提供增信支持等方面的义务与责任，或建议将信用评价下降、其他债券违约、破产解散等重大事由作为强制兑付、加速到期、合同违约及解除的依据。④ 不可否认，上述限制性内容嵌入具体合约后大概率有助于实现个案公平，但有时鱼与熊掌不可兼得，这些措施对永续债原有优势的削弱也应当进行客观评

---

① 参见《财政部、税务总局关于永续债企业所得税政策问题的公告》(财政部、税务总局公告 2019 年第 64 号)。

② 参见西志颖、史本良：《永续债的会计属性认定及财税处理问题研究》，载《金融会计》2021 年第 12 期；谭雪、何晨辉：《永续债会计确认难点及解决对策》，载《商业会计》2021 年第 19 期。

③ 参见余敏章：《我国永续债投资者权益保护研究——基于永续债条款视角》，华东政法大学 2020 年硕士学位论文，第 17 页。

④ 参见顾亮：《永续债性质研究及违约救济困境之纾解》，载《法律与金融(第七辑)》，当代世界出版社 2020 年版，第 83-88 页；王宏昌、王明月、刘博：《浅谈我国永续债投资人的权益保护——基于不完全契约视角》，载《渤海大学学报哲学社会科学版》2021 年第 1 期；陈颜冰：《论永续债债券持有人权益保护》，华东政法大学 2021 年硕士学位论文，第 16-21、34-35 页。

估。须知可续期、递延付息本是永续债的魅力所在，假使因强化债权保护而大幅限制甚至实质性剥夺发行人在必要时利用"永续"之便舒缓财务困境的权利，那么永续债很可能丧失其独特价值而与普通债券无异。特别是近年出台的财会新规，对永续债的认定条件日趋收紧。① 在会计判断中往往是根据永续债募集说明书上相关条款的组合，综合认定永续债的经济实质。增信、违约等条款的加入固然可以降低投资风险，但也增大了在会计处理上被认定为金融负债的概率，极易导致融资企业最初发行目的的落空。因此，哪些投资者保护条款真正适合加入永续债合约确实值得进一步探讨。

从交易实践来看，近年新发行的永续债普遍增加了违约事由、强制兑付情形等保护性条款，② 但大多规定的类型较少，适用范围有限。违约事由主要集中在逾期支付本息、破产、解散或经法定程序确认本息提前到期而未清偿四类。其中，经法定程序确认本息提前到期确实可以对投资者产生实质性的保护，但前提是要走完诉讼或仲裁程序且主张获得支持，实现难度较大。而强制兑付方面大多只规定发行方减资和股东分红两项，这原本就是商事法理逻辑推演的结果，宣誓意义大于实际效果。

可见，在投资者保护与永续债功能发挥之间，目前仍然没有找到一个平衡点。既然在发行人正常经营期间无法为投资者提供有效救济，那么在"后经营阶段"——破产过程中加以弥补、实现利益衡平就具有了特殊的意义。首先，永续债作为介于传统股权与债权之间的混合型融资工具，其持有人既不能像股东那样参与企业管理，通过介入经营活动维护其投资利益，也不能如普通债权人在发行人资信出现状况时可以方便、及时地主张

---

① 财政部 2019 年印发的《永续债相关会计处理的规定》重申，某一金融工具只有符合"无条件地避免以交付现金或其他金融资产来履行一项合同义务"的标准，才可能被列入权益工具。《企业会计准则第 37 号——金融工具列报》（财会〔2017〕14 号）第 10 条第 1 款规定："企业不能无条件地避免以交付现金或其他金融资产来履行一项合同义务的，该合同义务符合金融负债的定义。有些金融工具虽然没有明确地包含交付现金或其他金融资产义务的条款和条件，但有可能通过其他条款和条件间接地形成合同义务。"相关文献可参见杨彦伟：《论永续债新规对发行方会计分类的影响》，载《中国总会计师》2020 年第 4 期。

② 相关实例可查阅《赣州高速公路有限责任公司 2019 年度第一期中期票据募集说明书》《中国华能集团有限公司 2020 年度第一期中期票据募集说明书》《2021 年第二期湖北省交通投资集团有限公司可续期公司债券募集说明书》等，资料来源：中国货币网——中国外汇交易中心。

权利、寻求救济。有别于大多数债务违约发生在破产前，永续债的性质决定了其可能更多地需要来自破产后的救济。其次，破产事实本身在一定程度上也可以反证发行人的违约责任。相对于其他债券，永续债风险更高、更依赖于发行方的商业诚信。① 发行人本应根据自身清偿能力谨慎地决定是否发行债券、延展期限或者递延付息，如果最终还是发生了破产事实、导致投资者利益受损，难言其无履约过失。最后，破产是当下永续债投资者摆脱维权窘境、谋求权利救济的难得机遇。一般观点认为，永续债持有人一般无权单独申请发行人破产，只有在其他债权人成功启动后才能加入参与债务清偿。② 在投资者本已缺乏有效救济渠道的情况下，如果破产程序不能为其提供最后的兜底保护，最终反倒成全了发行方彻底逃脱责任，不仅有悖公平，也不利于永续债的良性发展。

二、破产违约条款的实现缺乏相应的制度供给

目前，永续债募集说明书已普遍将破产列入违约事由，同时明确发行人需以支付违约金的方式承担违约责任。这一变化有助于改善投资者的权益保障，但在适用上却面临极大的规则障碍。

《中华人民共和国企业破产法》(以下简称《企业破产法》) 第 46 条规定："未到期的债权，在破产申请受理时视为到期。附利息的债权自破产申请受理时起停止计息。"照此规定，永续债发行人破产时，永续债视为到期，永续债利息停止计算，债券持有人应当以破产受理日的本息和作为破产债权予以申报。尽管《企业破产法》第 46 条并未明确违约金是否属于应当停止计算的"利息"，但司法实践普遍认为逾期付款违约金的截止日期应当参照适用该条规定。③ 但这里的问题在于，永续债的违约金基本是

---

① 永续债的发行对象限于具有专业经验的机构投资者，而发行方往往要求具有较高的信用评级。参见单建军：《全球永续债发行经验及启示》，载《吉林金融研究》2020 年第 3 期。

② 参见吴霄天：《投资者保护视角下的永续债合同解除问题研究》，华东政法大学 2021 年硕士学位论文，第 27 页；严书：《论永续债合同的违约与救济》，载《财务与金融》2020 年第 3 期；陶丽博、王守璞、成睿：《永续债的法律谜题》，载《金融市场研究》2018 年第 4 期。

③ 参见最高人民法院 (2016) 最高法民终 233 号民事判决书，最高人民法院 (2010) 民二终字第 104 号民事判决书。

从逾期支付之日起、以本息和为基础按照一定的日利率计算的。① 这种不预先固定数额而按逾期利息确定违约金的约定也符合商业债券的一贯做法。② 这是因为债券融资作为一种借贷关系，逾期支付本息意味着对债权人资金的非法占用，通过追加超期利息的方式剥夺其不当得利无疑是最为合理的救济方式。不过，在以破产作为违约事由的情况下则会产生悖论，破产受理日作为破产程序启动的标志，既是永续债合同约定的违约金起算日，又是按照现行破产法规定的债权利息止算日。

笔者认为之所以会出现此冲突，概由永续债的"异常禀赋"所致。如前文所述，当前交易实践中，破产往往成为永续债最主要甚至是唯一的违约事由，加之债券违约金计算方式的特殊性，追究发行人的违约责任、计算违约金只能在破产启动后开始。一般观念中，合同违约基本上发生在破产之前，由此产生的违约金与传统债权无异，将其计算至破产受理前并纳入破产债权合乎逻辑。例如北京市高级人民法院在其下发的《企业破产案件审理规程》中认为："破产申请受理前已产生违约金的，该违约金计算至破产申请受理之日。"③这一认识无疑准确把握了《企业破产法》第46条的精神实质，但从另一角度解读，似乎又暗示着破产申请受理后产生的违约金需要作不同的处理。

显然，在破产规则法定的前提下，基于意思自治所产生的破产违约金似乎无用武之地。如果将该违约金划入破产前债权，该约定便成了"无用的阑尾"，发行人的违约责任可能无从追究，投资者亦可能失去利益救济

---

① 以《首创置业股份有限公司2019年度第一期中期票据募集说明书》为例，其在第11章第4节"违约责任"中规定，公司延期支付本金和利息的，除进行本金利息支付外，还需按照延期支付金额以日利率万分之二点一（0.21‰）计算向债权人支付违约金。

② 笔者通过查阅其他普通债券的募集说明书，发现逾期支付的违约金基本上是以逾期支付本息为基础，乘以相应日利率及逾期天数得出。相关实例可查阅《2022年第一期昆明市交通投资有限责任公司公司债券募集说明书》《安徽省能源集团有限公司2021年度第一期绿色中期票据(碳中和债)募集说明书》《国家电力投资集团有限公司2022年度第二十七期中期票据募集说明书》等，资料来源：中国货币网—中国外汇交易中心。

③ 参见《北京市高级人民法院企业破产案件审理规程》(京高法发[2013]242号)第157条第3款，北京法院裁判信息网，https://www.bjcourt.gov.cn/ssfw/spzdwj/detail.htm? NId=30000107&channel=100014002，访问日期：2022年9月8日。

的最后机会。若将该违约金作为破产期间产生的债权目前似乎又无法可依，还需要解决由此带来的一系列实际操作问题，比如受偿顺位、金额的计算、持有人表决权比例等。

从更宏观的角度观察，此困境乃合同法与破产法制度衔接不畅所致，解决思路也不外乎同时对两造加以调整或是仅改变其一。在路径选择上，笔者认为对破产制度端加以改造更为合理、经济，理由如下：其一，债券（包括永续债）募集说明书中规定破产违约事由是目前债券行业的通行做法，体现了交易主体利益反复博弈的结果，具有经济上的合理性，对于此类成熟的商事做法应当尊重意思自治、尽可能促使其有效。其二，破产制度的价值取向具有多元性，除了维护债务公平清偿的基本目标外，也兼具一定的救济功能，诸如劳动债权、税收债权的特别规定就是佐证。只要不影响现有的破产债权受偿格局，在破产程序中通过适当安排为永续债权利人提供违约救济并非绝对不可。其三，现行破产法制度尚待完善、细化，下一步进行较大幅度的补充、调整是普遍共识，因此通过破产法领域调整解决破产违约条款适用问题可行性强。

三、破产违约条款可行性分析

鉴于破产法的强行法特质，在欠缺相关规定的情况下，永续债的破产违约条款是无法实际发生作用的。不过，结合已有的理论研究成果、司法实践以及立法趋势，笔者认为要"激活"该条款并非没有现实可能性。

（一）破产违约条款与破产法基本制度并非不可协调

目前国内外对破产违约问题较少论及，但对破产约定条款已有所研究。虽然本文论及的破产违约条款并不属于破产约定条款，[1] 但鉴于两者确有不少相似之处，比如均以破产为生效条件，都是基于破产前的约定对

---

[1]　一般认为，破产约定条款是指债务人在进入破产程序之前与对方当事人约定的，在债务人进入破产程序之后发生效力的合同条款，其会导致合同的解除或变更。参见陈景善、孙宝玲：《论破产约定条款的效力认定规则》，载《商业经济与管理》2021年第6期；廖凡：《美国新破产法金融合约例外条款评析》，载《证券市场导报》2007年第5期。

破产后作出的安排，且多出自金融合同领域，因此破产约定条款的经验成果对于研究破产违约条款显然具有借鉴参考价值。

实际上，就破产约定条款在破产程序中的效力及运用，国内学者尚未达成统一意见。刘丽珠在论及金融合同中破产约定变更条款的效力时，提出应当对条款涉及的多方利益冲突进行权衡，保障各方的合法权益，在破产领域和金融市场之间寻求一个最佳契合点。① 漆彤强调金融合约中破产约定条款的有效性最终取决于国内破产法上的规定或法院的认定，如果与破产法中的强制性规范相抵触，相关安排将无法实现。② 陈景善、孙宝玲指出破产解除条款与违约方解除合同规则具有功能上的一致性，出于尊重意思自治角度考虑，原则上应认定有效；而破产变更条款会实质性阻碍破产法目标的实现，原则上应认定无效。③ 高珍认为只有在破产约定的内容并不会损害破产中第三人利益或公共利益的前提下，才可能在破产程序中承认事先约定的效力。④ 上述学者观点虽各有不同，但均立足于这样的认知前提：由于破产约定条款的影响超出合意双方而扩散至不特定的第三人，对其效力认定应重点以破产法为标准，判断对其他破产债权人的利益有无构成实质影响。

上述共识在英美立法例中也可以得到佐证。英国主要依据"反剥夺原则"来判断破产约定条款的效力，即当事人不得通过合同"剥夺"债务人财产，若破产约定条款构成对债务人财产的剥夺，则无效。⑤ 美国法考虑到破产约定条款可能减损债务人在待履行合同中资产利益的问题，故对其适用严格加以限制：破产约定变更条款一般无效，而破产中止条款也只有在

---

① 参见刘丽珠：《金融合同中破产约定变更条款的效力模式研究》，中国政法大学 2016 年硕士学位论文，第 36 页。

② 参见漆彤：《论金融合约破产约定条款的效力——基于雷曼破产案的分析》，载《国际经济法学刊》2012 年第 3 期。

③ 参见陈景善、孙宝玲：《论破产约定条款的效力认定规则》，载《商业经济与管理》2021 年第 6 期。

④ 参见高珍：《论破产约定条款的法律效力——以金融衍生品交易为中心》，北方工业大学 2012 年硕士学位论文，第 7-8 页。

⑤ 参见陈景善、孙宝玲：《论破产约定条款的效力认定规则》，载《商业经济与管理》2021 年第 6 期。

符合法律规定的少数例外情形，如出现在合格金融合同中才可能有效。①
英美两国尽管对破产约定条款设定了不同的效力门槛，但着眼点都在于最
大限度维持破产债务人的财产，防止个别约定造成破产财产不当减少而损
及整体的公平清偿。

综上，国内外有关破产约定条款的研究与实践告诉我们，事前约定在
破产中是否有效，应取决于其内容安排是否打破了原本的破产利益分配格
局，对其他债权人的利益造成实质性损害。同理，我们也可以认为，如果
有办法在实现破产违约金的同时，基本上保持原有的破产清偿秩序，则没
有理由否认破产违约条款的效力。

(二) 破产违约条款可以嵌入破产法律体系

根据现行破产制度，破产受理前后发生的债权需要加以区别对待。受
《企业破产法》第 46 条规制，应当加速到期或停止计息的债务属于破产受
理前已形成的债权，即严格立法意义上的"破产债权"。② 由于破产程序
有一定的时间跨度，在破产受理后到破产程序终结前也会产生有别于"破
产债权"的其他债权。对于破产启动后发生的债权，我国《企业破产法》仅
认可破产费用和共益债务两类。两者均旨在保障破产程序顺利推进、保护
破产债权人的整体利益，可根据需要从破产财产中随时清偿、优先清偿，
但认定条件相对严格，限定于《企业破产法》第 41、42 条列举的债务、费
用类型。③ 但实践中两者并不足以涵盖破产过程中发生的所有债权，未囊
括部分在理论上称其为"除斥债权"，④ 因不被现行法承认而无法在破产
程序中主张权利。

就永续债而言，在破产受理时点上确认的本息和，无疑属于一般意义

---

① 参见刘丽珠：《金融合同中破产约定变更条款的效力模式研究》，中国政法大
学 2016 年硕士学位论文，第 22-23 页。

② 各国立法所普遍将破产债权界定为破产程序开始之前成立的债权。参见张善
斌主编：《破产法研究综述》，武汉大学出版社 2018 年版，第 136 页。

③ 参见王卫国：《破产法精义》(第二版)，法律出版社 2020 年版，第 155-160
页。

④ 所谓除斥债权是指基于法律一定的目的，破产法特别将其除外，不列为破产
债权参与破产程序，亦无法受偿的债权。参见陈荣宗：《破产法》，台湾三民书局
1986 年版，第 296 页。

上的破产债权，按照普通债权的顺位进行清偿。若受理后产生的破产违约金也能为法律所承认，其应视为破产期间的债务。那么该违约金有无可能列入破产费用或公益债务而优先受偿呢？

对照破产费用和共益债务的具体类型，较为接近的是《企业破产法》第 42 条(共益债务的类型)第 3 款"因债务人不当得利所产生的债务"。因为从永续债违约金的计算方法看，违约金相当于发行人逾期支付债券本息而产生的罚息(逾期利息)，用以补偿持有人因发行人超期占用资金所产生的损失。从这个意义上讲，破产违约金的确可以起到剥夺破产债务人不当得利的功能。但结合条文的立法目的和功能作用，这里的"不当得利"显然应当进行限缩解释。我国学界一般认为，不当得利之所以应当优先受偿，在于不当得利发生在破产宣告后，此时破产财团已然形成，破产财团的债务自然应当与一般破产债务区别开来，由破产财团优先予以支付。①而永续债的破产违约金既非维持、运行破产财团的必要支出，又无法使待分配资产保值、增值，并不具"共益"的特征，不宜作为共益债权而享受优先受偿的待遇。

破产违约条款意味着在破产受理后将课以债务人新的义务，增加其额外的经济负担，由此产生的违约金若与破产债权同一顺位清偿，势必对公平分配破产财产的基本目标形成冲击。既然破产违约金已无优先受偿的可能，唯有在受偿顺次上劣后于普通债权，方能满足各方面的限制条件，调和个别意思自治与集体公平受偿的矛盾。

遗憾的是，从目前《企业破产法》所规定的债权类型及清偿顺序看，立法者显然不承认劣后债权，更没有为其预留适用的空间。诚然，对于多数破产案件而言，普通债权尚无法得以完全清偿，再规定后顺位的债权处理办法并无实际意义。但在某些特殊情况下，破产企业也可能因市场变化导致其财产大幅增值，从而在清偿全部债务后仍有剩余财产，如房地产企业的土地、房屋价值暴涨，企业所持股票价值大幅上涨等。② 而且在现代破产法危机拯救倾向愈发明显的背景下，越来越多的债务人将有机会通过

---

① 参见娄爱华：《〈破产法〉第 42 条涉不当得利条款解释论》，载《社会科学》2013 年第 4 期。

② 参见王欣新：《论破产程序中劣后债权的清偿》，载《人民法院报》2018 年 7 月 4 日第 7 版。

重整程序恢复盈利能力、重回发展正轨,破产债权获得完全清偿的情况势必更为普遍。在上述例外情形下,倘若仍对破产违约金等劣后顺位债权不予承认,径直将分配剩余的财产利益归属于债务人的股东,有违债权优先于股权的受益规则。尤其是对于永续债的持有人而言,不仅在破产前受制于独特的合同设计难以积极主张权利、追究发行人的违约责任,连破产后也无法有效获取相应救济、弥补违约损失,这样显失公平的利益分配格局显然不利于永续债在融资市场的普遍推广。

(三)相关研究和立法变革为破产违约条款实施创造必要条件

尽管永续债破产违约条款在破产期间的履行具有理论上的可行性,但法律依据的缺失使其形同具文。不过,结合破产法下步的变革方向,以及当下司法实践和研究成果,破产违约条款适用所需的条件在将来应该不难满足。

1. 增加劣后债类别、完善现有的破产清偿体系势在必行。

随着研究的深入,相关学者对公平清偿这一根本原则有了更全面的认识:一方面要求对在实体法上有相同性质的债权人一视同仁平等对待,体现破产法面前平等原则;另一方面要求对在实体法上具有不同性质的债权人区别对待,形成先后次序,从而体现实体法的原则精神和价值追求。[①]当前我国《企业破产法》只规定了优先债权和普通债权两大基本清偿顺位,从形式逻辑上并未形成一个完整的破产债权体系,也未能很好地回应实践的需求。比如公司法领域中探讨的"衡平居次规则"是体现劣后债权原理的典型。金融法中的次级债券,论其法理本质,应属于理论上的劣后债权。[②] 包括本文所探讨的破产违约金在内的破产后债权利息,基于利益平衡、规则协调也需要调整到后位次清偿。对于这些需在破产程序中予以特别处理、特殊救济的债权,却因制度构建的缺陷无法实现预期的效果,无法做到依据债权性质对各债权人实施"精准"保护,同样也不利于破产法与合同法、公司法、证券法的邻近部门法的衔接。

---

① 参见汤维建:《修订我国破产法律制度的若干问题思考》,载《政法论坛》2002年第3期。

② 参见李杰:《破产法中设置劣后债权问题研究》,华东政法大学2019年硕士学位论文,第3页。

可见，在我国破产法现有架构体系的基础上增设劣后债权之分配顺位，可以更大限度地周延实现公平偿债之目标。这一点自德日英美等国破产法立法例可得印证。在美国破产法律中，债权受偿主要按如下顺序展开：第一，担保债权；第二，超级优先债权；第三，管理费用；第四，其他优先债权；第五，普通无担保债权；第六，劣后债权。① 日本破产债权的清偿顺位大体可分为优先的破产债权、一般的破产债权以及劣后的破产债权三层次。② 英国的破产债权清偿顺位则较为复杂，先后为：（1）担保债权；（2）破产费用；（3）超级优先的债权；（4）优先债权；（5）浮动抵押债权；（6）普通无担保债权；（7）破产程序启动后的债务利息；（8）劣后债权；（9）剩余财产。③ 但最具参考意义的当属德国立法例的变化，其新破产法分别于第 39 条(后顺序的支付不能债权人)和第 327 条(后顺序的债务)对旧破产法中的除斥债权进行了改动，使之由不能受偿变为劣后受偿，实质上确立了劣后债权制度。④

事实上，为克服现行破产清偿规则较为简单、粗糙所带来的弊端，司法实务部门不得不在实务中进行一定的变通，以适应现实需要。例如最高院 2018 年 3 月印发的《全国法院破产审判工作会议纪要》第 28 条就指出：对于法律没有明确规定清偿顺序的债权，法院可以按照人身损害赔偿债权优先于财产性债权、私法债权优先于公法债权、补偿性债权优先于惩罚性债权的原则确定清偿顺序；普通债权清偿完毕后仍有剩余的，可依次用于清偿破产受理前产生的民事惩罚性赔偿金、行政罚款、刑事罚金等惩罚性债权。⑤

---

① See Brian A. Blum, *Bankruptcy and Debtor/Creditor：Examples and Explanations*, Citic Publishing House, 2004, pp. 7-24, 转引自刘明尧：《破产债权制度研究》，中国社会科学出版社 2018 年版，第 167 页。

② 参见[日]伊藤真：《破产法》，刘荣军、鲍荣振译，中国社会科学出版社 1995 年版，第 103 页。

③ 参见徐阳光：《英国个人破产与债务清理制度》，法律出版社 2020 年版，第 102-111 页。

④ 参见于新循、彭旭林：《论我国破产债权例外制度——基于劣后债权的制度构建视角》，载《四川师范大学学报(社会科学版)》2015 年第 3 期。

⑤ 参见《最高人民法院印发〈全国法院破产审判工作会议纪要〉的通知》(法〔2018〕53 号)。

可见，创设劣后债制度并非单纯的学理建议，① 同样有着强烈的实践需求。当然，我国有关劣后债权的立法研究还不够成熟，需要理论和实践上进一步的积累，但基于法律规则应当遵循经济规律、服务现实生活的基本常识，我们有理由相信这将是破产法变革的一个方向。

2. 破产期间债务利息的可受偿性在学理上逐步得到认可。

得益于《企业破产法》第 46 条的"债权破产止息"规则，受偿债权数额在破产程序启动时点便相对明确，这固然有助于提高破产工作的效率、防止约定利率较高的债权随着时间推移稀释利率较低的债权。② 但这种"一刀切"的做法也宣告了破产债权在破产过程中的新增利息丧失受偿的可能性。

一般认为，利息是债务人因在一定期间内使用债权人资金所支付的报酬。③ 破产债权在未被清偿之前实质上也可以视为债务人对该部分资金的占有和控制。既然现有法律能够承认破产受理后新添债务产生的本息可按照共益债务优先受偿，那么一概否认原有债权在破产期间的利息权益就似有不妥。有学者在梳理破产制度的发展历程后认为，债权止息规则诞生并不契合于以清偿为主的传统破产法，在奉行企业拯救主义的立法背景下，无差异地适用于重整、和解和清算程序将损害债权人利益，导致利害关系人之间的权利失衡。④ 有观点认为破产受理后利息停止计算是考虑确保破产程序有效顺利进行，维护债权人公平地位而由法律直接作出规定，但相关法律并未否定破产程序启动后所产生利息的合法性，更没有在民事实体法层面上豁免这部分利息之债的意思。⑤ 这部分利息仍然是属于债权人的

---

① 例如，早在现行的《企业破产法》制定前，汤维建教授就建议我国破产立法应采取设置劣后债权模式。参见汤维建：《破产程序与破产立法研究》，人民法院出版社 2001 年版，第 198、199 页。王欣新教授也认为，破产立法采取劣后债权而非除斥债权的立法模式，更能为债权人利益提供全面保护。参见王欣新：《破产法专题研究》，法律出版社 2002 年版，第 177 页。

② 参见张灿：《对我国〈企业破产法〉确立破产止息规则的反思》，青岛大学 2021 年硕士学位论文，第 8 页。

③ 参见贺丹：《企业拯救导向下债权破产止息规则的检讨》，载《法学》2017 年第 5 期。

④ 参见贺丹：《企业拯救导向下债权破产止息规则的检讨》，载《法学》2017 年第 5 期。

⑤ 参见李遵礼：《破产债权清偿后仍有剩余应先清偿停止计付的利息》，载《人民司法》2019 年第 29 期。

合法债权，即使不能作为破产债权在破产程序中受偿，也仍具有被清偿的合法依据而作为实体债权依法得到清偿。① 考虑到该利息基于破产债权而生的从属性，学者倾向于以有限的破产财产优先支付主债权，有剩余的情况下再考虑从属债务清偿。②

纵观世界各国破产法立法例，对破产程序开始后的利息予以认可并采取劣后处理也是通行做法。英国现行《破产法》第 328 条第 4 款规定："在优先或根据第 3 款规定顺序平等的债务被偿付之后剩余的任何余额应用于支付该债务在破产开始后未被偿付期间产生的利息；并且优先债务产生的利息与非优先债务产生的利息顺序相同。"③《美国破产法典》第 726 条(a)承认无担保债权在破产期间的利息，可在无担保债权之后优于债务人受偿。④ 日本现行《破产法》第 46 条规定破产宣告后的利息为劣后的破产债权，其请求权后于其他破产债权。⑤ 随着破产法价值取向的改变，原来采取破产止息规则的德国也改变了其立法态度。德国在 1877 年《破产法》第 63 条第 1 款曾规定，债权人在破产程序中不得主张程序开始时起继续发生的利息；而现行《破产法》第 39 条则明确将"支付不能债权人的债权自支付不能程序开始时起继续发生的利息"列为后顺序的债权予以保护。⑥

实践中，破产期间债务利息的可受偿性也得到司法机关的认可。在山西银光华盛镁业股份有限公司、重庆进出口信用担保有限公司追偿权纠纷案中，最高院认为"企业破产法关于利息计算停止的规定是指债权利息给

---

① 参见张灿：《对我国〈企业破产法〉确立破产止息规则的反思》，青岛大学 2021 年硕士学位论文，第 21 页。

② 参见许德风：《破产法论——解释与功能比较的视角》，北京大学出版社 2015 年版，第 183-184 页；于新循、彭旭林：《论我国破产债权例外制度——基于劣后债权的制度构建视角》，载《四川师范大学学报(社会科学版)》2015 年第 3 期；李遵礼：《破产债权清偿后仍有剩余应先清偿停止计付的利息》，载《人民司法》2019 年第 29 期。

③ 参见丁昌业译：《英国破产法》，法律出版社 2003 年版，第 245 页。

④ 参见申林平译：《美国破产法典》(中英文对照本)，法律出版社 2021 年版，第 397-399 页。

⑤ 参见[日]石川明：《日本破产法》，何勤华、周桂秋译，中国法制出版社 2000 年版，第 256-257 页。

⑥ 参见杜景林、卢谌译：《德国支付不能法》，法律出版社 2002 年版，第 24 页。

付的停止，并非否定债权利息的存在。"①重庆高院在陈显国、安顺市万通农业担保有限责任公司等与刘世会民间借贷纠纷案中指出："该条(指《企业破产法》第 42 条)规范的是破产债权的申报，其目的是为了固定破产债权，并非消灭破产申请受理日之后的债权，该部分债权虽不属于申报的破产债权，但仍然是债权人享有的债权。""破产债权并不等同于债权。"②在劣后债制度被逐渐认可的背景下，将破产利息劣后于普通债权处理，既最大限度地维护特定债权人的利益，又不影响既有的普通债权清偿，乃实现破产程序公平与效率统一的不二之法。

四、永续债破产违约条款的规则设计

即便破产违约金能参照破产期间利息作为劣后债处理，由于永续债及破产制度本身的复杂性，落实破产违约条款仍有诸多具体问题需要明确。

(一)破产违约金受偿的具体位次

永续债破产违约金若想在破产程序中实现，就必须劣后于其在破产受理日"固定"的本息和受偿，这点前文已经分析过。在实践中，部分永续债合约还加入了次级债务条款，明确永续债的破产清偿顺序列于发行人普通债务之后。这种基于合同自治的债务劣后安排符合商业活动规律，无损破产公平清偿的目标，特别是劣后债权日益得到认可的背景下，对该约定的有效性也应予以承认。但如果确定将永续债本息作劣后清偿，那么由该债权产生的破产违约金当作何处理呢？

笔者认为，在此情况下破产违约金应与永续债本息在同一顺序下合并、整体受偿比较合理，主要理由如下：其一，次级债券的制度价值在于，通过人为约定降低某些普通债权的受偿顺位，从而为其他普通债权的清偿提供"间接保证"。既然永续债本息已居次受偿，在此基础上增加的违约金也不会对普通债权的受偿财产造成挤占，影响普通债权人预期的受偿比率。其二，从正常逻辑分析，违约金衍生于永续债已有的本息，将两者加以区分、先后清偿当然是最佳的安排，但劣后债本身并非单一的债权

---

① 参见最高人民法院(2016)最高法民终 123 号民事判决书 。

② 参见重庆市高级人民法院(2015)渝高法民终字第 00536 号民事判决书。

类型，其内部可能也需要设定一定的清偿顺序。① 考虑到其他劣后债权也可能在破产程序中产生相应的利息，如果也采取本息区分处理，今后的劣后债框架体系必然内容庞杂，不利于相互关系的厘清。

(二)破产违约金应当采用的计算利率

笔者查阅我国目前发行的永续债募集说明书发现，并非所有都明确约定了违约金的计算利率。因为按照逾期利息模式计算违约金是债券行业的惯例，对于未约定利率的永续债破产违约金，完全可以按破产后债权利息加以处理。参考域外立法，设置统一利率是通行做法。② 国内也有学者提出可采用中国人民银行同期的贷款基准利率，或者设定一个固定的利息计算标准以保证债权人之间的利益平衡。③ 但对于已约定违约利率的永续债该如何处理呢？如果完全否定约定利率而统一适用法定或指定利率，合同约定便沦为具文，对永续债发行人起不到预期的违约惩罚效果；若不加限制，在约定利率畸高的情况下，破产清偿时又对其他劣后债权人(包括未明确违约金利率的永续债持有人)明显不公。

承认破产中产生的利息债权，既是对债务人延期占用他人资金这一不当得利的剥夺，也是对债权人资金使用利益所受损失的补偿。实践中，违

① 例如，李曙光教授将劣后债归纳为三类：基于当事人约定产生的劣后债权；破产法或其他法律明文规定的劣后债权；由法官通过案件审理确定的劣后债权。参见李曙光：《居后债权与次级贷款》，载《法制日报》2008年3月23日第7版。王欣新教授认为，债务人财产清偿全部普通破产债权后仍有剩余时，其他因法律规定在破产程序启动后丧失清偿权利的私法债权和补偿性债权，如企业破产法第46条第2款规定的附利息的债权自破产申请受理时停止计算的利息等债权，从法理角度讲也应复活其清偿权利，并优先于惩罚性债权清偿。参见王欣新：《论破产程序中劣后债权的清偿》，载《人民法院报》2018年7月4日第7版。

② 例如美国破产法第726条明确规定对破产程序中产生的利息采用法定利率计算。参见申林平译：《美国破产法典》(中英文对照本)，法律出版社2021年版，第397页。英国破产法第328条第5款规定，破产程序中，优先权与非优先债权产生的利息采用以下两者比率较大者：(1)1838年判决书法第17条确定的破产开始时的比率；(2)在该破产法之外适用于该债务的比率。参见丁昌业译：《英国破产法》，法律出版社2003年版，第245页。

③ 参见贺丹：《企业拯救导向下债权破产止息规则的检讨》，载《法学》2017年第5期。

约金可能具有多种性质，但主要性质是违约赔偿金。① 永续债遵循法定的程序公开发行，设定的违约金利率经相关部门审核并为不特定公众知悉，该利率高于同期银行贷款利率具有一定的合理性和可接受性。但既然《民法典》第 585 条已明确违约金数额应当受实际损失的限制，② 破产状态下合同违约金数额合理与否也应当与正常情况下采用同一标准。司法机关一般认为，约定的违约金额超过实际损失的 30%，即可认为过分高于造成的损失。③ 因此，如果今后明确对没有约定违约利率的永续债以及其他债权统一适用银行同期贷款利率或者其他法定利率，则约定的违约金利率应以统一利率的 130% 为限；如果约定的利率低于统一利率，则由永续债持有人选择其一。

(三)破产违约金止息日的确定

债务人在正常经营过程中，因逾期支付本息所产生的违约金一般计算至本息实际支付日。而在破产程序中，因涉及主体众多、程序复杂，再按实际支付日停止计息恐难以做到，需另选截至时点。

结合我国现有的破产程序设计，笔者认为将止息日初步定为债权人会议表决通过和解、重整或者清偿变价计划之日最为合理，相关理由如下：首先，未来构设的劣后债权不管是破产程序启动前产生抑或之后产生，均需要在某一时点同优先债权、普通债权一体安排，方能保证财产处置方案的统一、协调。而最终确定清偿、和解或者重整计划又以债权人会议核查、认可全部债权的比例、数额为前提。相关方案的通过同时意味着债权人对自己及其他人债权的认同，由此在债权人团体间产生信赖利益，没有特殊情况不应随意变更。虽然会后相关方案要经过法院确认才具有相应的法律效力，但主管法院多为形式审查，且最终审批通过的时间并不确定，所以债权人会议表决通过日对管理人而言是具有可操作性的最晚时点。其

---

① 参见杨立新：《合同法》(第二版)，北京大学出版社 2022 年版，第 322 页。

② 《中华人民共和国民法典》第 585 条第 1 款规定："当事人可以约定一方违约时应当根据违约情况向对方支付一定数额的违约金，也可以约定因违约产生的损失赔偿额的计算方法。"该条第 2 款规定："约定的违约金低于造成的损失的，人民法院或者仲裁机构可以根据当事人的请求予以增加；约定的违约金过分高于造成的损失的，人民法院或者仲裁机构可以根据当事人的请求予以适当减少。"

③ 参见《全国法院贯彻实施民法典工作会议纪要》(法〔2021〕94 号)第 11 条。

次，在和解或者重整方案中，可能对破产启动后所生违约金或者逾期利息等事项作出变更安排，只要不违反强行法，应遵循债权人团体最新的意思表示内容。最后，现行破产法为破产财产多次分配预留了空间，① 如果估计破产财产较为充足、在初次清偿分配方案执行完毕后仍有剩余，债权人可以事先约定进行再次分配，保留对止息日后新增利息优先于股权分配的权利。通过此举兜底，可以有效地在破产效率与分配公平间达到平衡。

（四）永续债持有人应当享有的表决份额

如前文所述，对于普通永续债，破产前本息部分应归入普通债权，破产后利息为劣后债权；而劣后永续债各部分均属于劣后债权。永续债债权人在债权人会议上的表决权比例该作何认定，这涉及劣后债权人表决权的问题。

从国外立法经验来看，德日两国的破产法明确否定劣后债权人的表决权。② 国内有学者基于限制劣后债权人权利的立场出发，提出劣后债权人可参加债权人会议，但无表决权。③ 相反观点认为，一律否定劣后债权人的表决权有损公平，应当区分不同的破产程序，在破产和解与重整中赋予劣后债权人以表决权。④ 还有观点认为，不管是何种具体的破产程序，均应预先估计劣后债权有无受偿可能性为标准，如果有可能则应赋予其相应的表决权。⑤

笔者认为最后一种观点较为合理。在破产程序中，在前一顺位的债权未获完全清偿之前，后一顺位的债权只是一种"或有"的权利。而表决权是以实体权利为基础的，对并无受偿可能性的劣后债权赋予表决权，不仅

---

① 根据《中华人民共和国企业破产法》第116～119条之规定可知，破产分配可以一次性实施，也可多次实施。

② 参见［日］石川明：《日本破产法》，何勤华、周桂秋译，中国法制出版社2000年版，第108页；杜景林、卢谌译：《德国支付不能法》，法律出版社2002年版，第41页。

③ 参见徐振增、宫艳艳：《破产法设置劣后债权的问题研究》，载《广西民族大学学报（哲学社会科学版）》2015年第2期。

④ 参见张阅：《劣后债权法律问题研究》，厦门大学2017年硕士学位论文，第44-46页。

⑤ 参见王欣新：《论破产程序中劣后债权的清偿》，载《人民法院报》2018年7月4日第7版。

无实质意义，反而可能对前顺位债权清偿进程的不当干扰。此外，考虑到在和解与重整中，劣后债权将来受偿的可能性及比例较之清偿程序大幅上升，这时即便暂估劣后债权无法受偿而不赋予表决权，也应当允许劣后债权人对表决通过的和解、重整草案向法院提起异议，杜绝先顺位债权人滥用权利损害后顺位债权人利益的可能性。

五、结　语

推动永续债破产违约条款在破产程序中的适用，本质上是要解决合同法与破产法相互衔接的问题。该条款适用的困境，一定程度上反映出现行破产法的制度缺陷；实现该条款所要求的规则基础，也符合破产法今后的立法变革方向。通过分析、破解永续债破产违约条款适用难题，可深化对劣后债设置、破产止息等热点理论问题的探讨，进而构建更为完善的破产法体系。

论债转类永续债在企业债务重组中的适用

康雪飘　　康雪飞*

内容提要： 企业债务重组实践伴随着对债务清偿手段的不断探索和创新。城投公司遵义道桥开启的超长期限展期模式更倾向于对债务作类永续清偿。债转类永续债清偿，其法理依据为债的更新，虽然尚未在债务重组实践明确应用，但其对债务人企业及债权人，特别是金融机构债权人具有重要的经济价值，具有留债清偿、债转股等传统偿债手段不可比拟的优势。但其适用需要妥善处理有财产担保债权、不同债权人类型及后续退出机制等自身的特殊问题。整体而言，通过合理确定适用程序、适用范围，合理进行制度设计，债转类永续清偿在我国现行的法律规则体系和债务重组市场框架下，可以发挥重要作用。

一、问题的提出

受宏观经济环境及行业周期波动的影响，近年大型企业集团如钢铁、航运、房地产等重点行业企业分别出现债务问题。在这些企业通过协议重组或破产程序等方式应对和处置债务风险的过程中（以下简称"企业债务重组"），因企业的资源禀赋和经营前景的各不相同，存量债务规模庞大且类型多样，如何合理的设计存量债务的清偿方案是非常重要的问题。在关于债务清偿方式的探索和创新中，城投公司遵义道桥建设（集团）有限公司（以下简称"遵义道桥"）所采取的超长期限展期的方式引起了理论界和实务界的关注。

---

* 康雪飘，北京市金杜律师事务所律师。康雪飞，中南财经政法大学硕士研究生。

　　遵义道桥是遵义市最大的城投发债主体，遵义市以城投平台进行信用债融资，开展基础设施建设、棚户区改造、水电气热供应等业务。这类公益或类公益性质的业务投资收益低且项目周期长，导致城投平台举债后短期内即面临还本付息的压力。2020年初，遵义道桥出现非标逾期，市场也下调对遵义道桥及遵义市其他城投平台的评级，遵义道桥的债务问题由此爆发。为妥善化解遵义市乃至贵州省的债务问题，国务院专门出台《关于支持贵州在新时代西部大开发上闯新路的意见》（国发〔2022〕2号）以支持当地的债务风险防范化解工作。2022年7月，在贵州省、遵义市及遵义市金融工作领导小组的协调下，遵义道桥基本完成了银行债务（不含债券、非标准化债权资产）重组，由遵义道桥与各家银行总行签署债务重组协议，统一将银行贷款延期20年，前10年不付息，并同步大比例降息（从4%~7%降到3%左右）；另外，遵义道桥要求银行不抽贷、不断贷、不降征信，已降的征信需恢复到正常水平。

　　对于遵义道桥将银行债务做20年超长期限展期的清偿方式，市场给予了很大关注，认为形成了一种新的城投化债模式。不同于一般性企业债务重组中债务留债延期清偿的方式，遵义道桥模式化债期限更长、期间确保利息而非本金的支付。从清偿结构看，更类似于对债务进行了永续安排。永续债是指因债务人具有续期选择权或赎回权而没有到期期限的债务，除非触发事前明确约定的支付条件，发行人可以选择延期支付本息，但应给与债权人相应的利息补偿。目前我国的永续债类型仅包括债券，主要涉及公司债、企业债、中期票据、定向工具等几类。因此，对于具备永续债无固定到期期限、有续期选择权、可以通过特定条款设计分类为权益工具或金融负债的特征，但不属于现有的永续债券类型的其他债务作为可续期的类永续债（以下简称"类永续债"）。

　　以遵义道桥的化债模式为起点，从合法性及可行性出发，通过与现有的债务清偿方式进行比较，分析这种可续期的类永续债是否可以作为企业债务重组中的债务清偿方式是下文探索的主要问题。

二、债转类永续债的法理基础

　　以可续期的类永续债作为清偿手段的做法可以在债务更新理论中找到其法理基础。债务更新是指当事人之间通过变更债务关系的要素的方式建立新债而消灭旧债的制度。债务更新制度起源于罗马法，罗马法最初强调债务与主体的不可分性，故该制度设立的初衷是为了满足债务转移的需要。而随着债权让与和债务承担制度的出现，债务更新的适用范围被大大缩减，但由于债务更新在保证责任承担与债务消灭等方面不可替代的作用，其依然在大陆法系国家的民法典中占有重要地位。①

通说认为债务更新的实现需要旧债务有效存在、新债务有效成立、新旧债务要素变更②以及当事人有进行债务更新的意思表示这四个构成要件。③ 而债转类永续债这种清偿方式完全符合债务更新的构成要件。在实践中，当事人一般通过协议的方式将原债务关系终结，并建立新的债务关系。旧债务有效存在、新债务有效成立和当事人有进行债务更新的意思表示的构成要件在此过程中已经满足。笔者认为对于新旧债务要素变更这一构成要件也已经得到满足，因为新旧债的债权人和债务人虽然并没有变化，但债务的内容已经发生了根本性的改变。类永续债与一般债务在清偿方式和清偿期限上有很大的不同，这种债务的清偿期限普遍较长，且采用了以长期支付利息代替短期内支付本金及利息的清偿方式。规定清偿方式的条款与债务双方当事人的利益有着紧密的联系，当事人往往对此也最为关注，按重要性程度来讲该条款应当属于基本条款，故其发生变化会导致新旧债务的同一性发生根本性的改变，从而满足新旧债务要素变更的构成要件。

在实践中，有学者主张债转类永续的清偿方式在性质上属于债的展期。笔者不同意此种观点，如上文所述，在债转类永续债的过程中，规定清偿方式的条款已经改变，债务关系已经发生了根本性变更；债的展期只是将债务的清偿期限予以延长，债务的基本条款并未发生改变，这与债转类永续债的情况是不相符的。

---

① 《法国民法典》《意大利民法典》《日本民法典》《瑞士债务法》中均对债务更新制度作出了详细的规定。

② 此处的要素指的是影响债务关系同一性的要素，主要包括债的主体变更以及债的性质变更等。

③ 参见聂树平：《债的更新制度研究》，黑龙江大学 2004 年硕士学位论文，第16 页。

三、债转类永续债的可行性分析

(一) 债转类永续债的作用

1. 对债务人企业的作用

当前企业债务重组对存量债务的处理方式以即期退出为主，通过处置资产、以资抵债、债转股等多种方式实现债务清退和减债化债的效果。究其根本，都是根据基准日债务人企业的资源禀赋在债权人间确定方案进行资源分配。这种方式下，债务人企业与债权人，或不同的债权人间都可能对债务人企业资源的评估及分配等问题产生争议。企业债务重组实践可以将债权人即期退出的目标转为更为长期的目标，让债权人共享未来企业的经营前景和增量收益，也让债务人企业拥有更加弹性的经营空间。在这种新目标的指导下，债转类永续清偿对于债务人企业可以实现债务清偿、再融资、时间换空间、债权人支持多个效果的有机统一。

首先是债务清偿的效果。债转类永续清偿作为债的更新，从法理基础上看可以适用于各类债务的清偿。同时，这种清偿方式让存量债务在重组后维持债的形态，因债权优先于股权，相较于债转股等清偿方式，维持债的形态的保障力度更强。

其次是再融资的效果。企业日常经营需要获得外部融资，企业债务重组通常在安排存量债务清偿后，通过引入投资者或向银行再融资等方式取得新增资金，甚至在重组进行中都可能需要以共益债务的形式获得融资。债转类永续清偿的方式可以避免债务人企业资源在重组当期大规模流出，保留企业的经营资产，减轻企业的再融资压力。

再次是时间换空间的效果。一般情况下，债务人企业是根据对未来经营情况的预判作出清偿承诺，但经济环境和行业周期的变化可能导致企业的预判出现失误。而转为类永续债后，债务人企业获得续期选择权，虽然该权利的行使受一定限制，但重组后的企业在生产经营遇到不利变化时可以递延本息的支付，而不构成再次违约。债务人企业可以根据未来实际的经营情况确定偿债周期和频率，获得了更弹性的复生空间。

最后是更容易取得债权人支持的效果。债转类永续清偿可以避免债务即期清偿模式下经常出现的关于债务人企业财产范围、财产计价方式、分配方案等方面的争议，且债务人企业通过让渡未来经营收益，在不减损债权人即期清偿的可收回利益的基础上为债权人提供额外的资源支持，以换取对重组后债务的续期选择权，将企业未来经营成效变成双方共同的利益关切。从效果而言，债转类永续债是更为有利的清偿方案。

2. 对债权人的作用

债转类永续清偿可以实现债权清收及再贷款的双重效果。

首先，在债权清收方面，从效果而言，债转类永续债清偿可以避免债权的即期损失，且通过共享债务人企业未来经营收益，债权人获得的清偿资源更加丰富；从债权人监管而言，重组后债权人持有的类永续债，虽然在规定清偿安排上已经发生根本变化，但性质上仍为债权，对于银行等金融机构而言，在监管指标方面会比转换为股权类金融资产更加友好；也不同于银行取得股权类金融资产后面临短期内出表的压力，类永续债仍属于银行的生息资产。

其次，在再贷款方面，对于从事资金融通业务的金融机构而言，其自身面临投资和放贷压力。除资本金外，金融机构的资产来自吸储等外部资金，需要通过贷款的方式获得贷款利息，才能平衡资金需求并获得息差收益，因此账面静态资产对金融机构而言是不利的。从这种全流程的视角审视金融机构的需求，债转类永续清偿的方式实现了债权清收和再贷款的统一，未来金融机构可以自债务人企业取得的利息收益与金融机构在收回资金后再寻找放贷对象进行再贷款效果是一致的，此外，成功进行债务重组的企业，通过对债务、资产以及经营等各方面重组后，其经营能力能恢复到行业平均以上，本身也是很好的贷款对象。

(二) 债转类永续债具备的优势

1. 与资本市场永续债券的比较优势

永续债在我国资本市场中有着特定的指向。根据我国财政部、税务总局发布的《关于永续债企业所得税政策问题的公告》（财政部、税务总局公告 2019 年第 64 号），永续债是经过国家发改委、中国人民银行、中国银行保险监督管理委员会、中国证券监督管理委员会审核批准或者是通过中国银行间市场交易商协会注册、中国证券监督管理委员会授权的相关证券自律组织备案，然后依照现有法定程序进行发行附带赎回或续期选择权或是无明确到期日的债券，包括可续期企业债、可续期公司债、永续债务融资工具(含永续票据)、无固定期限资本债券等。

企业永续债券的发行人以国有企业为主,主要涉及建筑业、交通运输、制造业等重资产、高负债的周期性行业。对于发行人而言,企业永续债券是一种创新型融资工具,兼具"股性"和"债性",在一定条件下可以被计入权益工具而非金融负债,发行永续债既能够帮助企业补充长期资本,同时也不会提高企业的资产负债率。① 但随着永续债划分标准的不断明确,永续债认定为权益工具的标准越加严格,永续债调节资产负债表的经济效能已经有所限缩。对于债权人而言,企业永续债是一种投资,投资价值主要在于同一发行人发行永续债的票面利率显著高于其发行的普通债券,投资人可以获得较高的品种利差,但与普通债券相比,永续债的发行人可以选择递延支付投资本金和利息带来不确定性。但目前国内企业永续债的发行人整体资质较高,实际发生递延支付本息的情况较少,投资风险相对较低。②

可以看出,作为债务清偿方式的类永续债和资本市场的永续债券的经济效能存在很大差异,究其根本,资本市场的永续债券是在公平市场环境上的一种融资手段,发行人自行确定永续债券的债权结构,但要能吸引投资者认购,投资者认购的目的是获取投资收益;而作为债务清偿方式的类永续债的适用背景是债务人企业已经无力承担自身债务,需要对现存债务进行重组,在双方能达成合意的基础上势必对债权人的权益有所减损,所以,一方面,债转类永续债清偿不是公开市场行为,债权人范围特定,由债务人企业与现有债权人间达成债务更新的合意;另一方面,作为债务清偿方式的类永续债无法类比资本市场的永续债券提供更高的利差。但两者的共性在于都内含续期选择权,可以由债务人企业选择行使并将本金或利息递延,缓解一定时期内的偿债压力。

2. 与其他债务清偿方式的比较优势

现有的债务清偿手段中与债转类永续债清偿方式有共性的是"留债清偿"及"债转股",但比较而言,各有侧重。

---

① 参见周少红:《房地产企业融资工具与财务风险——以绿城中国永续债发行为例》,载《中国房地产》2022 年第 15 期。

② 参见贾珊:《一般企业永续债的投资价值和风险识别》,载《中国外资》2022 年第 6 期。

留债清偿是将存量债务修改清偿条件后予以延期现金清偿。该方式在破产重整程序中较为常见，且用于清偿有财产担保债权居多。留债清偿的特征是债务延期、降低利率、可能对债权金额进行必要打折、但继续保留该债权的担保权利，其前提是债务人企业在未来特定期间内具备对特定债务还本付息的能力。留债清偿，在法理基础上属于债务变更，在操作上则由债务人企业和各家债权人分别重新签署协议予以落实。与留债清偿相比，债转类永续债清偿主要有以下不同：一方面，因类永续债内含续期选择权，债务人企业可以通过行使续期选择权递延本息的支付而不会造成二次违约；另一方面，两种清偿方式的法理基础也截然不同。如上文所述，债转类永续债清偿属于债务更新范畴。作为债的消灭原因，债务更新完成后，原有的债权债务关系消灭；而留债清偿仅改变债务内容并不消灭原债权关系，属于债的变更。此外，因债转类永续债清偿导致原债消灭，也导致原债上的担保权利因从属性也随之消灭，但留债清偿不影响原债的存续，也不会影响原债上的担保权利。

债转股这种清偿方式是将债权按照约定价格转换为对债务人企业的股权，债转股后原债权消灭，原债权人成为债务人企业的股东，未来通过分红、减资、回购或股权转让等方式退出。这一方式在协议重组、破产重整、和解、破产清算等各种程序中都有适用，主要用于清偿普通债权。债转股的合理性在于即使是资不抵债的企业，资产的持续经营价值也要高于资产的快速变现价值，故维持企业持续经营对债权人、债务人企业都有益处。与债转股相比，债转类永续债清偿也实现了重组后原债消灭的效果，但仍有区别。首先，债转类永续债的清偿标的仍为债权形式，而债转股的清偿标的则为股权，按照债权优于股权的一般法理，对于债权人而言，债转类永续清偿的保障程度更高；其次，债转类永续清偿虽然原债的担保权利消灭，但债权人债务人双方仍可对重组后新债新设担保权利，但对转股后取得的企业股权无法提供任何程度的担保；再次，债转类永续债清偿对债务人企业可以达到抵税的效果，未来债务人企业支付的债务利息可以作为财务费用抵税，但股东分红和股利则没有类似效果。

上述三种清偿手段从对债权人的保障程度比较，留债清偿因不消灭原担保关系而保障程度最高，债转类永续债清偿因可提供新增担保次之，而债转股最低；从适用范围上比较，债转类永续债清偿具有比留债清偿、债转股更广泛的适用性。由此看出债转类永续债清偿作为一种创新的清偿手段，可以填补目前债权清偿体系的空缺，克服留债清偿、债转股等现有清偿手段的缺陷，以其广泛的适用性拓展债务重组的适用范围，具有较高的实践价值。

四、债转类永续债的问题及应对

（一）对有财产担保债权的适用问题

如上所述，债转类永续债清偿的法理基础是债务更新，类似于借新还旧。因原债已经消灭，所以对应的担保权利也因从属性而随之消灭。留债清偿与此不同，因其没有从实体上消灭原债的法律关系，一般情况下都明确不改变原债的担保关系，所以对于有财产担保债权，未来担保财产的处置所得将按照物权法律规定优先清偿对应的担保权人。据此，在债转类永续债清偿中，如何保障有财产担保债权的优先受偿是实践中必然要解决的问题。

在目前司法实践中，金融机构债权在借新还旧情况下也存在类似的问题，因借新还旧和债转类永续清偿都属于债务更新范畴，关于借新还旧担保物权的处理规则也可适用于债转类永续清偿的模式。借新还旧行为的本质是新债形成与原债消灭两项法律事实的结合，对于借新还旧情形下贷款人对于担保物所享有的顺位利益需否受到保障的问题，实践中曾有不同的观点：有观点认为，因借新还旧属于债务更新，故即使同一物在新旧贷中均作为担保物，但因旧贷已经消灭，故贷款人的担保顺位应以新贷成立后新担保物权登记的时间为准，如若该物在新担保物权登记前存在（较贷款人而言）劣后顺位的债权人，则此类债权人的担保顺位应当提前；[①] 也有观点认为，借新还旧情形中双方当事人的核心目的还是在于以特殊的方式变相对贷款展期，且在借新还旧的实践操作中，金融机构在与债务人再次签署贷款合同和担保合同的同时，会对担保物权的相关登记申请延期，而非注销登记后再重新办理登记，这样的做法虽在一定程度上有违借新还旧

---

① 参见最高人民法院民事审判第二庭编：《最高人民法院民法典担保制度司法解释理解与适用》（第 1 版），人民法院出版社 2021 年版，第 203 页。

债务更新的法律性质，但在实务中更具有可操作性，也更为简洁便利。借助这样的处理方式，贷款人对于担保物的担保登记一直未注销，其顺位始终保持不变。而对于其他债权人（担保物权人）而言，其对于担保物所享有的顺位利益也未因贷款人借新还旧的做法而导致减损，故贷款人的顺位利益应予维持。① 对于上述的观点冲突，最高人民法院在《关于适用〈中华人民共和国民法典〉担保部分的解释（征求意见稿）》（以下简称《征求意见稿》）中保留了两类完全相反的表述，② 但在最终正式施行的《关于适用〈中华人民共和国民法典〉有关担保制度的解释》中，最高人民法院采纳了第二种观点，即认为贷款人对于担保物所享有的顺位利益应受保障。根据最高人民法院在《民法典担保制度司法解释理解与适用》书中的释明："借新还旧与借款人用自有资金归还贷款从而消灭原债权债务关系存在本质区别，虽然新贷代替旧贷，但借贷双方之间的债权债务关系仍未消灭，客观上只是以新贷的形式延长了旧贷的还款期限……只要旧贷担保人同意继续为新贷提供担保且登记仍未涂销，债权人的担保顺位应予确认，且有利于维护现行金融秩序。"③据此，最高法院从实务操作的便宜性以及各方利益的平衡角度，承认了顺位利益维持的观点，也体现了最高人民法院对于商业实践惯例的一种尊重。

在这种法律背景下，借鉴民法典和担保制度解释对借新还旧顺位问题的意见，债转类永续债清偿可以在债务更新的法理基础上考虑在原债消灭的情况下将原债债权人的优先顺位有效平移到转换后的类永续债上。在具体操作上可以通过合理安排类永续债的债权结构，设计嵌入担保物权的类永续债的方式以清偿有财产担保债权，从而克服这种清偿手段在有财产担保债权上的适用障碍。

---

① 参见马捷、宋滕昊：《〈民法典担保解释〉第 16 条评注："借新还旧"的担保规则》，载微信公众号"金杜研究院"，2021 年 1 月 11 日。

② 《征求意见稿》第 16 条第 3 款："当事人约定物的担保人继续为新贷提供担保，但在订立新的贷款合同前又以该担保物为其他债权人设定担保物权，其他债权人主张其担保物权顺位优先于新贷债权人的，人民法院不予支持。【另一种意见】人民法院应予支持。"

③ 参见最高人民法院民事审判第二庭编：《最高人民法院民法典担保制度司法解释理解与适用》（第 1 版），人民法院出版社 2021 年版，第 205 页。

(二)可适用的债权人范围问题

企业债务重组涉及的债权人人数众多、类型多样,按照债权属性可以分为金融债债权人、经营债债权人;按照债权人性质可以分为机构债权人、自然人债权人以及特殊情况理财产品债权人等,因此应对债转类永续债能否用于清偿各类债权人的债权加以论证。对债权人的适用性问题,与债转类永续债模式下确定的债务变更后新债的形式相关,即根据落实永续安排的新债的具体形式,判断各类债权人是否适格。

鉴于资本市场的永续债券是目前既存的永续债形式,优先予以考虑。资本市场永续债券没有固定的券种,涉及公司债、企业债、中期票据、定向工具等几类。作为债券,其发行及认购受到证券监管法律法规的规制。根据证券监管法律,公司债的发行应由具有证券承销业务资格的证券公司承销,投资者认购债券需要履行特定的程序并满足投资者适当性要求,在发行和募集中投资者应以现金认购。作为资本市场的一种融资工具,债券不接受以债权等资产形式认购,这一限制条件导致永续债券不能作为债转类永续债模式下的新债的形式。

另外可予考虑的是以协议方式落实内含续期选择权的债务安排。通过债务人企业和债权人签署内含续期选择权的新债权协议进行与旧债的债务置换。鉴于债权协议是基于双方的合意,因此可以与各类债权人达成。此外,不同于资本市场的投资者适当性管理对投资人参与资本市场投资行为进行限制和保护,债转类永续的协议安排并非一种投资行为,而是在企业面临债务风险时债权人与债务人企业双方以协议方式对未来债权权利的重新约定,通过各自让渡部分权益完成企业挽救和债权退出,在这种原则的指引下,限制参与债转类永续协议安排的债权人范围并无必要。据此,在以协议方式落实债转类永续安排的情况下,对债权人资格并无限制。

(三)类永续债后续的退出问题

对债转类永续债后新债如何清偿退出是事关债权人的切身利益和落实债转类永续机制的重要内容。特别是在债务人企业拥有递延支付本息的续期选择权的情况下,更应当设置合理的清偿保障机制,实现债务人企业和债权人间的利益平衡。

资本市场中对永续债券的清偿设置了保障机制。首先是利率跳升条款，如发行人对本金或利息进行递延展期，债券利率将提高从而加重发行人的财务成本；其次是强制付息和限制事件，如发行人当年出现分红、减资事件，则不得递延当期利息以及已经递延的所有利息及其孳息，而发行人选择递延支付利息的，在递延支付利息及其孳息未偿付完毕之前，发行人不得发红、减资等；三是违约后救济，虽然基于永续债的结构，不会因递延支付而发生实质性违约，但如存在发行人破产、或直接违反协议相关约定时，也可以启动永续债券的违约处置机制，以未支付的本金及利息作为普通债权向发行人要求清偿；四是通过司法程序行使合同解除权，根据《中华人民共和国合同法》(以下简称《合同法》)第 94 条或《中华人民共和国民法典》第 563 条规定主张解除永续债募集说明书，解除事由可以依据信息披露违约行为，即以发行人存在信息披露违约行为导致合同目的已经无法实现或者发行人存在预期违约行为主张发行人在未来不可能支付到期的本金和利息。在 2018 年上海高院发布的 2017 年度上海法院金融商事审判十大案例中曾有一例永续债券纠纷成功解除募集说明书实现永续债提前还本付息的案例,① 该案中，法院认为发行人多次未能如约披露信息，直接影响投资者对企业信用风险、投资价值的判断及投资者的投资信心，导致涉案债券缺乏市场流通性，致使投资者通过流通债券实现收益的合同目已经无法实现，根据《合同法》第 94 条的规定，投资者有权解除募集说明书。

在以协议方式落实债转类永续债安排的情况下，债务人企业和债权人间新达成的债权协议以双方合意为基础，在协议中约定何种对债务人企业的限制措施是双方意思自治的范畴。债转类永续债清偿，可以借鉴资本市场永续债券的债权人保护机制，比如利率跳升、强制付息和限制事件等，通过市场化的激励手段促使债务人企业在重组后积极履行付息义务。同时，可以在债务重组谈判期间，根据债务人企业的具体业态和经营方式确定，增加限制事件的事由。

但需要注意的是，永续债券项下的个别债权人的合同解除权可能不适宜引入债转类永续中，一方面，无论是协议重组还是破产程序，债务重组作为概括性清偿程序，是对债务人企业彼时几乎全部债权进行重组，个别债权人行使合同解除权可能对其他多数债权人造成不利影响；另一方面，

---

① 参见上海市第二中级人民法院(2018)沪 02 民终 3136 号民事判决书。

企业债务重组中除对债务进行重组外，还会对债务人企业的股权、资产、业务等多方面进行重组，重组完成后几乎是不可逆的。另外，如果通过破产程序进行债务重组，因破产法的债权人会议多数决的机制，经债权人会议表决通过的清偿方案效力及于全体债权人，且在破产程序中表决通过的清偿方案，为平等主体间的合同，不受合同法解除权的规制。

五、债转永续债清偿的适用建议

作为清偿手段，债转类永续清偿以债务更新为法理基础，对债务人企业及债权人都具有独特的价值，但因自身属性在适用性方面也存在一定的问题，需要在实施过程中予以应对和处理。根据上述分析，并结合债务重组实践经验，提出如下适用建议。

一是程序上与破产重整程序更兼容。企业债务重组可以通过自愿协议重组或破产程序，后者可分为破产重整、破产和解、破产清算三种。债转类永续债清偿要求债务人企业具备未来期间稳定付息的能力。而破产清算后债务人企业主体资格消灭；破产和解程序因只能对没有财产担保的普通债权进行调整，债务重组效果有限，对于深陷危机中的企业未从根本上解决问题，很难保证重组后企业盈利能力恢复到较高水平，因此都不适合安排类永续债清偿。破产重整程序以企业拯救为原则，重整后企业继续存续，在债务重组时也对企业资产、经营、公司治理等方面进行重组优化，通过引入投资人等方式恢复企业活力，更具备承担类永续债的能力。相较于破产程序，债转类永续债清偿在协议重组中适用的阻力更大，系因协议重组缺乏破产程序中债权人多数决的机制这一固有问题。协议重组中，个别债权人可以选择不参与、不接受债务重组安排，其债权因此维持原状。在这种情况下，说服其他债权人接受转永续债的安排，放弃债权的部分权益是很难实施的。

二是债务人企业以国企、城投公司更适宜。为满足类永续债的清偿要求，债务人企业需具备稳定的盈利能力及抗风险能力。国企、城投公司因主营业务稳定，受经济环境及行业周期影响较小，更为适合作为类永续债的承担主体。从当前资本市场永续债券的发行人属性上看，也一般以国有企业为主，行业分布上以建筑业、交通运输、制造业等重资产、高负债的周期性行业为主，也是此意。以遵义道桥为例，在当前城投公司债务风险处置实践中已经出现的超长期限展期方式，可以视为该种模式的初步尝试。

三是重组标的主要在金融机构债权。类永续债清偿的特点是通过续期选择权的安排以稳定付息代替即期还本。从经济效果而言，更适合从事资金融通和贷款投资的金融机构，与经营债权人通过销售商品服务以收回成本并赚取利润的经营模式并不相符。此外，在涉及经营债权人时，还会出现期限错配问题，经营债权人作为一般市场主体，常因各类原因面临破产或退出市场，如其持有的类永续债权尚未到期也会给其退出造成障碍。因此，虽然如上文分析，债转类永续清偿适用于各类债权人，但从实操考虑，重组标的应以主体资格稳定存续且主要从事资本市场业务的金融机构债权为主。

四是合理安排类永续协议条款。不同于资本市场永续债券投资者可以自行判断是否具有投资价值并认购，债转类永续清偿在企业债务重组中是一种概括性的偿债手段，需要在类永续的协议安排上平衡债权人和债务人的利益，以取得债权人对债务重组方案的认可。在以协议方式落实内含续期选择权的债务安排时，一方面，可以参考资本市场永续债券的常规必备条款，如基准利率、利率跳升、递延付息、清偿顺位、违约责任等，对类永续的条款架构予以完善，因为这些条款是构成永续安排不可缺少的部分；另一方面，笔者主张应结合企业债务重组的情况和债务人企业的特点进行对应调整，例如在利率跳升上，既应安排利率跳升机制作为债权人保障措施，又应将基准利率确定在较低水平确保债务人企业可以承担；在限制事件上，应明确并多列限制事件以敦促债务人企业及时付息；对有财产担保债权和普通债权分别设计不同的类永续安排；加强信息披露的约定；明确违约责任等。考虑到实践中尚无采用债转类永续债清偿的实例，上述列示的条款必定是挂一漏万的，具体应根据实践中的具体情况予以调整。

五是注重与债权人的沟通及监管意见。永续债在我国发展的时间尚短，金融机构对永续债的接受程度尚有待提高。即使对于资本市场的永续债券，银行自有资金认购的积极性也并不高，投资者仍以银行资管/理财、保险资管、券商自营资管以及部分基金专户为主。而在企业债务重组中进行债转类永续债清偿也并无先例，虽然已有遵义道桥的超长期限展期模式在前，但实践阶段可能仍会受到来自债权人的较大阻力，对此，应从债转类永续债的可行性和优势，特别是对金融机构债权人的作用和意义出发，加强与债权人的沟通，并注重听取债权人在协议安排、条款设计、清偿保障措施等方面的意见，以推动这一清偿手段走向实践。此外，还应注重与监管的沟通，一方面，作为一种具有创新性的清偿手段，本身使得债权人在账务处理、风险管理等诸多方面面临新的问题，需要监管的指引和明确；另一方面，如能取得监管的支持对债转类永续债的实践应用将有很大的推动作用。

论待履行合同解除的法律效果

吴舒妤*

内容提要：《企业破产法》第 18 条规定了破产管理人可以选择继续履行或解除待履行合同，以拒绝履行替代解除合同的观点并不合理，解除合同的选择具备正当性。该条规定未明确管理人解除待履行合同后产生的法律效果，本文认为，破产法上的待履行合同具备区别于一般合同的特殊性，相比直接效果说，在合同解除效果上适用折中说更合理，待履行合同的解除不应溯及既往。由合同解除引起的恢复原状请求权应属共益债权，损害赔偿请求权应属破产债权，违约金不宜赔偿，由于司法解释排除定金罚则的适用，当事人应享有定金返还请求权。

《中华人民共和国企业破产法》(以下简称《企业破产法》)第 18 条中规定："人民法院受理破产申请后，管理人对破产申请受理前成立而债务人和对方当事人均未履行完毕的合同有权决定解除或者继续履行，并通知对方当事人。"该条授予了破产管理人对待履行合同的选择权，即管理人对双方均未履行完毕的合同，可以选择继续履行或者解除合同。但是该条文并未明确此种选择权行使的原则、标准和法律效果等问题，广为学界诟病。如果管理人依据该条赋予的权利解除待履行合同，是否发生恢复原状的法律效果，若恢复原状，债权人享有的恢复原状请求权应当是共益债权还是破产债权，《企业破产法》均未予以明确规定。本文将就管理人解除待履行合同产生的法律效果进行探析。

---

* 吴舒妤，武汉大学法学院民商法学硕士研究生。

一、管理人解除权的正当性证成

（一）破产管理人的选择权

《企业破产法》第 18 条规定破产管理人可以选择继续履行或解除待履行合同，此即为破产管理人的对待履行合同的选择权。待履行合同即破产中双方均未履行完毕的合同，指破产申请受理前成立，而破产债务人和对方当事人均未履行完毕的合同。① 综合理论与实践中的定义，可以认为待履行合同应当满足如下特征：其一，待履行合同应当是破产申请受理前成立的合同；其二，待履行合同应当是双务合同，单务合同不能成为破产法上的待履行合同，不适用《企业破产法》第 18 条的规定；② 其三，待履行合同应当是双方当事人均已经开始履行但均未履行完毕的合同。双方当事人均未开始履行的合同和已有一方当事人履行完毕的合同不属于本文所称的待履行合同。而履行完毕的标准，依据最高人民法院的多个判例，可以界定为已经履行主要义务。③

赋予管理人选择权的最主要目的，是尽可能使破产财产的价值最大化。管理人根据具体情况判断合同继续履行是否有利于破产财产价值的提升，行使决定继续履行或者解除合同的选择权，从而延续对债务人有利的合同，解除对债务人不利的合同。④ 通过破产财产的最大化最终实现全体债权人利益的最大化。此外，管理人选择权还有在债务人破产时避免合同陷入"胶着状态"的功能。⑤ 一方面，《企业破产法》第 16 条⑥禁止债务人

① 参见许德风：《破产法论：解释与功能比较的视角》，北京大学出版社 2015 年版，第 130 页。

② 参见最高人民法院（2020）最高法民申 3564 号民事裁定书。

③ 参见最高人民法院（2021）最高法民申 2192 号民事裁定书；最高人民法院（2020）最高法民终 479 号民事判决书；最高人民法院（2020）最高法民再 287 号民事判决书；最高人民法院（2020）最高法民申 4265 号民事裁定书；最高人民法院（2020）最高法民申 3311 号民事裁定书；最高人民法院（2020）最高法民申 3533 号民事裁定书。

④ 参见最高人民法院（2020）最高法民申 2255 号民事裁定书。

⑤ 参见最高人民法院（2021）最高法民申 5082 号民事裁定书。

⑥ 《企业破产法》第 16 条："人民法院受理破产申请后，债务人对个别债权人的债务清偿无效。"

对个别债权人清偿债务。债务人破产后，若合同相对人请求债务人继续履行合同，则债务人因个别清偿无效而无法继续履行。另一方面，《中华人民共和国民法典》(以下简称《民法典》)规定了合同当事人在特定条件下的抗辩权。当债务人请求相对人继续履行时，若相对人为先履行合同的一方，则可以依据《民法典》第527条①规定的不安抗辩权对抗债务人的请求，若合同的履行无先后顺序，则相对人可以依《民法典》第525条②规定的同时履行抗辩权拒绝债务人的履行请求。由此，债务人破产后，合同双方当事人均难以请求对方履行债务，合同陷入僵局，此时由管理人行使选择权，能够解决此种债务人与相对人相持不下的状态。

(二)对破产管理人解除权的质疑

管理人的选择权有二：继续履行或解除合同。管理人选择继续履行的合同往往是可能增加破产财产的合同，履行合同后产生的债务，依照《企业破产法》第42条第1项③应当列为共益债务，优先于普通债权受偿。因为对全体债权人而言，既然其从该合同的履行中受益，自然也应当付出相应成本。且《企业破产法》第18条第2款④规定了管理人选择继续履行时，相对人得请求债务人提供担保，相对人的权利有所保障。故而对管理人继续履行的选择，争议较小。

---

① 《民法典》第527条："应当先履行债务的当事人，有确切证据证明对方有下列情形之一的，可以中止履行：(一)经营状况严重恶化；(二)转移财产、抽逃资金，以逃避债务；(三)丧失商业信誉；(四)有丧失或者可能丧失履行债务能力的其他情形。当事人没有确切证据中止履行的，应当承担违约责任。"

② 《民法典》第525条："当事人互负债务，没有先后履行顺序的，应当同时履行。一方在对方履行之前有权拒绝其履行请求。一方在对方履行债务不符合约定时，有权拒绝其相应的履行请求。"

③ 《企业破产法》第42条："人民法院受理破产申请后发生的下列债务，为共益债务：(一)因管理人或者债务人请求对方当事人履行双方均未履行完毕的合同所产生的债务；(二)债务人财产受无因管理所产生的债务；(三)因债务人不当得利所产生的债务；(四)为债务人继续营业而应支付的劳动报酬和社会保险费用以及由此产生的其他债务；(五)管理人或者相关人员执行职务致人损害所产生的债务；(六)债务人财产致人损害所产生的债务。"

④ 《企业破产法》第18条第2款："管理人决定继续履行合同的，对方当事人应当履行；但是，对方当事人有权要求管理人提供担保。管理人不提供担保的，视为解除合同。"

　　而解除合同的选择，却存在较大争议。有的观点认为，管理人行使合同解除权不具备正当性，应当学习美国法、德国法，以"拒绝履行"的选择替代之。① 主张拒绝履行模式的主要理由有四：其一，破产管理人解除合同有悖合同解除制度的立法目的。合同法上一般认为，合同解除权由非违约方享有。② 如果赋予违约方随意解除合同的权利，显然损害守约方请求继续履行的利益，同时也会削弱合同的法律拘束力，只有将解除权赋予守约方才会对违约行为产生积极抑制效果。③ 债务人破产时，往往因丧失履行能力而存在违约风险，作为守约方的合同相对人却要面临被解除合同的风险，有违合同严守原则。《企业破产法》第 18 条使得违约方享有解除权，异化了合同法上的解除权，也有悖于破产法的内在逻辑。而拒绝履行是管理人遵照既有实体法规范本就享有的权利，管理人应在尊重非破产法规范的原则下行使权利和承担义务，在无特殊政策需求和充分论证的情况下，不应当轻易突破既有的实体法规范。④ 其二，解除合同的返还清算成本较高。解除合同将对合同已履行部分产生影响，拒绝履行不会对待履行合同的已履行部分产生实质性影响，从而避免双方就已履行部分进行不必要的返还清算。⑤ 其三，解除合同的选择将引起债权人受偿顺序的变动。合同解除后，合同已经履行部分可能发生恢复原状的法律效果，相对人的返还请求权若升级为共益债权，将提升相对人的清偿顺位，违背破产法公平清偿的原则。⑥ 而拒绝履行的选择中，相对人仅就由此引起的损害赔偿享有请求权，此种请求权作为破产债权与普通债权人一同按比例受偿，并不引起受偿顺序上的不公。其四，管理人的解除权范围不明，可能导致权

---

　　① 参见庄加园、段磊：《待履行合同解除权之反思》，载《清华法学》2019 年第 5 期。

　　② 参见李永军：《合同法》（第六版），中国人民大学出版社 2021 年版，第 267 页。

　　③ 参见朱广新：《合同法总则研究》，中国人民大学出版社 2018 年版，第 621 页。

　　④ 参见陶奕源：《待履行合同解除权的反思与调适》，载《武汉交通职业学院学报》2022 年第 1 期。

　　⑤ 参见庄加园、段磊：《待履行合同解除权之反思》，载《清华法学》2019 年第 5 期。

　　⑥ 参见张玉海：《民法典时代破产法上待履行合同"涤除"制度再造》，载《华东政法大学学报》2022 年第 5 期。

利滥用。《企业破产法》第 18 条仅赋予管理人权利，而未明确权利行使的标准和界限，若完全依照文义，则可能得出只要是双方均未履行完毕的合同，管理人都可任意解除的结论。若管理人随意行使选择权，相对人的合法权益将受到损害，同时也有违公共政策。①

(三)破产管理人解除待履行合同具备正当性

本文认为，针对管理人解除权的上述质疑并不成立，破产管理人解除待履行合同具备正当性，拒绝履行模式也非我国待履行合同处理的最优解。其一，管理人行使解除权与合同法规范并不冲突。就立法目的而言，合同解除制度是对合同严守原则的突破，其目的在于应对合同有效成立后主观或客观情况的变化。② 其作用在避免合同因主客观情况变化而陷入僵局，以在最大程度上减轻双方损失。而债务人破产正是客观情况的变化之一，管理人行使解除权，也可避免合同"胶着状态"，与合同法上的解除权制度并不相悖，反而有着相同的目的与作用。就合同法的发展而言，《民法典》第 580 条第 2 款③突破了非违约方解除合同的规则，使得违约方也得享有申请合同解除权。④ 违约方可向法院申请，由法院审查判断是否解除合同。可见解除权不再是非违约方的专有权利。此外，也有学者主张在民法典合同编中增加规定特别法所设立的法定解除权。⑤ 管理人行使解除权是对合同法一般规则的特别处理。⑥ 由作为特别法的破产法规定管理人在特定情形下享有解除权并无不当。最高人民法院也在其判决中确认了

---

① 参见陈本寒、陈超然：《破产管理人合同解除权限制问题研究》，载《烟台大学学报(哲学社会科学版)》2018 年第 3 期。

② 参见石佳友、高郦梅：《违约方申请解除合同权：争议与回应》，载《比较法研究》2019 年第 6 期。

③ 《民法典》第 580 条第 2 款规定："有前款规定的除外情形之一，致使不能实现合同目的的，人民法院或者仲裁机构可以根据当事人的请求终止合同权利义务关系，但是不影响违约责任的承担。"

④ 参见张素华、杨孝通：《也论违约方申请合同解除权兼评〈民法典〉第 580 条第 2 款》，载《河北法学》2020 年第 9 期。

⑤ 参见王利明：《合同编解除制度的完善》，载《法学杂志》2018 年第 3 期。

⑥ 参见许德风：《破产法论：解释与功能比较的视角》，北京大学出版社 2015 年版，第 139 页。

管理人解除权作为法定解除权性质。① 其二，合同解除后返还清算的成本问题和相对人受偿的顺位问题均以合同解除有溯及力为前提，下文将探讨合同解除的效果问题，使上述两个问题得到解决或合理解释。其三，管理人解除权未加限制的缺陷，只需根据实际需要设置相应限制即可。有关管理人解除权需受限制的观点仍以认可管理人享有合同解除权为前提，其提出的问题核心在于如何补充完善现行规定，而非舍弃现行规定另辟蹊径。关于如何限制管理人解除权，学者们已经提出了许多策略，② 限于篇幅，本文不再赘述。其四，主张拒绝履行为合同法上原有权利的观点，曲解了拒绝履行的本意。合同法仅在当事人于特定情况下提出抗辩时允许当事人拒绝履行，否则便不符合全面履行原则与诚实信用原则，不被合同法所提倡，通过法定权利使得管理人享有解除权使得权利的行使更具正当性。其五，将解除合同变更为拒绝履行，立法成本过高。现行破产法既已确立了管理人在继续履行或解除合同中的选择其一的模式，在对现有框架进行解释和完善即可解决问题时，应当力求在不改变现行规定的情况下解决问题。将解除合同的权利变更为拒绝履行，立法成本较高。合同解除模式虽然已经暴露出许多可以弥补的缺陷，但拒绝履行模式未必就不会带来新的问题。其六，解除合同有着拒绝履行的路径无法替代的功能。债务人拒绝履行合同，合同关系并不因债务人负担违约责任或其他后果而自然消灭，管理人解除合同后，因合同产生的债权债务关系才终止。

　　总之，管理人解除待履行合同的模式有其正当性。解除合同的正当性是探讨待履行合同解除效果的前提，也使待履行合同的解除效果成为必须明确的话题。

二、待履行合同解除效果的争议

　　我国《企业破产法》上未明确管理人解除待履行合同的法律效果，特别法上没有具体规定时，应当从合同法的一般原理中寻找依据，一般认

---

① 参见最高人民法院(2015)最高法民申 1737 号民事裁定书。

② 参见余延满、年亚：《破产法上待履行合同的选择规则》，载《广东社会科学》2021 年第 6 期；陈本寒、陈超然：《破产管理人合同解除权限制问题研究》，载《烟台大学学报(哲学社会科学版)》2018 年第 3 期。

为，待履行合同的解除效果应当按照《民法典》第566条第1款的规定处理："合同解除后，尚未履行的，终止履行；已经履行的，根据履行情况和合同性质，当事人可以请求恢复原状或者采取其他补救措施，并有权请求赔偿损失。"但是此种解决方式并不妥当，一来对该条文的理解本就存在争议，二来破产法上的合同解除是否具备特殊性，是否需要确立区别于一般合同法上的合同解除效果也值得思考。

有关合同解除效力的争议主要集中于直接效果说和折中说两种。此外，还有间接效果说和债务关系转换说等学说，① 但由于该两种学说与我国法律规定相去甚远，讨论价值不大，支持者也较少，本文不再赘述。直接效果说是指，合同因解除而溯及地归于消灭，尚未履行的债务免于履行，应履行的部分发生返还请求权。② 折中说则是指，对于尚未履行的债务自解除时归于消灭，对于已经履行的债务并不消灭，而是发生新的返还债务。③ 对比这两种学说的概念不难发现，对于《民法典》第566条的前半句"合同解除后，尚未履行的，终止履行"，直接效果说与折中说作了相同处理，即合同解除时，未履行部分归于消灭。二者的分歧主要是对"当事人可以请求恢复原状或者采取其他补救措施"的理解，即合同解除后，已经履行的部分是否发生溯及既往的效力，二者持不同见解。直接效果说认为，由于合同溯及既往地消灭，已经履行的部分发生返还请求权，且依据此说产生的返还请求权被认为是物权性质的所有物返还请求权。"恢复原状"仅指物的返还请求权，而"采取其他补救措施"则属于给付劳务、金钱、原物毁损灭失等情形下的不当得利返还请求权。④ 折中说则认为合同解除并不发生溯及既往的效力，只是产生新的返还请求权。此种返还请求权在性质上属于债权请求权，且由于合同的并未溯及地消灭，该请求权不

---

① 间接效果说认为，合同本身并不因解除而归于消灭，只不过使合同的作用受到组织，其结果对于尚未履行的债务发生拒绝履行的抗辩权，对于已经履行的债务发生新的返还债务。债务关系转换说认为，由于解除使原合同关系变形、转换为原状恢复债权关系，原合同上的未履行债务转化为原状恢复关系的既履行债务而归于消灭。具体参见崔建远：《合同法》（第七版），法律出版社2021年版，第184页。

② 参见韩世远：《合同法总论》（第四版），法律出版社2018年版，第669页。

③ 参见韩世远：《合同法总论》（第四版），法律出版社2018年版，第671页。

④ 参见陆青：《合同解除效果与违约责任——以请求权基础为视角之检讨》，载《北方法学》2012年第6期。

等同于不当得利请求权。

合同法上的争议也延续到破产法中，许德风教授、李永军教授主张延续合同法的通说，适用直接效果说，[①] 王欣新教授、丁燕教授主张区别于合同法，在破产法上适用折中说，[②] 韩长印教授则提出第三种观点，将是否溯及既往的选择权交由相对人，再由法律对特殊合同予以限制。具体而言，合同解除原则上产生恢复原状的效果，但相对人可以放弃所有物返还请求权，主张不当得利返还请求权，也可以协议终止。在继续性合同、委托合同、劳务合同等特殊合同中，限制溯及力的发生。[③]

三、待履行合同的解除不应溯及既往

（一）直接效果说并非待履行合同解除效果的最佳选择

1. 直接效果说存在逻辑矛盾

直接效果说本身存在逻辑缺陷。其一，在恢复原状请求权的性质问题上，直接效果说中，恢复原状请求权是物权性质的所有物返还请求权。但我国物权变动以登记、交付为要件，合同履行期间，若动产已经由当事人中的一方交付给另一方，或不动产已经变更登记，则物权发生变动。合同解除后，当事人未经重新变更登记或交付，不能当然地回复物权。故合同解除后，当事人虽然有权请求相对方返还已给付的标的物，但实际上只享有债权请求权，与理论上的物权请求权不免矛盾。[④] 其二，在恢复原状请求权的清偿顺位上，直接效果说存在逻辑矛盾。持直接效果说的观点一般认为，恢复原状请求权可依据该条第 3 项"因债务人不当得利所产生的债务"而列入共益债务。因为合同溯及既往地消灭，当事人基于原来有效的

---

① 参见许德风：《论破产中尚未履行完毕的合同》，载《法学家》2009 年第 6 期；李永军：《论破产管理人合同解除权的限制》，载《中国政法大学学报》2012 年第 6 期。

② 参见王欣新、余艳萍：《论破产程序中待履行合同的处理方式及法律效果》，载《法学杂志》2010 年第 6 期；丁燕、尹栋：《论破产管理人待履行合同解除权的限制》，载《法律适用》2022 年第 3 期。

③ 参见韩长印：《破产宣告对未履行合同的效力初探》，载《法商研究》1997 年第 3 期。

④ 参见韩世远：《合同法总论》(第四版)，法律出版社 2018 年版，第 676 页。

合同所受领的给付构成不当得利。此种解释看似有其依据，但是忽略了构成共益债务发生于破产申请受理后这一特点。《企业破产法》第 42 条规定共益债务是"人民法院受理破产申请后"产生的债务。实践中的案例也坚持共益债务仅为破产申请受理后发生的债务。[①] 既然合同溯及地消灭，恢复原状请求权则发生在破产受理之前，这与共益债务的特征相矛盾，也说明了直接效果说在破产法上不可取。其三，在损害赔偿的问题上，直接效果说主张合同已履行部分溯及既往地消灭。而《民法典》第 566 条又规定合同解除的同时当事人可享有损害赔偿请求权。既然合同关系已消灭，由已消灭的合同关系引起的损害赔偿请求权又缘何能被法律确认。

2. 直接效果说有悖破产法的效率价值

破产法是市场经济社会法律体系的重要组成部分，对商品经济的发展、资源的优化配置、市场秩序的维护起着重要的保障作用，其旨在在债务人丧失清偿能力时公平、有序地维护全体债权人和债务人的合法权益。在以破产撤销权、禁止个别清偿等制度强调破产程序公平价值的前提下，也要适当兼顾破产程序的效率价值。采直接效果说比起采取折中说，似乎造成了更大程度上的资源浪费，降低了破产程序的效率。一方面，直接效果说不仅剥夺了当事人的既得履行利益，还增加了合同履行的风险，由于已履行部分均被溯及地消灭，合同履行得越多，需要恢复原状的成本也就越高。[②] 另一方面，在直接效果说指导下，标的物返还清算的成本更高。标的物可能在返还过程中损毁、灭失，漫长的回复过程也可能造成财产价值不同程度的减损，导致合同双方在返还原给付后不免还要补足差额，最终减少可供分配的债务人财产，也降低相对人获得的财产价值。这也是主张以拒绝履行替代解除合同的学者诟病解除合同模式的原因之一。但若采折中说，则合同不溯及既往，有效降低了返还清算带来的耗损。破产法立法的一个重要目标就是破产财产价值的最大化，这也是为破产管理人设立法定解除权的初衷。因此，在程序设计上应当注重经济和效益价值，最大

---

① 参见安徽省高级人民法院(2021)皖民再 104 号民事判决书。

② 参见李开国、李凡：《合同解除有溯及力可以休矣——基于我国民法的实证分析》，载《河北法学》2016 年第 5 期。

限度地降低合同解除造成的成本和给双方当事人带来的损害，选择更有利于节约司法资源、社会资源、更能够减少破产财产浪费，从而提高清偿比例、更好地维护债权人利益的措施。相比之下，折中说比直接效果说更能够降低合同解除的成本，更为经济。

（二）待履行合同的解除有别于一般合同的解除

尽管合同法上有关解除合同的效力多采直接效果说，但由于待履行合同的解除具备有别于一般合同的特殊性，破产法上仍可以采取不同的理论。

首先，解除权设立的目的不同。合同法上设立解除权的目的在于适应主客观情况的变化。[①] 合同成立后，合同履行的主客观条件不可能一成不变，有时可能出现导致合同不能履行或者不必要履行的情况，致使合同目的不能实现，此时一味地强调合同严守原则，要求当事人双方或一方将合同履行完毕，对当事人和社会整体利益无甚增益。当合同已经成为一方当事人的负担时，合同解除制度允许当事人从中逃脱。[②] 反观破产法上待履行合同的解除制度，目的在于实现破产财产价值的最大化。赋予破产管理人选择权，解决了破产程序中待履行合同的胶着状态。而管理人的解除权，则避免了破产财产因合同履行而减少。管理人通过衡量待履行合同的履行是否有利于破产财产的增加，决定是否继续履行合同，从而摒弃对破产财产价值提升增益较小甚至没有增益的合同，减少债务人的损失，最终保障全体债权人的利益。管理人解除的目的就是减少破产财产的损失，若在解除效果上选择清算成本更高的直接效果说，不免矛盾。直接效果说更有利于维护守约方的利益，与合同严守原则相符；而折中说更能避免合同解除后不必要的返还清算成本，更契合破产法允许管理人解除待履行合同的初衷。其次，解除待履行合同的主体不同于一般合同。一般合同的解除权由非违约方行使。尽管《民法典》第 580 条第 2 款允许违约方向法院申

---

① 参见曾祥生：《论解除权之行使》，载《法学评论》2010 年第 2 期。

② 参见杨锐：《论〈民法典〉中的"不能实现合同目的"》，载《北方法学》2021 年第 2 期。

请解除合同，但该条款只是授予了违约方申请合同解除权，解除合同的决定本质上仍是由法院作出。法院行使司法解除权不等于违约方享有解除权。① 在这一条款适用下，违约方享有的仅仅是提出申请的权利，不若非违约方的解除权来得完整。可见，合同法上仍是以非违约方行使解除权为原则。实践中的有关判例，也均不认可违约方的解除权。② 而待履行合同中，解除权由管理人行使。债务人丧失清偿能力后，显然难以继续全面履行合同，因此更可能成为违约的一方。有学者认为，待履行合同解除的原因与默示预期违约有着相似性。③ 但何以债务人默示预期违约，合同的解除权却不由债权人行使，而由作为债务人财产处分者的管理人来行使。笔者以为，这便是待履行合同有别于一般合同的特别所在，其解除制度本身具有特殊性，由此解除产生的效果也可有别于一般合同。再次，解除权适用的条件不同。合同法上的解除情形包括协议解除、约定解除和法定解除。法定解除以出现不可抗力或一方当事人违约为条件。而破产法上，无论一方当事人是否违约，是否有过错，是否具备可以解除的条件，只要是债务人和债权人均未履行完毕的合同，管理人就可以决定解除。④ 最后，二者的价值取向不同。合同法和破产法虽然都强调公平，但是体现公平价值的侧重不同。合同法强调交易公平，通过保护守约方，惩罚违约方实现正义。破产法强调受偿公平，重在实现全体债权人公平受偿，保护债权人整体的利益，而不是个别债权人利益。若在破产程序中继续强调个别合同中守约方权益的保护，实际上将造成全体债权人的利益的减损，有违破产法所追求的公平。

综上，待履行合同解除制度与一般合同解除在设立目的、权利行使

---

① 参见张海燕：《合同解除之诉的解释论展开》，载《环球法律评论》2022 年第 5 期。

② 参见最高人民法院（2021）最高法民申 2462 号民事裁定书；最高人民法院（2021）最高法民申 2463 号民事裁定书；最高人民法院（2021）最高法民申 1966 号民事裁定书。

③ 参见韩长印：《破产宣告对未履行合同的效力初探》，载《法商研究（中南政法学院学报）》1997 年第 3 期。

④ 参见徐朋、李华玉：《破产管理人合同解除权的法理分析》，载《人民司法》2010 年第 12 期。

的主体、适用条件和价值取向上都有差异，尽管合同法上多认为合同解除效果应当适用直接效果说，但在破产法上也应当特别情况特别对待，在解除效果的选择上适用与破产法目的和价值更为契合的折中说，合同解除后不溯及既往，从而节约破产清算成本，实现全体债权人公平受偿。

(三)待履行合同解除效果应采折中说

1. 折中说不违背《民法典》规定

折中说与直接效果说本就是对《民法典》第 566 条第 1 款规定作不同解读的结果，在《企业破产法》中增加有关待履行合同解除效果的规定，并采折中说，并不会导致特别法规范与一般法规范的冲突。《民法典》第 566 条第 1 款规定，"已经履行的，根据履行情况和合同性质，当事人可以请求恢复原状或者采取其他补救措施"。根据履行情况，可以理解为合同是否已经完全履行，若完全履行则不必解除。合同性质，一般理解为一些依性质不宜解除的合同不得解除，如继续性合同、委托合同等。上述法条将恢复原状的请求表述为"可以"而非"应当"，并未明晰合同关系是自始消灭还是向将来消灭。① 当事人可以请求恢复原状，与合同解除无溯及力并不矛盾。需要明确的是，合同解除溯及既往必然发生恢复原状的法律效果，但是不溯及既往并不意味着不能够请求恢复原状。管理人选择解除合同，则本来的债权债务关系转换为破产债务人与债权人之间基于有效合同的清算关系，由此，恢复原状义务可以认为是本来债务形态的转换。

2. 折中说有其自身优势

其一，折中说不溯及既往，由此产生的恢复原状请求权为债权，在不动产买卖合同中，更符合逻辑。在待履行合同的履行中，若一方当事人已经基于合同的履行取得物权，则在合同解除时，另一方当事人不享有返还原物请求权。如此，取得物权一方即便已经将物权转让给合同之外的第三人，也不受影响。我国台湾地区也采取这一做法，契约的解除

---

① 参见王利明：《合同编解除制度的完善》，载《法学杂志》2018 年第 3 期。

仅发生债权效力，不动产买卖合同解除后，出卖人只能请求买受人办理所有权转移，而不能请求涂销买受人所有权登记。① 其二，"解除后的返还义务与原给付义务保持合同关系上的同一性，属于合同义务中的次给付义务，因此原则上解除后的返还义务同样可受债法、合同法大量规则的调整"②更有助于平衡当事人双方的利益。其三，解除无溯及力更大程度地尊重当事人的意思自治，抛弃恢复原状的法定义务，使得合同解除后的处理更为灵活。

四、恢复原状请求权和损害赔偿请求权的清偿顺位

（一）恢复原状请求权的顺位

如上所述，若采折中说，合同解除后发生的恢复原状请求权应属债权请求权，但该请求权究竟应纳入破产债权还是共益债权，《企业破产法》也尚未给予明确答复。共益债务又称财团债务或财团债权，是在破产程序中为全体债权人利益而由债务人财产负担的债务的总称。③ 与共益债务相对的即为共益债权。而破产债权则是在破产受理前成立的，对债务人发生的，依法申报并确认得由破产财产中获得公平清偿的财产请求权。共益债权优先于破产债权受偿，因此，将债权列入共益债权对合同相对人更为有利。《企业破产法》第42条对共益债务的范围作了列举式规定。由于该条文并未规定兜底条款，有的观点认为除该条的六种情形和法律另有规定的情况外，不宜将其他债务扩大解释为共益债务。④《最高人民法院关于审理企业破产案件若干问题的规定》（以下简称《关于审理企业破产案件若干

---

① 参见王泽鉴：《民法思维：请求权基础理论体系》，北京大学出版社 2009 年版，第 80 页。

② 陆青：《合同解除效果与违约责任——以请求权基础为视角之检讨》，载《北方法学》2012 年第 6 期。

③ 参见王欣新：《破产法》（第四版），中国人民大学出版社 2019 年版，第 353 页。

④ 参见赵晓利：《破产程序中共益债权的认定》，载《人民法院报》2021 年 12 月 16 日第 7 版。

问题的规定》)第55条第5项①则规定解除合同后,"对方当事人依法或者依照合同约定产生的对债务人可以用货币计算的债权"属于破产债权。由此,合同解除后的恢复原状请求权难以通过解释纳入共益债权的范围。但学界一般认为,解除待履行合同产生的恢复原状请求权应当为共益债权。②

对此,应当探析共益债务和破产债权的特点,审查是否有将恢复原状请求权增设为共益债权的必要。本文认为,合同解除后的恢复原状请求权应当属共益债权。其一,从恢复原状请求权的发生来看,解除待履行合同是为了实现全体破产债权人利益的最大化,既然全体债权人从合同的解除中受益,也应付出相应代价,将解除后的债务纳入优先清偿的共益债务,具备合理性。其二,由于合同并不溯及既往地消灭,恢复原状请求权产生于合同解除之时,符合《企业破产法》第42条共益债务产生于破产申请受理后的要求。

(二)损害赔偿请求权的顺位

依照《民法典》第566条规定,合同解除后,当事人除恢复原状请求权外,还享有请求损害赔偿的权利。《企业破产法》第53条规定:"管理人或债务人依照本法规定解除合同的,对方当事人以因合同解除所产生的

---

① 《关于审理企业破产案件若干问题的规定》第55条第1款:"第五十五条下列债权属于破产债权:(一)破产宣告前发生的无财产担保的债权;(二)破产宣告前发生的虽有财产担保但是债权人放弃优先受偿的债权;(三)破产宣告前发生的虽有财产担保但是债权数额超过担保物价值部分的债权;(四)票据出票人被宣告破产,付款人或者承兑人不知其事实而向持票人付款或者承兑所产生的债权;(五)清算组解除合同,对方当事人依法或者依照合同约定产生的对债务人可以用货币计算的债权;(六)债务人的受托人在债务人破产后,为债务人的利益处理委托事务所发生的债权;(七)债务人发行债券形成的债权;(八)债务人的保证人代替债务人清偿债务后依法可以向债务人追偿的债权;(九)债务人的保证人按照《中华人民共和国担保法》第三十二条的规定预先行使追偿权而申报的债权;(十)债务人为保证人的,在破产宣告前已经被生效的法律文书确定承担的保证责任;(十一)债务人在破产宣告前因侵权、违约给他人造成财产损失而产生的赔偿责任;(十二)人民法院认可的其他债权。"第2款:"以上第(五)项债权以实际损失为计算原则。违约金不作为破产债权,定金不再适用定金罚则。"

② 参见刘颖:《反思〈破产法〉对合同的处理》,载《现代法学》2016年第3期。

损害赔偿请求权申报债权。"管理人或者债务人依照破产法规定行使合同解除权的，如果对方当事人因为合同的解除而受到了损害，可以向管理人或者债务人请求损害赔偿。依据该条文义，解除待履行合同引起的损害赔偿请求权属破产债权，这一规定具备合理性。将恢复原状请求权列为共益债权，已经给予待履行合同的相对人合理保护，若合同解除后的损害赔偿请求权列为共益债务，则待履行合同的相对人将受到比其他债权人更多的优待，不利于公平清偿。而且，若将损害赔偿请求权纳入共益债权，可能使得管理人对解除合同的选择产生过分担忧，影响其选择权的行使。

五、违约金与定金的赔偿

（一）违约金的赔偿

《关于审理企业破产案件若干问题的规定》第 55 条第 2 款规定："以上第（五）项债权以实际损失为计算原则，违约金不作为破产债权，定金不再适用定金罚则。"该条明确了违约金不予赔偿，定金罚则不再适用的规则。多数观点认为，待履行合同解除后申报的债权金额以实际损失为限。[1] 最高人民法院也在判决中表明，管理人决定解除合同的，相对人仅得以合同不履行对其造成损失为由请求赔偿。[2] 但仍有观点提出，破产程序中不应一概否定违约金的适用，而应区分违约金性质予以赔偿。补偿性的违约金应与实际损害额度对比，选择二者中较高的作为赔偿额，惩罚性违约金不应赔偿。[3] 本文认为，这一观点有待商榷，首先，这一做法过于追求逻辑缜密，忽视了破产程序的效率价值。依此观点，合同解除后，首先要先判断违约金是否属于赔偿性违约金，若属于赔偿性违约金则要计算违约金的具体数额，再与实际损失额度进行比较，徒增破产程序的繁琐。[4]

---

[1] 参见许胜锋：《企业破产法注释书》，中国民主法制出版社 2020 年版，第 419 页。

[2] 参见最高人民法院（2021）最高法民申 3014 号民事裁定书。

[3] 参见刘景琪：《管理人解除合同的效力反思与解释重构》，载《福建农林大学学报（哲学社会科学版）》2022 年第 5 期。

[4] 参见兰晓为：《破产法上的待履行合同研究》，武汉大学 2010 年博士学位论文，第 155-156 页。

其次，管理人解除待履行合同本就是为了摆脱合同对债务人造成的沉重负担，若解除合同后又要赔偿违约金，则不免有加重债务人负担之嫌。因此，在这一问题上应遵循司法解释的规定，违约金请求权不宜作为破产债权。

(二)定金罚则的排除

关于定金罚则的适用问题，《关于审理企业破产案件若干问题的规定》第55条虽然已有规定，但在实践中也存在不同理解。最高人民法院在2015年的江苏旺达纸业股份有限公司与武汉锅炉股份有限公司买卖合同纠纷案①(以下简称旺达案)中否定了债务人请求返还已给付定金的权利。其裁判理由有二：一是管理人依据《企业破产法》第18条解除合同，不属于《最高人民法院关于适用〈中华人民共和国担保法〉若干问题的解释》(判决时有效，以下简称《担保法解释》)第122条②规定的不适用定金罚则的情形。二是《关于审理企业破产案件若干问题的规定》是关于破产债权范围的规定，"而本案系作为破产债务人的旺达公司请求债权人武锅公司解除合同并返还定金的诉讼，旺达公司在本案中所主张的债权不属于该规定第55条规定的破产债权，旺达公司依据该规定主张本案定金不再适用定金罚则，缺乏法律依据，不能成立"。但在2020年的通力电梯有限公司与广西有色金属集团有限公司买卖合同纠纷案(以下简称通力案)中，③ 最高人民法院又认为，排除适用定金罚则的情形不仅限于《担保法解释》第122条规定的因不可抗力、意外事件导致主合同不能履行的情形，依《关于审理企业破产案件若干问题的规定》第55条，管理人解除待履行合同时，债务人免于定金处罚。作为债权人的通力公司无权继续占有债务人有色金属集团已经给付的定金。一前一后两份判决中，旺达案否定已给付定金的返还请求权，通力案则认可当事人返还定金的请求，根源在于对法律规定的理解不一致。

---

① 参见最高人民法院(2015)最高法民申1872号民事裁定书。

② 《担保法解释》第122条："因不可抗力、意外事件致使主合同不能履行的，不适用定金罚则。因合同关系以外第三人的过错，致使主合同不能履行的，适用定金罚则。受定金处罚的一方当事人，可以依法向第三人追偿。"

③ 参见最高人民法院(2020)最高法民申3376号民事裁定书。

本文认为，旺达案对《关于审理企业破产案件若干问题的规定》的理解有误，通力案的裁判更具合理性。《关于审理企业破产案件若干问题的规定》第55条第5项列明"清算组解除合同，对方当事人依法或者依照合同约定产生的对债务人可以用货币计算的债权"属于破产债权。定金是依照合同约定产生的债权债务关系，应属该项规定的破产债权。学界对法条中的"定金罚则"的理解也具有一致性，即给付定金的一方不履行约定的债务，无权要求返还定金；收受定金的一方不履行约定的债务的，应当双倍返还定金。① 既然定金罚则已经失效，则意味着给付定金的一方不履行义务，也不被剥夺请求返还定金的权利。只是当事人履行债务后，定金一般抵作价款或收回，定金抵作价款时，则已给付的定金与合同已履行部分融合。对此，应当区分情况对待，若当事人约定定金抵作价款，应当将已给付的定金作为合同已经履行部分，当事人对定金的返还请求权，不再作为独立的请求权，而是归入恢复原状请求权的范围一并行使。若当事人约定定金收回，则定金独立于合同已经给付部分，基于《破产规定》第55条第2款的规定，定金罚则失效，给付定金一方有权要求收回定金。

六、结　论

拒绝履行模式不过是防止待履行合同中解除权滥用的思路之一，综合考量立法目的、立法成本和制度功能，解除合同模式有其存在的合理性，只需对《企业破产法》中有关管理人解除待履行合同的规定进行补充完善即可，不宜以拒绝履行替代之。待履行合同解除后，产生何种效力并不明确。《企业破产法》中应增加有关待履行合同解除效力的规定。合同解除效果以向将来发生为宜，不应溯及既往。解除后的恢复原状请求权属债权性质，在清偿顺位上，应列为共益债权，而解除合同引起的损害赔偿请求权应属破产债权。为避免加重债务人的负担，违约金不应赔偿，定金罚则排除适用。

---

① 参见李永军：《合同法》（第六版），中国人民大学出版社2021年版，第258页。

破产财产变价及分配方案强制裁定制度的反思与完善

李光胜　汪　晶*

内容提要： 对破产财产变价及分配方案的强制裁定能够助推程序进行，并影响债权人权益。现行《企业破产法》虽然设置了对两方案的强裁制度，但由于规定过于简单模糊，未能使该制度在司法实务中发挥应有的效用。在本次破产法修订中，应当对相关规则予以调整及修改，增加强裁期限的限制、明确对方案强裁的审查范围、增设异议听证程序及法院释明义务、完善权利救济路径等，以期实现破产财产变价及分配方案强裁制度的目的与价值，提升破产案件办理质效。

一、问题的提出

现行司法实务中，清算程序仍然是破产制度中使用频率最高的程序。破产财产变价方案及分配方案关涉债务人财产的处置及债权清偿，对案件办理、债权人及债务人的合法权益保障至关重要。但由于债权性质、债权金额、对破产制度的理解程度等不同，债权人的利益诉求及考量往往存在差异，导致债权人会议可能无法通过破产财产变价及分配方案，造成清算程序的阻滞，影响破产程序目的的实现，此时有效的司法干预成为打破程序僵局，保障程序高效推进的重要路径。

《中华人民共和国企业破产法》（以下简称《企业破产法》）第 65

---

* 李光胜，湖北忠三律师事务所管理合伙人。汪晶，湖北忠三律师事务所律师。

条①规定了破产财产变价及分配方案的强裁制度，明确破产财产的变价方案经债权人会议表决未通过的，破产财产的分配方案经债权人会议二次表决仍未通过的，由人民法院裁定。然而，上述规定过于简单，仍有若干问题需要厘清：一是人民法院强制裁定的审查标准及审查范围是什么？二是如何规范人民法院及时裁定？三是怎样保障相关主体对裁定不服的救济渠道的通畅？本文将围绕上述问题，梳理相关现行规范，结合实务案例，反思该制度存在的问题并提出完善建议，以期对正在进行的《企业破产法》修订中相关制度的完善有所裨益。

二、现行相关法律规定的梳理

对破产财产变价及分配方案强裁制度现有相关规定进行梳理，一方面，有利于厘清现行制度设计框架，明确已有的强裁制度规则基础；另一方面，有助于从规则设置逻辑上对现行制度进行审视。笔者整理了该项制度相关法律规定，并根据条文内容将其划分成强制裁定的法律依据、权利的救济程序、对方案的法定要求三个部分。（见表1）

表1

规定事项	规定来源	涵盖内容
强制裁定的法律依据	《企业破产法》第65条②	①对破产财产变价方案的表决：依法经债权人会议表决一次
		②对破产财产分配方案的表决：依法经债权人会议表决两次
		③对裁定的作出：人民法院可以在债权人会议上宣布或者另行通知债权人

---

① 《中华人民共和国企业破产法》第65条："本法第六十一条第一款第八项、第九项所列事项，经债权人会议表决未通过的，由人民法院裁定。本法第六十一条第一款第十项所列事项，经债权人会议二次表决仍未通过的，由人民法院裁定。对前两款规定的裁定，人民法院可以在债权人会议上宣布或者另行通知债权人。"
② 《中华人民共和国企业破产法》第65条："本法第六十一条第一款第八项、第九项所列事项，经债权人会议表决未通过的，由人民法院裁定。本法第六十一条第一款第十项所列事项，经债权人会议二次表决仍未通过的，由人民法院裁定。对前两款规定的裁定，人民法院可以在债权人会议上宣布或者另行通知债权人。"

续表

规定事项		规定来源	涵盖内容
权利的救济程序		《企业破产法》第66条①	①对破产财产变价方案的强制裁定不服：债权人有权申请复议
			②对破产财产分配方案的强制裁定不服：债权额占无财产担保债权总额二分之一以上的债权人有权申请复议
			③受理复议的主体：破产案件受理法院
			④复议期间不停止裁定的执行
对方案的法定要求	变价方案	《企业破产法》第111条第1款②	①破产财产变价方案制定主体：管理人
			②破产财产变价方案制定期限：及时
		《企业破产法》第112条③	①变价形式：变价出售破产财产应当通过拍卖进行
		《关于审理企业破产案件若干问题的规定》第85条④	②变价形式的除外规定：债权人会议另有决议的除外
			③其他：按照国家规定不能拍卖或者限制转让的财产，应当按照国家规定的方式处理

① 《中华人民共和国企业破产法》第66条："债权人对人民法院依照本法第六十五条第一款作出的裁定不服的，债权额占无财产担保债权总额二分之一以上的债权人对人民法院依照本法第六十五条第二款作出的裁定不服的，可以自裁定宣布之日或者收到通知之日起十五日内向该人民法院申请复议。复议期间不停止裁定的执行。"

② 《中华人民共和国企业破产法》第111条第1款："管理人应当及时拟订破产财产变价方案，提交债权人会议讨论。"

③ 《中华人民共和国企业破产法》第112条："变价出售破产财产应当通过拍卖进行。但是，债权人会议另有决议的除外。破产企业可以全部或者部分变价出售。企业变价出售时，可以将其中的无形资产和其他财产单独变价出售。按照国家规定不能拍卖或者限制转让的财产，应当按照国家规定的方式处理。"

④ 《最高人民法院关于审理企业破产案件若干问题的规定》（法释〔2002〕23号）第85条："破产财产的变现应当以拍卖方式进行。由清算组负责委托有拍卖资格的拍卖机构进行拍卖。依法不得拍卖或者拍卖所得不足以支付拍卖所需费用的，不进行拍卖。前款不进行拍卖或者拍卖不成的破产财产，可以在破产分配时进行实物分配或者作价变卖。债权人对清算组在实物分配或者作价变卖中对破产财产的估价有异议的，可以请求人民法院进行审查。"

续表

规定事项		规定来源	涵盖内容
对方案的法定要求	变价方案	《关于审理企业破产案件若干问题的规定》第78条①	对债务人对外投资形成的股权的处置
		《关于审理企业破产案件若干问题的规定》第81条②	对债务人的职工住房的处置
		《关于审理企业破产案件若干问题的规定》第86条③	对债务人成套设备的处置
		《全国法院破产审判工作会议纪要》(以下简称《破产审判纪要》)第26条④	破产财产变价原则及破产财产变卖或实物分配的有关规定

---

① 《最高人民法院关于审理企业破产案件若干问题的规定》(法释〔2002〕23号)第78条："债务人对外投资形成的股权及其收益应当予以追收。对该股权可以出售或者转让,出售、转让所得列入破产财产进行分配。股权价值为负值的,清算组停止追收。"

② 《最高人民法院关于审理企业破产案件若干问题的规定》(法释〔2002〕23号)第81条："破产企业的职工住房,已经签订合同、交付房款,进行房改给个人的,不属于破产财产。未进行房改的,可由清算组向有关部门申请办理房改事项,向职工出售。按照国家规定不具备房改条件,或者职工在房改中不购买住房的,由清算组根据实际情况处理。"

③ 《最高人民法院关于审理企业破产案件若干问题的规定》(法释〔2002〕23号)第86条："破产财产中的成套设备,一般应当整体出售。"

④ 《全国法院破产审判工作会议纪要》(法〔2018〕53号)第26条："破产财产的处置。破产财产处置应当以价值最大化为原则,兼顾处置效率。人民法院要积极探索更为有效的破产财产处置方式和渠道,最大限度提升破产财产变价率。采用拍卖方式进行处置的,拍卖所得预计不足以支付评估拍卖费用,或者拍卖不成的,经债权人会议决议,可以采取作价变卖或实物分配方式。变卖或实物分配的方案经债权人会议两次表决仍未通过的,由人民法院裁定处理。"

续表

规定事项		规定来源	涵盖内容
对方案的法定要求	分配方案	《企业破产法》第114条①	①分配形式：破产财产的分配应当以货币分配方式进行
			②变价形式的除外规定：债权人会议另有决议的除外
		《企业破产法》第115条第1款②	①破产财产分配方案制定主体：管理人
			②破产财产分配方案制定期限：及时
		《企业破产法》第115条第2款③	破产财产分配方案应当载明的事项
		《关于审理企业破产案件若干问题的规定》第93条④	

---

① 《中华人民共和国企业破产法》第114条："破产财产的分配应当以货币分配方式进行。但是，债权人会议另有决议的除外。"

② 《中华人民共和国企业破产法》第115条第1款："管理人应当及时拟订破产财产分配方案，提交债权人会议讨论。"

③ 《中华人民共和国企业破产法》第115条第2款："破产财产分配方案应当载明下列事项：（一）参加破产财产分配的债权人名称或者姓名、住所；（二）参加破产财产分配的债权额；（三）可供分配的破产财产数额；（四）破产财产分配的顺序、比例及数额；（五）实施破产财产分配的方法。"

④ 《最高人民法院关于审理企业破产案件若干问题的规定》（法释〔2002〕23号）第93条："破产财产分配方案应当包括以下内容：（一）可供破产分配的财产种类、总值，已经变现的财产和未变现的财产；（二）债权清偿顺序、各顺序的种类与数额，包括破产企业所欠职工工资、劳动保险费用和破产企业所欠税款的数额和计算依据，纳入国家计划调整的企业破产，还应当说明职工安置费的数额和计算依据；（三）破产债权总额和清偿比例；（四）破产分配的方式、时间；（五）对将来能够追回的财产拟进行追加分配的说明。"

续表

规定事项		规定来源	涵盖内容
对方案的法定要求	分配方案	《企业破产法》第41①、42②、43③、113 条④	破产财产的清偿顺序
		《破产审判纪要》第 28 条⑤	

---

① 《中华人民共和国企业破产法》第 41 条："人民法院受理破产申请后发生的下列费用，为破产费用：(一)破产案件的诉讼费用；(二)管理、变价和分配债务人财产的费用；(三)管理人执行职务的费用、报酬和聘用工作人员的费用。"

② 《中华人民共和国企业破产法》第 42 条："人民法院受理破产申请后发生的下列债务，为共益债务：(一)因管理人或者债务人请求对方当事人履行双方均未履行完毕的合同所产生的债务；(二)债务人财产受无因管理所产生的债务；(三)因债务人不当得利所产生的债务；(四)为债务人继续营业而应支付的劳动报酬和社会保险费用以及由此产生的其他债务；(五)管理人或者相关人员执行职务致人损害所产生的债务；(六)债务人财产致人损害所产生的债务。"

③ 《中华人民共和国企业破产法》第 43 条："破产费用和共益债务由债务人财产随时清偿。债务人财产不足以清偿所有破产费用和共益债务的，先行清偿破产费用。债务人财产不足以清偿所有破产费用或者共益债务的，按照比例清偿。债务人财产不足以清偿破产费用的，管理人应当提请人民法院终结破产程序。人民法院应当自收到请求之日起十五日内裁定终结破产程序，并予以公告。"

④ 《中华人民共和国企业破产法》第 113 条："破产财产在优先清偿破产费用和共益债务后，依照下列顺序清偿：(一)破产人所欠职工的工资和医疗、伤残补助、抚恤费用，所欠的应当划入职工个人账户的基本养老保险、基本医疗保险费用，以及法律、行政法规规定应当支付给职工的补偿金；(二)破产人欠缴的除前项规定以外的社会保险费用和破产人所欠税款；(三)普通破产债权。破产财产不足以清偿同一顺序的清偿要求的，按照比例分配。破产企业的董事、监事和高级管理人员的工资按照该企业职工的平均工资计算。"

⑤ 《全国法院破产审判工作会议纪要》(法〔2018〕53 号)第 28 条："破产债权的清偿原则和顺序。对于法律没有明确规定清偿顺序的债权，人民法院可以按照人身损害赔偿债权优先于财产性债权、私法债权优先于公法债权、补偿性债权优先于惩罚性债权的原则合理确定清偿顺序。因债务人侵权行为造成的人身损害赔偿，可以参照企业破产法第一百一十三条第一款第一项规定的顺序清偿，但其中涉及的惩罚性赔偿除外。破产财产依照企业破产法第一百一十三条规定的顺序清偿后仍有剩余的，可依次用于清偿破产受理前产生的民事惩罚性赔偿金、行政罚款、刑事罚金等惩罚性债权。"

续表

规定事项		规定来源	涵盖内容
对方案的法定要求	分配方案	《关于审理企业破产案件若干问题的规定》第90①、91条②	
		《企业破产法》第116条③	
		《关于审理企业破产案件若干问题的规定》第92④、94条⑤	破产财产分配方案的执行

---

① 《最高人民法院关于审理企业破产案件若干问题的规定》（法释〔2002〕23号）第90条："清算期间职工生活费、医疗费可以从破产财产中优先拨付。"

② 《最高人民法院关于审理企业破产案件若干问题的规定》（法释〔2002〕23号）第91条："破产费用可随时支付，破产财产不足以支付破产费用的，人民法院根据清算组的申请裁定终结破产程序。"

③ 《中华人民共和国企业破产法》第116条："破产财产分配方案经人民法院裁定认可后，由管理人执行。管理人按照破产财产分配方案实施多次分配的，应当公告本次分配的财产额和债权额。管理人实施最后分配的，应当在公告中指明，并载明本法第一百一十七条第二款规定的事项。"

④ 《最高人民法院关于审理企业破产案件若干问题的规定》（法释〔2002〕23号）第92条："破产财产分配方案经债权人会议通过后，由清算组负责执行。财产分配可以一次分配，也可以多次分配。"

⑤ 《最高人民法院关于审理企业破产案件若干问题的规定》（法释〔2002〕23号）第94条："列入破产财产的债权，可以进行债权分配。债权分配以便于债权人实现债权为原则。将人民法院已经确认的债权分配给债权人的，由清算组向债权人出具债权分配书，债权人可以凭债权分配书向债务人要求履行。债务人拒不履行的，债权人可以申请人民法院强制执行。"

续表

规定事项		规定来源	涵盖内容
对方案的法定要求	分配方案	《企业破产法》第117①、118②、119 条③	对特殊债权及破产财产的分配(如附条件的债权、未受领的破产财产、诉讼或仲裁未决的债权、以实物进行分配)
		《关于审理企业破产案件若干问题的规定》第 95 条④	
		《破产审判纪要》第 26 条⑤	

通过对现有规定的梳理,仅从规则设置本身而言,笔者发现如下几点问题。

1. 从规则内容上看,现有规定具有强裁的法律依据及救济程序。在

---

① 《中华人民共和国企业破产法》第 117 条:"对于附生效条件或者解除条件的债权,管理人应当将其分配额提存。管理人依照前款规定提存的分配额,在最后分配公告日,生效条件未成就或者解除条件成就的,应当分配给其他债权人;在最后分配公告日,生效条件成就或者解除条件未成就的,应当交付给债权人"。

② 《中华人民共和国企业破产法》第 118 条:"债权人未受领的破产财产分配额,管理人应当提存。债权人自最后分配公告之日起满二个月仍不领取的,视为放弃受领分配的权利,管理人或者人民法院应当将提存的分配额分配给其他债权人。"

③ 《中华人民共和国企业破产法》第 119 条:"破产财产分配时,对于诉讼或者仲裁未决的债权,管理人应当将其分配额提存。自破产程序终结之日起满二年仍不能受领分配的,人民法院应当将提存的分配额分配给其他债权人。"

④ 《最高人民法院关于审理企业破产案件若干问题的规定》(法释〔2002〕23 号)第 95 条:"债权人未在指定期限内领取分配的财产的,对该财产可以进行提存或者变卖后提存价款,并由清算组向债权人发出催领通知书。债权人在收到催领通知书一个月后或者在清算组发出催领通知书两个月后,债权人仍未领取的,清算组应当对该部分财产进行追加分配。"

⑤ 《全国法院破产审判工作会议纪要》(法〔2018〕53 号)第 26 条:"破产财产的处置。破产财产处置应当以价值最大化为原则,兼顾处置效率。人民法院要积极探索更为有效的破产财产处置方式和渠道,最大限度提升破产财产变价率。采用拍卖方式进行处置的,拍卖所得预计不足以支付评估拍卖费用,或者拍卖不成的,经债权人会议决议,可以采取作价变卖或实物分配方式。变卖或实物分配的方案经债权人会议两次表决仍未通过的,由人民法院裁定处理。"

对方案的内容要求上，就破产财产分配方案而言，明确了破产财产分配方式、分配方案中必须载明的事项及破产财产的清偿顺序，但关于破产财产变价方案的相关规定较为单薄，仅对破产财产出售方式作出限制性规定，要求原则上采用拍卖的形式处置破产财产。笔者关注到，为填补规定缺失，规范破产财产处置，近年来，许多法院采用印发会议纪要、制定工作指引或实施意见等形式出台相关文件。例如，2013 年浙江省高级人民法院印发了《关于企业破产财产变价、分配若干问题的纪要》、2019 年郑州市中级人民法院印发了《关于规范破产财产变现处置问题的实施意见（试行）》、2022 年天津自由贸易试验区人民法院制定了《破产财产处置操作指引》。部分人民法院甚至就具体类别的破产财产的处置制定文件予以引导与规范，例如，2020 年南京市中级人民法院制定了《关于破产企业对外股权投资处置的工作指引》。

2. 从框架逻辑上分析，① 在《企业破产法》中，对变价及分配方案强裁的依据与救济程序隶属《企业破产法》第 7 章第 1 节，属于债权人会议的一般规定。而关于破产财产变价及分配方案的法定要求，基本隶属《企业破产法》第 10 章第 2 节，② 属于对破产财产变价和分配的有关规范。这样的规则设计，一方面，在章节设置上有别于对重整计划的强裁规定③，没有将

---

① 因《企业破产法》是目前办理破产案件最重要的法律基础，其规则体系更具全面性与系统性，在进行框架逻辑分析时，笔者主要以《企业破产法》为分析蓝本。

② 关于破产费用及共益债务的规定隶属《企业破产法》第 5 章破产费用与共益债务。

③ 《中华人民共和国企业破产法》第 87 条："部分表决组未通过重整计划草案的，债务人或者管理人可以同未通过重整计划草案的表决组协商。该表决组可以在协商后再表决一次。双方协商的结果不得损害其他表决组的利益。未通过重整计划草案的表决组拒绝再次表决或者再次表决仍未通过重整计划草案，但重整计划草案符合下列条件的，债务人或者管理人可以申请人民法院批准重整计划草案：（一）按照重整计划草案，本法第八十二条第一款第一项所列债权就该特定财产将获得全额清偿，其因延期清偿所受的损失将得到公平补偿，并且其担保权未受到实质性损害，或者该表决组已经通过重整计划草案；（二）按照重整计划草案，本法第八十二条第一款第二项、第三项所列债权将获得全额清偿，或者相应表决组已经通过重整计划草案；（三）按照重整计划草案，普通债权所获得的清偿比例，不低于其在重整计划草案被提请批准时依照破产清算程序所能获得的清偿比例，或者该表决组已经通过重整计划草案；（四）重整计划草案对出资人权益的调整公平、公正，或者出资人组已经通过重整计划草案；（五）重整计划草案公平对待同一表决组的成员，并且所规定的债权清偿顺序不违反本法第一百一十三条的规定；（六）债务人的经营方案具有可行性。人民法院经审查认为重整计划草案符合前款规定的，应当自收到申请之日起三十日内裁定批准，终止重整程序，并予以公告。"

对破产财产变价及分配方案的强裁规定与救济程序设置在清算程序的专属章节；另一方面，在条文表述上，没有通过条文直接明确法律对变价及分配方案的相关要求属于法院强裁方案时的审查范围及标准。虽然通过法律解释的方法，可以将现行规定对方案的要求视为法院强裁方案时的依据，但较之于重整计划草案的强裁规定，在规则的体系性及明确性上仍显不足，未能体现破产财产变价及分配方案的强裁制度在程序中的重要地位与程序效用。

三、破产财产变价及分配方案强制裁定制度的实践考察

通过分析实务中引发的复议及诉讼纠纷，能够反映该强裁制度在实务运用中存在的问题，一方面，可以窥探现有规则能否引导人民法院及时有效作出对破产财产变价及分配方案的强制裁定；另一方面，可以剖析现有权利救济程序是否完善与合理。

笔者使用阿尔法案例库对相关案件进行检索，并采用"破产""变价方案""分配方案""复议"作为关键词开展案件检索工作。通过前述检索，笔者共获得法律文书54份。经筛选，共选择与本文研究课题相关的法律文书23份。其中，因对不服破产财产分配方案强制裁定引发的纠纷仅1件（法律文书共4份），即林建华与邯郸锦鲜实业有限公司破产管理人与破产有关的系列纠纷。剩余19份法律文书反映的案件情况均系相关主体虽对强裁的破产财产变价方案或分配方案存在异议，但由于复议期限届满、救济方式不当、当事人主体身份、当事人程序选择等原因，导致无法以复议的形式实现权利救济，笔者将在下文中展开具体分析。

此外，通过网络检索，笔者获取因不服人民法院强裁的破产财产变价方案，并依法提出复议的案件1件（法律文书共2份），即中交一航局第三工程公司对STX（大连）造船有限公司破产财产变价方案复议案。

结合搜索引擎了解到的相关案件信息，笔者将通过对上述25份法律文书呈现的案件情况进行分析，尝试厘清破产财产变价及分配方案强裁制度在实务运用中存在的问题。

（一）对破产财产变价方案的复议——以"STX（大连）造船有限公司破产清算案"为例

1. 案件基本情况

2014年5月23日，大连市中级人民法院（以下简称"大连中院"）受理

STX(大连)造船有限公司(以下简称"STX 造船")破产案件,并依法指定管理人。因管理人拟定的《破产财产变价方案》未经债权人会议表决通过,根据管理人申请,大连中院作出(2014)大民三破字第 1-5 号民事裁定书,裁定认可 STX 造船《破产财产变价方案》。

2015 年 5 月 8 日,中交一航局第三工程公司(下称"中交一航局")因不服(2014)大民三破字第 1-5 号民事裁定书,向大连中院提出复议申请。中交一航局的请求如下:(1)撤销(2014)大民三破字第 1-5 号民事裁定书;(2)就破产财产重新评估并出具单项评估报告;(3)更换管理人。①

2015 年 6 月 15 日,大连中院作出(2014)大民三破字第 1-9 号民事裁定书,裁定驳回中交一航局的复议申请,维持原裁定。

2. 问题折射

(1)人民法院强裁破产财产变价方案的考量因素

本案中,大连中院裁定认可《破产财产变价方案》及驳回中交一航局复议申请的理由是管理人制作的《破产财产变价方案》内容符合法律规定,未损害全体债权人利益,其中,《破产财产变价方案》内容包含变价原则、变价方式和变价程序。②

中交一航局对法院认可的《破产财产变价方案》提出异议的理由如下:其一,对方案拟定依据(评估报告)有异议;其二,对变价程序(财产起拍

①　参见辽宁省大连市中级人民法院(2014)大民三破字第 1-9 号民事裁定书:"申请复议人不服本院 2015 年 4 月 21 日作出的(2014)大民三破字第 1-5 号民事裁定书,向本院提出复议申请,依据的主要理由有:一、变价方案不完善,存在重大漏洞和瑕疵,侵害优先权人的利益;二、评估报告未向债权人送达、公示,且就我公司涉案工程缺少评估报告,甚至漏评;三、第二次债权人会议召开违法,表决是否通过均属无效,未经合法表决法院无权裁定;四、管理人与破产案件有重大利害关系,应当回避,且在破产过程中怠于履行职责,应当更换;五、采用清算评估法依据的事实理由不明确,《评估报告》中已将清算评估价值降至正常市场价值的 50%没有法律依据。综上,请求人民法院:一、撤销(2014)大民三破字第 1-5 号民事裁定;二、就'2#岸壁建设工程',重新评估并出具单项评估报告,要求评估机构出席债权人会议就相关问题接受债权人的询问并解答相关问题;三、要求更换管理人北京市中伦律师事务所,重新指定管理人。"

②　参见辽宁省大连市中级人民法院(2014)大民三破字第 1-5 号民事裁定书:"……经债权人会议表决虽未通过,但内容符合法律规定,且未损害全体债权人利益……"辽宁省大连市中级人民法院(2014)大民三破字第 1-9 号民事裁定书:"……确认的破产财产变价原则、变价方式和变价程序均符合法律规定,未损害全体债权人利益……"

价的确定)有异议;其三,认为方案表决程序违法。此外,在笔者检索的其他案件中,部分诉争引发的原因系对破产财产的范围(遗漏破产财产或认为管理人误将第三人财产纳入变价方案)、变价方式(降价程序或协议处置等)存在争议。

上述案件反映出,司法实务中,人民法院强裁破产财产变价方案的主要考量因素是方案内容是否具有可操作性及方案是否损害全体债权人合法利益。对方案内容的可操作性审查,以及是否符合全体债权人利益的审查,实际上是对方案实施效果的考量,符合清算程序的基本原则及程序目的。笔者基本赞同大连中院对变价方案内容(变价原则、变价方式和变价程序)的解读,但在此基础上,结合司法实务中已有诉争反映出的问题,应当将破产财产范围(变价对象)的审查也纳入其中。破产财产变价方案解决的是破产财产处置问题,通俗来讲,应当明确卖什么以及怎么卖的问题。变价对象(破产财产)就是卖的对象或标的。因而,在强裁破产财产变价方案时,对破产财产范围的审查应属题中之义,一方面,可避免遗漏破产财产,减少后续追加分配的程序压力;另一方面,降低不当处置他人财产的风险,减轻衍生诉累,规范管理人履职行为。

(2)关于权利救济的问题——债权人复议申请范围的确定

本案折射出的另一问题是在权利救济程序中,债权人申请复议的范围应当如何确定。也即,债权人通过复议程序能够获得权利救济的范围。本案中,大连中院认为对《破产财产变价方案》的裁定能够申请复议的范围有二:其一,裁定的内容(方案内容、方案是否维护了全体债权人利益);其二,程序的合法性(债权人会议表决程序及法院裁定认可程序是否合法)。①

对破产财产变价方案的审查及复议应当将实体及程序两方面的内容均纳入其中。就该案而言,如果评估报告系案涉变价方案作出的重要依据,应当将该评估报告及评估程序的审查纳入复议审查范围,其逻辑类似于诉

---

① 参见辽宁省大连市中级人民法院(2014)大民三破字第1-5号民事裁定书:"本院认为:《STX(大连)造船有限公司破产财产变价方案》确认的破产财产变价原则、变价方式和变价程序均符合法律规定,未损害全体债权人利益,且《STX(大连)造船有限公司破产财产变价方案》债权人会议表决程序及本院裁定认可程序符合法律规定。复议申请人对于评估报告、第二次债权人召开形式的异议以及关于更换管理人的复议申请均不属于本裁定的审查范围。"

讼程序中对证据的审查。破产财产变价及分配方案的强制裁定具有"一裁终局"的效力，因而对复议范围应当审慎规范，以保护相关主体的合法权益，避免司法不当干预，造成权利侵害的不利影响。

（二）对不服破产财产分配方案强制裁定引发的纠纷——以"邯郸锦鲜实业有限公司破产清算案"为例

1. 案件基本情况

2015 年 3 月 30 日，魏县人民法院裁定受理邯郸市锦鲜实业有限公司（以下简称"锦鲜公司"）破产清算案件，并依法指定管理人。因管理人拟定的《破产财产分配方案》经债权人会议两次表决未通过，根据管理人申请，魏县人民法院作出（2012）魏民破字第 1-4 号民事裁定书，裁定认可锦鲜公司《破产财产分配方案》。

2020 年 8 月 6 日，林建华认为人民法院裁定的《破产财产分配方案》侵害了其对锦鲜公司的房屋、土地变价所得款项享有的优先受偿权，不服（2012）魏民破字第 1-4 号民事裁定书，向魏县人民法院提起诉讼，请求：（1）撤销魏县人民法院（2012）魏民破字第 1-4 号民事裁定书；（2）撤销锦鲜公司破产管理人作出的破产财产分配方案。

魏县人民法院以林建华未在法定期限内提出复议，其不符合起诉条件为由，驳回林建华起诉。而后，林建华上诉至邯郸市中级人民法院（以下简称"邯郸中院"）。2020 年 11 月 12 日，邯郸中院裁定驳回上诉，维持原裁定。林建华又向河北省高级人民法院申请再审，2021 年 6 月 11 日，河北高院驳回林建华的再审申请。

2. 问题折射

（1）人民法院强裁破产财产分配方案的考量因素

本案债权人对法院裁定认可的《破产财产分配方案》存在异议的理由是，认为该方案侵害了其优先受偿权，即对破产财产分配顺序及数额有异议。笔者检索的在破产财产分配方案上存在争议的案件大致能够分为两类，一类为破产债权确认纠纷，一类系因破产财产分配方案执行引发的纠纷，如权证办理、房屋清退等。

破产财产分配方案解决的是财产分配问题，通俗来讲，就是分什么及怎么分的问题。关于分什么的问题，按照法律规定，破产财产应当以货币形式进行分配。① 如果采用以物抵债的方式分配破产财产，须通过债权人会议决议。关于怎么分的问题，其核心并不在于方案本身，而在于对破产债权的审查认定，依照人民法院裁定确认的破产债权，可以明确破产财产分配方案中的参加破产财产分配的债权人及债权性质、债权金额等。

《企业破产法》第115条第2款②明确了破产财产分配方案应当列明的事项，所以人民法院强裁破产财产分配方案的考量因素较明确，也更具有可操作性。这一点与破产财产变价方案的强裁规定有明显不同。人民法院在强裁破产财产分配方案时，应当审查方案内容是否完备（即是否涵盖法定内容），表决程序是否符合法律规定。此外，出于对方案强裁的审慎，如异议债权人异议的理由涉及债权确认，应当追根溯源，结合破产债权审查意见等进行综合考量，而后再在作出裁定。

（2）关于权利救济的问题——权利救济的规则设置与路径选择

本案虽为不服破产财产分配方案强裁引发的纠纷，但因相关主体没有在法定期限内提起复议，三级人民法院均以此为由裁定驳回当事人诉请。笔者关注到，破产财产变价及分配方案强裁制度中复议程序中的申请主体存在差异。对破产财产分配方案提出复议申请的主体，是债权额应占无财产担保债权总额二分之一以上的债权人。笔者认为，虽然对破产财产分配方案须经两次债权人会议表决不予通过，才可由人民法院裁定认可，但在复议主体上设置更高的要求与标准显然缺乏合理性。此外，对与破产财产分配方案相关的争议，如破产债权确认纠纷、附随义务履行等问题，更适宜采用另案诉讼的方式解决。仅仅设置复议这一救济程序，恐难充分实现权利救济。

四、破产财产变价及分配方案强裁制度的问题反思

如前文所述，清算程序与重整、和解程序不同，重整计划、和解协议

---

① 《中华人民共和国企业破产法》第114条：“破产财产的分配应当以货币分配方式进行。但是，债权人会议另有决议的除外。”

② 《中华人民共和国企业破产法》第115条第2款：“破产财产分配方案应当载明下列事项：（一）参加破产财产分配的债权人名称或者姓名、住所；（二）参加破产财产分配的债权额；（三）可供分配的破产财产数额；（四）破产财产分配的顺序、比例及数额；（五）实施破产财产分配的方法。”

无法表决通过且不满足法院强裁条件时，案件可以进行程序转换，调整处置债务人财产及清偿债务的策略与方式。破产财产变价及分配方案则成了最终的债务人财产处置办法及债权清偿方案。当债权人会议无法通过两方案时，人民法院对两方案的强裁即成为案件得以推进的唯一渠道。因此，破产财产变价及分配方案强裁的规则设置尤为重要，其应当能够引导人民法院有效且及时地进行强裁。此外，为避免司法不当干预，应当设置合理的救济途径，以确保强裁方案存在问题时，相关主体的权利能够得到保护及救济。

通过对现有法律规定的梳理，以及对已产生复议与诉讼案件的实证分析，笔者认为，现行破产财产变价及分配方案强裁制度未能实现应有的效用，其主要存在以下问题。

（一）缺乏强裁期限限制，难以保障司法的及时干预

在部分清算案件办理中，破产财产变价或分配方案虽然已满足须法院强制裁定的程序条件（表决未通过）和实质条件，但因法院迟迟不作出裁定，导致案件办理停滞不前，破产财产无法及时处置或分配。

现行规定未明确法院强裁破产财产变价及分配方案的期限，在方案未通过债权人会议表决时，法院无法判断应当进行司法干预的时点，导致法院职能在发挥上存在随意性，影响程序的推进，无法实现强裁的及时性，难以发挥强裁制度应有的效用与价值。

（二）规定不具可操作性，难以有效引导法院审查及强裁方案

如前文所述，虽然通过法律解释的方法，可以将现有规定对破产财产变价及分配方案的要求视为法院审查和强裁方案的依据。但这样的规定形式不具有可操作性，难以解决实务中法院在强裁方案时存在的问题。试想，对于满足现有规定要求的方案，法院是否都可以进行强裁？如果方案满足现有规定的要求，但未通过债权人会议表决时，法院是直接强裁还是调整之后再作强裁？如需调整，是按照债权人的意见进行调整还是按照管理人的意见进行调整？怎样判断方案的调整是否恰当？

结合现有案例，在强裁破产财产变价及分配方案的过程中，现有规定无法给予法院一个明确的引导。笔者认为，缺乏对方案审查内容的规定，法院必然缺少对方案完整性、合理性的判断标准；缺乏强裁标准的规定，

法院必然缺少强裁的依据。不能期待每一个案件中都存在一个全知全能的"完美法官"，而应当通过制度的完善，引导法院至少应当对方案的哪些方面予以审查，方案满足怎样的条件或完成哪些程序后，即可对变价方案或分配方案进行强裁。

(三)救济程序设置存在不足，难以实现权利救济的目的

现有案例中，除中交一航局第三工程公司对 STX(大连)造船有限公司破产财产变价方案复议案外，其他案件均存在权利救济的程序性问题。笔者认为，这一现象不能简单归结于相关主体对破产程序缺乏了解，导致未能及时依法救济权利。在规则设置上，对不服破产财产变价及分配方案裁定的救济程序，至少存在三点问题：第一，复议申请主体设置不合理，不应对分配方案申请复议的债权人增加债权额度的限制。第二，未明确复议范围。对债权人而言，缺乏选择恰当权利救济方式的指引，无法判断异议事项是否应当通过复议程序提出；对法院而言，难以划定自身的职能范围，无法判断债权人异议事项是应当纳入复议审查，还是应当另案起诉。第三，复议程序恐难解决实体纠纷。破产财产变价及分配方案辐射范围几乎涵盖与债务人有关的全部物权、债权法律关系，其中，破产财产变价方案应当包含对债务人全部财产的处置，破产财产分配方案应当包含对债务人所有债务的清偿。两方案所牵涉的破产财产权属纠纷、破产债权认定等实体问题，不应一并纳入复议程序予以处理。①

五、对破产财产变价及分配方案强裁制度的完善

综合上述，在《企业破产法》的修订上，为解决破产财产变价及分配方案强裁制度现有问题，笔者认为，可以从法院介入的时点、法院强裁的标准、权利救济的方式三个方面，进一步完善破产财产变价及分配方案的强裁制度。

---

① 参见解欢：《法院裁定认可破产财产变价方案后的复议问题》，载微信公众号"泰和泰律师"，2019年6月27日。

（一）何时强裁——强裁制度程序目的实现的即时性

清算程序的重要效用是公平清理债权债务、高效清退市场主体。除考虑程序本身的时间成本外，及时快速推进清算程序有利于更好的保障债权人的合法权益。笔者认为，在清算程序中，应当设置对破产财产变价及分配方案强制裁定作出的期限限制，把握对破产财产处置及分配的效率，利于司法及时干预清算程序推进，使强裁制度的程序目的与价值能够更好实现。

在制度的完善上，可以参照《企业破产法》第 87 条关于裁定批准重整计划草案的规定，增加条文以明确人民法院应当在收到申请之日起三十日内裁定认可破产财产变价及分配方案。

（二）如何强裁——明确法院对方案的审查内容与强裁标准

破产程序的基本原则是尊重债权人意思自治，强裁制度是特殊情况下司法公权力对债权人私权利的干预，因此在适用上须予以限制，避免权利滥用导致私权被过度剥夺。[1] 此外，对于破产财产变价方案而言，现有规定明确对破产财产的处置应当以价值最大化为原则，兼顾处置效率。[2] 在破产财产变价上，规范对方案强裁标准能更好地处理价值最大化及处置效率之间的平衡。

通过法律规定的形式，明确法院对变价及分配方案的审查内容与强裁标准，不仅是对债权人合法权益的维护，能够规范破产案件办理，实现破产案件审判中的"同案同判"，也有助于有效引导法院审查方案，快速作出方案是否能够强裁或需要如何调整的判断。此外，在司法实务中，不同

---

① 参见齐明、郭瑶：《破产重整计划强制裁定制度的反思与完善——基于上市公司破产重整案件的实证分析》，载《广西大学学报（哲学社会科学版）》2018 年第 2 期。

② 《全国法院破产审判工作会议纪要》（法〔2018〕53 号）第 26 条："破产财产的处置。破产财产处置应当以价值最大化为原则，兼顾处置效率。人民法院要积极探索更为有效的破产财产处置方式和渠道，最大限度提升破产财产变价率。采用拍卖方式进行处置的，拍卖所得预计不足以支付评估拍卖费用，或者拍卖不成的，经债权人会议决议，可以采取作价变卖或实物分配方式。变卖或实物分配的方案经债权人会议两次表决仍未通过的，由人民法院裁定处理。"

案件所涉及的破产财产的种类、案件的复杂程度及争议内容等均存在差异。因此，在规则设置上，应当通过增加强裁制度的程序性规定，如增加异议听证程序、增加变价方案表决次数等，帮助法院在强裁过程中，更好地把握破产财产变价及分配方案在个案中的审查重点，厘清案件中已反映出的争议事项，向相关主体释明救济渠道，能更好实现案件办理的效果。具体而言，在制度的完善上，可以进行以下几方面的调整。

1. 设置破产财产变价及分配方案的审查范围

在《企业破产法》的修订中，应当增加条款明确人民法院对破产财产变价及分配方案的审查范围，例如，规定人民法院在裁定认可破产财产变价方案前，应当对以下事项予以审查：（1）变价对象；（2）变价原则；（3）变价方式；（4）变价程序；（5）变价方案表决程序。规定人民法院在裁定认可破产财产分配方案前，应当对以下事项予以审查：（1）分配方案的内容；（2）分配方式；（3）分配方案表决程序。

2. 调整破产财产变价及分配方案强裁的前提条件

应当调整破产财产变价方案的表决次数。对破产财产变价方案如应经债权人会议二次表决仍未通过的，由人民法院裁定。这样的调整能够更好地尊重和保护债权人的意思自治，给予债权人充分表达自身利益诉求的机会。在一次表决未通过的情况下，管理人可以根据异议情况对方案作出适当调整，或对债权人异议予以答辩，并在此基础上，对变价方案进行二次表决。这样的规则调整既能提升变价方案的通过率，也有利于法院更为清晰准确把握变价方案的审查重点。

3. 增设异议听证及释明程序

为提升强裁的质效，建议在对破产财产变价及分配方案强裁前，增设异议听证程序，并将听证程序作为强裁的程序条件。即规定人民法院在裁定认可破产财产变价及分配方案前，应当组织异议债权人进行听证，并可要求管理人、评估机构、审计机构等相关人员列席听证，回答询问。在进行听证等程序后，对满足法定要求的破产财产变价及分配方案，人民法院应当在法律规定的期限内依法裁定认可。

（三）怎么救济——对强裁制度救济方式的再思考

结合前文分析，除对申请复议的主体应当作出调整外，对破产财产变价及分配方案的救济程序，应当采用复议及诉讼的二元救济路径，并且应当明确复议与诉讼救济权利的范围。为保障相关主体能够依法寻求正确的权利救济方式，笔者建议增加法院对救济程序的释明义务，在对方案强裁前，应明确异议事项属于程序问题还是实体问题，并向相关主体阐释救济方式。具体而言，在制度的完善上，可以进行以下几方面的调整：

1. 调整对破产财产分配方案申请复议的主体条件限制

应当调整对破产财产分配方案申请复议的主体条件限制。对破产财产变价及分配方案强制裁定申请复议的主体应当保持一致，对方案强裁具有异议的债权人应当均享有提出复议的权利，实现对每一债权人合法权益的平等保护。

2. 明确复议与诉讼的权利救济范围

应当明确复议程序侧重审查方案内容是否完备、债权人会议决议及强裁程序是否合法等程序性问题；对于实体问题，如财产权属、债权认定等，应当引导当事人及时提起诉讼。考虑到破产案件办理的程序效益原则，对前述诉讼期限应当在破产法中作出规定，不应适用《中华人民共和国民法典》及相关法律规范中关于时效的规定。

3. 增加法院的释明义务

可以在听证程序中增加法院的释明义务，这样一来，在听证程序中，一方面，能够使法院在强裁方案前，高效汇总异议内容，厘清方案审查重点；另一方面，通过听证程序，能够采用解释、协商、沟通等方式解决部分债权人异议事项，就不能解决的问题，人民法院依法向异议主体释明权利救济的途径。

六、结 语

结合本文论述，在本次《企业破产法》修订中，可通过四个条款对破产财产变价及分配方案的强裁规则进行重构。

条文一："破产财产变价方案或分配方案经债权人会议二次表决仍未通过的，由人民法院裁定。

人民法院裁定认可破产财产变价方案或分配方案前，应当组织听证。管理人、对方案提出异议的债权人及人民法院认为应当参加听证的人员应当参加听证，回答询问，对有关事项发表意见。异议债权人在收到听证通知后不参加听证的，不影响听证程序的进行。

管理人应当在听证结束后向人民法院提出认可破产财产变价方案或分配方案的申请。人民法院经审查认为符合本法规定条件的，应当自收到申请之日起三十日内作出裁定。"

条文二："人民法院在裁定认可破产财产变价方案前，应当对以下事项予以审查：(一)变价对象；(二)变价原则；(三)变价方式；(四)变价程序；(五)变价方案表决程序。"

条文三："人民法院在裁定认可破产财产分配方案前，应当对以下事项予以审查：(一)分配方案的内容；(二)分配方式；(三)分配方案表决程序。"

条文四："本法第××条听证程序中，人民法院应当协助相关权利人明确主张权利的方式：(一)债权人对人民法院认可破产财产变价方案或分配方案裁定程序性事项不服的，可以自裁定送达之日起十五日内向人民法院申请复议。复议期间不停止裁定的执行。(二)债权人对方案中载明的破产财产权属、债权性质、债权金额等存在争议的，应当在裁定送达之日起十五日内向人民法院依法提起诉讼。"

破产程序中清算所得税处理规则研究

尹爱国 李 偲[*]

内容提要：我国现行清算所得税纳税规则实际以企业正常清算为预设环境所构建，虽有文件规定适用于破产清算，但未能充分考虑破产程序的特殊性，在破产清算实践中存在明显的水土不服。本文以税款债权确认诉讼实践案例为切入点，结合实践及理论分析，对破产清算期间的清算所得税的法律适用、债权性质、清算期起算、债务豁免等问题展开讨论，建议破产程序中清算所得税性质应归为破产费用，按相应顺位清偿；但税法关于清算所得税的金额确定规则应当充分考虑破产程序的特殊性予以特别规定。首先，关于清算期起算，原则上应当以破产受理之日为起点，特殊情形下，也应当涵盖破产受理前企业实际停止经营已资产处置行为期间。其次，应当放宽弥补亏损年限，放宽计算亏损的发票要件等。最后，应当明确破产企业于清算案件中的豁免债务无需缴纳企业所得税。

一、问题的提出

依据我国税法规定，企业进入清算程序后，应以清算期为单独纳税年度，在清算结束后对清算所得及时清缴税款，此即清算所得税。2009 年 4 月 30 日，财政部、国家税务总局联合发布《关于企业清算业务企业所得税处理若干问题的通知》（以下简称"财税〔2009〕60 号文"），对破产清算在内的企业清算所得税处理规则做出了一般规定，但《中华人民共和国企业破产法》（以下简称《企业破产法》）对破产程序中的企业纳税、税收债权

---

* 尹爱国，湖北维思德律师事务所高级合伙人，破产与重组部部长。李偲，湖北维思德律师事务所执业律师。

等规定较少，现有规定尚无法解决破产程序中有关清算所得税的包括性质、清偿顺位及清算期起算、清算所得数额确定等具体问题，下文笔者参与的一起税款债权确认之诉便可见一二。

某房地产公司在进入破产程序前已实际停止经营，因涉及多起诉讼，法院在执行程序中将其唯一资产拍卖。进入破产程序后，税务机关向管理人申报税款债权，主张对破产受理以前法院对公司的资产拍卖行为收取企业所得税。管理人不予认可，主要观点有二：其一该公司实际在破产受理后方从法院获得的拍卖尾款，相关所得应计入清算所得，按照税法规定应于清算期结束后统一结算；其二，该资产拍卖所得应扣除相关成本及损失，扣除后所得为负，不应缴纳所得税。税务机关对此持有异议，遂向法院提起起债权确认之诉，认为管理人主张的相关成本及损失无相关发票凭证，不能扣除。一审法院经审理逐笔审查管理人主张的成本及损失后，部分认可了所得税款，对此，税务机关及管理人双方均提起上诉，目前二审尚未判决。

可见，破产程序中清算所得税处理的症结，实质在于清算所得税的性质及清偿顺位，清算期起算节点、金额的计算等。相关问题的理清，将对我国破产程序中企业清算所得税规则的完善有所裨益，有助于推进破产审判制度与企业所得税制度的有序衔接。

二、破产程序中清算所得税问题的法律适用

（一）税法规定

相较于正常经营企业应缴的企业所得税，清算所得税的核心区别在于"其以清算期间作为独立纳税年度计算"。由此衍生清算所得税的处理，应包含有清算期间、清算所得数额计算、清缴方式及时限等。

依据《中华人民共和国企业所得税法》（以下简称《企业所得税法》）及相应实施条例规定，其一，清算期应开始于实际经营终止之时；其二，企业应在注销以前汇算缴纳清算所得税；其三，清算所得指企业全部资产变现价值减除资产净值、清算费用及相关税费后的余额。

2009 年 4 月 30 日，财税〔2009〕60 号文①对清算期的企业所得税的范围、清缴方式作进一步说明。该文不仅指出破产清算企业也应进行清算所得税处理；对于清算所得，明确还应加上债务清偿损益；同时，规定"结清清算所得税"应当在"支付职工工资、社会保险费用和法定补偿金"之后，在"清偿企业债务"以前。

2009 年 12 月 4 日，国家税务总局颁布《关于企业清算所得税有关问题的通知》(以下简称国税〔2009〕684 号)，对清算所得税的纳税年度及清缴时限再次予以明确，同时规定企业进入清算期应报税务机关备案。

（二）破产法相关规定

我国《企业破产法》旨在规范破产程序，公平清理债权债务关系，保护债权人和债务人的合法权益，具有帮助困境企业"涅槃重生"和促使失败企业有序退出的双重功能。② 关于破产清算程序中的债务清理，破产法规定了破产债权的申报及审查确认程序、各债权的清偿顺位及统一分配清偿程序。

依据《企业破产法》规定，进入破产程序后，债权人应依法行使权利，一方面，对于债权金额及性质的确定，需经过债权申报、审查、债权人会议核查及法院裁定程序；另一方面，经过确认的各类债权的清偿，应当按照企业破产法规定的清偿顺位依次清偿。此外，《企业破产法》规定了破产程序中发生的破产费用及共益债务范围，同时赋予了破产费用和共益债务的优先清偿地位。

现行法律法规对破产程序中所形成的清算所得税的清缴义务及性质并未作出明确规定。如此一来，不仅企业清算所得税的纳税要求在破产清算程序中受到了挑战，同时以企业正常清算注销为预设环境所构建的清算所得税纳税体系在破产清算程序中也存在明显的水土不服。

---

① 参见财政部、国家税务总局：《关于企业清算业务企业所得税处理若干问题的通知》，国家税务总局，http://www.chinatax.gov.cn/chinatax/n362/c25899/content.html，访问日期：2022 年 11 月 15 日。

② 徐阳光：《破产程序中的税法问题研究》，载《中国法学》2018 年第 2 期。

（三）税法与破产法在清算所得税问题中的协调适用

企业破产法是专为陷入危机的企业设定的法律制度，而税法是面向正常经营的企业，更侧重于维护国家利益，保障国家的税收征缴，很少考虑企业破产时的课税问题。①

诚然，保障国家税收征缴的重要性毋庸置疑，但是处于困境中的企业所能承受的税收负担能力已岌岌可危，尤其是已经进入破产程序的企业，此时的企业已进入"生存紧急状态"，其财产的管理权经由法院交予了管理人，而财产利益基本归属于全体债权人，全部资产成为偿还所欠债务的责任财产。面对此种情形，如不加区分地行使征税权力，将会带来征税权行使中的"不妥当"和个案中的非正义问题，亦无法发挥企业破产法挽救困境企业以获得新生或规范失败企业有序退出市场的功能。②

为真正实现破产法"公平清理债权债务"的立法目标，有学者提出"课税特区"理论，主张在破产程序中对国家征税权力进行必要的限缩，包括实体法层面和程序法层面的双重限制，以适应解决破产程序中的涉税争议。③ 笔者认为十分值得借鉴，对目前破产法与税法均无明确规定的破产涉税问题，或是存在冲突的问题，应基于"课税特区"的原理考虑，在税法上应当针对破产程序做出特别的调整。

三、破产程序中清算所得税的债权性质及清偿顺位

关于破产清算期间产生的清算所得税，《企业破产法》中并未对其法律性质及清偿顺位予以明确，目前的主流观点认为清算所得税应归入破产费用或共益债务，并按相应顺位清偿。④ 实务中，已有部分地方法院联合

---

① 参见徐阳光、范志勇、徐战成：《破产法与税法的理念融合及制度衔接》，法律出版社2021年版，第10页。
② 参见徐阳光：《破产程序中的税法问题研究》，载《中国法学》2018年第2期。
③ 参见徐阳光、范志勇、徐战成：《破产法与税法的理念融合及制度衔接》，法律出版社2021年版，第11页。
④ 参见朱华军、蒋文军、张奕君：《浅议破产清算程序中的"新生税款"》，载《中国注册会计师》2022年第6期。

税务部门发文,如重庆①、上海②、天津等地认可在"经人民法院许可或债权人会议决议"的前提下,③"企业因继续营业或者因破产财产的使用、拍卖、变现所产生的应当由企业缴纳的税(费)按照共益债务或者破产费用由破产财产随时清偿"。安徽省宣城市中级人民法院、国家税务总局宣城市税务局印发《关于优化企业破产程序中涉税事项办理的实施意见》的通知(宣中法〔2020〕77号),关于"清算期间企业所得税处理",明确规定清算所得税依法按照共益债务或者破产费用,由破产财产随时清偿。

但仍有观点认为将清算所得税简单归入破产费用和共益债务尚存在不合理之处,主要理由有两点。

其一,按照现行税法规定计算确定的清算所得税,若归为破产费用,将取得优先受偿地位,对本就不高的普通债权清偿比例产生影响,有违公平受偿原则;同时,在债务人资产严重不足的情况下,将与在先成立的担保债权的清偿发生冲突,与《中华人民共和国税收征收管理

---

① 《重庆市高级人民法院、国家税务总局重庆市税务局关于企业破产程序涉税问题处理的实施意见》(渝高法〔2020〕24号)第7条第2款:"管理人经人民法院许可,为债权人利益继续营业,或者在使用、处置债务人财产过程中产生的应当由债务人缴纳的税(费),属于《中华人民共和国企业破产法》第四十一条破产费用中的'管理、变价和分配债务人财产的费用',由管理人按期进行纳税申报,并依法由债务人的财产随时清偿。"

② 《上海市高级人民法院、国家税务总局上海市税务局关于优化企业破产程序中涉税事项办理的实施意见》:"(五)纳税申报 人民法院裁定受理破产申请后,经人民法院许可或债权人会议决议,企业因继续营业或者因破产财产的使用、拍卖、变现所产生的应当由企业缴纳的税(费),管理人以企业名义按规定申报纳税。相关税(费)依法按照共益债务或者破产费用,由破产财产随时清偿,主管税务机关无需另行申报债权,由管理人代为申报缴纳。"

③ 《天津市高级人民法院、国家税务总局天津市税务局关于优化企业破产程序中涉税事项办理的实施意见》:"(五)纳税申报 人民法院裁定受理破产申请后,经人民法院许可或债权人会议决议,企业因继续营业或者因破产财产的使用、拍卖、变现所产生的应当由企业缴纳的税(费),管理人以企业名义按规定申报纳税。相关税(费)依法按照共益债务或者破产费用,由破产财产随时清偿,主管税务机关无需另行申报债权,由管理人代为申报缴纳。"

法》第 45 条①有关税收与抵押权之间优先权的规定相悖，如此一来，本应由债务人承担的清算所得税纳税责任，在破产程序这一特殊领域下，实质性的转嫁给了各债权人，而债权人本就是债务人企业破产时的利益直接受损方，显然有违破产法的公平清偿原则。

其二，实务中清算所得的计算将陷入循环悖论，无法得出结论。依据财税〔2009〕60 号文第 3 条、第 4 条规定，计算清算所得税时应加上债务清偿损益，而债务清偿损益的数额需在企业全部债权清偿完毕后方能得出。破产程序中，破产企业往往资不抵债，各类债权大部分为按比例清偿，但各类债权的清偿比例，需在清偿完毕破产费用及共益债务后，按照破产法的清偿顺位，依次计算而来。若将清算所得税归为破产费用，在实务中，分配比例与清算所得税的计算将陷入循环悖论，即清算所得税的数额确定需以各债权清偿比例确定为前提，但各类债权清偿比例的确定，又以破产费用及共益债权全额清偿为前提，互为前提之下，将清算所得税的金额无法确定，各类债权的清偿比例亦无法确定。

笔者认为，即便存在上述问题，在破产清算程序中，也不应当以破产法没有规定清偿顺位为由将清算所得税的清缴问题置之不理。其原因在于，虽然比例极低，破产清算案件中亦存在所有债权清偿完毕后尚有结余的债务人企业，此时若允许债务人企业借由破产程序逃避清算所得税的纳税义务，将导致纳税义务不公，同时将导致国家税源流失，财政收入受损。实际上，上述破产清算程序中清算所得税的清缴所面临的障碍，其本质仍为现行清算所得税的清缴制度主要为正常经营企业退出市场清算而设定，并未充分考虑破产清算程序的特殊性。若需解决上述问题，笔者建议现行清算所得税清缴制度应当在以"课税特区"理论为基础，在企业破产领域予以适当限缩或调整，以适应企业破产法的公平清偿制度。而后，为维护国家税收公平及合理税源，企业破产法应对破产期间产生的纳税义务仍应参考破产费用或共益债务的性质确定清偿顺位。

---

① 《中华人民共和国税收征收管理法》第 45 条第 1 款规定："税务机关征收税款，税收优先于无担保债权，法律另有规定的除外；纳税人欠缴的税款发生在纳税人以其财产设定抵押、质押或者纳税人的财产被留置之前的，税收应当先于抵押权、质权、留置权执行。"

四、关于清算期起点的认定

如前所述，企业应当将停止经营后的清算期作为独立纳税年度计算清算所得。因此，清算期的始期将影响企业所得税计算期间，其与破产受理之日的前后关系，将影响相应所得税金额计算及税款性质，确定清算期起算原则具有重要实践意义。

(一)税法中的清算期起算

《企业所得税法》第53条第2款、第3款规定，企业依法清算时，应当以清算期作为独立纳税年度。清算期起算的前提应为"终止经营活动"、开展清算，但税法没有就"终止经营活动"下明确定义。据财税〔2009〕60号文第1条①，在税法领域认可的清算期内，纳税人企业应当停止经营、处置资产、偿还债务以及向所有者分配剩余财产。

根据《国家税务总局关于企业清算所得税有关问题的通知》(国税函〔2009〕684号)第2条②、《企业所得税汇算清缴管理办法》第4条第2款③规定，纳税人企业在进入清算状态时应当提前报告并及时备案，可知税务实践中以纳税人企业的清算期始期以其申报备案的日期确定。

(二)破产实务中清算所得税的清算期起算

1. 以宣告破产之日起，结合企业终止经营状态，经清算备案确定清算期的始期。例如，济南市中级人民法院与四川省高级人民法院分别与同

---

① 《财政部、国家税务总局关于企业清算业务企业所得税处理若干问题的通知》(财税〔2009〕60号)第1条规定："企业清算的所得税处理，是指企业在不再持续经营，发生结束自身业务、处置资产、偿还债务以及向所有者分配剩余财产等经济行为时，对清算所得、清算所得税、股息分配等事项的处理。"

② 《国家税务总局关于企业清算所得税有关问题的通知》(国税函〔2009〕684号)第2条："进入清算期的企业应对清算事项，报主管税务机关备案。"

③ 《企业所得税汇算清缴管理办法》(国税发〔2009〕79号)第4条第2款："纳税人在年度中间发生解散、破产、撤销等终止生产经营情形，需进行企业所得税清算的，应在清算前报告主管税务机关，并自实际经营终止之日起60日内进行汇算清缴，结清应缴应退企业所得税款。"

级税务机关发布有关破产涉税问题文件中，① 关于清算所得税的处理规定均在"破产企业被人民法院宣告破产后"。

2. 以破产受理之日起，结合企业终止经营状态，经清算备案确定清算期的始期。例如，上海市高级人民法院、安徽省高级人民法院分别与同级税务机关发布有关破产涉税问题文件②中，关于企业清算所得税处理均在"人民法院裁定受理破产申请后"。

（三）以破产申请日或宣告破产日与清算期起始日期相关联存在合理性，同时也应考虑企业资产变现和债务清偿活动与清算期的密切关系

事实上，在企业破产申请被人民法院受理之前，债务人极有可能在事实上早已具备破产原因并实际终止经营，在部分"执转破"案件中，债务人实际终止经营的状态甚至始于执行程序之前，且往往在执行程序中法院已经拍卖债务人资产以清偿债务。若清算期以破产宣告日起算，将存在大量事实上的"实际经营终止"和法律上的"实际经营终止"不一致的案件。③

---

① 济南市中级人民法院、国家税务总局济南市税务局《关于印发〈关于办理企业破产涉税问题的相关意见〉的通知》（济中法〔2020〕35 号）第 18 条：破产企业被人民法院宣告破产后，企业终止经营活动的，以整个清算期间作为一个独立的纳税年度计算清算所得，并进行清算所得税申报。管理人应对清算事项按规定报主管税务机关备案。

四川省高级人民法院、国家税务总局四川省税务局《关于企业破产程序涉税问题处理的意见》第 1 条第（7）项：清算期间企业所得税处理人民法院裁定宣告企业破产后，企业终止经营活动的，应进行企业清算所得税处理。管理人可通过国家税务总局四川省电子税务局向主管税务机关进行清算备案，无需提交附列资料。

② 上海市高级人民法院、国家税务总局上海市税务局《关于优化企业破产程序中涉税事项办理的实施意见》（沪高法〔2020〕222 号）第 1 条第（7）项：清算期间企业所得税处理。人民法院裁定受理破产申请后，企业终止经营活动的，应进行企业清算所得税处理。

安徽省高级人民法院、国家税务总局安徽省税务局《关于企业破产程序中有关涉税事项处理的意见》（皖税发〔2021〕74 号）第 1 条第（6）条：清算期间企业所得税处理。人民法院裁定受理破产申请后，企业终止经营活动的，应当进行企业所得税清算处理。

③ 参见徐战成：《企业破产中的税收法律问题研究——以课税特区理论为指导》，法律出版社 2018 年版，第 67 页。

此时，债务人不仅无法受到破产法的保护，亦无法享受到"清算所得税"的特殊规定；在执转破这种新破产形式中，还易出现资产变现可能出现在执行阶段，债务清偿则出现在破产阶段的特殊情况，此时债务人变现资产的所得仍应按照一般企业所得税征缴显然违背了税法设定清算期为独立纳税年度的初衷。

从另一个角度来看，财政部、国家税务总局《关于企业清算业务企业所得税处理若干问题的通知》第4条规定中，隐含着企业资产变现和债务清偿均发生在清算期内的逻辑，倘若拘泥于将税务清算期的起点认定在法院裁定受理破产之后或宣告破产之后，显然不符合此逻辑。①

笔者认为，清算期起点的认定应当综合考虑事实上的"实际终止经营"及实际处置资产、清偿债务的情形，同时考虑与企业破产法的衔接，建议以破产受理后、已终止经营为一般情形下的清算期起点，同时考虑到企业资产变现和债务清偿均发生在清算期内的逻辑，在部分"执转破"案件中，执行程序已发生处置债务人财产的情形下，应将先行处置破产财产视为企业破产的前序准备阶段或企业破产清算期的前延，此时企业所得税清算期起点作为例外前移至资产处置时点，如此将可兼顾到我国税法及破产法对于清算期不同的内涵，兼顾税法及破产法的立法目的，从而实现破产企业、广大债权人及国家三者之间的利益平衡。

实务中对此已有类似举措，如温州市中院与温州市税务局发布《关于印发〈关于破产程序和执行程序中有关税费问题的会议纪要〉的通知》第4条第3款"税务部门在交易环节已对债务人财产拍卖所得预缴征收企业所得税的，债务人企业转破产后，由税务部门预缴征收的企业所得税应作为破产财产退还"②。柳州市人民政府、柳州市中级人民法院《关于破产程序中有关税务问题处理的指导意见》(柳政发〔2019〕30号)第4条第2款规定，"破产案件受理后，若执行法院在执行过程中将债务人财产进行拍卖处置，交易双方已按照税法规定各自承担相应的纳税义务，相关税务部门也已对债务人财产拍卖所得在交易环节预缴征收企业所得税，后债务人

---

① 参见徐扬：《"执转破"案件企业所得税清算期起点的认定》，载微信公众号"破产重整那些事"，2020年10月23日。

② 参见浙江省温州市中级人民法院联合课题组、潘光林：《论破产涉税若干问题的解决路径——基于温州法院的实践展开》，载《法律适用》2018年第15期。

经破产审计,破产管理人证明债务人在上述财产拍卖处置的会计年度内确已资不抵债,上述财产拍卖所得应列入破产财产范围,税务部门对已预缴征收的企业所得税应视为破产财产退还给破产管理人"。

五、破产程序中清算所得税数额确定

按照财税〔2009〕60 号文要求,① 企业破产清算所得=企业的全部资产可变现价值或交易价格-资产计税基础-清算费用-相关税费+债务清偿损益-弥补亏损。由此看来,清算所产生的资产收入主要来自资产变价产生的增值收益和清偿债务过程中产生的清偿损益。

(一)税前扣除及亏损弥补的确认标准应予放宽

1. 现有政策适用条件严格,破产企业难以适用。

实务中,税收征收中财产损失和亏损弥补的主要适用对象是正常经营企业,而且对财产损失和亏损弥补认定具有严格的条件限制。例如,《企业资产损失所得税税前扣除管理办法》第6条规定,企业以前年度发生的资产损失未能在当年税前扣除的,追补确认期限一般不得超过五年;第14条则明确要求企业对资产损失税前扣除证据材料负有周全的保存义务。

然而实践中,多数进入破产程序的企业往往存在,或是破产前管理不规范,缺乏相应财务账册管理制度,财务记账混乱,或是破产后因无人管理人保存,致使相关凭证遗失,又或是在管理人接管企业以前,遭利害关系人恶意毁损藏匿,有些破产企业甚至已经停业多年,人员流失,资料缺失。多重原因下,管理人接管破产企业之时,往往接收到的成本资料、费用凭证不齐全,无法获取证据确凿的证明材料。同时,破产企业一般都是多年亏损,存在账面上的亏损时间超过法定弥补时限要求,已无法在税前扣除。

对此,基于课税特区理论,笔者建议,对破产程序中未弥补亏损的所得税处理应作出专门规定,对破产企业未弥补的亏损不再受《企业所得税

---

① 《财政部、国家税务总局关于企业清算业务企业所得税处理若干问题的通知》财税〔2009〕60 号第 4 条第 1 款:企业的全部资产可变现价值或交易价格,减除资产的计税基础、清算费用、相关税费,加上债务清偿损益等后的余额,为清算所得。

法》第 18 条规定"弥补亏损不得超过五年的限制",而应视为均在可弥补的期限内,未弥补亏损总额,均可作为所得税前可扣除的亏损金额。①

2. 经审查可确认的无发票支出应予以认可。

按照税法相关规定,企业所得税的税前扣除一般对扣除凭证有较高要求,在企业正常经营过程中,发票往往被税务部门认定企业所得税税前扣除的有效凭证。但由于破产企业一般资不抵债、资金链断裂,不能及时向债权人偿还债务。债权人出于自身利益保护,对于不能按时付款的单位,会拒绝提供发票,对于申报的无发票债权,管理人结合合同、供货清单、施工结算单、工程进度报告等资料综合判断后逐笔认定。管理人认定的无发票债权要想在破产程序中作为所得税的税前抵扣,往往得不到税务部门的认可。②

《企业所得税法》第 8 条规定,企业发生与收入相关的、合理的支出,准予扣除;《企业所得税税前扣除凭证管理办法》第 14 条规定,合同或者协议、付款凭证等资料证实支出真实性的,允许其合理支出税前扣除。可见,企业只要支出实际发生,即使未取得发票,也可以依据合同、内部付款审批以及其他可以证实支出真实性的原始凭证进行企业所得税税前扣除认定。

3. 担保代偿债权损失作为投资损失的标准应予放宽。

在本文开头的案例中,一审法院对已经执行的 1800 万元担保责任的款项,以无与生产经营活动相关的证据,不予作为损失税前扣除,值得商榷。《企业资产损失所得税税前扣除管理办法》第 44 条规定:"企业对外提供与本企业生产经营活动有关的担保,因被担保人不能按期偿还债务而承担连带责任,经追索,被担保人无偿还能力,对无法追回的金额,比照本办法规定的应收款项损失进行处理。"在破产清算中,这里的生产经营活动应作扩大解释,比如案例中承担担保责任,可以理解成为开发土地解除抵押之必需,自然与经营活动相关联。

(二)清算所得税计算中的债务豁免问题

1. 财税〔2009〕60 号文规定破产企业的债务豁免应计入清算所得。

---

① 参见张莉、姚太明、刘军:《破产案件中税收债权相关问题研究》,载《中国注册会计师》2022 年第 4 期。

② 参见陈刚:《企业破产清算所得税处理解析》,载《新会计》2018 年第 8 期。

依据《企业所得税法》第 6 条及《企业所得税法实施条例》第 22 条规定：应列为企业取得的收入包括"确实无法偿付的应付款项"。因此，纳税人企业"确实无法偿付的应付款项"，为《企业所得税法》规定的"其他收入"，亦为财税〔2009〕60 号文规定应列入清算所得的"债务清偿损益"之益。

在破产清算案件中，债务人企业均具备破产原因，企业面临资不抵债情形，多数债权无法实现全额受偿，依据破产法第 120 条、第 121 条规定，在债务人企业最后分配完结后，人民法院应依据管理人申请裁定终结破产程序，而后管理人办理注销登记，债务人企业自此消亡，其未能清偿的债务在客观上确实已无法偿付，债务人实现债务豁免的客观效果。此时，若依据财税〔2009〕60 号文规定，债务人企业就所豁免的债务获益，该部分债务豁免应计入清算所得缴纳清算所得税。

2. 破产企业对豁免债务负担所得税存在非正当性，破产企业的豁免债务无需缴纳企业所得税。

（1）债务清偿之中"益"，实际为清算过程中资产不足以清偿全部债务的结果，无关债权的主观让渡，系基于破产清算程序终结后，债务人企业注销消亡，未清偿债务就此消灭的法律制度设计。且破产法亦规定，对于破产程序终结后，追收的资产仍应比照分配方案进行分配清偿债务。此时，以债务人企业破产清算终结注销为结局，债务人企业并不存在因豁免债务而实质获益；且各债权人并非主动让渡受偿，实际清偿比例系依据债务人实际资产变现收益与整体债务情况依法测算分配，与各债权人主观意向无关，实质上，是债权人被动地承担了破产企业经营失败的损失。

（2）目前破产清算案件体量大，普通债权清偿比例低，以上海破产审判庭 2021 年破产案件审理数据为例："对于审结正式进入破产程序的破产案件共计 323 件，其中破产清算 299 件（占比 92.6%），审结案件共计确认 5763 户债权人债权总额 1041.5 亿元。主要包含：担保债权 73.8 亿元，平均清偿率 59.7%；职工债权 1.6 亿元，平均清偿率 34.0%；社保、税收债权 5.6 亿元，平均清偿率 21.3%；普通债权 938.4 亿元，平均清偿率 3.3%。"①可见，普通债权金额大，平均清偿率极低是破产清算案件的普

---

① 参见上海破产法庭：《上海破产法庭 2021 年度审理数据》，载微信公众号"上海破产法庭"，2022 年 3 月 1 日。

遍规律。若将未受偿金额按债务清偿损益计算企业所得税，则所计算得出的应纳税所得额可能远超资产总额，显然不合情理。即便在债务人资产可承担范围以内，也将大大影响普通债权的实际清偿金额，使得本就极低的普通债权清偿比例雪上加霜。

3. 实践中，部分地区已采纳破产企业于清算案件中的豁免债务无需缴纳企业所得税的观点。

例如，天津市国家税务局、天津市地方税务局《关于发布〈企业清算环节所得税管理暂行办法〉的公告》（天津市国家税务局、天津市地方税务局公告2016年第19号）规定：企业清算期间确定的不需支付的应付款项，需并入清算所得征税；企业清算期间应支付但由于清算资产不足以偿还的未付款项，无须并入清算所得征税。

因此，笔者建议依据"课税特区理论"，对财税〔2009〕60号文作出相应修改，区别普通清算和破产清算对债务清偿企业所得税处理要求，对破产清算程序中应付而无法偿付的债务，不应作为清算所得进行计缴所得税。

六、结 语

在当前破产企业数量的增加趋势下，破产程序中企业清算所得税问题越来越突出，处理规则不明确，税法与破产法关于清算所得税的处理衔接亟待完善。为此，根据现有法律法规，本文建议，在破产程序中，将清算所得税归入破产费用，参照相应顺位解决税费清缴问题；同时，以"课税特区理论"为基础，建议对税法在企业破产领域予以适当限缩或调整，以适应企业破产法的公平清偿制度。一方面，将清算期的起算时间与破产受理之日相关联，特殊情况下，将破产受理前企业已实际停止经营、开展资产变现及债务清偿活动纳入清算期，以保障清算所得计算的完整与公平；另一方面，在清算所得税的数额计算中，充分考虑破产程序及破产企业的特殊性，适当放宽税前扣除、亏损弥补的确认标准，同时应合理规定破产企业的豁免债务无需缴纳企业所得税。如此，方能在不违反税法及破产法各基本原则的前提下，实现破产程序与清算所得税处理程序的有序衔接，进一步实现我国破产程序中清算所得税处理规则的有效完善。

致破产企业无法清算的"有关人员"民事责任研究

蔡学恩　魏著伟　李丽诗*

内容提要：当破产企业有关人员不履行法定义务导致企业无法清算时，其应当承担相应的民事责任。但现行法律法规对"有关人员"的主体范围、民事责任的构成和范围等方面缺乏明确规定，司法实务中存在诸多争议。本文结合司法实务案例对这一问题进行研究，得出以下结论：首先，"有关人员"的范围应当包括企业的法定代表人、董事、经理、财务负责人等经营管理人员以及实际参与企业经营管理的人员；其次，"有关人员"的民事责任系侵权责任，应符合侵权责任的一般成立要件；最后，"有关人员"承担的民事责任应有一定的限制，其民事赔偿责任不宜超过其从企业中获得的收益，对于不同职责的"有关人员"应根据其职责权限、过错大小承担赔偿责任。

一、问题的提出

A 公司为某高新技术产业公司，2012 年初受全球经济影响开始停产停业，2016 年进入破产清算程序。因 A 公司未提供其财务账册，管理人无法开展债权清理及后期破产清算工作，法院于 2018 年裁定终结 A 公司的破产清算程序。2020 年，A 公司的债权人向法院起诉，要求 A 公司的股东、法定代表人、董事、监事以及财务负责人对 A 公司的债务承担赔偿责任。另查明，由于 A 公司长期停业，财务账册等生产经营资料因无

---

* 蔡学恩，湖北得伟君尚律师事务所合伙人会议主席。魏著伟，湖北得伟君尚律师事务所合伙人。李丽诗，湖北得伟君尚律师事务所律师。

人保管而丢失。

在上述案例中，股东、法定代表人、董事、监事以及财务负责人的身份及职责均不相同，是否均应当对 A 公司的债务承担责任？其所承担的责任大小是否相同？其所承担的责任是连带责任，还是按份责任，或者是补充责任？由于《关于债权人对人员下落不明或者财产状况不清的债务人申请破产清算案件如何处理的批复》(以下简称《批复》)仅规定,① 债务人的有关人员不履行法定义务导致破产企业无法清算时，有关权利人可以起诉请求其承担相应民事责任。但关于"有关人员"的具体认定、民事责任的构成及范围均缺少明确法律规定，同时也并未引起学术界的足够关注，导致司法实务中的裁判尺度并不统一，过分增加破产企业"有关人员"责任的情况频发。

因此，本文拟从责任主体、责任构成、责任范围等三个方面入手，结合司法审判实务中的相关案例,② 对有限责任公司在进入破产程序后无法清算的情况下相关人员应承担的民事责任进行梳理分析,③ 以期对理论和实务有所裨益。

二、破产企业"有关人员"的范围界定

在分析致破产企业无法清算的"有关人员"民事责任时，首先应当区分企业解散强制清算与企业破产清算，二者之间有着不同的制度目标和适用条件。《最高人民法院关于适用〈中华人民共和国公司法〉若干问题的规定(二)》第 18 条第 2 款之规定系企业在解散强制清算下，即企业的资产

---

① 该批复系最高人民法院于 2008 年 8 月 7 日发布，于 2008 年 8 月 18 日生效，文号为法释〔2008〕10 号，现行有效。

② 笔者通过"威科先行·法律信息库"网站对相关案例进行检索(检索截止时间为 2023 年 2 月 16 日)，以"关于债权人对人员下落不明或者财产状况不清的债务人申请破产清算案件如何处理的批复""无法清算"为检索关键词，法院审理层级选择中院和高院。经过全文分析，最终筛选出与无法清算的破产企业中"有关人员"的民事责任相关的有效案例 277 件(含相关权利人起诉股东承担责任的案例)，本文在该等案例的基础上进行分析研究。

③ 因股份有限公司与有限责任在公司性质、组织机构、公司治理等方面存在诸多不同，本文仅针对有限责任"有关人员"的民事责任展开分析论述。

大于债务，债权人本可通过企业解散后的清算程序获得足额受偿。但因企业相关人员未依法履行其清算义务而导致债权人的债权受到损害，相关主体应承担连带清偿责任。在此种情形下，企业相关主体承担的是组织清算的义务。① 而企业破产清算的前提是企业存在破产原因，② 即使破产清算程序顺利进行，一般情况下，债权人的债权难以在破产清算程序中足额受偿。在企业破产清算中，企业"有关人员"承担的是配合清算的义务。因此，解散清算中的组织清算义务人与破产清算中的配合清算义务人的含义及范围并不完全相同，二者对企业债权人所应承担的责任亦不相同，致破产企业无法清算的"有关人员"应是在破产制度框架内进行的讨论。③

《批复》中规定的"有关人员"，应当是负有法定配合破产清算义务的人员，其法定义务主要是根据《中华人民共和国企业破产法》（以下简称《企业破产法》）第15条第1款的规定，在企业破产程序中妥善保管其占有和管理的财产、印章和账簿、文书等资料等相关配合破产清算的义务。下文将结合司法实务，对"有关人员"的范围进一步分析。

（一）法定代表人

法定代表人系代表企业从事民事活动的负责人，《企业破产法》及《全国法院民商事审判工作会议纪要》（以下简称《九民会议纪要》）均规定，法定代表人属于需配合破产清算的义务人。在司法实务中，法院对法定代表人属于"有关人员"的意见较为统一，均认为法定代表人负有履行移交破产企业财务账册、重要文件等重要资料的法定义务，并应当配合管理人陈述破产企业的债权债务及财产状况。如（2021）粤01民终30465号案、（2022）京03民终3992号案，均如此认定。

---

① 参见刘敏：《公司解散清算制度》，北京大学出版社2010年版，第229页。
② 《企业破产法》第2条规定，企业法人不能清偿到期债务，并且资产不足以清偿全部债务或者明显缺乏清偿能力。
③ 基于写作篇幅，本文主要是在配合清算义务人的范围内进行讨论。关于解散清算中的组织清算义务人与破产清算中的配合清算义务人的区别和竞合，本文暂不作过多论述。

（二）董事、经理、财务负责人等经营管理人员

对于法定代表人以外的其他经营管理人员是否属于"有关人员"，在司法实务中存在诸多争议。有法院认为，根据《企业破产法》第 15 条第 2 款，除法定代表人外，对于企业的其他人员是否属于"有关人员"应由法院在企业破产程序中作出认定。如(2022)京民申 2268 号案、(2022)苏 12 民终 214 号案，在判决中便采取该观点。

但上述观点实际上是对《企业破产法》第 15 第 2 款的片面适用。致破产企业无法清算的"有关人员"民事责任，是基于该有关人员的法定管理职责和对企业的实际管理所产生的责任。在企业的生产经营过程中，企业的董事、经理、财务负责人等经营管理人员依职权掌握和管理着企业财务账簿、生产经营文件等重要资料。即，除法定代表人以外的其他经营管理人员，根据法律规定或公司章程规定的职责，在企业破产程序中就相应的负有配合破产清算的义务，应当依法协助管理人开展和推进企业的破产清算程序。因此，法院无需在破产程序或另案中单独作出"有关人员"的认定，可在审理相关权利人追责的案件时直接审查认定企业相关人员是否为"有关人员"。

具体而言，有学者认为配合清算义务是企业董事履行诚信义务的内在要求，该义务的履行从企业设立时开始，企业终止时消灭。① 通常情况下，企业的董事知悉企业的经营计划和投资方案，依职权负有配合清算的义务。但对于实务中越来越常见的独立董事，其并不在企业内部任职，对企业事务做出独立判断，通常无法深入全面接触企业的生产经营资料，不宜被认定为"有关人员"。对于企业的财务负责人，因其管理企业的财务资料，依职权当然系"有关人员"。但企业的普通会计、出纳，只是负责企业的部分财务工作，不宜被认定为"有关人员"。类似的，负责管理企业日常生产经营活动的经理，依职权系"有关人员"。但对于副经理、部门长等管理人员，需结合其对企业生产经营资料的实际掌握情况进行严格的审查认定。因此，判断企业经营管理人员是否系"有关人员"的核心在于，其是否依职权掌握和管理企业财务账簿、生产经营文件等重要资料。

---

① 参见李建伟：《公司清算义务人基本问题研究》，载《北方法学》2010 年第 2 期。

（三）监事

监事的主要职责是对企业及其相关人员进行监督。关于监事是否应属于"有关人员"的范畴，在司法实务中也存在一定争议。部分法院认为，根据《中华人民共和国公司法》（以下简称《公司法》）等法律法规的规定，监事履行职责时主要体现在监督公司的经营管理人员是否尽职尽责的完成其经营管理职责，而非直接负责或参与公司的经营管理，如（2021）京01民初911号案、（2022）苏04民终2351号案如此认定。另有部分法院认为，监事作为公司的经营管理人员，对制作及妥善保管财务账簿、重要文件等资料负有责任，应当被认定为"有关人员"，如（2021）沪01民终14908号、（2022）粤06民终831号案持该种观点。

从企业治理的角度，监事作为企业的监督机关，行使的是监督权而非经营管理权，监事与在破产清算中负有协助配合义务的管理人员职权不同，并不当然负责保管或占有企业的印章、证照、财务账册等资料。另一方面，监事行使其监督权的重要职责之一便是检查企业财务状况，即监事知道且应当知道企业的相关财务信息，且应对企业财务账簿的制作及管理情况进行监督。主流观点认为监事不宜被认定为"有关人员"，但在配合破产清算义务的语境下关于监事是否属于"有关人员"有待进一步商榷。

（四）已离职的管理人员

对于已离职的管理人员是否属于"有关人员"，需结合其离职情况具体分析。若该人员从企业或其股东处离职且不再从中领取薪资后，其并未继续参与企业经营管理，且在离职时已进行相关工作资料的移交。即使其目前仍在工商登记层面显示为企业管理人员，则该离职人员亦不宜被认定为"有关人员"，如（2021）苏12民终3993号案持该观点。但若该人员离职时未进行相关工作资料的移交，导致企业破产清算时部分财务账簿、生产资料丢失，从而影响企业破产清算进程，则该人员仍可能被认定为"有关人员"。因此，认定已离职人员是否承担责任的一项重要标准是其是否办理相应工作资料的移交，已离职人员对于其在离职时已妥善移交工作资料负有举证责任。

（五）实际参与经营管理的人员

经对相关案例进行检索研究，多数法院在审理企业管理人员是否属于"有关人员"时，一项重要的判断标准就是该人员是否实际参与企业的经营管理，[①] 如（2022）浙 03 民终 1497 号案、（2022）闽 02 民终 2026 号、（2021）粤 0104 民初 9960 号案均如此认定。对于没有在企业担任管理职务，但实际参与企业日常经营管理，实际管理企业的财务账簿、生产经营文件等重要资料的人员，也可被认定为"有关人员"，如（2021）京 01 民初 914 号案。该人员既可以是企业的股东，亦可以是企业的实际控制人，其承担责任的核心在于其系企业的实际经营管理人员。即，对于负有配合破产清算义务的"有关人员"的认定，应当着重审查该人员实质上对企业生产经营资料的管理和控制情况，而不仅仅是基于该人员在企业中是否任职而进行简单的形式认定。

（六）身份证被冒用或挂名登记的人员

对于实务中偶有发生的身份证被冒用登记或挂名登记的情况，应结合该人员的身份证丢失情况、实际参与企业经营管理等情况，综合分析其是否属于"有关人员"。该人员需对其身份证被冒用、其未实际参与经营等情况承担举证责任。若确有证据证明该人员系身份证被冒用登记为企业的经营管理人员，因其主观上无经营管理企业的意图，客观上并未实际参与企业的经营管理活动，则其不负有破产清算相关法定义务，不宜被认定为"有关人员"，如（2022）京 01 民终 3363 号案在判决中便作此认定。但对于挂名登记的人员，因其主观上知道其被登记为公司的经营管理人员，当其未履行作为公司管理人员的法定职责时，仍可能被认定为"有关人员"。

综上所述，无法清算的破产企业"有关人员"应包括如下人员：法定代表人作为企业的负责人，应属"有关人员"；董事、经理、财务负责人等经营管理人员，因其根据法律规定或公司章程规定应当管理企业财务账簿、生产经营文件等重要资料，属于"有关人员"；主流观点认为监事不宜被认定为"有关人员"，但在配合破产清算义务的语境下关于监事的认

---

① 参见刘敏：《公司解散清算制度》，北京大学出版社 2010 年版，第 229 页。

定有待进一步商榷；已离职人员在离职时未妥善移交相关工作资料，可能被认定为"有关人员"；实际参与企业日常经营管理的人员，即使其未在企业中任职，也可能被认定为"有关人员"。

三、破产企业"有关人员"民事责任的认定

从理论上讲，债发生的原因分为合同之债、侵权之债、无因管理和不当得利等四种类型。当破产企业的"有关人员"不履行其法定的配合破产清算义务，从而导致企业无法清算时，将严重侵害债权人合法债权的受偿。因此，致破产企业无法清算的"有关人员"的民事责任在性质上属于侵权责任，[1] 应符合侵权责任的一般成立要件，主要包括以下几方面。

（一）存在侵权行为

"有关人员"的侵权行为，是指负有法定的配合破产清算义务人怠于履行其法定的破产清算义务，主要包括怠于履行妥善保管企业财产、印章和账簿、文书等资料的义务。[2] 当负有配合破产清算义务的"有关人员"未妥善保管其占有和管理的企业财产、印章和账簿、文书等资料，导致该等资料灭失的，其实施了消极的侵权行为。[3]

在司法实务中，常见的"有关人员"怠于履行义务主要表现在：管理人书面通知企业相关人员移交财务账簿等资料后，该人员拒不移交相关资料，甚至该人员不接受管理人的询问。北京市第一中级人民法院审理的(2021)京01民初914号案涉及的侵权行为较为典型：在法院受理中原公司破产清算后依法进行了公告，管理人亦到控股股东黄保卫的户籍地址查

---

[1] 参见最高人民法院民事审判第二庭编：《〈全国法院民商事审判工作会议纪要〉理解与适用》，人民法院出版社2019年版，第595-597页。该文指出，《九民会议纪要》第118条与《批复》第3款规定的"有关人员"民事责任应当属于侵权责任，在责任承担的适用上应强调侵权因果关系理论。

[2] 参见张世君：《破产企业高管对债权人损害赔偿的个人责任研究》，《中国政法大学学报》2019年第5期。

[3] 参见赵吟：《公司清算义务人侵权责任的体系解构——兼论〈民法典〉第70条与〈公司法司法解释二〉相关规定的适用关系》，载《法治研究》2020年第6期。

找，但黄保卫作为实际经营管理人员，既未依法向管理人移交中原公司的账簿、文书等资料，亦未根据要求列席债权人会议并如实回答债权人的询问。法院认为黄保卫在理应知道并依法履行破产法规定的配合清算义务的情况下，怠于履行其配合义务以致债务人财产状况不明，管理人因此无法执行清算职务，给债权人利益造成损害。

（二）具有主观过错

"有关人员"对于不能提供企业的财务账簿、重要文件等资料，应当具有主观上的过错。这种过错主要表现在"有关人员"经管理人通知应当配合提供相关资料，但因主观上的过错而无法提供或不配合提供资料。因不作为的消极侵权行为具有隐蔽性，真实心理状态难以判断，"有关人员"应承担未怠于履行清算义务的举证责任。在司法实务中，若"有关人员"未能配合提供相关资料，法院通常推定其具有主观过错，如（2021）沪03民初590号案便持该种观点。但该人员能举证证明因客观原因导致其无法履行义务的，不宜认定其具有主观过错。如在（2022）京01民终8308号案中，一审法院认为，法定代表人黄明已提交证据证明其自2017年11月即已出境未再入境，其身处境外存在不能知晓管理人与其联系的客观情形。据此，法院认为不应认定黄明具有经管理人通知后拒不配合提供公司资料而导致债务人财产状况不明的主观过错。

但若有关人员故意隐匿或销毁依法应当保存的会计凭证、会计账簿、财务会计报告等，不仅严重影响破产管理人的清算工作，而且严重侵害会计凭证的真实完整性和市场经济管理秩序，其主观上具有明显的恶意。这种情况将可能构成刑法上的"隐匿、故意销毁会计凭证、会计账簿、财务会计报告罪"，该有关人员承担的不仅仅是民事赔偿责任，更会涉及刑事责任。

（三）造成损害后果

由于无法清算并非《企业破产法》规定的破产程序终结原因，破产制度设立了管理人负责财产追收等破产事务管理。故"造成损害后果"需要有"有关人员"的行为导致债务人主要财产、账册、重要文件等灭失，从而给债权人的债权造成损害的结果。① 企业财务账簿的一项重要功能是核查企业的债权债务情况及财产情况。若"有关人员"因主观过错导致企业财务账簿毁损灭失，造成管理人无法核实企业的财产线索，无法有效地进行债权审查和对外主张债权，则将形成企业无法进行清算的消极客观事实状态。

(四)侵权行为与损害后果之间存在因果关系

即使破产企业"有关人员"存在未妥善保管企业财务账簿、重要文件的行为，且企业发生无法进行清算给债权人造成损失的后果，还需要两者之间存在因果关系。这也是认定"有关人员"是否承担民事责任的一个关键点。② 在司法实务中，法院认定破产企业"有关人员"的侵权行为与债权人的损害后果之间的因果关系时，关于举证责任的分配观点不一。部分法院认为，债权人应当举证证明其损失与破产企业"有关人员"的行为之间有因果关系，如(2022)京01民终8308号案、(2022)粤20民终6241号案。部分法院认为，当破产企业"有关人员"未能提供相关资料时，就应推定其行为与债权人的损失之间有因果关系，如(2021)京03民终20853号案。此外，部分法院则认为，还需分析即使破产企业"有关人员"能在破产程序中提供财务账簿以供清算，债权人的债权能否得到清偿。如(2022)苏04民终2351号案、(2022)京01民终3363号案、(2021)沪03民终44号案，法院认为即使破产企业"有关人员"未妥善保管财务账簿，因在企业的强制执行阶段、破产程序中均未查询到企业财产线索的情形下，难以说明系因财务账簿丢失的原因导致债权人未获得债务清偿。

因此，在认定"有关人员"的民事责任时，应严格审查债权人的损失与破产企业"有关人员"的行为之间存在因果关系。在审查时，不能仅以"有关人员"违反配合破产清算义务为由就要求其对企业的债务承担民事

---

① 参见王益华、李延强：《公司清算义务人清算赔偿责任的几点思考——解读〈公司法〉司法解释(二)第18条、第19条》，载《山东审判》2011年第5期。

② 参见张新宝：《侵权责任法》(第五版)，中国人民大学出版社2020年版，第29页。

赔偿责任，还需充分考虑即使破产企业"有关人员"能在破产程序中提供财务账簿，此时债权人的债权能否得到清偿。若不严格审查债权人的损失与"有关人员"行为之间的因果关系，将无异于无限扩大破产企业"有关人员"的责任。

四、破产企业"有关人员"民事责任的范围

目前我国并无关于负有配合破产清算义务的"有关人员"所承担的民事责任范围的明确规定，下文将结合司法实务进一步分析。

（一）司法实务中民事责任范围认定存在的问题

经对致破产企业无法清算的"有关人员"民事责任相关案例进行检索，法院均认为"有关人员"所承担的民事责任为损害赔偿责任，而非连带清偿责任。并且，法院对于该损害赔偿责任的承担通常采取"全无或全有"的裁判思路：其一，法院认定"有关人员"的行为与债权人的损失之间无因果关系，"有关人员"不承担民事责任；其二，在法院已认定"有关人员"的行为给债权人造成损失的基础上，绝大多数法院均直接判决该人员全额赔偿该个别债权人的债权损失，并判决将该赔偿款归入破产财产。[①]

截至目前，在笔者检索的约三百件案例中，法院判决破产企业"有关人员"承担部分赔偿责任的案例仅一件，为（2022）浙03民终658号案。在该案中，胡某作为红树林公司的法定代表人，徐某作为日常经营者，虽在破产清算期间向管理人提供了财务账册凭证，但该账册及报表反映的数据与个人账户收支记录无法核对，无法作为该公司破产清算的依据。法院认为，胡某、徐某对红树林公司无法清算需承担责任。但为体现与均未提供财务账册或根本没有进行做账企业的区别，更为弘扬企业经营者诚信经营、财务会计须规范风尚，法院酌情确定胡某、徐某对红树林公司债权人的1990140.79元债权中的180万元承担赔偿责任。

（2022）浙03民终658号案与判决破产企业"有关人员"承担全额赔偿

---

① 参见张世君：《破产企业高管对债权人损害赔偿的个人责任研究》，载《中国政法大学学报》2019年第5期。

责任的其他案例存在较大的区别，法院适当考虑了破产企业"有关人员"的过错程度及其怠于履行破产清算义务对债权人损失的影响。在该案中，管理人员胡某、徐某虽提交的财务账册金额不准确，但与未提交或未制作财务账册情形下对债权人的债务偿还所产生的影响不完全相同，法院对"有关人员"的行为与损害后果之间的责任承担比例有所划分。

(二)"有关人员"民事责任范围改进建议

1. "有关人员"赔偿应限于已申报的债权范围

因缺少关于"有关人员"承担赔偿责任具体范围的明确规定，绝大部分法院均直接判决"有关人员"对该个别债权人的全部债权进行偿还。但法院的该等裁判思路有失偏颇。破产企业的债权人众多，法院判决破产企业"有关人员"对该个别债权人的全部债权进行偿还，意味着其他债权人亦可向该"有关人员"请求对其债权进行偿还。当破产企业的全体债权人均起诉时，"有关人员"将对全部债权人的所有债权承担赔偿责任，这无异于无限制地增加"有关人员"的责任。

据此，破产企业"有关人员"赔偿的债权范围应有适当限定。及时进行债权申报是法律赋予债权人的一项重要权利。《企业破产法》第56条规定了在破产程序中，债权人未依法在法院确定的债权申报期限内申报债权的，不得依照《企业破产法》规定的程序行使权利。因此，破产企业"有关人员"应以在破产清算程序中申报的债权范围内进行适当赔偿。

2. "有关人员"的民事责任应区分主观过错大小

根据上文的分析，"有关人员"承担责任的前提是具有主观过错。主观过错存在故意和过失两种心理状态，"有关人员"承担的民事赔偿责任应根据其主观过错进行区分。若企业"有关人员"隐匿、故意销毁会计凭证、会计账簿、财务会计报告，其主观上系故意的心理状态，主观恶意较大。该人员一方面将涉及刑事犯罪，另一方面严重扰乱破产清算程序的开展，该人员应对债权人的损失承担全部赔偿责任。

但若企业"有关人员"系过失未有效保管企业的财务凭证等资料，因其主观上的恶意较小，没有侵害债权人权益的故意心理状态，但因过失无法配合提供相关资料，其不宜对债权人的全部损失承担责任。

3. "有关人员"的民事责任应有赔偿金额上限

通常情况下，股东以其认缴的出资额为限对企业的债务承担责任，而企业的董事、监事及其他经营管理人员系由股东会选举和任命、或受企业聘用，受托对企业进行经营管理。因企业破产清算的主要原因是企业资不抵债或明显缺乏清偿能力，债权人的债权通常难以足额受偿。若致破产企业无法清算的"有关人员"对企业的债务承担全部赔偿责任，其对破产企业所承担的责任远大于无过错的股东，无异于过分加重企业"有关人员"的责任。且破产企业"有关人员"均为自然人，巨额无限制的赔偿责任将使其直接被推向个人破产的边缘。因此，关于破产企业"有关人员"的赔偿责任应有一定的限制。

破产企业"有关人员"不履行《企业破产法》规定的配合清算义务时，其所应当承担的责任属于破产清算程序中的责任，应当在《企业破产法》框架下进行界定和限定，同时兼顾债权人利益和破产企业"有关人员"责任。因此，可考虑将"有关人员"从破产企业中获得的全部收益（如奖金、红利等）作为衡量"有关人员"承担责任的一项考量标准。破产企业的相关管理人员系受企业聘用对企业进行经营管理，"有关人员"承担的赔偿责任不宜超出其从企业经营管理中所获得的收益，不宜无限扩大破产企业"有关人员"的责任。

4. "有关人员"应按职务及经营管理权限承担按份责任

在确定"有关人员"主观过错以及赔偿上限的基础上，不同管理人员应按职责权限、过错大小对企业债务承担按份赔偿责任，而不宜承担类似连带清偿责任的全额赔偿责任。（1）法定代表人。因法定代表人系代表法人从事民事活动的负责人，根据《中华人民共和国会计法》的规定，单位负责人对本单位的会计工作和会计资料的真实性、完整性负责。因此，在进行赔偿责任认定时，法定代表人通常应承担主要责任。（2）财务负责人。因财务负责人通常负责企业财务账簿的制作，其对财务账簿的保管有着重要的职责，因此，其应承担的赔偿责任仅次于法定代表人。（3）董事、经理。对于负责企业日常经营管理的董事、经理，其掌握着企业的生产经营资料，且通常会接触到企业的财务账簿、重要文件等，因此，其应承担的赔偿责任仅次于财务负责人。（4）监事。根据《公司法》的相关规定，监事行使检查公司财务、对高管人员进行监督等职权，虽然其不直接负有保管或占有企业的印章、证照、财务账册等资料的职责，但监事未及时行使其监督权，放纵其他高管人员的不当履职行为时，监事应对赔偿责任酌情适当承担次要责任。（5）实际管理人。对于实际参与企业经营管理的人员，因其实际管理着企业的企业财务账簿、生产经营文件等重要资料，负有重要的配合破产清算义务，在进行赔偿责任认定时，企业的实际管理人应承担主要责任。

五、结　语

致破产企业无法清算的"有关人员"，主要是指破产企业的法定代表人、董事、经理、财务负责人等经营管理人员以及实际参与企业经营管理的人员，该等人员实际管理或依职权应当管理企业财务账簿、生产经营文件等重要资料。因"有关人员"所承担的民事责任属于侵权责任，应当符合侵权责任的一般成立要件，在认定"有关人员"的民事责任时，应当严格审查债权人的损失与破产企业"有关人员"的行为之间存在因果关系，不能仅以"有关人员"违反配合破产清算义务为由就要求破产企业"有关人员"对企业的债务承担民事赔偿责任。

由于企业破产清算与企业解散强制清算有着不同的制度目标和不同适用条件，法院直接判决"有关人员"对个别债权人的全部债权进行偿还的裁判思路有失偏颇。因此，对破产企业"有关人员"民事赔偿责任的认定应有一定的限制，"有关人员"的民事赔偿责任不宜超过其从企业中获得的收益，对于不同职责的"有关人员"赔偿责任应根据其职责权限、过错大小承担按份赔偿责任，不宜过分无限制加重破产企业"有关人员"的责任。

附录

湖北省第二届破产法实务研讨会
会议纪要

2023 年 7 月 9 日，湖北省法学会破产法学研究会在恩施举办了湖北省第二届破产法实务研讨会。会前研究会专门向全体理事征集了破产审判实务中的疑难问题。研讨会上通过破产债权的审核及认定、破产重整与企业挽救、债务人财产管理与处置、破产程序及相关问题等四个单元，针对重点疑难问题进行了全面深入研讨。会后，就研讨会上能够达成共识的部分问题经多次集中讨论后形成会议纪要 4 类 35 条，以期为破产审判实务工作提供参考。

一、关于债权审核及认定

1. 关于破产程序中诉讼费用的性质认定与承担。以破产受理时间为节点，破产申请受理前已发生应由债务人承担的诉讼费，作为普通债权清偿。破产申请受理后发生的诉讼费，依据《企业破产法》第四十一条破产费用之规定，作为破产费用随时清偿。

2. 关于购房人和担保债权人债权顺位的认定。在破产程序中，以居住为目的购买房屋并已支付全部价款，以及破产受理前仅支付部分价款但在破产程序中支付了剩余价款的购房者，主张其房屋交付请求权优于建设工程价款优先受偿权、抵押权及其他债权的，应当予以支持。在房屋不能交付且无实际交付可能的情况下，商品房消费者主张价款返还请求权优先于建设工程价款优先受偿权、抵押权以及其他债权的，应当予以支持。

3. 关于破产企业作为借款实际使用人的债权申报问题。名义借款人与出借人为合同双方当事人，破产企业实际使用借款款项的，依据《中华人民共和国民法典》第九百二十五条、第九百二十六条的规定，出借人和名义借款人均有权申报债权。出借人和名义借款人同时申报债权的，应确认出借人为债权人。

4. 关于破产受理后产生的税款债权性质。破产申请受理后产生的税款不属于破产债权。因履行双方均未履行完毕的合同、债务人继续营业而产生的税款，可列入共益债务；因财产管理、处置类产生的税款，可列入破产费用。因破产受理前欠税在破产受理后产生的税款滞纳金债权，参照《最高人民法院关于适用〈中华人民共和国企业破产法〉若干问题的规定（三）》第三条之规定，可不予确认为破产债权。

5. 关于经人民法院裁定确认债权表的异议与调整。债权表经债权人会议核查并报人民法院裁定确认后，经债权人异议发现部分债权确认有误的，管理人应将修正的债权提交债权人会议核查。重新核查无异议的，管理人提交人民法院进行变更裁定。

6. 关于涉刑民交叉债权的认定。企业破产案件中，因债务人的犯罪行为而非法占有的不属于债务人的财产，可以在刑事判决生效后，依照企业破产法第三十八条之规定，由受害人以财产权利人的名义通过管理人取回。因第三人善意取得涉案财物的，受害人通过申报债权对该涉案财物主张权利的，在破产程序中应依法认定其债权性质，并不因其为涉刑债权而具备优先性。

7. 关于土地出让金债权的认定。企业破产受理前已欠付未缴纳的土地出让金，一般认为不属于税款债权。破产受理后，管理人因债务人土地出让合同继续履行并提升债务人财产价值，需要缴纳土地出让金，可依据《企业破产法》第四十二条规定将其认定为共益债务。

8. 关于商票支付方式下建设工程款债权的认定。房地产开发企业作为出票人和承兑人，破产前以出具商票方式向承包人支付工程款，若商票未背书转让，承包人可向管理人主张建设工程价款优先受偿权。商票经背书转让到期拒付后，最终持票人向承包人追索，承包人向最终持票人承担了票据责任后取得商票，房地产开发企业并未向承包人支付工程款的，视为房地产开发企业对承包人拒绝履行票据付款义务，承包人可向管理人主张建设工程价款优先受偿权。商票经背书转让到期拒付后，最终持票人未向承包人追索或承包人未清偿并取得票据，并向管理人申报债权的，因其并非基于建设施工合同产生的债权，应认定为普通债权。

9. 关于抵押土地新增房屋涉及债权优先受偿范围的认定。债务人土地使用权办理抵押登记但地上房屋未办登记的，抵押优先债权受偿范围应根据房地一体原则和抵押时的房屋现状进行综合考虑。若在办理土地抵押登记时房屋已经存在，尽管该房屋未办理抵押登记，则抵押权的效力及于房屋价值。若土地抵押登记后有新增的房屋，则抵押权的效力不及于新增房屋的价值。如土地与房屋一并处置变价的，可根据房屋是否新增确定抵押权人的优先受偿范围。

二、关于破产重整与企业挽救

10. 关于投资人不能履行重整投资协议导致重整计划执行不能的处理。因投资人未能按约定支付投资款导致重整计划执行不能时，可以按照重整计划变更程序重新招募投资人，也可由管理人或利害关系人申请终止执行并宣告破产。同时，债务人及管理人可以按重整投资协议约定向投资人主张违约责任。

11. 关于破产重整计划中留债清偿方案的执行。实践中常见的留债清偿是通过新的权利义务替代原协议的具体的、个别的、非类别的债权债务关系，进行债务置换。留债清偿作为重整计划的一部分，经人民法院审查后裁定批准生效，对债务人、留债债权人均具有法律约束力。重整计划执行期满后，债务人不能按照留债清偿方案的约定按期偿还债权的，债权人可向人民法院起诉。留债清偿期限长于重整计划执行期间的，重整计划执行期限届满后债务人具备破产原因的，债权人可向人民法院申请债务人破产。

12. 关于重整计划执行期间债权人委员会的地位。重整计划执行期间，由管理人代表债权人监督重整计划执行，必要时可保留债权人委员会，其职权应当限于监督计划执行，不应直接干预债务人企业的经营管理。

13. 关于重整计划执行期间破产企业涉及诉讼的案件管辖问题。重整计划执行期间，因重整程序终止后新发生的事实或者事件引发的有关债务人的民事诉讼，不适用《企业破产法》第二十一条有关集中管辖的规定。除重整计划有明确约定外，上述纠纷引发的诉讼，不再由管理人代表债务人进行。

14. 关于清算式重整的适用及税收债权的清偿。司法实践中的清算式重整是以清偿债务为目的，在重整程序中制定对债务人财产优于破产清算时的清算、变现、分配的清算计划，无害化调整债务，保留企业优质资源，保持原企业的法人资格存续，最大限度地减少重整人负担，最为便捷地清偿债权人债权。其目标是使投资人可以无负担地进行生产经营，达到破产企业破茧重生的效果。相较破产清算程序，债务人在清算式重整中可享有较大控制权，有更充足时间清理自身业务，从而提高债务人财产最终变现的价值。相较出售式重整，清算式重整可保留债务人的法人资格。清算式重整中税收债权的清偿方式应在重整计划中明确约定，并经债权人会议表决通过，予以执行。

15. 关于共益债务融资的程序。破产申请受理后，为债务人企业继续经营等事由需要，管理人或者自行管理的债务人可以为债务人进行共益债务融资借款，原则上须经债权人会议决议通过，或在第一次债权人会议召开前经人民法院许可。必要情况下可为融资设定担保。经过优先债权人同意的，可以将共益债权认定为"超级优先权"。

16. 关于涉债转股重整计划的执行问题。有限责任公司破产重整程序中，如重整计划中的债转股方案未执行完毕时，被人民法院裁定终止执行并宣告破产，则已完成股权变更的债权应当恢复债权行使；未完成股权变更的债权人，其仍可行使债权主张。

17. 关于重整计划执行转清算后重整投资款项的性质认定。重整计划执行中，非因重整投资人原因导致债务人被宣告破产的，重整投资人在重整计划执行期间投入款项属于法定共益债务。重整投资人已支付的偿债资金按照共益债务随时清偿；固定资产投入通过固定资产变价优先受偿。

三、关于债务人财产管理与处置

18. 关于执转破程序中已执行财产的处理。执转破程序中，破产申请受理前已拍卖并办理过户手续的土地、房屋不属于债务人财产。执行拍卖财产上附随的用益物权及租赁权，不因拍卖而消灭，债务人无需向资产受让方承担承租人未及时腾退造成的损失。

19. 关于公司破产时股东出资义务的承担。人民法院受理破产申请后，债务人的出资人尚未完全履行出资义务的，管理人应当要求该出资人缴纳所认缴的出资，不受出资期限的限制。

有限责任公司的股东转让已认缴出资但未届缴纳期限的股权的，在破产受理时受让人仍未足额缴纳出资的，管理人应当要求转让人对受让人未按期缴纳的出资承担补充责任。

未按期足额缴纳出资或者作为出资的非货币财产的实际价额显著低于所认缴数额的股东转让股权、受让人对此知道或应当知道的，管理人应当要求转让人与受让人在出资不足的范围内承担连带责任。

20. 关于车位使用收益权抵债协议的认定。房地产企业破产程序中，应根据非产权车位的不同类型具体认定。房地产开发企业投资建设的地下人防车位属于国家所有，房地产开发企业一般对该类车位享有使用权和收益权。房地产企业破产申请受理后，非业主共有的车位抵债协议双方均未履行完毕的，管理人有权决定解除或继续履行抵债协议。涉抵债协议已由债权人一方履行完毕的，如不违反《中华人民共和国民法典》第二百七十六条及《湖北省物业服务和管理条例》第五十四条第一款的规定，可以继续履行。

21. 关于破产财产网络拍卖处置中的披露义务。管理人通过网络拍卖处置破产财产的，应参照网络司法拍卖规则对拍卖财产的权属、权利负担、质量瑕疵、欠缴税费、占有使用等现状予以说明，勤勉尽责、忠实执行职务。

22. 关于破产财产变价处置僵局的处理。破产财产处置应积极探索更为有效的处置方式和渠道。拍卖不成的，经债权人会议决议同意，可采取作价变卖、债权分配、实物分配、设立信托等方式。变卖或分配方案经债权人会议表决仍未通过的，由人民法院裁定处理。采取以物抵债方式处置的，按照破产债权清偿顺位确定抵偿债权人主体；在同一顺位中不足以抵偿全部债权的，按比例分别抵偿。

23. 关于以物抵债处置中抵押权人的优先购买权。破产财产采取以物抵债方式处置抵押物的，抵押权人对抵押物主张优先购买权的，不予支持。两个以上抵押权人申请以拍卖财产抵债的，由法定受偿顺位在先的抵押权人优先承受。受偿顺位相同的，原则上采取竞价方式决定承受人，或者参照《最高人民法院关于人民法院民事执行中拍卖、变卖财产的规定》第十六条第二款规定，以抽签方式决定承受人。

24. 关于以物抵债处置中税费负担。破产财产处置中，如按以物抵债实现债权分配清偿，则以物抵债作为非货币性资产交换，视同销售处理。实物交易产生的应由债务人承担税费，属于分配破产财产的费用，应列为破产费用，随时清偿。

25. 关于破产财产处置中以物抵债方式的适用。破产财产处置兼顾效率优先原则，如破产财产中不动产居多且难以变价情况下，管理人应全面调查破产财产状况，并根据破产财产的实际情况选择合适的资产处置方式，参考资产处置投入成本与债权人分配清偿的比率。根据破产财产变价方案确定的规则，在与抵押权人进行充分协商的基础上，可以采用以物抵债的方式进行分配，并提交债权人会议表决通过。

26. 关于抵押担保债权的清偿顺位。同一财产向两个以上债权人抵押的，清偿顺位为抵押权均已登记的，按登记时间先后确定受偿顺序，办理登记优先于未登记的；均未办理登记的，按照债权比例清偿。以在建工程抵押担保的，债权优先受偿范围以登记为标准，抵押的建设用地使用权处置变价的，地上新增建筑应物与建设用地使用权一并处分，担保权人在抵押登记范围内的财产价值为限优先受偿。

27. 关于债务人通过执行和解清偿的撤销。破产申请受理前六个月内，债权人、债务人在人民法院主持下达成执行和解，且人民法院出具的执行裁定书中确认了执行和解协议已履行完毕，系经执行程序清偿，管理人无权撤销。但债务人已具备破产原因，债务人与债权人恶意串通通过执行和解清偿损害其他债权人利益的，该清偿行为明显违反公平清偿原则，应予以撤销。

四、关于破产程序及相关问题

28. 关于企业破产程序中的配合清算义务及责任认定。企业破产程序中，企业配合清算义务人一般指公司的法定代表人、企业的财务管理人员以及其他经营管理人员。有关人员不履行《企业破产法》第十五条规定的配合清算义务，依法可追究民事损害赔偿责任、行政责任或刑事责任。追究民事损害赔偿责任的诉讼时效，自破产清算程序终结之日起三年。

29. 关于债务人企业接管不能的处理。债务人有关人员拒不移交、故意拖延移交或部分移交，以及实施其他阻挠行为不配合接管的，管理人经过约谈释明、收集固定证据后，可在债权人参与下实施强制接管。债务人及有关人员不履行配合接管义务导致无法清算的，债权人等利害关系人可以起诉请求其承担相应民事责任。存在故意隐匿、损毁、灭失破产企业相关证照、印章、账册,虚构债权债务关系等情形,可能触犯刑事犯罪的,可向侦查机关移送犯罪线索。

管理人无法接管债务人的账簿或接管的账簿不完整、不真实,应穷尽调查途径全面开展的财产调查、债权审核工作。通过调查发现追回的资产不足以支付破产费用的,可以以破产债务人无财产可供分配为由,提请人民法院宣告债务人破产并裁定终结破产程序。

30. 关于破产债务人追缴出资纠纷诉讼中管理人是否有权主张调解或撤诉。管理人具有代表债务人参加诉讼、仲裁及其他法律程序的职权,在诉讼程序中有权代表债务人进行调解、和解或撤诉。管理人主张调解或撤诉涉及债务人财产处分的,应当提交债权人会议表决通过,债权人会议表决未通过的,管理人不得处分。

31. 关于第一次债权人会议上临时表决权的确定。第一次债权人会议召开前,人民法院根据管理人的申请,对管理人尚未确定的债权进行审核,对于能基本确定债权数额及债权性质的,可以临时确定债权额而授予临时表决权。不宜在第一次债权人会议上对全部债权赋予临时表决权。

32. 关于破产程序中债权转让的表决权行使。对于债权部分分割转让的,转让人与受让人的表决金额可按其转让后的债权金额分别统计,但表决票数应合计按一票统计。多个债权人将其债权转让给一位受让人的,受让人以其受让的债权总额行使表决权,且仅享有一个表决权。转让时多个受让人对同一债权概括受让,受让人彼此之间不区分份额共享债权的,仍系同一主体,享有一个表决权。

33. 关于破产财产分配方案的执行。管理人是破产财产分配方案的执行主体,如果方案不能执行影响债权人权益实现的,债权人可以通过提请债权人委员会、提请人民法院予以监督。管理人不按财产分配方案进行兑付或逾期兑付,给债权人造成损失的,应当依法承担赔偿责任。债权人为此提起管理人责任纠纷诉讼的,一般将担任管理人的中介机构列为被告。

34. 关于破产清算程序终结后的衍生诉讼。破产清算程序终结后,在两年内发现可追回财产需要提起诉讼时,管理人因存在诉讼或仲裁未决情况未终止职务的,由原管理人作为原告提起破产衍生诉讼。在管理人未提起追回财产诉讼的情况下,个别债权人可代表全体债权人,向负有赔偿责任主体主张要求其承担损害赔偿责任,并将因此获得的赔偿归入债务人财产。

35. 关于一人有限公司破产与股东责任。一人有限责任公司破产程序中，管理人应着重查明企业与股东是否存在财产混同的情形。在股东不能证明公司财产独立于股东自己的财产的情形下，管理人应履行向股东主张连带清偿责任的职责。如果管理人怠于履职的，个别债权人可代表全体债权人提起诉讼，并将追收财产归入债务人财产。符合条件的，债权人等利害关系人可以申请一人有限公司与其法人股东合并破产。